WARDENBURG

Ein Lesebuch zur Geschichte einer Gemeinde im Oldenburger Land

D1728053

Wolfgang Stelljes

WARDENBURG

Ein Lesebuch zur Geschichte einer Gemeinde im Oldenburger Land

Herausgegeben von der Gemeinde Wardenburg

ISENSEE VERLAG
OLDENBURG

Herausgegeben von der Gemeinde Wardenburg

Titelbild: Wardenburg, Aquarell von Ludwig Fischbeck (Ausschnitt), um 1886

Vorsatz vorne: Karte von Le Coq (1805)
Vorsatz hinten: Topographische Karte (1994)

Die Deutsche Bibliothek - CIP-Einheitsaufnahme

Stelljes, Wolfgang:
Wardenburg : ein Lesebuch zur Geschichte einer Gemeinde im
Oldenburger Land / Wolfgang Stelljes. Hrsg. von der Gemeinde
Wardenburg. - Oldenburg : Isensee, 1995
  ISBN 3-89598-304-7

Inhalt

Vorwort

Der Titel dieses Buches lautet: „Wardenburg - Ein Lesebuch zur Geschichte einer Gemeinde im Oldenburger Land". Das Wardenburg, das hier gemeint ist, umfaßt weit mehr als den gleichnamigen Ort. Gemeint ist zunächst das Kirchspiel, dann die Vogtei und schließlich die Gemeinde Wardenburg, also ein Zusammenschluß zahlreicher kleinerer Ortschaften. Heute gehören zur Gemeinde Wardenburg 18 Ortschaften: Achternholt, Achternmeer, Astrup, Benthullen, Charlottendorf-Ost, Charlottendorf-West, Harbern I, Harbern II, Höven, Hundsmühlen, Klein Bümmerstede, Littel, Oberlethe, Südmoslesfehn, Tungeln, Wardenburg, Westerburg und Westerholt.[1] Diese Orte haben in historischer Hinsicht viele Gemeinsamkeiten und doch jeweils eine ganz eigene Geschichte, die in einem Buch wie diesem nicht detailliert nachgezeichnet werden kann. Hier geht es vielmehr darum, jeweils das aus der Geschichte eines Dorfes festzuhalten, was auch Leserinnen und Leser in anderen Ortschaften interessieren könnte. Meist wurde besonderes Augenmerk auf die Anfänge der dörflichen Entwicklung gelegt, und so finden Westerburg und Littel ausgesprochen früh Erwähnung, Charlottendorf oder Benthullen dagegen erst sehr viel später.

Gelegentlich macht auch erst ein Blick über die Gemeindegrenzen die Besonderheiten lokaler Geschichte deutlich. Weithin bekannt mögen der Aufstand des Ritters von Westerholt und seiner Gefährten, die Geschichte Wardenburgs als Wallfahrtsort oder das Lager der kaiserlichen Truppen unter Tilly im Dreißigjährigen Krieg sein. Sie werden auch hier ausführlich dargestellt. Doch es gibt natürlich vieles mehr, was Beachtung verdient. Spektakuläres sollte man gleichwohl nicht erwarten, eher die „kleine Welt" des Alltäglichen. Zu Recht warnen Historiker in diesem Zusammenhang allerdings vor nostalgischer Verklärung, ja Heimattümelei: „Das Leben auf dem Dorf, in der Kleinstadt - es war alles andere als idyllisch. Vielmehr war es von Not und Mißernte, von unheilbaren Krankheiten und brutalen Herrschaftsbeziehungen, von Aberglauben und Fremdenhaß geprägt."[2]

Eine lückenlose oder im strengen Sinne wissenschaftliche Aufarbeitung der Geschichte Wardenburgs war weder zu leisten noch beabsichtigt. Allein der kritische Abgleich verschiedenster Quellen hätte weit mehr Zeit beansprucht. So habe ich mich bemüht, nicht zuletzt aus Gründen der Anschaulichkeit ausgewählte Perioden und Ereignisse gleichsam journalistisch aufzubereiten. Ziel war es, einen Überblick über die Entwicklung in diesem Raum zu vermitteln und dabei grundlegende Strömungen und Zusammenhänge nicht ganz aus den Augen zu verlieren. Dabei stützt sich die Darstellung überwiegend auf regionalgeschichtliche Literatur. Hierzu zählen beispielsweise Chroniken, die von mehreren Ortschaften im Gemeindegebiet anläßlich ihrer Jubiläen herausgegeben wurden. „Der Gemeindespiegel" war ebenfalls eine wertvolle Hilfe. Die Mitarbeiter und Mitarbeiterinnen dieses Blattes haben in nunmehr 25 Jahren Urkunden, Briefe, Tagebücher und anderes mehr einer breiteren Öffentlichkeit zugänglich gemacht. Darüberhinaus wurde eine Vielzahl von Quellen in Bibliotheken und Archiven für diese Veröffentlichung berücksichtigt.

Vieles von dem, was über Wardenburg geschrieben wurde - ohne daß man hier davon allgemein Kenntnis genommen hätte -, wird in diesem Buch, so hoffe ich, lesbar vereint. Ein solches Vorgehen war aus Zeitgründen geboten - und birgt zugleich das Risiko in sich, hier und da womöglich einer irrigen Interpretation gefolgt zu sein. Für entsprechende Hinweise wäre ich dankbar.

Bei der Aufbereitung des Materials habe ich mich für eine Mischform entschieden. Der Text ist zwar im wesentlichen chronologisch gegliedert. Allerdings wird diese Chronologie immer wieder gebrochen, um thematisch Zusammengehöriges auch zusammenhängend präsentieren zu können. An einigen Stellen wurden kleine Exkurse eingefügt. Diese „Kästen" beinhalten besondere Aspekte, die eine nähere Betrachtung verdienen, oder auch einfach nur Kurioses. Schließlich sollte man die oft ungeliebten Fußnoten nicht ganz ignorieren - sie befinden sich jeweils am Kapitelende. Hier finden Interessierte nicht nur Hinweise auf die Quellen, sondern auch zahlreiche Anmerkungen, die über das im Text Gesagte hinausgehen, den Textfluß jedoch gelegentlich nur unterbrochen hätten.

So lädt dieses Buch ein zum Stöbern und - besser noch - zum Weiterforschen. Vielleicht regt es ja dazu an, sich dem einen oder anderen Abschnitt lokaler Geschichte stärker zu widmen - es gibt kaum einen Aspekt, der sich nicht eingehender behandeln ließe. Vorher wünsche ich Ihnen jedoch viel Spaß bei einem Streifzug durch die Geschichte „Ihrer" Gemeinde.

All jenen, die am Entstehen dieses Buches mitgewirkt haben, weil sie sich Zeit für ein Gespräch nahmen oder ein altes Foto heraussuchten, sei an dieser Stelle besonders herzlich gedankt. Danken möchte ich schließlich Elisabeth Bült, Alfred Fleßner, Dieter Patzelt und Frank Speckmann - sie haben das Manuskript kritisch gegengelesen und mir am Ende mit Rat und Tat zur Seite gestanden.

Wardenburg, im September 1995   Wolfgang Stelljes

Anmerkungen

[1] „Gemeindeteile" gemäß Hauptsatzung der Gemeinde Wardenburg, § 1 (Fassung von 1995).
[2] Wehler, 29.

Erste Zeugnisse Wardenburger Lebens

Dank archäologischer Funde wissen wir, daß Menschen bereits vor Jahrtausenden das Gelände an Hunte und Lethe erkundeten. Es gibt kaum eine ältere Bauerschaft, in der nicht irgendwann auch ein Steinbeil, eine Urne oder ähnliches zutage gefördert wurde.[1] Einige Funde verdienen allerdings besondere Erwähnung. Hierzu zählen die Scheibenräder, die im Vehnemoor die Jahrhunderte seit der Bronzezeit überdauerten. Oder die Keramikscherben, die auf dem „Speckkamp" gefunden wurden und den Archäologen den Weg zu einer Siedlung aus der Römischen Kaiserzeit wiesen. Der bislang bedeutsamste Fund im Raum Wardenburg ist jedoch sicher der Prachtmantel aus dem Vehnemoor, ein „Meisterwerk germanischer Webkunst".[2]

Der Prachtmantel aus dem Vehnemoor

An einem Apriltag des Jahres 1880 stieß Fritz Krumland beim Torfgraben im Vehne-moor nahe Littel auf eine kleine, reich verzierte Bronzeschale, umgeben von einigen unansehnlichen Stoffresten.[3] Der Stoff war braun-schwarz gefärbt - eine Folge des Eisenanteils in der Moorsäure.[4] Am darauffolgenden Tag machte sich der Bruder, Holzwärter Gerhard Hinrich Krumland, mit dem Fund zu Fuß auf den Weg nach Oldenburg, um ihn dem großherzoglichen Kammerherrn von Alten zu über-reichen.

Erst Jahrzehnte später erschloß sich den Fachleuten die Bedeutung des Fundes. Sie nahmen Wollstoff und Webtechniken (Köperbindung und Brettchenweberei) näher unter die Lupe, fügten die 29 Stücke zu Teilen eines Mantels zusammen - und rieben sich die Hände. Der fürstliche Prachtmantel galt bald als „eisenzeitlicher Textilfund mit Webarbeiten von größter Seltenheit" - neben einem ähnlichen Kleidungsstück aus Thorsberg in Schleswig-Holstein.[5] Das rechteckige Tuch des Mantels vom Veh-nemoor war aus feingesponnener Schafwolle, beige, leuchtendrot und hellbraun ge-färbt und wertvoller noch als das des Mantels aus Thorsberg. Dabei handelte es sich nicht um „Meterware", sondern um echte Maßarbeit.[6] Fransen zierten zwei Seiten des Mantels, der möglicherweise einst mitsamt Bronzegefäß dem Moor als Opfer-gabe übergeben wurde. Die Frage, wann genau der Besitzer - vermutlich ein vermö-gender chaukischer Edelherr - sich der Sachen entledigt hat, bereitete den Archäolo-gen Kopfzerbrechen. Bei der Schale - sie ist außen mit Ornamenten und dunkler Emaille verziert und innen glatt - handelt es sich um römische Importware. Erste rö-mische Händler waren schon kurz nach Christi Geburt im „freien Germanien" auf-getaucht und tauschten Münzen, Keramik und Bronzegefäße gegen hiesige Ware (Felle, Honig etc.).[7] Sowohl Mantel als auch Schale dürften aus dem 2. Jahrhundert n. Chr. stammen - ein „Fund ganz besonderer Art"[8], der heute im Oldenburger Mu-seum für Naturkunde und Vorgeschichte ausgestellt ist.[9]

Abb. 1 Der Prachtmantel aus dem Veh-nemoor. Sein Besitzer hat das edle Gewand sicher wie die Römer getragen: Es wurde zunächst einmal umgeschlagen und dann um die Schultern gelegt; eine Gewand-spange (Fibel) hielt die beiden Enden zu-sammen. Der Mantel war groß genug, um auch einem Schlafenden Wärme zu spen-den.

Die Scheibenräder aus dem Vehnemoor

Am Ostrand des Vehnemoores - nur vier Kilometer vom Fundort des Prachtmantels entfernt - wunderte sich Bauer J. H. Rüther vom Glum (Westerholt) 1880 beim Her-ausnehmen einer Sodenreihe, daß sein Spaten nicht recht weiter wollte. Im tiefsten Torf entdeckte er eine Radscheibe aus festem Holz, die er vorsichtig freilegte und in seiner Scheune deponierte. Bauer Rüther machte sich wieder an sein Tagwerk - und vergaß den Fund.

Im Sommer des darauffolgenden Jahres stieß Rüther nur wenige Schritte von je-ner Stelle entfernt erneut auf Holz, grub jedoch erstmal fleißig weiter, so daß das ein-teilige Scheibenrad, das er kurz darauf aus dem Moor hob, zahlreiche Spuren des Spa-tens aufwies. Nun entsann er sich des ersten Fundes, der zwischenzeitlich in der Scheune ausgetrocknet war. Beide Räder überließ er für drei Mark Friedrich von Al-ten, dem zuständigen Kammerherrn in Oldenburg. 1883 schließlich legten Bauern nahe der ersten Fundstelle zwei weitere Räder frei, die ebenfalls knapp zwei Meter unter der Mooroberfläche lagen - Indiz für ein hohes Alter. Weitere Wagenteile wur-den nicht gefunden.

Abb. 2   Die Scheibenräder aus dem Vehnemoor (Glum).

Alle Räder hatten einen Durchmesser von rund 70 cm und waren aus seltenem Erlenholz, das sich gut drechseln ließ und nicht splitterte. Die Wagenbauer haben sicher längere Zeit gesucht: Sie brauchten einen Erlenstamm, der möglichst 80 cm dick, gut drei Meter lang, gerade gewachsen und astfrei sein sollte. Notgedrungen verwendeten sie auch leicht fehlerhaftes Holz, das vermutlich noch an Ort und Stelle bearbeitet wurde. Die röhrenförmige Buchse, die in jedem Rad steckte, war aus dem weichen Holz der Birke. Die Fahrzeugteile wurden vermutlich während einer Trockenperiode in einen wassergefüllten Tümpel gelegt, „um sie durch erneutes Aufquellen vor stärkerem Zerreißen zu bewahren und den eingesetzten Buchsen wieder einen festeren Sitz zu geben."[10] Dort blieben sie bis in jüngere Zeit. Heute geben uns die Scheibenräder vom Glum einen Eindruck von einem vorgeschichtlichen Verkehrsmittel. Fahrzeuge dieses Typs dürften bereits in der älteren Bronzezeit (in diesem Fall zwischen 1750 und 1550 v. Chr.) durch die Landschaft gerollt sein.[11]

Die Siedlung auf dem „Speckkamp"

Wiederholt wurden im Laufe der letzten Jahrzehnte auf dem Ackerland zwischen Oberlethe und Westerholt Keramikscherben gefunden. Eine Grabung auf der Flur „Speckkamp" brachte es schließlich im Winter 1987/88 an den Tag: Schon zu Zeiten der römischen Kaiser siedelten hier Germanen. Sie hinterließen einen Kastenbrunnen, dessen Hölzer aus der Zeit zwischen 240 und 320 n. Chr. stammen. „Der Brunnen war offenbar mindestens 80 Jahre im Gebrauch und mehrmals erneuert worden."[12] Das Holz haben sich die Brunnenbauer sicher aus dem „Herberger Wold" geholt. Dieser Laubwald grenzte vermutlich in früheren Zeiten im Osten an die Letheniederung und Herbergen, dem heutigen Oberlethe, im Nordwesten an Westerholt, im Norden an das Wittemoor und im Süden an Achternholt („hinter dem Holze"). Im Westen ragte er ins Vehnemoor hinein. Daß sich unsere Vorfahren am Rande von Wäldern oder auch im lichten Wald niederließen, war keineswegs ungewöhnlich.[13] Fast immer war auch ein Wasserlauf in unmittelbarer Nähe. Außerdem verfügten derartige Siedlungen in aller Regel über einen Holzbrunnen. Germanische Siedlungen wie die auf dem „Speckkamp" gab es häufiger. Die Oldenburger Geest war - dies zeigen die Grabungen der letzten Jahre - bereits in der Römischen Kaiserzeit recht dicht besiedelt.[14]

Anmerkungen

[1] Vgl. Übersicht bei Ostermann, 235f. Steinbeile wurden zum Beispiel in Hundsmühlen, Littel, Oberlethe, Tungeln, Wardenburg, Westerburg und Westerholt gefunden.

[2] Staatliches Museum, o.S.

[3] Die Schale lag im tiefen Torf rund 150 Meter westlich des Fuhrenkamps. Die Stoffreste lagen bis zu einem halben Meter von der Schale entfernt. Vgl. Der Landkreis Oldenburg, 297.

[4] Vgl. Staatliches Museum, o.S.

[5] Schlabow, 167. Gewebedichte beim Prachtmantel aus dem Vehnemoor: 122 Kettfäden und 92 Schußfäden auf 10 cm². Das Tuch ist 1,80 Meter breit und drei Meter lang.

[6] Mäntel dieser Art wurden in einem Stück gewebt; vgl. hierzu Staatliches Museum, o.S.

[7] Vgl. Geschichte des Landes Oldenburg, 58. Zum Teil gelangten römische Waren auch als „Souvenire" von Germanen, die vom Söldnerdienst im römischen Heer zurückkehrten, in den Norden; vgl. hierzu Der Landkreis Oldenburg, 38f.

[8] Landkreis Oldenburg, 47.

[9] Zu diesem Fund vgl. insbesondere Schlabow, 160ff.

[10] Zu diesem Fund vgl. Hayen, Scheibenräder, 62ff., hier: 84.

[11] Die Altersbestimmung erfolgt über die sogenannte Radiokohlenstoffmethode.

[12] Eckert, Fundbergungen, 18.

[13] Zu Fund und Fundort vgl. Ostermann, 163 und 188; Martens, Harberwald, 258; Eckert, Fundbergungen, 10.

[14] Vgl. Eckert, Siedlungsplätze, 66ff.; Der Landkreis Oldenburg, 43 und 530.

Der „Winkel" im Lerigau

Westerburg (Westonstedi) - eine der ersten Eschsiedlungen im Lerigau

Siedlungen wie die der Germanen auf dem „Speckkamp" verwaisten. Es folgten mehrere Jahrhunderte, die als Völkerwanderungszeit in die Geschichte eingingen. Kennzeichnend für diese Zeit ist der starke Siedlungsrückgang; gelegentlich ist auch von einer „Wüstungsperiode" die Rede.[1] Erst im frühen Mittelalter ließen sich Menschen hier wieder verstärkt nieder. Bei der Suche nach geeigneten Ackerflächen prüften die Siedlungswilligen vor allem die Bodenverhältnisse. Nasse, sumpfige Gebiete schieden von vornherein aus. Favorisiert wurden höhergelegene Flächen. Hier sahen sich die ersten Siedler genauer um. Sollte die Ackerfrucht gedeihen, durfte der Boden nicht zu feucht sein. Folglich wählte man Sandboden oder aber eine Schräglage, auf der Niederschläge schneller abfließen konnten. Die Keimzelle des Esches befand sich in der Regel auf einem höhergelegenen, trockenen Punkt. Die Beschaffenheit des Bodens bestimmte Form und Größe des Esches - und setzte ihm Grenzen.

Mit den Bedürfnissen wuchs auch die bebaute Fläche. Man suchte neues Ödland und wandelte es in Kulturfläche. Die bäuerlichen Siedler bewirtschafteten folglich oft einen zweiten oder dritten Esch. Jeden dieser Esche teilten sie untereinander auf. An jeder Flur waren die ersten Siedler, die Vollerben, gleichmäßig beteiligt: Alle erhielten jeweils ein Stück Land, „Gewann" genannt. Die Zuteilung einzelner Flächen erfolgte im Losverfahren. Schmale Rasenstreifen trennten die einzelnen Gewanne voneinander. Es gab gute Gründe für dieses genossenschaftliche Prinzip: Das Land, ob gut oder weniger gut, wurde gerecht geteilt und gemeinsam geschützt.[2] Der Nachteil: Der Ackerbesitz des einzelnen Bauern lag zerstreut an verschiedenen Stellen.

Ihre Siedlung errichteten die Bauern in der Nähe des Esches. Den Ausschlag bei der Wahl eines geeigneten Platzes gab das Bedürfnis, sich gegen die Unbilden der Witterung zu schützen. Lediglich natürliche Gegebenheiten waren von den ersten Dorfbewohnern bei der Wahl des Baulandes zu berücksichtigen. Auf Obrigkeiten brauchten sie noch keine Rücksicht zu nehmen. Bevorzugt wurden tiefere Lagen. Der Baugrund mußte trocken sein. War dann noch eine der zur Zeit der Landnahme eher seltenen Wiesen oder ein Wald in der Nähe - um so besser. Nach und nach kamen erste Wege und kleine Gärten neben der Hausstätte hinzu.

Ganz ähnlich wird Westonstedi entstanden sein. Das heutige Westerburg wurde bereits im 9. Jahrhundert erstmals erwähnt und lag im nordöstlichen Zipfel des Lerigaus, im „Winkel". Der Lerigau umfaßte das sächsische Siedlungsgebiet westlich der mittleren Hunte; im Westen schloß sich der Largau an, im Süden der Dersigau und im Südosten der Hasegau.[3] Möglicherweise existierte Westonstedi bereits zu Zeiten der fränkischen Eroberung (seit 772); die Endung -stedi findet sich häufiger bei altsächsischen Siedlungsnamen.[4] Es handelte sich dann um eine Ortschaft mit mehreren Häusern.[5]

Christianisierung und Kirchengründung in Westerburg

Unter Karl dem Großen (747 bis 814) wurde der sächsische Stammesstaat in das Fränkische Reich eingegliedert. Der König der Franken, der ein Bündnis mit dem Papst geschlossen hatte, wollte zunächst mittels einer rigorosen Gesetzgebung die Christianisierung des Landes erzwingen. Jeder Gau sollte eine Pfarrkirche erhalten. Je 120 Gaugenossen hatten - neben einem Stückchen Ackerland - einen Bauer samt Frau für die Errichtung der Gaukirche aufzubringen. Ein anderer Paragraph verpflichtete die Sachsen zur Abgabe des Zehnten an die jeweilige Pfarrkirche.[6] Kein Wunder, daß vor allem die Bauern dieser neuen Lehre zunächst wenig abgewinnen konnten; sie hielten an traditionellen Ritualen wie dem Wodanskult fest. Die Bekehrung der heidnischen Sachsen erfolgte schließlich mit dem Schwert. Nach mehreren Aufständen bäuerlicher Schichten aus Protest gegen den kirchlichen Zehnten wurden auch fränkische Bauern in Sachsen angesiedelt.

Im Gegensatz zu den Bauern ließen sich viele sächsische Adelige schnell taufen. Einer der freien Sachsen, die im Lerigau über größeren Grundbesitz verfügten, war ein gewisser Gerbert. Seit seiner frühen Taufe trug er den Beinamen Castus - was soviel hieß wie „der Reine" und die Ernsthaftigkeit seines Glaubens unterstreichen sollte. Castus gilt als der Gründer der Missionszelle Visbek.[7] Von hier nahm die Christianisierung des stärker besiedelten Lerigaus ihren Ausgang.[8] Priester oder Mönche aus Visbek zogen umher, predigten das Evangelium und errichteten an geeignet erscheinenden Stellen kleine Holzkirchen. Auf diese Weise entstanden die Urpfarreien, darunter die in Westonstedi, dem heutigen Westerburg.[9] In Westerburg stand die erste Pfarrkirche weit und breit, ein schlichter Holzbau. Wardenburg kann somit als das älteste Kirchspiel im Raum Oldenburg bezeichnet werden.[10] Mit der Zeit gewöhnten sich unsere bekehrten Vorfahren an die neue Lehre, zumal darin auch Elemente des traditionellen Glaubens aufgingen. Fortan bestimmten Messe und Taufe das Leben in der jungen Kirche.[11]

Die Grundherrschaft der Reichsabtei Werden

Castus, der begüterte Vorsteher des Missionshauses in Visbek, schenkte seine ganzen Besitzungen - mit Ausnahme einer Kate in Sage - dem Kloster Werden an der Ruhr. In diesem Kloster residierte der Heilige Luidger, der das Missionsgebiet um Münster übernommen hatte. Castus kannte seinen väterlichen Freund und Lehrer Luidger bereits aus früheren Tagen; gemeinsam war man nach Rom gepilgert. Unter Luidger entwickelte sich die Abtei Werden zu einem Kulturmittelpunkt für den gesamten Norden. Im 9. Jahrhundert besaß die Abtei immerhin um die 400 bäuerliche Stellen vor allem im Rheinland, in Westfalen und in Friesland. Hinzu kamen fünf Höfe in Westerburg. Westerburg war der einzige Besitz im Bereich der späteren Grafschaft Oldenburg. Im Werdener Heberegister von 890 findet sich hier der Vermerk: „quod Castus dedit" (was Castus schenkte).[12]

Die Bewohner von Westerburg waren vermutlich wie die meisten Klosterbauern im Lerigau sächsischer Abstammung. Die Stellung der Bauern in der klösterlichen Grundherrschaft ist unklar; sie waren zu Abgaben verpflichtet und folglich nicht frei, sicher jedoch auch keine Leibeigenen im engeren Sinne. Da der neue Grundherr, der Abt von Werden, mehrere Tagesreisen entfernt seinen Sitz hatte und auch keiner seiner Haupthöfe in der Nähe war, dürften sie sich „vergleichsweise unabhängig entfaltet haben".[13] Jedenfalls sind in den Registern keine Dienste verzeichnet. Zweifelsohne waren sie verpflichtet, die Äbte oder ihre Klosterbeamten, die „Minister", zu beherbergen, wenn diese auf ihren Besitzungen nach dem Rechten sahen. Auf ihren Visitationsreisen „schlichteten die Äbte Streitigkeiten, kontrollierten die Bewirtschaftung der Höfe und nahmen - wo ihnen Kirchen unterstanden - die geistliche Aufsicht wahr."[14] Die Rundreise begann und endete am Haupthof in Barnstorf. Sie verband mehr als ein Dutzend Ortschaften im Lerigau und führte auf der linken Seite der Hunte über Sage hinauf bis nach Westerburg im nordöstlichen Zipfel. Da Westerburg, eine Art Endstation auf dieser „Abtsroute", wohl eine halbe Tagesreise von der nächsten Besitzung entfernt lag, wird der Abt oder sein Beamter mitsamt Gefolge wahrscheinlich hier übernachtet haben. Wie die Westerburger auf diesen Besuch reagiert haben, entzieht sich unserer Kenntnis. Wie bereits erwähnt, standen die Bauern allgemein der neuen Lehre und ihren Repräsentanten eher reserviert gegenüber; das Christentum wurde zunächst vor allem von adligen Kreisen getragen und kam „gleichsam von oben".[15]

Mochten die Westerburger Bauern bei den Diensten noch einigermaßen davongekommen sein, so waren die zu leistenden Abgaben recht genau festgelegt. Die Heersteuer als wichtigste Abgabe belief sich auf 16 Silberpfennige pro Hof. Sie wurde von den Klöstern eingezogen und in Münze und Getreide entrichtet. Ihre „Landschuld", wie der Grundzins genannt wurde, beglichen die im Lerigau lebenden Bauern in Form von ein oder zwei Schweinen. Daneben werden sie sicher einige Scheffel Weizen oder Mehl sowie Honig abgeliefert haben.[16]

Die Zerstörung Westerburgs durch die Normannen

Das Zusammenleben der kleinen Westerburger Gemeinschaft endete jäh, die Holzkirche von Westonstedi und die fünf Hausstellen wurden gründlich zerstört. Als verantwortlich hierfür gelten die Normannen. Sie hatten an der Küste ihre Stützpunkte, von denen aus sie auf Beutezug gingen. Vor allem Friesland wurde von den „ungleubigen Dehnen"[17] schwer heimgesucht. Die Wikingerschiffe mit den gestreiften Segeln und dem Schwanenhals am Bug konnten dank ihres geringen Tiefgangs die Flüsse weit hinauffahren.[18] Das letzte Stück des Weges legten die Angreifer möglicherweise auf dem Pferderücken oder auch zu Fuß zurück. „Die gefährlichste Eigenschaft der Normannen war ihre Schnelligkeit, mit der sie die Einwohner der heimgesuchten Gebiete überraschten. Wie der Blitz fielen sie ein, und ebenso schnell waren sie wieder fort, um nach ganz kurzer Zeit an anderer Stelle anzugreifen." Ein normales Normannenschiff hatte zu dieser Zeit gut 30 Ruder und an die 50 Mann an

Bord. Folglich war es für die Westerburger schon bei nur einer Schiffsbesatzung ratsamer, das Weite zu suchen - soweit sie noch Gelegenheit dazu hatten. Motiv für den Überfall auf Westerburg mag gewesen sein, daß die Wikinger - wie die Normannen sich selbst nannten - hofften, in der Kirche Edelmetalle zu finden.[19] Das genaue Datum der Zerstörung Westerburgs läßt sich nicht feststellen; sollten tatsächlich Normannen den Ort überfallen haben, so geschah dies vermutlich bei ihrem ersten großen Kriegszug im Jahre 852 oder einem der darauffolgenden wie dem von 880.[20] In einem Heberegister, in dem ein Benediktinermönch um 890 die Einkünfte der Abtei Werden notierte, ist Westerburg als wüst verzeichnet.[21] Die Kirche ist später von den Edelherren von Holte, deren Stammburg bei Melle lag, wieder erbaut worden; auch in das Dorf kehrte wieder Leben ein.[22]

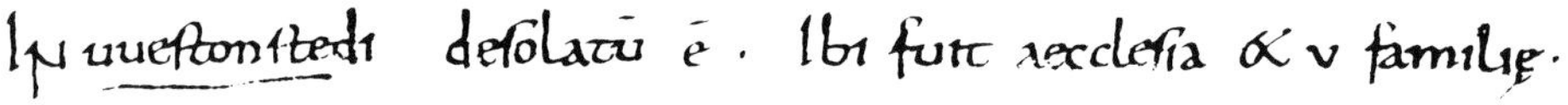

Abb. 3   Diese Notiz über Westonstedi (Westerburg) in einem Heberegister der Abtei Werden deutet auf das abrupte Ende des kleinen Gemeinwesens, das aus einer Kirche und fünf Hausstellen bestanden hatte. Die Zeile wurde um 890 geschrieben und stellt neben einem Eintrag über Littel in der Heberolle von Corvey die älteste bislang bekannte schriftliche Überlieferung zur Geschichte Wardenburgs dar.

Littel im 9. Jahrhundert

Zum Zeitpunkt der Zerstörung Westerburgs bestand etwas weiter westlich bereits eine weitere Siedlung: Littel. Unter der Bezeichnung Letiloun - der Name verweist auf die Lage an der Lethe - gehörte Littel bereits seit 842 zum Grundbesitz des Klosters Corvey.[23] In diesem Jahr übertrug ein gewisser Benni dem Kloster in Gegenwart mehrerer Zeugen sein ganzes Hab und Gut in Littel. Bei Benni wird es sich um einen wohlhabenden sächsischen Edeling gehandelt haben, der wahrscheinlich nicht selbst in Littel lebte. Über seine Motive können wir nur rätseln. Er folgte seinem Glauben oder schlichtem Kalkül, hoffte womöglich auf das Wohlwollen von Frankenreich und Staatskirche oder auf den Seelenfrieden Verstorbener. Corvey jedenfalls verfügte nun über Grund und Boden in Littel. Bearbeitet wurde er von Litteler Bauern, die dem mächtigen Kloster fortan Abgaben geschuldet haben dürften. Sie hießen Bruoder, UUilligo, Icho, Dietmar, Eddi, Goderat, Hubbio und Geruuart. Jeder von ihnen hatte im Jahre 842 neun Scheffel Weizen, zehn Scheffel Hafer, zwei Schafe sowie rund einen Liter Honig - das waren etwa vier Schoppen - zu entrichten. Damit besitzen wir zugleich eine erste Vorstellung von der Wirtschaftsweise der Litteler Bauern im 9. Jahrhundert, die wir einigen wenigen Zeilen im ältesten Register des Klosters Corvey verdanken - sicher der erste schriftliche Hinweis überhaupt auf Leben im Raum Wardenburg.[24] Im Walbertschen Stiftungsbrief über das Alexanderstift zu Wildeshausen von 872 wird Littel erneut erwähnt, diesmal unter dem Namen Liteloue.[25] Zu Westerburg und Littel gesellt sich gut zwei Jahrhunderte später Tungeln; der Ortsname wird erstmals 1160 in einem Güterverzeichnis erwähnt, das Bischof Philipp von Osnabrück aufstellen ließ. Die Mühle von Tungeln mußte fortan den Zehnten an das Kloster Gertrudenberg abführen; diese Einrichtung an der Stadtmauer von Osnabrück erschien dem Bischof besonders bedürftig.[26]

Westerburg, Littel und Tungeln verbindet ihre Lage an einem Fluß - der Lethe oder Hunte - und die Grundherrschaft als ein entscheidendes Merkmal der dörflichen Agrarverfassung. Sie sollte es noch eine Weile bleiben. Die Grundherren wechselten, die Abhängigkeiten aber blieben.

Alte Handelswege

Zu den ältesten Handelswegen in der Region gehört jener, der längs der Hunte von Oldenburg nach Wildeshausen verlief. Von ihm zweigte bei der Klusbrücke - heute Kreyenbrück, einst vermutlich benannt nach einer Klause - ein zweiter südwärts führender Weg ab, der Tungeln, Wardenburg, Westerburg, Sage und Ahlhorn miteinander verbinden sollte. Daß man einigermaßen trockenen Fußes nach Wardenburg kam, gewährleistete erst der Tungeler Damm, der im 14. Jahrhundert gebaut wurde.[27] Noch Anfang des 20. Jahrhunderts handelte es sich bei diesem Damm zwischen Kreyenbrück und der Huntebrücke in Tungeln um eine lange Eichenallee.[28]

Der weitere Weg von Tungeln nach Wardenburg verlief jahrhundertelang durch den Esch und damit näher an der Hunte als heute. Erst im 17. Jahrhundert entstand die heutige, direktere Verbindung.[29] Dieser Streckenabschnitt

Abb. 4   Reisende aus dem Münsterland, die den Weg von Achternholt nach Wardenburg gewählt hatten, mußten im vergangenen Jahrhundert an diesem Schlagbaum kurz vor der Lethebrücke Wegzoll entrichten. Gleich daneben konnten sie in der Gaststätte „Im kühlen Grunde" einkehren.

ging ebenso wie der folgende in Richtung Ahlhorn in der ersten Hälfte des 19. Jahrhunderts in einer großen Heerstraße auf, deren Verlauf sich weitgehend mit dem der späteren Bundesstraße 69 und heutigen Landesstraße 870 deckt. Die fortan wichtigste Verkehrsverbindung im Bereich der Gemeinde Wardenburg hieß anfangs „Cloppenburger Chaussee" und war von Linden gesäumt.

Schon im Mittelalter gab es einen weiteren, westlich der Lethe verlaufenden Weg. Er führte über Tungeln, Oberlethe und Littel ins Münsterland. Die alte Wegstrecke existiert nach wie vor; heute trägt allerdings lediglich das Teilstück zwischen Achternholt und Charlottendorf-West den historischen Namen: Münsterscher Damm.[30]

Die Nutzung dieser beiden Dämme war lange Zeit lediglich für Bewohner der umliegenden Dörfer kostenfrei. Dagegen mußte ein Münsterländer, der im 19. Jahrhundert zum Markt nach Oldenburg wollte, an Schlagbäumen Wegzoll entrichten. Einer dieser Schlagbäume stand am Münsterschen Damm in Oberlethe; hier erhob Marie Wandscher im Auftrag der Gemeinde für jede Kuh einen Pfennig. Bei einem Reiter kassierte sie zwei Pfennige. Ein einspänniger Ackerwagen brachte sieben Pfennig und eine einspännige Kutsche zehn Pfennig in die Gemeindekasse; bei Zweispännern hob sich der Schlagbaum nur gegen Zahlung des doppelten Betrags. Die Einnahmen dienten dem Straßenbau. Zehn Prozent durfte Marie Wandscher für sich behalten.[31]

Anmerkungen

[1] Geschichte des Landes Oldenburg, 55.

[2] Vgl. Ostermann, 186ff. Vgl. zu den Wirtschafts- und Siedlungsbedingungen auch Schneider/Seedorf, 13.

[3] Zum sächsischen Stammesgebiet vgl. Geschichte des Landes Oldenburg, 99. Später trennte die Hunte die Bistümer Bremen und Osnabrück.

[4] Vgl. Hucker, 27.

[5] Vgl. Janßen-Holldiek/Helmers/Tielking, 62. Weiter heißt es hier: „Bei -stedt/-statt/stadt handelt es sich um ein gemeingermanisches Wort, das altniederdeutsch (um 800) -stedi oder stidi lautete und sich mittelniederdeutsch (11.-15. Jh.) in stede oder stat wandelte. Es bedeutete eine Ortschaft von mehreren Wohnstätten. Im 12. Jahrhundert wurde daraus die Stadt. Im wesentlichen war damit im Gegensatz zum Einzelhof eine Gruppensiedlung gemeint."

[6] Krumwiede, 226ff.

[7] Castus zählte offensichtlich zu den ersten Mönchen im Kloster Werden des hl. Luidger, mit dem er bereits seit längerem bekannt war. Er dürfte identisch sein mit jenem Abt Castus, der im Jahre 819 beim Kaiser um Schutz für die Kirche in Visbek bat. Zu Castus vgl. Der Landkreis Oldenburg, 157f.; Biographisches Handbuch, 231.

[8] Vgl. Lübbing, Oldenburgische Landesgeschichte, 25. Ludwig der Deutsche übertrug die klösterliche Einrichtung in Visbek und mit ihr das Patronatsrecht über die Kirche in Westerburg im Jahre 855 dem Kloster Corvey an der Oberweser, der einst wichtigsten sächsischen Abtei. Bald darauf wurde Westerburg dem neugeschaffenen Bistum Osnabrück angegliedert.

[9] Vgl. Hayen, Wallfahrtskapelle, 64f.; Hellbernd/Möller, 90.

[10] Vgl. Die Bau- und Kunstdenkmäler, 14; Kreisbeschreibung, 194. Vergleichsweise früh entstanden daneben Holzkirchen in Ganderkesee und Großenkneten. Als erstes kirchliches Zentrum im weiteren Umkreis gilt Wildeshausen; vgl. hierzu Der Landkreis Oldenburg, 167. Zum Vergleich: Die älteste Kirche Oldenburgs wurde im 12. Jahrhundert - knapp 300 Jahre später - errichtet; vgl. hierzu Lübbing, Oldenburgische Landesgeschichte, 80.

[11] Vgl. Krumwiede, 232; Der Landkreis Oldenburg, 168.

[12] Zitiert nach Oldenburger Urkundenbuch - im folgenden: Old. UB - Bd. V Nr. 9. Vgl. auch Hellbernd/Möller, 90; Biographisches Handbuch, 231.

[13] Hucker, 27.

[14] Hucker, 31.

[15] Geschichte des Landes Oldenburg, 105. Auch Schäfer verweist darauf, daß die Bekehrten in ihrem neuen Glauben zunächst nicht sonderlich gefestigt waren; vgl. Der Landkreis Oldenburg, 168.

[16] Zur Werdener Grundherrschaft vgl. Hucker, 21ff.; Schieckel, 209ff.

[17] Hamelmann, Oldenburgisch Chronicon, 9.

[18] Vgl. Lübbing, Oldenburgische Landesgeschichte, 26ff.

[19] Harthausen, 1ff., hier: 5.

[20] Zur Datierung vgl. Hucker, 24; Thissen, 878. Friesland wurde bereits 810 von einem dänischen Vorstoß heimgesucht; vgl. Geschichte des Landes Oldenburg, 102. Im Jahre 852 tauchten die Wikinger dann mit mehreren hundert Schiffen vor der Küste Frieslands auf. Funde wie die „Streitaxt vom Hockensberg" (Gemeinde Dötlingen) legen ebenfalls den Schluß nahe, daß Wikinger die Hunte hinaufgefahren sind; vgl. hierzu Kreisbeschreibung, 100.

[21] Vgl. Old. UB V Nr. 9.

[22] Vgl. Sello, 39; Hucker, 29 und 39 (Fußnote 38).

[23] Sello, 48f. Die Abtei an der Weser existierte gerade 20 Jahre. Nicht weit entfernt von Letiloun existierte an der Hunte eine weitere Siedlung, die bezeichnenderweise Huntloun hieß - das heutige Huntlosen, das erstmals im Jahre 827 erwähnt wurde; vgl. Eckhardt, Studia Corbeiensia, 194.

[24] Vgl. Eckhardt, Studia Corbeiensia, 233. Jeder Bauer mußte vier Schoppen Honig („IIII eminas mellis") abgeben; bei einem Schoppen handelte es sich um etwa 0,25 Liter.

[25] Vgl. Kohli, Bd. II, 24f.

[26] Vgl. Old. UB V Nr. 33.

[27] Vgl. Ostermann, 180f.; Sello, 159. Vor dem Bau des Tungeler Dammes (erstmals erwähnt 1340) mußte man die Hunte bei Kreyenbrück noch an einer Furt durchschreiten, um nach Wardenburg zu kommen. Der Tungeler Damm war zugleich das Westufer der Hunte.

[28] Vgl. GSP Nr. 63, Juni 1987, 2.

[29] Vgl. 25 Jahre Ortsverein Tungeln, 21.

[30] Vgl. den Beitrag von Behrens in: 700 Jahre Wardenburg, 230. Dieser Weg wird bereits im Oldenburger Salbuch von 1428 erwähnt. Damals gewährten die Oldenburger Grafen das Geleit bis zum Beverbrok.

[31] Vgl. GSP Nr. 4, Oktober 1972, 16; Nr. 12, September 1974, 7f.

Wardenburg im 13. Jahrhundert

Nach der Zerstörung Westerburgs durch die Wikinger „senkt sich wieder für lange Zeit geschichtliches Dunkel auf diese Stelle"[1] - so der Historiker Wilhelm Hayen. Mit anderen Worten: Das, was sich hier im 11. oder 12. Jahrhundert zugetragen hat, ist nicht überliefert. Immerhin hatte sich zu Beginn des 13. Jahrhunderts einiges verändert. Im Kirchspiel, das sich aus dem Verband des alten Lerigaus gelöst hatte und nun zum Herrschaftsbereich der Oldenburger Grafen gehörte, existierte inzwischen eine ausgeprägte Adelsherrschaft.[2] In kirchlicher Hinsicht gehörte das Gebiet nun zum Archidiakonat Bramsche des Bistums Osnabrück.

Die Petruskirche in Westerburg

Die Kirche zu Westerburg wurde nach der Zerstörung durch die Wikinger von den Edelherren von Holte vermutlich noch im 11. Jahrhundert neu errichtet. Erstmals erwähnt wird die dem heiligen Petrus geweihte Kirche im Jahre 1218. Patrone und Vögte der Kirche mitsamt sieben Höfen waren die Brüder von Holte.[3] Die fromme Familie aus dem Osnabrücker Raum hatte nicht viel Freude an ihrem entlegenen Besitz. Finanziell war es um die Westerburger Kirche traditionell schlecht bestellt. Als einige Jahre später der für Westerburg zuständige Archidiakon - zum Zwecke schärferer Kontrollen gerade erst vom Bischof eingesetzt - bei einer Visitation für sich und sein Gefolge Unterkunft begehrte und Gebühren einziehen wollte, verwiesen die Westerburger mit Recht darauf, daß sie seit langem von dieser Pflicht „wegen Armut" befreit wären. So mußte sich der Archidiakon alljährlich mit einigen Aalen von jedem Haus sowie einem halben Scheffel Hafer von jedem Ackerbauern begnügen.[4]

Die Herren von Holte verloren mit den Jahren das Interesse an dem Ort hoch oben im Norden. Die Westerburger Kirche mit Pfarre und Küsterhof blieb zwar noch einige Zeit im Besitz des Wikbold von Holte.[5] Die Vogtei der sieben Höfe, die zur Westerburger Kirche gehörten, verkaufte Wikbold jedoch an den Ritter Wilhelm Froydewin von Eversten - darunter ein Hof zu Wardenberge.[6] Die Höfe blieben nicht zusammen; einige wurden von den Herren von Eversten an andere Ritter verkauft. Die nun mit der Vogtei belehnten Ritter - die Oldenburger Ministerialen Johann von Eversten und Albero von Bremen - nahmen es mit ihrer Schutzpflicht nicht so genau. Im Gegenteil: Sie verwüsteten die Höfe derart gründlich, daß einige unbebaut blieben und bei anderen die Meier nicht in der Lage waren, der Kirche oder ihrem Pfarrer etwas zu zahlen. Am Ende wurde die Vogtei gar dem Pfarrer Gerhard zum Kauf angeboten. Der allerdings war mittellos. Das Kloster Bersenbrück sprang für die bedrängte Kirche ein und zahlte die seinerzeit stolze Summe von 45 Mark Silber. Die Leibeigenen hatten neben den ohnehin fälligen Beträgen nun auch die Zinslast von jährlich zwei Mark an den Pfarrer zu entrichten; dieser leitete die Gelder an das Kloster weiter.[7]

Die Nonnen von Bersenbrück verfügten nun ohne Einschränkung über das Westerburger Patronat. Das Patronat der Petruskirche war dem gerade gegründeten Nonnenkloster schon 1234 übertragen worden, blieb jedoch über Jahrzehnte ein Zankapfel.[8] So gerieten sich Mitte des 13. Jahrhunderts Wikbold von Holte und die Grafen von Bruchhausen in die Haare. Die Grafen machten ebenfalls alte Ansprüche geltend. Beide Parteien hatten dem Kloster Bersenbrück das Patronatsrecht übertragen. Und beide Parteien hatten einen Geistlichen für die Pfarre benannt. Darüber stritt man eine Weile. Am Ende freute sich ein Dritter: Vom Konvent des Klosters wurde nun ein gewisser Alardus, Chorherr zu Wildeshausen, als Pfarrer eingesetzt. Die beiden anderen Kandidaten hatten das Nachsehen.[9]

Der Adel im Kirchspiel Wardenburg

Der Adel war im Kirchspiel Wardenburg gleich mit mehreren Familien vertreten. In Urkunden aus dem 13. Jahrhundert werden folgende Familien mit Sitz im heutigen Gemeindebereich genannt:[10]

- Astrup: „Herbertus de Addestorpe" ist der erste aus diesem Ort, der uns in den Urkunden begegnet. Er trat bei einem Vertragsabschluß im Jahre 1234 gemeinsam mit „Wilhelmus de Westerholte" als Zeuge auf.[11] Ritter „Olricus" von Astrup wird erstmals 1253 erwähnt.[12] Bereits 15 Jahre zuvor wurde der Name Kortelang in einer Urkunde festgehalten; diese Familie besaß im 13. Jahrhundert u.a. einen Hof in „Adestorpe" und einen in „Vardenberge".[13] 1275 gehörte „Everardus Kortelang" zu den Oldenburger Burgmännern.[14]

- Oberlethe: Der in einer Urkunde von 1275 erwähnte „Willehelmus de Herbergen" stammte vermutlich aus dem heutigen Oberlethe und war Burgmann in Oldenburg.[15]

- Tungeln: „Giselberto de Tunclo", ein Mitglied der hiesigen Adelsfamilie, wird in einer Privaturkunde aus dem Jahre 1218 als Zeuge aufgeführt.[16] 1252 erscheint ein „Giselbertus de Tungele" unter den Zeugen der Oldenburger Grafen[17] - auch er gehörte offenbar zur gräflichen Dienstmannschaft.

- Wardenburg: „Conradus de Wardenberg" hieß einer der Zeugen, die der Übertragung des Zehnten zu Dötlingen an ein Kloster im Jahre 1203 beiwohnten.[18] Möglicherweise handelte es sich um einen Adligen aus der Familie Westerholte.[19]

- Westerholt: Die Familie Westerholte, bereits seit geraumer Zeit hier ansässig, wird im Jahre 1233 urkundlich erwähnt. Wilhelm von Westerholte war zu diesem Zeitpunkt einer der Ministerialen der Oldenburger Grafen.[20] Der Stammsitz der Familie lag vermutlich „westlich des Holtes", des Waldes von Herbergen (Harberwald).[21] Die einflußreiche Familie, die dem Adelsstand bis ins 17. Jahrhundert hinein und damit außergewöhnlich lange angehörte, ging schon bald eigene Wege - mit weitreichenden Folgen.

Der Westerholtsche Ritterbund

Die Herkunft der Familie Westerholte ist bis heute ungeklärt. Es spricht jedoch einiges dafür, daß die Westerholter freien, ritterlichen Kreisen entstammten und schon früh zur adligen Oberschicht in der Region gehörten, nicht zuletzt, weil die Familie über Besitz selbst außerhalb des Kirchspiels Wardenburg verfügte.[22] Die recht ansehnlichen Eigengüter lagen vor allem in den Dörfern Westerholt, Herbergen (dem heutigen Oberlethe) und Wardenburg.[23]

Im Kreuzzug gegen die exkommunizierten Stedinger (1233/34), die ihrer Zehntpflicht nicht nachkommen wollten, kämpften Egbert und Wilhelm von Westerholte noch an der Seite der Oldenburger Grafen.[24] Die Dienstmannen gewannen in jenen Jahren an Macht und Einfluß. Sie repräsentierten gräfliche Macht vor Ort. Und ohne ihre Dienste, für die sich die Ritter belohnen ließen, konnten die Oldenburger Grafen keine Fehde gewinnen. So kamen die Westerholter zu Grundbesitz auch in Stedingen.[25]

Die Allianz derer von Oldenburg und Westerholt, die sich während des Kampfes gegen die Stedinger gezeigt hatte, war nur von kurzer Dauer. Um 1270 begann Ritter Robert von Westerholte - in älteren Schriften häufig auch Rotbert genannt - „trotzig zu rebellieren".[26] Der eigentliche Grund für die Spannungen zwischen dem Junker und den Grafen ist unbekannt. An plausiblen Erklärungen mangelt es dagegen nicht. Da sind zunächst die Veränderungen im Umfeld. 1270 fiel Wildeshausen an das Bistum Bremen. Der Winkel dagegen blieb im Einflußbereich der Oldenburger Grafen. Möglicherweise erhofften sich die hiesigen Ministerialen unter einem fernen Krummstab größere Freiräume. Immerhin hatte der Erzbischof von Bremen seine zweifelhaften Ansprüche auf Wildeshausen mit weitreichenden Zugeständnissen durchsetzen können.[27] Zugleich dürften die Oldenburger - deren Zwistigkeiten nicht immer den Eindruck von Stärke und Geschlossenheit hinterließen - in jenen Jahren versucht haben, ihren Einflußbereich im Süden zu festigen. Dies mag dazu beigetragen haben, daß die Ritter über ihre Stellung in einem eher fragilen Machtgefüge ins Grübeln gerieten.[28] Auch ging in jenen Jahren die Macht von Graf Johann gerade auf seine Söhne Christian und Otto über. Möglicherweise hielten die Westerholter und die anderen Dienstmannen in Wardenberge, Tungeln oder Herbergen daher nun den Zeitpunkt für günstig, um sich gräflicher Herrschaft zu entledigen. Jedenfalls errichtete Robert von Westerholte mit Hilfe der stiftbremischen Dienstmannen Heinrich von Bremen und Lüder von Hude sowie der Grafen von Welpe und Bruchhausen nun die Burg Swippenberge, wie die Anlage zunächst hieß. Vermutlich wurde Robert dabei auch vom Erzbischof von Bremen unterstützt.[29] „Die treibende Kraft" dürfte Ludolf von Altbruchhausen gewesen sein.[30] Die Bruchhauser Linie des Oldenburger Grafenhauses verfügte über Lehnsbesitz auch im Wardenburger Raum. Luder von Herbergen, Wilhelm von Tunglo, Robert von Wardenberge - sie alle hatten in den Jahren vor 1270 einen Hof des Grafen Ludolf zu Lehen.[31]

Die Burg an der Lethe

Bei den Kleinburgen, die der oldenburgische Ministerialadel in jenen Jahren errichtete, handelte es sich meist um sogenannte Gräftenburgen. Das Innere einer solchen Burganlage maß kaum mehr als 30 mal 30 Meter.[32] Auf dieser Fläche drängten sich die Wohn- und Wirtschaftsgebäude, meist ein einfaches Bauernhaus und ein Speicher.[33] Die Bauten bestanden zunächst in der Regel aus Holz und Lehmfachwerk, die Dächer waren mit Reet oder Pfannen gedeckt. Im kühlen Keller des Speichers, dessen Fundament hier und da bereits aus Ziegelsteinen gemauert war, lagerte in Töpfen und Kannen die leichter verderbliche Ware.[34]

Im Speicher selbst dürfte u.a. Saatgut aufbewahrt worden sein. Ein innerer Graben umgab den Speicher, der nur über einen Holzsteg aus Bohlenplanken erreichbar war. Der Speicher galt als letzte Zuflucht, wenn marodierende Landsknechte alle anderen Schutzanlagen überwunden hatten: Der Steg wurde hochgeklappt und die schwere Eichentür verrammelt.

Um die gesamte Anlage zog sich ein äußerer Graben, wobei der Aushub zu einem Wall aufgeschüttet wurde. Dieser Wall war an einer Stelle für den Zugang - eine Zugbrücke - durchbrochen. Daneben umgaben Zäune oder auch Palisaden die Anlage. Ein wenig Schutz bot auch die Natur: Die Gräftenburgen lagen in den sumpfigen Niederungswiesen eines Flusses. Die Versorgung mit Trinkwasser war angesichts dieser Lage kein Problem.

Um eine ähnliche Burg wird es sich auch bei dem Bau gehandelt haben, der um 1270 an der Lethe errichtet wurde. Möglicherweise war sie auch ein wenig größer und stabiler. Mauern aus Stein allerdings hätten die Oldenburger Grafen, die dieses Treiben sicher argwöhnisch beobachteten, wohl kaum geduldet.[35] So werden die Westerholter neidvoll auf die Bauten in ihrem Bekanntenkreis geblickt haben; der Bremer Erzbischof handhabe diese Frage großzügiger und gestattete den Ministerialen Heinrich von Bremen und Lüder von Hude den Bau einer festen Burg.[36]

Die genaue Lage der Burg selbst hat zu vielen Spekulationen Anlaß gegeben. Bereits im vergangenen Jahrhundert gab Generalmajor Wardenburg - der übrigens aus dem Jeverland stammte und in Hatten aufwuchs[37] - seine These bekannt: „Auf dem linken Ufer der Lethe, westlich vom Dorfe Wardenburg, sieht man auf einer Wiese die Anhöhe, wo diese Burg gestanden hat. Die Festungswerke scheinen von bedeutendem Umfange und, nach dem Terrain zu urtheilen, zu damaliger Zeit von Erheblichkeit gewesen zu seyn" - so der Generalmajor, dem offenbar „noch zwey Pfähle einer ehemaligen Zugbrücke der Burg mitten in der Lethe gezeigt" worden sind.[38] Die Reste, die heute zutage gefördert werden, stärken wiederum die These von einer Burg auf der rechten Seite des ehemaligen Lethelaufes. Um in dieser Frage letzte Klarheit zu gewinnen, sind weitere Untersuchungen vonnöten.[39] Grundsätzlich war der Standort mit Bedacht gewählt: Hier hatte sich für damalige Verhältnisse ein kleiner Verkehrsknotenpunkt herausgebildet. In der Nähe der Burg bog vermutlich der Weg nach Westerholt von einem der Wege ab, die von Oldenburg ins Münsterland führten.

Das „Treffen" in der Tungeler Marsch

Zu den Wardenburger Höfen, die von Familien mit so bekannten Namen wie Willers oder Kortelang bewirtschaftet wurden, war also nun eine Burg gekommen.[40] Den Bau einer solchen Burg gleichsam vor ihrer Haustür mußten die Oldenburger Grafen bereits als Provokation empfinden. Doch dabei blieb es nicht. Robert von Westerholte fügte den Grafen und deren Untertanen „großen Schaden"[41] zu und zog am Ende gar mit seiner Schar gegen Oldenburg. Er eroberte den Ort, jedoch nicht die Burg.[42] Derart bedrängt, steckte Graf Christian III. von Oldenburg nun die Häuser nördlich von seiner Burg in Brand; sie sollten den Angreifern keinen Schutz bieten. Robert und seine Weggefährten sahen sich, vom Feuer und Rauch „übel geplaget", zum Rückzug gezwungen.[43] Der Graf rückte nun seinerseits mit seinen Burgmannen aus - ob sofort oder erst Monate später, ist offen. Jedenfalls standen sich Graf und Ritter, beide mit einer starken Streitmacht, bald darauf in der Tungeler Marsch gegenüber. Es kam „zu einem sehr ernsthaften Gefecht".[44] Mittelalterliche Chronisten haben die Namen zweier Gefolgsleute des Grafen notiert: „Das Reiterfähnlein in diesem Kampfe führte der mutige und tatkräftige Ritter Johann von Mansingen, das Banner des Fußvolkes trug Ritter Oltmann von Beverbäke. Beide kämpften so tapfer, daß ihr Ruhm in jener Gegend noch nicht verblaßt ist."[45] Für die Aufständischen nahm der Kampf einen ungünstigen Verlauf; etliche wurden erschlagen, andere suchten ihr Heil in der Flucht.[46] Der Graf setzte den Flüchtenden nach. 1272 stürmte er in den Bremer Dom, in dem einer seiner Gegner Zuflucht gesucht hatte, und nahm ihn gefangen - eine klare Verletzung des kirchlichen Asylrechts.[47] Für die anderen Ritter und Knappen um Robert von Westerholte endete der Kampf im Oldenburger Burgturm. Für Robert von Westerholte selbst ging die Sache eher glimpflich aus: Er wurde vermutlich schon bald freigelassen und starb einige Jahre später.[48] Der Graf verzichtete darauf, den Aufrührer des Landes zu verweisen oder seine Güter zu konfiszieren.[49] Ob Robert einflußreiche Fürsprecher hatte oder der Graf über politische Weitsicht verfügte - wir wissen es nicht. Mit dieser Niederlage sank für die Adelsgeschlechter im Raum Oldenburg die Aussicht auf größere Selbständigkeit. Die Grafen von Oldenburg dagegen festigten ihre Macht. Die Burg Swippenberge an der Lethe wurde zu einem ihrer Herrschaftszentren.[50] Nur wenige Jahre später gingen die Grafen daran, den an die Ritter ausgegebenen Lehnsbesitz zu registrieren.

Die Westerholter zeigten sich fortan als „treue Vasallen" des Grafenhauses.[51] Schon wenige Jahre nach dem Konflikt tauchen sie in den Urkunden als Zeugen auf.[52] Jene von Westerholt blieben mit ihren vergleichsweise umfangreichen Besitzungen bis in das 17. Jahrhundert hinein eine führende Adelsfamilie im Raum Oldenburg.[53] Die männliche Linie endete erst mit einem Duell, bei dem Anton Günther von Westerholt im Jahre 1707 sein Leben ließ.[54]

Die Kapelle „Unsere liebe Frau zur Wardenburg"

Kurz bevor jene von Westerholt mit ihren Gefolgsleuten die Niederlage in der Tungeler Marsch einstecken mußten, hatten die zu diesem Zeitpunkt noch sehr selbstbewußten Dienstmannen allem Anschein nach eine Kapelle nahe der von ihnen wohl schon geplanten Burg gegründet und ausgestattet. Wann genau diese Kapelle errichtet wurde, ist unbekannt. 1268 jedenfalls stand sie schon: In diesem Jahr ordnete der Bischof von Osnabrück an, daß der Rektor der Kirche von Westerburg der Kapelle zu Wardenburg jährlich eine Mark zu entrichten habe. Die selbst nicht gerade vermögende Mutterkirche zu Westerburg mußte also ihrer „Filiale" ein wenig auf die Beine helfen.[55]

Gut 50 Jahre später beanspruchte ein Sproß der Westerholter Familie namens Gerhard das Patronat der Kapelle zu Wardenburg für sich, allerdings ohne Erfolg - zum entscheidenden Prozeß gegen das Kloster Bersenbrück im Jahre 1320 fanden sich keine Zeugen ein.[56] Einige Jahre danach wird erstmals der Name der Kapelle erwähnt: „Sancta Maria". „Unsere liebe Frau zur Wardenburg", wie sie im Volksmund genannt wurde, stand bereits damals an der leicht erhöhten Stelle, an der sich auch heute die Wardenburger Kirche befindet. Die Kapelle wurde schon bald zu einem Ziel für unzählige Pilger.

Anmerkungen

[1] Hayen, Wallfahrtskapelle, 65.

[2] Vgl. Engelke, 149. Engelke geht davon aus, daß das Kirchspiel Westerstede (= Westerburg) um 1150 aus dem Verband des alten Desumgerichts ausgeschieden ist.

[3] Hierbei handelte es sich um Ludolf (später Bischof zu Münster), Wilhelm (Dompropst zu Osnabrück und Münster) und die Ritter Adolf und Wigbold.

[4] Vgl. Hayen, Wallfahrtskapelle, 67f.

[5] Einige Jahre später gelangte auch diese Vogtei in die Hand des Ritters von Eversten, der sie dann 1234 verkaufte; vgl. hierzu Osnabrücker UB II Nr. 316 sowie Old. UB V Nr. 95.

[6] Vgl. Osnabrücker UB II Nr. 102 oder Old. UB V Nr. 65. In der Urkunde vom 30. Juni 1218 wird erstmals der Ortsname „Wardenberge" erwähnt. Woher dieser Name kommt, hat bereits Dietrich Oltmanns zu beantworten versucht: Der Wortteil „berge" deute auf Sandhügel, auf denen das Dorf einst errichtet wurde. Schwieriger gestaltete sich die Deutung der Silbe „warden", die, so Oltmanns am Ende seiner Überlegungen, darauf verweise, daß auf diesen Hügeln „zwischen Hunte und Lethe verschiedene Besitzer eine oder mehrere ,Waren', also Anteile, hatten." Vgl. hierzu: Wardenburg - Wardenberge, in: NWZ vom 5. September 1970, Sonderbeilage ,700 Jahre Wardenburg', 13.

[7] Vgl. Osnabrücker UB III Nr. 586 und Old. UB II Nr. 164; vgl. auch Old. UB II Nr. 157, 158, 159 und 161 sowie Hayen, Wallfahrtskapelle, 70f.

Zu den beiden Rittern, die mehr raubten als schützten - „wie es leider heutzutage Sitte ist" -, vgl. Oncken, Lehnsregister, 16f.

[8] Vgl. Old. UB II Nr. 74.

[9] Vgl. Hayen, Wallfahrtskapelle, 68ff.; Osnabrücker UB III Nr. 41; Old. UB II Nr. 105, 106 und V 131. Der Pfarrer taucht 1256 in einer Zeugenreihe auf; vgl. Old. UB V Nr. 144. Von einem seiner Nachfolger wissen wir immerhin den Vornamen: Hinrich. Er hatte das Amt 1337 inne; vgl. Old. UB V Nr. 336. Weitere vierzig Jahre später heißt der Pfarrer von Westerburg Hermann Bebben; vgl. Old. UB V Nr. 468.

[10] Erwähnung verdient hier auch die Adelsfamilie von Eversten, die im 12./13. Jahrhundert die Vogtei über die Kirche zu Westerburg erlangen konnte; vgl. Hayen, Wallfahrtskapelle, 70; Old. UB II Nr. 74, 105, 157ff.; Old. UB V Nr. 65, 82 und 95. Im 14. Jahrhundert verfügten die von Eversten über Höfe in Hundsmühlen (vgl. Old. UB IV Nr. 623), Tungeln (vgl. Old. UB IV Nr. 696) und Astrup (vgl. StAO Best. 296-18-1, 41f.). Des weiteren müssen jene von Porsenberge hinzugerechnet werden.

[11] Vgl. Osnabrücker UB II Nr. 316; Old. UB II Nr. 74. Herbertus dürfte auch nach Ansicht von Last (102) aus dem Kirchspiel Wardenburg stammen.

[12] Vgl. Old. UB II Nr. 109.

[13] Vgl. Old. UB II Nr. 79; Oncken, Lehnsregister, 107.

[14] Vgl. Old. UB II Nr. 157.

[15] Vgl. Old. UB II Nr. 157 und 159.

[16] Vgl. Old. UB V Nr. 65.

[17] Vgl. Old. UB IV Nr. 263. Diese Familie, die sich bis ins 15. Jahrhundert hinein nachweisen läßt, verfügte über mehrere Höfe allein im Kirchspiel Wardenburg; vgl. Last, 104.

[18] Vgl. May, 702.

[19] Vgl. Last, 20 (Fußnote 86).

[20] Vgl. Old. UB II Nr. 66.

[21] Diese Vermutung äußert Diedrich Oltmanns, in: 700 Jahre Wardenburg, 25. Als Stammsitz gilt der Wellmann-Hof.

[22] Vgl. Last, 68. Last vermutet, daß die Führungsstellung der Familie zurückreicht in das 9.-11. Jahrhundert. Den Status der Familie bewerten Historiker unterschiedlich: Hillebrand (191) geht davon aus, daß die Westerholter dem Freienstand entstammten, weil sie nicht nur über Eigengüter, sondern auch über einen Haupthof zu Kleinenkneten, eine Mühle sowie fünf Erben als gräfliches Lehen verfügten. Unter ihren Eigengütern befand sich vermutlich auch ein Herrenhof. Über Herrenhöfe, die den Mittelpunkt der Grundherrschaft bildeten, verfügte im Oldenburger Raum nur ein kleiner Teil des Adels (vgl. hierzu Hillebrand, 197). Hillebrand

stützt sich auf das Oldenburger Lehnsregister (88f.) und das Osnabrücker Urkundenbuch (IV Nr. 54). Auch Last (106) nimmt eine freie Herkunft an. Dagegen vermutet Rüthning (vgl. Oldenburgische Geschichte, 154), daß die Westerholter zunächst dem unfreien Stand angehörten und als Dienstmannen die Güter des Grundherrn verwalteten.

[23] Vgl. Last, 104f.

[24] Vgl. Die Rasteder Chronik, 31.

[25] Vgl. Goens/Ramsauer, 15f.

[26] Die Rasteder Chronik, 37. Allerdings wird auch in der Rasteder Chronik das Jahr nicht ausdrücklich erwähnt. Der Autor der „Chronica van den groten daden der Graven van Oldenborch" ist der bislang einzige Verfasser einer älteren Schrift, der - hier auf Seite 47 - keinen Zweifel am Jahr 1270 hegt.

[27] Vgl. Hayen, Wallfahrtskapelle, 73f.; Haase, 125.

[28] Vgl. hierzu Lübbing, Oldenburgische Landesgeschichte, 44 und 46.

[29] Vgl. Sello, 132. Der Erzbischof von Bremen hatte bereits in früheren Jahren eine Fehde mit den Grafen von Oldenburg. Am 14. August 1262 schloß man nach langen Jahren des Streits Frieden. Auch Robert von Westerholte wird in der Urkunde erwähnt; vgl. Old. UB II Nr. 136.

[30] Last, 19f. und 35ff. Die Vermutung stützt sich auf eine Randnotiz in den Aufzeichnungen des Klosters Rastede. Einst gemeinsamer Besitz der Oldenburger, Wildeshauser und Bruchhauser Linie des Grafenhauses lag in jenen Jahren im Gemenge.

[31] Vgl. Oncken, Lehnsregister, 96ff.; Hoyer UB I, Erste Abteilung, Heft IV, 14ff.

[32] Dieser Platz war bei den ersten Gräftenburgen rund; vgl. Zoller, 30.

[33] Der Speicher trug in früheren Zeiten die etwas irreführende Bezeichnung „Bergfried"; vgl. Zoller, 31.

[34] Eine Grape, die nach Angaben von Heino Fangmann bereits von seinem Vater an der Lethe gefunden wurde, stammt aus dem späten Mittelalter, frühestens jedoch aus dem 14. Jahrhundert. Offen bleibt somit, ob dieses dreifüßige Gefäß bereits auf der Burg - vor ihrer Zerstörung 1342 - in Gebrauch war. Krüge dieser Art gehörten im späten Mittelalter zum Haushaltsgeschirr. Die näheren Angaben zu diesem Fund verdanke ich Heino Fangmann, Wardenburg, und Jörg Eckert vom Institut für Denkmalpflege in Oldenburg.

[35] Vgl. Zoller, 10 und 29ff.; Hellbernd/Möller, 14 und 278f. Zu den in dieser Zeit errichteten sogenannten „Gräftenburgen" gehörte die Burg Horn im Ammerland. Sie wurde von den Rittern Mule (auch: Muhle) angelegt und ging später in den Besitz derer von Westerholt über. Die

beiden Adelsfamilien pflegten gute Beziehungen.

36 Vgl. Oncken, Lehnsregister, 17.

37 Zu Wardenburg vgl. Biographisches Handbuch, 778ff.; Martens, Hatter Bilder-Chronik, 96.

38 Wardenburg, 178. Auch Sello (132) geht davon aus, daß die Burg „am linken Lethe-Ufer" erbaut wurde. Im Oldenburgischen Kalender von 1802 (Vogteibeschreibung) heißt es auf Seite 78: „Ein westseits am Ende des Dorfs bey der Koppel an der Lethe belegener Platz, heißt noch die Burg, und im Anfange des vorigen Jahrhunderts fand man daselbst Eisen und Gewehre."

39 Erich Martens aus Westerholt ist der Auffassung, daß die Burg sich im ehemaligen Lethe-knie befunden haben muß. Gemeinsam mit Heiner Fangmann förderte Martens hier vor der Lethebegradigung eine Bohle und etliche Scherben zutage (Gespräch am 18. Juli 1995). Heiner Fangmann erinnert sich, daß er in den 50er und 60er Jahren beim Baden in der Lethe häufiger auf Scherben stieß (Gespräch am 28. April 1994). Nach Ansicht von Heino Fangmann deutet dagegen ein Ring aus hellerem Sand links vom alten Lethearm auf einen zugeschütteten Burggraben (Gespräch am 10. März 1993). Auch in den Infrarotaufnahmen Nr. 8243/44 beim Landkreis Oldenburg (Untere Naturschutzbehörde) ist ein schwacher hellerer Ring von vielleicht 10 bis 15 Metern Durchmesser - nicht eben viel für eine Burg - auszumachen. Ohne weitere Untersuchungen läßt sich allerdings die Ursache für die Existenz dieses Ringes nicht benennen.
Die Ermittlung der genauen Burglage ist durch die Lethebegradigung im Jahre 1968 eher erschwert worden, weil dabei eine Menge Erdreich bewegt worden ist. Seither wurden laut Heino Fangmann Reste der einstigen Burg beiderseits des heutigen Lethelaufs gefunden. Bei einer Ortsbesichtigung am 9. Februar 1993 erinnerte sich Heino Fangmann an den Fund von Balken - Maße: jeweils etwa 25 cm mal 25 cm mal 200 cm -, die angespitzt waren und vermutlich in den feuchten Boden gerammt wurden, weil Graben wenig Sinn machte. Ein Foto aus dem Jahre 1972 zeigt Diedrich Oltmanns neben einem dieser Balken. Die Eiche, aus der ein solcher Balken gefertigt wurde, muß einem dendrochronologischen Gutachten zufolge um 1317 gefällt worden sein. Bei Balken von solchen Maßen, die in sumpfigen Gebieten gefunden werden, handelte es sich häufig um tragende Teile oder Palisaden (Gespräch mit Jörg Eckert vom Institut für Denkmalpflege am 23. Februar 1993).

40 Allein bei den Gütern der Grafen von Oldenburg-Bruchhausen in Wardenburg handelte es sich um mehrere Häuser; vgl. Oncken, Lehnsregister, 96ff.

41 Hamelmann, Chronicon, 128.

42 Vgl. Sello, 132.

43 Hamelmann, Chronicon, 129.

44 Von Halem, Bd. I, 258. Der genaue Ort dieses „Treffens" ist unbekannt. Es könnte mit Blick auf die Bodenverhältnisse ungefähr dort stattgefunden haben, wo später das Gut Hundsmühlen mitsamt einer Schanze entstand. Der Lethe-Übergang hatte sicher bereits im 13. Jahrhundert seine strategische Bedeutung; vgl. hierzu auch Sello, 126f.

45 Die Rasteder Chronik, 37f.

46 Vgl. u.a. Chronica, 47f.

47 Vgl. Rüthning, Oldenburgische Geschichte, 79. Graf Christian zeigte bald Reue: 1272 begründete er im Bremer Dom einen Altar des heiligen Petrus, stattete ihn aus und übertrug dem Domdechanten das Recht, die Vikarie zu besetzen; vgl. Old. UB II Nr. 153.

48 Am 2. November 1278 befindet Robert von Westerholte sich ein letztes Mal unter den Zeugen der Grafen von Oldenburg; vgl. Hoyer UB II, Dritte Abteilung, 48, sowie Old. UB II Nr. 166. Ein halbes Jahr später, am 9. Juli 1279, wird er als tot erwähnt; vgl. Old. UB V Nr. 186 und Sello, 133.

49 Das älteste Lehnsregister der Grafen von Oldenburg (vgl. Oncken, 88f.) verzeichnet für Wilhelm von Westerholt, den Sohn Roberts, u.a. einen Hof, ein Haus und eine Mühle in Kneten.

50 Vgl. Last, 19 und 105. Last schließt den Besitzerwechsel aus der Tatsache, daß das Oldenburger Salbuch auf Seite 46 eine „Rekognitionsgebühr für den Burgwall aufweist".

51 Hayen, Wallfahrtskapelle, 83. Bald darauf, im Jahre 1281, wagte ein gewisser Lüder Mundel in Stedingen erneut einen Aufstand. Hier zeigte der Graf weniger Milde. Mundel mußte mitsamt Anhang das Land verlassen; sein Besitz wurde vom Grafen konfisziert.

52 Vgl. beispielsweise Old. UB IV Nr. 325.

53 Vgl. Last, 61ff., 78f. und 105f. Im 14. Jahrhundert zählten die Westerholter nach Last zur Gruppe der rund 20 führenden Adelsfamilien in Oldenburg.

54 Vgl. hierzu 700 Jahre Wardenburg, 83. Erich Martens hat auf den Seiten 79ff. die Entwicklung derer von Westerholt nachgezeichnet.

55 Vgl. Osnabrücker UB III Nr. 366; Old. UB II Nr. 144; Hayen, Wallfahrtskapelle, 75.

56 Vgl. Hayen, Wallfahrtskirche, 74ff.; Old. UB II Nr. 144 und V Nr. 296. Das Kloster Bersenbrück behielt das Patronat und Besetzungsrecht sowohl über die Kapelle in Wardenburg als auch über die Mutterkirche in Westerburg bis zur Reformationszeit.

Wardenburg - ein mittelalterlicher Wallfahrtsort

Von frommen Gaben und frühen Geldgeschäften

In der Wardenburger Kirche - anfangs sicher noch ein schlichter Steinbau - befand sich über dem Hauptaltar ein kunstvolles, aus Holz geschnitztes Bild der Mutter Gottes mit dem Christuskind, angebetet von den Heiligen Drei Königen. In ihrer linken Hand hielt Maria ein kleines Modell der Kirche.[1] Das lebensgroße Bild wird erstmals 1388 erwähnt. Zu dieser Zeit erfreuten sich Marienbild und damit auch die Wardenburger Kapelle bereits eines einträglichen Rufes: Wunder sollen sich zugetragen haben - welcher Art ist nicht überliefert. Jedenfalls sprach sich die vermeintliche Wunderkraft schnell herum und mehrte bald das kirchliche Vermögen: In einer Mauernische neben der nördlichen Seitentür sollen die Gläubigen ihre Geldopfer niedergelegt haben.[2] Hinzu kamen fromme Schenkungen, die bereits in der ersten Hälfte des 14. Jahrhunderts verzeichnet wurden. Der ersten bekannten Schenkungsurkunde zufolge überließ ein Knappe aus dem Rittergeschlecht von Bremen der Kapelle im Jahre 1327 eine Rente von einem Malter Weizen. Die Gegenleistung: „an jedem Mittwoch, wenn es kein Feiertag ist" sollte für den Spender und seine Verwandten eine Messe gehalten werden.[3]

In der zweiten Hälfte des 14. Jahrhunderts schwoll der Spendenfluß an. Noch kamen die Schenkungen vor allem von ortsansässigen Rittern. Von ihrem frommen Tun erhofften sich die Spender Seelenheil für sich und ihre Nächsten. Alverich Schleppegrell und Heigen Porsenberge beispielsweise vermachten den vier Geistlichen der

Abb. 5   Diese Siegel der Kirche zu Wardenburg (hier: Gipsabdrucke) von 1397, 1485 und 1500 zeigen jeweils das Marienbild.

Kapelle den Zehnten von zwei Häusern in Littel; allerdings knüpften die beiden Stifter die Gabe an genaue Auflagen: Was wann von den Pfarrern zu zelebrieren war, wurde zeitlich genau festgelegt, und „nur Leibesnot entschuldigt die Abwesenheit, sonst erhält nichts, wer von den vier Herren fehlt."[4]

Mit den Jahren tauchen immer häufiger die Namen auch von Rittern aus anderen Landesteilen in den Kauf- und Schenkungsurkunden auf. Zu den Gönnern zählten schließlich auch die Landesherren, die Grafen von Oldenburg, sowie die Geistlichen selbst. So stiftete Robert Kortelang, Vikar am Altar des Apostels Johannes und einer der ersten, der uns in den alten Urkunden begegnet, „zu seinem und seiner Eltern Seelenheil einen halben Zehnten in Tungeln".[5]

Grundherren im Mittelalter I:
Die Grafen von Oldenburg

Im Jahre 1428 ließ der oldenburgische Drost Jakob von der Specken eine Aufstellung über die Güter und Gerechtsamen seines Dienstherrn, des Grafen Dietrich, anfertigen. Dank dieses Sal- oder Lagerbuches erhielt der Graf, zu dieser Zeit der größte Grundherr weit und breit, einen guten Überblick über seine Besitztümer. Der Grundbesitz bildete zu jener Zeit die wichtigste Einnahmequelle des Grafen. Und das Salbuch sollte den gräflichen Finanzbeamten die Vermögensverwaltung ein wenig erleichtern.

Abb. 6   Anton Günther und der Leibeigene (historisierende Genreszene von Arnold Cordes; zur Leibeigenschaft siehe auch Seite 44).

Allein im Kirchspiel Westerburg - im Salbuch noch Westerstede genannt und nach Westerburg, Wardenburg, Oberlethe und Tungeln gegliedert - verfügte der Graf über Einkünfte aus knapp zwei Dutzend Anwesen, über Fischereirechte in der Moorbäke ebenso wie über Nutzungsrechte an Ländereien und am Herberger Wald. Von den insgesamt 29 Eintragungen wurden 13 unter Westerburg/Astrup vorgenommen, sechs unter Wardenburg sowie jeweils fünf unter Herbergen (= Oberlethe) und Tungeln.

Bei der Benennung der Lage einzelner Güter oder Ländereien orientierte man sich an den zu dieser Zeit bekannten geographischen Fixpunkten. Ein Westerburger Hof lag beispielsweise nahe der Landwehr, die die zu jener Zeit recht unsichere Grenze zu Wildeshausen schützen sollte: „To westerstede vor der lantwere licht en hoff dat gherken hoff het und gift XII sware."[6] Tideke Schomaker aus Wardenburg lebte „vor den borchwal"[7] (Burgwall) und mußte zwei Schillinge geben. Bei den Abgaben handelte es sich meist um einige Schillinge oder beidseitig geprägte Dickpfennige („swaren"). Daneben wurden auch Naturalien abgeführt; so erhielt die Oldenburger Hofhaltung ein Schaf von einem Meier aus Wardenburg oder ein Rind von einem Leibeigenen aus Herbergen. In der Rubrik „offergelt to Westerstede" wurden jene Abgaben erfaßt, die zum Erhalt des baulichen Zustandes der Kirche erhoben wurden.[8]

Das Rektorat der Wallfahrtskapelle war ausgesprochen gut dotiert - die Einkünfte im hiesigen Pfarramt betrugen das Doppelte der Dekanate von Oldenburg oder Delmenhorst.[9] Wenn in Wardenburg eine Pfründe neu besetzt werden sollte, dann redete hin und wieder kein Geringerer als der Papst ein Wörtchen mit. Papst Martin V. bewilligte zum Beispiel in den Jahren 1418 und 1425 die Besetzung einer Stelle.[10] Und 1426 befreite er den neuen Rektor Hermannus Ruwe de Almelo auch gleich vom Makel unehelicher Abstammung („defectu natalium").[11] Papst Eugen IV. verfuhr ähnlich, so beispielsweise im März 1446 auf Antrag von Rotgher Belham, Vikar in der Wardenburger Kapelle. In der Regel entstammten die Geistlichen jedoch nicht nur, wie erwünscht, einer ehelichen Geburt, sondern auch besseren Kreisen.[12]

Die eigentliche Seelsorge blieb einigen wenigen Geistlichen vorbehalten. Die meisten der Vikare werden sich auf die Meß- und Gebetsdienste an einem der Nebenaltäre konzentriert haben. Daneben waren sie als Schriftkundige für allerlei Weltliches wie Testamentserrichtungen zuständig.[13] Die Studierten unter den Geistlichen waren zu jener Zeit noch eindeutig in der Minderzahl. Allerdings fällt auf, daß sich schon 1383 ein gewisser Mathias aus „Wardenborch" an der ersten deutschen Universität in Prag zum Studium anmeldete.[14] Ob Priester aus Wardenburg Lateinkenntnisse für das Lesen der Messe oder Notenkenntnisse auch an der Schule des Domkapitels in Bremen erlernt haben, ist fraglich. Fürs erste mußten sich viele wohl mit dem Rüstzeug begnügen, das ihnen auf einer der nahen Stiftsschulen vermittelt worden war.[15]

Im Jahre 1424 verrichteten bereits vier Vikare ihren Dienst in der Wardenburger Kirche. Erst fünfzig Jahre später erteilte Bischof Konrad zu Osnabrück Graf Gerd die Erlaubnis, eine weitere Vikarie „mit ewigen Einkommen und Renten" zu stiften.[16] Das Ansinnen des Grafen kam nicht von ungefähr: Mit seinen räuberischen Umtrieben hatte er sich zahlreiche Feinde gemacht; nun schien ihm himmlischer Beistand vonnöten, um das Gröbste abzuwenden. Doch seine guten Absichten halfen ihm wenig, und so verzichtete er auch darauf, sein Versprechen einzuhalten. Eingelöst wurde das Gelübde Graf Gerds Jahre später von seinem Sohn, Graf Otto.[17]

1485 war der Andrang „frommer Christenmenschen" derart groß, daß Graf Otto von Oldenburg und Delmenhorst einen weiteren Altar errichtete. In Gesprächen mit dem Baumeister Hinrik Rikberdes und anderen verständigte man sich auch darauf, eigens einen des Orgelspiels kundigen Priester anzustellen, um täglich eine Messe für all jene halten zu können, die zum Gnadenbild wallfahrteten.[18] Die Wallfahrt erreichte nun ihren Höhepunkt; sieben Priester „hatten alle Hände voll zu tun".[19] Anfang 1492 trat mit Hermann Krito, dessen wissenschaftliche Qualfikation eigens hervorgehoben wurde, ein weiterer Geistlicher seinen Dienst an.[20] Wenn man voraussetzt, daß an jedem Altar mindestens ein Geistlicher angestellt war, erscheint die Vermutung, daß zur Blütezeit „8 bis 10 Geistliche gleichzeitig in dem Gotteshause tätig gewesen sind", keineswegs abwegig.[21] Im Ort herrschte Pilgerbetrieb fast rund um die Uhr, und so verkündeten die Priester Gottes Wort gleichsam im Schichtdienst.

Die Gläubigen haben die Messe vermutlich stehend vernommen; sollten Sitzgelegenheiten vorhanden gewesen sein, so waren sie sicher Auserwählten vorbehalten.[22] Immerhin: Unterschiedslos vernahmen alle den Klang einer Orgel - und welche Kirche konnte sich das schon leisten.[23] Auch ließ ein grünes Kupferdach den Reichtum weithin sichtbar werden. Kurzum: Die Kapelle Unserer lieben Frau in Wardenburg galt als „eine der schönsten im Lande".[24]

Verwaltet wurde das stetig wachsende Kirchenvermögen von einigen Vertrauensmännern der Gemeinde, die anfangs meist Ratleute, dann Baumeister, zwischendurch Vorsteher und schließlich Kirchgeschworene genannt wurden. In der ersten Zeit handelte es sich vornehmlich um begüterte Eingesessene, um Adlige wie Robe von Porsenberge oder Ryppe von Westerholte. Später bekleideten meist Bauern mit Grundbesitz dieses Amt. Von ihnen wurde erwartet, daß sie in Sachen Freigebigkeit anderen vorangingen.[25] Die nach unbekanntem Modus Erwählten gingen mit dem Klingelbeutel durch die Reihen, verwahrten die Kirchenschlüssel und hielten die Gebäude instand.[26] Einige der Wardenburger Kirchgeschworenen blieben über Jahrzehnte im Amt; Robeke Barlemann brachte es sogar auf 31 Jahre.[27]

Grundherren im Mittelalter II: Kloster Blankenburg

Über umfangreiche Besitzungen an Hunte und Lethe verfügte vor der Reformation neben der Wardenburger Kapelle und dem Grafenhaus auch das Kloster Blankenburg. Die Schwestern erwarben alten Urkunden zufolge ansehnliche Güter nebst Leibeigenen vor allem in Westerholt und Littel. Allein in Westerholt handelte es sich um mehrere Meierhöfe.[28] Sie verfügten außerdem über

Renten, die auf dem Gut Hundsmühlen,[29] einem Hof in Tungeln[30] und auf einem fruchtbaren Fleckchen Erde zwischen Hunte und Lethe[31] ruhten. Hinzu kam die Hälfte eines Rechts am Herberger Wald.[32] Den Zehnten konnten sie zumindest anteilig in Astrup,[33] Hundsmühlen,[34] Tungeln,[35] Westerholt und Wardenburg[36] erheben.[37]

Die Beziehungen zwischen dem Kloster Blankenburg und dem Kirchspiel Wardenburg beschränkten sich nicht auf Liegenschaften oder Zehnten. Ein Zehnthof in Astrup, der 1370 vom Kloster erworben wurde, diente offenkundig zur Unterhaltssicherung der Nonne Margarete Grans. Sie war die erste Frau aus dem Kirchspiel Wardenburg, die ins nahe Kloster ging.[38] Daneben wurden mehrere weibliche Familienangehörige aus dem Hause derer von Westerholt im späten Mittelalter im Kloster aufgenommen. Unter den Glaubensschwestern des 15. und 16. Jahrhunderts findet sich häufiger der Name Westerholte. Die Priorisse Heilwig Westerholte regierte sogar ausgesprochen lange; über mehrere Jahrzehnte hinweg wird sie immer wieder urkundlich erwähnt. Daß die Töchter aus Adelsfamilien ins Kloster gingen, war seinerzeit durchaus üblich. Insbesondere für alleinstehende Frauen waren standesgemäße Alternativen rar. Die körperliche Arbeit im Kloster Blankenburg überließen die Dominikanerinnen übrigens Leibeigenen, die sie kauften oder sich von jenen schenken ließen, die sich Seelenheil erhofften.[39]

Von der Hofstelle in Wardenburg bis zum Garten in Astrup, vom Hof in Tungeln mit allen Leuten bis zum Waldanteil in Oberlethe - dank der frommen Gaben der Wallfahrer verfügten die Kirchgeschworenen und Vikare nicht nur über die eine oder andere Liegenschaft.[40] Als noch einträglicher erwiesen sich schon bald die reinen Geldgeschäfte. Die Bauten waren in bestem Zustand, die Vikariate gut dotiert, die Armen versorgt - und der Zustrom der Pilger und damit der Gelder nahm kein Ende. Da traf es sich gut, daß die Oldenburger Grafen hin und wieder eine kostspielige Fehde führten. Sie machten also häufiger eine Anleihe.[41] Zur Sicherheit ließen sich die Kirchgeschworenen dann zum Beispiel den Zehnten von einem Hof überschreiben. Die Rente von gleich acht Gütern - darunter zwei in Tungeln und eins in Wardenburg - ging an die Kapelle, weil deren Baumeister 1456 dem Grafen Moritz 130 Bremer Mark überließen.[42] Wiederholt wurde auch sein Bruder Gerd in Wardenburg vorstellig. Oft behielten sich die Schuldner einen Rückkauf vor - allerdings sind kaum Fälle überliefert, in denen sie von dieser Möglichkeit Gebrauch gemacht haben. Tief in der Kreide stand vor allem Graf Gerd; er und seine Söhne mußten 1483 gleich das ganze Dorf Littel mit allem Drum und Dran für einen nicht genannten Preis an die Kapelle abtreten.[43] Erst mit Beginn des 16. Jahrhunderts endeten die „mittelalterlichen Bankgeschäfte"[44] der Wardenburger Kapelle. Ein letztes Mal lieh sich der junge Graf Johann 1523 - die Reformation und günstige Konditionen vor Augen - 50 Rheinische Gulden in Wardenburg.[45]

In den letzten zwei Jahrzehnten vor der Reformation gingen die Kirchgeschworenen verstärkt dazu über, Sachgüter zu erwerben. 1511 kauften sie für 220 Gulden das
ganze Gut des Knappen Berndt van dem Berge mitsamt einer Mühle, den Meiern und
Knechten. Der Zeichnung der Kaufbriefe wohnten gleich acht Ratsmänner aus Wildeshausen bei.[46] Acht Jahre später verkaufte der Drost von Delmenhorst, Wildeshausen und Harpstedt den Wardenburgern die Moorbäke und eine Wassermühle.[47]
Güter der Familie Schlepegrelle, gelegen in Tungeln und Donnerschwee, kamen einige Monate später hinzu.[48] Und noch 1524, kurz vor der Reformation, erstanden die
Kirchgeschworenen für 380 Rheinische Gulden drei Güter des Knappen Jost Barnefuer im Kirchspiel Wardenburg.[49]

Im Jahr darauf zog es den Vikar Simon Kistenmaker ins niederländische Deventer.
Nach diesem Wechsel, von dem er sich bessere berufliche Perspektiven versprochen
haben dürfte, sorgte er sich allerdings um Telke Klankers, seine ehemalige Magd. Er
verfügte, daß Telke sein Haus in Wardenburg bis ans Ende ihrer Tage bewohnen
durfte. Und nicht nur das: Simon überwies der Kapelle zusätzlich zwölf Gulden für
den Fall, daß Telke arm oder gebrechlich werden sollte. Sie scheint allerdings bald
darauf gestorben zu sein. Schon vier Jahre später erhielt Nikolaus Vaget das Haus.[50]
Der neue Vikar des Altars der Heiligen Drei Könige spielte während der Reformation in Wardenburg eine entscheidende Rolle.

Die bittere Klage eines Augustiners

Anfang des 16. Jahrhunderts nahm Johannes Schiphower, Leiter der oldenburgischen Außenstelle eines Augustiner-Konvents und gelegentlich Diplomat in
Diensten des Grafen, die hiesige Geistlichkeit unter die Lupe. Der Augustiner
beklagte sich bitter „über die Dummheit der Oldenburger Geistlichen, die
kaum das Requiem zu singen verstehen, und in ihrer Eselei beharrend, sich
doch für bedeutende Männer halten. Man kann es kaum glauben, mit welchen
Irrtümern und Märchen sie in ihren Predigten das Volk unterhalten. Gleicher-
maßen anstößig ist ihr Lebenswandel. Sie verstehen sich besser auf Becher als
auf Bücher, sitzen in den Wirtshäusern, huldigen dem Spiel und dem Venus-
dienst und nennen sich Priester!" Und das ging dem biederen Klosterzögling,
dessen Beobachtungen man sicher nicht verallgemeinern sollte, dann doch zu
weit.[51] Dennoch: Immer deutlicher zeigte sich, daß die Kirche reformbedürftig
war - ein guter Nährboden für neues Gedankengut.

Neue weltliche Herren

„Als die Reformation kam, sahen die staatlichen Behörden mit Aufmerksamkeit und
begehrlichen Blicken auf die zahlreichen Kirchengüter der Pfarren".[52] Graf Anton I.
jedenfalls nutzte die Gunst der Stunde, um Besitz von der Kirche in Wardenburg zu

ergreifen, die bis dato zu den bischöflich-osnabrückischen Kirchen gehörte. Er erhob die Kapelle in Wardenburg kurzerhand zur Pfarrkirche und kappte die Beziehungen zu ihrer Mutterkirche Westerburg. Wardenburg blieb damit eine der wenigen Kapellen, die weiterhin bestanden.[53] Fortan führten die Landesherren uneingeschränkt das Regiment; der Graf besetzte nun die Pfarre in Wardenburg. Die Pfarrer sollen übrigens über diese Entwicklung keineswegs unglücklich gewesen sein, war doch das Zölibat nun für sie aus der Welt (es war ohnehin gerade auf dem Lande häufiger ignoriert worden; Priesterkinder waren keine Seltenheit).[54] Auch beließ Graf Anton altgläubige Pfarrer bis zu ihrem Tod im Amt.[55]

Wie die ländliche Bevölkerung auf die neue Lehre reagierte, ist kaum bekannt. Vermutlich stand man in Dörfern wie Wardenburg dem Ganzen etwas reservierter gegenüber als in den Städten.[56] Die neuen deutschsprachigen Kirchenlieder - von vielen Laien als die eigentliche Neuerung begrüßt - dürften kaum vor dem Ende der zwanziger Jahre, wahrscheinlich jedoch erst Anfang der dreißiger Jahre des 16. Jahrhunderts erstmals in der Kapelle angestimmt worden sein.[57]

Akzeptanzprobleme gab es - wie nicht anders zu erwarten - auf katholischer Seite. Das Kloster Bersenbrück präsentierte zwar 1545 in einem gleichsam symbolischen Akt erneut einen Geistlichen für die verwaiste Pfarre in Westerburg.[58] Am Ende jedoch beließ man es südlich der neuen Konfessionsgrenze bei der Erkenntnis, daß die Kirche nun mal „von Ketzerei infiziert" sei.[59] Innerhalb weniger Jahrhunderte hatte sich somit ein für die weitere Entwicklung bedeutsamer Wandel vollzogen: „Westerburg sank zu einer einfachen Bauerschaft herab",[60] während Wardenburg zum vorherrschenden Kirchdorf wurde. Den Westerburgern blieben die Küsterei, die später die Schule beherbergte, und der Friedhof.

Für die Kirche in Wardenburg standen auf der Sollseite der Verlust des alten Ansehens und - schmerzhafter noch - eines Großteils des Vermögens. Es waren vor allem die Ländereien, die Graf Anton einzog - und kaum eine Kapelle hatte größeren Landbesitz als die von Wardenburg.[61] Eine entscheidende Rolle bei diesem Transfer dürfte jener Nikolaus Vaget gespielt haben, der - wie erwähnt - 1529 das Haus in Wardenburg bezogen hatte, welches Simon Kistenmaker einige Jahre zuvor seiner Magd Telke Klankers vermacht hatte. Vaget, ursprünglich katholischer Geistlicher, war inzwischen sowohl Vikar am Hauptaltar der Kapelle als auch Kanzler und Berater von Graf Anton in weltlichen und kirchlichen Dingen.[62] Kurzum: Vaget war rechte Hand und verlängerter Arm des Grafen. Es bedurfte nur eines knappen Jahrzehnts, bis die kirchlichen Güter sich überwiegend in weltlichem Besitz befanden und die Marienkapelle kaum mehr war als eine gewöhnliche Dorfkirche. Und zweifelsohne hat Vaget, „der das Kirchengut als gute Beute ansah" und andernorts „keine Glocke im Turme hatte hängen lassen",[63] sich in der Folgezeit auch in Wardenburg bereichert. Glaubt man dem Kirchenhistoriker Schauenburg, dann herrschte hier insbesondere nach der Münsterschen Fehde von 1538 eine Art Selbstbedienungsmentalität vor: „Jeder hat zum Pfarrland gegriffen. Der Diekenkamp ist von einem Meßpfaffen seiner Tochter zur Mitgift gegeben. Der Kanzler hat allerlei Kirchenland inne, auch der gnädige Herr allerlei Gelder."[64]

Die Münstersche Fehde von 1538

Für die hiesige Kirche blieb es nicht beim Verlust von Besitz und Bedeutung; sie sollte noch ärger in Mitleidenschaft gezogen werden. Im Januar 1538 „wurde alle Welt von großer Furcht ergriffen."[65] Der Hintergrund: Seit 1482 - damals wurde der unruhige Graf Gerd von seinen Gegnern mit Waffengewalt in seine Grenzen gewiesen - befand sich die Grafschaft Delmenhorst im Besitz des Bistums Münster. In der Folgezeit wurde sie zu einem Zankapfel zwischen dem Grafen von Oldenburg und dem Bischof von Münster. Nun drohte der Streit zu eskalieren. Beide Seiten warben eiligst Landsknechte. Etliche Fähnlein warteten bereits in und um Oldenburg auf ein Zeichen.

Im Mai begann, was Bauern und Bürger so fürchteten: Eine „zügellose Soldateska"[66] unter Befehl von Graf Christoph fiel plündernd und brandschatzend erst in Delmenhorst und dann im Hochstift Münster ein. Lange Zeit herrschte im Oldenburger Grafhaus Zwietracht - nun hielten Georg, Anton, Christoph und Johann zusammen. Mit rund 12.000 Landsknechten gingen sie auf Raubzug. Die Menschen in Cloppenburg, Löningen, Haselünne, Meppen oder Wildeshausen waren diesem Treiben schutzlos ausgeliefert. Bischof Franz von Münster sammelte derweil rund 20.000 Ritter und Knechte um sich, darunter Landsknechte aus dem Hessischen, gestärkt vom Proviant aus Bremen.[67] Die Oldenburger wichen zurück, zerstörten noch die Pfarrkirche in Vechta, raubten, was nicht niet- und nagelfest war und verschanzten sich schließlich bei der Landwehr zu Westerburg. Anfang Juli 1538 standen sich hier Tausende von Landsknechten gegenüber. Dem Ansturm der überlegenen bischöflichen Truppen hielten die Oldenburger nicht lange stand. Als die Münsterschen in ihrer Flanke nahe Astrup auftauchten, zogen die Oldenburger es vor, Schutz hinter ihren Stadtmauern zu suchen. Johann von Raesfeld, dem der Bischof die Führung über das Heer übertragen hatte, setzte nach. „Die Dörfer Astrup und Tungeln, die er dabei berührte, gingen in Flammen auf, und das etwas nördlicher gelegene gräfliche Vorwerk Hundsmühlen am linken Ufer der Lethe wurde in Brand geschossen."[68] In einer zeitgenössischen Chronik heißt es, Tungeln sei „erbärmlich in die Aschen gelegt"[69] worden. Das gleiche Schicksal ereilte Littel und - ebenfalls nach vorheriger Beschießung - die Westerburg.[70] Rinderhagen auf der anderen Seite der Hunte wurde derart verwüstet, daß kaum mehr etwas übrig blieb. Die Einnahme Oldenburgs erwies sich allerdings als zu schwierig. Und für eine Belagerung reichte der Proviant nicht.

Den Preis zahlte nun die Bevölkerung rund um Wardenburg: Hier ließ der münstersche Heerführer Lager beziehen. „Da er seine Söldner nur durch Raub ernähren konnte, ließ er von hier aus Raubzüge durch Streifscharen unternehmen."[71] Auf diese Weise wurde seinerzeit ein Heer im Krieg versorgt. Und die Landsknechte, angesichts eines schlechten Solds ohnehin unzufrieden, nutzten die Gelegenheit. Selbst in der weiteren Umgebung wurde geplündert. Bald zwei Wochen mögen die Landsknechte ihr Unwesen getrieben haben. Dann entschloß sich Johann von Raesfeld zum Abzug und ordnete in Wardenburg eine Musterung seiner Landsknechte an.

„Diese machte viel Schwierigkeit. Desertionen waren nichts Seltenes, und die Mannschaften, die aushielten, stellten ihren Hauptleuten schwere Bedingungen, unter denen allein sie weiter dienen wollten."[72] Unmittelbar vor dem Aufbruch durften sich die Landsknechte offenbar noch einmal gründlich austoben: Ganz Wardenburg ging „nebst der dortigen schönen, mit Kupfer gedeckten Kirche in Feuer auf. Das daselbst befindliche wunderthätige Marienbild aber, nach welchem die Gläubigen jener Zeit häufig wallfahrteten, ward gerettet".[73] Nur ein kleiner, nach Westen gelegener Teil der Kirche blieb stehen. Und noch etwas überstand diese Gewaltorgie am 19. Juli 1538: der Glockenturm. Die sieben Glocken wurden dagegen mitgenommen; sie sollen später in Bremen verkauft worden sein.[74]

Über Oberlethe zogen die Münsterschen ab, um gegen Apen vorzurücken. Den Oldenburger Grafen schienen inzwischen Verhandlungen ratsam; ein Vergleich, Friede zu Wildeshausen genannt, bewahrte sie am Ende vor größeren Unannehmlichkeiten. Die Wardenburger Bevölkerung kehrte nun in ihr zerstörtes Dorf zurück - soweit sie sich vorher in Sicherheit gebracht hatte.

Das Feuer in der Wardenburger Kirche soll übrigens von Heinrich Schade, Drost zu Wildeshausen, entfacht worden sein. Er verwüstete mit seinem Schwert zunächst das Innere der Kirche und schleuderte eine Brandfackel ins Gotteshaus. Dafür aber wurde er vom Allmächtigen - glaubt man der Überlieferung - auf der Stelle hart gestraft: Er soll eine Zeitlang „übel bei sinnen gewesen"[75] sein, ja man habe ihn auf einen Wagen binden müssen. Dort soll er wutschnaubend die Sprossen aus der Leiter gebissen haben - fortan sprach man im Land vom Wardenburger Gottesgericht.

Ein neuer Anfang

Vom alten Glanz der Wardenburger Kirche war wenig geblieben. Das meiste hatten sich der Graf und sein Kanzler angeeignet, den Rest die Münsterschen geplündert. Und auch manch Wardenburger wird die Wirren genutzt haben, um das eine oder andere ebenfalls in Privatbesitz zu überführen. Der erste lutherische Prediger, Jakob Drentwedius, wurde noch 1538 nach Schortens abberufen. Kirche und Pastorei standen nun „eine Zeit lang desolat".[76] Johannes Wandscherer trat vermutlich erst Jahrzehnte später seinen Dienst als neuer Pastor an. Da Kirche und Pfarrhaus zerstört waren, fanden die Gottesdienste vorerst im Freien oder in einem der Bauernhäuser statt.[77]

1578 wurde aus dem unzerstörten Teil der alten Kirche binnen Jahresfrist ein schmuckloser Bau, der keinem Vergleich mit der Kapelle von einst standhielt. Die Beschaffung der Materialien oder die Erdarbeiten erfolgten bei solchen Bauten in der Regel durch Hofdienste. „Die Leute mußten bestellt werden und stellten sich, vor allen wenn ihnen der Bau nicht paßte, widerspenstig."[78] Ob dies auch in Wardenburg der Fall war, läßt sich heute nicht mehr feststellen. Die finanziellen Mittel waren vermutlich begrenzt. Jedenfalls ließ die Handwerksarbeit wohl sehr zu wünschen übrig.

Die baufällige Kirche

Die brüchige Substanz des 1578 errichteten Kirchenbaus bereitete den Wardenburgern im Laufe der nächsten beiden Jahrhunderte einige Sorgen. Immer
wieder fielen Reparaturen an. Ein Blick in alte Kirchenrechnungen zeigt, daß
häufiger das Dach erneuert oder die Uhr überholt werden mußte.[79] Bei der Visitation im Jahre 1656 befanden die Kirchenprüfer das Gotteshaus für zu klein
- es paßten nicht alle „Mannsleute" hinein. Auch waren Kirche und Glockenturm in einem traurigen Zustand; die Kommission beschloß die Reparatur der
Gebäude und verfügte bei dieser Gelegenheit auch gleich die Anschaffung eines
Halseisens.[80] 1703 wurde der baufällige Kirchturm schließlich Opfer eines hef-
tigen Sturms. Fünf Jahre später wurde der Turm neu errichtet - er fiel allerdings
wesentlich kleiner als zuvor aus.[81]

Als im Jahre 1714 Pastor Frisius in der Gemeinde sein Amt antrat, hielt er
den Zustand der Kirchengebäude fest: „Nicht nur das Kirchendach war gantz
verfallen, daß man bey regnigtem Wetter nicht einmahl trocken vor dem Altar
stehen konnte. ... Das Pfarrhauß sahe nicht anders aus alß eine elende Bauern-
hütte. Man mußte bei regnigtem Wetter schon fleißig suchen einen Ort anzutreffen, da man zu nachtzeiten konnte trocken liegen, wie denn Pastor mehr als
einmal ein Stück Bette zu sich nehmen, seine Ruhestelle verlassen und irgenwo
einen Raum auf der Erde vor dem Regen sicher zu sein suchen müssen. ... Die
Fenster waren nach der alten Mode aus runden Scheiben und so übel verwah-
ret, daß bey geringstem Wind das Licht nicht brennen konnte. Die Wände waren gleichsam mit schwartz gelber Farbe angestrichen. In der eigentlichen Stube
waren gar die Wände ausgefallen und der von Steinen darin geschlagene Fußboden voll tiefer Gruben. Der Garten lag gantz wüste indem der Zaun danie-
dergerissen und derer Nachbar Schweine ihre Weide darin suchten."[82] Einige
Jahre später wurde dieses Pfarrhaus ein Raub der Flammen.

Gegen Ende des 18. Jahrhunderts führte eine Bestandsaufnahme durch un-
parteiische Sachverständige erneut zu einer umfangreichen Mängelliste. Die
Kirche war nach wie vor baufällig, ja man fürchtete nun sogar um die Gesundheit der Kirchgänger. Im ganzen Herzogtum, so die Gutachter, gäbe es keine
Kirche, die derart verfallen sei.[83]

Einige Monate nach Errichtung des neuen Gotteshauses führte die Visitation den
ersten lutherischen Superintendenten, Hermann Hamelmann, wohl nicht zufällig
zuerst ins nahe Wardenburg. Hamelmann hatte als Verfasser der neuen Kirchenordnung mit seinen Sätzen bei den Wardenburgern die Hoffnung geweckt, sie würden
einen Teil des eingezogenen Kirchenguts zurückerhalten.[84] Die Wardenburger präsentierten ihm nun - nach dem Tod von Graf Anton I. - eine genaue Aufstellung ihrer Ansprüche. Von ihren Wiesen - einst ein gutes Dutzend - waren der Kirche ganze

Abb. 7   Die Wardenburger Marienkirche um 1910. Bis zur Renovierung in den Jahren von 1958 bis 1960 zeichneten sich im Putz an der Südseite der Kirche noch deutlich die Stufen einer Außentreppe ab, über die in früheren Jahrhunderten vermutlich ein „Kirchenstuhl" erreicht werden konnte, der sicher einem ausgewählten Kreis von Kirchspielbewohnern vorbehalten blieb.

zwei geblieben. Nicht viel besser sah es bei den Zehnten und Renten aus. Darauf deuten Vermerke wie „zur Westerburg gelegt" oder „bekommt unser gnädiger Herr".[85] Doch in den nächsten Jahrzehnten geschah kaum etwas: Bei der Visitation im Jahre 1611 gaben die Wardenburger ihren Anspruch erneut zu Protokoll. Immerhin beauftragte Graf Anton Günther nun den Magister Hermann Velstein, die ehemaligen Vermögensverhältnisse der Wardenburger Kirche näher zu untersuchen. 1614 präsentierte Velstein das Ergebnis: Es sind jene Urkunden über Wardenburgs katholische Zeit, die uns heute eine Vorstellung vom einstigen Reichtum der hiesigen Kirche vermitteln.[86]

Die Erinnerung an bessere Tage blieb in Wardenburg offenbar lange wach. Am 15. Mai 1656 statteten die Visitatoren dem hiesigen Kirchspiel erneut einen Besuch ab. Die Bewohner versammelten sich auf dem Kirchhof. Auch sie sollten einen Beitrag zur notwendigen Reparatur der Kirche leisten: Vollbauern sollten einen Reichstaler aufbringen, Halbbauern einen halben Reichstaler, Köter 18 Groschen und Häuslinge 12 oder 9 Groschen. Doch so ganz überzeugt waren die Wardenburger Kirchspielleute nicht: „Vorsichtig erklären sie, es solle aber nicht zu Papier gesetzt und eine Gerechtigkeit daraus gemacht werden." Dieses Zögern wertet der Kirchenhistoriker

Schauenburg wie folgt: „Offenbar liegt also hier die Rechtsanschauung zu Grunde, daß die Gemeinde das Fehlende für den Bau nicht pflichtmäßig, sondern nur aus freien Stücken aufzubringen habe. Vielleicht hielt man in Wardenburg, wo Kirchengut eingezogen, den Grafen für den Pflichtigen."[87]

Manch ein Gläubiger ließ es sich übrigens auch nach der Reformation nicht nehmen, nach Wardenburg zu pilgern. Noch bei der Kirchenvisitation im Jahre 1611 berichteten die Kirchgeschworenen von Pilgern aus dem Stift Münster; im Protokoll findet sich der Zusatz: „bekommen aber nichts".[88] 1655 boten wohlhabende Münsteraner einen guten Preis für das Marienbildnis, doch die Wardenburger winkten ab. Noch Mitte des 18. Jahrhunderts soll es dem Küster untersagt worden sein, einen Vorteil aus dem Besuch der Andächtigen zu ziehen.[89] Ende des 18. Jahrhunderts verliert sich auch die Spur des Marienbildes, mit dem einst die Blütezeit Wardenburgs angefangen hatte. Im Laufe der Jahrhunderte hatte es sehr gelitten: „der rechte wundertätige Arm ist von den Würmern ganz verzehrt."[90] 1793 wurde es vermutlich bei Renovierungsarbeiten entfernt.[91] Die beiden Glocken, die Meister Sebald Groning von Erfurt 1589 anfertigte, sind ebenfalls nicht mehr vorhanden: Eine von ihnen ist Anfang des vergangenen Jahrhunderts geborsten und wurde 1807 zu einer neuen Glocke umgegossen.[92]

Abb. 8   Diese Glocke, die der Erfurter Glockengießer Sebald Groning 1589 für die Wardenburger Kirche anfertigte, befindet sich heute im Glockenmuseum der Stadt Gescher (Münsterland).

Die Leibeigenen

Der An- und Verkauf von Leibeigenen ist fester Bestandteil in vielen mittelalterlichen Urkunden. Häufiger wurden sie mit dem Hof, auf dem sie arbeiteten, einem neuen Besitzer überschrieben. Ein frühes Beispiel: Im Jahre 1324 verpfändete Graf Konrad von Oldenburg einige seiner Güter mitsamt den Leuten kurzerhand an seinen Onkel, den Edelherrn Rudolf von Diepholz. Dabei wechselten unter anderem die Meier Dietrich (Astrup) und Abelin Lucine (Westerburg) den Besitzer.[93]

Den Verkauf gleich mehrerer Leibeigener mit allen Rechten und allem Zubehör siegelte auch Cord Holling, Amtmann auf der Westerburg, im Jahre 1402. Neuer Besitzer wurde Heige von Bolland, der in jenen Jahren Leibeigene tauschte „wie Sachen".[94] Ähnlich muß sich eine Magd aus Astrup, genannt Bückings Tochter, vorgekommen sein: Sie wurde zwischen dem Knappen Rembert Barnefuer, dem Kloster Blankenburg und dem Abt von Rastede regelrecht hin- und hergereicht.[95]

Leibeigene standen in einem persönlichen Abhängigkeitsverhältnis und waren zahlreichen Beschränkungen unterworfen. So mußte der Grundherr einwilligen, wenn Leibeigene heiraten wollten. Eine Leibeigene des Klosters Blankenburg, die nach Westerholt ziehen wollte, um zu heiraten, konnte sich 1379 gegen zwei Mark Silber freikaufen.[96] In den folgenden Jahrhunderten machten Leibeigene offenkundig verstärkt von der Möglichkeit Gebrauch, sich freizukaufen. Im Jahre 1687 war die Zahl der Leibeigenen in der Vogtei Wardenburg auf einige wenige geschrumpft.[97]

Anmerkungen

[1] Eine nähere Beschreibung findet sich in einem Inventarverzeichnis aus dem Jahre 1774 im Wardenburger Kirchenarchiv, in Auszügen abgedruckt in: GSP Nr. 17, Dezember 1975, 2f. Die Begriffe Kirche und Kapelle werden in diesem Kapitel synonym verwendet.

[2] Vgl. hierzu Reinke, 169.

[3] Old. UB VII Nr. 223. Zu den Verwandten zählte Oltmann von Porsenberge, der Bruder des Knappen. Die Naturalrente - es ist die einzige, die bekannt wurde - erhielt der Geistliche der Kapelle. Vgl. hierzu auch Korte, 15.

[4] Old. UB VII Nr. 256. In vielen Orten, vermutlich auch im Kloster Blankenburg, führte die erste Pest des Jahres 1350 - in den Augen der Menschen eine Strafe Gottes - verstärkt zu Stiftungen. In den Urkunden findet sich jedoch kein Hinweis darauf, daß dies in Wardenburg auch der Fall gewesen ist. Ebensowenig ist ein Nachlassen des Kirchenbesuchs in Pestjahren überliefert - der eigentlich hätte vermieden werden müssen, um der Verbreitung der Krankheit entgegenzuwirken. Vgl. hierzu auch Bulst, 254ff.

[5] Old. UB VII Nr. 230.

[6] Oldenburgisches Lagerbuch, 15, in: Friesisches Archiv, Bd. 1, 441.

[7] Der Hinweis auf den Burgwall findet sich lediglich in der Handschrift A des Oldenburger Salbuchs (Kopenhagen), abgedruckt in: Oldenburger Salbuch, 46.

[8] Vgl. Oldenburgisches Lagerbuch; Lübbing, Oldenburgische Landesgeschichte, 84; Kähler, 69ff. Das Salbuch ist in zwei Fassungen überliefert. Das Lehnsregister als erstes Verzeichnis gräflicher Besitzungen war bereits rund 150 Jahre zuvor erstellt worden.

[9] Vgl. Reimers, 14.

[10] Vgl. Old. UB VII Nr. 251 und 257; Reimers, 96 und 128. Normalerweise war die Stellenbesetzung Sache der Bischöfe oder Archidiakone. Zur Vergabe der geistlichen Pfründe durch den Papst vgl. auch Goens, Kirche des Mittelalters, 30.

[11] Reimers, 137. Vgl. auch Old. UB VII Nr. 251.

[12] Vgl. Goens, Kirche des Mittelalters, 18; Old. UB V Nr. 723.

[13] Vgl. Goens, Einziehung der Kirchengüter, 65f.

[14] Vgl. Sichart, Studenten, 196. Mathias war einer der ersten Studenten aus der weiteren Umgebung Oldenburgs überhaupt.

[15] Vgl. Goens, Kirche des Mittelalters, 19f. und 35. Stiftsschulen bestanden an den Kollegiatkirchen zu Oldenburg, Delmenhorst und Wildeshausen.

[16] Hamelmann u.a. gingen irrtümlich davon aus, Graf Gerd sei Stifter der Kapelle gewesen; vgl. hierzu Hayen, Wallfahrtskapelle, 78f.

[17] Die Grafen hatten nur einige wenige Vikarien gestiftet, darunter diese in Wardenburg; vgl. Goens, Einziehung der Kirchengüter, 62.

[18] Vgl. Old. UB VII Nr. 273 sowie Hayen, Wallfahrtskapelle, 80.

[19] Goens, Einziehung der Kirchengüter, 65.

[20] Vgl. Old. UB VII Nr. 279; Hayen, Wallfahrtskapelle, 79. Stifter des neuen Altars war Hermann Meyger, Scholastikus des Alexanderstiftes in Wildeshausen. Die Nebenaltäre waren in der Regel benannt nach populären Heiligen. Am beliebtesten waren zu jener Zeit in dieser Gegend die Jungfrau Maria (so der 1327 erstmals erwähnte Hochaltar in Wardenburg) und ihre Mutter Anna (der jüngste Nebenaltar von 1492). Erwähnung finden daneben der Altar des Evangelisten Johannes (erstmals in einer Urkunde von 1361), der Altar der Apostel Philippus und Jacobus (1364), der Altar der Heiligen Drei Könige (1382) und der Altar der 10.000 Ritter (1482). Zum Vergleich: Die Lambertikirche in Oldenburg verfügte über die stattliche Zahl von 19 Nebenaltären, von denen einige sogar an der Außenwand untergebracht werden mußten; vgl. Goens, Kirche des Mittelalters, 56f. sowie Hayen, Wallfahrtskapelle, 78.

[21] Reinke, 169. Überliefert sind auch die Namen zahlreicher Geistlicher. Zu den bekanntesten gehören Robert Kortelange, Friedrich von der Molen, Simon Kistenmaker und Clawes Vagedes (der auch Nikolaus Vaget oder Klaus Vogt genannt wurde). Vgl. hierzu das „Verzeichnis der urkundlich genannten Wardenburger Geistlichkeit aus dem Mittelalter und der Reformationszeit", in: Korte, 12f.

[22] Vgl. Goens, Kirche des Mittelalters, 51.

[23] Vgl. Goens, Kirche des Mittelalters, 54. Neben Wardenburg verfügten das Kloster Rastede und die Kirchen in Oldenburg und Wildeshausen über eine Orgel. Nach Schauenburg (Kirchengeschichte, I. Band, 371) wird man - von wenigen Ausnahmen abgesehen - „den Beginn des 17. Jahrhunderts als den frühesten Termin der Einführung der Orgel in das gottesdienstliche Leben unserer Landeskirche bezeichnen dürfen." Wardenburg war jedenfalls in diesem Punkt den anderen Gemeinden ein gutes Jahrhundert voraus.

[24] Kohli, Bd. II, 23. Eine derart kostbare Metallbedachung gab es wohl weit und breit kein zweites Mal; vgl. hierzu Goens, Kirche des Mittelalters, 16. Vermutlich handelte es sich um ein Kuppeldach. Reste von Rundbögen deuten wiederum auf die Form einer Kreuzkirche. Große Findlinge vom Fundament waren lange Zeit noch „bei Beerdigungen hinderlich"; aus diesem Grund mußten sogar Bestattungen verschoben werden (handschriftliche Mitteilung von Günther Rogge sowie Gespräch am 24. Juli 1995).

[25] Vgl. Hayen, Wallfahrtskapelle, 82f.; Die Bau- und Kunstdenkmäler, 16f. Die Kirchgeschworenen stammten also nicht nur aus Wardenburg selbst, sondern auch aus umliegenden Dörfern.

[26] Vgl. Goens, Kirche des Mittelalters, 37.

[27] Vgl. Korte, 20ff.

[28] Zu den Besitzungen in Westerholt und Littel vgl. Old. UB IV Nr. 682, 750, 751, 777 sowie 793. In Westerholt erwarb das Kloster Blankenburg bereits im Jahre 1345 mehrere Liegenschaften von einem gewissen Helmerich Grans; die Güter wurden zu dieser Zeit von verschiedenen Meiern bewirtschaftet. Der Besitz des Klosters in Littel ging später in die Hände von Graf Gerd über; dieser veräußerte ihn wiederum an die Wallfahrtskapelle.

[29] Hierbei handelte es sich um eine Rente von sechs Malter Weizen (1310); vgl. Old. UB IV Nr. 623.

[30] Rente eines Hofes, der von einem Meier für die Ritter von Everstem bewirtschaftet wurde (1350); vgl. Old. UB IV Nr. 696.

[31] Zu dieser 1383 übertragenen Wische, genannt „Wildes Ding", vgl. Old. UB IV Nr. 755 sowie 1005.

[32] Vgl. Old. UB IV Nr. 682.

[33] Hälfte des großen und kleinen Zehnten, die Ritter Liborius von Bremen 1324 vom Knappen Johann von Apen und seiner Frau Gertrudis erworben hatte; vgl. Old. UB IV Nr. 633. Zu Astrup vgl. auch Old. UB IV Nr. 777, 849 und 851.

[34] Vgl. Old. UB IV Nr. 777.

[35] Zunächst handelte es sich um den halben Zehnten, der sich zuvor im Besitz von Gerd Kreye und Johann Rodevald befand (1408). 1433 kam jener Teil hinzu, über den Robert Kortelang, der Vikar zu Wardenburg, bis zu seinem Tod verfügen durfte. Vgl. hierzu Old. UB IV Nr. 777, 786 und 799.

[36] Hierbei handelte es sich jeweils um den Teil des Zehnten, den Jutte von Apen 1511 dem Kloster geschenkt hatte; vgl. Old. UB IV Nr. 845.

[37] Die Reformation leitete das Ende des Klosters ein. Graf Anton I. wandelte es in ein Vorwerk um - mit Meierhöfen u.a. in Astrup, Hundsmühlen und Westerholt; vgl. hierzu Tornow/Wöbcken, 31.

[38] Der von einem Meier bewirtschaftete Hof wurde dem Kloster von den Söhnen des verstorbenen Helmerich Grans vermacht. Helmerich Grans hatte dem Kloster 25 Jahre zuvor bereits mehrere Güter in Westerholt verkauft. Vgl. Old. UB IV Nr. 682 und 735 sowie Rüthning, Nonnen, 197. Das Kloster erwarb häufiger Güter „durch Einkauf der Nonnen", so Rüthning (192).

[39] Vgl. Rüthning, Nonnen, 190ff., sowie Tornow/Wöbcken, 22f.

[40] Vgl. hierzu auch die Übersicht in: Korte, 17f.

[41] Vgl. Old. UB VII Nr. 262ff.; Hayen, Wallfahrtskapelle, 87ff. Vgl. auch die Übersicht „Auf Rente ausgeliehene Kapitalien", in: Korte, 16.

[42] Vgl. Old. UB VII Nr. 263. Die Bremer Mark war Anfang des 15. Jahrhunderts die gängige Währungseinheit; sie wurde abgelöst durch den etwas „weicheren" Rheinischen Gulden.

[43] Vgl. Old. UB VII Nr. 272. Graf Gerd hatte Littel vom Kloster Blankenburg erworben. Das Dorf bestand zu dieser Zeit - 12 Jahre nach der Zerstörung durch die Truppen des Bischofs von Münster - aus mehreren Höfen.

[44] Hayen, Wallfahrtskapelle, 90.

[45] Vgl. Old. UB VII Nr. 299. Graf Johann erhielt die Summe zinslos. Es war das erste Mal, daß die Wardenburger auf Zinsen verzichteten; in ihren besten Zeiten lag der Zinssatz bei bis zu acht Prozent; vgl. Korte, 16 und 168f.

[46] Vgl. Old. UB VII Nr. 291.

[47] Vgl. Old. UB III Nr. 287 und VII Nr. 293.

[48] Vgl. Old. UB VII Nr. 294.

[49] Vgl. Old. UB VII Nr. 300.

[50] Vgl. Old. UB VII Nr. 289, 301 und 302.

[51] Johannes Schiphower, zitiert nach Lübbing, Oldenburgische Landesgeschichte, 90. Die Kritik Schiphowers sollte man jedoch nach Ansicht von Heinrich Schmidt (Geschichte des Landes Oldenburg, 161) „nicht gar zu rasch und generalisierend als Ausdruck der allgemeinen religiösen Bewußtseinssituation in der Region interpretieren."

[52] Rüthning, Oldenburgische Geschichte, 155.

[53] Vgl. Goens, Einziehung der Kirchengüter, 80. Vor der Reformation existierten im Oldenburger Raum ca. 60 Kapellen; lediglich vier blieben bestehen.

[54] Vgl. Rüthning, Oldenburgische Geschichte, 164 und 213.

[55] Vgl. Goens, Einziehung der Kirchengüter, 15.

[56] Vgl. Goens, Einziehung der Kirchengüter, 10ff.

[57] Vgl. Geschichte des Landes Oldenburg, 161f. Nach Schauenburg (Kirchengeschichte, I. Band, 331) gab es die ersten Anzeichen der Reformation hierzulande im Jahre 1525.

[58] Vgl. Old. UB V Nr. 1047.

[59] Hayen, Wallfahrtskapelle, 92.

[60] Reinke, 169. Vgl. auch Hayen, Wallfahrtskapelle, 93.

[61] Vgl. Goens, Einziehung der Kirchengüter, 68 und 80. Sicher annullierte der Graf bei dieser Gelegenheit auch seine Verbindlichkeiten.

[62] Vgl. Hayen, Wallfahrtskapelle, 94f. Die Stellung von Vaget entsprach der eines Generalsuperintendenten; später erwarb er auch den Titel des Magisters der Rechte. Nach Goens (Einziehung der Kirchengüter, 8) hatte Vaget für irdische Güter einiges übrig; jedenfalls erwarb er neben Wardenburg sechs weitere Pfarrpfründen. Zugleich war Vaget Prokurator im Kloster Blankenburg, das nach und nach aufgelöst wurde; vgl. Tornow/Wöbcken, 28f.

[63] Schauenburg, Kirchengeschichte, I. Band, 3.

[64] Schauenburg, Kirchengeschichte, I. Band, 94; vgl. auch 123.

[65] Rüthning, Oldenburgische Geschichte, 236.

[66] Rüthning, Oldenburgische Geschichte, 236.

[67] Das münstersche Heer war möglicherweise auch kleiner; vgl. Sichart, Grafschaft Delmenhorst, 265.

[68] Sichart, Grafschaft Delmenhorst, 269.

[69] Hamelmann, Oldenburgisch Chronicon, 367.

[70] Vgl. Sello, 134.

[71] Sichart, Grafschaft Delmenhorst, 269f.

[72] Sichart, Grafschaft Delmenhorst, 272.

[73] von Halem, Bd. II, 58.

[74] Vgl. Sichart, Grafschaft Delmenhorst, 272; Hamelmann, Oldenburgisch Chronicon, 367.

[75] Hamelmann, Oldenburgisch Chronicon, 367. Sichart schreibt diese Version, die sich auch in der Chronik der Kirchengemeinde findet (vgl. 700 Jahre Wardenburg, 112f.) „dem wunder-

süchtigen Volke" zu; vgl. Grafschaft Delmenhorst, 272f.

76 Vgl. die später von Visitatoren notierten Erinnerungen älterer Wardenburger, in: Hayen, Wallfahrtskapelle, 100.

77 Vgl. Ramsauer, Prediger, 244. Bis zur Einsetzung des neuen Pfarrers im Jahre 1578 hat möglicherweise „der alte Pastor Hinrich Sparenberg", der damals in Westerburg lebte, die Gottesdienste abgehalten. Diese Vermutung äußert Wilhelm Korte in seiner Wardenburger Chronik, 46.

78 Schauenburg, Kirchengeschichte, I.Band, 171.

79 Dachreparaturen fielen regelmäßig an. 1636 erhielt die Kirche einen neuen Kalkanstrich. Drei Jahre später wurde die Kirchenuhr ausgebaut und in Oldenburg instandgesetzt. Das Uhrwerk war bereits 1628 von kaiserlichen Truppen zerstört worden. Gegen Ende des Dreißigjährigen Krieges wurden u.a. die Pforten des Kirchhofes repariert und neun neue Fenster eingesetzt. Bei einem Sturm, der auch Teile des Kirchendachs entfernte, gingen im November 1660 erneut Fenster zu Bruch. In den 1680er Jahren wurde der Kirchturm dann in grau und rot gestrichen und die Uhr erneut überholt. Vgl. hierzu die Auswertung alter Kirchenrechnungen in: Korte, 40ff.

80 Vgl. Schauenburg, Kirchengeschichte, I. Band, 94 und 158.

81 Vgl. die Notiz in der Kirchenchronik, abgedruckt in: 700 Jahre Wardenburg, 113, sowie Oldenburgischer Kalender, 1802, 78.

82 Aus der Kirchenchronik, zitiert nach 700 Jahre Wardenburg, 114.

83 Vgl. Hayen, Wallfahrtskapelle, 97.

84 Die Festschreibung dieses Rechtsanspruchs zählte laut Schaer zu den zentralen Absichten, die Graf Johann mit der Kirchenordnung verfolgte; vgl. hierzu und zur Kirchenordnung generell Geschichte des Landes Oldenburg, 197f. Grundsätzlich enthielt die Kirchenordnung Näheres zu Lehre, Predigt, Unterricht oder Seelsorge. Die Visitationen sollten wiederum zur Einhaltung der Kirchenordnung beitragen. Die Kommission setzte sich aus weltlichen und geistlichen Beamten zusammen, die die Besetzung der Pfarren, die Besoldung der Pfarrer oder die Verwaltung des Kirchenguts in den Blick nahmen. Erste Visitationen in Wardenburg: 1579, 1588, 10./11. Oktober 1611, 29. Juni 1625, 1. Juni 1656; vgl. Schauenburg, Kirchengeschichte, I. Band, 94.

85 Hayen, Wallfahrtskapelle, 98.

86 Vgl. Hayen, Wallfahrtskapelle, 99ff. sowie den VII. Band des Oldenburger Urkundenbuches. Mit Recht beklagt Reinke (169), daß die Urkunden beispielsweise kaum Auskunft geben über die Wallfahrten selbst. Dennoch ist die Geschichte der Wardenburger Kirche durch die mittelalterlichen Urkunden vergleichsweise gut dokumentiert.

87 Schauenburg, Kirchengeschichte, I. Band, 172.

88 Schauenburg, Armenwesen, 6.

89 Vgl. Hayen, Wallfahrtskapelle, 86; Reinke, 170.

90 Die Aufzeichnung über das verschollene Bild findet sich im Inventarverzeichnis aus dem Jahre 1774, in: KAW Nr. 231, 3f. Vgl. auch GSP Nr. 17, Dezember 1975, 3.

91 Vgl. Hayen, Wallfahrtskapelle, 78 und 102. Bei einer Kirchenvisitation im September 1794 ist das Marienbild nicht mehr vorhanden. Wardenburgs ehemaliger Pastor Günther Rogge hat das Schicksal des Bildes zu klären versucht. Er vermutet, daß das Bild bereits zu stark vom Holzwurm befallen war und deshalb entfernt werden mußte (Gespräch am 24. Juli 1995).

92 Vgl. Rauchheld, 80 und 132ff. Die neue Glocke trug die Inschrift: „1589 seint dise Glocken to gisen verordnet durch Ertwin von Raden, Her Henrich Pastor und die Kirch-Schworne Dirich Kuhlmann, Berent Bruggemann tho Astorf, Martin Koster thoe Wardenburg. 1807 hat Adam Lewie von Dorgelo auf Hoven die vor einigen Jahren geborstene Glocke wieder umgießen lassen durch Alexius Petit in Gescher." (Zitiert nach Rauchheld, 136; Rauchheld gibt die Mitteilung von Pastor Rodenbrock wieder). Der Glocken- und Geschützgießer Sebald Groning goß 1594 auch die dritte Wardenburger Glocke, eine Uhrglocke.

93 Vgl. Old. UB II Nr. 293.

94 Vgl. Old. UB IV Nr. 995 und 996.

95 Vgl. Künnemann, Magd; vgl. auch Old. UB IV Nr. 153.

96 Vgl. Tornow/Wöbcken, 23.

97 Vgl. Korte, 156f.

Unsichere Zeiten

Wenn im Mittelalter die Sturmglocken läuteten und weit und breit kein Feuer auszumachen war, dann schwante der Wardenburger Bevölkerung Böses: Wieder einmal näherten sich feindliche Truppen den Landesgrenzen. Und Wardenburg lag im 15. und 16. Jahrhundert an der Grenze zu Wildeshausen und dem Münsterland. Von der Münsterschen Fehde, bei der 1538 die Wallfahrtskirche zerstört wurde, war bereits die Rede. Doch die Münsterschen suchten den Ort mit einer gewissen Regelmäßigkeit heim. Die folgenden Seiten geben einen kleinen Überblick über ein Treiben, dem die Dorfbewohner schutzlos ausgeliefert waren. Gerade unbefestigte Flecken wie Wardenburg litten sehr unter dem Kriegsgeschehen. Die Bevölkerung suchte in jener Zeit vermutlich wiederholt Zuflucht in der Kirche oder auf dem Kirchhof. Und im Glockenturm vor dem Wardenburger Kirchhof hielt wohl auch hin und wieder ein Wächter Ausschau. Das Geschoß über dem Durchgang, das man nur über eine schmale Treppe in gebückter Haltung erreichen konnte, war mit einer Kamin-Anlage versehen.[1]

*Abb. 9
Glockenturm
zu Wardenburg
(von Ludwig Fischbeck,
1886).*

Münstersche zerstören die Wardenburg (1342)

Konflikte mit den Münsterschen gab es bereits lange vor der Reformation. So näherten sich die Truppen des Bischofs von Münster im Jahre 1342 dem Dorf Wardenburg. Ihr Ziel hieß Oldenburg - und auf dem Weg dorthin lag die Burg an der Lethe. Die Wardenburger wurden so Leidtragende eines Konfliktes, den eigentlich der Edelherr Rudolf von Diepholz, ein Oheim Graf Konrads I., mit dem Bischof Ludwig von Münster auszufechten hatte. Der Oldenburger Graf leistete wohl ein wenig Verwandtschaftshilfe - und hatte die Truppen des Bischofs vor der Haustür. Diese verrichteten in Wardenburg ganze Arbeit. Von der Burg selbst, die gerade erst siebzig Jahre alt war, blieb nicht viel übrig. Zu dem, was übrigblieb, gehört ein auffälliger Stein, den man im Herbst 1923 beim Baggern in der Lethe fand. Hierbei, so meinten die einen, könnte es sich um den Schlußstein eines Gewölbes handeln, an dem möglicherweise einst ein Kronleuchter hing.[2] Einer anderen Version zufolge handelt es sich um „das Oberteil einer Handmühle".[3] Pastor Rodenbrock, der die abschließende Klärung dieser Frage wohl nicht abwarten wollte, hatte Verwendung für den Fund - seit 1928 werden in der Marienkirche über diesem Stein die Kinder getauft.[4]

Der Bau der Westerburg

In einer Urkunde von 1359 findet sich erstmals ein Hinweis auf die Westerburg; diese Befestigung wurde von den Oldenburger Grafen vermutlich als Ersatz für die Burg in Wardenburg errichtet, die 17 Jahre zuvor von den Münsterschen zerstört worden war. Die Westerburg diente zum Schutz der Zollstätte, die an jener Straße errichtet wurde, die von Oldenburg ins Niederstift Münster führte.

Der Platz für den Bau der Burg - an der Grenze von Huntemarsch und Geest - war gut gewählt. Die Schanze, wie dieser Platz im Volksmund noch lange Zeit hieß, befand sich auf einem moorigen Streifen am westlichen Rand des Huntetals. Sumpf und Morast bildeten einen natürlichen Schutz.[5] Fortan diente die Westerburg den Grafen „in den zahlreichen Fehden mit Wildeshausen und Münster als Ausgangspunkt für Streifzüge in das feindliche Gebiet und Sammelpunkt der von dort Heimkehrenden und ihrer Beute."[6] Sogar von Überfällen auf die eigenen Untertanen ist die Rede.[7] Die Grafen nutzten die Westerburg noch im 15. Jahrhundert gelegentlich als Herrensitz.[8]

Der Graf von Hoya zerstört Wardenburg und Westerburg (1423)

1423 wurde die Wardenburger Bevölkerung erneut Leidtragende eines Konflikts, mit dem sie wahrlich nichts zu tun hatte. In diesem Jahr führten die Regenten Oldenburgs und Hoyas eine kurze, aber sehr erbitterte Fehde. Dabei hatten die beiden erst ein Jahr zuvor „ein Schutz- und Trutzbündnis auf ewige Zeiten geschlossen". Nun aber fiel Graf Otto von Hoya „plötzlich in das oldenburgische Gebiet ein und verwüstete Wardenburg, Hatten und Westerburg" inklusive Burg.[9] Der Rauch war kaum verzogen, da plünderte Graf Dietrich von Oldenburg im Gegenzug das hoyasche Schloß in Syke und legte seinerseits die Mühle dort in Schutt und Asche.[10]

Münstersche brandschatzen Hundsmühlen und Astrup (1454)

Es gab Konflikte, bei denen läßt sich kaum mehr sagen, wer mit dem Hauen und Stechen begonnen hat. Für die Opfer war es ohnehin unerheblich. 1454 jedenfalls waren offenbar die Münsterschen wieder an der Reihe. Schwer geschädigt durch Graf Moritz von Oldenburg, sammelten sie sich zu einem „großen Haufen"[11] und fielen ihrerseits in die Grafschaft Oldenburg ein, „verhereten und verbrandten die Hundesmühlen", Astrup und andere Anwesen, „daß nicht viel überblieb". Nun war nach damaliger Logik Oldenburg wieder am Zuge: Graf Moritz setzte „das rauben und brennen"[12] im Amt Cloppenburg fort. So ging es im Herbst des Jahres 1454 einige Male hin und her - sehr zum Leidwesen der Bevölkerung in der Grenzregion. Ein Vertrag beendete vorerst diese Fehde.

Die Händel des Grafen Gerd

In der zweiten Hälfte des 15. Jahrhunderts war das Schicksal der Dörfer im Kirchspiel eng mit dem Treiben Graf Gerds verwoben. „In seinem Wesen und seinem Lebenswandel war er eine zwiespältige Natur, leichtsinnig, abenteuerlustig, herrschsüchtig und unberechenbar."[13] Ab 1450 beteiligte sich Graf Gerd, gerade 20 Jahre alt, an den Regierungsgeschäften seines älteren Bruders Moritz in Oldenburg. Gerd und Moritz, recht unterschiedlich in ihrem Charakter, gerieten bald aneinander. Nach einem Krieg wurde das Land 1463 zwischen den beiden Streithähnen aufgeteilt: Graf Gerd erhielt Oldenburg, Graf Moritz Delmenhorst. Die Hunte wurde nun zur Grenze.[14] In jenen Jahren befestigte Graf Gerd seinen Herrschaftsbereich und ließ dabei auch die Westerburg neu errichten. Für den Bau hatte er gleich mehrere gute Gründe. Zum einen hatte er mit den Wildeshausern, denen er heftig mißtraute, seine Händel.[15] Zum anderen sollte die Anlage, die vermutlich 1464 an der Hunte gebaut wurde, ein Bollwerk gegen Übergriffe seines Bruders Moritz bilden. Die Westerburg dürfte, kaum errichtet, einen Teil ihrer strategischen Bedeutung bereits wieder eingebüßt haben, denn schon im August 1464 starb Graf Moritz an der Pest.
Graf Gerd nutzte nun insbesondere die Burg Delmenhorst, um Bürgern und Kaufleuten aus den Hansestädten, die auf der Durchreise waren, das Leben schwer zu machen: Er „plünderte wie ein gemeiner Straßenräuber".[16] Für diese Form des Besitzerwerbs gab es in den Hansestädten bald ein geflügeltes Wort: „Graf Gerds Geleit".[17] Bischof Heinrich von Münster wollte diesem Treiben schließlich nicht länger

tatenlos zusehen: Ende Juli 1471 fielen seine Truppen ins Oldenburger Land ein, plünderten es ihrerseits und steckten bei dieser Gelegenheit auch gleich das an der Grenze liegende Dorf Littel in Brand. Am 3. Oktober eroberte man die Westerburg. Doch gegen Ende des Jahres verließ das Kriegsglück die Angreifer.[18] Die Münsterschen befestigten nun die Kirche zu Westerburg. Erst nach fünf Jahren zogen sie wieder ab: Im Frieden zu Quakenbrück vom 15. Oktober 1476 wurde Westerburg dem Oldenburger Grafen zugesprochen, der die Burg an den Knappen Johann Barnefuer verpfändete.[19]

Doch so ganz konnte Graf Gerd auch in den kommenden Jahren vom Raubrittertum nicht lassen; 1482 verbündeten sich deshalb die Geschädigten zum entscheidenden Schlag: Auf dem Weg nach Oldenburg eroberten die Truppen des Bischofs mit Hilfe der Lübecker und Hamburger am 14. April die Westerburg, wobei „auch ein Hamburger Hauptmann von seinem eigenen Volk unversehens von der Brücken abgestoßen und versoffen ist".[20] Von der Burgbesatzung selbst überlebten nur drei Mann. Jetzt erst konnten die Söhne von Graf Gerd ihren Vater zum Einlenken bewegen; er erklärte sich bereit, seine Untaten in einem Kloster zu sühnen.[21] Im Jahre 1512 löste Graf Johann, einer der Söhne Graf Gerds, die verpfändete Westerburg ein und ließ sie von Grund auf neu bauen.[22] Das Barneführerholz wurde nun von Münster der Burg zugeschlagen.

Abb. 10 Graf Gerd (nach einem Kupferstich in Hamelmanns Chronik von 1599).

Damit war in der Grenzregion zum Münsterland keineswegs Ruhe eingekehrt. Ein gewisser Meinert Rusche setzte nun dem Grafen zu - gewissermaßen eine Altlast aus den Zeiten von Graf Gerd. Der gleichnamige Vater von Meinert Rusche war einst Dienstmann von Graf Gerd und begütert sowohl im Oldenburgischen wie im Raum Vechta - und folglich in Kriegszeiten hin- und hergerissen. Rückten die Münsterschen an, erkrankte Dienstmann Rusche. Die Oldenburger spotteten: „Meinert Rusche wird krank, die Feinde kommen!"[23] Nachdem man ihm seine Besitzungen in der Grafschaft Oldenburg abgesprochen hatte, setzte sich Meinert Rusche verbittert ins Münsterland ab und starb darüber hin.

Meinert Rusche junior sah sich nun um seine väterlichen Güter betrogen. Die Überfälle auf Oldenburger Bürger häuften sich. Eines Tages wird es dem Grafen Johann wohl zu bunt geworden sein, denn auf sein Geheiß fiel oldenburgisches Fußvolk in das Stift Münster ein. Das Vorgehen der Oldenburger war allerdings ebenfalls kritikwürdig: Sie verletzten nicht nur die Hoheitsrechte des im Grunde unbeteiligten Bischofs, sondern „sie plünderten und brannten, verwundeten sogar unschuldige Kinder".[24] Die Güter, die die Oldenburgischen in der Herrschaft Vechta raubten, wurden zur Westerburg gebracht. Bischof Erich von Münster, als Dritter Leidtragender dieser Fehde, bat daraufhin den dänischen König um Vermittlung. Ob er das geraubte Gut zurückerhalten hat, ist nicht überliefert. Westerburg jedenfalls dürfte in den Ohren der Münsterschen keinen besonders guten Klang gehabt haben.[25]

Die Landwehr

Im Jahre 1533 ließ Graf Anton I. zum Schutz seiner Untertanen an der Grafschaftsgrenze südlich von Westerburg eine neue Landwehr aufwerfen.[26] Etwa dort, wo später die Eisenbahnlinie die Hunte überqueren sollte, begann ein breiter und hoher Erdwall, der mit unterschiedlichen Schanzen versehen war. Dieser Wall beschrieb eine Linie von den schutzbietenden Niederungen der Hunte im Osten zu denen der Lethe im Westen und war an manchen Stellen, die die Verteidiger für besonders gefährdet hielten, doppelt aufgeschüttet.[27] Wälle dieser Art waren mehrere Meter hoch und gekrönt von dornenreichem Buschwerk.[28]

Die neue Landwehr existierte gerade fünf Jahre, da mußte sie in der Münsterschen Fehde von 1538 ihre erste große Bewährungsprobe bestehen. Kurzfristigen Schutz gegen die Münsterschen, deren Einflußbereich am südlichen Ortsausgang von Westerburg begann, bot auch der Landwehrgraben, im Volksmund „Lammer" genannt. Noch heute gibt der Landwehrgraben der südöstlichen Ecke der Gemeinde den Namen.[29]

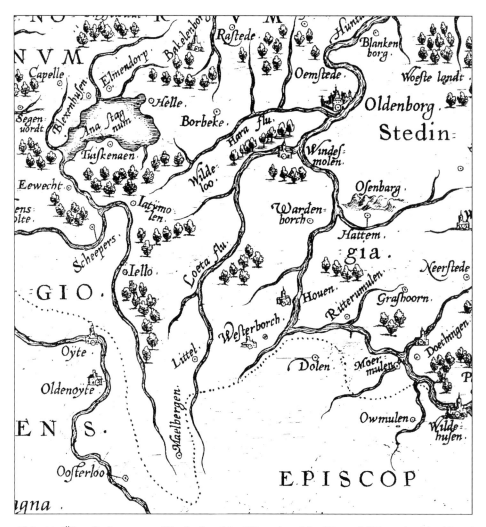

Abb. 11 Über die Lage von „Wardenborch", „Westerborch", „Houen" (Höven), „Littel" und
„Windesmolen" (Hundsmühlen) gab 1584 der erste moderne Atlas Aufschluß. Die Karten-
sammlung erschien in diesem Jahr erstmalig mit einem farbigen Kupferstich der Grafschaft
Oldenburg von Laurentius Michaelis (Ausschnitt), in dem die kleineren Ortschaften im Süden
Oldenburgs verzeichnet waren.[30] Die Westerburg war zu dieser Zeit selbst im fernen Florenz
- im Mittelalter unter der Bankiersfamilie Medici eine europäische Metropole - bekannt. Dort
machten sich 1563 und 1575 zwei Mönche daran, die Schranktüren in einem Saal des Palazzo
Vecchio mit Karten zu verschönern. Ignazio Danti und Stefano Buonsignori gingen dabei recht
akribisch vor und versäumten nicht, eine Burg südlich von Oldenburg einzuzeichnen.[31]

Der Aufstand in der Heide

Am Ende soll von einer Episode die Rede sein, die sich 1536 am Rande Wardenburgs zugetragen hat. Kaiser Karl V. hatte just einen Zwist mit dem Herzog von Geldern - und es mangelte allenthalben an Soldaten. Nun bat der Kaiser den Grafen von Oldenburg, ihm doch die vier Fähnlein Landsknechte, die in der Stadt Oldenburg lagen, zu überlassen. Graf Anton willigte ein und führte die rund 2.000 Landsknechte zur Stadt hinaus. Auf der Heide zwischen Wardenburg und Littel nahmen sie Aufstellung. Jetzt erst eröffnete der Graf den Landsknechten den wahren Grund ihres Ausmarsches: Sie sollten fortan dem Kaiser zu Diensten sein und das Groninger Land zurückerobern. „Damit waren sie aber gar nicht einverstanden, sie schrieen durcheinander, sie wollten nicht verkauft werden." Auch ahnten sie, was ihnen drohte: „sei solden up de fleisbanck gebracht werden." Erst als der Graf zusagte, ihr Dienstherr zu bleiben, nahmen sie dieses Risiko in Kauf und zogen zu Felde.[32]

Übrigens: Als Landsknecht hat sich zeitweise sicher auch der eine oder andere aus dem hiesigen Kirchspiel durchgeschlagen, so vermutlich im März 1552, als Graf Christof eine Waffenschar benötigte, um an der Seite von Kurfürst Moritz von Sachsen erfolgversprechend am sogenannten Fürstenkrieg teilnehmen zu können. In aller Eile wurden Knechte zusammengetrommelt. Bei dieser Gelegenheit verdiente sich Hinrich von Tungelen gemeinsam mit Gerd von Oldenburg 200 Taler, „damit sie ein sendle knechte zuwege bringen".[33] Der „zuchtlose Haufen" zog im Sommer 1552 etwas ziellos durch Süddeutschland. Die Tage wurden ausgefüllt durch Belagerungen selbst im nahen Lothringen sowie durch gelegentliche Brandschatzungen, die sich als recht einträglich erwiesen. Vermutlich sind auf diese Weise einige Kirchspielbewohner weit herumgekommen.[34]

Das Mannzahlregister von 1581

Ein Blick über die Landesgrenzen motivierte Graf Johann schließlich 1581, regelmäßig die wehrfähigen Männer mitsamt Harnisch und Waffen in Augenschein nehmen zu lassen. Das älteste Mannzahlregister für die Vogtei Wardenburg - damals lautete der Amtsname noch Westerburg - trägt das Datum vom 20. November 1581. Zu diesem Zeitpunkt lebten in den 93 registrierten Haushaltungen des Kirchspiels 125 wehrfähige Männer, darunter Pastor Wandscherer, der allerdings im Gegensatz zum Küster unbewaffnet zur Musterung erschien. Die meisten besaßen lediglich Spieß und Degen. In voller Rüstung konnte nur eine kleine Minderheit antreten. Auch das „Langrohr" war eher eine Rarität und wie der Harnisch bestenfalls im Besitz von wohlhabenden Bewohnern des Kirchspiels. Die Waffen wurden zu Hause verwahrt und sollten beim Läuten der Sturmglocke aus dem Schrank geholt werden. Das Mannzahlregister von 1581 vermittelt uns heute eine Vorstellung von der Größe der einzelnen Bauerschaften, da die Anzahl der Haushalte und männlichen Waffenträger notiert wurde.

Das Mannzahlregister von 1581[35]

Ort	Haushalte	wehrfähige Männer	Rüstungen	Degen	Spieße	Rohre
Wardenburg	28	42	4	16	16	5
Westerholt	5	6	1	2	4	-
Herbergen	13	13	2	7	4	3
Tungeln	12	15	4 ½	7	9	-
Astrup	7	13	3	4	-	4
Littel	8	10	-	7	8	-
Westerburg	20	26	-	6	19	3
gesamt	93	125	14 ½	49	60	15

In dieser Übersicht wurden die langen Rohre (Gewehre) und kurzen Rohre (Musketen) zusammengefaßt. Nicht enthalten sind einige unvollständige Rüstungen sowie eine Hellebarde; dieses seltene Stück trug Drewes zu Herbergen bei sich. Insgesamt entsteht das „Bild einer buntgewürfelten Mannschaft aller Altersklassen".[36] Die 440 Wehrfähigen, die zur gleichen Zeit in Oldenburg gezählt wurden, waren übrigens auch nicht viel besser ausgerüstet als die Wardenburger Truppe.[37]

Anmerkungen

[1] Wann genau der Torturm erbaut wurde, ist unbekannt. Glockentürmen dieser Art - ähnliche finden sich in Rastede, Wiefelstede und Zwischenahn - mögen einst Teil der Kirchhofsbefestigung gewesen sein; sie wurden überwiegend im 15. Jahrhundert errichtet. Durch das Tor des Turmes, das groß genug war, um mit einem Wagen hindurchfahren zu können, gelangte man auf den Kirchhof. Im Oldenburger Raum bildeten dreigeschossige Glockentürme mit Durchgangstor das Ende einer Bauentwicklung, an deren Anfang das Glockengerüst stand. Vgl. Sello, 150, sowie Florien, 1f. und 120f. Eine nähere Beschreibung des Turmes findet sich im GSP Nr. 25, Dezember 1977, 5ff.

[2] Vgl. Rüthning, Oldenburgische Geschichte, 95 und 79 (Fn. 11). Der Stein, dessen Durchmesser unten 40 und oben 35 cm beträgt, wird von Rüthning der Burgkapelle zugeordnet.

[3] Diese Version, vertreten von Wolfgang Runge, läßt sich nachlesen in: 700 Jahre Wardenburg, 41.

[4] Vgl. den Beitrag von Günther Rogge, in: GSP Nr. 44, September 1982, 8f.

[5] Vgl. Dießelberg, 35. Die Burg und das spätere Vorwerk befanden sich auf einer Weide des Bauern Böhmer. Böhmer wurde einst der Mann am Schlagbaum, also am „Bohm", genannt, der den Zoll kassierte.

[6] Hayen, Wallfahrtskapelle, 61.

[7] Vgl. Lübbing, Oldenburgische Landesgeschichte, 82.

[8] Vgl. Hamelmann, Oldenburgische Chronik, 88 und 131; Rüthning, Oldenburgische Geschichte, 156; Die Westerburg, 158.

[9] Kähler, 43.

[10] Vgl. Kähler, 53; Die Rasteder Chronik, 51. Nach der Chronica (65) fand dieser Konflikt im Jahre 1424 statt.

[11] Hamelmann, Oldenburgische Chronik, 247.

[12] Hamelmann, Oldenburgisch Chronicon, 243. Vgl. auch Die Rasteder Chronik, 61.

[13] Lübbing, Oldenburgische Landesgeschichte, 59. Beispielhaft kommt dies zum Ausdruck in seinem Verhalten gegenüber Dietrich von Schleppegrell. 1459 befreite Graf Gerd die Meier auf den Gütern seines „lieben und tüchtigen Getreuen" Dietrich Schleppegrell von Hofdienst, Bedepflicht, Schatz und jeder Gerechtigkeit und Anwartschaft. Einige Jahre später, nach der Teilung des Landes, fügte Graf Gerd seinem einstigen Getreuen großen Schaden zu; vgl. Old. UB III Nr. 36. 1486 bat Graf Gerd seine Söhne, das Unrecht wiedergutzumachen. Zu Graf Gerd vgl. insbesondere den Beitrag von Heinrich Schmidt, in: Biographisches Handbuch, 233ff.

[14] Vgl. Biographisches Handbuch, 234f. Zum Grenzverlauf vgl. auch Old. UB II Nr. 903.

[15] Vgl. von Halem, Bd. I, 352.

[16] Rüthning, Oldenburgische Geschichte, 144.

[17] Rüthning, Oldenburgische Geschichte, 145.

[18] Vgl. Old. UB II Nr. 990; Oncken, Graf Gerd, 39; Hamelmann, Oldenburgische Chronik, 280f.

[19] Vgl. Rüthning, Oldenburgische Geschichte, 144 und 149, sowie Old. UB II Nr. 1013.

[20] Eintrag in der Chronik der Kirchengemeinde, zitiert nach 700 Jahre Wardenburg, 112.

[21] Vgl. Oncken, Graf Gerd, 62.

[22] Vgl. Old. UB III Nr. 225 und 228.

[23] Rüthning, Rusche, 76.

[24] Vgl. Rüthning, Rusche, 78.

[25] Vgl. Old. UB III Nr. 273.

[26] Vgl. Hamelmann, Oldenburgische Chronik, 306; Merkwürdiger Fund, 321. Eine Landwehr existierte bereits seit längerer Zeit. Schon im Salbuch von 1428 ist von einer „lantwere" die Rede. Anderen Quellen zufolge wurde die große Landwehr im Süden des Kirchspiels in den 1480er Jahren errichtet, vgl. Wardenburg, 155.

[27] Vgl. Winkelmann, 590; Die Westerburg, 157.

[28] Vgl. Der Landkreis Oldenburg, 63.

[29] Vgl. Die Westerburg, 158; Sello, 148; Dießelberg, 35f.

[30] Harms, Kartographie, 6f. Der Kupferstich gilt als die erste bekannte Sonderkarte Oldenburgs. Die Karte von der Grafschaft („Oldenburg Comit.") wurde verlegt bei Abraham Ortelius in Antwerpen. Ein Exemplar befindet sich im StAO Best. 298 Z Nr. 1aa.

[31] Vgl. hierzu Bartolini, 33. Die Westerburg selbst hatte bereits bei der Münsterschen Fehde (1538) vermutlich arg gelitten. Westerburg als Ort findet sich auch in der um 1616 von Johann Gigas erstellten Karte vom Stift bzw. Bistum Münster; vgl. Geschichte des Landes Oldenburg, 266.

[32] Rüthning, Oldenburgische Geschichte, 234. Vgl. auch Old. UB III Nr. 604.

[33] Oncken, Graf Christof, 70.

[34] Vgl. Oncken, Graf Christof, 49ff.

[35] Vgl. Schaub, 8ff.; Korte, 115ff.

[36] Korte, 121.

[37] Vgl. Lübbing, Graf Anton Günther, 45.

Wardenburg in der Ära Graf Anton Günthers

Im Jahre 1603 trat Graf Anton Günther sein Amt an. 64 ereignisreiche Jahre hindurch regierte er sein kleines Territorium allein. Über kaum eine oldenburgische Herrschergestalt läßt sich in Geschichtsbüchern soviel Gutes lesen wie über eben diesen Grafen. Er galt als prachtliebend, als geschickter Diplomat und als „einer der größten Rindermäster und Ochsenhändler seiner Zeit".[1] Einen guten Ruf in ganz Europa trug ihm auch die Pferdezucht ein.[2] In erster Linie aber verdankt er seine Popularität dem Geschick, mit dem er den „großen Krieg" von der Grafschaft fernhielt.

Wardenburg im Dreißigjährigen Krieg

Graf Anton Günther verfügte über politische Weitsicht. Früh erkannte er die wachsenden konfessionellen Gegensätze zwischen Katholiken und Protestanten. Der „Prager Fenstersturz", bei dem Protestanten drei kaiserliche Räte unsanft hinausbeförderten, war nur noch der Auslöser eines seit langem befürchteten mörderischen Ringens. Was im fernen Böhmen begonnen hatte, näherte sich nach Art einer Kettenreaktion rasch nördlicheren Gefilden. Und die katholische „Liga" besaß mit 20.000 Bewaffneten unter dem Kommando von General Johann Tserclaes Graf von Tilly ein „aggressives Instrument der Gegenreformation".[3]

Schon bald mußte auch Graf Anton Günther in diesem Konflikt Farbe bekennen. Er entschied sich für eine „Politik der bewaffneten Neutralität".[4] Zunächst erging ein Aufgebot zur allgemeinen Landesbewaffnung. Wurde die Heerfolge vom Adel bislang durch den sogenannten Roßdienst und „von allen anderen wehrhaften Männern, die in Schützenvereinen sich in den Waffen übten, in der Landwehr geleistet",[5] so sollte sich dies nun ändern. An die Stelle der Landwehr trat die geworbene Miliz, zu deren Unterhaltung eine Kontribution (Kriegssteuer) erhoben wurde. Der Adel durfte wählen: Entweder er leistete seinen Roßdienst, oder er entrichtete die Kontribution. Zu den roßdienstpflichtigen Gütern zählten das Gut Höven, das Nillingsche Gut und das Westerholtsche Gut zu Horn im Ammerland. Insgesamt mußten jene von Westerholt, von Rahden oder von Dorgelo im 17. Jahrhundert fünf der rund 70 Pferde in den Grafschaften Oldenburg und Delmenhorst stellen.[6] Die Adligen machten nun fleißig von der Möglichkeit Gebrauch, die Angelegenheit finanziell zu regeln. Schon bei anderer Gelegenheit hatte manch einer von ihnen sich dieser lästigen Pflicht entzogen, indem er ersatzweise einen Knecht schickte. Die adligen Ritter waren ein wenig aus der Übung; auch tummelte sich, seit für das Militär geworben wurde, viel niederes Volk dort. Also zahlte man. Die Zeiten, in denen der Adel Einfluß besaß oder gar eine militärische Notwendigkeit für den Grafen darstellte, waren ohnehin längst vorbei.[7]

Die Stadt Oldenburg wurde in Verteidigungsstand gesetzt. Die Landesfestung mit damals vielleicht gut 3.000 Einwohnern sollte von den Bewohnern der benachbarten

Abb. 12 Johann Tserclaes Graf von Tilly (von Anthonis van Dyck). „Nüchtern und humorlos" soll er gewesen sein, „bescheiden-anspruchslos"[8] und verbindlicher als manch anderer seiner Zunft. Jedenfalls habe er sich, wie es heißt, im Gegensatz zu anderen Heerführern an Absprachen gehalten.

Vogteien mitverteidigt werden. Die Wardenburger harrten nun zwischen Geschützen und Kanonenkugeln am Dammtor oder Everstentor der Dinge, die da kommen würden.[9] Dieser Dienst wurde von vielen Verpflichteten „als große Belastung" empfunden.[10]

Oldenburg war also einigermaßen gerüstet. Hier stand ein Aufgebot von Bürgern und Bauern, da eine dänische Kompanie und dort ein Trupp geworbener Söldner. Doch jeder wußte: Militärisch war die Grafschaft keine Macht. Und die Bauerschaften waren schutzlos. Um so wichtiger war die Diplomatie. Nach außen hin bemühte sich Oldenburg dabei stets um Neutralität. Selbst die enge Bindung an Dänemark - dort saß immerhin ein Verwandter auf dem Königsthron - wurde lieber nicht erwähnt. Seine Neutralitätspolitik trug Graf Anton Günther sogar den Vorwurf ein, „kein eifriger Protestant zu sein." Dieser hielt es wiederum „für rathsamer, lieber für einen kalten Protestanten gehalten zu werden, als seine Lande und Unterthanen mit in den Krieg zu verwickeln."[11] Pragmatisch achtete er auf gute Beziehungen zum katholischen Kaiser. Der Kaiser stellte ihm denn auch einen Schutzbrief aus, eine in Kriegszeiten ausgesprochen nützliche Sache, durfte Graf Anton Günther doch nun an all seinen Schlössern, Festungen und Vorwerken das Adlerwappen des Reiches anbringen. Dieses sollte ihn und seine Untertanen - inklusive „Weib, Kind und Dienstboten"[12] - vor Raub, Plünderung oder Einquartierung schützen. Im Gegenzug mußte sich Graf Anton Günther verpflichten, den Kaiserlichen freien Durchzug zu gewähren und ihnen Proviant zu stellen. Vorsorglich hatte sich Graf Anton Günther weitere Schutzbriefe ausstellen lassen.[13] Diese waren befristet. Änderte sich die militärische oder politische Lage, dann galten diese Papiere nichts mehr. Und die Lage änderte sich mitunter schnell. Also hütete sich Graf Anton Günther, Sympathien für eine der Parteien deutlich werden zu lassen. Denn allzu große Nähe hätte nur den jeweiligen Gegner mobilisiert.[14]

Im Frühjahr 1623 war der Graf vermutlich noch recht guter Dinge. Just hatte ihm der Kaiser gestattet, auf alle Waren, die auf der Weser transportiert wurden, den Zoll zu erheben - eine einträgliche Geldquelle. Sorge bereitete ihm jedoch Graf Ernst von Mansfeld, ein Gegenspieler Tillys, der mit seinem Heer einige Monate zuvor im benachbarten Ostfriesland Winterquartier bezogen und sich „ordentlich durchgefüttert und neu ausstaffiert hatte."[15] Von dort aus rückten die Truppen Mansfelds unter anderem in die Ämter Wildeshausen, Cloppenburg und Vechta ein.[16] Ein Rittmeister namens Jacob von Eindhofen machte mit 500 Reitern Ende des Jahres 1622 die Vogtei Hatten unsicher. Die Truppe plünderte eifrig und verschonte dabei auch Westerburg nicht. Womöglich ließ einer dieser Reiter dabei sein Leben, denn gut zwei Jahrhunderte später, im Winter 1834/35, stieß man dort, wo einst die Westerburg stand, auf seine Überreste. Ein stumpfer Gegenstand hatte in seinem Schädel „einen tiefen Eindruck zurückgelassen".[17] Wer den todbringenden Hieb ausführte, ist unbekannt. Der Tote jedenfalls wurde still und heimlich begraben - mitsamt einer ansehnlichen Barschaft. Fünfzehn Münzen fand man später bei ihm, darunter ein Goldstück aus Polen, einige Flindriche aus Ostfriesland sowie zwei Mansfeldische Taler.[18] Letztere standen zeitweise bei ihren Besitzern in dem Ruf, „hieb-, stich- und schußfest zu machen".[19] Sollte der Soldat daran geglaubt haben, so mußte er in Westerburg leidvoll erfahren, daß dies ein Irrtum war.

Von von Mansfeld fühlten sich nicht nur Graf Anton Günther und die Oldenburgischen Untertanen in ihrem Frieden gestört. Auch dem Kaiser war er ein Dorn im Auge - und Tilly sollte ihm nun den Garaus machen. Der General, der am 6. August 1623 einem Verbündeten von Graf Mansfeld bei Stadtlohn (Westfalen) eine blutige Niederlage bereitet hatte, rückte näher. Acht Tage später lagerten die Ligatruppen bereits bei Vechta. Erst bei Cloppenburg - im Ort selbst wütete die Pest - legten die Tillyschen eine Marschpause ein. Graf Anton Günther ließ Käse und Speck bringen, sah doch der Schutzbrief die Befriedigung von Proviantwünschen vor. Da den hungrigen Soldaten der Sinn nach frischem Brot stand, mußten in aller Eile 50.000 doppelte Rationen gebacken werden. Die Lieferung erfolgte termingerecht gegen Barzahlung. Nach elf Tagen machte sich das Liga-Heer wegen der Pestgefahr in Cloppenburg erneut auf und bog in das Lethetal ein. Die Marschroute wurde nicht zuletzt bestimmt durch natürliche Hindernisse, zu denen Moore zählten; Oldenburg schien dem Strategen Tilly daher als Einfallstor nach Ostfriesland geeignet. Kilometerlang zog sich der Troß mit Fahnenträgern, Wagen, Reservepferden, Rindern, Viehtreibern und dem bunten Völkchen, das das Heer seitwärts begleitete, durch die Lande. 25.000 Menschen sollen es gewesen sein[20] - sicher nicht nur Soldaten, sondern auch Angehörige, Mägde, Knechte, Marketender, Gaukler und Dirnen.[21] In einem Zeitungsbericht aus jenen Tagen ist allein von 7.000 Reitern die Rede.[22] Und ausgerechnet auf dem Wardenburger Esch ertönte das Signal des Trommelschlägers oder Trompeters zum Halt. Hier, auf einem Stoppelfeld im Schatten einer kleinen Hügelkette, die

Abb. 13   Lagerszene (Gemälde von Sebastian Vrancx).

Übersicht und zugleich nach Norden hin Schutz bot, ließ Tilly am 2. September 1623 die Zelte aufschlagen.[23] Wenn Mansfeld nun seinerseits heranrücken würde, dann würde es unausweichlich zu einer militärischen Auseinandersetzung in der Nähe Oldenburgs kommen. Graf Anton Günther ließ daher vorsorglich das Ammerland, aus Heerführersicht ein geeignetes Schlachtfeld, evakuieren.[24]

Die Wardenburger Bevölkerung - hier lebten zu dieser Zeit keine 1.000 Menschen - wird nach der Kunde von dem sich nähernden Troß vermutlich Zuflucht hinter den Stadtmauern Oldenburgs gesucht haben. So ganz werden die Dorfbewohner dem kaiserlichen Schutz nicht getraut haben. Vermutlich sind sie zögernd zurückgekehrt. Tilly hat wahrscheinlich in seinem Zelt, das sich mündlicher Überlieferung zufolge eher im Norden der kleinen Zeltstadt befunden haben soll,[25] das Für und Wider eines Angriffs auf Mansfeld erwogen.[26] Im Lager dürfte derweil ein reges Treiben geherrscht haben. Schenkt man alten Erzählungen Glauben, dann befand sich in einer Senke südöstlich der Hügelreihe eine Pferdetränke. Bereits außerhalb des eigentlichen Feldlagers soll sich der „Danzmester" befunden haben, ein planierter Platz, auf dem „die Söhne des Mars nach dem Waffendienste Erholung suchten im fröhlichen Reigen mit den Schönen des Landes" - so die Lesart Ende des 19. Jahrhunderts.[27]

„Man nimmt allgemein an, daß jeder altgediente Soldat seine Frau bei sich hatte, die für ihn kochte und ihn im Krankheits- und Verwundungsfall pflegte; es gab noch keine Lazarette, höchstens einen Feldscher für Amputationen. Welche Zahl von Lagerdirnen und Reiterbuben außerdem die Truppe umschwärmte, und wie sich dieser Schwarm ernährte, bleibt ungewiß."[28] Die Vorräte in den Speichern und Ställen der Wardenburger Bauern, die in bar bezahlt worden sein sollen, werden nicht lange gereicht haben. Der Graf bemühte sich, seine Vertragspflichten zu erfüllen und lieferte große Mengen Getreide und Vieh nach Wardenburg.[29] „Aber je länger die Soldaten dort lagerten, je mehr entwickelte sich bei ihnen die Lust zum Plündern und die Freude am Beutemachen, ja auch die Wollust an Menschenquälerei und -schinderei. Was noch in der Nachbarschaft des Kirchdorfs Wardenburg durch Anschlag verboten war, galt in den weiter entfernt liegenden Landstrichen als erlaubt: der Krieg ernährte den Krieg!"[30]

Von Wardenburg aus durchstreiften kleine Trupps vor allem die Grafschaft Delmenhorst, denn die war in den Schutzbriefen nur unzureichend oder gar nicht berücksichtigt. In Hude ließen sie „eine ganze Schafherde mitsamt dem Schäfer" mitgehen.[31] Das Bild vom „fröhlich" tanzenden Soldaten erfährt so bereits in zeitgenössischen Berichten eine Korrektur: „Die meisten Dörfer sind verwüstet und menschenleer. Zahlreiche Einwohner sind erschossen oder niedergehauen, wobei man weder schwangere Frauen noch Kindbetterinnen verschont hat. Aus Furcht vor den bösen Soldaten wagt man sich an einigen Orten noch nicht, die Toten zu bestatten. Noch immer gehen Häuser in Flammen auf, und die Unsicherheit und Angst nimmt kein Ende."[32]

Hinter den Kulissen liefen derweil fieberhafte Verhandlungen. In Oldenburg hoffte alles auf einen Abzug von Mansfelds, den dieser auch häufiger ankündigte. Tilly entsprach der Bitte des Grafen und verlängerte mehrmals die Frist.[33] Doch sein zwielichtiger Kontrahent verharrte in den Stellungen bei Greetsiel - Grund genug für

Abb. 14 Ein alter Mann und ein General (Radierung von Rudolf Meyer). Eine Szene aus dem 30jährigen Krieg. Im Hintergrund brennen Soldaten ein Dorf nieder.

Graf Anton Günther, sich erneut auf den Weg nach Wardenburg zu machen. In einem Gespräch unter vier Augen hob er dem wesentlich älteren General die Risiken ins Bewußtsein, die dem Heer der Liga bei einem Durchzug drohen würden. „Ich sage Ihnen, Sie werden ihre schöne Armee zu Grunde richten. Ostfriesland ist nicht mehr das Land, wo Milch und Honig fleußt: es ist eine Wüste geworden. Mansfelden bey-zukommen, ist schwerer, als Sie glauben. Hunger vertreibt ihn leichter, als Gewalt der Waffen es vermag."[34] So oder so ähnlich hat der Graf im Wissen um Versorgungsprobleme im ausgezehrten Ostfriesland argumentiert. Dennoch: Es war wohl weniger die „unwiderstehliche Beredsamkeit"[35] des Grafen, die den General ins Grübeln brachte.

Tilly schien ohnehin zu zweifeln. Da waren die Widrigkeiten der Natur. Die Gegend bestand nun mal „mer aus tieffem gruntlosen Morast" als „aus vestem truckenen Erdrich". Auch sprach „das continuirliche Regenwetter" gegen einen weiteren Vormarsch. Täglich lichteten sich die Reihen der „schenen Armee" durch Seuchen; mit Sorge beobachtete Tilly das „Hinfallen und Absterben der ermiedeten Soldaten." Daß sein Gegner „durch Eröffnung der Schleißen oder Siele" weiteres Land unter Wasser setzen könnte - diese Überlegung mag am Ende den Ausschlag gegeben haben.[36] Mansfeld hatte ja bereits bewiesen, daß er vor einer solchen Tat nicht zurückschrecken würde: Die Deiche von Ems und Leda waren auf seinen Befehl hin durchstochen worden. So hatte er ein natürliches Hindernis im Süden seines Operationsgebietes geschaffen.[37] In Greetsiel konnte Mansfeld sich also einigermaßen sicher wähnen, und selbst Tilly hielt diesen Ort für uneinnehmbar.[38]

Graf Anton Günther ließ dem General zwar auch drei Oldenburger Reitpferde zukommen, und es waren gewiß prächtige Tiere. Dennoch: Vermutlich waren sie nicht viel mehr als ein hübsches Mitbringsel. Der Graf verschenkte häufiger edle Pferde.[39] So hat dieses Geschenk sich zwar am längsten im öffentlichen Bewußtsein gehalten, aber wohl kaum die Überlegungen des Generals maßgeblich beeinflußt. Wichtiger waren da schon die Nachrichten aus Emden, die die Hoffnung auf einen baldigen Abzug der Mansfeldischen nährten. Graf Anton Günther und ein Gesandter des Königs von Dänemark sollen sich sogar vertraglich verpflichtet haben, alles daranzusetzen, daß Mansfeld binnen Monatsfrist abzieht.[40] Dieser Vertrag erlaubte dem General, der immerhin einen Befehl des Kaisers auszuführen hatte, einen Rückzug ohne Gesichtsverlust, und höheren Orts zeigte man in der Liga zu diesem Zeitpunkt ebenfalls wenig Interesse an einer risikoreichen Ausweitung des Konflikts.[41]

Nach drei Wochen konnten die Menschen in und um Wardenburg endlich aufatmen: Am 23. September 1623 ließ Tilly die Zelte abbrechen und zog über Höven, Huntlosen und Visbek gen Süden, um im Hessischen sein Winterquartier aufzuschlagen. Ernst von Mansfeld blieb dagegen vorerst in Ostfriesland und entwickelte sich plündernd und brandschatzend zu einer großen Plage für die dortige Bevölkerung. Ausgerechnet an den Weihnachtstagen des Jahres 1623 trafen dann doch noch Ligatruppen und einige Fähnlein Mansfelder aufeinander. Die Mansfelder verschanzten sich auf dem Kirchhof von Altenoythe, nachdem sie zuvor das Dorf in Brand gesteckt hatten. Das Scharmützel war von kurzer Dauer und endete mit einem klaren Prestigeerfolg für die Kaiserlichen.[42] „Die Schlacht von Altenoythe bedeutete das Ende der mansfeldischen Schreckensherrschaft in Ostfriesland"[43] - und damit auch das Ende einer unmittelbaren Bedrohung der Grafschaft Oldenburg.

In den Kirchspielen, die von marodierenden Ligatruppen besonders heimgesucht worden waren, galt fortan eine neue Zeitrechnung: Statt die Jahre bei „Christi Geburt" beginnen zu lassen, rechnete man nun auf Jahrzehnte hinaus nur noch ab „Tillys Lager".[44] In Wardenburg selbst begann das Aufräumen. Ein Protokoll aus jenen Tagen vermittelt einen Überblick über die Schäden. Allein in Wardenburg, Oberlethe und Westerholt waren 45 Gebäude in Mitleidenschaft gezogen oder völlig zerstört worden. Außerdem beklagte man im Kirchspiel den Verlust von 212 Kühen sowie 75 Pferden, von denen sechs dem Grafen und drei dem Untervogt gehörten. Schwerer noch wogen der Ausfall eines Teils der Ernte sowie die Verluste an Getreide und Korn, die an das kaiserliche Lager geliefert worden waren. Schließlich hatte sich manch ein Wardenburger unter Zwang von seiner Barschaft trennen müssen. Der gesamte Schaden im Kirchspiel belief sich den Schätzungen zufolge auf 11.878 Reichstaler.[45]

Auch die Kirche hatte die Tage nicht schadlos überstanden. Den Protokollen der Kirchenvisitation von 1625 zufolge waren größere Reparaturen erforderlich, weil

„die Kriegsleute in Kirchen, Pfarr und Schulen alles entzwey geschlagen hatten".[46] Das Marienbild, dessen vermeintliche Wunderkraft einst Tausende anlockte, war rechtzeitig in Sicherheit gebracht worden. Als Pastor Fabricius gut 30 Jahre später seinen Dienst in Wardenburg antrat, waren die Schäden offenbar noch nicht behoben: „Die Kirche und Pastorei waren zu seiner Zeit noch von Tillys Einfall her ganz wüst und baufällig, besonders die Pastorei war so verfallen, daß man kaum trocken darin wohnen konnte."[47]

Alardus Jeddeloh - Pastor für fast fünf Jahrzehnte

Unter den dörflichen Honoratioren war der Pastor stets einer der wichtigsten. Betrachtet man die Reihe der Pastoren, die in Wardenburg seit der Reformation ihren Dienst taten, dann sticht bereits einer der ersten ins Auge: Alardus Jeddeloh.[48] Jeddeloh stammte aus dem Kirchspiel Edewecht. Er war zunächst fast zehn Jahre lang als Lehrer in Oldenburg tätig. Im Jahre 1607 wurde der inzwischen 35jährige in seine Aufgabe in Wardenburg eingeführt.

Der neue Pfarrer war gerade zwei Jahre im Amt, da stand ihm die erste Visitation ins Haus. Die Kirchenprüfer interessierten sich dabei stets auch für den Lesestoff des Geistlichen. Im Regelfall hatte ein Pastor neben der Bibel noch eine Handvoll anderer Werke. Vom Blick in den Bücherschrank erhofften sich die Visitatoren nicht zuletzt Hinweise auf sektiererische Ambitionen. Bei Alardus Jeddeloh hingegen machten sie eine überraschende Feststellung ganz anderer Art: Dieser Pastor war arm wie eine Kirchenmaus - er besaß „nichts als eine Bibel".[49] Ob Großzügigkeit oder schlechtes Gewissen wegen der Begehrlichkeiten in den Tagen der Reformation - Graf Anton Günther schenkte dem Wardenburger Pastor daraufhin Luthers Werke. Jeddeloh wird sie ausgiebig studiert haben; er besuchte das Gymnasium in Oldenburg, Bremen und Dortmund und immatrikulierte sich 1614 an der Universität Rostock.[50]

Nach seinem Studium begann er 1617/18 mit dem Führen eines Kirchenbuchs - es ist nicht nur das älteste bekannte Kirchenbuch Wardenburgs, sondern zugleich eines der ältesten in der Region. Fortan notierte Jeddeloh - wenn auch in unruhigen Zeiten mit Unterbrechungen - die Trauungen sowie die Taufen. Ab 1638 kamen die Namen der Verstorbenen hinzu. Dank der Eintragungen von Jeddeloh wissen wir heute beispielsweise ein wenig mehr von jener Pest, der in diesem Jahr im Kirchdorf bald jeder achte zum Opfer gefallen sein dürfte.[51] Jeddeloh selbst überlebte die Katastrophe. Armut kennzeichnete allerdings auch weiterhin das Leben des Wardenburger Pfarrers. Nach seinem Tod im Januar 1655 - mit 83 Jahren erreichte er ein für damalige Verhältnisse ausgesprochen hohes Alter - wurde ihm der Respekt nicht verwehrt: „Dieser gute Mann hat in seinem 50jährigen Ministerio viele betrübte fata allhier erlebt."[52] Auf eine derart lange Dienstzeit hat es in Wardenburg kein anderer Geistlicher mehr gebracht.[53]

Mit dem Abzug des Tillyschen Heeres war die Gefahr einer größeren militärischen Auseinandersetzung auf oldenburgischem Gebiet gebannt. Doch von friedlichen Zuständen war man weit entfernt. In den Jahren bis 1631 mußten die Grafschaften Oldenburg und Delmenhorst „so viele kaiserliche und liguistische Truppen aufnehmen, als sie nur immer zu fassen vermogten." Eine Reiterkompanie nach der anderen wurde einquartiert - und zur Plage für die Bevölkerung vor allem im Norden der Grafschaft.[54] „Schrecklich war jetzt der Zustand dieses Landes. Plünderung, Morden, Verwunden, Schändung von Weib und Kind, und der empörendste Übermut waren an der Tagesordnung."[55] Über diesen „Mangel an Kriegszucht" beklagte sich Graf Anton Günther bei Tilly - ohne Erfolg. Der Einfluß des Kaisers, dem Abgesandte des Grafen das Leid beschrieben hatten, brachte immerhin dem Jeverland Linderung. Der Rest der Grafschaft litt über Jahre unter den Einquartierungen.[56]

Auch in Wardenburg tauchten wiederholt Landsknechte auf, so am 10. September 1627. Als sie das Kirchspiel Stunden später verließen, waren die Bauern um 58 Pferde, 16 Fohlen, 89 Kühe, 128 Bester, acht Ochsen und einen Bullen in einem Gesamtwert von 2174 ½ Reichstaler ärmer.[57] Ende August 1628 weilten erneut kaiserliche Soldaten in Wardenburg und suchten auch das Gotteshaus auf; nachdem sie es verlassen hatten, war „das Uhrwerk verdorben."[58]

Graf Anton Günther erwirkte schließlich erneut eine Neutralitätsbewilligung der Kriegsgegner. Die von weiteren Kriegshandlungen verschonte Grafschaft wurde nun „vielen Bedrängten ein willkommener Zufluchtsort".[59] Flüchtlinge aus dem Münsterland, aus Ostfriesland und dem Erzstift Bremen suchten hier Asyl.[60]

Zu den Begleiterscheinungen des Dreißigjährigen Krieges zählten Hunger, Pest und die Teuerung. Die stete Verteidigungsbereitschaft kostete eine Menge Geld. Ab 1626 wurden die Kosten für die Landesverteidigung den Untertanen aufgebürdet. Je länger der Krieg andauerte, desto größer wurde das finanzielle Opfer. Für jedes Pferd, jede Kuh und jeden Immenkorb wurde eine Abgabe erhoben.[61] Die Bürger und Bauern stöhnten unter der Steuerlast. Steigende Brot- und Bierpreise taten ein übriges. Insgesamt gesehen überstanden die Oldenburger die Wirren allerdings vergleichsweise unbeschadet. In anderen Regionen überlebte lediglich ein Drittel der Bevölkerung den Dreißigjährigen Krieg.[62] .

Die Klagen der Geistlichkeit über die Laster der Zeit

Spuren hinterließ der Krieg auch im sozialen Verhalten der Menschen. Glaubt man den Überlieferungen von Geistlichen, dann war es um Sitte und Moral in jenen Jahren schlecht bestellt. Der Sündenkatalog reichte vom „gotteslästerlichen Fluchen" bis hin zum „leydigen Vollsaufen".[63] Letzteres war Begleiterscheinung nahezu jeder kirchlichen Feier: „Die Festlichkeiten bei Taufen, Hochzeiten und Beerdigungen arteten in jener Zeit meist in ein völlerisches und tolles Treiben aus."[64] Derartige Feiern waren fester Bestandteil des gesellschaftlichen Lebens und - weit stärker als heute - eine Art öffentliche Angelegenheit, an der die ganze Dorfgemeinschaft teilhatte. Neben der Plackerei des Alltags waren es gerade die Feste, die dörfliches Leben kennzeichneten - und es gab weit mehr Feiertage als heute.[65]

Zeitgenössische Berichte lesen sich recht drastisch, und dies insbesondere dann, wenn ein Geistlicher Zeuge des Treibens wurde. Gerade das „junge Volk" im Kirchspiel sei „sehr unbändig, wild und rüde", so lautete zum Beispiel die Klage des bereits gealterten Pastors Stöver. Sein Nachfolger namens Koch machte sich schließlich zu Beginn des 18. Jahrhunderts daran, die „eingerissenen Mißstände zu beheben."[66] Der Erfolg hielt sich offenbar in Grenzen, denn auch Pastor Frisius, der Koch im Amt folgte, zeichnete ein trauriges Bild vom sittlichen Zustand seiner Gemeinde. Er klagte „über das in der Gemeinde eingerissene wüste und wilde Wesen, über Hurerei und Dieberei, über das Nachtschwärmen der jungen Leute und über den Unfug, den sie bei dieser Gelegenheit auf den Gassen und vor den Häusern begingen, und besonders auch über die bei den Hochzeiten vorkommenden Aeußerungen eines rohen und zügellosen Sinnes."[67] Frisius beließ es nicht beim Klagen. Im Jahre 1725 schaltete er das Delmenhorster Landgericht ein - mit diesem Vorgehen, das eine Strafandrohung gegen Übeltäter zur Folge hatte, wird er sich allerdings kaum Freunde gemacht haben. Pastor Frisius wurde 1729 nach Berne versetzt.[68]

Anmerkungen

[1] Wilhelm Abel, zitiert nach Schaer, 53.

[2] Zentren der Ochsenmast und Pferdezucht waren die gräflichen Vorwerke in der Wesermarsch; einige Pferde standen auch im Gestüt Westerburg. Sie stammten nicht selten aus den Ställen oldenburgischer Bauern - zu ihrem Leidwesen besaß der Graf das Vorkaufsrecht; vgl. Schaer, 78ff.

[3] Lübbing, Graf Anton Günther, 33.

[4] Lübbing, Oldenburgische Landesgeschichte, 109; vgl. auch ders., Graf Anton Günther, 33ff.

[5] Runde, 46.

[6] Vgl. Ordemann, Reisende, 58f.; Hellbernd/Möller, 278.

[7] Zur Roßdienstpflicht vgl. Ordemann, Reisende, 55ff.; Kohli, Bd. I, 25; Schaer, 67. Nach Kohli zahlten die Adligen monatlich 10 Taler pro Pferd. Die Ablösung traditioneller Dienste durch entsprechende Abgaben war nach Schaer (77) ein Merkmal der Reformpolitik des Grafen, die sich langsam abzuzeichnen begann.

[8] Ordemann, Reisende, 96.

[9] Vgl. hierzu Rüthning, Tilly, 4f., sowie den Plan der Festung Oldenburg im Anhang der Abhandlung. Fünf Tore führten damals aus der Altstadt ins Freie.

[10] Lübbing, Graf Anton Günther, 46.

[11] Kohli, Bd. I, 25.

[12] Lübbing, Graf Anton Günther, 39.

[13] Vgl. Rüthning, Tilly, 3.

[14] Vgl. Schaer, 60.

[15] Lübbing, Graf Anton Günther, 43.

[16] Vgl. Strahlmann, 5ff.

[17] Merkwürdiger Fund, 321.

[18] Die Flindriche und Taler legen den Schluß nahe, daß der Tote zu den Mansfeldischen gehörte, die im Winter 1622/23 in Ostfriesland lagerten. Möglicherweise handelte es sich bei den Münzen auch um Beutestücke; vgl. Merkwürdiger Fund, 322 und 324.

[19] Merkwürdiger Fund, 413.

[20] Vgl. u.a. von Halem, Bd. II, 265, sowie Lübbing, Graf Anton Günther, 49.

[21] Häufig bestand ein solcher Zug nicht einmal zur Hälfte aus Soldaten, sondern überwiegend aus Frauen, Knechten und anderer Begleitung; vgl. Langer, 96f.

[22] Vgl. Barton, Außm Stifft Münster, 25f.

[23] Zum Aufenthalt des Generals in Wardenburg vgl. insbesondere Rüthning, Tilly, 9ff.

[24] Vgl. Lübbing, Graf Anton Günther, 45.

[25] Vgl. Rüthning, Tilly, 10.

[26] In der Umgebung Tillys wartete in diesen Tagen ein Zeitungskorrespondent auf Neuigkeiten.

Dank seiner Berichterstattung erfuhr Wardenburg nicht nur eine ungewohnte Aufmerksamkeit, sondern auch eine ungerechtfertigte Aufwertung: Der Bericht in einer Hamburger Zeitung beginnt mit den Worten: „Auß dem Schloß Wartenbergk"; vgl. Der Landkreis Oldenburg, 125.

27 Rüthning, Tilly, 10.

28 Lübbing, Graf Anton Günther, 49.

29 Vgl. Rüthning, Tilly, 10.

30 Lübbing, Graf Anton Günther, 47.

31 Janßen-Holldiek/Helmers/Tielking, 204.

32 Lübbing, Graf Anton Günther, 48. Lübbing gibt einen Brief der Gräfin von Delmenhorst wieder.

33 Die Bemühungen des Grafen sind ausführlicher beschrieben bei Winkelmann, 171ff.

34 Von Halem, Bd. II, 267. Von Halem stützt sich auf Winkelmann, 175f. Ähnlich Lübbing, Graf Anton Günther, 48.

35 Oncken, Umschau, 39.

36 Tilly in einem Brief vom 20. September 1623 an seinen Kriegsherrn, Kurfürst Maximilian von Bayern; zitiert nach Lübbing, Graf Anton Günther, 48f. Zeitungsberichte enthalten im Herbst 1623 häufiger den Hinweis auf bestehende oder drohende Überflutungen; vgl. hierzu Barton, Schlacht, 113ff.

37 Vgl. Lübbing, Graf Anton Günther, 43.

38 Vgl. Ordemann, Reisende, 99. Tilly äußerte diese Ansicht in einem Brief vom 6. September 1623 an Kurfürst Maximilian von Bayern.

39 In den Jahren 1625 bis 1663 wurden nach Aktenlage lediglich 381 Pferde verkauft; verschenkt wurden im gleichen Zeitraum 4.489 Tiere. Der Handel mit Ochsen und Rindern lief im übrigen trotz des Krieges rege weiter; vgl. Schaer, 79ff., und Lübbing, Graf Anton Günther, 118f.

40 Vgl. Winkelmann, 176; Rüthning, Tilly, 13ff. Daneben nahm Tilly seinen Vertragspartnern das Versprechen ab, Ostfriesland wieder zu alter Blüte zu verhelfen. Dieser Vertrag, der nach Kopenhagen geschickt worden sein soll, ist nie wieder aufgetaucht.

41 Vgl. Ordemann, Reisende, 99f. Nach Ordemann drohte eine Intervention von Dänen und Niederländern.

42 Vgl. Lübbing, Graf Anton Günther, 50ff.; Hellbernd/Möller, 24f. Das Gefecht von Altenoythe machte überregional Schlagzeilen. Die Zeitungen in Stuttgart und Straßburg - sie gehörten zu den ersten überhaupt - berichteten über dieses Ereignis; vgl. Barton, Brandkatastrophen, o.S.

43 Barton, Schlacht, 7.

44 Vgl. Lübbing, Graf Anton Günther, 49.

45 Das achtseitige Schadensregister findet sich im StAO Best. 20-39. Frank Speckmann hat diesen Fund ausgewertet; vgl. GSP Nr. 71, Juni 1989, 15.

46 Diese Taten werden gemeinhin den Tillyschen zugeschrieben. Der Verfasser eines Beitrags in den Oldenburgischen Blättern vom 13. Oktober 1835 verweist allerdings darauf, daß sich die Äußerung in den kirchlichen Papieren „sehr wohl auf den Zug des Mansfelder beziehen kann." Vgl. Merkwürdiger Fund, 324.

47 Ramsauer, Prediger, 244.

48 Kurzbeschreibungen der Wardenburger Geistlichkeit seit der Reformation finden sich u.a. bei Korte, 51ff., und bei Ramsauer, Prediger, 244ff.

49 Schauenburg, Kirchengeschichte, I. Band, 206ff. Den Hinweis auf den Mangel an geeignetem Lesestoff fand Schauenburg in Band 2 der Visitationsakte von 1609.

50 Vgl. Schauenburg, Kirchengeschichte, I. Band, 94, sowie Sichart, Studenten, 211.

51 „Kirchenbuch der evangelisch-lutherischen Kirchengemeinde Wardenburg von (1617) 1618 bis 1770." In: KAW. Die Namen der Konfirmierten kamen erst Anfang des 18. Jahrhunderts hinzu. Vgl. auch Schauenburg, Kirchenbücher, 82.

52 Aus der Kirchenchronik, zitiert nach Ramsauer, Prediger, 244. Der Hinweis auf die eher ärmlichen Lebensverhältnisse des Wardenburger Pfarrers zu jener Zeit findet sich bei Schauenburg, Kirchengeschichte, I. Band, 240 (nach dem Visitationsprotokoll von 1656). Der Witwe von Jeddeloh wurde das Gnadenjahr in Form des Litteler Zehnten bewilligt.

53 Daß ein Pastor über Jahrzehnte im Amt blieb, war keineswegs ungewöhnlich; vgl. hierzu Schauenburg, Kirchengeschichte, I. Band, 268.

54 Vgl. Prott, 203ff.

55 Kohli, Bd. I, 26.

56 Vgl. Kohli, Bd. I, 26f. Andere Territorien wurden gleichwohl vom Krieg ungleich schwerer heimgesucht.

57 Vgl. GSP Nr. 72, September 1989, 23. Näheres über das Treiben des kaiserlichen „Kriegsvolks" im Herbst 1627 läßt sich der Darstellung von Prott entnehmen.

58 Schauenburg, Kirchengeschichte, I. Band, 94.

59 Runde, 41.

60 Vgl. Lübbing, Graf Anton Günther, 110.

61 Vgl. Ramsauer, Wirtschaftsgeschichte, 33.

62 Vgl. Müller, 105.

63 Vgl. Lübbing, Graf Anton Günther, 112.

64 Schauenburg, Kirchengeschichte, I. Band, 263.

65 Vgl. von Dülmen.

66 Korte, 49. Vgl. auch die entsprechenden Eintragungen in der Kirchenchronik, abgedruckt in: 700 Jahre Wardenburg, 113.

67 Ramsauer, Prediger, 245.

68 Die Verordnung des Landgerichts wurde von Frisius in der Kirchenchronik wörtlich zitiert, abgedruckt in: 700 Jahre Wardenburg, 115.

Vom „roten Hahn" und „Schwarzen Tod"

Die Pest

1347 näherte sich dem mittelalterlichen Europa eine neue Geißel: die Pest.[1] Sie breitete sich, aus dem Schwarzmeergebiet kommend, rasch über die Handelswege aus. Schon bald darauf wütete der „Schwarze Tod"[2] in ganz Norddeutschland. Offenbar setzte das „geschwinde Sterben" 1350 auch in Wardenburg ein, denn in der Kirchenchronik heißt es rückschauend, die Pest sei „fast durch die gantze Welt und auch dieses Orts gewesen, daß man die Todten nicht alle hat begraben können, viel Vieh auf dem Feld ohne Hirte irre gegangen, des sich niemand mehr angenommen, dieweil die Leute verstorben, oder sonst wegen großen Elende solches nicht mehr geachtet."[3] Bei diesem ersten Auftreten der Pest starb in Niedersachsen Schätzungen zufolge jeder Dritte; etliche Opfer wurden unter anderem in Wildeshausen und Dötlingen beklagt.[4]

Es traf in erster Linie die ärmeren Schichten. Adel, Ritterschaft und Klerus suchten nicht selten ihr Heil in der Flucht oder schränkten ihre sozialen Kontakte ein - dies reduzierte das Erkrankungsrisiko, soviel wußte man bereits. Doch diese Erkenntnis minderte nicht die tiefe Verunsicherung, von der die Menschen erfaßt wurden. Die Pest, die als Strafe Gottes für irdische Sünden galt, würfelte die mittelalterliche Gesellschaft mitsamt ihren Normen gehörig durcheinander.[5] Eine derart tiefe Verunsicherung ist heute kaum mehr vorstellbar - oder wie würde man reagieren, wenn der Tod von heute auf morgen, einer Grippe oder einem Schnupfen gleich, durchs Land rasen würde?[6]

Der „Schwarze Tod" verschwand ebenso plötzlich, wie er gekommen war. Doch über rund vier Jahrhunderte hinweg kehrte er immer wieder in unregelmäßigen Abständen zurück. Jedesmal, wenn sich eine neue Epidemie näherte, wurden die Menschen von Angst und Panik erfaßt. Niemand wußte, wie die Krankheit entstand, und keiner kannte ein Gegenmittel. Schüttelfrost und Rückenschmerzen waren die ersten Anzeichen. Bildeten sich schmerzhafte, eitrige Geschwülste in der Achsel- und Leistengegend, sprach man von der Beulenpest; die Beulen waren in den Augen der Menschen Gottesmale. Bekam der Kranke schwarze oder bräunliche Flecken, dann handelte es sich um die Fleckenpest. Nach einigen Tagen war der Patient tot - oder immun für den Rest seines Lebens.[7] Zu den Opfern gehörten vor allem Säuglinge unter einem Jahr; auch traf es Frauen stärker als Männer.[8]

In Wardenburg wütete der „Schwarze Tod" unter anderem in den Jahren 1638 und 1668 „und raffte viele Menschen weg."[9] Vor allem 1638 „hat die Pest dieser orten sehr stark grassiert".[10] Weit mehr als 100 Menschen fielen ihr zum Opfer - eine hohe Zahl, bedenkt man, daß das gesamte Kirchspiel zu dieser Zeit kaum mehr als 800 oder 900 Einwohner hatte.[11]

Was sich nun beim Auftreten der Pest im einzelnen zugetragen hat, läßt sich nur erahnen. War sie in ein Haus eingezogen, so galten gemeinhin besondere Regeln. Das

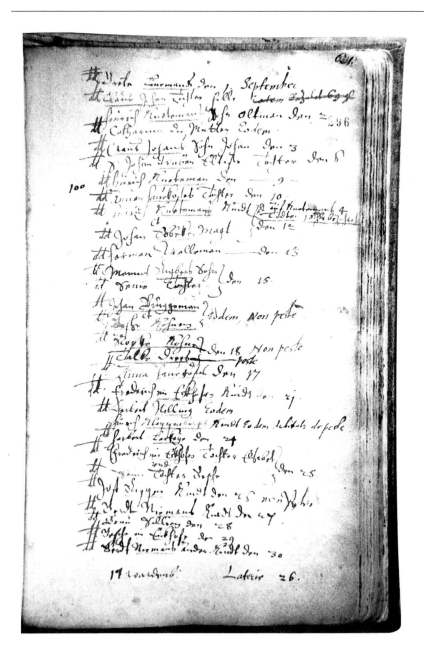

Abb. 15 Die Namen der Pestopfer des Jahres 1638 füllen mehrere engbeschriebene Seiten im Wardenburger Kirchenbuch. Auf der abgebildeten Seite finden sich allein 26 Namen, die im September des Jahres eingetragen wurden - und fast alle fielen der Pest zum Opfer. Insgesamt sind zwischen Mai und November 1638 im Kirchspiel Wardenburg weit mehr als 100 Menschen „an der Pest gestorben".[12]

Haus wurde mit Kreidekreuzen, weißen Fahnen, Strohbündeln o.ä. gekennzeichnet, mancherorts sogar zugenagelt und bewacht. Niemand durfte das Gebäude verlassen. Lebensmittel wurden gebracht.[13] Die Ärzte hielten sich bei der Behandlung der Pestkranken zurück. Die Behandlung von äußeren Krankheiten und Wunden wurde lange Zeit den Barbieren übertragen - ein Berufsstand mit schlechtem Ruf. Der Pestbarbier, auch Pestmeister genannt, konnte sich von seinem hohen Gehalt jeden Monat zwei ganze Kühe leisten - wenn er die Epidemie überlebte.[14] Seine Möglichkeiten waren allerdings beschränkt: Zunächst schluckte der Kranke ein Quentlein von der Giftlatwerge. Dieses Gemisch aus verschiedenen Pulvern wurde mit Pflaumenmus oder Sirup verfeinert und mit einigen Löffeln Warmbier verabreicht. Dann wurde der Kranke in Leinen gehüllt. Die Pest sollte - einer Erkältung gleich - ausgeschwitzt werden. Beim zusätzlichen „Aderlaß" wurde dem Ärmsten mit einer Nadel Blut abgezapft - er wurde „geschröpft". Auch Blutegel kamen zur Anwendung.[15]

Am Beispiel der Epidemie 1667/68 - der letzten und zugleich wohl schwersten im Raum Oldenburg - läßt sich verfolgen, wie die Krankheit sich ausbreitete und schließlich auch Wardenburg erreichte. Bereits zwei Jahre zuvor hatte sie das benachbarte Ostfriesland heimgesucht und näherte sich nun langsam dem Oldenburger Land. 1666 begann das Sterben in Westerstede. Im August dieses Jahres erließ Graf Anton Günther eine Pestordnung, die den Bewohnern der Grafschaft ein „mäßiges Leben" und das „Ausräuchern der Wohnungen morgens und abends" vorschrieb. Auch auf den Konsum von alkoholischen Getränken sollten die Untertanen verzichten. Man ahnte bereits, wie sich die Krankheit verbreitet: „Das pestilenzialische Gift schleichet an keinen Örtern lieber ein und setzt sich fest, als die stinkend, faul und unsauber sein, am allermeisten aber an Örtern, da man mit Schweinen, altem Schmeer, Butter, Seife, Hanf, Flachs, Wolle, Kabuskohl und dergleichen leicht faulenden Sachen umgehet."[16] Da man die Übertragungswege nicht kannte, richtete sich der Verdacht der Behörden und der Bevölkerung vorerst gegen Schweine. Doch es half alles nichts: Im August 1667, kurz nach dem Tod Graf Anton Günthers, setzte in Oldenburg erneut das „geschwinde Sterben" ein. Ein Soldat hatte sich eigenmächtig von seiner Truppe entfernt und bei einem kleinen Abstecher nach Bremen infiziert. Der Mann verstarb unmittelbar nach seiner Rückkehr. Anfangs blieb die Krankheit unerkannt. Doch dann breitete sie sich in Windeseile aus, erfaßte immer mehr Straßenzüge und verschonte am Ende - nach einer kleinen Pause im Frühjahr 1668 - auch die Häuser feinerer Leute nicht. Dutzende starben Woche für Woche. Die Betroffenen verschwiegen häufig ihre Erkrankung - sie fürchteten die Isolation.

Vor den Toren der Stadt lagerten die Armen, die mit ihrer bescheidenen Habe aus den schwerer betroffenen Stadtteilen geflüchtet waren. Auch wurden die Nachbarn „infizierter Häuser" von der Obrigkeit angewiesen, die Stadt zu verlassen. Dies wiederum trug dazu bei, daß auch die umliegenden Orte nicht verschont blieben.[17] Der Amtsantritt von Pastor Johann Caspar Wagner in Wardenburg im Jahre 1668 stand folglich unter einem ungünstigen Stern: Kaum war er im Dorf, begann die Pest zu wüten, allerdings nicht so verheerend wie dreißig Jahre zuvor. Sie „nahm in den Monaten August, September und Oktober einige dahin, doch Gott steuerte derselben und gab wiederum gesunde Luft".[18]

Überliefert sind die Reaktionen der Menschen nach dem Ende einer Pestwelle. Beobachtet wurde beispielsweise ein Anstieg bei den Eheschließungen und Geburten - und wer wollte es der Witwe eines Pestopfers verdenken, daß sie sich aus Gründen der Existenzsicherung unter den Witwern umschaute. Der Witwer wiederum wünschte sich womöglich einen neuen Hoferben.

In Norddeutschland trat die Pest ein letztes Mal im 18. Jahrhundert auf. Feuersbrünste, von denen im folgenden Kapitel die Rede ist, hatten bei allen Nachteilen einen positiven Nebeneffekt: Die Hausratte wurde durch den Ersatz von Holzbauten durch Steinbauten zurückgedrängt. [19] Den Bauern waren die vielen Ratten ohnehin nicht geheuer: Sie bringen Unwetter, Krieg oder die Pest, so glaubte man - ohne zu wissen, daß man in bezug auf den letzten Punkt gar nicht so falsch lag. Es sollte allerdings noch gut 200 Jahre dauern, bis die genauen Übertragungswege von der Ratte auf den Menschen bekannt wurden. [20]

Große Brände

Brände legten in früheren Jahrhunderten so manchen Ort in Schutt und Asche. In der Regel standen die Bewohner den Bränden ohnmächtig gegenüber - so auch die Tungeler am Abend des 25. März 1691. Das Feuer, das gegen 22 Uhr ausbrach, griff, möglicherweise unterstützt von einem kräftigem Wind, von einem Strohdach auf das nächste über und fand so reichlich Nahrung. Am nächsten Morgen standen die Familien von Eyldert Hanken, Johann Bruns, Röbe Deeken, Harbert Paradies, Hinrich Kuleman, Hinrich Hibbeler und Hinrich Klevemann vor den rußgeschwärzten Resten ihrer Häuser, Scheunen und Spieker. Mit ihren ledernen Wassereimern in der Hand vermochten die Dorfbewohner bei Bränden dieser Art kaum etwas auszurichten. Immerhin erwirkte der Vogt für die Geschädigten einen Erlaß der in diesem Jahr fälligen Abgaben. [21]

So ein Brand konnte eine Menge Zwietracht ins Dorf tragen. Dies mußte auch Pastor Bernhard Diedrich Frisius erfahren, der im Juli 1714 ins Amt eingeführt wurde. Bis zum Mittwoch vor dem Osterfest 1722 mag er sich mit seiner Gemeinde noch einigermaßen verstanden haben. An diesem Tag brach jedoch gegen Mittag ausgerechnet in der Pastorei ein Feuer aus, welches in zwei Stunden nicht nur das Pfarrhaus, sondern sechs weitere Häuser „samt den Scheunen jämmerlich in die Aschen legte. Dem allwissenden Gott allein ist es bekannt, woher solch Feuer entstanden." An dieser Version von Frisius hegten die Wardenburger allerdings Zweifel. Dies entging auch dem Pfarrer nicht: „Bey seinen Pfarrkindern, die ihn seiner Meinung nach bißher geliebet, ward durch die Feuersbrunst alle Liebe erloschen". Schlimmer noch: Fortan registrierte Pfarrer Frisius große Widerstände bei seinen Bemühungen, den „Mangel einer rechtschaffenden Erkäntniß" [22] gerade unter jungen Leuten im Rahmen von Schulunterricht und Konfirmation zu beheben.

Die direkte Umgebung des Gotteshauses sollte häufiger noch von Flammen heimgesucht werden. So verwüstete 1746 ein Brand drei Häuser in der Nähe der Kirche:

„Die Kirche und Pastorey hat Gott gnädiglich behütet, ohngeachtet der häufigen Funken das Dach herabrollleten."[23] Göttlicher Beistand diente dem Pastor auch als Erklärung für die glücklichen Umstände bei einem Brand im Jahre 1816. Die Feuersbrunst hatte bereits das Haus des Brinksitzers Eggers und das des Köters Heidenreich erfaßt und näherte sich nun bedenklich der Küsterei. Just in diesem Moment drehte der Wind, der kurz zuvor noch kräftig aus Südost geweht hatte, auf Süden. Den Rest konnten die Wardenburger selbst erledigen.

Gut sieben Jahre später mußten die Wardenburger erneut couragiert zu Werke gehen, als es darum ging, kirchliche Akten aus dem brennenden Pfarrhaus zu holen. Sie retteten unter anderem die Kirchenchronik - ohne die diese Zeilen nicht möglich gewesen wären. Die Pastorei selbst brannte nieder. Am Morgen dieses 26. November 1823 war ihnen in der Nähe der Pastorei bereits Brandgeruch in die Nase gestiegen. Die Nachbarn, eilig zusammengerufen, untersuchten das ganze Haus, entdeckten „aber nirgends eine Spur von einem Feuer"[24]. Gegen sechs Uhr am Abend wußten sie, daß ihnen vermutlich beim Schornstein eine schadhafte Stelle entgangen war.

Anmerkungen

[1] Von Lepra, Syphilis, den Blattern, der Ruhr oder den Pocken soll hier nicht weiter die Rede sein; die Auswirkungen der Pest waren gemeinhin gravierender.

[2] Diese erst später übliche Bezeichnung verweist auf die schwarze bzw. bräunliche Verfärbung der Haut.

[3] 700 Jahre Wardenburg, 112. Günther Rogge gibt eine Notiz von Pastor Bernhard Diedrich Frisius (1714-1729) wieder.

[4] Vgl. Bulst, 253. Allein in Wildeshausen soll es in nur 15 Wochen 4.000 Tote gegeben haben - eine Zahl, die angesichts der Einwohnerzahl sicher zu hoch gegriffen ist. Der Hinweis auf die Pestopfer in Norddötlingen findet sich bei Janßen-Holldiek/Helmers/Tielking, 210. Bezogen auf ganz Europa kann der „Schwarze Tod", der in den Jahren 1347-1353 wütete, als eine der bislang größten Katastrophen bezeichnet werden.

[5] Die Juden wurden zunächst für die Pest verantwortlich gemacht und zu Brunnenvergiftern im wahrsten Sinne des Wortes gestempelt. Unter Folter gestanden Juden die ihnen unterstellten Taten. Vielerorts entlud sich die Massenhysterie in Pogromen, beispielsweise in Wildeshausen am 21. Juni 1350. Vgl. hierzu Bulst, 251f.

[6] Vgl. „Die Plage der Planeten", Süddeutsche Zeitung vom 17. März 1994, Beilage, Seite X.

[7] Vgl. Arlinghaus, Graf Anton Günther, 85.

[8] Vgl. Braudel, 82.

[9] Kohli, Bd. II, 24.

[10] Chronik der Kirchengemeinde, zitiert nach 700 Jahre Wardenburg, 113.

[11] Vgl. hierzu das Kapitel über die Bevölkerungsentwicklung.

[12] „Kirchenbuch der evangelisch-lutherischen Kirchengemeinde Wardenburg von (1617) 1618 bis 1770", 627.

[13] Vgl. Arlinghaus, Graf Anton Günther, 87.

[14] Vgl. Wachtendorf, 45. Ein Pestmeister erhielt - neben kleineren Vergünstigungen - monatlich 20 Reichstaler, ein Maurer etwa 7 Reichstaler.

[15] Vgl. Arlinghaus, Graf Anton Günther, 88 und Rüthning, Pest, 107. Vgl. hierzu auch: „Die medizinischen Vorschriften für die Behandlung der Pestkranken" aus dem 17. Jahrhundert, abgedruckt bei Rüthning, Pest, 119.

[16] Rüthning, Pest, 111. Die Warnung war durchaus berechtigt, wie sich gut drei Jahrhunderte später zeigen sollte. Gegen Ende des 19. Jahrhunderts wurden die Übertragungswege des Pestbazillus entdeckt.

[17] Eine ausführliche Darstellung der Epidemie findet sich bei Rüthning, Pest, 103ff.

[18] Chronik der Kirchengemeinde, zitiert nach 700 Jahre Wardenburg, 113. Vgl. auch Ramsauer, Prediger, 244.

[19] Vgl. Braudel, 81.

[20] Der schweizerische Tropenarzt Alexandre Yersin entdeckte den Pestbazillus im Jahre 1894. Ein weiteres Jahrzehnt verging, bis die Übertragungswege feststanden. Primärer Übertragungsweg: Ratte - Rattenfloh - Mensch; sekundäre Übertragungskette: Mensch - Menschenfloh - Mensch.

[21] Vgl. Korte, 131. Korte erlangte Kenntnis von diesem Brand beim Studium alter Vogteirechnungen.

[22] Kirchenchronik, zitiert nach 700 Jahre Wardenburg, 114f. Ähnlich Ramsauer, Prediger, 244.

[23] Kirchenchronik, zitiert nach 700 Jahre Wardenburg, 117.

[24] Kirchenchronik, zitiert nach 700 Jahre Wardenburg, 119.

Zwischen den Zeiten:
Dörfliches Leben im Kirchspiel

Das Siedlungsbild der hiesigen Bauerschaften blieb zunächst über Jahrhunderte weitgehend unverändert. Den Kern der Dörfer bildeten die Hofstellen der ersten Siedler. Viele von ihnen hatten Eichen gepflanzt - so hatte man Bauholz, im Herbst Eicheln für die Schweinemast und auch Schutz vor kräftigem Wind. Als Vollerben bewirtschafteten sie ihre verstreut liegenden Anteile am etwas höher gelegenen Esch. Dieser gemeinsame Brotacker, an dem die Vollerben den gleichen Anteil hatten, war ebenso wie Hof und Garten zum Schutz vor Verbiß durch Wild oder Vieh mit einem Wall und einer dichten Hecke oder mit einem Zaun eingefriedet. Der Hausgarten (Kohlhof) selbst war nur einige Scheffelsaat[1] groß und diente dem Anbau von Obst, Gemüse oder Lein (Flachs).

Die außerhalb von Esch, Hausstätte und Garten liegenden Flächen zählten zur Gemeinheit. Die Gemeinheit - andernorts auch Allmende oder Mark genannt - umfaßte all das an Wald, Weide, Heide, Moor und Wasser, was zur Siedlung gehörte. Die gemeinschaftliche Nutzung der Gemeinheit war altes Gewohnheitsrecht. Und die Bauern nutzten sie auf vielfältige Weise. Die Gemeinheit war Weide- und Futterfläche für das Vieh, lieferte Torf, Bau- und Brennholz und mit den Plaggen auch die Grundlage für die Düngung.[2] Neben den Plaggen wurden auch Schullen gestochen, mit denen Backöfen oder kleine Viehställe bedeckt wurden.[3] Im Laufe der Jahrhunderte gab es gerade um die Nutzung der Gemeinheiten oft genug Streit - zwischen den einzelnen Bauerschaften, zwischen dem Landesherrn und den Dorfbewohnern und auch unter den Dorfbewohnern selbst.

Der Kampf um die Gemeinheiten

Die Gemeinheit befand sich zunächst im Besitz der Vollerben, die hier ihr Vieh weideten oder sich ihr Brennholz holten. Anfangs wehrten sich die Vollerben gegen jede Ansiedlung in der Gemeinheit, weil sie fürchteten, sonst ihre Lebensbedürfnisse nicht befriedigen zu können. Trotz des Widerstands der Vollerben gelang es jedoch einigen Landsuchenden, Fuß zu fassen. Meist lag die Hausstätte des neuen Siedlers in der Nähe der Bauerschaft, bei handwerklich Geschickteren auch schon mal zwischen den Gehöften der Vollerben. Mit Einwilligung aller Vollerben wurde ihnen eine Flur minderer Güte in der Gemeinheit zugewiesen. Diese Flur bezeichnete man als Kamp oder auch Placken. Größe und Form des Kampes waren vom Gelände vorgegeben. Wie der Esch mußte auch der Kamp zum Schutz vor dem Wild mit einem Wall umgeben werden. Vom Esch unterschied er sich vor allem dadurch, daß er im Eigentum eines einzigen Besitzers, des Köters, blieb.

Stärker noch als die Siedlungswilligen beeinflußten die Oldenburger Grafen, die gestärkt aus dem Konflikt mit dem Ritterstand im 13. Jahrhundert hervorgegangen waren, die Entwicklung der Gemeinheiten. Die Grafen betrachteten die Gemeinheiten als ihren Besitz und wollten den Vollerben lediglich das Nutzungsrecht einräumen. Erlasse sahen vor, „daß alles, was unbehaget, unbezäunet und unbegraben im Wilden liege, des Landesherrn Eigen sei.“[4] Mochten die Vollerben anfangs auch Widerstand leisten - im Kirchspiel Wardenburg verzeichneten die Grafen bald erste Erfolge. Schon im Oldenburger Salbuch von 1428 finden sich unter Wardenburg mehrere Kämpe, deren Besitzer Abgaben an die Grafen zu entrichten hatten.[5] In den folgenden Jahrhunderten ließen die Grafen immer häufiger die Einweisung neuer Siedler an einem „unschädlichen Orte“ vornehmen. Daß es sich dabei nicht gerade um fruchtbares Land handeln mußte, macht das Gesuch eines Litteler Köters aus dem Jahre 1650 deutlich: Der Mann bat die Herrschaft um die Zuweisung eines zweiten Kampes, „weil sein jetziger Boden zu gering ist, das jährliche Korn zu liefern.“ Einige Jahre später wurden sieben „arme und geringe Brinksitzer“ aus der Vogtei Wardenburg bei der oldenburgischen Kammer vorstellig, „um einen Heidplacken und dadurch der Sorge um das Brotkorn vorzubeugen.“[6]

Zu dieser Zeit, Mitte des 17. Jahrhunderts, hatte die Regierung in Oldenburg den Kampf um die Gemeinheiten längst für sich entschieden. Sie förderte neue Ansiedlungen oder Zuschläge zu alten Kämpen nicht zuletzt in der Hoffnung auf zusätzliche Einnahmen. Die Ausweisung neuer Flächen zählte inzwischen zu den Hauptaufgaben des Wardenburger Vogtes. So ging das Eigentum an den Gemeinheiten Stück für Stück von den Vollerben auf die Landesherrschaft über.[7]

Der Heimschnatstreit und andere Grenzstreitigkeiten

Jede Bauerschaft hatte einst ihre Gemeinheit. Diese Flächen, die zwischen den Dörfern lagen, wurden abgegrenzt durch die sogenannte Heimschnat. Dabei handelte es sich um eine Grenze, deren Verlauf hin und wieder durch eine Niederung, einen Flußlauf oder einzelne Bäume gekennzeichnet wurde. Die genaue Kenntnis der Heimschnate gaben die Älteren an die Jüngeren weiter: Einmal im Jahr wurden Heranwachsende beim Schnatgang mit den Grenzen ihrer Gemeinheit vertraut gemacht. Seltener wurde in sogenannten Schnatbriefen der genaue Grenzverlauf festgeschrieben.[8]

Streitigkeiten um den exakten Grenzverlauf zwischen den einzelnen Gemeinheiten kamen häufiger vor. Jede Bauerschaft wollte angesichts des großen Futtermangels die Grenzen möglichst weit hinausschieben. Es dürfte allerdings nicht allzuoft vorgekommen sein, daß diese Streitigkeiten derart erbittert geführt wurden wie die zwischen den Bauerschaften Sage, Sannum und Döhlen einerseits und Astrup, Westerburg und Littel andererseits. Der Zwist zwischen den Oldenburgischen und ihren Nachbarn im Süden hatte eine gewisse Tradition. Seit dem 15. Jahrhundert war man immer wieder aneinandergeraten.[9] Mal sorgte unberechtigtes Heidemähen, mal die Nutzung der Sager und Döhler Moore für neuen Streit. Der erste bekannte Schlichtungsversuch erfolgte im Jahre 1512. Ein Zeugenverhör in Gegenwart des Grafen Jo-

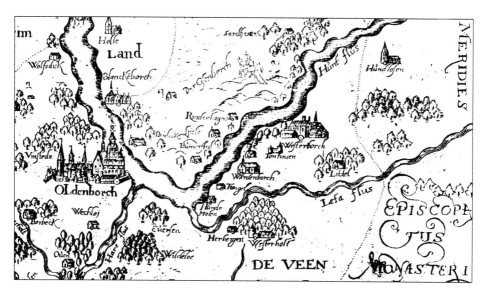

Abb. 16   Ausschnitt aus der Karte der Grafschaften Oldenburg und Delmenhorst von Johann Conrad Musculus. Der Kupferstich wurde 1621 entworfen, erschien jedoch erst Mitte des 17. Jahrhunderts.

hann sollte klären, wem denn nun der Döhler Wehe, eine Holzung jenseits der Kirchspielgrenze zu Großenkneten, von alters her gehört. Die Aussagen älterer Dorfbewohner wurden dabei zu Protokoll genommen. Sollte man sich tatsächlich geeinigt haben, dann war der Friede nur von kurzer Dauer. Die Übergriffe und Tätlichkeiten von beiden Seiten setzten sich jedenfalls fort.

In der zweiten Hälfte des 16. Jahrhunderts mischten verstärkt auch höhere Instanzen mit. So ließ Heinrich Schade, der umtriebige und machtbewußte Drost zu Wildeshausen, ein Fischwehr eines Litteler Bauern in der Lethe einreißen. „Dieser Drost suchte den Oldenburgern, wo er konnte, durch Holzhauen, Torfstechen und Jagen Schaden zuzufügen und in ihre Hoheitsrechte einzugreifen."[10] Ein oldenburgischer Untertan wurde beim Sammeln von Zaunholz entführt und derart geschlagen, daß er an den Folgen starb.[11] Im Frühjahr 1575 erreichten die Streitigkeiten um Hoheitsrechte ihren Höhepunkt. Am 24. März überfiel Heinrich Schade mit rund hundert Getreuen zu nachtschlafender Zeit das Haus des gräflichen Meiers zu Simmerhausen (nahe Harpstedt).[12] Der gräfliche Drost zu Westerburg, Johann Schöff, und der gräfliche Wildschütz, Jacob von Gülich, wurden gefangengenommen; Thebbe zu Westerburg, ebenfalls ein oldenburgischer Untertan, wurde verwundet. Heinrich Schade brachte seine Gefangenen nach Wildeshausen ins Gefängnis. Dabei hatten sie nichts Unrechtes getan, jagten sie doch im Auftrag des Oldenburger Grafen, der auch im nördlichen Teil des Amtes Wildeshausen die Gerechtigkeit des Jagens samt Geleit besaß. Graf Johann reagierte. Er forderte die münstersche Regierung auf, seine Diener freizulassen - ohne Erfolg. In Münster war man zwar ungehalten über die Tat des Drosten, doch schließlich, so verlautete offiziell, habe der die oldenburgischen Diener bei der Hasenjagd auf münsterschem Gebiet gestellt. Daraufhin begab sich Graf Johann am 29./30. März 1575 mit etwa 80 Mann zu Pferde und rund 2.000 zu Fuß nach Wildeshausen, eroberte die Stadt, plünderte die Burg und nahm seinerseits zwei Bürgermeister sowie zwei Ratsmänner gefangen, um so die Freilassung seines inzwischen in Ahaus einsitzenden Drosten zu erzwingen.[13] Erst nach der Freilassung der oldenburgischen Diener und nach Leistung einer Urfehde, wie ein Friedensgelöbnis seinerzeit genannt wurde, ließ auch Graf Johann die gefangenen Münsterschen laufen, was nicht bedeutete, daß Ruhe im unmittelbaren Grenzgebiet einkehrte.

Auch in der Folgezeit ließen sich die Untertanen weder durch ein kaiserliches Urteil, das in Sachen Oldenburg gegen Münster erging,[14] noch durch gütliche Regelungen, wie sie beispielsweise 1655 in einer Konferenz mühsam erzielt wurden, besänftigen. Einem Schäfer von der anderen Seite die Glocke, den wärmenden Umhang oder gleich alle Kleidungsstücke zu stibitzen - dergleichen passierte in schöner Regelmäßigkeit und hatte fast schon den Charakter eines Rituals.[15] Ein „Grentz-Protokoll" des Wardenburger Vogtes Ummius aus dem Jahre 1657 listet eine ganze Reihe solcher Zusammenstöße auf. Am 5. April dieses Jahres suchten zwei Abgesandte aus einer münsterschen Bauerschaft den Vogt zu Wardenburg auf, um drei entwendete Umhänge zurückzufordern. „Bekämen sie ihre Hoiken nicht wieder, würde es toll ablaufen und es fielen viele unbescheidene Worte." In der darauffolgenden Nacht machten die Münsterschen ihre Drohung wahr. Sie entkleideten zwei Westerburger Schäfer und trieben deren Vieh ins Moor, doch „die Bester sind gottlob unbeschädigt aus dem Moor wieder von selbst nach Hause gekommen."[16]

Wenn es galt, einen Grenzpfahl umzuhauen oder einen umgehauenen Grenzpfahl wieder aufzurichten, dann erschienen die Wildeshauser auch schon mal im Morgengrauen mit 300 Mann unter Waffen, die dann nach getaner Arbeit eine Salve abfeuerten. Man hatte schließlich seine Gründe: Kurz zuvor hatte der Wardenburger Vogt die ganze Vogtei zusammenrufen und „anbefohlenermaßen" im grenznahen Bereich ein wenig „demollieren" lassen. Hätte man ihn nach dem Grund gefragt, er hätte sicher darauf verwiesen, daß die Bauern aus Sage ja auch kurz zuvor in „frevelhafter" Weise auf dem Territorium seines „hochgräflichen Herrn" Holz gehauen hätten.[17] So schaukelte sich der Konflikt nicht selten in kürzester Zeit hoch.

Selbst ein Machtwort König Georgs I. (1714) half wenig: Grenzpfähle, nach dem Spruch des englischen Monarchen gesetzt, wurden von den Westerburgern kurzerhand wieder entfernt. Als im Oldenburgischen die Viehseuche grassierte, bauten die Döhler eine Hütte, um über das Verbot der Vieheinfuhr zu wachen - und die Westerburger rissen den Posten ein. Auch grobe Exzesse sollen sich zugetragen haben, bei denen 1731 mit Heinrich Ostertun aus Döhlen nicht zum ersten Mal ein Mensch sein Leben ließ. Die Westerburger hatten ihn erschossen. Kurz darauf ging ein Schäfer aus Littel einem Sager namens Johann Hinrich Diek an den Kragen. Der Grenzvergleich von 1736, vermutlich unter dem Eindruck solch rabiaten Vorgehens geschlossen, war ebenfalls nur von kurzer Dauer. Die in diesem Vergleich vorgesehene Einfriedung einer Wiese in Halenhorst bildete gleich den nächsten Zankapfel.

Zwischendurch kühlte manch einer sein Mütchen, indem er eigenmächtig Vieh oder Bienenstöcke konfiszierte. Bei einer solchen Pfändung töteten die Litteler einen gewissen Diedrich Henken. Im Jahre 1745 „fand in der Frühe des ersten Ostertages eine große Schlägerei zwischen den Litteler und Döhler Bauern statt. Die letzteren waren gekommen, um ihre Schafe, die man ihnen am Karfreitag gepfändet hatte, wiederzuholen. Bei dieser Gelegenheit ward ein Mann totgeschossen und viele andere schwer verwundet."[18] Eine neuerliche Tat eines Schäfers aus Littel wurde 1778 notiert, eine weitere, noch dazu auf Wildeshauser Hoheitsgebiet, acht Jahre darauf. 1790 ließ ein Litteler in der Gegend von Nikolausdorf sein Leben - erschossen von einem Kontrahenten aus Garrel.[19] 1803 schließlich wurden ein letztes Mal Gewalttaten und Drohungen aktenkundig, diesmal von den Schäfern zu Höven und Westerburg. Erst mit den Gemeinheitsteilungen im 19. Jahrhundert fand dieser jahrhundertelange Streit sein Ende.[20]

Der Harberwald

Zum Kirchspiel Wardenburg gehörte seit eh und je auch ein größeres Waldstück. Der „Herberger Wold" oder „Haberwold", wie er im Volksmund genannt wurde, war der einzige geschlossene Laubwald im Kirchspiel.[21] Über Jahrhunderte hinweg leistete er vor allem den Bauern aus Oberlethe, Achternholt und Westerholt gute Dienste. Fruchttragende Bäume wie Eiche und Buche waren für die Schweinemast sehr wertvoll. Anfangs trieb wohl jeder Bauer sein Vieh in den Wald und ließ es dort unbeaufsichtigt weiden und auf Nahrungssuche gehen. Manch junges Gewächs wurde so ein Opfer des Verbisses. Auch wühlten die Schweine bei der Suche nach Eicheln und Bucheckern den Boden gründlich auf. Dabei wurde nicht selten das Wurzelwerk der Bäume in Mitleidenschaft gezogen.

Stärker noch als das Schwein setzte jedoch langfristig der Mensch dem Wald zu. Anteile („Ware") am Wald besaßen neben der Landesherrschaft die Bauern auf alten Höfen rund um Oberlethe. Nur sie hatten das Recht, die Axt im Wald zu schwingen. Man nannte sie Erbexen, weil dieses Nutzungsprivileg von Generation zu Generation vererbt wurde. Auf dem Holzgericht entschieden die Erbexen mit Blick auf den zu erwartenden Eichelertrag, wie viele Schweine jeder Bauer in den Wald treiben durfte. Ein Protokoll vom Holzgericht aus dem Jahre 1605 überliefert nicht nur das Ergebnis solcher Beratungen, sondern wirft zugleich ein Licht auf das soziale Gefüge im Kirchspiel (auf das in den folgenden Kapiteln noch näher eingegangen wird): „Man war der Meinung, es könnten pro Ware zwei Schweine sein, und wenn es eine volle Eichelmast gebe, könnten die Köter auch wohl eine Schweinemast haben. Die Herrschaft habe 22 ½ Ware und die Erbexen hätte ebensoviel, also 45 Waren = 90 Schweine. Es wurde gefragt wieviel Köter es im Kirchspiel gebe. Es wurde geantwortet, die Zahl der Köter sei groß, die Zahl der alten Köter sei 10 und es wären 20 neue Köter da. Für alte Köter je ein Schwein und für zwei neue Köter je ein Schwein = 20 Schweine. Außerdem für Bedienstete, Pastor und Diener, Küster, Amtmann zu Westerburg und Diener, Untervogt Meinert, Nilling und seine Hausfrau, Melchior der Jäger, Zöllner zu Oldenburg und Wardenburg, vier Schweine für arme Menschen, und eins für einen lahmen Mann (Knop genannt), der Müller zu Hundsmühlen usw."[22] Einige Mastschweine wurden zudem dem Junker von Höven für seine Holzgräfschaft zugesprochen. Insgesamt dürften 1605 rund 180 Schweine zur Mastung in den Wald getrieben worden sein. Vorher erhielten sie mit einem Brenneisen ein Zeichen. Während der Mastzeit sorgte in jenen Jahren Jost achter dem Holt (Achternholt) als Hirte dafür, daß die Schweine keine allzu großen Schäden anrichteten. Auf den Holzgerichten wurde auch das geschlagene Holz bilanziert. So heißt es in einem Protokoll aus dem Jahre 1630, dem ersten nach Abzug von Tilly und seinen Soldaten: „Es sei viel Holz bei der verheerenden Einquartierung (1623) gehauen, das haben die Holzgeschworenen bestätigt und auch wohl gesehn."[23]

Zu jener Zeit erließ Graf Anton Günther eine Verordnung zum Schutze der Holzungen. Erstmals wurde festgeschrieben, was aus herrschaftlichem Forst herausgetragen werden durfte. Für jeden gefällten Stamm mußten drei oder vier junge Laubbäume gepflanzt werden.[24] Zeitweise erlaubte die Obrigkeit den Bauern lediglich das Fällen bereits abgestorbener Bäume; die Bauern sollen dann ein wenig nachgeholfen haben, indem sie Borke schälten. Die Armen durften lediglich das am Boden liegende dürre Holz einsammeln, und das auch nur unter Aufsicht und zu bestimmten Zeiten.

So ganz genau aber nahmen es die Untertanen nicht mit diesen Verordnungen, die ihnen das Notwendige versagten. Schließlich brauchten sie Bau- und Brennholz. Mochte Graf Anton Günther auch mit Geld- und Leibesstrafe, ja mit Gefängnis drohen und den Holzvogt schicken: Der Sorge des Grafen um den Waldbestand wird man in Herbergen nicht allzuviel Glauben geschenkt haben, ging doch das Gros des geschlagenen Holzes nach Oldenburg, wo man es für Mühlen, Brücken oder Palisaden verwendete.[25] Selbst fruchtbare Bäume wurden für den Grafen gehauen, aber das sei ja, so hieß es in der Antwort auf eine Beschwerde, für die Osternburger Kirche und somit „zum Besten des Landes".[26] Die notwendige Reparatur des Wardenburger Pfarrhauses dagegen ließ auf sich warten. Graf Anton Günther bewilligte in diesem Fall die benötigten Bäume nur zögernd. Zwar halfen der Junker von Rahden und einige Erbexen aus, doch am Ende hatte Pastor Johannes Burius dann doch „aus seinem Bestand etliches Holz hergegeben für die Giebelbalken, obwohl er es gern für seine eigene Notdurft habe gebrauchen können."[27]

Die Folgen dieses recht willkürlichen Vorgehens waren unübersehbar. In einem Holzbesichtigungsprotokoll von 1676 heißt es: „Der Harberwold ist ein weitbuschiges Gemeinschaftseichenholz - es ist sehr verhauen, so daß dem Ansehen nach mehr Stämme als Bäume vorhanden sind." Knapp 30 Jahre später zeugten nur noch spärliche Reste von der einstigen Größe des Harberwaldes. Bei einer neuerlichen Holzbesichtigung blieb nur die betrübliche Feststellung, daß im Harberwald „in früheren Zeiten bei guter Mast 600 bis 700 Schweine, 1705 dagegen nur 30 fettgemacht werden können".[28] In den darauffolgenden Jahrzehnten ließen sich zwischen den verbliebenen Eichenstämmen und einigen Neupflanzungen dann etliche Köter und Brinksitzer nieder. Heute ist vom einstmals ausgedehnten Harberwald kaum mehr als der „Hoop" geblieben, ein kleiner Mischwald mit Eichen und Buchen südlich von Oberlethe.[29]

Die Lebensverhältnisse der Meier, Köter und Brinksitzer

Das „Wardenburger Landbuch" von 1653 gehört zu jenen historischen Dokumenten, die - wie durch eine Lupe - einen genaueren Blick auf das soziale und wirtschaftliche Leben im Kirchspiel zu jener Zeit erlauben. Fünf Jahre waren seit dem Ende des Dreißigjährigen Krieges vergangen und fünfzehn seit der letzten größeren Pestepidemie. Die Jüngeren kannten Tilly nur noch vom Hörensagen. Das gräfliche Kammerwesen war just neu geordnet worden, und der leitende Hofmeister wünschte nun verläßlichere Daten.[30] Am 6. Juni 1653 hatten deshalb die Bauern aus der Vogtei in Westerburg zu erscheinen. Dort wohnte in einem kleinen Haus in unmittelbarer Nähe des gräflichen Vorwerks der Vogt zu Wardenburg, Ilico Ummius.[31] Ihm hatten die Bauern Rede und Antwort zu stehen: „1. Was einer sei, ob ein Meier oder halber Meier oder alter Köter oder neuer Köter oder Brinksitzer sei? 2. Ob er eigen, oder frei, oder Junkermann sei? Wie viel einer Heulandes, auch Scheffel Saatlandes habe?"[32] Und selbstverständlich wünschte der Hof auch eine lückenlose Antwort auf die Frage, wie es sich denn mit der Ernte, den Abgaben und den Diensten verhalte.

Den Anfang machten an diesem Tag 19 Untertanen aus Westerburg; ihnen folgten 7 aus Astrup, 11 aus Littel, 5 aus Westerholt, 19 aus Oberlethe, 36 aus Wardenburg, 6 aus Höven und 16 aus Tungeln - wir erhalten somit eine Vorstellung von der Größe der einzelnen Ortschaften zu dieser Zeit. Insgesamt wurden 110 Männer und 9 Frauen aus der Vogtei vorstellig.

Als erster Wardenburger erschien „Dietrich Rigbers, ganzer Meier, Ihrer Gnaden eigen. Hat einen Kamp vor seinem Hause von 8 Scheffelsaat Roggen liegen. Noch auf dem Everkamp 6 Stücke ungefähr von 5 Scheffelsaat. Noch ein Stück von 1 Scheffelsaat, so jetzt naß liegt. Noch in der Lockwies 6 Stücke, ungefähr von 5 Scheffelsaat. Noch durch die Halle 4 Stücke, jedes von 1 Scheffelsaat. Mitten in dem Esche 8 Stücke, jedes von 1 Scheffelsaat. Noch ein Stück durch die Halle von 3 Viertel. Noch ein Stück bei dem Westerkamp von 3 Viertel. Von obgenannten Stücken gibt er jährlich Ihrer Gnaden den Zehnt. Hat eine Wisch bei der Hunte liegen von 8 Fuder Heu. Noch diesseits der Hunte eine Wisch von 4 Fuder Heu. Noch eine Wisch über die Hunte von 4 Fuder. Noch eine achter die Heide genannt von 4 Fuder, welche Wisch wegen des Baches mit Sand belaufen. Noch hat er eine Kuhweide vor der Brücke liegen. Noch eine Kuhweide, die Appelbusch genannt. Gibt jährlich zu Knechtgeld, Zins und Kuhschatz Ihrer Gnaden 3 Reichstaler 6 ½ Groten. Auch 2 Groten geringer ein Schwaren für Fohlen, Kälber und Schweine. Auch eine Gans. Auch ein Huhn. Auch ein Bündel Flachs und einen Scheffel hohen Roggen. Den Dienst tut er allen anderen Meiern gleich."[33]

Es wird kein Zufall gewesen sein, daß Dietrich Rigbers als erster Wardenburger vor den Vogt trat. Größe und Erträge des Ackers bestimmten maßgeblich die soziale Stellung des Bauern im Dorf - und Rigbers bewirtschaftete über 30 Scheffelsaat Saatland und eine Weidefläche, die normalerweise 20 Fuder Heu brachte. Allerdings gehörte dieses Land nicht ihm. Für die Überlassung hatte er Abgaben an den Grundherrn, den Grafen von Oldenburg, zu entrichten. Neben dem Zehnt mußte Dietrich Rigbers Knechtgeld, Zins und Kuhschatz sowie Naturalien abführen - und das nicht zu knapp. Die Hand- und Spanndienste, die Rigbers den anderen Meiern gleich mit Pferd, Wagen und seinem Leib leistete, runden die Liste der Pflichten ab. Der Historiker Gustav Rüthning zeichnete angesichts dieser Bürden ein vergleichsweise düsteres Bild vom Dasein des Bauern: Dieser „wurde geschätzt, zinste und zehntete und quälte sich ab, um dem Staat und dem Grundherrn Genüge zu leisten."[34] Manch einer mußte auch noch den Pastor oder den Küster mit ein paar Scheffel Roggen oder dem halben Zehnten bedenken.

In der Hand der Oldenburger Grafen befand sich nicht nur der Hof von Rigbers. Ihnen gehörten vor allem ältere Anwesen - teils sicher seit der Reformation. Allein in Wardenburg verfügte Graf Anton Günther über vier ältere und größere Höfe - und damit über einige Prachtstücke. Insgesamt nannte er als größter Grundherr in der Vogtei die Anwesen von acht vollen Meiern, vier halben Meiern und zwei Brinksitzern sein eigen. Dem Junker von Höven dienten innerhalb der Vogtei ein voller Meier und zwei Brinksitzer; dem Kloster Blankenburg war noch ein älterer Hof verblieben. Als Grundherren traten daneben noch die Adelsgeschlechter der Westerholt, Grothaus und Nilling auf.[35] Der weitaus größte Teil der Befragten gab gegenüber dem Vogt bereits an, „frei" zu sein. So waren alle Bauern aus Littel und Westerburg Eigentümer ihrer Höfe - was die Last der Abgaben und Dienste kaum minderte.

Die Hofklassen in den einzelnen Ortschaften im Jahre 1653

Ort	Volle Meier	Halbe Meier	Alte Köter	Neue Köter	Brink-sitzer	Summe
Westerburg	-	-	1	10	8	19
Astrup	3	3	-	1	-	7
Littel	2	1	4	1	3	11
Westerholt	3	-	-	1	1	5
Oberlethe	4	2	3	5	5	19
Wardenburg	5	1	6	7	17	36
Höven	-	-	-	-	6	6
Tungeln	5	4	-	2	5	16
gesamt	22	11	14	27	45	119

Aus dieser Tabelle läßt sich die soziale Differenzierung im Kirchspiel herauslesen.[36] Zum Zeitpunkt der Befragung unterschied man Meier (volle und halbe), Köter (alte und neue) und Brinksitzer. (In den Zeichnungen auf den Seiten 100 bis 105 sind die unterschiedlichen Hofklassen farbig gekennzeichnet.) In diesen Hofklassen spiegelt sich unter anderem die Siedlungsgeschichte der einzelnen Ortschaften. Bei den

33 Meierhöfen - halbe Meier entstanden auf Grund von Hofteilungen - handelte es sich in der Regel um die älteren Höfe. In Astrup hat es demnach kaum Neuansiedlungen gegeben - hier dürften die Höfe fast durchweg bereits im Mittelalter entstanden sein.[37] Die ersten, alten Köter waren nur mit minderen Rechten ausgestattet; dennoch brachten es einige von ihnen im Laufe der Zeit ebenfalls zu recht ansehnlichem Besitz. Neue Köter und Brinksitzer nannte man Besitzer der Höfe, die erst im Gefolge und oft gegen den Widerstand der alteingesessenen Meier entstanden waren. Gerade die Anzahl der Brinksitzer, also jene neueren Stellen, die meist abseits der Kernsiedlung auf dem Brink lagen, war in einigen Dörfern recht hoch. In Wardenburg (17 von 36) und in Westerburg (8 von 19) war es fast jeder zweite Hof - ein Indiz für die Einflußnahme der Oldenburger Grafen. Und in Höven existierte zwar seit langem das adelig freie Gut des Junkers, die sechs Hofstellen von Wintermann, Roßkamp, Claus, Ripken, Künnemann und Schierholt - diese Brinksitzer zählten zu den letzten Leibeigenen im Kirchspiel - waren jedoch vermutlich kaum älter als ein gutes halbes Jahrhundert.[38]

Die Hofklassen lieferten zudem einen deutlichen Hinweis auf die Größe der Ländereien. Meier bewirtschafteten im Schnitt über 30 Scheffel Saatland, Köter zwischen 10 und 30 Scheffel. Und die Brinksitzer? Von ihnen erhielt Vogt Ilico Ummius bei seiner Befragung recht kurze Antworten. Henrich Simon aus Wardenburg beispielsweise hat kaum mehr als Ehrbezeugungen zu bieten: „Habe ganz kein Heuland, noch Saatland. Gebe Ihrer Hochgräflichen Gnaden noch niemand ordinär nichts." Brinksitzer wie Henrich Simon zählten zu den ärmsten Dorfbewohnern. Sie hatten - wenn überhaupt - ein kleines Stück Saatland von einigen Scheffelsaat und entrichteten jährlich kaum mehr als einige Groten Knechtgeld, eine Abgabe, die der Landesherr seit den Tagen des „großen Krieges" zur Anwerbung von Landsknechten erhob und die als sogenannte Kontribution zu einer ständigen Einrichtung wurde.[39]

Die Hofdienste fielen recht unterschiedlich aus. Viele Westerburger und Astruper Bauern leisteten ihren Dienst auf dem Vorwerk in Westerburg; sie halfen beim Heuen, gruben Torf oder banden Garben. Andere übernahmen Fuhren. Die Aufgabe der Wolfsjagd, des Glockenschlags oder der Burgfestung - also der Errichtung oder Reparatur landesherrlicher Gebäude - fiel häufig den Brinksitzern zu. Manch einer war befreit, weil er im Döhler Wald „nach dem Holz sieht", den gräflichen Bienenstand an der Lethe bei Littel oder „Ihrer Gnaden Fischwehr" beaufsichtigte. Und Johann Cordes aus Littel war vorübergehend befreit, „weil er einer armen alten Frau Handreichung tut".[40]

Ob die Befragten an diesem 6. Juni 1653 mit der ganzen Wahrheit herausgerückt sind, darf bezweifelt werden. Sie dürften von dieser Angelegenheit wenig Gutes erwartet haben - und nicht wenige neigten vermutlich zur Untertreibung. Von der Hofklasse hing immerhin das Ausmaß der Dienste ab. Meier wurden stärker herangezogen als alte Köter, alte Köter stärker als neue Köter und diese wiederum stärker als Brinksitzer - und unter diesen Umständen war manch einer womöglich ganz gern „nur" neuer Köter oder Brinksitzer.[41] Mit den Größenangaben wird es der eine oder andere ebenfalls nicht allzu genau genommen haben. So manches Fuder Heu dürfte unter den Tisch gefallen sein. Es waren eben Schätzungen - und die fielen angesichts schwankender Ernteerträge schwer... Dietrich Rigbers jedenfalls versäumte nicht, auf das just „naß" liegende Saatland oder die versandete Weide hinzuweisen. Er hoffte vermutlich auf Nachsicht.[42] Auch die Frage, warum denn dieses oder jenes Stückchen Land abgabenfrei sei, wird bei einigen größere Erinnerungslücken offenbart haben.[43]

Die bäuerlichen Besitzverhältnisse waren lange Zeit vor allzu neugierigen Blicken geschützt. Ungenaue Aufzeichnungen erschwerten zudem die Kontrolle. Allein schon aus diesem Grund schien dem Landesherrn eine Art Inventur dringend geboten. Die gewünschte Sanierung der gräflichen Finanzen war ohne größeren Verwaltungsaufwand nicht zu erreichen.[44] Und Ilico Ummius ging gründlich zu Werke. Bei den Ortsangaben im „Wardenburger Landbuch" stößt man auf teils heute noch bekannte Flurbezeichnungen wie „Im Halm" (Westerburg), „Schenenberg" (Astrup) oder „Beverbrook" (Littel).[45] Vor allem jedoch vermitteln uns die Notizen des Vogtes einen Eindruck von den vielfältigen Formen bäuerlicher Abhängigkeit und damit auch von der Armut, die im 17. Jahrhundert im Kirchspiel herrschte.

Viehwirtschaft im 17. Jahrhundert

Die Viehwirtschaft spielte lange Zeit in Wardenburg nur eine untergeordnete Rolle. Dies verdeutlichen beispielsweise Zahlen, die 1679 ermittelt wurden, um eine finanzielle Forderung der Franzosen - sie hielten zu dieser Zeit Oldenburg besetzt - zu erfüllen.

Viehwirtschaft 1679[46]

Ort	Pferde	Fohlen	Kühe	Jung-vieh	Schweine	Schafe	Bienen-stöcke
Wardenburg	37	2	81	56	42	20	-
Westerburg	19	3	25	15	13	128	3
Littel	24	1	41	35	26	194	45
Oberlethe	26	8	42	28	26	-	2
Westerholt	8	-	15	12	5	35	-
Tungeln	27	4	40	21	28	-	-
Astrup	13	1	19	12	9	130	-
Höven	9	-	11	3	2	59	1
gesamt	163	19	274	182	151	566	51

Man mag seine Zweifel an der Genauigkeit dieser Zählung hegen, zumal Gelder für eine Besatzungsarmee aufgebracht werden sollten. Dennoch läßt sich aus den Angaben einiges herauslesen. So waren Pferde vor allem bei größeren Bauern wie dem Wardenburger Ahlerdt Rigbers anzutreffen. Rigbers verfügte allein über drei Pferde, ein Fohlen und elf Stück Rindvieh. Des weiteren besaß er - in obiger Aufstellung nicht aufgeführt - zwei Ochsen. Sein Hof war zweifelsohne einer der größten im Kirchspiel. Im Schnitt jedoch verfügten die Bauern nur über einige wenige Tiere. Vor allem die Brinksitzer und Heuerleute hatten oft nicht viel mehr als eine Kuh.[47] Der Schwerpunkt der Landwirtschaft auf der Geest lag bis weit ins 19. Jahrhundert hinein auf dem Ackerbau.

Die Nöte des Landadels

Der gestiegene Geldbedarf des Grafen machte nicht nur den Bauern das Leben schwer, sondern zog auch den Landadel in Mitleidenschaft. Um ihn schien es Mitte des 17. Jahrhunderts ohnehin schlecht bestellt. „Durch die langen Contributionpressuren" würden ihre Meier regelrecht „außgesogen", protestierte der Oldenburger Adel im Jahre 1648.[48] Manch schlichter Adelssitz halte einem Vergleich mit der Unterkunft eines begüterten Bauern nicht mehr stand. Nun gehörte der Junker von Höven - das Gut war seit Jahrzehnten im Besitz derer von Rahden - sicher nicht zu den ärmsten seines Standes; er war einer der wenigen im Raum Oldenburg, der zehn oder mehr pflichtige Höfe besaß.[49] Allerdings hing die wirtschaftliche und soziale Stellung des Junkers entscheidend von der Leistungsfähigkeit seiner Meierhöfe ab. Da nun die gräfliche Kammer ihrerseits den Meiern außergewöhnliche Leistungen abforderte, wurden auch die Erträge des Junkers empfindlich geschmälert. Bald schon brachte der Besitzer von Gut Höven seine Klagen zu Papier: „Es ist aber von Vorbesagten Meyern wegen großer herrschaftl. abgiffte doch wenig oder gahr nichts zu bekommen."[50] Andernorts seien Junker bereits dazu übergegangen, sich „mit der Hände Arbeit zu nähren"; dem Besitzer von Gut Höven blieb dieses Schicksal vorerst erspart.[51]

Ausgiebig stritt sich der Junker mit dem Vogt über den Festungsdienst, den seine Meier in Oldenburg oder Hundsmühlen verrichten sollten, so auch im August 1649: Der Vogt rief zum Dienst nach Hundsmühlen, doch der Junker verbot ihn seinen Leuten. Der Vogt pfändete daraufhin bei den Bauern einige Rinder. Der Junker setzte nun ein weiteres Protestschreiben auf und bemühte einflußreiche Freunde am Hof. Der Vogt hingegen wandte sich an den Landdrosten. Mit Erfolg - am Ende kamen auch die Bauern aus Höven um Festungsarbeiten nicht herum.[52]

Einige Jahre später interessierte sich die gräfliche Kammer verstärkt für die Vermögensverhältnisse des Adels. Es galt, das Abendland vor den anrückenden türkischen Truppen zu schützen - und angesichts dieser Aufgabe duldete der Graf, der eine sogenannte Türkensteuer erhob, kaum Ausnahmen. Bislang gehörte der Junker von Höven zu denen, die bei ähnlichen Erhebungen weitgehend verschont geblieben waren. Nun gab er zu Protokoll, daß er zwar über „ziemliche Holtzungen", aber auch über Schulden verfüge.[53] Sollte der Junker erneut davongekommen sein, so wurde die Freude darüber bald schon überschattet. Fast zeitgleich wurde das Dorf Höven von einer ansteckenden Krankheit heimgesucht. Kein Haus blieb verschont. Unter den Opfern war auch Anton Günther von Rahden, der Erbsohn. Sein Tod bedeutete das Ende der männlichen Linie derer von Rahden. Durch Heirat fiel das Gut später an jene von Dorgelo.[54]

Die gräflichen Vorwerke in Hundsmühlen und Westerburg

Neben den verbliebenen adeligen Gütern und den Höfen der Meier, Köter und Brinksitzer gehörten die beiden gräflichen Vorwerke in Westerburg und Hundsmühlen zu den Wirtschaftsbetrieben, die das Bild des Kirchspiels in der frühen Neuzeit prägten. Das Vorwerk in Westerburg existierte seit 1576 im Bereich der einstigen Burg, deren Geschichte wir bereits kennengelernt haben. Noch weiter zurück liegen die Anfänge des Vorwerks in Hundsmühlen. Bereits im 14. Jahrhundert betrieb Ritter Johannes von Eversten hier ein Gut mitsamt Wassermühle. Die Rente aus diesen Besitzungen, ein paar Malter Weizen, überschrieb er 1310 den Klosterschwestern von Blankenburg.[55] Im Jahre 1428 gehörte das Gut bereits zum umfangreichen Privatbesitz des Oldenburger Grafen.[56] Graf Dietrich - auch der „Glückselige" genannt - ließ hier Mitte des 15. Jahrhunderts ein befestigtes Haus errichten, das, kaum erbaut, 1454 von den Münsterschen niedergebrannt wurde.[57] Das neuerrichtete Anwesen schenkte Graf Anton seiner Gemahlin am 4. Dezember 1536. Viel Freude wird sie an ihrem neuen Besitz nicht gehabt haben, denn nur zwei Jahre später wurde das Vorwerk bei der Münsterschen Fehde erneut in Brand geschossen. Nach dem erneuten Wiederaufbau wurde es 1620 schließlich dem Küchenmeister zur Heuer übertragen.[58]

Mitte des 17. Jahrhunderts bestand das Gut Hundsmühlen aus dem Vorwerksgebäude, einem weiteren Haus, einer Scheune und dem Backhaus. In unmittelbarer Nähe des Vorwerks befanden sich drei Gärten. Die gesamten Ländereien der Vorwerke Hundsmühlen und Westerburg waren zu dieser Zeit zusammen annähernd so groß wie die hiesigen Besitzungen des Junkers von Höven. Auf den Feldern des Adligen wurden jedes Jahr 25 Tonnen Roggen, Gerste und Hafer geerntet (eine Tonne entsprach etwa einem Doppelzentner); daneben fuhr er 100 Fuder trockenes Heu von seinen Weiden ein. Die Einsaat des Vorwerks Westerburg belief sich dagegen auf 14 Tonnen und die des Vorwerks Hundsmühlen auf gut 11 Tonnen. Die Wiesen des Vorwerks in Westerburg brachten alljährlich 51 Fuder Heu; ähnlich oft mußte man vermutlich in Hundsmühlen fahren.[59] Mit anderen Worten: Das Vorwerk in Westerburg war zu dieser Zeit wohl ein wenig größer als das in Hundsmühlen.

Bewirtschaftet wurden die Vorwerke von einem Meier, dessen Rechte und Pflichten in einem Heuervertrag festgeschrieben wurden. Bei einer solchen Gelegenheit wurde 1643 der Tierbestand des Vorwerks Hundsmühlen aufgenommen. Auf der

Tungeler Marsch weideten neun Schweine und sechs Gänse mit ihren Jungen. An Hornvieh wurden 32 Stück gezählt. Hinzu kamen noch sechs „indianische Hühner". Ähnlich penibel erfaßten die Diener des Grafen den Hausrat. Sie zählten acht Bettlaken, „so halb zerschlissen". Sie legten Bettwäsche und Zinnteller auf die Waage. Und sie unterschieden genau: Mist-, Heu- und Kornforke wurden einzeln ausgewiesen. Ob Butterkübel oder Salzfaß, Biertonne oder Spinnrad - dem kritischen Blick der gräflichen Diener dürfte kaum etwas entgangen sein. Hoch veranschlagten sie beispielsweise den Wert der Kühe sowie der drei Leiterwagen. Unter der Rubrik Pferde notierten sie: „Nichts".[60] Die berühmten Pferde, mit denen gerade Graf Anton Günther häufiger ein wenig Schwung in die Diplomatie brachte, waren eher im nahen Westerburg anzutreffen. Dort war im Vorwerk ein Gestüt mit mehreren Pferden untergebracht.[61]

Zu den Hauptaufgaben der gräflichen Vorwerke, von denen es zu Zeiten Graf Anton Günthers 35 gab, zählte die Versorgung des Oldenburger Hofes mit Nahrungsmitteln. Harmen Pförtner, von 1612 bis 1631 Meier des Vorwerks Westerburg, mußte beispielsweise jedes Jahr drei Kälber, zwölf Hühner, hundert Eier, sechs Gänse und zwei Spanferkel an die gräfliche Küche in Oldenburg liefern. Größer noch war die finanzielle Belastung: Alljährlich war eine Heuer von 80 Reichstalern fällig, eine Menge Geld, wenn man bedenkt, daß der gesamte Wert seines Viehbestandes - mit Ausnahme der Schafe - auf rund 164 Reichstaler veranschlagt wurde.

Neben dem Meier-Ehepaar waren 1646 auf dem Vorwerk Westerburg sechs weitere Personen beschäftigt: zwei Knechte, zwei Mägde, ein Kuh- und ein Schafhirte. Viele Arbeiten wurden allerdings von den Bauern aus den umliegenden Dörfern verrichtet. Es traf vor allem die Westerburger. Im Winter mußten sie die Wassergräben rund um das gräfliche Anwesen vom Eis befreien. In den übrigen Jahreszeiten hatten sie Kuhmist auf den Acker zu fahren, Wiesen zu mähen und das Heu zu machen. Gefährdete schlechtes Wetter oder Hochwasser die Heuernte, dann rief man flugs die neuen Köter aus Wardenburg hinzu. Zum Wagendienst wurden die Meier aus der gesamten Vogtei - mit Ausnahme der Tungeler - herangezogen: Jeder mußte zwei Fuder Heu von den Wiesen ins Vorwerk fahren und erhielt dafür eine Kanne Bier. Eine Mahlzeit gab es nur bei Handdiensten.[62]

Die Tungeler wurden bei den Wagen- und Handdiensten für das Vorwerk Westerburg ausdrücklich ausgenommen. Sie hatten genug in Hundsmühlen zu tun: Dort hatten die Köter aus Tungeln alle Handdienste zu leisten. Zur Stärkung erhielten sie Hering und Brot. Die Wardenburger Meier, die bei der Ernte in Hundsmühlen helfen mußten, wurden „dagegen mit Brodt, Speck, Butter und einer Tonne Bier einmal gespeist".[63]

Was ansonsten auf dem Speiseplan stand, läßt sich erahnen, wenn man die Haushaltsführung des Vorwerks Westerburg aus dem Jahre 1646 näher betrachtet. Eine Kuh, vier Schweine und zwölf Gänse wurden in diesem Jahr geschlachtet, 225 Pfund Butter gestampft und Roggen, Hafer und Bohnen geerntet. Da man sich mit Gerste und Hopfen selbst versorgte, brauchte man, um Bier brauen zu können, lediglich Malz hinzuzukaufen. Erstanden wurden des weiteren Salz und Heringe. Da jedoch einige Ochsen, Kühe und Schafe sowie ein Teil der Ernte verkauft werden konnten, endete das Jahr 1646 insgesamt mit einem Überschuß, der an die gräfliche Rentkammer abgeführt wurde.[64] Und auch für den Pastor in Wardenburg blieb noch etwas übrig.

Während der „Dänenzeit", die nach dem Tod von Graf Anton Günther im Jahre 1667 begann, sollte sich für die Vorwerke einiges ändern. So wandelte die dänische Regierung die Wagen- und Handdienste der Bauern bereits 1668 in eine Geldleistung um. Und sie unterstellte die Vogtei Wardenburg dem Vogt in Hatten - eine Sparmaßnahme. Der letzte Wardenburger Vogt, Hermann Schäfer, übernahm nun die inzwischen recht baufälligen Gebäude in Westerburg. Dieses Vorwerk blieb noch gut 100 Jahre bestehen. Im Jahre 1780 ging der Komplex schließlich an die Landesherrschaft über. Nur fünf Jahre darauf erwarb diese auch das Gut Hundsmühlen[65] (zur weiteren Entwicklung siehe Kapitel „Die Fehnanstalt in Hundsmühlen").

Aus kirchlichem und schulischem Leben

In die Riege derer, die über Grundbesitz verfügten, gehörten schließlich Pastorei und Küsterei. Eine Liste der Ländereien, die sich 1656 im Besitz der Pastorei befanden, umfaßt allein mehrere Seiten. Hinzu kamen Nutzungsrechte an der Döhler Wehe wie am Harberwald und der Zehnt von mehreren Bauern aus Littel. Zur Existenzsicherung des Pastors trug daneben die gräfliche Kammer bei, von der alljährlich 25 Reichstaler eingingen. Und dreimal im Jahr gab es „Pröven": Dann mußte jeder volle Meier im Kirchspiel - zu dieser Zeit waren es 28 - jeweils ein Brot sowie ein Huhn zu Michaelis, ein Stück Fleisch zu Weihnachten und 15 Eier zu Pfingsten abliefern. Einen Scheffel Roggen, zwei Schweine, Schinken und zwei Stücke vom Ochsen steuerten schließlich die Vorwerke Hundsmühlen und Westerburg bei. Doch der erste Eindruck trügt: Um den Wardenburger Pastor war es zu jener Zeit nicht zum besten bestellt. Insgesamt fristete er ein eher kärgliches Dasein. So war das Prövenwesen eher unbeliebt - es dürfte in Wardenburg, wie andernorts auch, zu Nachlässigkeiten bei der Lieferung der Naturalien gekommen sein. Armut zwang den Pastor gar, eine seiner Weiden zu versetzen. Und als einige Jahre später die Türkensteuer erhoben werden sollte, klagte Pastor Wagner, er müsse sich „kümmerlich durchbringen".[66] Eines jedenfalls ist sicher: Wagner gehörte in jenen Tagen zu den ärmsten seines Standes. Addiert man seine Jahreseinkünfte, so kam er um 1668 unterm Strich auf ganze 129 Reichstaler. Im gesamten Oldenburger Land verfügten nur sieben Pastoren über ein Budget, das noch knapper bemessen war.[67]

Wenden wir uns dem Küster und seinen Aufgaben zu: „Der Küster soll rechtzeitig läuten und auf die Schlaguhr Acht geben, die Kirche wenigstens viermal kehren, säubern und die Spinngewebe vom Altar, Taufstein und Fenster wegnehmen."[68] Dreimal täglich hatte er die Betglocke zu ziehen, eine Aufgabe, die der Wardenburger Küster anscheinend nicht so genau nahm: 1656 ermahnten ihn die Kirchenprüfer.[69] Schlug Wardenburgs Küster dagegen die Glocken außer der Reihe, dann galt es, einen Wolf zu erlegen. Als Gegenleistung wurde dem Küster gestattet, ein Schwein in den Harberwald zu treiben und dort zu mästen.[70] Für die Wartung des Uhrwerks an der Kirche wurden ihm jährlich zwei Reichstaler zugesprochen. Das Schmieröl ging zu Lasten der Kirchenkasse. Das Läuten brachte dem Küster pro Leichnam weitere sechs Groten, und wünschten die Trauernden Gesang, dann „gibt ein jeder was er will".[71] Trauernde konnten so ihren Dank bezeugen, denn gerade bei solchen Gelegenheiten war der Küster besonders gefordert: „Die stärksten Anforderungen wurden an die Stimme des Küsters bei Beerdigungen gestellt, wo er die Todten zu besingen hatte, nicht nur mit mehreren Gesängen vor dem Sterbehause, sondern auch unterwegs bis zum Kirchhofe."[72] Und das konnte dauern, gerade im Winter und bei schlechten Wegeverhältnissen. Auch auf dem Kirchhof fanden die Toten häufig keine Ruhe, weil Befriedungen fehlten und Anwohner Schweine oder Federvieh darauf grasen ließen. Der Küster mußte anschließend wieder Ordnung schaffen.[73]

Allem Anschein nach betätigte sich der Küster in Wardenburg zudem wesentlich früher als seine Kollegen in anderen Geestdörfern als Lehrkraft. Jedenfalls ist von einem Küster, der hier 1579 seines Amtes waltete, überliefert, daß er lesen und schreiben konnte. Und so dürfte Martin Sparenberg sicher den einen oder anderen Sproß in die neuen Kulturtechniken eingewiesen haben.[74] Dann allerdings trat eine längere Pause ein, bedingt auch durch das Kriegsgeschehen. Außerdem war Johann Sparenberg, der Sohn und Nachfolger von Küster Martin, des Lesens und Schreibens unkundig. 1642 schließlich trat mit Hermann Büsing aus Osternburg der erste Schulmeister in Wardenburg seinen Dienst an. Johann Ahlers, zuvor Schulmeister in Jaderberg, folgte ihm 1655 im Amt.[75]

Bei der Suche nach geeigneten Lehrkräften fiel die Wahl gerade in der Anfangszeit schnell auf den Küster. Er hatte doch sonntags immer aus dem Katechismus zitiert, war also des Lesens und Schreibens mächtig - diese Mindestanforderung hatte ein Küster nach der Hamelmannschen Kirchenordnung von 1573 zu erfüllen.[76] Auch brachte er gemeinhin eine gewisse Autorität mit - und wer sonst sollte den Unterricht leiten?

Der Lebenswandel des Küsters war der zuständigen Kirchenbehörde, dem Konsistorium, keineswegs gleichgültig; die Visitatoren erkundigten sich beispielsweise danach, ob „er sich im Kruge finden lasse" - ein Ort übrigens, wo Mitarbeiter der Kirche häufiger anzutreffen waren.[77] Lehrkräfte, die der Trunksucht zuneigten, blieben gleichwohl im Amt. Als ungeeignet galten hingegen zumindest offiziell jene, „welche meinen, nur mit Schelten und Schlägen Ordnung halten zu können."[78] Inoffiziell hielten sich vermutlich viele Lehrer mehr an den didaktischen Grundsatz eines Kollegen aus dem Ammerland: „Da sitzt der Junge, da liegt das Buch und hier ist der Stock!"[79]

Der reguläre Schulbetrieb wurde in mehreren Orten des Kirchspiels etwa Mitte des 17. Jahrhunderts aufgenommen. Nachdem in Wardenburg die erste Hauptschule ihre Pforten geöffnet hatte, folgten andere Bauerschaften. In Littel wurde 1656 eine Klippschule gegründet,[80] und in Westerburg soll es ebenfalls kurz darauf, jedenfalls noch zu Zeiten von Graf Anton Günther, losgegangen sein.[81] Die Nebenschule in Littel war immerhin noch eine Gründung der Kirche.[82] Jene Klippschulen, die von Eltern gegründet wurden, weil sie ihren Sprößlingen weite Schulwege ersparen woll-

Die Kirche, die Frau und die Moral

Kirchliche Moralvorstellungen prägten in starkem Maße vor allem das Leben der Frauen. So sollten Jungfrauen als sichtbares Zeichen züchtigen Wandels Kränze auf ihrem Haupt tragen.[83] Die Kirchenordnung stellte gewissermaßen den Traualtar vor das gemeinsame Bett. Den Zeitpunkt der Trauung mochte indes so manches Pärchen nicht abwarten - und kaum einer im Dorf nahm es ihm übel: „Man hielt die eheliche Beiwohnung nach der Verlobung nicht für eine der Hurerei gleich zu stellende, entehrende Sünde." Die Kirchenleitung war indes nicht gewillt, diesem Treiben zuzusehen. Auf die „Präockupation" - wie diese „Sittenlosigkeit"[84] damals genannt wurde - setzte Superintendent Strackerjan im Wardenburger Rezeß von 1656 eine Strafe von einem Goldgulden aus. Unberechtigtes Kranztragen wurde mit zwei Goldgulden geahndet. Vor Ort wachte der Vogt über die Einhaltung der Bestimmungen; er war verpflichtet, Verfehlungen anzuzeigen. Langfristig allerdings glichen die Bemühungen der Kirche um einen keuscheren vorehelichen Lebenswandel einer Donquichotterie. Denn eine Schwangerschaft - ob ehelich oder unehelich - galt bei den Bauern viel. Sie hofften auf einen männlichen Hoferben. Wurde eine Tochter geboren, mußte diese bald auf dem Hof mitarbeiten oder aber als Magd auf einem der umliegenden Höfe alle Arbeiten verrichten, die im Haus anfielen.

Übrigens: Der Anteil illegitimer Kinder nahm bis ins 19. Jahrhundert hinein stetig zu und lag in Wardenburg höher als in manch anderer Gemeinde.[85] Wegen „verfrühten Beischlafs" mußten formal zwar auch 1850 noch einige Reichstaler in die Kirchenkasse gezahlt werden, doch so genau nahmen es die Kirchenoberen hier nicht und notierten: „geschenkt".[86]

ten, wurden von kirchlicher Seite argwöhnisch beobachtet. Die Kirchenführung sorgte sich um die „Auferziehung der Jugend im Geiste ihres Bekenntnisses" und machte pädagogische Bedenken geltend. Denn Lehrer an einer Klippschule konnte bereits werden, wer „lesen und schreiben konnte und für einen Freitisch und ein geringes Schulgeld dazu bereit war".[87] Die Klippschule wurde so schon bald zum Synonym für eine Bildungsstätte zweiter Klasse. Dem Lehrer an der Hauptschule wiederum waren die Klippschulen ein Dorn im Auge, weil sie ihm die Schüler abspenstig machten und damit sein Einkommen schmälerten.

Die Kirchenordnung von 1573 gab das oberste Erziehungsziel vor. Die Schülerinnen und Schüler sollten zu guten Christen erzogen und fest an die Kirche gebunden werden. „Und sol billig der Obrigkeit und der Eltern gröste sorge sein, das sie rechte

Schulen und düchtige Persohnen zu Schulmeistern, Cantoren und Schuldienern haben können. Damit die Jugent in Gottes furcht und guten sprachen und künsten, auch in rechter ehrbarkeit und disciplinen zu Gottes ehr und wolfahrt des gemeinen nutzes, zu ewigem ruhm der ganzen landschaft, in welcher Christliche Schulen recht bestellet sind, erzogen werde. Dabei sol man sie leren schreiben und ernstlich dazu halten, das sie teglich ire schrifft dem Schulmeister weisen."[88] Der Obrigkeit ging es in erster Linie darum, die Untertanen an die Schriftkultur heranzuführen. So ganz nebenbei würde sich die vom Konsistorium gewünschte Kirchenzucht schon einstellen.[89]

In den ersten Jahren war die Bibel das Lehrbuch schlechthin. Den kleinen lutherischen Katechismus, andernorts fast schon ein Standardwerk, erhielt Lehrer Sparenberg in Wardenburg erst 1656 auf Anordnung von Superintendent Strackerjan.[90] Bibel und Katechismus, mit denen ganze Generationen das Lesen und Schreiben erlernten, waren noch in der ersten Hälfte des 17. Jahrhunderts in Plattdeutsch abgefaßt. Platt war zunächst überall Unterrichtssprache, was sich erst allmählich änderte.[91] Und so zitierten Lehrer wieder und wieder den lutherischen Katechismus, während die Kinder sich mühten, ihn im Gedächtnis zu behalten. Gerade im Religionsunterricht beschränkte man sich lange Zeit auf das bloße „Auswendiglernen des kleinen lutherischen Catechismus"[92] - das Lernziel hatte erreicht, wer ihn hersagen konnte. Mit der Zeit wuchs allerdings die Einsicht in pädagogische Notwendigkeiten. Zumindest höheren Orts galt bald ein tieferes Verständnis der Materie als Bildungsziel.

Die Schulaufsicht im Kirchspiel lag in den Händen des Pastors. In Wardenburg hatte er zweimal in der Woche zu prüfen, ob in der Schule alles mit rechten Dingen zuging. Bei dieser Gelegenheit sollte der Pastor nicht nur zuhören, sondern - so sahen es die einschlägigen Bestimmungen ausdrücklich vor - ruhig mal eine kurze Demonstration der „rechten Lehrweise" abliefern.[93] Tatsächlich wird sich allerdings kaum ein Pastor die Zeit für regelmäßige Inspektionen genommen haben. Im Jahre 1656 forderte Superintendent Strackerjan den Wardenburger Pastor denn auch auf, bei seinen Lehrern auf eine zeitgemäßere Vermittlung elementarer Kenntnisse hinzuwirken.[94]

Dort, wo ein Lehrer tatsächlich den Vorgaben der Kirchenordnung folgte, mußten die Schulkinder früh aus den Federn: Um sechs Uhr morgens sollte der erste Unterrichtsblock von drei Stunden Dauer beginnen; weitere drei Stunden waren am Nachmittag zu absolvieren.[95] Am Beginn und Ende eines jeden Blocks stand das Gebet. Hinzu kam ein Lob auf Graf Anton Günther. Es folgte üblicherweise der Gesang, denn die Schule sollte ja den Chor hervorbringen, der sonntags den Gottesdienst musikalisch zu begleiten hatte. Das vorgeschriebene Unterrichtspensum dürfte jedoch weithin Theorie geblieben sein. Auch der Wardenburger Lehrer Sparenberg scheint auf diese Vorgaben wenig Rücksicht genommen zu haben. Ihm gegenüber betonten die Visitatoren 1656 nicht nur die Notwendigkeit, sich kurz zu fassen, sondern auch die, „des Morgens, Mittags und Abends aus dem Psalmenbuche einen Gesang nebst Gebet singen zu lassen und die Kinder zur rechten Melodey anzugewöhnen."[96]

Von Prüfern, Predigten und Privatbeichten

Maßgeblich für das kirchliche wie schulische Leben waren die Bestimmungen der Kirchenordnung von 1573. Visitatoren überprüften die Einhaltung dieser Bestimmungen vor Ort. Sie rückten mit einem ganzen Fragenkatalog an und fühlten gleichsam der dörflichen Elite auf den Zahn, ob Pastor, Vogt, Schulmeister, Küster, Organist oder „Bademütter" - letztere wohnten der Taufe bei und sollten die „unzüchtigen Weiber anhalten, den rechten Vater des Kindes zu nennen".[97] Es gab Zeiten, da hatte allein der Pastor 68 Fragen zu beantworten: Wie lange die Eltern ihre Kinder „ungetauft liegen lassen?" Ob er „bezecht die Tauf verrichte" oder sich in diesem Zustand gar „mit den Bauern raufe und schlage?" Ob er mit „Küster und Schulmeister in Einigkeit lebe" und sonnabends immer seine Predigten studiere?[98]

Zwar mögen sich die Wardenburger Pastoren gerade mit ihrer Predigt für die Visitation besondere Mühe gegeben haben, doch blieben die Defizite den gestrengen Prüfern nicht verborgen. Recht gute Noten erhielt noch Pastor Jeddeloh für eine gewissenhafte Vorbereitung seiner Predigt. Dagegen wies die von Pastor Fabricius in den Augen der Visitatoren einige Schwächen auf. Zur Methode notieren sie, daß dieser zu allen Evangelien eine beispielhafte Tugend und ein zu meidendes Laster anführe.[99]

Bis in die zweite Hälfte des 17. Jahrhunderts hinein wurde die Predigt noch auf plattdeutsch gehalten. Hin und wieder überließen die Wardenburger Pastoren wohl auch einem noch nicht examinierten Kandidaten der Theologie die Kanzel. Allerdings ordnete Superintendent Strackerjan 1656 an, „kein studiosus solle predigen", es sei denn, der Kandidat habe sich zuvor von ihm einen unbescholtenen Lebenswandel attestieren lassen.[100]

Die Privatbeichte konnte der Seelsorger nach der Kirchenordnung von 1573 das ganze Jahr über abnehmen. Doch die Wardenburger bevorzugten Festtage, um sich die Absolution erteilen zu lassen - ein Relikt aus katholischer Zeit. Und so drängelte man sich an bestimmten Tagen vor dem Beichtstuhl. Ob dieser Andrang auch in Wardenburg dazu führte, daß - Privatbeichte hin, Beichtgeheimnis her - gruppenweise oder doch pärchenweise „verhört und absolviert"[101] wurde, ist nicht überliefert. Erst nach und nach setzte sich die von der Kirchenordnung vorgeschriebene Form durch; spätestens 1656 fand auch in Wardenburg das „Verhör" unter vier Augen statt.[102]

Die kirchliche Führung hielt eisern selbst an den Elementen der Kirchenordnung fest, die bei der Bevölkerung auf wenig Gegenliebe stießen. So monierte Superintendent Strackerjan in Wardenburg, daß die Vesper an Sonntagen ebenso unzureichend sei wie der Litaneigesang am Bußtag - der damals noch an jedem ersten Freitag im Monat vorgesehen war. Die Kirchenführer konnten Ermahnungen und Drohungen, ja Strafen aussprechen - die „Zuchtmittel"[103] verfehlten allesamt ihr Ziel. Der Besuch der Gotteshäuser ließ sich nicht erzwingen.[104]

Von denen, die kamen, war manch einer wohl weniger am Wort Gottes interessiert, sondern stärker an all den Neuigkeiten, die man sich auf dem Kirchhof und im Krug zu erzählen wußte. Lange Zeit wurden auch Verfügungen der weltlichen Obrigkeit von der Kanzel verkündet. „Wenn man informiert sein wollte, mußte aus jedem Hause oder aus der Nachbarschaft einer jeden Sonntag zur Kirche gehen."[105] So war es beispielsweise bis 1876 Aufgabe des Wardenburger Pastors, einen neuen Jahrgang auf die anstehende Musterung hinzuweisen. Dergleichen wurde dann nach dem Kirchgang im Krug debattiert. In Wintermonaten gingen viele allein schon deshalb in einen der umliegenden Gasthöfe, weil die Kirche nicht beheizt werden konnte und man sich vor dem Heimweg erst noch aufwärmen wollte. Das Gasthaus von Arnken neben dem Glockenturm konnte sogar bis 1857 noch durch eine Seitentür direkt vom Kirchhof aus betreten werden.[106]

Abb. 17 Arnkens Gasthaus lag unmittelbar neben Kirche und Glockenturm und war daher nach dem Gottesdienst das Ziel der Kirchgänger. Hier kehrte man früher ein, um sich aufzuwärmen und Neuigkeiten auszutauschen. Auf dieser Aufnahme vom Oktober 1935 ist auch zu erkennen, daß beim Glockenturm das Mauerwerk links von der Durchfahrt ein wenig breiter ist als rechts, weil auf der linken Seite eine schmale Treppe zu einem Raum führte, der einst wohl auch als Wachstube diente.

Für ihre Bemühungen erhielten die Lehrer von den Eltern der Kinder ein geringes Gehalt. Im Jahre 1656 belief sich das Schulgeld pro Kind und Halbjahr in Wardenburg auf 18 Groten. Die Teilnahme am Unterricht in Rechnen war freigestellt und dem Lehrer gesondert zu vergüten - soweit dieser überhaupt das kleine Einmaleins beherrschte. In Wardenburg stand Rechnen offenbar noch nicht auf dem Unterrichtsplan, sonst hätte der Lehrer hier wohl das Doppelte erhalten.[107] Auch finden sich in den alten Unterlagen Klagen zuhauf über säumige Zahler. Zum Schulgeld kamen Pröven, wie Naturalien damals genannt wurden, und das, was der kleine Acker neben der Schule hergab. Selbst wenn die Lehrer „bei den Bauern herumspeisten" - es reichte meist hinten und vorne nicht.[108] Gerade Lehrer in Geestdörfern waren gezwungen, sich während der Sommermonate nach einem Nebenerwerb umzusehen. Der Nachwuchs mußte in dieser Zeit das Vieh hüten und konnte folglich am Unterricht nicht teilnehmen. Bei einer Visitation im Kirchspiel wurde noch 1770 festgestellt, daß alle Lehrer - mit einer Ausnahme - abwesend waren. Die meisten dürften in Holland gewesen sein, wo sie ihr schmales Einkommen aufbesserten. Der Unterricht fand nur noch in Wardenburg statt; allerdings ließen sich auch hier gerade noch 20 bis 30 Schüler in der Schule sehen; im Winter vervierfachte sich dann die Schülerzahl.[109]

Die meisten Kinder gingen also - wenn überhaupt - nur einige Winter lang regelmäßig zu Schule. Viele dürften zudem im Sommer vergessen haben, was sie sich im Winter mühsam eingeprägt hatten.[110] Abhilfe sollte die Landschulordnung von 1706 schaffen. Sie sollte die Not der Lehrer lindern. Und sie schrieb die elementaren Lernziele fest: Jedes Kind hatte die Schulbank zu drücken, bis es lesen, schreiben und das Glaubensbekenntnis aufsagen konnte.[111] Zugleich wurden die Eltern angehalten, ihre Kinder zur Schule zu schicken. Offenbar zweifelte so mancher Bauer noch am Sinn und Zweck einer solchen Einrichtung. Die Einsicht in die Notwendigkeit schulischer Bildung hat sich erst nach und nach durchgesetzt.[112] Auch war das Verhalten einiger Lehrer nicht gerade dazu angetan, das Vertrauen in diese Institution zu fördern. So mußte beispielsweise ein Westerburger Lehrer 1761 nach zwölf Jahren seinen Hut nehmen, seines „unchristlichen Lebens und Saufens wegen".[113]

Eines der größten Hindernisse war vielerorts der lange Schulweg, den die Kinder zurücklegen mußten. Schülerinnen und Schüler aus Höven holten sich über Jahrzehnte auf ihrem Weg nach Astrup in den Wintermonaten regelmäßig nasse Füße. Im Jahre 1792 konfrontierten Bauern aus Höven den Herzog in Oldenburg mit dem Wunsch nach einer eigenen Schule. Auch Pastor Kuhlmann aus Wardenburg hielt in seiner Stellungnahme einen kürzeren Schulweg für wünschenswert. Sollten jedoch die Hövener eine eigene Schule bauen, dann, so fürchtete Kuhlmann, könnten womöglich am Ende zwei Schulhalter von ihren Einkünften nicht leben: der Hövener, denn hier lebten nur „15 Familien, von denen 8 in kleinen Häusern zur Heuer wohnen", und der Astruper, weil ihm das Schulgeld der Hövener dann fehle.[114] Neue Vorschläge wurden diskutiert: Man könne ja eine gemeinsame Schule auf einem Kamp mitten zwischen den beiden Dörfern bauen. Nun fühlten sich die Astruper benachteiligt. Niemals würden sie diesem Plan zustimmen. Alle Vermittlungsversuche schlugen fehl. Am Ende gab das Konsistorium dem Drängen der Hövener nach. Auf einem Gelände, das der Gutsherr von Dorgelo gestiftet hatte, wurde 1794 die Schule errichtet. Wer denn nun Schulmeister werden solle, wollte schließlich der Pastor einer Anekdote zufolge wissen: „Den hätten sie wohl, antworteten die Hövener, da wäre so ein Schäfer, der eigne sich gut für diesen Posten. Der Pastor lachte, ließ sich aber doch den Schäfer kommen, unterwarf ihn einer Prüfung und ... der Schäfer bestand."[115]

Anmerkungen

[1] Oldenburger Scheffelsaat (bis weit ins 19. Jahrhundert hinein im hiesigen Amt vorherrschendes Maß) = 0,0851 ha.

[2] Zur „Kultur- und Wirtschaftslandschaft vor den Gemeinheitsteilungen und Verkoppelungen" vgl. Schneider/Seedorf, 13ff. Zu „Mark und Gemeinheit" vgl. auch Hellbernd/Möller, 382ff.

[3] Oldenburgischer Kalender, 1801, 81f.

[4] Zitiert nach Ostermann, 67.

[5] Vgl. Last, 74.

[6] Zitiert nach Ostermann, 213.

[7] Vgl. Ostermann, 212ff., sowie Neuhaus, Gut Höven.

[8] Vgl. Ostermann, 207ff.

[9] Vgl. Winkelmann, 589. 1523 wird das Amt Wildeshausen dem Niederstift Münster einverleibt.

[10] Kohnen, 48; vgl. auch 43. Kohnen bricht in seinem Beitrag eine Lanze für die Oldenburger Grafen und äußert Verständnis auch für deren Rechtsbrüche. Gleichwohl dürfte vor allem Heinrich Schade für den Unfrieden verantwortlich gewesen sein.

[11] Vgl. Kohnen, Grafschaft, 48.

[12] Vgl. Hamelmann, Oldenburgische Chronik, 346. Nach Kohnen (45) fand neben dem Überfall auf den Meier zu Simmerhausen ein zweiter auf Westerburg statt.

[13] Vgl. Kohnen 45ff. Die beiden Bürgermeister wurden kurz darauf wieder freigelassen.

[14] Die Geschehnisse vom März 1575 hatten ein gerichtliches Nachspiel: Noch im selben Jahr nahm sich das Reichskammergericht der Gewalttätigkeiten des münsterschen Drosten auf oldenburgischem Territorium sowie der Oldenburger Reaktion an. Der kaiserliche Entscheid verpflichtete Oldenburg u.a. zur Wiedergutmachung der Schäden; vgl. Kohnen, 51. Die Akten befinden sich im StAO Best. 105 Nr. 33 und 83.

[15] Vgl. hierzu den Auszug aus einem Protokoll des Vogtes zu Wardenburg aus dem Jahre 1657, in: Westerburg, 29ff.

[16] Notiz des Vogtes, zitiert nach Westerburg, 30.

[17] Notiz des Vogtes, zitiert nach Westerburg, 29.

[18] Ramsauer, Prediger, 245. Ramsauer gibt die Darstellung in der Kirchenchronik wieder; vgl. hierzu auch 700 Jahre Wardenburg, 117. Die Differenzen im Bereich Beverbruch sind, gestützt auf eine alte Beverbruch-Chronik, ausführlich von Gerda Bösch in den Ausgaben Nr. 38, 40 und 43 des Gemeindespiegels beschrieben worden.

[19] Vgl. Charlottendorf-West, 34.

[20] Vgl. Ostermann, 209. Akten zu den geschilderten Differenzen befinden sich im StAO Best. 105 Nr. 56ff. sowie Best. 106 Nr. 64ff., aber auch im Niedersächsischen Hauptstaatsarchiv Hannover (Schriftwechsel und Protokolle zu Littel und Westerburg in den Beständen Cal. Br. 1 Nr. 2327 und 2359). Eine nähere Untersuchung der Grenzdifferenzen war im Rahmen dieser Arbeit nicht möglich; sie müßte sich stärker noch auf Primärliteratur stützen.

[21] Zum Harberwald vgl. insbesondere Ostermann, 162ff.; Martens, Harberwald, 257ff.

[22] Zitiert nach Martens, Harberwald, 262.

[23] Zitiert nach Martens, Harberwald, 263.

[24] Vgl. Kreisbeschreibung, 142.

[25] Vgl. Ostermann, 166.

[26] Zitiert nach Martens, Harberwald, 264.

[27] Aus den Wardenburger Kirchenbüchern, zitiert nach Martens, Harberwald, 265. Einzelheiten zur Reparatur des Pfarrhauses finden sich bei Korte, 42, und vor allem in dem Beitrag „Das Pfarrhaus zu Wardenburg" von Frank Speckmann, in: GSP Nr. 76, September 1990, 4ff.

[28] Zitiert nach Ostermann, 162.

[29] Vgl. Martens, Harberwald, 258. Der Oberlether Fuhrenkamp ist erst im vergangenen Jahrhundert neu aufgeforstet worden. Im Jahre 1801 gab es aus der Sicht eines Chronisten in der Vogtei Wardenburg keine erwähnenswerten „Hölzungen"; vgl. hierzu Oldenburgischer Kalender, 1801, 84. Vielmehr gab es ausgedehnte Sandflächen, so zwischen Achternholt und Littel - eine Folge von Plaggenhieb und Schaftrift.

[30] Vgl. Geschichte des Landes Oldenburg, 189.

[31] Ummius bekleidete das Amt des Vogtes zu Wardenburg - abgesehen von einer gut zweijährigen Unterbrechung - bis 1665. Zum Lebenslauf des Vogtes vgl. den Beitrag von Frank Speckmann in: Der Landkreis Oldenburg, 571ff. Speckmann schreibt Ummius das Verdienst zu, „in der Vogtei Wardenburg praktisch erstmals eine Art Verwaltung aufgebaut" (572) zu haben.

[32] Die Fragen und Antworten finden sich nebst einer „Übersetzung" von Frank Speckmann im StAO Best. 75-2 Nr. 8. Die Eintragungen des Vogtes für die Bauern aus den Ortschaften Wardenburg und Westerburg sind abgedruckt in: Landkreis Oldenburg, 571ff. Die Angaben der Bewohner mehrerer Dörfer werden zusammengefaßt in: Neuhaus, Astrup (Nachdruck in: Westerburg, 16ff.).

[33] Die Angaben werden zitiert nach der Bearbeitung von Speckmann in: Der Landkreis Oldenburg, 579f.

[34] Rüthning, Oldenburgische Geschichte, 159. Andere Historiker sehen die Lage der Abhängigen differenzierter; vgl. hierzu Hellbernd/Möller, 271. Zu den einzelnen Abgaben vgl. auch Neuhaus, Astrup.

[35] Vgl. Neuhaus, Astrup, und zu den Familien Nilling und Grothaus auch Oldenburgischer Kalender, 1802, 85f.

[36] Vgl. hierzu die grundlegenden Informationen bei Hinrichs/Krämer/Reinders, 49ff. Ein ähnliches Bild ergeben die Angaben im Kontributionsregister von 1679, abgedruckt in: 700 Jahre Wardenburg, 35ff. In anderen Quellen werden die Meier auch Erben, Hausleute oder Vollbauern genannt.

[37] Vgl. hierzu auch Ostermann, 204f.

[38] Zu Höven und den dort lebenden Familien vgl. insbesondere Neuhaus, Gut Höven.

[39] Vgl. Geschichte des Landes Oldenburg, 189.

[40] StAO Best. 75-2 Nr. 8.

[41] Dieser Sachverhalt würde auch die im Vergleich mit dem Mannzahlregister von 1648 höhere Zahl an neuen Kötern und Brinksitzern erklären. Bei den alten Kötern zeigt sich hingegen ein deutlicher Rückgang. Daß es sich bei den Bauern aus Höven durchweg um Brinksitzer handeln sollte, mochte der Vogt schon bei der Aufstellung des Mannzahlregisters nicht glauben. Vgl. hierzu StAO Best. 75-2 Nr. 8.

[42] Die Hunte führte des öfteren mehr Wasser, als den Bauern lieb war. Dietrich Rigbers hatte also durchaus Grund zur Klage.

[43] Vgl. Neuhaus, Astrup. Graf Anton Günther ließ schon seit längerer Zeit darüber nachdenken, wie man die mittelalterlichen Naturalabgaben in Geldleistungen umwandeln konnte; vgl. Geschichte des Landes Oldenburg, 192f.

[44] Vgl. hierzu auch Schneider/Seedorf, 28.

[45] Vgl. Neuhaus, Astrup.

[46] Die Auswertung des Kontributionsregisters von 1679 wurde übernommen aus: Korte, 141 und 145.

[47] Vgl. Korte, 140ff.

[48] Zitiert nach Last, 78.

[49] Die leibeigenen Meier und Köter lebten sowohl innerhalb als auch außerhalb der Vogtei Wardenburg. Nach dem Grafen von Oldenburg war der Junker von Höven der größte Grundherr in der Vogtei. Jene von Rahden sind die ersten namentlich bekannten Besitzer des Gutes. Sie werden bereits im Visitationsprotokoll von 1579 erwähnt. Der Name Erdwien von Rahden stand auch auf einer 1589 gegossenen Glocke der Wardenburger Kirche. Die Ländereien in Höven wurden gleichwohl schon seit Jahrhunderten genutzt. Vgl. hierzu Oldenburgischer Kalender, 1802, 83.

[50] Zitiert nach Last, 78. Schon einige Jahre zuvor hatte der Junker sich in einem Brief an den gräflichen Hofmeister über den Vogt beschwert, der „einem seiner Brinksitzer in Höven eine Kuh gepfändet habe" (700 Jahre Wardenburg, 78).

[51] Zitiert nach Last, 78. Last erwähnt das Beispiel des Junkers von Edewecht. Zu den Differenzen zwischen Landesherr und Adel vgl. Last, 76ff. sowie Schneider/Seedorf, 28f.

[52] Vgl. Neuhaus, Gut Höven.

[53] Die Vermögensaufstellung aus dem Jahre 1663 findet sich im StAO Best. 75-2 Nr. 8, abgedruckt in: GSP Nr. 76, September 1990, 6f. Nicht viel besser als beim Junker stellte sich die finanzielle Situation der Geschwister Nilling dar, die in Wardenburg ein adeliges Gut besaßen.

[54] Vgl. Oldenburgischer Kalender, 1802, 84, sowie 700 Jahre Wardenburg, 78. Die Tochter des Hauses heiratete im Jahre 1676 Johann Rötger von Dorgelo.

[55] Vgl. Old. UB IV Nr. 623. Ritter Johannes von Eversten mußte diese Rente überschreiben, weil er seine Tochter im Kloster Blankenburg unterbringen wollte, den zu entrichtenden Betrag aber nicht gleich bezahlen konnte.

[56] Vgl. Lagerbuch des Jacob von der Specken aus dem Jahre 1428 sowie Rüthning, Oldenburgische Geschichte, 157.

[57] Vgl. Kohli, Bd. II, 23, und Hamelmann, Chronicon, 191 und 243.

[58] Vgl. Sichart, Grafschaft Delmenhorst, 269, sowie Oldenburgischer Kalender, 1802, 84.

[59] Vgl. Angaben des Junkers in der Vermögensaufstellung anläßlich der Erhebung der Türkensteuer (1663), „Designation der Ländereien, der Äcker und Wiesen des Vorwerks Westerburg" (1647) sowie „Inventarium des gräflichen Vorwerks Hundsmühlen" (1643), alle in: StAO Best. 75-2 Nr. 8. Die letztgenannte Quelle ist abgedruckt in: GSP Nr. 89, Dezember 1993, 16f.

[60] „Inventarium des gräflichen Vorwerks Hundsmühlen im Jahre 1643", in: StAO Best. 75-2 Nr. 8. In Hundsmühlen lag gleichwohl das Zeug für sechs Pferde bereit. Die Bestandserhebung erfolgte 1643, weil in diesem Jahr die Leitung des Vorwerks durch Heuervertrag dem Obristleutnant Florian Stritzkey uf Kleßwitz übertragen wurde.

[61] Vgl. Geschichte des Landes Oldenburg, 193f. Vgl. auch die Westerburger Bestandsaufnahme aus dem Jahre 1647, in: StAO Best. 75-2 Nr. 8.

[62] Vgl. Neuhaus, Deputate. Vgl. auch „Designation der Ländereien, der Äcker und Wiesen des Vorwerks Westerburg", in: StAO Best. 75-2 Nr. 8, abgedruckt in: GSP Nr. 79, Juni 1991, 2. Zur Aufgabe des Aufeisens vgl. Korte, 133.

[63] „Inventarium des gräflichen Vorwerks Hundsmühlen", in: StAO Best. 75-2 Nr. 8.

[64] Vgl. Neuhaus, Deputate.

[65] Vgl. hierzu Neuhaus, Deputate; Westerburg, 13ff.; Oldenburgischer Kalender, 1802, 81ff. Das Hundsmühler Gut hatte in den 100 Jahren zuvor mehrfach den Besitzer gewechselt. Von dem Hofmeister von Welzien - er hatte die Nachricht vom Tode Graf Anton Günthers nach Kopenhagen gebracht - ging es 1688 an einen Heidenreich von Höfften über, dessen Witwe es 1729 dem Regierungsrat von Hinüber abtrat. Von dessen Tochter erstand die Landesherrschaft das Anwesen.

[66] Bericht im StAO Best. 75-2 Nr. 8. Vgl. auch Schauenburg, Kirchengeschichte, I. Band, 94, 240f., 347 und 359. Zur Dotierung der Pfarr- und Küsterstelle zum Zeitpunkt der ersten Visitation im Jahre 1579 vgl. Korte, 32ff. Seither hatten sich nicht nur die Ländereien vergrößert, sondern auch Einkünfte wie die „Pröven". So gab es 1579 für den Pfarrer zu Pfingsten von jedem vollen Meier lediglich ein Ei. Die Zahl der Meier hat sich übrigens zwischen 1579 und 1656 nicht erhöht.

[67] Vgl. Schauenburg, Kirchengeschichte, I. Band, 132ff. Der „Spitzenverdiener" unter den Pastoren saß zu dieser Zeit in Abbehausen.

[68] Schauenburg, Kirchengeschichte, I. Band, 310. Weitere Aufgaben lassen sich aus den Visitationsfragen herauslesen; vgl. ebenda, 356.

[69] Vgl. Schauenburg, Kirchengeschichte, I. Band, 364. Schauenburg zitiert häufiger aus dem Band 13 der Visitation von 1656, in dem Ergebnisse aus Wardenburg niedergeschrieben wurden.

[70] Vgl. Bericht im StAO Best. 75-2 Nr. 8. Nach dem Dreißigjährigen Krieg wurden Wölfe häufiger in den Wäldern der Region gesichtet. Die Bauern versuchten sich ihrer zu erwerben, indem sie tiefe Fanggruben aushoben und mit Stangen und Reisig abdeckten. Gelockt wurde der Wolf unter anderem durch gefallenes Vieh. Vgl. hierzu Janßen-Holldiek/Helmers/Tielking, 81f. In Wardenburg befand sich noch 1688 ein „Wölffespürer" in den Diensten des Vogtes; vgl. Korte, 130.

[71] „Bericht, was an der Wardenburger Küsterei gehörig", in: StAO Best. 75-2 Nr. 8.

[72] Schauenburg, Kirchengeschichte, I. Band, 362.

[73] Vgl. hierzu auch Korte, 42.

[74] Vgl. Schauenburg, Kirchengeschichte, I. Band, 337. Die Hamelmannsche Kirchenordnung von 1573 sah die Einrichtung einer Schule bei jeder Kirche vor. In den Geestdörfern war es nach Schauenburg um das Schulwesen „am kläglichsten" bestellt: Über eine Schule verfügten zunächst lediglich Rastede, Apen, Zetel - und vermutlich Wardenburg. Sollte hier tatsächlich bereits eine Schule bestanden haben, dann hält Wardenburg selbst den Vergleich mit wohlhabenden Gemeinden in der Butjadinger Küstenmarsch aus: Hier entstanden die ersten Schulen in Esenshamm (1593) und Blexen (1595), wenngleich Unterricht auch hier sicher schon vorher stattgefunden hatte. Vgl. hierzu Günther u.a., 317f.

[75] Vgl. Schauenburg, Kirchengeschichte, I. Band, 310f., sowie Johann Meyer, Lehrerpersonalchronik, Bd. II, Amt Oldenburg, 59, (Manuskript) in: AOL. Johann Ahlers, geb. 1621 in Oldenburg, hatte bis zu seinem 16. Lebensjahr seinem Vater, der Küster in Oldenburg war, über die Schulter geschaut. Seine erste Anstellung als Schulmeister erhielt er mit 17 Jahren - er war damit kaum älter als die ihm anvertrauten Schulkinder. Für die Tätigkeit eines Wardenburger Schulhalters namens Christoffer Suhr, dessen Chronik in den Ausgaben Nr. 22 und 23 des GSP auszugsweise abgedruckt wurde, fanden sich keine weiteren Hinweise.

[76] Vgl. Schauenburg, Kirchengeschichte, I. Band, 335 und 353. Die Kirche unterzog die Kandidaten für den Küsterdienst einer kritischen Prüfung. Man hatte offenkundig bereits schlechte Erfahrungen gesammelt; manch Küster habe sich als „gottloser Bube" oder Wahrsager entpuppt.

[77] Schauenburg, Kirchengeschichte, I. Band, 355; vgl. auch 366f.

[78] Wintermann, 53. Vgl. auch Schauenburg, Kirchengeschichte, I. Band, 446.

[79] Zitiert nach Pleitner, 24.

[80] Vgl. Schauenburg, Kirchengeschichte, I. Band, 311.

[81] Das Schulhaus in Westerburg auf dem einstigen Kirchhof erfüllte eine Doppelfunktion: Normalerweise fand hier der Unterricht statt; es wurde aber auch „bei Beerdigungen der Leichen zur Kapelle" (aus einem Bericht der „Offizialen zu Wardenburg" an das Konsistorium vom 24.1.1754; zitiert nach Westerburg, 38). Vgl. auch Geschichte des Landes Oldenburg, 201f. Zu den Lehrern in den einzelnen Ortschaften vgl. auch die Lehrerpersonalchronik von Johann Meyer, Bd. II, Amt Oldenburg, 59ff, (Manuskript) in: AOL. Als erster Lehrer von Westerburg wird hier Hinrich Maaß (bis 1731) genannt. In Astrup erteilte vermutlich schon der 1693 verstorbene Johann Ladebaum (Labohm) den ersten Unterricht. Der erste Litteler Lehrer, der in dieser Personalchronik genannt wird, ist Oldig Grypenkehrl (Griepenkerl), der ab 1728 unterrichtete. Die Liste der Lehrer von Oberlethe beginnt mit Anton Hinrich Castens (der bis zu seinem Tod 1723 unterrichtete), die von Tungeln mit Johann Hinrich Hibbeler (ab 1722) und die von Westerholt mit Johann Hinrich Bruns (1822 bis 1826).

[82] Vgl. Schauenburg, Kirchengeschichte, I. Band, 344f.

[83] Vgl. hierzu auch Fahl/von Rohr, 27ff.

[84] Das Zitat und die Aussage zur Haltung der Dorfbewohner finden sich bei Schauenburg, Kirchengeschichte, II. Band, 316.

[85] Vgl. Hinrichs/Norden, 62.

[86] Beschluß des Kirchenausschusses vom 30. April 1850, zitiert nach 700 Jahre Wardenburg, 60.

[87] Schauenburg, Kirchengeschichte, I. Band, 340.

[88] Zitiert nach Arlinghaus, Graf Anton Günther, 72. Ähnlich in: Schauenburg, Kirchengeschichte, I. Band, 334. Nach Schauenburg wird in diesen Sätzen die Forderung nach einer „Volksschule prinzipiell" ausgesprochen.

[89] Vgl. Hinrichs, Lesen, 16.

[90] Vgl. Schauenberg, Kirchengeschichte, I. Band, 441.

[91] Vgl. Schauenburg, Kirchengeschichte, I. Band, 436f.

[92] Schauenburg, Kirchengeschichte, I. Band, 390f. Der Religionsunterricht stand zunächst im Vordergrund, war sozusagen Hauptfach. Vgl. ebenda, 430.

[93] Schauenburg, Kirchengeschichte, I. Band, 428.

[94] Vgl. Schauenburg, Kirchengeschichte, I. Band, 443ff.

[95] Vgl. Wintermann, 53.

[96] Schauenburg, Kirchengeschichte, I. Band, 432.

[97] Aus den Visitationsfragen des Superintendenten Vismar, zitiert nach Schauenburg, Kirchengeschichte, I. Band, 468.

[98] Schauenburg, Kirchengeschichte, I. Band, 456ff. Es handelt sich hierbei um Visitationsfragen, die zu Zeiten von Superintendent Schlüter gestellt wurden.

[99] Vgl. Schauenburg, Kirchengeschichte, II. Band, 415ff.

[100] Vgl. Schauenburg, Kirchengeschichte, II. Band, 331f.

[101] Schauenburg, Kirchengeschichte, II. Band, 270.

[102] Vgl. Schauenburg, Kirchengeschichte, II. Band, 267ff. Später wurde die Beichte in der evangelischen Kirche ein auf das Abendmahl vorbereitender Bestandteil des Gottesdienstes. Die Gemeinschaftsbeichte trat somit an die Stelle der Privatbeichte.

[103] Schauenburg, Kirchengeschichte, II. Band, 211.

[104] Vgl. Schauenburg, Kirchengeschichte, II. Band, 202ff. und - zum Bußtag - auch 485.

[105] Gespräch mit Günther Rogge am 27. März 1995. Vgl. auch Pleitner, 22.

[106] Gespräch mit Günther Rogge am 27. März 1995. Vgl. auch GSP Nr. 1, Dezember 1971, 9.

[107] Vgl. Schauenburg, Kirchengeschichte, I. Band, 347, 400 und 433.

[108] Pleitner, 24. Vgl. auch Korte, 60.

[109] Vgl. Korte, 61, sowie Westerburg, 38.

[110] Vgl. Schauenburg, Kirchengeschichte, I. Band, 421.

[111] Vgl. Geschichte des Landes Oldenburg, 226.

[112] Vgl. Hinrichs, Lesen, 17.

[113] Zitiert nach Westerburg, 38.

[114] Stellungnahme von Pastor Kuhlmann, zitiert nach GSP Nr. 57, Dezember 1985, 5. Zur Hövener Schule vgl. die Ausgaben Nr. 57 (4f.), Nr. 58 (2f.), Nr. 59 (2f.) sowie Nr. 60 (2f.). Die Darstellung basiert vor allem auf den Best. 160-1 Nr. 5394 im StAO.

[115] Die mündliche Überlieferung dieser Episode wurde von Wilhelm Böhmer niedergeschrieben in: GSP Nr. 15, Juni 1975, 20. Tatsächlich gab es Schäfer, die in den Lehrerberuf wechselten; vgl. hierzu Pleitner, 26. Die Hövener favorisierten einen Schäfer namens Wintermann.

Das Kirchspiel Wardenburg
um 1700 - Ortsbilder

Die folgenden Zeichnungen stammen aus einem kleinen Bändchen, das Amtsvogt Traugott Schreber um die Wende zum 18. Jahrhundert anlegte („Pläne und Angaben zur Sozialstruktur der Vogteien Hatten und Wardenburg 1696-1718"). Um sich die Verwaltung zu erleichtern, notierte Schreber in diesem Bändchen unter anderem die Höhe der Abgaben sowie die Dienste der Bewohner in den einzelnen Dörfern. Abgaben und Dienste waren abhängig von der Größe des Hofes. Der Status des einzelnen Bauern ist in den Zeichnungen an der Farbe zu erkennen. Die Höfe der vollen Meier sind in schwachem, die der halben Meier in kräftigem Gelb gehalten. Mit einem dunklen Blau bedachte Schreber die alten Köter. Das helle Blau blieb den neuen Kötern, das Grün schließlich den Brinksitzern vorbehalten. Auch an einer Übersichtskarte ließ es der Amtsvogt nicht fehlen.

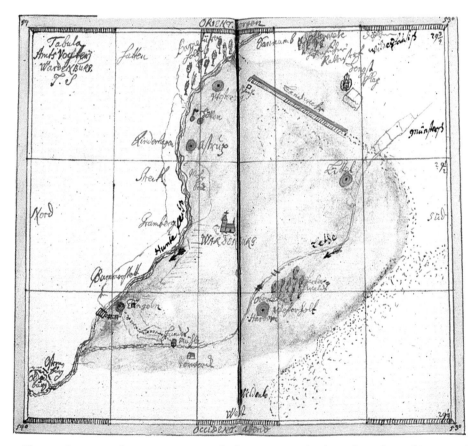

Abb. 18 Skizze von der Amtsvogtei Wardenburg mit Landwehr und Harberwald, Vorwerk in Hundsmühlen und Huntebrücke bei Kreyenbrück.

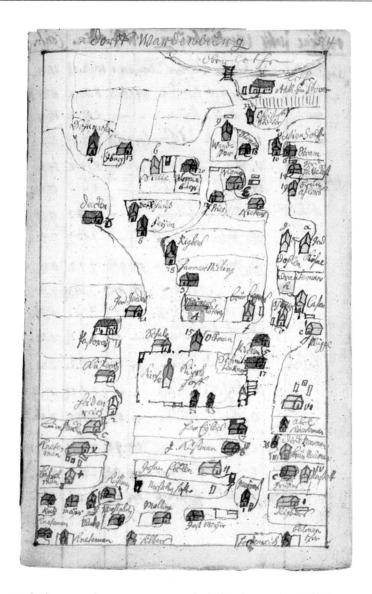

Abb. 19 Wardenburg wurde vom Amtsvogt recht farbig dargestellt. Auffällig ist vor allem die Anzahl der grün gekennzeichneten Höfe, also die der Brinksitzer, die sich erst in jüngerer Vergangenheit angesiedelt hatten. Vergleichsweise rar sind dagegen gelb gekennzeichnete Bauten, die von alteingesessenen Meiern bewohnt wurden. Einer von ihnen war Dirck Rigbers, der Besitzer des Hofes am rechten unteren Bildrand. Rigbers war zu dieser Zeit, legt man die Steuerlast zugrunde, der mit Abstand größte Bauer weit und breit. Bei den rot gekennzeichneten Bauten handelt es sich um die Wardenburger Kirche auf dem umzäunten Kirchhof, die angrenzende Schule sowie Pastorei und Küsterei. Auch das Stöversche Gut am oberen Bildrand ist rot gehalten. Gleich daneben hat Schreber die Brücke eingezeichnet, über die man nach Oberlethe gelangte.

Abb. 20 Um die Wende zum 18. Jahrhundert lebten in Tungeln neun Meier, zwei neue Köter und neun Brinksitzer. Die Eschländereien, die Hunte (am unteren Bildrand) und der Weg von Oldenburg ins Münsterland sind ebenfalls skizziert worden. Längs dieses Weges sind sogar die Schlagbäume des Zolls zu erkennen. Die Zeichnung enthält außerdem einen Hinweis auf die „Hundesmühle".

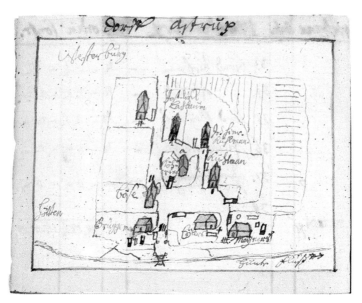

Abb. 21 Die neun Höfe in Astrup wurden zu Beginn des 18. Jahrhunderts überwiegend von Meiern bewirtschaftet. Nur angedeutet wurden hier - wie in den anderen Zeichnungen auch - die Nebengebäude. Allerdings war ein gutes halbes Dutzend von ihnen allein in Astrup bewohnt: Sie beherbergten Heuerleute.

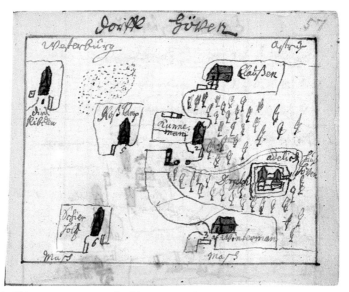

Abb. 22 Die Skizze von Höven - das kleinste Dorf im Kirchspiel - zeigt in Grün die sechs eingefriedeten Höfe der Brinksitzer und in Rot das Gut des Junkers. Die baumgesäumte Zufahrt zum Gut, die an einer Zugbrücke endet, ist deutlich zu erkennen. Das Gut selbst ist von einem Wassergraben umgeben.

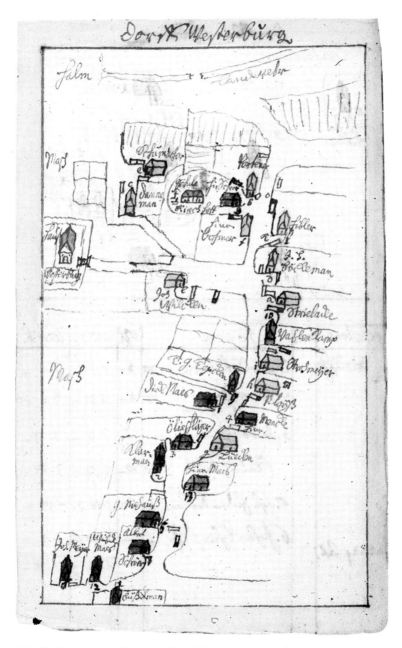

Abb. 23 Die Höfe der neuen Köter und Brinksitzer von Westerburg lagen von wenigen Ausnahmen abgesehen am Weg zur Landwehr (am oberen Bildrand) und ins benachbarte Wildeshausen. Beim Hof von Johann Pörtner (kurz vor der Landwehr) ist auch hier ein Schlagbaum zu erkennen. Rot hervorgehoben wurden die Schule auf dem Kirchhof und das von einem Wassergraben umgebene Haus Westerburg.

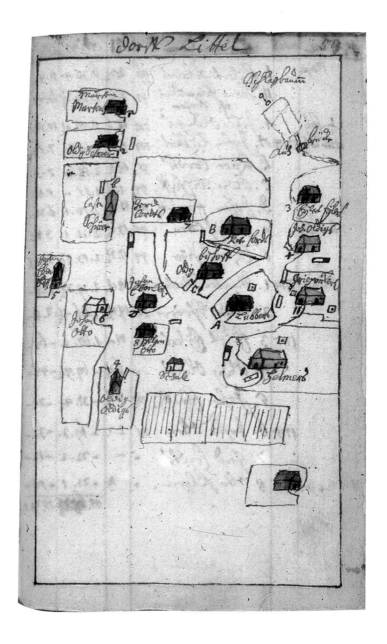

Abb. 24 In Littel waren zu Beginn des 18. Jahrhunderts alle Hofklassen vertreten - Indiz für eine kontinuierliche Siedlungsentwicklung. Der Ort verfügte bereits seit 1656 über eine Schule, die zweite im Kirchspiel nach Wardenburg. Der Schlagbaum und die Zugbrücke über die Lethe illustrieren die Nähe zum Münsterland.

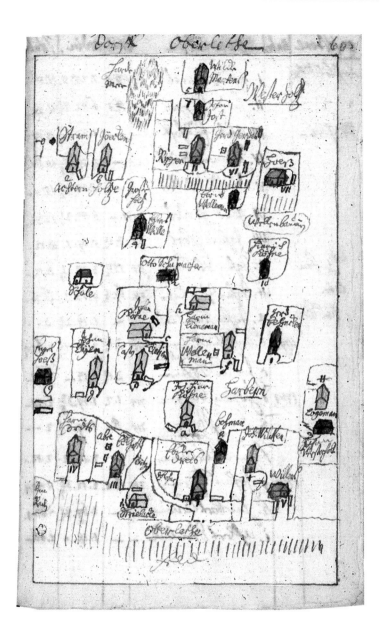

Abb. 25 Oberlethe umfaßt in dieser Zeichnung auch Westerholt und das historische Harbern (Herbergen). „Achtern Holtze" wohnten die beiden neuen Köter, deren Häuser man am oberen linken Bildrand erkennt. Auch den Harberwald hat Amtsvogt Schreber nicht vergessen. Beim Anfertigen dieser Skizze benötigte er erneut verschiedene Farben. Recht oft mußte er zu Gelb greifen: In Eschnähe befanden sich die Höfe von sieben vollen und zwei halben Meiern. Dahinter lagen die Höfe der hier ebenfalls recht zahlreichen Köter und Brinksitzer.

Wardenburg in der Dänenzeit (1667-1773)

Nach dem Tod Graf Anton Günthers und der Klärung einiger Rechtsfragen fielen die Grafschaften Oldenburg und Delmenhorst an Dänemark. Die folgenden 100 Jahre werden gemeinhin „Dänenzeit" genannt - und die Regionalhistoriker fällen kein sonderlich freundliches Urteil über diesen Zeitabschnitt: „Das Kennzeichen der Dänenzeit ist der allgemeine Verfall".[1] Ein Grund hierfür waren die zahlreichen kriegerischen Auseinandersetzungen, in die das Herrscherhaus in Kopenhagen verwickelt war. Einen unmittelbaren Eindruck hiervon erhielt Wardenburg erstmals 1679. Der dänische Herrscher lag just über Kreuz mit Ludwig XIV., dem König von Frankreich. „Um nun dem Dänen eins auszuwischen, schien dem Franzosen das nach dem Tode Graf Anton Günthers unter dänischer Fremdherrschaft stehende Oldenburg als dänischer Außenbesitz gerade gelegen genug, um sich an ihm schadlos zu halten."[2] So kamen in diesem Jahr „französische Völker" unter Führung eines Generalleutnants Joyeuse auch nach Wardenburg. Pastor Stöver sah sich genötigt, „mit den Seinen" über die nahe Grenze ins Münsterland zu flüchten. Derweil plünderten die Franzosen im Ort.[3] Dies ist nur ein Beispiel dafür, wie die Machtpolitik des Dänenkönigs buchstäblich bis in den letzten Winkel seines Herrschaftsbereiches hineinwirkte. Die Bewohner der Vogtei bekamen die Kriegsauswirkungen noch häufiger zu spüren.

Als Pfand an Hannover

Anfang des 18. Jahrhunderts nutzte der dänische Regent im Nordischen Krieg (1700-1721) die Gunst der Stunde, um seinem Rivalen, dem König von Schweden, Land streitig zu machen. Dies mochte auf den ersten Blick nicht viel mit Wardenburg zu tun haben. Doch kostete der Krieg eine Menge Geld, und Dänemarks Herrscher war knapp bei Kasse. Also lieh er sich die stattliche Summe von fast 724.000 Reichstalern und verpfändete dafür die Grafschaft Delmenhorst an Hannover. Doch die Grafschaft allein reichte nicht zur Deckung des Betrages. In weiteren Verhandlungen verständigte man sich schließlich auf einige angrenzende Vogteien: Nun ging auch Wardenburg - neben den Vogteien Hatten, Zwischenahn und Wüstenland - als Pfand an das Herrscherhaus in Hannover. Am 20. Juni 1711 wurde der Vertrag in Hannover abgeschlossen.[4]

Fortan übte der Kurfürst von Hannover die Landeshoheit aus. Jährlich durfte er laut Vertrag Einkünfte in Höhe von 35.790 Talern aus seinen Pfandobjekten ziehen - und dies 20 Jahre lang. 1731 war die Schuld abgetragen, Wardenburg wurde wieder eingelöst. „Glücklicherweise waren diese Jahre für die Bewohner der verpfändeten Landesteile eine etwas ruhigere Zeit, und es blieb ihnen die Finanzierung der weiteren dänischen Kriege erspart."[5] Ansonsten dürfte es den Untertanen am Ende gleichgültig gewesen sein, ob sie dänische Kriegslasten oder aber hannoversche Pfandansprüche zu tilgen hatten.

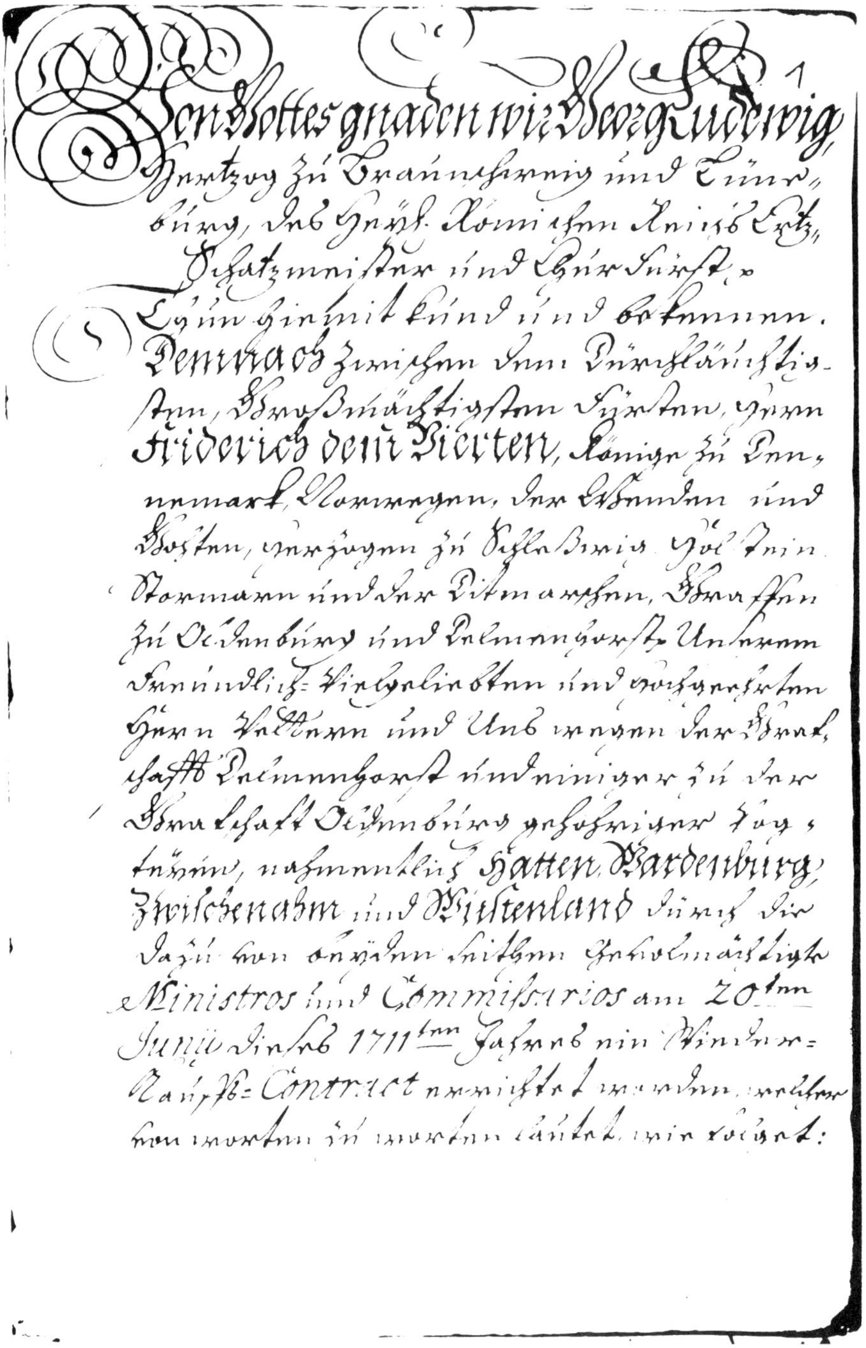

Abb. 26   Erste Seite des Vertrags (Unterhändlerexemplar), mit dem Dänemark u.a. die Vogtei Wardenburg für 20 Jahre an Hannover verpfändete.

Wardenburg - eine der ärmsten Vogteien in der Grafschaft

Jeder Krieg, in den die Dänen seinerzeit verwickelt waren, wirkte sich auf die Grafschaft und damit ab 1731 auch wieder auf die Vogtei Wardenburg aus - nicht zuletzt als fiskalische Last. Normalerweise gehörte es in jenen Tagen zu den Gepflogenheiten selbst absolutistischer Herrscher, ihre Untertanen wenigstens darüber zu informieren, ob die erhobenen Steuern zur Finanzierung eines Krieges, einer Hochzeit oder zu Repräsentationszwecken benötigt wurden. König Christian von Dänemark verzichtete hingegen darauf, Gründe für die „Vermögens-, Nahrungs-, Kopf-, Carossen- und Pferdesteuer" anzugeben, die er 1744 erhob.[6] Auf dem Lande mußten nun der Pastor und ein Beamter von Haus zu Haus ziehen und sich nach dem Haushaltsvorstand, seiner Familie und dem Personal, nach dem Besitz und der Erwerbstätigkeit, nach Kutschen, Pferden und Vieh erkundigen. Dann errechneten sie den fälligen Betrag. In den sieben Dörfern der Vogtei Wardenburg kam dabei folgendes heraus:

	Anzahl der Steuerpflichtigen	Steueraufkommen
Wardenburg	48	101 Reichstaler 24 Groten
Westerburg	17	52 Reichstaler 40½ Groten
Tungeln	8	38 Reichstaler 69 Groten
Oberlethe	27	44 Reichstaler 55½ Groten
Littel	9	22 Reichstaler 25½ Groten
Höven	9	12 Reichstaler 18 Groten
Astrup	8	10 Reichstaler 16½ Groten
freie Kanzleisässige	6	44 Reichstaler
freie Personen	10	72 Reichstaler 43½ Groten
gesamt	142	399 Reichstaler[7]

Erstmals wurde bei dieser Steuererhebung die persönliche finanzielle Leistungsfähigkeit berücksichtigt: Vermögende mußten höhere Steuern zahlen; wer arm war, wurde befreit. So bestritt ein begüteter Steuerpflichtiger aus Tungeln fast ein Zehntel des Steueraufkommens der gesamten Vogtei; er allein mußte einen höheren Betrag abführen als alle Litteler zusammen. Insgesamt gab es in der Vogtei Wardenburg 142 Steuerpflichtige.[8] Einige von ihnen haben wir bereits kennengelernt, beispielsweise den Amtsvogt, den Pastor, den Küster sowie Dorgelo, der Besitzer des Gutes in Höven.[9]

Summa summarum gab es für die dänische Regierung in der Vogtei Wardenburg ausgesprochen wenig zu holen. Im Durchschnitt mußte dieser Erhebung zufolge hier jeder Steuerpflichtige nicht einmal drei Reichstaler abtreten - weniger als in jeder anderen Grafschaftsgemeinde, aus der vergleichbare Zahlen vorliegen. In Marschengemeinden wie Abbehausen oder Rodenkirchen war die Pro-Kopf-Belastung viermal

Der Gewehrschrank auf dem Kirchboden

Ab 1736 mußten einige der jungen Bauernsöhne ihren Militärdienst im ungeliebten dänischen Nationalregiment ableisten. Zwei Jahre darauf wurde von der dänischen Regierung sogar die Landwehr wieder eingeführt. Die Gewehre der Miliz wurden nun ausgerechnet in einem großen Schrank auf dem Kirchboden deponiert. „Nun wollte aber der Unteroffizier des Winters mit dem Einexerzieren seine Schar nicht so lange warten, bis der Gottesdienst zu Ende war, und so geschah es, daß er noch während des Gottesdienstes, ja unter der Austeilung des heil. Abendmahles mit seiner Mannschaft in die Kirche und auf den Boden stürmte, um sich die Gewehre zu holen."[10] Dies ging nicht gerade lautlos vonstatten, und die Empörung der Kirchgänger war groß. Man beschwerte sich höheren Orts - mit Erfolg, denn bald darauf wurde die Aufstellung des Gewehrschranks im Glockenturm verfügt.

so hoch. Nimmt man das Steueraufkommen eines Ortes als Indikator für wirtschaftliche Leistungsfähigkeit, dann war Wardenburg Mitte des 18. Jahrhunderts eine der ärmsten Gemeinden weit und breit.[11] Ähnlich finanzschwach waren nur noch die Bewohner in den benachbarten Vogteien Hatten und Zwischenahn - eben jene Orte, die in den Jahren 1711 bis 1731 als Pfand im Besitz von Hannover waren. Einmal mehr zeigte sich bei dieser Steuererhebung eine Art Nord-Süd-Gefälle in der Grafschaft Oldenburg: Während sich die reicheren Gemeinden in der Marsch befanden, bildeten die ärmsten einen Gürtel an der südlichen Grafschaftsgrenze.

Der Dänenkönig hatte die neue Steuer kaum erhoben, da wurde die Grafschaft zu allem Überdruß „auch mit dem grassierenden Viehsterben von Gott heimgesucht, wodurch fast alles Rindvieh dieser Landen dahingerissen und getödtet wurde."[12] Die Bauern im Kirchspiel Wardenburg konnten noch von Glück reden: Die meisten blieben bei der großen Viehseuche im Jahre 1745/46, die viele Marschbauern in eine schwere Krise stürzte, so gut wie verschont. Einige wenige traf es allerdings auch hier, so Bauer Heidenreich, der gleich acht Tiere verlor, und den Wardenburger Küster Horche, dem womöglich die einzige Kuh verschied.[13] Von Gott auf ganz andere Art gestraft fühlten sich vermutlich zu jener Zeit die Bauern in Oberlethe und Tungeln. In der Pfingstwoche des Jahres 1745 hatte ein starker Hagelschlag fast „alles schön stehende Korn"[14] auf ihren Feldern verwüstet.

Die Anfänge von Handwerk und Handel

Die Agrargesellschaft begann sich langsam zu wandeln. Erste Anzeichen hierfür gab es auch in der Vogtei Wardenburg, vor allem in Wardenburg selbst sowie in Oberlethe. Hier hatten sich - wie bei der Steuererhebung von 1744 deutlich wurde - im

Laufe der Zeit einige neue Berufsgruppen herausgebildet.[15] In Oberlethe gab es inzwischen neun Krüger, zwei Zimmerleute und ein entwickeltes Brauereiwesen. Neun Steuerpflichtige brauten gleichsam nebenberuflich den begehrten Gerstensaft. Ein Handwerk im Erstberuf übten vor allem Wardenburger aus. Rund um die Kirche gab es einen Schmied und einen Zimmermann, zwei Radmacher und fünf Schuster. Die Schneider bildeten - läßt man die Landwirtschaft außen vor - die stärkste Berufsgruppe in der Vogtei: In fast jedem Dorf gab es inzwischen einen und in Wardenburg gleich sechs von ihnen.

Handwerker in der Vogtei Wardenburg 1744[16]

Handwerk	Berufsgruppen
Bau	3 Zimmermänner
Metall	1 Schmied
Holz	2 Radmacher
	1 Schnitzer
Textil und Leder	12 Schneider
	6 Schuster
Nahrung	2 Müller

Noch handelte es sich bei diesem ländlichen Handwerk ausnahmslos um Gewerbe, die auf den häuslichen oder bäuerlichen Bedarf ausgerichtet waren. Deutlicher noch als andernorts dominierte in der Vogtei Wardenburg der Bekleidungssektor: Gleich zwei von drei Handwerkern waren in diesem Bereich tätig. In ähnlich großen Kirchspielen wie Rastede, Wiefelstede oder Zwischenahn gestaltete sich das Handwerk meist nicht nur etwas differenzierter, sondern auch fortgeschrittener, legt man die Handwerkerdichte zugrunde. Durchschnittlich kamen in den Grafschaften Delmenhorst und Oldenburg 22 selbständige Handwerker auf 1.000 Einwohner; in Wardenburg waren es erst 16.[17]

Die Steuererhebung von 1744 liefert zudem einen frühen Hinweis auf Händler im Kirchspiel Wardenburg: Zwei Bewohner aus Oberlethe gaben an, im Erstberuf Höker, also kleinere Kaufleute zu sein.[18] Sie werden Waren des alltäglichen Bedarfs wie Öl, Salz, Seife oder Tran „verhökert" haben. Diese und ähnliche Waren mußten lange Zeit noch aus Oldenburg herangeschafft werden.

Einige Jahrzehnte später zeigt sich das Gewerbe im Kirchspiel Wardenburg schon um einiges vielfältiger: 1816 zählte man im Kirchspiel „12 Gast- und Krugwirthe, 4 Krämer, 1 Müller, 1 Bäcker, 8 Zimmerleute, 7 Tischler, 13 Schneider, 8 Schuster, 3 Schmiede, 1 Wagenmacher, 1 Blechenschläger (Klempner), 1 Musikpächter, 3 Ziegeler; - zusammen 267 Gewerbsleute und Professionisten."[19]

Anmerkungen

[1] Bau- und Kunstdenkmäler, Heft IV, 13. Vgl. auch die differenziertere Sicht von Schaer, in: Geschichte des Landes Oldenburg, 224f.

[2] Janßen-Holldiek/Helmers/Tielking, 206f.

[3] Ramsauer, Prediger, 244. Vgl. auch 700 Jahre Wardenburg, 113.

[4] Zum Vertrag von 1711 vgl. von Halem, Bd. III, 124ff.; Rüthning, Oldenburgische Geschichte, 375; Schnath, Bd. III, 257 und 657f.; Geschichte des Landes Oldenburg, 209f. Der Vertrag war zunächst befristet auf 20 Jahre und sollte sich bei andauernder Finanznot des dänischen Regenten von selbst um weitere 20 Jahre verlängern. Georg Ludwig von Hannover verfügte in jenen Jahren über ausreichende finanzielle Mittel, um sein Herrschaftsgebiet zumindest vorübergehend abzurunden.

[5] Janßen-Holldiek/Helmers/Tielking, 209.

[6] Vgl. hierzu und zum Folgenden: Steuererhebung. Die Daten zur Vogtei Wardenburg finden sich im Teil 1 auf den Seiten 308ff. Die entsprechenden Unterlagen befinden sich im StAO Best. 20-16 (Text der Steuerverordnung) und Best. 75-2 (Amtsrechnung Vogtei Wardenburg).

[7] 1 Reichstaler = 72 Groten. Die Endsumme wurde auf volle Reichstaler abgerundet.

[8] Arme waren von der Steuer befreit.

[9] Die Genannten gehörten ausnahmslos zur Gruppe der „freien Kanzleisässigen" oder „freien Personen".

[10] Ramsauer, Prediger, 245. Vgl. zu diesem „Vorfall" auch Korte, 49, und 700 Jahre Wardenburg, 116.

[11] Insgesamt wurden die Vergleichszahlen von 27 Gemeinden der Grafschaften Oldenburg und Delmenhorst berücksichtigt. Bereits im Jahr zuvor hatte die dänische Krone Untertanen, die betuchter waren, um eine Anleihe ersucht; der Beitrag Wardenburgs fiel entsprechend bescheiden aus. Vgl. hierzu Geschichte des Landes Oldenburg, 220f. Vgl. auch die Übersicht über regelmäßige Einkünfte der dänischen Regierung im Jahre 1769, in: Böse, 690.

[12] Kirchenchronik, zitiert nach 700 Jahre Wardenburg, 117.

[13] Die Viehseuche stürzte im Laufe des 18. Jahrhunderts insbesondere Marschbauern in den Ruin, für die die Viehwirtschaft eine höhere Bedeutung hatte als für Geestbauern, die vorwiegend Ackerbau betrieben. In vielen Orten Butjadingens starben über 80 Prozent des Hornviehs. Am glimpflichsten kam - nach Hatten - die Vogtei Wardenburg davon; hier gingen beim Hornvieh lediglich 45 von 1.003 Tieren (4,49 Prozent des Bestandes) verloren. Vgl. hierzu Hinrichs/Krämer/Reinders, 108 und 176, sowie Korte, 148ff.

[14] Kirchenchronik, zitiert nach 700 Jahre Wardenburg, 117.

[15] Den Wandel dokumentiert bereits die vergleichsweise hohe Zahl derer, die - wie Höker oder kleine Handwerksleute - eine Kopfsteuer zu zahlen hatten: In Oberlethe waren es elf und in Wardenburg 14 Bewohner, in den übrigen Dörfern jedoch höchstens einer.

[16] Vgl. hierzu Tabelle 137 bei Hinrichs/Krämer/Reinders, 220, sowie die Übersicht, ebenda, 252.

[17] Vgl. Hinrichs/Krämer/Reinders, 186 sowie 220.

[18] Häufig übten Höker ihren Handel noch nebenberuflich aus; vgl. Lampe, 32. Kaufleute aus Oldenburg trieben bereits Anfang des 16. Jahrhunderts bei ihren Routen über das Land Handel u.a. in Tungeln und Wardenburg; vgl. hierzu Rastede, 7ff.

[19] Kohli, Bd. II, 13f.

Die Bevölkerungsentwicklung

Bevölkerungsentwicklung im Kirchspiel Wardenburg von 1650 bis 1850[1]

Jahr	Einwohner
1650	874[2]
1675	1.012
1702	1.157
1762	1.620
1769	1.621
1785	1.704
1793	2.048
1806	2.097
1816	2.320
1821	2.493
1828	2.852
1835	2.914
1837	3.027
1840	3.052
1843	3.179
1846	3.268
1850	3.165

Ein Blick auf die obige Tabelle verdeutlicht: Die Bevölkerung Wardenburgs hat sich zwischen 1650 und 1850 annähernd vervierfacht.[3] Der kontinuierliche Bevölkerungsanstieg läßt sich in erster Linie mit einem natürlichen Geburtenüberschuß erklären. Vor allem zwischen 1770 und 1820 nahm die „innereheliche Fruchtbarkeit in Wardenburg" beachtlich zu - so das Ergebnis einer demographischen Untersuchung.[4] „Und Wachstum der ländlichen Bevölkerung hieß vor allem Zunahme der kleinen und kleinstbäuerlichen Stellen".[5] Die Zahl der Brinksitzer wuchs und wuchs, während die der Meier und Köter annähernd konstant blieb. In kaum einem anderen Kirchspiel auf der Oldenburger Geest zeigte sich diese Entwicklung derart deutlich wie in Wardenburg. Zählte 1681 ein gutes Drittel der Bauern in Wardenburg zu den Brinksitzern, so lag deren Anteil 1835 bereits bei über 80 Prozent.[6]

Auffällig ist der Bevölkerungsanstieg vor allem in den Jahren 1785 bis 1793 (plus 344 Einwohner) und in den Jahren 1821 bis 1828 (plus 359 Einwohner). Während gerade gegen Ende des 18. Jahrhunderts sehr viele Brinksitzer neu eingewiesen wurden, ist der zweite Anstieg sicher - wenn auch indirekt - eine Folge der ersten Gemeinheitsteilungen. Am Ende mag sich dies in höheren Geburtenziffern niedergeschlagen haben.[7]

„Seelenzahl" der Dörfer im Kirchspiel Wardenburg 1762, 1785 und 1793[8]

Ortschaft	1762	1785	1793
Wardenburg	533	510	688
Astrup/Höven	204	193	237
Westerburg	226	271	291
Littel	185	195	206
Tungeln/Hundsmühlen	174	175	198
Oberlethe/Achternholt/Westerholt	298	360	413
gesamt	1.620	1.704	2.033[9]

Zu jener Zeit lebte der weitaus größte Teil der Bevölkerung noch auf dem Lande. Die Unterschiede zwischen Stadt und Land waren nicht annähernd so ausgeprägt wie heute. Oldenburg als die größte Stadt im Herzogtum war im Jahre 1793 mit 4.200 Einwohnern gerade doppelt so groß wie Wardenburg. Noch um 1800 zählte Wardenburg mehr Einwohner als Delmenhorst, Brake oder Elsfleth.[10] Dies sollte sich erst mit der Industrialisierung ändern.

Bei einem Vergleich der Geburten- und Todesraten im 18. und 19. Jahrhundert fällt auf, daß „Todesüberschüsse" im Kirchspiel Wardenburg „nur in der ersten Hälfte des 18. Jahrhunderts und ganz gelegentlich danach" auftraten. Es ließ sich für damalige Verhältnisse gut leben in Wardenburg: „Agrarkrisen erfaßten das Kirchspiel nicht einschneidend, konjunkturelle Wogen gingen offensichtlich an ihm vorbei, selbst Jahre der Teuerung hatten keine dramatischen Auswirkungen."[11] Wardenburg, so das Urteil eines Historikers, spiegelt „die in demographischer Hinsicht geradezu paradiesischen Lebensverhältnisse einer oldenburgischen Geestgemeinde".[12] In der Küsten- und der Wesermarsch starben dagegen vornehmlich bei Seuchen wie der Malaria weit mehr Menschen als geboren wurden. „Offenbar war das Leben auf der trockenen, sandigen Geest weitaus gesünder als in der Marsch."[13]

Entsprechend selten lag die Sterberate in Wardenburg über der Geburtenrate - so 1719, 1737 und 1818. In solchen Jahren wurde das Kirchspiel meist von Masern, Blattern oder einer anderen Epidemie heimgesucht. So wüteten 1737 die Blattern, wie die Pocken seinerzeit genannt wurden, im Raum Oldenburg.[14] Der Grund für den statistischen Ausreißer von 1818 läßt sich dem Sterberegister Wardenburgs entnehmen. 1817/18 erkrankten viele Kinder und Jugendliche an Masern. Im Januar starben 8 von ihnen, im Februar 35 und im März weitere 5. Masern wurden 1818 am häufigsten als Todesursache ins Sterberegister eingetragen.[15] Die Kinder mögen angesichts einer schlechten Ernährungslage in den Monaten zuvor recht anfällig gewesen sein, denn ganz Europa litt in jenen Jahren unter dem „Großen Hunger".[16] Die kalte und nasse Witterung hatte bereits 1816 zu geringeren Ernteerträgen und verminderter Kornqualität geführt; die Folge waren steigende Preise gerade auch für Grundnahrungsmittel. Die Armendirektion Oldenburg warnte in einem Rundschreiben ausdrücklich vor dem „Gebrauch des nicht recht reif gewordenen, feuchten, ausgewachsenen oder mit Mutterkorn vermischten Getreides"; man befürchtete „gefährliche Folgen für die Gesundheit vornehmlich derjenigen Leute, deren hauptsächlichste, ja fast einzige Nahrung im Brote besteht."[17] Im Frühjahr 1817 scheint im Kirchspiel Wardenburg noch kein sonderlich großer Mangel an Brotkorn geherrscht zu haben. Doch die nächste Ernte fiel abermals schlecht aus. Dies mag dazu beigetragen haben, daß bald darauf die ersten Kinder erkrankten.[18]

Krisenereignisse wie die Epidemie von 1818 brachen gleichwohl nur selten den Trend. In aller Regel verzeichnete Wardenburg im 18. und mehr noch im 19. Jahrhundert Geburtenüberschüsse, die zumindest dafür sorgten, daß die Einwohnerzahl einigermaßen konstant blieb.

Bevölkerungsentwicklung seit 1850[19]

Jahr	Einwohner
1852	3.279
1855	3.440
1858	3.410
1861	3.425
1864	3.457
1867	3.404
1871	3.314
1875	3.185
1880	3.088
1885	3.276
1890	3.300
1895	3.269
1900	3.260
1905	3.365
1910	3.626
1925	4.261
1939	5.606
1950	9.130
1956	9.387
1964	10.269
1970	11.263
1975	11.866
1980	13.259
1985	13.861
1990	14.220
1994	15.033

Bei der Bevölkerungsentwicklung in der zweiten Hälfte des 19. Jahrhunderts fällt vor allem auf, daß sich die Einwohnerzahl Wardenburgs im Laufe dieser 50 Jahre kaum verändert hat. Nun hatten die Wardenburgerinnen und Wardenburger sicher nichts gegen Nachwuchs - nach wie vor gab es einen Geburtenüberschuß. Zugleich allerdings verließen viele Einwohner die Gemeinde, um sich andernorts anzusiedeln. Bereits von 1855 bis 1864 wurden 344 Abwanderungen mehr verzeichnet als Zuwanderungen. Noch glich eine hohe Geburtenzahl das Minus in der Wanderungsbilanz aus.[20] Dies änderte sich erst in den sechziger und siebziger Jahren des vergangenen Jahrhunderts: Nun sank aufgrund einer überaus negativen Wanderungsbilanz auch die Einwohnerzahl Wardenburgs. Insgesamt verließen zwischen 1855 und 1880 mehr als 1.000 Menschen die Gemeinde. Diese Entwicklung kehrte sich erst im 20. Jahrhundert wieder um.[21]

Bauerschaften in der Gemeinde Wardenburg im Jahre 1895[22]

Bauerschaft	Einwohner	Wohnhäuser	Haushalte
Wardenburg (mit Patenberg, Sande)	642	128	140
Tungeln (mit Südmoslesfehn, Hundsmühlen)	673	115	134
Oberlethe	416	74	81
Achternholt	216	50	51
Westerholt (mit Glum, Achternmeer)	400	72	80
Littel	457	75	78
Astrup	115	23	24
Höven	81	16	16
Westerburg	269	47	47
gesamt	3.269	600	651

Anmerkungen

[1] Die Angaben wurden entnommen aus: Hinrichs/Norden, 53. Sie basieren auf einer Auswertung von Seelenregistern und anderen zeitgenössischen Zählungen.

[2] Hinrichs/Norden geben hier einen Wert an, der möglicherweise erst bei der Zählung im Jahre 1662 ermittelt wurde; seit dieser Zählung liegen recht zuverlässige Angaben vor; vgl. hierzu Hinrichs, Grundzüge, 7.

[3] Vgl. hierzu auch Hinrichs/Krämer/Reinders, 38 (Abb. 19) sowie 42 (Tab. 2); danach stieg die Einwohnerzahl von 1662 bis 1855 - also in nicht einmal 200 Jahren - um 394 Prozent.

[4] Hinrichs/Norden, 61. Vgl. auch Arbeitsvorhaben, 21ff.

[5] Hinrichs/Krämer/Reinders, 52.

[6] Vgl. hierzu die Abbildungen 31, 32 und 36 bei Hinrichs/Krämer/Reinders, 59ff. Vergleicht

man die Angaben aus dem Wardenburger Erdbuch von 1693 (in: StAO Best. 75-2) mit denen aus dem Handbuch einer historisch-statistisch-geographischen Beschreibung von 1825, dann zeigt sich ein ähnliches Bild: Während die Zahl der Meier und Köter annähernd gleichblieb, hat sich die Zahl der Brinksitzer mehr als verdreifacht - von 71 (1693) auf 252 (1825). Zudem zählte man 1825 im Kirchspiel Wardenburg 28 Häuslinge und 113 Heuerleute; beide Statusgruppen waren im Erdbuch von 1693 noch nicht ausgewiesen; vgl. hierzu auch Hinrichs/Norden, 87f.

[7] Für den generell starken Bevölkerungsanstieg in der zweiten Hälfte des 18. Jahrhunderts gibt es „so recht noch keine Erklärung", wenngleich nach Hinrichs (Grundzüge, 6) der natürliche Geburtenüberschuß eine große Rolle spielte.

[8] Vgl. Oldenburgischer Kalender, 1786, 117, und 1797, 104.

[9] Im Oldenburgischen Kalender von 1797 wurden für das Jahr 1793 unter „Zugang" 14 Personen aufgeführt, die sich auf die verschiedenen Orte verteilt haben dürften. Insgesamt weicht die Gesamtzahl der Einwohner (2.047) somit nur minimal von der in anderen Quellen genannten Einwohnerzahl (2.048) ab; dies läßt sich vermutlich auf unterschiedliche Erhebungszeitpunkte zurückführen.

[10] Vgl. Geschichte des Landes Oldenburg, 306, und Lampe, 19. In Delmenhorst und Elsfleth lebten um 1800 knapp 1.500 Menschen, in Brake 920.

[11] Hinrichs/Norden, 84.

[12] Hinrichs, Grundzüge, 20. Für Hinrichs stellt das Beispiel Wardenburg einen markanten Sonderfall von überregionaler Bedeutung dar (vgl. 19).

[13] Hinrichs/Krämer/Reinders, 22.

[14] Vgl. Chronik der Gemeinde Bad Zwischenahn, 267. Warum die Sterberate im Kirchspiel Wardenburg in den Jahren 1719 (48 Todesfälle) und vor allem 1737 (80 Todesfälle) derart deutlich über der Geburtenrate lag, blieb im hiesigen Sterberegister unerwähnt.

[15] Insgesamt starben in diesem Jahr 95 Menschen - davon 48 an Masern. Vgl. Arbeitsvorhaben, 83ff.; Hinrichs/Norden, 92. Über einen längeren Zeitraum betrachtet war die Kinder- und Säuglingssterblichkeit in Wardenburg eher niedrig: Im Durchschnitt starb eins von vier Kindern im Alter bis zu 15 Jahren; vgl. hierzu Hinrichs/Norden, 62ff.

[16] Zu dieser Hypothese vgl. Arbeitsvorhaben, 19 und 84ff. Vgl. auch Manfred Vasold, „Der Große Hunger", in: Die Zeit, Nr. 13 vom 25. März 1994, 98. Vasold führt die witterungsbedingten Ernteausfälle auf einen Staubschleier zurück, der sich nach der Explosion des indonesischen Vulkans Tambora auch über der nördlichen Hemisphäre ausbreitete.

[17] Amtliche Verordnung über den Gebrauch von Getreide, in: StAO Best. 76-9, zitiert nach Arbeitsvorhaben, 83ff.

[18] Vgl. Wardenburger Antwortschreiben vom 26. März 1817 auf das „Circular" Nr. 12 der Armendirektion Oldenburg; in: StAO Best. 76-9. Bei einer Überprüfung der Kornvorräte im Frühjahr 1817 wurde ein Mangel an Korn vor allem in Wardenburg und Oberlethe festgestellt; in Höven und Westerburg gab es dagegen Überschüsse. Blümel/Freericks (127) äußern die Vermutung, daß die Verantwortlichen in der Wardenburger Spezialdirektion das Ausmaß der Krise insgesamt unterschätzt haben. Den Zusammenhang zwischen Ernteausfällen und Krankheiten betont auch Braudel, 75f.: „Eine schlechte Ernte ist gerade noch tragbar. Zwei nacheinander, und die Preise galoppieren, die Hungersnot bricht aus, und sie kommt nie allein: Über kurz oder lang greifen Seuchen um sich".

[19] Die Werte für das 19. Jahrhundert wurden entnommen aus: Statistische Nachrichten, Heft 2ff. Die folgenden Angaben bis 1964 stammen aus Hellbernd/Möller, 464. Die Vergleichswerte in Tabellen des Niedersächsischen Landesamtes für Statistik oder auch bei Uelschen (232) liegen leicht über den hier angegebenen Zahlen. Im Durchschnitt ermittelte Uelschen rund 30 Einwohner mehr. Hierzu mögen unterschiedliche Erhebungszeitpunkte beigetragen haben. Die Angaben ab 1970 wurden der Einwohnerstatistik der Gemeinde Wardenburg entnommen; hier werden - im Gegensatz zum Niedersächsischen Landesamt für Statistik - die Haupt- und Nebenwohnungen zusammengefaßt. Die in Wardenburg ermittelte Einwohnerzahl ist folglich um einiges höher.

[20] Vgl. Statistische Nachrichten, Heft 9, 219.

[21] Vgl. Kollmann, Finanzielle Leistungsfähigkeit, 5, sowie Statistische Nachrichten, Heft 20, Anhang, 2, Heft 22, 182, und Heft 25, 14. Von 1905 bis 1910 stieg die Einwohnerzahl bereits um fast acht Prozent; vgl. hierzu Statistisches Handbuch, 2f.

[22] Vgl. Kollmann, Statistische Beschreibung, 674. Aufgeschlüsselt werden die einzelnen Bauerschaften im Ortschaftsverzeichnis (1895), 19ff.

Freudenfeste, Trauerfeiern:
Geburt - Heirat - Tod

Von der Kindtaufe bis zur Begräbnisfeier - gerade die weniger Begüterten ließen früher kaum eine Gelegenheit verstreichen, die Abwechslung ins tägliche Einerlei brachte. Da seien „von einem genußfähigen und genußfrohen Geschlechte" noch wacker Feste wie das „Erntebier" oder „Kindelbier" gefeiert worden, meinte bereits Ende des 19. Jahrhunderts der Historiker Emil Pleitner fast ein wenig wehmütig.[1] Die Regierung habe derartige „Saufbiere" mit ihren Verordnungen ebensowenig eindämmen können wie den „Hang", Verlobungen und Hochzeiten exzessiv zu feiern.[2]

Abb. 27 Der Hochzeitsbitter, unterwegs mit Blumen- und Bänderschmuck an Fahrrad und Handstock, klopft an die Tür und verkündet die Nachricht von einer bevorstehenden Hochzeit.

Dabei war die Hochzeit im Grunde eine ziemlich unromantische Angelegenheit: „Die Ehe war eine Zweckgemeinschaft, die hauptsächlich der gemeinsamen Lebensbewältigung und der Erzeugung von Nachkommen diente. ... Liebe und Zuneigung waren Kategorien, auf die es dabei nicht ankam."[3] In Wardenburg stammten die Ehepartner meist aus nächster Nähe; man schaute sich im Dorf oder doch im Kirchspiel um.[4] Blieb hier die Suche ohne Erfolg, dann kam vielleicht noch jemand aus Sage, Döhlen, Streek, Hatten, Osternburg oder Großenkneten in Betracht.[5] Entscheidend war letztlich, ob „die zukünftigen Eheleute standesgemäß und wirtschaftlich zusammenpaßten."[6] Auch hatten die Eltern ein gehöriges Wort mitzureden. Sie waren es, die beim Pastor Erb- und Abfindungsfragen klärten oder die Höhe der Aussteuer aushandelten, bevor sie den Ehevertrag unterschrieben.[7] War man sich schließlich einig, dann kam die Stunde des Hochzeitsbitters. Dieser ging im Dorf von Hof zu Hof und bat - oft in gereimter Form - die Gäste zur Hochzeitsfeier. Zum Dank erhielt er an jeder Tür „etwas zu essen und einen Schnaps sowie ein Geldstück. Bei einer größeren Hochzeit konnte der Auftrag des Hochzeitsbitters sehr einträglich sein."[8]

Die Brautschatz

Rund um die Hochzeit gab es eine ganze Reihe von Bräuchen und Ritualen, von denen einige nach und nach in Vergessenheit geraten sind, während andere - wie der Polterabend, der der neuen Ehe Glück bringen sollte - heute noch gang und gäbe sind. Zum festen Ablauf einer Hochzeit gehörte beispielsweise das Einholen der Aussteuer, die von der Braut in die Ehe mitzubringen war (wenn nicht gerade der Bräutigam einheiratete). Das folgende Protokoll einer Brautschatz, wie die Aussteuer früher rund um Wardenburg genannt wurde, stammt aus dem Jahre 1827 und gestattet gleichsam einen Blick in Küche und Schlafkammer. Danach umfaßte die Aussteuer:

  „1. An barem Gelde 300 Taler Gold,
  2. Ein vollständiges Bette und acht Kissen,
  3. Sieben Bettlaken,
  4. Acht Handlaken,
  5. Sechs Tischlaken,
  6. zwei Überzüge Bettdecken,
  7. ein Kleiderschrank,
  8. ein Richtebankschrank,
  9. ein Koffer,
  10. ein kupferner Tiegel,
  11. vier zinnerne Kummen,
  12. zehn zinnerne Schüsseln,
  13. zwei zinnerne Schalen,

14. Sechzehn Stück zinnerne Eßlöffel,

15. eine zinnerne Kanne,

16. sechs weiße Teller,

17. fünf zinnerne Leuchter,

18. ein Spiegel,

19. sechs ordinäre Hausmannsstühle,

20. ein Tisch,

21. ein Spinnrad und ein Haspel,

22. ein Pferd,

23. eine Kuh,

24. ein beschlagener Wagen mit zwei Leitern und einen Stuhl,

25. eine Kaffeemühle,

26. ein Dutz blaue Kaffeetassen,

27. eine große Fleischgabel,

28. fünf Messer und fünf Gabeln,

29. einen Kaffeebrenner,

30. eine zinnerne Milchgüte,

31. einen Teetopf,

32. einen Kleiderkorb."[9]

Die Aussteuer wurde vermutlich auch in den hiesigen Ortschaften auf einem Braut- oder Kistenwagen transportiert, der seinen Namen einer Kiste oder Truhe verdankte, die in der Regel zur Brautschatz dazugehörte. „Auf dem Kistenwagen konnte der Umfang der Aussteuer von allen Dorfbewohnern gesehen werden."[10]

Im 18. Jahrhundert favorisierte man im Kirchspiel Wardenburg noch den Monat November, um zu heiraten.[11] Im 19. Jahrhundert wurde der Pastor dann ähnlich häufig in den Monaten Januar und Februar bemüht. Entscheidenden Einfluß auf das Heiratsgebaren hatte der Hollandgang: Ein großer Teil der heiratsfähigen Männer weilte vom Frühjahr bis zum Herbst im Ausland. Auch konnten sich viele ein solches Fest wohl erst nach der Rückkehr leisten.

Die Gemeinheitsteilungen im 19. Jahrhundert sicherten vielen kleineren Bauern Arbeit vor Ort. Fortan trat man verstärkt in den weniger arbeitsreichen Monaten vor den Altar; viele Ehen wurden nach der Aussaat, also in den Monaten April und Mai, geschlossen. Im Dezember und stärker noch im März näherte sich die „Heiratsquote" dagegen traditionell dem Nullpunkt: In der Advents- und Fastenzeit war das Heiraten seitens der Kirche verboten, „damit die hohe Wolthaten der Zukunft und des Leiden Christi desto ungehinderter betrachtet werden können".[12] So stand es in der Kirchenordnung von 1725 - und die Menschen im Kirchspiel haben sich weitgehend daran gehalten.[13]

Wer mit wem den Bund der Ehe schließen würde, war Gegenstand so manchen Orakels. So sollen die Frauen beim Spinnen zwei einzelne Flocken angezündet und an eine Frau und einen Mann im heiratsfähigen Alter gedacht haben: „Wenn beide Flocken flammend aufschossen, so war dies ein günstiges Zeichen. Die Neigung zur Partie fehlte dem Teile, dessen Flocke nicht auflodern wollte."[14]

Wie die „Heiratsquoten" waren auch die „Konzeptionshäufigkeiten" im Kirchspiel Wardenburg bereits Gegenstand wissenschaftlichen Interesses. Gemeint sind die bevorzugten Zeugungsmonate. Im 18. Jahrhundert, in dem der Hollandgang seine erste Blüte erlebte, lag das „Konzeptionsmaximum" noch in den Wintermonaten - angesichts der Abwesenheit potentieller Väter von Frühjahr bis Herbst keine große Überraschung. In Zeiten, in denen die Männer das ganze Jahr über auf dem heimischen Hof blieben, rückte die Frage nach einem Hoferben offenbar stärker auch in der Zeit nach der Aussaat ins Bewußtsein. Entsprechend wurden „die Frühlingsmonate (März/April) und der Frühsommer (Juni) für Konzeptionen bevorzugt."[15] Im September und Oktober nahm die Ernte alle Zeit in Anspruch. Es folgten die ruhigeren Wintermonate, in denen über einen längeren Zeitraum betrachtet die meisten Kinder gezeugt wurden - nichts Ungewöhnliches für ein derart von der Landwirtschaft geprägtes Kirchspiel.[16] Neun Monate später erfolgten dann neue Eintragungen im Kirchenbuch; die Geburtenrate erreichte in der Regel im Oktober oder November ihren Jahreshöchststand.

Die Sterbeziffern stiegen vornehmlich zwischen Dezember und März. Raumnot, hygienische Verhältnisse und die gerade im Winter vitaminarme Kost dürften eine Rolle gespielt haben. Im Sommer und Frühherbst war jedenfalls die Wahrscheinlichkeit, vom Tod ereilt zu werden, um einiges niedriger.[17] Bei einem Todesfall begab sich „ein würdig angezogener Nachbar des Trauerhauses mit einem Handstock" zur Pastorei.[18] Wenn Pastor Rodenbrock, der hier bis 1924 wohnte, den Handstock sah, wußte er, daß wieder jemand zu Grabe getragen werden mußte. Dabei fand die Andacht lange Zeit noch im Hause des Verstorbenen statt; teils soll sie dort auch von den Lehrern gehalten worden sein. Danach wurde der Sarg meist auf dem Federwagen eines Bauern zum Friedhof nach Wardenburg gebracht. Die Angehörigen und Nachbarn folgten diesem Wagen auf seinem oft holprigen Weg. Bei jedem Haus, an dem dieser Trauerzug vorbeikam, erwiesen die Bewohner dem Verstorbenen die letzte Ehre, indem sie Tannengrün oder Blumen auf die Straße streuten. Am Grab war die kirchliche Bestattung dann Aufgabe von Pastor Rodenbrock.[19]

Abergläubisches

Wenn es galt, einen Sterbefall vorherzusagen, vertraute man vielerorts auf eigentümliche Zeichen und Regeln. Noch im 19. Jahrhundert trieb der Aberglaube heute seltsam anmutende Blüten. Blieb beispielsweise in Höven „eine Leiche über Sonntag stehen"[20], dann, so glaubte manch einer, würde der Tod eines weiteren Dorfbewohners nicht lange auf sich warten lassen. Die Westerholter hatten ihre eigenen Erfahrungen: Schon oft sei jemand gestorben, nachdem im Dorf das Heulen eines Hundes oder der Ruf einer Eule ertönt sei.[21] Auch bei anderen Prophezeiungen spielten Tiere eine große Rolle. Je öfter zum Beispiel die erste Wachtel im Frühjahr zu vernehmen war, desto höher, so glaubte man, sei der zu erwartende Roggenpreis.[22] Und wenn man im Frühjahr den Storch zuerst am Himmel erblickte, dann war man das ganze Jahr über fleißig. Stand das Tier bereits in der Wiese, „so ist man das Jahr ein Stehimwege."[23]

1822 versuchte Pastor Claußen aus Wardenburg, durch eine Umfrage unter den Schullehrern im Kirchspiel mehr über „abergläubische Vorstellungen" in Erfahrung zu bringen; diese müßten, so Claußen, „nach unserem Lehrbuch der chr. Religion S. 42 § 12" bekämpft werden.[24] Recht leichtgläubig seien die Litteler, meinte deren Schullehrer in seiner Antwort. Sie würden zum Beispiel Strohseile um Obstbäume binden, um sie „tragbarer zu machen". In Oberlethe begegnete man dagegen einem reisenden Quacksalber bereits 1822 mit einer gewissen Skepsis. Der Mann wollte allen Patienten „einerlei Trank" geben, und das, so sagten sich die Oberlether, „könne doch nicht helfen". Vielleicht hatte sich auch herumgesprochen, daß eine Frau aus Tungeln „von einer umherstreifenden Zauberin um eine beträchtliche Summe Geldes betrogen" worden war.[25]

„Wenn jemand erkrankt, Mensch oder Vieh, so ist ihnen dies von bösen Menschen angetan." Mit anderen Worten: Hier wähnte man eine „Hexe" am Werk. Abhilfe versprachen „Zauberer" - von einem solchen wußte auch Lehrer Böckmann aus Westerburg zu berichten.[26] Für den Hokuspokus, der mit der Suche nach einer Hexe einherging, gab es genaue Anweisungen: „Man nimmt einen Erbschlüssel, d.h. den Schlüssel eines ererbten Möbels, und bindet ihn mit einem Bande auf das Kapitel des Propheten Jesaias, welches vom fliegenden Drachen handelt; die Bibel muß offen bleiben und jedes Ende des Bandes an einen anderen Gegenstand so befestigt werden, daß die Bibel in der Schwebe hängt." Das Weitere vollzog sich geradezu konspirativ: „Dann wird die Zimmertür verschlossen und das Schlüsselloch verstopft. Nun nennen zwei Personen alle alten Damen ihrer Bekanntschaft her und fragen: `Ist Frau N.N. eine Hexe?` Kommt der Name einer Hexe vor, so bewegt die Bibel sich von selbst, und überschlägt sich, wenn die Hexe etwas Bedeutendes vorstellt. Bei den Namen anderer Frauen rührt sie sich nicht."[27] Das rufschädigende Orakel soll so gerade in den Dörfern um Wardenburg befragt worden sein. Gegen das Treiben der auf diese Weise ausgemachten „Hexe" gab es immerhin probate Mittel. Wenn zum Beispiel das Vieh verhext schien, „so muß man eine Stopfnadel aus einer Flinte nach dem Hause der Hexe schießen."[28] Begegnete man gar einer vermeintlichen „Hexe", so versuchte man sich zu schützen, indem man - verblüffend einfach - dreimal hintereinander sagte: „Van Dage is Sonndag up de ganze Welt."[29] Wesentlich abgeklärter betrachtete bereits damals Lehrer Lienemann aus Littel dieses Treiben: „Unwissenheit ist die Mutter des Irrtums und des Aberglaubens!"[30]

Anmerkungen

[1] Pleitner, 20.

[2] Pleitner, 22. Vgl. hierzu auch Lampe, 21f.

[3] Fahl/von Rohr, 17.

[4] Vgl. Tabelle 4 bei Hinrichs/Norden, 58. Kollmann (Statistische Beschreibung, 677) beobachtete nicht nur eine geographische, sondern auch eine verwandtschaftliche Nähe bei vielen Eheleuten. Hierauf führte er noch 1897 das Auftreten von Tuberkulose in Wardenburg zurück, obwohl Robert Koch bereits 15 Jahre zuvor das Tuberkelbakterium als Krankheitserreger entdeckt hatte.

[5] Vgl. Arbeitsvorhaben, 29.

[6] Fahl/von Rohr, 9.

[7] Vgl. das Beispiel eines Ehevertrages aus dem Wardenburger Kirchenarchiv, abgedruckt in: 700 Jahre Wardenburg, 60f. Zur Aussteuer vgl. auch Fahl/von Rohr, 17ff.

[8] Fahl/von Rohr, 47. Der Hochzeitsbitter „war früher überall Sitte hier, in der ganzen Gegend", so Erich Martens in einem Gespräch am 18. Juli 1995. Schriftliche Einladungen gab es noch nicht.

[9] Zitiert nach 700 Jahre Wardenburg, 62. Die Aufstellung wurde erforderlich nach dem Tod des Ehegatten.

[10] Fahl/von Rohr, 47.

[11] Im zweiten Quartal des 18. Jahrhunderts wurde in Wardenburg fast jede zweite Ehe im November geschlossen; vgl. die Tabelle bei Hinrichs/Norden, 68.

[12] Zitiert nach Hinrichs/Norden, 70. Vgl. auch ebenda, Tabellenanhang.

[13] Zum Heiratsverhalten vgl. Hinrichs/Norden, 68ff.

[14] Strackerjan, Bd. I, 105.

[15] Arbeitsvorhaben, 47.

[16] Vgl. hierzu Hinrichs/Norden, 76ff. nebst Tabellenanhang.

[17] Vgl. Hinrichs/Norden, 79ff.

[18] Kindheitserinnerungen von Hanna Onken, der Tochter Rodenbrocks, in: GSP Nr. 78, März 1991, 3.

[19] Gespräche mit Günther Rogge am 27. März und 21. Juli 1995. Hausandachten gab es noch bis zur Kirchenrenovierung im Jahre 1959/60. Danach fanden die Andachten in der Kirche statt.

[20] Eintragung des Hövener Lehrers im „Circular-Buch für die Schulen des Kirchspiels Wardenburg", zitiert nach Fissen, „Unwissenheit."

[21] Vgl. Fissen, „Unwissenheit".

[22] Strackerjan, Bd. I, 27.

[23] Strackerjan, Bd. II, 161.

[24] Zitiert nach GSP Nr. 32, September 1979, 6. Das Originalschreiben befindet sich im Kirchenarchiv. Anton Martin Claußen war von 1816 bis 1824 Pastor in Wardenburg und wurde später Hauptpastor an der Lambertikirche in Oldenburg; vgl. Ramsauer, Prediger, 246.

[25] „Circular-Buch für die Schulen des Kirchspiels Wardenburg", zitiert nach Fissen, „Unwissenheit". Obstbäume gab es im 19. Jahrhundert in Littel zuhauf; vgl. Kohli, Bd. 1, 192.

[26] „Circular-Buch für die Schulen des Kirchspiels Wardenburg", zitiert nach Fissen, „Unwissenheit". Harm Böckmann war von 1783 bis 1840 Lehrer in Westerburg - über ein halbes Jahrhundert lang. Sein Vorgänger (1761 bis 1783) trug den gleichen Namen. Vgl. hierzu Johann Meyer, Lehrerpersonalchronik, Bd. II, Amt Oldenburg, 74, (Manuskript) in: Archiv der Oldenburgischen Landschaft.

[27] Strackerjan, Bd. I, 422.

[28] Strackerjan, Bd. I, 446.

[29] Strackerjan, Bd. I, 447.

[30] Eintragung des Lehrers, im „Circular-Buch für die Schulen des Kirchspiels Wardenburg", zitiert nach Fissen, „Unwissenheit". Johann Lienemann war von 1803 bis 1842 Lehrer in Littel; vgl. Johann Meyer, Lehrerpersonalchronik, Bd. II, Amt Oldenburg, 67, (Manuskript) in: Archiv der Oldenburgischen Landschaft.

Die Vogtei Wardenburg um 1800

Zu Beginn des 19. Jahrhunderts hat sich ein Mitarbeiter des „Oldenburgischen Ka-
lenders" bemüht, dem aufmerksamen Leser des Blattes die Vogtei Wardenburg
näherzubringen. Wir erfahren zunächst die exakte geographische Lage: „Die Vogtey
Wardenburg gränzt ins Osten und Norden an die Hausvogtey Oldenburg, wovon sie
durch die Hunte getrennet wird; ins Westen an die Vogtey Zwischenahn, so daß die
Gränze an der Ostseite des Scharlsberges hin läuft, und eine kleine Strecke östlich

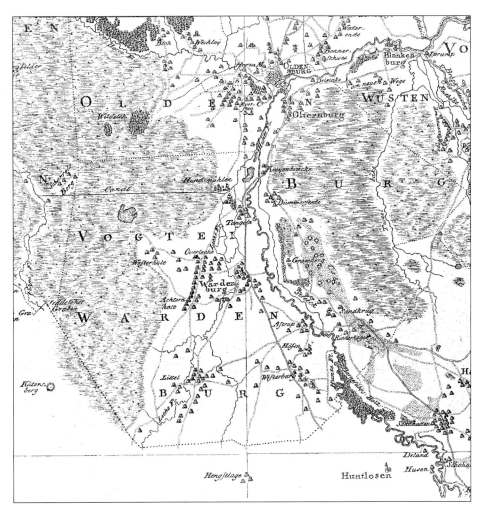

*Abb. 28 Ausschnitt mit der Vogtei Wardenburg aus der Generalkarte von 1803 (Kupferstich
von Georg Heinrich Tischbein nach einem Entwurf von Christian Friedrich Mentz).*

vom Jeddeloher Graben auf die Landesgränze trifft; ins Südwesten und Süden an das Hochstift Münster und ins Südosten an das Amt Wildeshausen, wovon sie theils durch eine mit Pfälen besetzte Gränzlinie, theils durch die in die Hunte fließende Landwehrbäke geschieden wird."[1]

An der Vogteigrenze im Süden patrouillierten noch wenige Jahre zuvor Polizeidragoner. Sie waren in Westerburg stationiert und hatten „die Vogtei Wardenburg gegen das Münsterland zu beobachten",[2] da man Grenzübertritte des „etwaigen Marodeurs" und „dersertierten Soldaten" ebenso fürchtete wie die von anderen „verdächtigen Leuten".[3] Es war noch nicht allzulange her, daß der Vorgesetzte der Dragoner mit Blick auf Wardenburg stolz vermeldet hatte, die Vogtei sei „frei von allen Vagabunden".[4]

Die angrenzenden münsterländischen Kirchspiele gehörten damals zum Ausland. Doch diese Grenze sollte nur noch wenige Jahre Bestand haben. Im Jahre 1803 veränderte sich die politische Landkarte grundlegend. Die einstmals münsterschen Ämter Vechta und Cloppenburg und das bis dahin von Kurhannover aus regierte Amt Wildeshausen wurden nun dem Herzogtum Oldenburg angegliedert. Und Wardenburg, dessen Geschichte nachhaltig durch die Grenzlage bestimmt worden war, rückte mit dieser Neuordnung geradezu ins Zentrum des Herzogtums.[5]

Auch innerhalb der Grenzen der Vogtei Wardenburg hat sich der Verfasser der Ortsbeschreibung genauer umgesehen.[6] Hier hatte sich der Bevölkerungsanstieg in einer regen Bautätigkeit niedergeschlagen. Im Kirchdorf selbst wurden insgesamt 108 Gebäude gezählt, deren Versicherungswert sich auf 33.410 Reichstaler belief - darunter Kirche, Pastorei, Küsterei, Schule und gleich vier Krüge. Oberlethe war mit 64 Bauten (Versicherungswert: 18.520 Reichstaler) die zweitgrößte Ortschaft der Vogtei - Westerholt und Achternholt wurden bei dieser Bestandsaufnahme sozusagen eingemeindet. Es folgten mit jeweils 42 Bauten Littel (10.030 Reichstaler) und Westerburg (8.520 Reichstaler). Tungeln bestand aus 27 Gebäuden (Versicherungswert nicht angegeben), Astrup aus 17 (4.660 Reichstaler) und Höven aus 14 (10.440 Reichstaler); hinzu kam in diesen drei Orten jeweils eine eigene Schule.

Auf der Generalkarte von 1803 (Abb. 28) entdeckt man zwischen dem ausgedehnten Vehnemoor und der kurvenreichen Hunte bei näherem Hinsehen unter anderem den Mühlenteich bei Wardenburg, während das Gut Hundsmühlen oder die ersten Ziegeleien in Oberlethe und Hundsmühlen kaum von anderen Häusern zu unterscheiden sind.

Die Zahl der Höfe hatte vor allem in jüngerer Vergangenheit stark zugenommen. Waren von 1653 bis 1781, also im Verlauf von mehr als 100 Jahren, ganze 17 Höfe hinzugekommen, so stieg ihre Zahl in den letzten beiden Jahrzehnten des 18. Jahrhunderts rapide an - von 136 auf 257 Höfe. Der Grund: Die Zahl der Brinksitzer in der Vogtei hatte sich mehr als verdreifacht.[7] Die Zuweisung von Gemeinheitsflächen versetzte bald etliche Bauernsöhne in die Lage, ihren Lebensunterhalt vor Ort zu sichern. Der Hollandgang hat demzufolge Anfang des 19. Jahrhunderts vorübergehend „merklich abgenommen".[8] Diese Entwicklung, die hier nur angedeutet werden kann, wird in den Abschnitten „Die Bevölkerungsentwicklung", „Die Gemeinheitsteilungen" und „Der Hollandgang" ausführlicher dargestellt.

Arme, Alte und Ausverdungene

Lange Zeit gehörte das Armenwesen zu den originären Aufgaben der Kirche.[9] In früheren Jahrhunderten bildeten die Almosen, die sich im Klingelbeutel fanden, den Grundstock für die örtliche Armenversorgung. Hinzu kam jener Trunk, der dem Armen bei Verlobung oder Hochzeit gereicht wurde. Mit dem Dreißigjährigen Krieg verschärfte sich die soziale Not. Die hiesigen Grafschaften, vom eigentlichen Kriegsgeschehen weitgehend verschont, wurden zum Ziel vieler Armer. Und das Helfen wandelte sich mehr und mehr von einem religiösen Prinzip zu einer Aufgabe staatlicher Verwaltung. Mit Hilfe mehrerer Armenordnungen - die auch ein Verbot der Hausbettelei vorsahen - versuchte bereits Graf Anton Günther, der Armut zu begegnen.[10] Die einzelnen Kirchspiele wiederum waren bestrebt, zunächst die in ihren Grenzen wohnenden Armen zu unterstützen. Diese erhielten Lebensmittel oder auch einige Groten, damit sie ihren Kindern ein Schreibheft für die Schule bezahlen konnten. Sogar Tuch sei an die Armen verteilt worden, notierten 1656 die Kirchenprüfer in Wardenburg.[11]

Die Dänen versuchten, das Problem der Armut mit Polizeiverordnungen und Arbeitspflicht in den Griff zu bekommen. Erst nach dem Ende der Dänenzeit nahm sich der Staat der Aufgabe richtig an. Im Jahre 1786 wurde das Armenwesen, wie ein dem Herzog Peter Friedrich Ludwig wohlgesonnener Historiker befand, „in geradezu mustergiltiger Weise organisiert."[12] Fortan hatte auch das Kirchspiel Wardenburg mit der Armenfürsorge eine erste staatliche Auftragsangelegenheit wahrzunehmen. Zu diesem Zweck durfte es von allen Einwohnern in Eigenregie eine Armensteuer erheben. Diese gesondert zu zahlende Steuer füllte die Armenkasse, deren Verwaltung der „Spezialdirektion des Armenwesens" oblag.[13] Daneben verwaltete die Spezialdirektion einen weiteren Topf: Die ebenfalls 1786 vom Herzog gegründete „Ersparungskasse" zahlte die in besseren Tagen eingezahlten Groten und Taler bei Bedarf inklusive Zinsen zurück - eine Art flankierende Maßnahme.[14]

Jeder Spezialdirektion gehörten mehrere Armenväter an, ein Ehrenamt, nach dem sich offensichtlich kaum jemand drängte. Vorgeschlagene Kandidaten brachten allerlei Ausreden vor. 1818 erklärte Johann Hinrich Röbken aus Tungeln, „daß er nicht allein seiner Berufs-Geschäfte wegen oft ganze Tage von Hause seyn müßte, sondern auch die zuweilen nöthigen Vorschüsse an fremde Arme nicht thun könne, zudem aber, was ihn ganz untauglich mache, nichts Geschriebenes lesen, auch nicht mehr als einen Namen schreiben könne."[15] Grund für Ausflüchte war nicht nur die Tatsache, daß Armenväter bei der Ausübung ihres Amtes häufiger mit unflätigen Worten bedacht wurden. Auch handelte es sich um eine recht zeitaufwendige Tätigkeit.[16] „Zur Aufmunterung" sollte den Armenvätern „ein freyer Sitz in der Kirche angewiesen werden"[17], doch auch das erhöhte offenbar kaum die Bereitschaft zur Übernahme des Amtes. Wenn sich mal wieder alle sträubten, mußte das Los entscheiden.[18]

Die Pastoren bekamen ebenfalls eine neue Aufgabe zugewiesen: Sie hatten nun Armenlisten zu erstellen. Dabei sollten sie zwischen „Totalarmen" und „Partialarmen" unterscheiden.[19] Letztere benötigten im Gegensatz zu den „Totalarmen" nur bedingt Unterstützung. Die Wardenburger Armenlisten, die in der Zeit von 1791 bis

1836 erstellt wurden, enthalten über die Jahre hinweg stets einige Dutzend Namen. Die offizielle Armenzahl erreichte im Jahre 1803 mit 58 registrierten Personen sowie 1824 (bei deutlich gestiegener Bevölkerungszahl) mit 62 Personen ihren jeweils höchsten Stand. Der Anteil der Armen an der Gesamtbevölkerung des Kirchspiels lag in jener Zeit zwischen 0,6 und etwas mehr als zwei Prozent - bei allen Vorbehalten gegenüber dem damaligen Armutsbegriff ein eher niedriger Anteil. Mit dem deutlichen Anwachsen der Bevölkerung in diesem Zeitraum ging also zunächst offenkundig kein Anwachsen der Armut einher.[20] Der Anteil der Armen sollte sich auch in den folgenden Jahrzehnten kaum verändern; noch gegen Ende des 19. Jahrhunderts wurden durchschnittlich zwei bis drei Prozent der Wardenburger Bevölkerung von der Armenpflege unterstützt.[21]

Bei den Armen im Kirchspiel Wardenburg handelte es sich in erster Linie um ältere Ehepaare, Witwen, Waisen, Kranke sowie Schulmeister. Die Gründe für die Armut unter den Letztgenannten haben wir bereits kennengelernt. Die zahlenmäßig größte Gruppe unter den Armen bildeten die Alleinstehenden.[22] Dabei handelte es sich häufig um Frauen. So wurden ledige, schwangere Frauen mit Unterstützung aus der Armenkasse für einige Wochen vor und nach der Geburt in einer Familie untergebracht, um „die erforderliche Fürsorge und Pflege der Schwangeren und später auch des Kindes" zu gewährleisten.[23]

Ausgaben für einen „Totalarmen" im Jahre 1821

Im Jahre 1821 machten sich die Mitglieder der Spezialdirektion in Wardenburg die Mühe, die Jahresausgaben für einen „Totalarmen" zu veranschlagen.[24]

9 Scheffel Roggen im Jahr	4½ Reichstaler
Butter und Gemüse (täglich 2 Groten)	10 Reichstaler
Getränke, besonders Milch (1½ Groten)	7 Reichstaler
Wohnung jährlich	5 Reichstaler
Feuerung (3 Fuder Torf)	4 Reichstaler
Kleidung	8 Reichstaler
Gesamtsumme	39½ Reichstaler

Erhielten die Armen im Wardenburger Kirchspiel anfangs oft noch regelmäßige finanzielle Hilfen, so ging man nach und nach zu materieller Hilfeleistung über. Diese Art der Unterstützung sicherte dem örtlichen Schuster oder Schneider manchen Auftrag. Dabei legte die Spezialdirektion durchaus Wert auf Qualität. Schuhe mußten beispielsweise „aus gutem Leder und mit Riemen genäht seyn". Und Särge hatten „gehörig fest und dicht"[25] zu sein.

Konnte nun Schuster Hollmann wegen seiner Geschwüre vorübergehend selbst

nicht arbeiten, dann wurden auch ihm einige Scheffel Roggen als Vorschuß gewährt.[26] Und mußte ein Mittelloser einmal zum Arzt, so war die Behandlung für ihn
kostenlos, wenn Armenvater und Arzt sich zuvor kurzgeschlossen hatten. Bei den
Arzneien sollte allerdings „den wohlfeileren der Vorzug vor den mehr theuern gegeben werden".[27] Die Rechnungen wurden von der Spezialdirektion sorgfältig ge-
prüft.[28]

Großzügig waren die Armenväter auch, wenn es darum ging, Kindern aus ärmeren Familien den Schulbesuch zu ermöglichen. Für sie existierte schon damals eine
Art Lernmittelfreiheit: „Die Bitte um Schulbücher bzw. Bibeln und Gesangsbücher
wurde nie abgelehnt".[29] Wichtiger war jedoch die Übernahme des Schulgeldes, das
dem Schulhalter meist halbjährlich von der Spezialdirektion gezahlt wurde. Sie übernahm - zu dieser Zeit keineswegs selbstverständlich - auch die Kosten für den Re-
chenunterricht.[30] Der Schulbesuch war in den Augen der Armenväter nicht zuletzt
notwendig, um weiterer Armut vorzubeugen.[31] In dieser Frage kannte die Wardenburger Spezialdirektion offenbar kein Pardon. Catharine Margarethe Eilers aus Littel wurde 1833 sogar mitsamt Vater und Mutter zu einer kurzen Gefängnisstrafe „bey
Wasser und Brod" verurteilt, weil die Familie trotz aller Ermahnung den Schulbesuch so sehr vernachlässigt hatte, daß das Mädchen nicht mal konfirmiert werden
konnte.[32]

Immer wieder sprachen Arme bei der Spezialdirektion vor, sei es, um einen Konkurs abzuwenden, sei es, um einen Zuschuß zur Heuer oder beim Kauf einer Kuh zu
erhalten. Die Kuh erhielt dann ein Brandzeichen und durfte ohne Zustimmung der
Armenkasse weder geschlachtet noch verkauft werden. Ärmere Bauern hätten sich
allerdings auch gehütet, dies zu tun; für sie war der Besitz einer Kuh fast eine Art Le-
bensversicherung. „Rigoros jeden Zuschuß" verweigerte die Spezialdirektion im
Falle von Trunksucht.[33]

Ältere Hofbesitzer wurden in der Regel von ihren erwachsenen Kindern bis an ihr
Lebensende versorgt. Allerdings kam es vor, daß der Armenvater einem Altenteiler
Unterkunft gewähren mußte, weil dieser vom Hof vertrieben worden war. Wenn erwachsene Kinder ihren Eltern vorenthielten, wozu sie nach dem vierten Gebot verpflichtet waren, dann schritten die Armenväter ein, nicht zuletzt, um die Inan-
spruchnahme der Armenkasse zu verhindern. Dabei wurden die Vermögensverhältnisse der Verwandten berücksichtigt. Wenn der Sohn einer Antragstellerin „ein
reichliches Geld jährlich in Holland verdiene"[34], dann könne er auch etwas für den
Rest der Familie tun, befand die Spezialdirektion.[35]

Wer seinen Haushalt nicht mehr ohne größere Unterstützung durch die Armenkasse führen konnte, dem drohte die Ausverdingung. Dann wurden die letzten Hab-
seligkeiten zugunsten der Armenkasse verkauft. Und die Betroffenen selbst wurden,
soweit sie nicht bei Verwandten Unterkunft fanden, meist an einem Sonntag im
Frühjahr - zu dieser Zeit konnte man auf den Höfen viele Hände gebrauchen - regelrecht versteigert. „Nur erhielt hier nicht der Meistbietende den Zuschlag, sondern
der ‚Mindestfordernde'. Es bekam also derjenige den Armen zugesprochen, der für
‚die Unterhaltung' (Nahrung, Kleidung, Unterkunft) des Armen den geringsten Betrag von der Spezialdirektion forderte."[36] Die Details einer solchen Ausverdingung

lassen sich einem Protokoll vom 10. November 1816 entnehmen: „Am genannten Tage sind nach geendigtem Gottesdienst, nach abermaliger Bekanntmachung, zwey hiesige Arme, Namens Dirk Hinrich Speckmann, und Margarete Menken in Kost und Pflege ausverdungen worden, wobey den Annehmern zuförderst bekannt gemacht worden ist, daß gegenwärtige beyde arme Personen nach dem Zuschlage sofort auf- und mitgenommen werden müssen; daß ihnen die nöthigen Kleidungsstücke, wie auch bey eintretenden Krankheiten die Medicamente; auch das Kostgeld nach Ablauf eines Jahres, auf welches sie dieselben annehmen, von dem p.J. Juraten in Courant gereicht und bezahlt werden solle. Für Essen, Trinken, Hege und Pflege bey Krankheiten und in gesunden Tagen und Bereinigung hätten die Annehmer zu sorgen.“[37] Die Kosten ließen sich die Annehmer von der Armenkasse erstatten. Hinrich Klarmann aus Westerburg erhielt 1816 beispielsweise für die Verdingung des Hinrich Anton Lüschen jährlich 28 Reichstaler zugesprochen, ein Betrag, mit dem seitens der Armenkasse „alles, was erforderlich“ war, als abgegolten galt.[38]

Die Ausverdingung gewann in den ersten Jahrzehnten des 19. Jahrhunderts immer mehr an Bedeutung. Ab 1825 sah sich die Spezialdirektion genötigt, ihr Vorgehen stärker zu reglementieren. Am Nachmittag des 27. März dieses Jahres gab man vor der Ausverdingung in Sparenbergs Wirtshaus neben der Kirche (heute: Oeljens Gasthaus) die neuen, nun einheitlichen Bestimmungen bekannt. Erst danach wurden 16 Arme aufgerufen, darunter ein Kleinkind von eineinhalb Jahren, mehrere Witwen, „Strohmeyers Eheleute“ und die dreizehnjährige Catharina Merz, die Alert Oltmann aus Wardenburg zugeschlagen wurde. Ein „eigenhändiges Kreuz“ von Oltmann besiegelte diesen Vertrag mit einer Laufzeit von drei Jahren.[39] Gesche Margarete Padeken ging ebenfalls für drei Jahre an Gerhard Lüning aus Tungeln. Die 39jährige war ledig und fand auf dem Hof ihrer Eltern vermutlich kein Auskommen. Einige Jahre später arbeitete Gesche für den Schullehrer Gardeler in Westerholt; als dieser sie entbehren konnte, wurde sie von Johann Harm Bodemann aus Oberlethe übernommen. Im Jahre 1836 waren alle 38 registrierten Armen im Kirchspiel Wardenburg auf diese Art und Weise untergebracht.[40]

Selbst Kinder wurden „zu ihrem Wohl“ ausverdungen, wenn sie bei ihren leiblichen Eltern „hungern und frieren“ mußten oder zu selten in der Schule anzutreffen waren.[41] Dabei waren die Mitglieder der Spezialdirektion bestrebt, die Kinder bis zu ihrer Konfirmation möglichst in die Hände nur eines Annehmers zu geben, „weil durch den steten Wechsel die Gefühle der Liebe, der Sicherheit etc. in den jugendlichen Herzen nothwendig ganz erstickt werden müßten“[42]. Weniger Sorge bereitete den Verantwortlichen selbst höheren Orts dagegen die Frage, inwieweit diese Gefühle durch eine öffentliche Prügelstrafe von sechs bis zwölf Peitschenhieben beeinträchtigt wurden, die als angemessen galt, wenn „väterliche Züchtigungen ... nicht fruchten wollen“.[43] Die Aufsichtspflicht der Spezialdirektion endete zwei Jahre nach der Konfirmation. Bis dahin behielt der Armenvater vor Ort seine Schützlinge im Auge und vermittelte auf Wunsch auch schon mal eine Lehrstelle. Der „Armenknabe Hustede“ aus Wardenburg erlernte so das Handwerk des Schneiders und erhielt obendrein „Scheere, Fingerhut und Nadeln“.[44] Hermann Hustede taucht danach in den Akten nicht mehr auf.

Hin und wieder finden sich hinter den Namen der Ausverdungenen Bemerkungen wie „Brustschaden" oder „schlimme Beine". Bei einer körperlichen Behinderung wurde der Betreffende immerhin noch im Kirchspiel versorgt. Jene mit einer geistigen Behinderung oder einer psychischen Krankheit wurden dagegen häufiger in das Kloster Blankenburg oder die Anstalt eines Dr. Engelken in Rockwinkel bei Bremen überwiesen - so die „im Wochenbette von einer Gemüthskrankheit befallene Ehefrau" eines Schneiders aus Tungeln. Armenvater Suhr konnte bestätigen, daß die Frau „in die Hunte gesprungen sey, aus welcher sie nur durch Hermann Beckhoff, Johann Oldig und Heinrich Röbkens Ehefrau gerettet wurde; die Hausgenossen müßten sie stets bewachen, weil sie immer Versuche mache sich auf gleiche Abwege zu entfernen."[45] Die Spezialdirektion beschloß, noch die Wirkung jener „Mittel" abzuwarten, die „Staatschirurgus" Schauenberg der Frau verordnet hatte. Auch sollte vor einer Einweisung in die Anstalt des Dr. Engelken der Kreisphysikus Dr. Kindt hinzugezogen werden. Denn, soviel wußten die Armenväter angesichts von drei weiteren Personen mit ähnlichem Krankheitsbild, eine Behandlung in der Anstalt kostete Geld. Doch die Bemühungen der beiden Ärzte schlugen fehl. Die Erkrankte wurde - nachdem sich das Herzogliche Generaldirektorium gut zwei Jahre später zur Kostenübernahme bereit erklärt hatte - nach Rockwinkel gebracht.[46]

Aus dieser „Heilungsanstalt" kehrte ein Wardenburger schon nach einigen Monaten zurück - in diesem Fall mußte auch Dr. Engelken passen. Nun fürchtete Armenvater Diekmann, daß „leicht ein Unglück entstehen könne".[47] Da der Betreffende offenbar von einem „fixen Groll" auf seine Schwiegermutter erfüllt war, beantragte die Spezialdirektion bei der Großherzoglichen Regierung die Unterbringung bei einem Gefangenenwärter. Über „kurz oder lang" würde sich das Problem dann aufgrund des „vorgestehenden Absterbens s. hochbetagten Schwiegermutter" sozusagen von selbst lösen; einer Rückkehr stünde dann nichts mehr im Wege, „denn so wie er die Schwiegermutter haßte, so liebt er die Tochter."[48]

Wer sich in Wardenburg niederlassen wollte, der brauchte ebenfalls die Erlaubnis der Spezialdirektion - und die nahm Zugewanderte genauer unter die Lupe. So berieten die Armenväter 1823 das Ansinnen eines Dienstknechts namens Förste, der die Besitzerin einer kleinen Anbauerstelle heiraten wollte. Der Mann, dem eine „zänkische Gemüthsart" nachgesagt wurde, war den Mitgliedern der Spezialdirektion offenkundig nicht ganz geheuer. Sie erwogen, eine Bürgschaft von ihm zu fordern. „Am allerbesten aber schiene es ihnen, wenn er, als ein Fremder, solche Erlaubnis garnicht erhalte, da sich zu der Anbauerstelle und in folglich zu der Besitzerin derselben unter den Einheimischen schon Liebhaber finden würden."[49] Nachsicht ließen die Armenväter dagegen walten, wenn sich ein vermögender Bürge fand oder ein im Kirchspiel benötigter Handwerker anfragte.

Durchreisenden begegnete man grundsätzlich mit einigem Argwohn. Ihnen wurde der Reiseweg und die Zeit, die sie für diesen Weg in Anspruch nehmen durften, genau vorgeschrieben: „Alle Betteley ist in diesem Lande, bey Strafe ausgepeitscht und ins Zuchthaus gebracht zu werden, verboten. Dürftige Reisende erhalten einen Zehrpfennig, und die Grenzzöllner und Wirthe geben ihnen Nachricht, an wen sie sich deshalb wenden müssen. Der arme Reisende, welcher eine gültige Ursache seiner Reise nicht angeben kann, oder von dem Heerwege abstreift, der ihm bezeichnet ist, oder eine Armenanstalt anspricht, an welche er beim Empfange des Zehrgeldes nicht gewiesen ist, oder mehrmals, ohne vollgültige Ursache, durch dieses Land ziehet, wird ausgepeitscht oder nach Oldenburg ins Zuchthaus geliefert."[50]

Viele Durchreisende waren Handwerksgesellen auf Wanderschaft. Die Auszahlung von Zehrgeld erlaubte den Spezialdirektionen eine Kontrolle der Reisenden. So geriet beispielsweise Johann Friedrich Döbely in den Verdacht der strafbaren Bettelei, als er am Abend des 30. November 1821 in Wardenburg um Unterstützung nachsuchte. Der Schneidergeselle aus dem Württembergischen war morgens in Oldenburg aufgebrochen. Ein Blick in sein Wanderbuch verriet, daß man ihm dort sechs Groten in die Hand gedrückt hatte. „Diese habe er in der Schneiderherberge, wo er 7 Groten verzehrt gehabt, bezahlen müssen, in dem ihm noch 1 Grote geschenkt sey. Nun habe er den Morgen aber nichts genossen u. sey daher hungrig und durstig hier angekommen, in des Armenvaters Hause ihm aber nichts gereicht worden, weshalb er sich habe genöthigt gesehen, barmherzigen Selen um ein Essen anzusprechen. Hierüber sey nun die Zeit zum Weitergehen bey Tage verstrichen, und er weiß nicht was er machen soll."[51] Die Wardenburger erwogen in diesem Fall eine Abschiebung nach Oldenburg. Die Spezialdirektion bemühte sich übrigens bei den Heimatkirchspielen der Reisenden um eine Rückzahlung der bewilligten Zehrgelder, wenn auch mit bescheidenem Erfolg: „Die meisten wollen dergleichen Personen ... nicht kennen; etliche haben gar nicht geantwortet."[52]

Wer auf der Durchreise erkrankte, dem wurde im Kirchspiel Wardenburg immerhin zu Lasten der hiesigen Armenkasse eine bescheidene Unterkunft oder - schlimmstenfalls - ein stilles Begräbnis gewährt.[53] Jene, die man damals „Betteljuden" nannte, mußten dagegen bereits an der Grenze des Herzogtums - und die war ja bis Anfang des 19. Jahrhunderts identisch mit der südlichen Grenze des Kirchspiels Wardenburg - neben ihrem Paß auch 25 Reichstaler oder aber das Schreiben eines oldenburgischen „Schutzjuden" vorweisen, um überhaupt einreisen zu dürfen.[54] Grundsätzlich dienten viele der hier skizzierten Maßnahmen womöglich der Abschreckung - die Ursachen der Armut blieben bestehen.

Feldschütter und Bauergeschworene

Bereits zu Zeiten der Grafen gab es Versammlungen in den Bauerschaften, in denen gemeinschaftliche Angelegenheiten beraten wurden. So soll beispielsweise Lüdeke Kobrink im Jahre 1638 in Wardenburg „vor den Bauernstuhl gebracht" worden sein, weil man ihn unter anderem bezichtigte, den Hofdienst ignoriert und anderer Leute Kühe gemolken zu haben. Der Überlieferung zufolge kamen „alle zusammen nach Feierabend auf Karsten Krögers Diele; da sitzen der Burmester und die geschwornen besunders an den Tisch, und der Stab und die Bauerrolle darauf, alles nach Gült und Brauch."[55] Zu dieser Runde gehörte auch der Küster und Schulhalter, denn einer mußte die Regeln in der Bauerrolle ja lesen können. Die Wardenburger waren offenbar recht stolz auf eine Bauerrolle, die ihnen Graf Anton Günther bereits 1614 be-

stätigt haben soll. Sie soll es ihnen gestattet haben, bei kleineren Delikten Strafen in
Höhe von etlichen Kannen Bier zu verhängen - was sie der Überlieferung nach auch
kräftig taten.[56]

Bauerbriefe und Bauerrolle gehörten im 17. und stärker noch im 18. Jahrhundert
vielerorts zu den frühen Formen bäuerlicher Selbstverwaltung. Zu den Bauerschaften, die eine solche Bauerrolle kannten, gehörte auch Westerburg. Das Original vom
24. Februar 1785 - es ist der jüngste der bislang bekanntgewordenen 87 Oldenburger
Bauerbriefe - enthält allerdings nur einige wenige Paragraphen, die „gegenseitige
Zwangsrechte innerhalb der Bauerschaft" zum Inhalt haben.[57] Dorfpolizeiliche Regelungen, wie sie in anderen Bauerbriefen niedergeschrieben wurden, fehlen gänzlich. Im Alltag dürfte dieses Papier daher für die Westerburger Bauern keine allzu
große Bedeutung gehabt haben. Möglicherweise traten hier wie andernorts auch
überlieferte Regeln an die Stelle des geschriebenen Rechts. Den Vögten als den Beamten vor Ort war bäuerliche Selbstverwaltung ohnehin nicht ganz geheuer.[58]

Erst im Zeitalter der Aufklärung erkannte man höheren Orts die „Notwendigkeit
einer Selbstverwaltung als natürliches Gegengewicht zur Staatsverwaltung."[59] Mit
der oldenburgischen Armenordnung von 1786 übertrug Herzog Peter Friedrich
Ludwig den Kirchspielen erstmals weltliche Aufgaben. Jedes Kirchspiel war nun
- wie bereits gesehen - für die Versorgung „seiner" Notleidenden verantwortlich.

Auch in anderen Bereichen herrschte Regelungsbedarf. Was zum Beispiel sollte
geschehen, wenn sich Schweine aus der Bauerschaft Tungeln über die Felder des
Gutes Hundsmühlen hermachten. Wer sollte den Schaden begleichen? Da sich in solchen Fällen niemand zuständig fühlte, wandte sich Wilken Brandt, Heuermann des
Gutes, eines Tages an die herzogliche Kammer. Vier Jahre später, im Jahre 1793, wurden einige Tungeler von der Kammer zu Feldschüttern bestellt. Ihr Aufgabenkatalog
war von beachtlichem Umfang: „Die Feldschütter hatten das allgemeine Weidever-
bot auf dem gemeinschaftlichen Felde zu beobachten. Sie schütteten Schweine und
Schafe, die auf dem gemeinen Land weideten, und beaufsichtigten die Gänsehaltung.
Die Schütter hatten aber auch allen durch Vieh entstandenen Schaden zu besichtigen
und unparteiisch zu taxieren. Für jede Schüttung stand den Feldschüttern eine Ge-
bühr zu, die in drei Tagen bezahlt sein mußte, andernfalls wurden die Säumigen von
den Schüttern gepfändet. Darüber hinaus hatten die Schütter noch auf ‚Hockendie-
berei' zu achten, Plaggenmähen zu untersagen und auf Hecken, Schlagbäume und
alle Befriedungen zu achten. Die Feldschütter hatten außer Viehschäden auch alle
‚sonstigen Feldfrevel' zu besichtigen und darüber zu entscheiden."[60] Die Wahrneh-
mung dieser Aufgaben lag nicht zuletzt im Interesse der herzoglichen Kammer.

Die Kompetenzen der Feldschütter blieben allerdings im Gegensatz zu ihren Aufgaben begrenzt. Aus diesem Grunde sprachen die beiden Feldschütter aus Tungeln
an einem Julitag des Jahres 1804 bei der Kammer vor: „Sie als Feldhüter hätten es bisher besorgt, man erkenne sie als Autorität aber nicht an."[61] Nun wollten sie wissen,
ob nicht auch in Tungeln ein Bauergeschworener seines Amtes walten könne. So eine
Einrichtung hätte sich, bestätigte der Wardenburger Amtsvogt Greif, andernorts als
„sehr nützlich" erwiesen, da dann „so manche unbedeutende Kleinigkeit ohne Kosten" und „ohne Behelligung höherer Instanzen ... abgethan werden könne".[62] Der

Bauergeschworene, der bald darauf in Tungeln für drei Jahre gewählt wurde, beaufsichtigte Wege und Werke, Brücken und Befriedungen, war Brandmeister und besaß polizeiliche Befugnisse. In seinem Hause fand der Bauerstuhl statt, bei dem Geldstrafen verhängt werden konnten. Das Tungeler Beispiel machte Schule. Die Bauerschaften Westerburg, Astrup und Wardenburg baten die herzogliche Kammer, ähnliche Richtlinien auch für ihren Bereich zu erlassen. Die Stellung der Bauergeschworenen in der Vogtei Wardenburg unterschied sich allerdings deutlich von der der Bauergeschworenen in anderen Orten. Die hiesigen Bauergeschworenen gehörten zu den ersten, die ihren Eid nicht mehr der Bauerschaft, sondern der Obrigkeit leisteten.

Auf der Instruktion für die Bauergeschworen in der Vogtei Wardenburg basierte einige Jahre später der Versuch, eine einheitliche Regelung für das gesamte Herzogtum zu finden. Mit der Besetzung Oldenburgs durch die Franzosen, die vorübergehend stark zentralistische Strukturen schufen, fanden diese Neuordnungsversuche vorerst ein Ende. Erst nach der Franzosenzeit konnte „die sich selbst verwaltende Bauerschaft zum untersten staatlichen Verwaltungsbereich umgeformt" werden.[63] Einige Jahrzehnte später erhielten auch die Bauergeschworenen einen neuen Namen: Ab 1873 nannte man sie Bezirksvorsteher - allerdings hatten diese inzwischen viele Kompetenzen eingebüßt (siehe Kapitel „Politik und Verwaltung zwischen 1814 und 1914").

„Das Dorf Wardenburg wimmelt von Engländern"

... notierte Gerhard Anton von Halem, einer der führenden oldenburgischen Beamten seiner Zeit, im März 1795 in sein Tagebuch. Zu dieser Zeit existierte eine Personalunion zwischen dem Kurfürstentum Hannover und dem Inselreich, und so steckten in den Uniformen der Engländern auch hannoversche Soldaten. Sie sollten eigentlich Nordwestdeutschland gegen die Franzosen sichern, lagerten nun in Wardenburg, hatten „der Bauern Vorrat längst verzehrt" und wurden „jetzt von Oldenburg aus gefüttert". Die Frau des Pastors ließ kein gutes Haar an den Engländern: „Und das sind Freunde! Lauter wird jeden Tag der Wunsch: Möchten doch die Franken nur erst hier sein! Denn ärger könnte uns unter Feindeshand nicht mitgespielt werden."[64] Es blieb der Frau vorerst erspart, diese Einschätzung womöglich revidieren zu müssen - die Franzosen kamen nicht, noch nicht.

Wardenburg in der Franzosenzeit (1811-1813)

Im Jahre 1808 mußte als letzter der deutschen Fürsten auch Herzog Peter Friedrich Ludwig dem von Frankreich abhängigen Rheinbund beitreten. Das Herzogtum Oldenburg wurde verpflichtet, 800 Mann für das Rheinbundkontingent anzuwerben.

Wardenburg sollte nun - wie jedes andere Kirchspiel auch - je 400 Einwohner einen Mann stellen. Einige junge Männer aus Wardenburg werden nun wohl eine neue Uniform bekommen haben. Da sich die Sympathie für alles Militärische allerdings im Herzogtum sehr in Grenzen hielt, wurde nichts überstürzt. Die Oldenburgischen zogen sich mit ihrer bedächtigen Vorgehensweise den Unmut des Kaisers der Franzosen zu.[65]

1810 entschied sich Napoleon schließlich, das Herzogtum Oldenburg dem Kaiserreich Frankreich einzuverleiben. Nach einer grundlegenden Revision der politischen Landkarte gehörte es als Arrondissement Oldenburg zum Departement der Wesermündung. Die korrekte Angabe der Lage Wardenburgs während der französischen Verwaltung lautete: Département des Bouches du Weser - Arrondissement Oldenburg - Canton Hatten - Mairie Wardenburg.[66] Ab 1811 galt französisches Recht, französisch wurde Amtssprache. Für die Amtsgeschäfte vor Ort, die hinter verschlossenen Türen sicher weiter auf plattdeutsch abgewickelt wurden, war der Maire (Bürgermeister) zuständig. Ihm wurden zudem Aufgaben übertragen, die bislang noch dem Pastor vorbehalten waren. So hatte der Maire nun über Geburten, Eheschließungen und Todesfälle Buch zu führen. Insgesamt war der Einfluß des Maire eher gering. Er wurde nicht gewählt, sondern wie alle anderen Amtsträger auch von der Besatzungsmacht ernannt. In Wardenburg - der Amtssitz wurde bald nach Oberlethe verlegt - wurde zunächst Berend Wellmann zum Maire auserkoren.[67] Der direkte Vorgesetzte von Wellmann, der Unterpräfekt, saß in Oldenburg und erhielt seine Instruktionen aus Bremen. An den Schaltstellen in diesem straff organisierten Verwaltungssystem saßen Franzosen.[68]

Die französischen Besatzer bescherten den Bewohnern des hiesigen Departements zunächst eine Reihe neuer Festtage. Mit Rundschreiben vom 6. Mai 1811 wurden Berend Wellmann und seine Amtskollegen darauf hingewiesen, daß fortan der 9. Juni, der Tag der Taufe des Sohnes von Napoleon, „ein Tag von doppelter Freude für alle Franzosen" - und als solche galten ja nun auch die Wardenburger - „sein

Abb. 29 Dienstsiegel der „Mairie de Wardenbourg" mit napoleonischem Adler samt Kaiserkrone - im Volksmund auch „Krähe" genannt - aus einer Urkunde von 1811, daneben der Schriftzug von Berend Wellmann, dem ersten „Maire der Commün Wardenburg".

muß".[69] Auch am 15. August, dem Geburtstag des französischen Kaisers, sollten sie nun die Arbeit unterbrechen. Und am Vorabend des 6. Dezember, dem Jahrestag der Kaiserkrönung und der Schlacht von Austerlitz, hallte von Oldenburg Geschützdonner herüber und erinnerte die Wardenburger an ihre neuen Pflichten.[70]

Berend Wellmann, „Maire der Commün Wardenburg"[71], fiel inzwischen unter anderem die Aufgabe zu, Fuhrdienste anzuordnen. So erhielt Johann Böhmer aus Westerburg an einem 1. April auf einem Zettel die durchaus ernstgemeinte Order, drei vierspännige Wagen zu stellen und damit am nächsten Morgen um vier Uhr in Dingstede zu erscheinen. Es waren vor allem diese Hand- und Spanndienste, mit denen sich die Franzosen schnell unbeliebt machten. Auch mußten die Bauern Nachtquartiere stellen und Sondersteuern entrichten. Hinrich Böhmer sollte seinen finanziellen Beitrag „zur Provantierung der Festung Wittenberg" ebenso leisten wie zur „Militärverpflegung". Er mußte sogar zahlen, wenn eine „Kriegsfuhr" ihr Ziel nicht rechtzeitig erreichte.[72]

Im August des Jahres 1811 ließen die Franzosen jede Waffe, vom Hirschfänger bis zum Säbel, konfiszieren. Adam Levin von Dorgelo - er verwaltete das Gut Höven und hatte es zum Hofmarschall des Herzogs von Oldenburg gebracht - trennte sich offenkundig leichten Herzens von seinen „beiden verrosteten Jagdflinten".[73] Als die Franzosen in den Tagen der Kontinentalsperre den Anbau von Zuckerrüben anordneten, war es womöglich kein Zufall, daß von Dorgelo dafür eine Fläche auf dem Hohen Felde wählte. Der Acker - er trägt inzwischen den Flurnamen „Zuckerkamp" - war „für die anspruchsvolle Rübe nicht geeignet".[74]

Im Jahre 1811 begannen die Franzosen auch, Männer zum Kriegsdienst einzuziehen. Bei einer solchen Ziehung am Nachmittag des 15. September traf es in Gegenwart des Unterpräfekten und zahlreicher Zuschauer mehrere Wardenburger im Alter von 21 und mehr Jahren.[75] Mit Nachsicht konnten am ehesten verheiratete Männer und - mehr noch - Familienväter rechnen. Die Ehe mag daher für den einen oder anderen vorausschauenden jungen Mann eine Alternative zum Armeedienst gewesen sein: Im Jahre 1811 wurden gleich 30 Ehen geschlossen, ein bis dahin nie erreichter Spitzenwert.[76]

Wer es sich leisten konnte, kaufte sich einen Stellvertreter. Von den Wardenburgern dürfte dazu allerdings kaum jemand in der Lage gewesen sein. Umgekehrt gab es zumindest einen Wardenburger, der stellvertretend für einen jungen Oldenburger in den Krieg zog. Ahlert Gerhard Döpken hieß der neue Rekrut, ein großer Kerl „von guter Aufführung, 27 Jahre alt und ein civilisierter Mensch, der schon 7 Jahre in Holland gemauert hat."[77] Am 13. Februar 1812 wurde Döpken von Ärzten und französischen Offizieren gemustert. „Am Ende trat einer der Offiziere heraus, der auch einen Ehrenorden trug, und sagte: der Remplacent wäre très bon."[78] Allerdings hatte er auch seinen Preis. Kostete ein durchschnittlicher Stellvertreter in diesen Tagen 1.500 bis 1.700 Taler, so erhielt Döpken immerhin 2.000 Taler vom Vater des jungen Oldenburgers. Während Döpken das Maurerwerkzeug gegen eine Muskete tauschte, konnte der junge Oldenburger sein Studium der Rechte in Dijon fortsetzen.

„Die Widerspenstigkeit der Einwohner der Kommune Wardenburg"

Die Veränderungen während der Franzosenzeit waren keineswegs nur militärischer Natur. Im zivilen Leben setzten die Besatzer ebenfalls zahlreiche, durchaus zukunftsweisende Neuerungen durch. Neben der Verwaltung wurde auch die Justiz nach französischem Vorbild organisiert. Um Fortschritte bemühten sich die Franzosen schließlich auch auf medizinischem Gebiet. So wollten sie den Blattern mit einem neuen Impfstoff vorbeugen und führten den Impfzwang ein. Dem Oldenburger Arzt Gerhard Anton Gramberg[79] wurde die Aufgabe übertragen, im Kanton Hatten, zu dem Wardenburg gehörte, das Notwendige zu veranlassen. Zunächst galt es, die „impffähigen Subjekte zu ermitteln". Die Franzosen rechneten bereits mit Widerspruch. Und sie gingen offenbar davon aus, daß dieser Widerspruch vor allem religiös motiviert sei. Daher wurden die „Herren Prediger" verpflichtet, „diejenigen Vorurteile, die, aus Unkunde mit der wahren Beschaffenheit der Vaccination oder aus mißverstandener Religiösität und anderen Bedenklichkeiten entsprungen, noch unter den Landsleuten obwalten, zu zerstreuen."[80] Daß dies insbesondere in Wardenburg nicht gelingen wollte, rief an höherer Stelle Unmut hervor: „Was die im Arrondissement Oldenburg sich zeigenden Hindernisse und namentlich die Widerspenstigkeit der Einwohner der Kommune Wardenburg betrifft, so erwartet der Graf d'Arberg, daß der Spezial-Ausschuß alle Mittel der Überredung anwenden werde, der guten Sache Eingang zu verschaffen." Und für den Fall, daß die rhetorischen Fertigkeiten nicht genügen sollten, sähe man sich gezwungen, „zu denjenigen Mitteln zu greifen, welche die höchste Regierung zu ihrer Disposition gestellt hat".[81] So weit ließen es die Wardenburger und Wardenburgerinnen allerdings nicht kommen. Die Abneigung sei anfangs zwar groß gewesen, berichtet der Maire, aber „nach den vielen angewandten Bemühungen, die der Herr Pastor und ich uns dieserhalb gegeben haben, scheint es, als wenn die meisten Einwohner jetzt das Wohltätige der Impfung einsehen und sich dazu bequemen wollen."[82]

Zu dem negativen Bild, das die Franzosenzeit im öffentlichen Bewußtsein hinterließ, trug sicher die Rekrutierung zur Großen Armee bei, die Napoleon 1812 in den Krieg gegen Rußland führte. Zu denen, die nun einberufen wurden, gehörte auch Gerhard Dannemann. „Als er nicht antrat, holten ihn die Franzosen am Hochzeitstag seines Bruders, und mit Musik verließ er sein Heimatdorf. Bis hinter Berlin marschierte er mit, dann aber reichte es ihm, und Wasser und Sand in den Stiefeln verhalfen ihm derart zu wundgelaufenen Füßen, daß man ihn ins Lazarett abschob. Von hier glückte ihm die Flucht. Als er in Westerburg ankam, hatten die Franzosen den

Hof schon entsetzlich ausgeplündert, und die unglückliche Mutter konnte ihrem Sohn nur dringend raten, gleich wieder zu verschwinden, damit nicht noch weiteres Unheil über sie käme. Unter falschem Namen floh Gerhard weiter nach Ostfriesland und fand dort ein Unterkommen als Kutscher. Als solcher kam er dann sogar in französische Dienste, und mit anderen Aufgaben bekam er die strenge Weisung, mit nach dem fahnenflüchtigen Dannemann aus Tungeln - der er selber war - gehörig Ausschau zu halten."[83]

Um diese abenteuerlich anmutende Geschichte des Gerhard Dannemann rankten sich später Legenden. Dabei entspricht es durchaus den historischen Tatsachen, daß sich junge Männer dem Einberufungsbefehl durch Flucht entzogen. Und zweifelsohne gingen die Franzosen rigoros gegen die Flüchtigen und ihre Familien vor. Die Familien mußten französische Gendarmen bei sich aufnehmen („Exekution"), die „sich dessen bedienten, was Küche und Keller zu bieten hatten."[84] Mehr noch: Die betroffene Familie sollte auch noch dafür zahlen. Im August 1813 wurde auch Hinrich Böhmer aus Westerburg aufgefordert, „binnen drey Stunden die Summa von Einundzwanzig fr. Exekutionskosten für die zur Verfolgung der wiederspänstigen Konskribierten in der Commune eingerückten Colonne Mobile an den Herrn Maire Cordes wohnhaft in Oberlede zu bezahlen."[85] Die Kosten für eine Abschrift wurden Böhmer gleich mit in Rechnung gestellt. Zwei Tage später hat er vorsichtshalber gezahlt. Böhmer wird sich womöglich mit dem Gedanken an das nahende Ende der Besatzung getröstet haben.

Im Oktober 1813 rückten Kosaken in Oldenburg ein. Im November endete mit der Rückkehr von Herzog Peter Friedrich Ludwig aus seinem russischen Exil der Ausnahmezustand im Oldenburger Land. Von denen, die in den Reihen der „Großen Armee" nach Rußland ziehen mußten, kehrten nur wenige zurück. Im Jahre 1819 machte sich der Leutnant Heinrich Meyer die Mühe, in Rußland nach Verschollenen zu suchen. Das von ihm erstellte „Verzeichniß der in den Jahren 1812 und 1813 in Rußland vermißten Herzoglich Oldenburgischen Unterthanen", das auf einem Studium der Akten vor Ort basiert, weist 225 Namen aus. Danach waren Johann Hinrich Böse, Gerd Hinrich Paradies und Diedrich Silljen aus Wardenburg, Johann Hinrich Oldiges und Johann Otten aus Littel, Johann Hinrich Schierholt aus Höven sowie Hermann Gerhard Köhne aus Oberlethe auf dem Marsch oder in Hospitälern gestorben. Johann Dierk Havekost aus Höven hatte man bereits am 31. August 1814 „ins Vaterland zurückgeschickt".[86]

Anmerkungen

[1] Oldenburgischer Kalender, 1801, 78f. Kurz darauf erfährt der Leser, daß sich zu dieser Zeit die Lethe noch bei Oberlethe in zwei Wasserläufe teilte und sich bei Hundsmühlen wieder vereinte.

[2] Lankenau, 30; vgl. 53.

[3] Lankenau, 38.

[4] Lankenau, 31.

[5] Vgl. Geschichte des Landes Oldenburg, Karte 4 und - deutlicher noch - die Karte zur territorialen und administrativen Gliederung des Herzogtums Oldenburg in: Hinrichs/Krämer/Reinders, 13.

[6] Zumindest hat der ungenannte Verfasser die Register der Brandkasse eingesehen und Gebäudezahl und Versicherungswert entnommen. Zu den einzelnen Angaben vgl. Oldenburgischer Kalender, 1801, 76ff.

[7] Diese Entwicklung ergibt sich aus einem Vergleich der Angaben in der Landbeschreibung von 1653 mit denen im Oldenburgischen Kalender von 1781, 70, und im Oldenburgischen Kalender von 1802, 82. Das Verhältnis Meier/Köter/Brinksitzer gestaltete sich in der Vogtei Wardenburg demnach wie folgt: 33/41/45 im Jahre 1653, 39/47/50 im Jahre 1781 und 34/43/180 Anfang des 19. Jahrhunderts.

[8] Oldenburgischer Kalender, 1802, 87.

[9] Einen Überblick über die Anfänge des Armenwesens auf der Basis spärlicher Aktenfunde vermittelt Schauenburg im Oldenburger Jahrbuch von 1898, 1ff.

[10] Das Kirchen-, Schul- und Armenwesens wurde dem Konsistorium übertragen. Erst gegen Ende des 18. Jahrhunderts nahm sich die Regierung in Oldenburg dieses Themas stärker an; vgl. Geschichte des Landes Oldenburg, 200f. und 278.

[11] Vgl. Schauenburg, Armenwesen, 23.

[12] Pleitner, 18. Vgl. auch Arbeitsvorhaben, 131ff.; Blümel/Freericks, 28f. Das Gesetz trat am 1.1.1787 in Kraft.

[13] Eine Spezialdirektion bestand aus einem Beamten, dem Geistlichen, einem Juraten, der die Finanzen verwaltete, und mehreren Armenvätern. Daneben gab es die sogenannten Taxatoren, die die Höhe der Steuer festzulegen hatten; vgl. hierzu Blümel/Freericks, 36ff. Zur Armensteuer vgl. auch Der Landkreis Oldenburg, 602.

[14] Zur „Ersparungskasse" vgl. Pleitner, 28f.; Blümel/Freericks, 5. In der Franzosenzeit verzichtete man auf Einlagen - aus Angst, die Besatzer könnten die Kasse konfiszieren. Aus dieser „Ersparungskasse" ging die Landessparkasse zu Oldenburg hervor; sie gehört zu den weltweit ältesten Einrichtungen dieser Art.

[15] Protokoll vom 1. Oktober 1818, in: KAW Nr. 179, zitiert nach Blümel/Freericks, 30.

[16] Allein für die Sitzungen der Spezialdirektion mußte im Durchschnitt ein Abend pro Monat geopfert werden; vgl. Blümel/Freericks, Anhang, 3.

[17] Instruction für die Kirchspiels Armendirection auf dem Lande, in: KAW Nr. 178, zitiert nach Blümel/Freericks, 33.

[18] Im Jahre 1820 traf es zum Beispiel B. Wellmann aus Oberlethe, der dann allerdings gleich neun Jahre lang das Amt ausübte.

[19] Die Armenlisten wurden den Visitationsprotokollen beigefügt; vgl. Arbeitsvorhaben, 158. Die bereits von den Dänen eingeführte Unterscheidung zwischen „Totalarmen" und „Partialarmen" findet sich in der Verordnung von 1786 wieder; vgl. ebenda, 131ff.

[20] Vgl. Arbeitsvorhaben, 155ff. Zum Anteil der Armen an der Gesamtbevölkerung vgl. die Tabelle ebenda, 165, sowie die Tabelle bei Blümel/Freericks, Anhang, 2.

[21] Vgl. die Tabellen in den Statistischen Nachrichten, Heft 18, 128, sowie Heft 27, 65. Entsprechend lag der Anteil der Bevölkerung, der 1880 „wegen Dürftigkeit" von der Steuerzahlung befreit wurde, ebenfalls bei gut zwei Prozent. Vgl. hierzu Statistische Nachrichten, Heft 20, Anhang, 14.

[22] Noch zu Beginn des 20. Jahrhunderts handelte es sich bei der Mehrzahl der Unterstützten um Alleinstehende. Vgl. hierzu Statistische Nachrichten, Heft 27, 65.

[23] Blümel/Freericks, 87. Die Spezialdirektion bemühte sich dann - meist erfolglos - um Kostenerstattung durch den Kindesvater oder die Eltern der Schwangeren.

[24] Vgl. Protokoll vom 5. April 1821, in: KAW Nr. 179, zitiert nach Blümel/Freericks, 137.

[25] Protokoll vom 24. April 1830, in: KAW Nr. 180, zitiert nach Blümel/Freericks, 42.

[26] Vgl. Blümel/Freericks, 50f.

[27] Verordnung im KAW Nr. 178, zitiert nach Blümel/Freericks, 56.

[28] Zur „medizinischen Versorgung" vgl. Blümel/Freericks, 56ff.

[29] Blümel/Freericks, 53.

[30] Vgl. Blümel/Freericks, 151.

[31] Zur „Zahlung des Schulgeldes und der Unterrichtsmaterialien" vgl. Blümel/Freericks, 53ff.

[32] Protokoll vom 18. Februar 1833, in: KAW Nr. 180, zitiert nach Blümel/Freericks, 121.

[33] Blümel/Freericks, 46.

[34] Protokoll vom 12. November 1825, in: KAW Nr. 179, zitiert nach Blümel/Freericks, 63.

[35] Vgl. Blümel/Freericks, 59ff.

[36] Blümel/Freericks, 66.

[37] Protokoll vom 10. November 1816, in: KAW Nr. 179, zitiert nach Blümel/Freericks, 67.

[38] Protokoll vom 8. März 1816, in: KAW Nr. 179, zitiert nach Blümel/Freericks, 69.

[39] Protokoll vom 27. März 1825, in: KAW Nr. 179, zitiert nach Blümel/Freericks, 74f.

[40] Vgl. Protokoll vom 27. April 1830, in: KAW Nr. 180, zitiert nach Blümel/Freericks, 68; vgl. auch 66. Gesche Margarete Padeken war sicher gesund und eine Hilfe auf dem Hof; dies ergibt sich allein aus der Tatsache, daß Gerhard Lüning kein Geld erhielt, sondern umgekehrt 72 Groten an die Armenkasse zahlen mußte.

[41] Protokoll vom 4. Februar 1817, in: KAW Nr. 179, zitiert nach Blümel/Freericks, 99.

[42] Protokoll vom 12. April 1832, in: KAW Nr. 180, zitiert nach Blümel/Freericks, 114. Wollte ein Annehmer in den Augen der Spezialdirektion zu viele Reichstaler haben, dann wurde von der zitierten Devise abgewichen.

[43] Verordnung (§ XXIII. 8) im KAW Nr. 178, zitiert nach Blümel/Freericks, 115.

[44] Protokolle vom 7. Februar und 11. Dezember 1829, in: KAW Nr. 180, zitiert nach Blümel/Freericks, 102.

[45] Protokoll vom 26. Juni 1828, in: KAW Nr. 180, zitiert nach Blümel/Freericks, 92.

[46] Vgl. ebenda.

[47] Protokoll vom 26. Juni 1828, in: KAW Nr. 180, zitiert nach Blümel/Freericks, 92.

[48] Aus dem Schreiben an die großherzogliche Regierung vom 6. August 1833, in: KAW Nr. 180, zitiert nach Blümel/Freericks, 95.

[49] Protokoll vom 7. September 1823, in: KAW Nr. 179, zitiert nach Blümel/Freericks, 26.

[50] Verfügung der herzoglichen Regierung, zitiert nach Lampe, 24f.

[51] Eintragung vom 30. November 1821, in: KAW Nr. 179, zitiert nach Blümel/Freericks, 22.

[52] Protokoll vom 5. April 1817, in: KAW Nr. 179, zitiert nach Blümel/Freericks, 21.

[53] Vgl. Arbeitsvorhaben, 162.

[54] Bei „Schutzjuden" handelte es sich um Juden, denen der Landesherr ein Wohnrecht zuerkannt hatte. Sie waren Bürger minderen Rechts und hatten jährlich „Schutzgeld" zu zahlen. Vgl. hierzu: Die Geschichte der Oldenburger Juden, 11ff. Zu „Betteljuden" vgl. auch Lampe, 23.

[55] Aus der Chronik des Schulhalters Christoffer Suhr, zitiert nach GSP Nr. 22, März 1977, 6f. Bei der im Gemeindespiegel abgedruckten Schrift handelt es sich um eine von Georg Ruseler überarbeitete Fassung. Ruseler, ein Lehrer und Heimatdichter aus der Friesischen Wehde, hat sich ab 1890 mit Märchen und „Trauerspielen" einen Namen gemacht. Zu seinen dramatischen Werken gehört unter anderem „Graf Anton Günther, oder Tilly in Oldenburg" (1895). Möglicherweise stieß er bei den Recherchen zu

diesem Stück auf die obige Schrift des Christoffer Suhr, deren von ihm überarbeitete Fassung mit Sicherheit auch fiktive Elemente enthält. Zu Ruseler vgl. auch Biographisches Handbuch, 624ff.

[56] Vgl. GSP Nr. 23, Juni 1977, 5.

[57] Seeber, 18. Seeber hatte 1975 Kenntnis von insgesamt 87 Oldenburger Bauerbriefen. Das Gros der überlieferten Bauerbriefe stammt aus den Marschgebieten. Die Westerburger Bauerrolle - das Original befindet sich im StAO Best. 20 - war nach Seeber die einzige im Bereich der ehemaligen Vogtei Wardenburg. Sollte allerdings in Wardenburg tatsächlich bereits in der ersten Hälfte des 17. Jahrhunderts eine Bauerrolle existiert haben, so wäre sie die älteste aus dem Bereich der vier Geestvogteien. Im Jahre 1614 - in diesem Jahr soll Graf Anton Günther die Wardenburger Bauerrolle bestätigt haben - wurden mehrere solcher Urkunden gezeichnet. Vgl. hierzu Seeber, 148f.

[58] Vgl. Seeber, 143f.

[59] Hellbernd/Möller, 496.

[60] Seeber, 133.

[61] Seeber, 134.

[62] Seeber, 134.

[63] Seeber, 145.

[64] Aus dem Tagebuch von Halems, zitiert nach Pleitner, 77.

[65] Vgl. Lübbing, Oldenburgische Landesgeschichte, 150f.; Geschichte des Landes Oldenburg, 285f. Vor der Rheinbundzeit hatte sich der Herzog in Oldenburg mit einer Streitmacht von 100 Mann begnügt.

[66] Im Arrondissement Oldenburg gab es insgesamt 10 Kantone und 46 Mairien. Der Kanton Hatten umfaßte die Kirchspiele Dötlingen, Hatten, Hude und Wardenburg.

[67] Der Nachfolger von Wellmann hieß Cordes.

[68] Vgl. Geschichte des Landes Oldenburg, 288, sowie die Karte des Departements der Wesermündung, ebenda, 289. Vgl. auch Sello, 57.

[69] Rundschreiben vom 6. Mai 1811, zitiert nach Ephraim, 70ff.

[70] Vgl. Ephraim, 70ff.

[71] So zeichnete Wellmann 1811 einen Geburts- und Taufschein. Vgl. hierzu auch Günther Rogge, Kindtaufe.

[72] Westerburg, 33f.

[73] Ephraim, 66.

[74] Künnemann, Junker.

[75] Vgl. Ephraim, 147.

[76] Vgl. die Tabelle bei Hinrichs/Norden, 89ff. Derart oft wurde erst 1823 wieder geheiratet, allerdings war die Bevölkerungszahl inzwischen auch gestiegen.

[77] Brief vom 11. Februar 1812, abgedruckt bei Hayen, Student, 46f.

[78] Brief vom 16. Februar 1812, abgedruckt bei Hayen, Student, 47.

[79] Zu Gerhard Anton Gramberg, der die Französische Revolution begrüßte, vgl. Biographisches Handbuch, 247f. In einem Artikel zum 250. Geburtstag von Gramberg wird dieser in der NWZ vom 4. November 1994 „als Vorkämpfer der Pockenschutzimpfung" gewürdigt.

[80] Aus den Bestimmungen für die Durchführung der Impfaktion, zitiert nach Ephraim, 142ff.

[81] Schreiben von Prof. Mertens, Sekretär des für die Impfung zuständigen Zentralkomitees in Bremen, an Dr. Gramberg, den Sekretär des „comité special" in Oldenburg, vom 8. September 1812, zitiert nach Ephraim, 145.

[82] Aus einem Schreiben des Maire von Wardenburg, zitiert nach Ephraim, 145. Daß die Franzosen bereit waren, Impfungen auch mit Gewalt vorzunehmen, zeigte sich nur wenige Monate später, als eine Pockenepidemie drohte.

[83] Von Lindern, 33.

[84] Janßen-Holldiek/Helmers/Tielking, 227.

[85] Das Schreiben vom 16. August 1813 findet sich abgedruckt in: Westerburg, 34. Nach einer von Ephraim (147) zitierten Bekanntmachung drohten die Franzosen den einzelnen Kommunen Kollektivstrafen an, von denen lediglich Eltern jener Söhne ausgenommen werden sollten, die bereits Kriegsdienst leisteten. Bei der Colonne Mobile handelte es sich nach Janßen-Holldiek/Helmers/Tielking (233) um eine Art Eingreiftruppe, die jeden Widerstand ersticken sollte, „indem sie eine Reihe von Rebellen und Geiseln mit sich schleppte und 20 derselben in den Orten, durch die sie marschierten, erschossen." Eine rund 800 Mann starke Colonne Mobile wurde bereits nach den Unruhen im März 1813 im Arrondissement Oldenburg eingesetzt. Vgl. hierzu Ordemann, März-Unruhen. Zum Vorgehen der Franzosen vgl. auch Pleitner, 181ff.

[86] Oldenburgische wöchentliche Anzeigen, Beilage, März 1820.

Die Schulen im 19. Jahrhundert

Zu Beginn des 19. Jahrhunderts hatte jedes Dorf im Kirchspiel Wardenburg seine eigene Schule. Neben der Hauptschule in Wardenburg existierten 1816 sieben Nebenschulen.[1] Dabei handelte es sich um recht einfache Bauten. Das 1791 in Oberlethe errichtete Schulgebäude hatte eine Grundfläche von etwa sechs mal sieben Metern. „Der Fußboden, aus Straßensteinen und Kieseln hergestellt, war sehr holperig und schadhaft. Nicht viel besser war der Zustand des alten Ofens, welcher dauernd rauchte und den Unterricht störte. Die Kinder saßen an fünf langen Tischen. Breite Bänke ohne Rücklehne dienten als Sitzgelegenheit. Weil zwei Reihen der Kinder Rücken an Rücken saßen, konnte der Schulhalter die Arbeiten der Kinder sehr schwer übersehen. Auf weiteren Bänken an der Wand hatten die kleinen Kinder Platz zu nehmen.“[2] Nicht viel besser sah es in der Tungeler Schule aus, die im Garten eines Brinksitzers stand. Hier saßen die Kinder bei schlechtem Wetter in Schlamm und Wasser. Im Jahre 1820 errichteten die Tungeler ein neues, größeres Schulgebäude. Im Jahr zuvor hatten bereits die Wardenburger einen Neubau eingeweiht. Im Jahre 1823 konnten auch die Kinder aus Westerholt, die anfangs den Weg nach Oberlethe zurücklegen mußten, ihren Unterricht in einer eigenen Schule aufnehmen. Selbst in Astrup, der kleinsten Schulstelle, wurde wieder gebaut: 1840 zog Schulmeister Künnemann, der die Tinte noch aus eigener Tasche bezahlen mußte, mit seiner Klasse in das neue Gebäude. Der Unterricht fand hier allerdings nach wie vor nur im Sommer statt, genauer: an jedem Montag und Freitag in der Zeit von 8 bis 11 Uhr. In Westerburg war es schließlich im Jahre 1843 soweit. Lange genug hatte man sich hier über Platzmangel oder den Gestank eines Düngerhaufens geärgert. Im neuen Bau nahmen auch die Schülerinnen und Schüler aus Höven Platz, deren Schule kurz zuvor geschlossen worden war.[3]

Schülerinnen und Schüler an den Schulen im Kirchspiel Wardenburg[4]

Ort	1791	1821	1855
Wardenburg	100	130	122
Westerburg	40–50	40–60	92
Astrup	?	24	36
Höven	?	24	-
Tungeln	38	40–50	60
Westerholt	-	36	70
Oberlethe	70–80	80	155
Littel	40	50	90

Im Verlauf des 18. und 19. Jahrhunderts kamen immer wieder Überlegungen auf, die Schulen von Oberlethe und Westerholt oder die von Astrup, Höven und Westerburg zusammenzulegen. Meist sprachen sich die Einwohner wegen der schlechten

Abb. 30 Um 1894 versammelten sich die Schülerinnen und Schüler in Westerburg zu diesem Gruppenfoto vor ihrer Schule (beim Friedhof).

Wegeverhältnisse dagegen aus.[5] Zu dieser Zeit regelten die Schulachten in den einzelnen Bauerschaften ihre Angelegenheiten noch weitgehend selbst. Die Gemeinde wurde erst 1910 zum Träger der Schule.

Die Lehrer lebten in erster Linie vom Schulgeld. Mitte des 19. Jahrhunderts lag es bei einem Reichstaler pro Kind und Jahr. Ein Lehrer wie Oltmann Fissen, in Oberlethe für gut 150 Kinder verantwortlich, war also nach wie vor auf Nebenverdienste angewiesen, um seine sechsköpfige Familie über die Runden bringen zu können. Also vertrat er den Standesbeamten in der Gemeinde.[6]

Die Schulachten in der Gemeinde Wardenburg im Jahre 1891/95[7]

Ort	Einwohner	Klassen	Lehrer	Handarbeits-lehrerinnen	Jungen/Mädchen
Wardenburg	642	2	2	1	77/68
Oberlethe	632	2	2	1	84/66
Littel	420	2	2	1	54/52
Westerburg	324	1	1	–	32/35
Astrup	115	1	1	–	16/7
Tungeln	294	1	1	–	34/32
Westerholt	400	1	1	–	49/35

Anmerkungen

[1] Vgl. Kohli, Bd. II, 22.

[2] Korte, 79. Korte faßt einen Bericht einer Kommission zusammen, die den Bau 1822 unter die Lupe nahm.

[3] Vgl. Ramsauer, Prediger, 246, sowie Korte, 56ff.

[4] Die Angaben von 1791 und 1821 stammen aus Korte, 61. Korte stützt sich auf die Visitationsprotokolle aus diesen Jahren. Die Schülerzahlen wurden jeweils im Winter ermittelt. Im Sommer besuchten noch in der zweiten Hälfte des 18. Jahrhunderts kaum mehr als 30 Schüler die Wardenburger Schule. Die Angaben von 1855 wurden entnommen aus: Böse, 458f.

[5] Das Hin und Her über eine Zusammenlegung einzelner Schulen hat Wilhelm Korte in seiner Chronik ausführlicher nachgezeichnet.

[6] Vgl. GSP Nr. 6, März 1973, 27. Ein handschriftlicher Bericht von Anton Fissen über Oltmann Fissen findet sich in der Lehrerpersonalchronik von Johann Meyer, Bd. II, Amt Oldenburg, (Manuskript) in: Archiv der Oldenburgischen Landschaft.

[7] Vgl. Kollmann, Statistische Beschreibung, 228f. und 236f. (Tabelle 30). In dieser Übersicht fehlt Moslesfehn, die einzige katholische Schulacht im Bereich der Gemeinde Wardenburg. Die Anfänge der Schulen von Moslesfehn werden im Kapitel „Neue Dörfer I" skizziert.

Landwirtschaft im 19. und beginnenden 20. Jahrhundert

Bis weit in das 19. Jahrhundert hinein lebte die Wardenburger Bevölkerung von wenigen Ausnahmen abgesehen von der Landwirtschaft. Die Erträge hingen naturgemäß sehr vom Klima, dem Boden und den Wasserverhältnissen ab. Das Klima galt gemeinhin als günstig. Wenn das Wetter einmal Kapriolen schlug, fand dies selbst in der Kirchenchronik Erwähnung: „1821 war ein so kalter Sommer, daß im Juli, 8 Tage vor den Hundstagen, die Kartoffeln auf dem Felde erfroren, so daß das ganze Land schwarz aussah. Dagegen war der folgende Winter so ungewöhnlich mild, daß im Januar 1822 Sommerlevkojen im Freien blühten."[1] 1830 wiederum ging schwerer Hagelschlag über den Dörfern Achternholt, Oberlethe und Tungeln nieder.

Wasser fiel im Nordwesten Deutschlands in der Regel auch früher schon in ausreichender Menge vom Himmel. Zudem führten Hunte und Lethe gelegentlich mehr Wasser, als den Besitzern angrenzender Ländereien lieb war. Dies änderte sich allerdings nach der Begradigung der Hunte. Nun wurde die Be- und Entwässerung zu einem zentralen Problem der Anlieger; wie sie es lösten, soll am Ende des Kapitels erörtert werden.

Von jeher schwierig waren dagegen die Bodenverhältnisse. Zwar gab es längs der Flüsse „schöne Wiesen und Weiden", meist jedoch hatte es der Bauer mit Geestboden zu tun. Dieser bestand teils aus Lehm, überwiegend jedoch aus Sand. Immerhin handelte es sich nach Ansicht eines zeitgenössischen Beobachters noch um einen Boden, der „bei guter Düngung und Bearbeitung sich ganz gut zum Getreideanbau eignet."[2] Möglich wurde der „ewige Roggenbau", der überwiegend in Einfelderwirtschaft betrieben wurde, durch die Plaggendüngung.

Schafzucht und Plaggendüngung

In früheren Jahrhunderten besaßen viele Bauern im Kirchspiel Wardenburg nur einige wenige Tiere. Diese trieben sie in die Gemeinheit, wo sie sich ihre Nahrung suchen konnten. Dem Bauern fehlte also jener natürliche Dünger, den er für den Ackerbau benötigte. Für Ausgleich sorgten die Schafe; sie galten als die besten Düngerproduzenten. Außerdem fanden Schafe in der Gemeinheit auch im Winter ihre Nahrung: Heide. Der Bauer brauchte somit keinen Vorrat anzulegen. Wenn der Schnee so hoch lag, daß er die Heide bedeckte, trieb man die Tiere eben in den eigens angesäten Ginster. Den „Brahm", wie der Ginster genannt wurde, durften die Schafe jedoch nur befristet genießen. Blieben sie länger als zwei Stunden im Ginster, begannen dessen Säfte zu wirken: Den Tieren wurde schwindelig und sie legten sich an Ort und Stelle nieder, „und nicht selten mußte der Schäfer sie nach Hause tragen oder schieben."[3]

Abb. 31 Schafkoven zwischen Littel und Halenhorst.

Üblicherweise ruhten die Tiere im Schafkoven. Dort verrichteten sie auch ihre Notdurft - die „Rosinen" gaben den begehrten Dünger.[4] Um ihn zu strecken, stachen die Bauern in jedem Frühjahr Plaggen, rund fünf Zentimeter dicke Erdschollen. Gestochen wurde mit einem besonderen Gerät, der Quicke. Jeder Bauer hatte seine Plaggenmatt in der Gemeinheit. Schnell kamen einige Dutzend Fuder zusammen - je nach Größe der Ackerfläche. Die Plaggen kamen auf einen Haufen, zersetzten sich und wurden im Schafkoven ausgebreitet. Auf dieser Schicht übernachteten die Schafe einige Zeit. Dann wurden erneut Plaggen in den Koven gebracht, teils sogar „jeden zweiten Tag bis zu 30 Karren voll" - und ein großer Bauer hatte bis zu drei Koven.[5]

So ging es über längere Zeit, schichtweise wechselten Plaggen und Schafmist. Der Boden im Schafkoven soll sich auf diese Weise um zwei Meter und mehr erhöht haben, genug Dünger, um dem Ackerboden jene Nährstoffe wieder zuzuführen, die die Roggenfrucht ihm entzogen hatte. Nur so war es möglich, jahraus, jahrein im September den Winterroggen auf dem Esch anzubauen. Bis ins 19. Jahrhundert hinein wurde vor allem Roggen angebaut; in älteren Urkunden wird der Esch daher oft als „Roggenland" bezeichnet.

Die Flur selbst wuchs mit jeder Plaggendüngung, und zwar um etwa einen Millimeter pro Jahr. Auf dem Esch von Astrup soll die aufgetragene Schicht im Laufe der Jahrhunderte eine Höhe von 75 Zentimetern erreicht haben. Rein rechnerisch müßten die Astruper Bauern demnach schon um 1200 mit der Plaggendüngung begonnen haben.[6] Erst in der zweiten Hälfte des vergangenen Jahrhunderts endete diese traditionelle Form der Düngung mit der Nährstoffzufuhr durch systematische Bewässerung und der Einführung des Kunstdüngers. Nun nahm auch die Zahl der Pferde auf den Höfen ab - die Zeiten, in denen der Bauer mehrere Gespanne brauchte, um den Dünger auszubringen, waren vorbei.[7]

Mit der starken Plaggendüngung ging zuletzt eine „spürbare ökologische Belastung" der Gemeinheiten einher. „Zur Plaggenmatt nutzte man bevorzugt Heideland, wobei für einen Hektar Acker etwa zwei Hektar Heidefläche benötigt wurden."[8] Eine abgeplaggte Fläche benötigte Jahrzehnte, um sich zu regenerieren. Dort, wo die Plaggen abgetragen wurden, verarmte häufig der Boden. Bei Littel wurde der Münstersche Damm stellenweise sogar von Sand überweht. Nach der Teilung der Gemeinheit wurde in diesem Bereich der Litteler Fuhrenkamp angelegt.[9]

Die Gemeinheitsteilungen

Der Bevölkerungsanstieg führte bereits in der zweiten Hälfte des 18. Jahrhunderts dazu, daß Land aus den Gemeinheiten verteilt wurde. Die erste Teilung dieser Art erfolgte 1764 in Littel.[10] Littel verzeichnete zwischen 1750 und 1810 einen Bevölkerungszuwachs von 70 Prozent - kein Wunder, daß hier manch einer früh einen sogenannten Zuschlag aus der Gemeinheit erhielt. Dabei übten die Litteler eine „liberalere Zuweisungspraxis"[11]: Allein 1771 kam es zu neun Neuansiedlungen. In wenigen Jahrzehnten stieg hier so die Zahl der Höfe von 17 auf 48.[12]

Die Landschaft selbst sollte sich grundlegend allerdings erst mit einer Verordnung vom 16. Dezember 1806 verändern. Die Gemeinheiten, die von den Bauern zwar genutzt wurden, jedoch längst Eigentum der Landesherrschaft waren, sollten nun verteilt und Privateigentum werden. Der Erlaß, dessen Umsetzung auf sich warten ließ, hatte zunächst eine unmittelbare Wirkung: Er legalisierte jene Teilungen, die die Bauern bereits in Eigenregie vorgenommen hatten. Die Flächen, die schon vor der eigentlichen Teilung als Zuschläge aus der Gemeinheit herausgenommen worden waren, wurden später bei der Ermittlung der Abfindungsflächen angerechnet. Der Erlaß bewirkte zugleich, daß die Litteler Bauern ihre freigebige Haltung gegenüber Siedlungswilligen überdachten. Vor weiteren Ansiedlungen wollten sie nun erst die

Gemeinheit geteilt sehen, denn mit jeder neuen Ansiedlung drohte ja der eigene Anteil kleiner zu werden. Der erste, der sich nach der Franzosenzeit um eine Stelle im Litteler Bereich des Beverbruch bewarb, war der Heuermann Johann Friedrich Eylers aus Astrup. Eylers hatte sich ein Fleckchen Erde von zehn Jück ausgesucht, auf dem am 20. Juni 1815 ein Ortstermin mit Behördenvertretern stattfand. Dabei „bestanden die Litteler Interessenten auf ihrer Forderung: Erst Teilung der Gemeinheit, dann Einweisung von Siedlern."[13]

Von dieser Regel machten die Litteler allerdings eine Ausnahme: Christian Märtz, dem in Wardenburg gleich zweimal das Dach über dem Kopf abgebrannt war, hatte sich ohne Erlaubnis „in dieser verlassenen Gegend ein Stück Land"[14] angeeignet. Hier hauste er nun mit Frau und Kindern in einer Hütte - ein Zustand, der einen vorbeikommenden Wanderer aus Oldenburg spontan zu einer größeren Geldspende veranlaßte, genug für ein ganzes Haus. In diesem Fall verzichteten auch die Litteler auf Widerspruch - Christian Märtz wurde mit seiner Familie der erste Siedler der späteren Gemeinde Beverbruch. Bald nach dieser Episode, die sich 1817/18 zutrug, wurde die Litteler Gemeinheit geteilt.[15]

Bei jeder Gemeinheitsteilung mußten zunächst die Ortsgrenzen, um die es teils jahrhundertelang erbitterten Streit gegeben hatte, festgelegt werden. Innerhalb dieser Grenzen waren bestimmte Flächen von der Teilung ausgenommen. Hierzu zählten die Hochmoore, Flüsse, öffentlichen Plätze und Straßen sowie Gruben, in denen „guter Ton für Töpfereien und Ziegeleien liegt".[16] Die verbliebene Fläche wurde dann unter den Berechtigten aufgeteilt, und zwar nach den alten Höfeklassen. Der ganze Meier erhielt 40 Jück (rund 18 ha) zugesprochen, der halbe Meier 20, der Köter 10, der alte Brinksitzer 5 und der neue 2 1/2 Jück.[17] Ein Vollmeier erhielt damit immerhin das Achtfache eines Brinksitzers. Reichte das zu verteilende Land nicht aus, dann wurden die Anteile kurzerhand verkleinert. Blieben hingegen Flächen übrig, so fielen diese an den Staat. Größere „Überschüsse" wurden später teils aufgeforstet, teils planvoll besiedelt (siehe hierzu auch das Kapitel über Charlottendorf).

Bei der Teilung wurden nicht nur die Grenzen zwischen den Ortschaften festgelegt, sondern auch Besitz- und Bodenverhältnisse taxiert. Die Details jeder Teilung wurden in Verteilungsregistern und Teilungskarten festgehalten. Insgesamt mußte „ein unvorstellbares Maß von Kleinarbeit"[18] geleistet werden. Die Aufteilung der Gemeinheiten zog sich denn auch über Jahrzehnte hin. In Tungeln wurden die Arbeiten 1842 beendet, in Wardenburg den Akten zufolge erst 1860.[19]

Allerorten wandelten sich Nutzungsrechte in Eigentumsrechte. Der entscheidende Vorteil für den einzelnen Bauern: Er verfügte nun über eine größere Fläche. „Die größeren Stellen wuchsen noch an, die kleinen erreichten jetzt Ausmaße, die eine selbständige agrarwirtschaftliche Produktion zuließen."[20] Brinksitzer, die mit in Holland verdientem Geld einen kleinen Hof erworben hatten, wurden nun stolze Besitzer einer Stelle, die ihnen ein wirtschaftliches Überleben vor Ort gestattete. Dies galt beispielsweise für die neun Brinksitzer aus Astrup, die in den Jahrzehnten vor der Teilung im Jahre 1824 ihren Lebensunterhalt oft noch jenseits der Grenze zu Holland gesichert hatten.[21] Ein Blick auf die folgende Tabelle zeigt die Größe der Höfe in der Gemeinde nach der Teilung der Gemeinheiten.

Hofgrößen in Wardenburg 1894[22]

Hofgröße in ha	Anzahl der Höfe	Gesamtfläche in ha
unter 0,5	54	14,1
0,5 bis 1	30	21,3
1 bis 2	83	125,5
2 bis 5	177	603,8
5 bis 10	171	1181,9
10 bis 20	88	1179,9
20 bis 40	34	947,7
40 bis 100	35	2261,0
100 und mehr	4	659,9
gesamt	676	6995,1

Die durchschnittliche Betriebsgröße lag somit Ende des 19. Jahrhunderts bei rund 10 ha. Die Mehrzahl der Landwirte bewirtschaftete ausschließlich eigenen Grund und Boden. Pachtland machte in Wardenburg nur einen kleinen Teil der Flächen aus.[23]

Jeder Bauer mußte seine Ländereien ordentlich einfrieden. Auf diese Weise entstanden zahllose Wallhecken, die das Landschaftsbild der oldenburgischen Geest fortan prägten. Zu den Verlierern der Gemeinheitsteilungen gehörten jene, die bislang vorwiegend Schafzucht betrieben hatten - die alten Weide- und Triftrechte, für die es eine Abfindung gab, waren endgültig dahin.[24] Auf den verbliebenen Flächen ließen sich die Tiere kaum mehr halten. Die Gemeinheitsteilungen waren so der Anfang vom Ende der Schafzucht und der für diese Region einst so charakteristischen Heidelandschaft. Der Kunstdünger und die Siedlungspolitik taten ein übriges.[25]

Die Verkoppelungen

Die Gemeinheitsteilungen waren im Gebiet der Gemeinde Wardenburg noch nicht abgeschlossen, da hatte ein zweites Vorhaben bereits Gesetzeskraft: Die Verkoppelung. Während sich der Erlaß zur Teilung der Gemeinheiten auf die unkultivierten Ländereien bezog, galt das Verkoppelungsgesetz den kultivierten Flächen. Noch lag der Besitz auf den Eschen vielerorts wie in alten Zeiten stark verstreut. Die starke Streuung der Wirtschaftsflächen erwies sich als sehr nachteilig. Bauer Willers aus Tungeln besaß offenbar eine Menge Land, jedoch verteilt auf 74 Parzellen; er mußte gleichsam von Längsstreifen zu Längsstreifen eilen.[26] Um das Land intensiver nutzen zu können, war eine Zusammenlegung der Parzellen zu größeren Fluren unumgänglich. Daher erließ die Landesregierung im April 1858 das Verkoppelungsgesetz. Danach konnten größere Fluren verkoppelt werden, wenn eine Mehrheit der Flur-Teilhaber sich dafür entschied. Um allen Teilhabern Gerechtigkeit widerfahren zu lassen, mußte weit stärker als bei der Gemeinheitsteilung Rücksicht auf die Beschaffenheit des Bodens genommen werden. Ein weiteres Kriterium war die Nähe zum Gehöft.[27]

Verkoppelungen im Bereich der Gemeinde Wardenburg[28]

Jahr	Verfahren	Größe des Gebiets	Teilnehmer	Grad der Zusammenlegung (max. = 1)
1866	Tungeler Esch	62 ha	28	0,85
1902	Be- und Entwäs-serungsgenossen-schaft an der Lethe	62 ha	19	-
1909	Wardenburger Marsch (teilw.)	21 ha	13	1,00
1911	III. Wardenburger Ent- und Bewässe-rungsgenossenschaft	678 ha	182	-
1914	Wardenburger Esch	86 ha	63	0,85
1920	Oberlether Esch	18 ha	10	0,89
1931	Lethebegradigung	78 ha	46	-

Die ersten, die sich im Kirchspiel Wardenburg für eine Verkoppelung entschieden, waren die Tungeler. Das Gewann als uralte Flurform des Esches gehört hier seit 1866 der Vergangenheit an. An der Verkoppelung beteiligt waren 28 Tungeler Bauern; die Zahl der Parzellen reduzierte sich von 304 auf 69.[29] Zu den Flurbereinigungen nach der Jahrhundertwende gehörten die der Be- und Entwässerungsgenossenschaften. Lehnten die Mitglieder der Wardenburger Genossenschaft noch Anfang des Jahrhunderts eine Verkoppelung mehrheitlich ab, obwohl manch einer bereits überzeugt war, daß dann auch „die ganze Berieselung eine bessere und auch leichtere sein" würde, so wurden einige Jahre später auch hier die Parzellen zusammengelegt.[30] Auf dem Wardenburger Esch, dessen Verkoppelung ebenfalls bevorstand, hat manch einer nun die Düngung recht „sparsam gemacht" - schließlich wußte man ja nicht, ob man das Stückchen Land am Ende auch behalten würde.[31] Die Flächen der Wardenburger Bauern wurden in der Marsch im Jahre 1909 und auf dem Esch 1914 zusammengelegt. So entstand nach und nach „das bis heute gültige Kulturlandschaftsmosaik".[32]

Ackerbau und Viehzucht

Roggen war lange Zeit auf der gesamten Geest mit ihren meist sandigen Böden die Fruchtart schlechthin. Die Kornernte wurde in der Regel nicht verkauft, sondern deckte in erster Linie den Bedarf von Mensch („Brotkorn") und Tier („Futterkorn") auf dem Hof. Der Bevölkerungsanstieg führte zu einer Ausweitung der Anbauflächen und zu einem intensiveren Ackerbau. Mit der Kartoffel und dem Buchweizen wurden verstärkt neue Fruchtarten angebaut; letzterer deutet zudem auf eine zunehmende landwirtschaftliche Nutzung der Moore.[33]

Mit Frucht bestandenes Areal in Wardenburg 1833 (in Prozent)[34]

Roggen	59,75
Weizen	1,54
Gerste	1,78
Hafer	15,94
Ölsamen/Raps	0,18
Bohnen	0,36
Buchweizen	5,38
Kartoffeln	10,73
Flachs	2,97
Hanf	1,37
gesamt	100,00

Bis zum Ende des 19. Jahrhunderts stieg vor allem der Anteil der Ackerflächen mit Roggen und Buchweizen. Es gab jedoch „keine eigentliche Fruchtfolge: mit Roggen wechseln sich ab und an Hafer und Kartoffeln."[35] Insgesamt blieben die Hektarerträge der Wardenburger Bauern deutlich unter denen anderer Geestbauern. Lediglich bei Kartoffeln konnten die hiesigen Landwirte ein überdurchschnittliches Ergebnis erzielen.[36]

Höhere Erträge erhofften sich die Landwirte von der Verwendung des Kunstdüngers. Vor allem Thomasmehl erfreute sich ab Mitte der 1880er Jahre großer Beliebtheit. Dieser Dünger enthielt sowohl Phosphorsäure als auch Kalk - und gerade daran mangelte es den Böden. Thomasmehl, aber auch Kali und Kalk wurden nun in großen Mengen auf Acker- wie Grünland ausgebracht, und nur in wenigen Regionen Deutschlands lag der Verbrauch so hoch wie in den Geestgemeinden des Oldenburger Landes.[37]

Auch Anfang des 20. Jahrhunderts war der größte Teil der Flächen in der Gemeinde Wardenburg noch unkultiviert. Knapp 17 Prozent der Gesamtfläche waren Acker- und Gartenland, gut 13 Prozent höherwertige Wiesen und Weiden.[38] Im Amt Oldenburg wies keine andere Gemeinde einen derart geringen Anteil an kultivierter Fläche auf. Lagen in der Gemeinde Wardenburg 1905 noch fast 59 Prozent der Flächen brach, so waren es im Amt 38,1 und im Herzogtum 33,4 Prozent.[39]

Um die Jahrhundertwende vollzog sich in der Landwirtschaft ein bedeutsamer Wandel: „Seit den 1880er Jahren verlagerte sich die Betriebsweise auf der Oldenburger Geest zunehmend von Ackerbau zur Viehwirtschaft."[40]

Entwicklung des Viehbestandes in der Gemeinde Wardenburg[41]

	1833	1852	1864	1873	1883	1892	1900	1904
Pferde	298	313	309	260	258	277	341	360
Rindvieh	1.812	2.009	2.189	2.012	1.852	2.065	2.276	2.417
Schafe	5.598	7.188	5.389	4.858	5.507	5.753	5.461	4.112
Schweine	947	951	1.188	541	1.152	1.796	2.792	3.637
Ziegen	o.A.	o.A.	65	116	200	324	361	440
Bienenstöcke	683	560	488	883	752	426	738	634
Federvieh	o.A.	o.A.	4.295	o.A.	o.A.	o.A.	9.059	13.098

Ein Pferd besaß nur etwa jeder zweite Bauer. Auf einem durchschnittlichen Hof fanden sich um 1880 zwei oder drei Kühe und ebenso viele Schweine sowie neun Schafe, die allerdings fast nur bei Bauern mit größerem Landbesitz anzutreffen waren.[42] Verglichen mit anderen Gemeinden auf der Geest wie im gesamten Herzogtum verfügten die Wardenburger Bauern lediglich über einen überdurchschnittlichen Anteil an Schafen und Bienenkörben - bei den ausgedehnten Heideflächen im Gemeindebereich keine Überraschung. Die Zahl der Schafe war in der ersten Hälfte des 19. Jahrhunderts auch in Wardenburg vermutlich mit den Wollpreisen gestiegen.[43] Danach ging sie allerdings vor allem gegen Ende des Jahrhunderts wieder spürbar zurück, eine Folge auch der Gemeinheitsteilungen. Immerhin kamen 1892 auf 100 Einwohner noch 174 Schafe - ein Spitzenwert, den lediglich einige Gemeinden auf der Münsterschen Geest überboten.

Kräftig erhöht hat sich der Bestand an Rind- und Federvieh sowie an Schweinen. Noch gegen Ende des letzten Jahrhunderts hielten die Landwirte in Wardenburg mehr Rinder als Schweine. Die allgemeine Tendenz in der Landwirtschaft läßt sich aus der obigen Tabelle bereits herauslesen: Immer weniger ging es um die Selbstversorgung durch Ackerbau und begrenzte Viehwirtschaft. Immer deutlicher trat dagegen die auf Viehzucht basierende Marktorientierung hervor, eine Entwicklung, die durch teils stark schwankende Kornpreise und tendenziell steigende Fleisch- oder Ferkelpreise gefördert wurde.

Die Hausschlachtung

Welches Ende ein gewöhnliches Hausschwein bis weit in das 20. Jahrhundert hinein genommen hat, hat Alwine Feye anschaulich beschrieben: „Die Hausschlachtungen wurden meistens in den kalten Wintermonaten Dezember, Januar und Februar vorgenommen. Früh morgens kam der Hausschlachter; heißes Wasser brodelte be-

Abb. 32   Hausschlachtung bei Malermeister Johann Schnitker. Hier werden gerade die Borsten geschabt. Zuvor wurde das Tier mit heißem Wasser übergossen.

reits im großen Kessel. Das Schwein wurde betäubt, gestochen und draußen in einem Trog oder auf Stroh mit heißem Wasser überschüttet. Der Schlachter schabte die Borsten ab.

Wenn alles sauber war, wurde das Schwein auf eine Leiter gelegt, festgebunden und senkrecht an einen Baum oder an eine Wand gestellt. Nachdem der Bauch aufgeschnitten und Lunge, Herz, Magen und eine Menge Därme entfernt worden waren, wurde es in zwei Hälften geteilt und der winterlichen Kälte überlassen.

Nachmittags kam der Fleischbeschauer. Er untersuchte das Schwein auf Trichinen. Wenn das Fleisch in Ordnung war bekam es einen Stempel.

Abends kehrte der Hausschlachter noch einmal ein. Die Schweinehälften wurden ins Haus gebracht und zerteilt. Speck, Schinken, Eisbeine usw., die geräuchert werden sollten, wurden vom Schlachter in einer Wanne gesalzen. Wenn sie einige Wochen in dieser Salzlake gelegen hatten, wurden sie in die Räucherkammer gebracht. An solchen Schlachttagen wurde bei der Arbeit kräftig ‚Köm' ausgeschenkt.

Am nächsten Tag herrschte in der Waschküche und Küche Hochbetrieb. Die Hausfrauen kochten im großen Kessel Leber, Lunge, Herz und durchwachsenen Speck. Daraus wurde Leberwurst, Rotwurst und Sülze hergestellt. Die Wurstmaschine (Fleischwolf) wurde bei der Herstellung von Cervelat- und Mettwurst gebraucht. Die Grützwurst wurde in gereinigte Dünndärme gefüllt, flach gedrückt und in den nächsten Wochen zu Mittag im Eintopf gekocht. Der Pinkel für den Grünkohl

Abb. 33 Hausschlachtung in Wardenburg.

wurde nach einem ähnlichen Verfahren hergestellt. Der Schweinemagen wurde oft mit Grützwurst und Bratzwetschen gefüllt. Eine Delikatesse! Am Abend des zweiten Tages wurde als letztes die Hackgrütze (Grütze, Brühe und Fleischabfälle) und die Blutwurst (Roggenschrot mit Blut vermischt in Leinenbeutel gefüllt) gekocht. In den nächsten Wochen gab es zum Frühstück in der Pfanne gebratene Blutwurst mit Hackgrütze."[44] Wurst und Schinken wurden nach der Schlachtung ins Rauchhaus gebracht und dort geräuchert.

Das Rauchhaus oder Hallenhaus

Der vorherrschende Haustyp war in Wardenburg wie überall auf der Geest das niederdeutsche Hallenhaus oder Niedersachsenhaus, wie es oft noch genannt wird, obwohl dieser Baustil nicht auf Niedersachsen beschränkt blieb. Bei diesem Typ handelt es sich um ein „Wohn-Stall-Speicher-Haus" oder „Einhaus" - Mensch, Tier und
Gerätschaften fanden Platz unter einem Dach. Durchreisende rümpften ob der
Wohngemeinschaft von Mensch und Tier schon mal die Nase.[45] Nach diesem Prinzip wurde bereits in vorchristlichen Zeiten gebaut.

Neueren Datums ist der Ständerbau, wie der in unseren Breiten vorherrschende
Typ nach dem tragenden Gerüst genannt wird. Gruben die ersten Bauern in Wardenburg oder Tungeln die Pfosten noch ins Erdreich, so ruhten die Ständer ab dem
13./14. Jahrhundert auf Steinen oder Holzschwellen. Diese Bauweise erhöhte nicht
nur Stabilität und Lebensdauer. Die Ständerreihen stützten auch Deel- oder Binder-
balken, die wiederum eine Sparrenkonstruktion trugen. Erstmals verfügten die Bauten nun auch über einen Dachboden, auf dem fortan die Ernte gelagert werden
konnte: „Wenn der Bauer von nun an die Ernte hochforkte, so tat er dies, damit sich
der Herdrauch vorteilhaft auswirkte; denn der Rauch trocknet das eingelagerte Getreide, beizt das Korn, vertreibt Ungeziefer und konserviert das Holz."[46]

Die wichtigsten Baustoffe für ein Fachwerkhaus alten Stils lieferte die Natur: Holz,
Lehm und Reet. Die Fächer zwischen den Vierkantbalken wurden mit Bindwerk aus
Ruten und Lehm ausgefüllt. Später traten Ziegelsteine an die Stelle des Lehms. Das
Dach war mit Reet gedeckt. Von den 541 bewohnten Gebäuden in der Gemeinde
Wardenburg waren 1855 erst 62 mit Ziegeln o.ä. gedeckt. Der Giebel war in der Re-
gel abgewalmt.[47]

Der Haupteingang („Groot Dör") war groß genug, um mit dem Erntewagen hindurchfahren zu können. Der Boden im vorderen Teil der Diele bestand aus Lehm;
hier wurde das Korn gedroschen, wurden Feste gefeiert und Verstorbene aufgebahrt.
Die beiden Ständerreihen trennten die Tenne von den Stallungen in den Seitenschif-
fen. Von hier aus konnten Kühe und Kälber das Geschehen auf der Diele verfolgen.
Über den Viehständen („Kübbungen") befand sich die „Hille", in der Heu, Stroh
oder Geräte gelagert wurden.

Im hinteren Teil wurde der Dielenboden mit kleineren Feldsteinen gepflastert.
Hier befand sich das Flett mit der offenen Herdstelle, der Mittelpunkt des Hauses,
um den sich die Hausbewohner - im Schnitt mindestens fünf Personen[48] - nach getaner Arbeit versammelten. Das Feuer, über dem ein Topf am Kesselhaken baumelte,
brannte von früh bis spät. Es spendete Wärme und Licht. Man saß auf Rohrstühlen,
hatte alles im Blick, konnte sich etwas erzählen oder am Spinnrad arbeiten. Solange
ein Schornstein fehlte, umhüllte Rauch die Szenerie. Auf diese Weise wurden Schinken und Speck, die an der Decke hingen, vortrefflich geräuchert, zugleich aber auch
die Hausbewohner in Mitleidenschaft gezogen: „Des Alters größte Beschwerde ist
hier die Schwäche des Gesichts. Die Augen werden roth und thränen viel."[49] Und
wenn sie dann müde wurden, schürte man noch schnell die Asche zusammen und be-

Abb. 34   Reetgedeckter alter Hof in Westerburg (1804 erbaut, 1952 abgerissen). Als typisch für diese Region gilt das Krüppelwalmdach. Nicht selten wurde die senkrechte Giebelspitze auch verbrettert oder verglast.

gab sich in den hinteren Teil des Hauses. Dort befanden sich die Stuben mit den Bett-stätten, den Alkoven - wer sich zum Schlafen legte, machte tatsächlich noch die Schotten dicht.

In der Regel bestand dieser Bereich, das rauchfreie und ofenbeheizte Kammerfach, noch Mitte des 19. Jahrhunderts aus höchstens zwei Räumen.[50] Im Laufe der folgen-den Jahrzehnte setzten sich dann zwei Neuerungen durch. Zum einen wurden Herd-raum und Diele immer häufiger durch einen Windfang getrennt, zum anderen er-hielten die Bauten nun einen Schornstein - aus dem Rauchhaus wurde ein Kamin-haus. Allerdings hielten auch in Wardenburg vor allem kleinere Bauern wie die Heu-erleute „noch am Rauchhausprinzip fest."[51] Von den vielen Rauchhäusern im Bereich der Gemeinde Wardenburg ist lediglich eines erhalten geblieben: Es steht - mittler-weile ein Baudenkmal - in Achternmeer und wird nach wie vor bewohnt.[52]

Abb. 35 Das einzige noch erhaltene Rauchhaus in der Gemeinde Wardenburg steht in Ach-ternmeer. Der Zweiständerbau wurde zwischen 1834 und 1836 errichtet. Das Wohngebäude hat eine Grundfläche von nur 53 qm. Das Krüppelwalmdach aus Reet schließt ab mit Heide-first und „Uhlenloch".

In einigen Dörfern findet man häufiger auch den friesischen Haustyp, der als wirtschaftlicher galt. Die Kolonisten in Harbern folgten dabei einem Vorschlag des Siedlungsamtes. Auch bei diesem sogenannten Gulfhaus befanden sich Wohn- und Wirtschaftsräume unter einem Dach. Im Vergleich zum niederdeutschen Hallenhaus hatten die Gulfhäuser rund 50 Prozent mehr Stauraum für die Ernte. Außerdem konnte der Erntewagen zur ersten „Groot Dör" hinein- und zur zweiten wieder hinausfahren. Eine große Dreschdiele wurde im Grunde nicht mehr benötigt - inzwischen gab es Dreschmaschinen.[53]

Abb. 36 Am Ostrand des Vehnemoores findet man häufiger den friesischen Haustyp. Errichtet wurden die Gulfhäuser von Siedlern, die sich um 1935 in Benthullen und Harbern niederließen.

Abb. 37 Dampfdrescher auf Knetemanns Hof in Achternholt (um 1948/49). Seit der zweiten Hälfte des 19. Jahrhunderts kamen Dampfdrescher verstärkt zum Einsatz.

Tagesablauf und Speiseplan

Anfang und Ende des bäuerlichen Arbeitstages hingen Mitte des 19. Jahrhunderts in erster Linie von der Jahreszeit und damit von der Tageshelligkeit ab. Im Sommer mußte der Bauer in aller Frühe aus den Federn. „Um vier Uhr wurde aufgestanden, um sechs Uhr ‚wat drunken‘: Roggen-, Gersten- oder Zichorienkaffee (Zichorjenwater), dazu Schwarzbrot und Butter, Eier in der Pfanne oder beim Schlachten Blut- oder Grützwurst. Um neun Uhr war Imbstied, dann gab es Kaffee, Brot, Butter und vom 1. Mai bis 1. November Käse. Um zwölf Uhr gab es Röhrkost, Erbsen oder Bohnen oder sonstiges Gemüse ‚ut den groten Pot‘, ‚däftig‘ gekocht. Um vier Uhr war Vesper, Butterbrot und Kaffee; um acht Uhr gab es aufgewärmtes Essen; dann war Feierabend, und um neun Uhr ging es zu Bett."[54]

Die Genossenschaften

Die Gemeinheitsteilungen und die Einführung künstlicher Düngemittel ermöglichten in der zweiten Hälfte des vergangenen Jahrhunderts eine Intensivierung der Landwirtschaft. Angesichts neuer Herausforderungen, vor die sich jeder einzelne Landwirt nun gestellt sah, drängte sich der Gedanke gemeinsamen Handels geradezu auf. Den Anfang machten 64 Landwirte aus Osternburg, Eversten und Wardenburg; sie schlossen sich 1873 zu einer Unterabteilung der Oldenburgischen Landwirtschafts-Gesellschaft zusammen. Zu den vorrangigen Zielen dieser Gesellschaft zählte bereits „die Förderung genossenschaftlicher Bestrebungen."[55]

Dieses Bemühen trug in den achtziger Jahren Früchte: In Wardenburg wurden - vergleichsweise früh - ein eigenständiger Konsumverein und eine Molkereigenossenschaft ins Leben gerufen. Der „Landwirtschaftliche Consumverein", aus dem die heutige Raiffeisen-Warengenossenschaft hervorgehen sollte, hatte sich die „billigste Beschaffung bester landwirtschaftlicher Verbrauchsstoffe auf direktem Wege" zur Aufgabe gemacht. Mineralische Düngemittel oder Saatgut konnten nun gemeinsam - und das hieß günstiger - eingekauft werden.[56]

Die Wardenburger Molkerei, 1888 von 21 Genossen gegründet, war eine der ersten auf der Geest. Die Zentrifuge, die eine fabrikmäßige Verarbeitung größerer Milchmengen erlaubte, war gerade erst eingeführt.[57] Zum ersten Standbein der jungen Genossenschaft entwickelte sich die Erzeugung von Butter, die bislang noch auf den meisten Höfen von den Frauen hergestellt und auf Wochenmärkten in Oldenburg verkauft wurde.[58] Doch die Geschäfte der Molkerei - oder Meierei, wie sie damals oft auch genannt wurde - liefen schlecht. Es wurde zuwenig Milch angeliefert. Gründe mögen die zögerliche Haltung etlicher Landwirte und eine vergleichsweise schwach entwickelte Viehwirtschaft gewesen sein. Zum 1. Januar 1897 wurde die Genossenschaft aufgelöst.

Bis zum Wiederaufleben einer Molkerei auf genossenschaftlicher Basis dauerte es keine fünf Jahre. Bei der Gründungsversammlung am 24. Februar 1901 erklärten sich 90 Bauern bereit, ihre Milch bei der Genossenschaft anzuliefern. Am 1. Juli wurde der neue Betrieb im alten Molkereigebäude eröffnet. Die ersten Milchlieferanten kamen aus Wardenburg, Oberlethe, Achternholt, Tungeln, Höven, Westerburg, Littel und Hengstlage. Bis 1914 kletterte die Zahl der Mitglieder auf 500. Wurden anfangs rund 2.000 kg Milch täglich überwiegend zu Butter verarbeitet, so waren es am Vorabend des Ersten Weltkriegs rund 9.000 kg. Bezahlt wurden die Bauern am Monatsende nach der abgelieferten Milchmenge; das Milchfett wurde erst Jahre später bei der Abrechnung berücksichtigt. Nach der Milchmenge wurden auch einige der Milchkutscher bezahlt, die bei Wind und Wetter mit ihren eisenbereiften Pferdewagen auch bei abseits wohnenden Bauern vorfuhren und die Kannen luden.[59] Es gab wohl keinen Kutscher, der nicht unter der Kälte eines harten Winters gelitten hätte. Währenddessen freute man sich in der Molkerei über die dicken Eisschollen auf der Hunte - sie wurden zur Kühlung gebraucht.

Der Beruf des Milchkutschers war nicht leicht. Die 20-Liter-Kannen hatten ihr Gewicht. Und er war auch nicht ganz ungefährlich. So wollte am Morgen des 14. Juli

Abb. 38 Beim 25jährigen Jubiläum der Wardenburger Molkerei-Genossenschaft im Jahre 1926 versammelten sich Mitglieder von Vorstand und Aufsichtsrat sowie Mitarbeiter zum Gruppenbild vor dem Fuhrpark und der alten Molkerei an der Oldenburger Straße in Wardenburg. In der hinteren Reihe (zweiter von links, mit Fliege): Direktor Diedrich Schulenberg, der die Geschäfte von 1902 bis 1932 leitete (hintere Reihe, zweiter von rechts: Gastwirt Diedrich Fischbeck; auf dem Stuhl davor: Gastwirt Friedrich Arnken).

1924 Friedrich Vahlenkamp die Kannen aus Charlottendorf wie immer an die Litteler Straße bringen. Doch diesmal scheuten die Pferde nach einem Peitschenhieb. Ein neues Pferd keilte aus und traf Vahlenkamp am Kopf. Der Milchkutscher starb im Krankenhaus. „Nach altem Brauch wurde die Uhr angehalten."[60]

Die Milch war nicht das einzige landwirtschaftliche Produkt, das genossenschaftlich vermarktet wurde. Die neugegründete Molkereigenossenschaft hatte kaum ihre Arbeit aufgenommen, da wurde in Wardenburg auch eine Eierverkaufsgenossenschaft ins Leben gerufen. Die beiden Genossenschaften kooperierten eng miteinander und wurden über Jahrzehnte hinweg von Diedrich Schulenberg in Personalunion geleitet. Und beide verzeichneten wachsende Erfolge. Die Zeiten, in denen sich Hühnerzüchter ein spöttisches Wort - „Wer arm werden will und weiß nicht wie, der halte sich viel Federvieh!" - anhören mußten, waren vorbei.

Trug die Bauersfrau früher den Eierkorb zum Wochenmarkt nach Oldenburg oder zum Kaufmann im Ort, so nahm die Ware jetzt einen anderen Weg. Nun wurde das

Ei zunächst mit der individuellen Nummer des abliefernden Genossen versehen und zu einer Sammelstelle gebracht. In vielen Dörfern gab es solche Stellen, so beispielsweise bei Bauer Heinrich Weyhausen in Westerburg. Von dort ging es weiter zum Lagerhaus der Genossenschaft - „Eierschuppen" genannt - in Wardenburg. Gereinigt und gemustert wanderte das Ei schließlich mit 599 anderen „Wardenburger Frischeiern" gleicher Größe in eine Versandkiste. Diese Kisten wurden bei der Bahn in Sandkrug aufgegeben. Endstation war meist das Ruhrgebiet. Das Geschäft mit Wardenburger Eiern entwickelte sich bis 1930 derart schwunghaft, daß die hiesige Genossenschaft „seinerzeit als die größte Eierverkaufsgenossenschaft Deutschlands bezeichnet werden" konnte. Erst die industrielle Eiererzeugung läutete in den 60er Jahren das Ende des einst so erfolgreichen Handels mit „Frischeiern" aus Wardenburg ein.[61]

In die Reihe genossenschaftlicher Unternehmungen, die um die Jahrhundertwende gegründet wurden, gehört auch die im August 1899 errichtete Spar- und Darlehnskasse. Es war das erste Geldinstitut überhaupt vor Ort. Bis zu diesem Zeitpunkt mußten Wardenburger nach Oldenburg fahren, wenn sie beispielsweise einen Kredit aufnehmen wollten - und dies kam gerade in den Sommermonaten häufiger vor. „Erst wenn die neue Ernte eingebracht und auf den Herbstmärkten Vieh verkauft werden konnte, wurden die Betriebsinhaber wieder flüssiger."[62] Die Bücher der neuen Kasse führte Heinrich Bernhard Wellmann in seiner Wardenburger Wohnung; der Malermeister hatte das Amt des Rendanten fast 20 Jahre lang inne.[63]

Im Jahre 1909 notierte Wellmann in seinen Büchern eine Spende der Spar- und Darlehnskasse von 300 Mark an die Wardenburger Automobilgenossenschaft, die einen lokalen Omnibusbetrieb unterhielt. Diesem jüngsten genossenschaftlichen Sproß,

Abb. 39 Ein Bus der Automobilgenossenschaft vor dem Schützenhof in Wardenburg.

der bei seiner Gründung im Jahre 1907 bereits rund 150 Mitglieder hatte, mußte die Kasse wiederholt finanziell unter die Arme greifen - das für damalige Zeiten ausgesprochen moderne Unternehmen arbeitete recht defizitär.[64] Die beiden Busse der Genossenschaft pendelten mehrmals am Tag zwischen Wardenburg, Oberlethe und Oldenburg und nahmen auch die Post mit. Für eine Strecke benötigten sie gut 45 Minuten. Im ersten Jahr wurden immerhin rund 30.000 Fahrkarten verkauft. Am 10. August 1914 legten die Busse den Weg ein letztes Mal zurück. Danach wurden beide Wagen im Krieg an der Westfront eingesetzt. Sie kehrten nicht zurück.[65]

Die letzten Genossenschaften, die hier erwähnt werden sollen, sind jene zur gemeinsamen Be- und Entwässerung der Wiesen. Bereits im Jahre 1877 wurden die Besitzer der Grundstücke an der Lethe und am Meerkanal zu Genossen. Sie stauten fortan das Wasser und verteilten es gemäß einer Rieselordnung über Gräben und Grüppen, um „möglichst hohe Erträge zu erzielen."[66] Auch an der Hunte schlossen sich die Bauern teils nach langem Zögern zusammen, weil sie mit ihren Erträgen unzufrieden waren. Die „IV. Genossenschaft" (Tungeln) wurde 1885 gegründet; hier wurde das Wasser beim Gut Hundsmühlen gestaut. Die „III. Genossenschaft" (Wardenburg) ließ dagegen bis 1899 auf sich warten - obwohl beispielsweise die Flächen in der Westerburger Marsch nach einer Begradigung der Hunte oft trocken lagen. In einer Festschrift mußten die Wiesen an der Hunte gar als abschreckendes Beispiel für die Folgen einer Flußbegradigung herhalten. Früher hätten sie häufig befruchtende Überflutungen erhalten, „während sie jetzt zum Theil gar keine Ueberfluthung mehr erfahren und während eines längeren Zeitraums im Jahre an übermäßiger Trockenheit leiden. Verschiedene Parzellen der sogen. Wardenburger Marsch sind im Laufe einiger Jahre auf etwa ein Drittel ihres früheren Ertrages zurückgegangen - einzelne sogar auf einen noch geringeren Bruchtheil - und haben in ähnlichem Verhältniß auch an Werth eingebüßt."[67]

Es bedurfte zahlreicher Versammlungen, bis schließlich alle betroffenen Bauern zu einem gemeinsamen Vorgehen bereit waren. Die Bauarbeiten an der Hunte begannen um die Jahrhundertwende. „Um die Bewässerung der Huntewiesen von Westerburg bis Tungeln durchzuführen, wurde in der Westerburger Huntemarsch nördlich vom Barneführerholz eine Schleuse gebaut. Beim Ausheben der vielen Be- und Entwässerungsgräben waren auch viele polnische Wanderarbeiter beschäftigt, da ja alle Arbeiten mit der Hand ausgeführt werden mußten."[68] Das Anlegen der Gräben war teils schwieriger als erwartet. Auch zweifelten viele nach wie vor am Erfolg des ganzen Unternehmens, das nun auch noch teuer zu werden drohte. „Die ganze Berieselung scheint die jetzigen Besitzer der Marsch aufzureiben."[69] So hatte denn auch der verantwortliche Inspektor namens Threiß in den Jahren 1901/02 in Wardenburg einen ganz schweren Stand. Am Ende allerdings machten sich die genossenschaftlichen Anlagen für die Landwirte bezahlt. Nach einigen mageren Jahren kletterten die Ernteerträge auf Rekordhöhen. Heute ist von den Anlagen an Hunte und Lethe nicht mehr viel übriggeblieben. Die Nährstoffe, die das Rieselwasser in den Boden eingetragen hatte, wurden zunehmend durch Kunstdünger ersetzt. Und durch die vielen Gräben sahen sich die Landwirte mehr und mehr am Einsatz größerer Maschinen gehindert.

Abb. 40 Diese Aufnahme vom Horst in Gloysteins Garten in Wardenburg entstand in den 1930er Jahren. Störche waren zu dieser Zeit noch regelmäßige Gäste in den Dörfern an Hunte und Lethe. Sie kehrten meist in der zweiten Märzhälfte aus ihrem Winterdomizil zurück. Mit den Rieselwiesen und den Moortümpeln, die trockengelegt wurden, verschwanden einige Jahrzehnte später auch die Störche.

Vom Brotbacken

Brot wurde lange Zeit auf den Bauernhöfen selbst hergestellt. Wie dies 1916 auf dem Hof ihrer Eltern in Höven vor sich ging, hat Emma Schütte aus der Erinnerung niedergeschrieben: „Wenn wir vom Brotbacken von früher sprechen, so meint man hauptsächlich das Backen von Schwarzbrot. Es ist Brot aus grobem Roggenmehl. Roggen war zu der Zeit das Hauptgetreide neben Hafer. Jeder Bauer und auch kleinere Betriebe sorgten dafür, daß sie Brotroggen fürs ganze Jahr hatten. Da mußten die Roggengarben gedroschen werden. Wir zu Hause machten das mit dem Flegel auf der Diele. Da mußten wir Kinder auch schon einmal mithelfen. Mit 3 Personen ging es gut, bei mehreren Personen mußte man gut aufpassen, hielt man nicht genau Takt, kam es vor, daß man einem anderen auf den Flegel schlug. Die sauberen Roggenkörner wurden in einem Sack aus Leinen, der immer dafür bereitlag, zur Mühle gebracht und grob gemahlen (bei uns in Höven hatte Mönnich eine Windmühle). Am Abend vor dem Backen wurde der größte Teil des Roggenmehls in den Backtrog geschüttet, der war aus Holz, etwa 1,60 m lang, 60 cm breit und 60 cm tief. Mit einer Handvoll Salz und warmem Wasser wurde das Mehl gut vermengt, der Teig durfte nicht zu steif und auch nicht zu dünn sein. Man nahm auch wohl einen Klumpen Sauerteig, den man vom letzten Backen zurückbehalten hatte, dazu. Unsere Mutter machte das nicht. Damit es gut säuerte, bedeckte man den Teig mit einem sauberen Laken und einer Wolldecke. Wir hatten auch einen Backofen aus Ziegelsteinen gemauert, mit Lehm verschmiert und mit Erdplaggen abgedeckt. Früh am Morgen des Backtages machte Vater das Feuer im Ofen an. Eine gute Karre voll Holz brauchte man dazu. Während der Ofen heiß wurde, das dauerte wohl 4 Stunden, formte Mutter aus dem Teig große Brote. Das war keine leichte Arbeit, der Teig mußte mit dem Rest des Mehls ordentlich durchgeknetet werden. Sie schwitzte tüchtig dabei. Immer wieder kneten, bis der Teig hielt, dann lagen denn die Schwarzbrote zuletzt schön geformt, kantig auf dem Tisch. Sie wurden schön glattgestrichen, mit etwas Rüböl oder auch wohl mit Wasser eingerieben, mit der Karre, worauf ein weißes Tuch lag, zum Backofen gebracht. In der Kriegszeit 1914 verarbeitete Mutter auch wohl kalte gekochte Kartoffeln mit in den Teig, dadurch bekam man etwas Brot mehr, es war recht locker, aber ließ sich oft nicht gut schneiden.

War der Ofen heiß genug, rakte Vater die noch glühenden Holzstücke heraus und bedeckte sie mit Erde. Das waren dann die Holzkohlen, die wir als Plättkohle nahmen. Damit das Steinpflaster schön sauber wurde, fegte Vater mit einem ... Besen noch einmal nach. Dann kam das Brot in den Ofen, wir hatten meist 7 bis 8 Brote, die wurden einzeln auf den ‚Schüwer‘ gelegt und in den Ofen geschoben.

War die Form nicht mehr so gut, klopfte Vater sie mit einem Gerät (es war ein langer Stiel mit einem schmalen Querbrett) wieder zurecht. Aus 100 Pfund Roggenmehl brachte man etwa 130 Pfund Brot. Wir hatten meist 7 bis 8 Brote, sie wogen pro Stück 18-20 Pfund. Zwei Nachbarn, die keinen Backofen hatten, backten aber auch ihr Brot. Sie brachten ihre 3 bis 4 Brote zu uns in den Backofen. Damit keine Hitze verloren ging, wurde der Ofen schnell zugemacht und der Rand von der Tür mit naßem

Abb. 41 Johann Bischof aus Westerholt beim Schwarzbrotbacken (um 1948/49).

Lehm verschmiert. Nach meinem Erinnern blieb das Brot 12 Stunden im Ofen. Im Herbst und im Winter war es oft denn schon dunkel, da mußten wir Kinder mit der Stallaterne (Sturmlaterne) leuchten. Vater holte es heraus, es war schön braun und roch so gut. Im Sommer und im Herbst kamen oft Apfelstücke, Birnen oder Zwetschgen zum Trocknen in den noch heißen Ofen. Zu den Festtagen wurden auch Stuten (Weißbrot), Butterkuchen und Klaben in dem großen Backofen gebacken."[70]

Anmerkungen

[1] Ramsauer, Prediger, 246. Ramsauer stützt sich auf Eintragungen im Wardenburger Kirchenbuch.

[2] Kohli, Handbuch, Bd. II, 12.

[3] Wilhelm Böhmer, Über die Schafzucht in Westerburg; in: GSP Nr. 15, Juni 1975, 18. In alten Flurkarten deuten Bezeichnungen wie Brahmkamp (Tüdick) und Brahm Esch (Tungeln) auf Stellen, an denen einst wohl Ginster blühte.

[4] Künnemann, Schafherde, o. S.

[5] GSP Nr. 15, Juni 1975, 18.

[6] Den Näherungswert von etwa einem Millimeter pro Jahr nennen Janßen-Holldiek/Helmers/Tielking, 64.

[7] Zur Plaggendüngung vgl. vor allem Ostermann, 167 und 182ff., sowie Böhmer, in: GSP Nr. 15, Juni 1975, 17ff. Das Festhalten an traditionellen Formen des Wirtschaftens kritisierte bereits von Negelein.

[8] Hinrichs/Krämer/Reinders, 337.

[9] Gespräch mit Ludolf Bösch am 22. März 1995. Vgl. auch GSP Nr. 70, März 1989, 3.

[10] Vgl. Geschichte des Landes Oldenburg, 713.

[11] Arbeitsvorhaben, 99.

[12] Zur Entwicklung in Littel vgl. Arbeitsvorhaben, 98ff. Entsprechend hoch war die Zahl der Schutzgeldpflichtigen, die wegen Hausbaus von der Zahlung befreit wurden; vgl. ebenda, 176. Die Oberlether nahmen es bei der Zuweisung von Land ebenfalls nicht so genau. Neben den alteingesessenen Hofbesitzern wurden auch einige Heuerleute bedacht. Elf von ihnen haben sich allein zwischen 1791 und 1800 selbständig gemacht. Zur Entwicklung in Oberlethe vgl. Arbeitsvorhaben, 114ff.

[13] Arlinghaus, Beverbruch, 25.

[14] Arlinghaus, Beverbruch, 27.

[15] Vgl. zum „Schicksal des Christian Märtz aus Wardenburg" Arlinghaus, Beverbruch, 25 und 27f.

[16] Kulturamt Oldenburg, 21.

[17] Im nördlichen Teil des Herzogtums war der Staat inzwischen Besitzer der Gemeinheiten. Er hatte sich gegenüber den Vollerben durchgesetzt. In südlichen Landesteilen - so in den früheren münsterschen Ämtern Vechta und Cloppenburg - waren die Genossen noch Eigentümer der Mark. Vgl. Der Landkreis Oldenburg, 619, und Kulturamt Oldenburg, 20f. Das Jück entsprach einst der Ackerfläche, die ein Bauer an einem Tag mit einem Ochsengespann umpflügen konnte.

[18] Korte, 161.

[19] Vgl. Korte, 162.

[20] Hinrichs/Norden, 84.

[21] Vgl. 700 Jahre Wardenburg, 55.

[22] Vgl. Kollmann, Statistische Beschreibung, 154f. (Tabelle 17a).

[23] Vgl. Kollmann, Statistische Beschreibung, 198f. (Tabelle 26b) und 677.

[24] Vgl. Hinrichs/Norden, 88, sowie Geschichte des Landes Oldenburg, 718f. Anfang 1994 waren im Bereich der Gemeinde Wardenburg noch Wallhecken mit einer Länge von über 38 km vorhanden; vgl. hierzu Landkreis Oldenburg, Umweltbericht, 61.

[25] Grundlegende Ausführungen zur Gemeinheitsteilung wie zu den Verkoppelungen finden sich bei Ostermann, 215ff.; Kulturamt Oldenburg, 20ff.; Schneider/Seedorf, 80ff.

[26] Das Beispiel findet sich in: 700 Jahre Wardenburg, 56. Die starke Streuung des Grundbesitzes auf der Oldenburger Geest wurde noch gegen Ende des Jahrhunderts von dem Volkswirt Oetken (214f.) in einem Vortrag heftig kritisiert.

[27] Vgl. Ostermann, 217f.

[28] Vgl. das „Verzeichnis der in den Jahren 1858 - 1958 im Dienstbereich des Kulturamtes Oldenburg durchgeführten Verkoppelungen - Flurbereinigungen" im Anhang von: Kulturamt Oldenburg.

[29] Vgl. 25 Jahre Ortsverein Tungeln, 23.

[30] Tagebucheintragung von Heinrich B. Wellmann vom 20. Dezember 1902, abgedruckt in: GSP Nr. 25, Dezember 1977, 11.

[31] Tagebuchnotiz von Heinrich B. Wellmann aus dem Jahre 1913, zitiert nach GSP Nr. 65, Dezember 1987, 3.

[32] Schneider/Seedorf, 113.

[33] Vgl. Hinrichs/Krämer/Reinders, 106. Mit dem Anbau von Kartoffeln wurde in dieser Region 1777 begonnen.

[34] Vgl. Tabelle 69 bei Hinrichs/Krämer/Reinders, 147.

[35] Kollmann, Statistische Beschreibung, 676.

[36] Vgl. Kollmann, Statistische Beschreibung, 170 (Tabelle 21) sowie 176 (Tabelle 22b).

[37] Vgl. Heimatkunde, Band II, 31f. In den Jahrzehnten zuvor waren bereits Guano, Knochenmehl, Kalisalze u.a. verwendet worden.

[38] Vgl. Kollmann, Statistische Beschreibung, 673 und 677. Die absoluten Zahlen finden sich im Ortschaftsverzeichniss (1895), 2.

[39] Vgl. Statistisches Handbuch, 158ff.

[40] Der Landkreis Oldenburg, 491. Vgl. auch Heimatkunde, Band II, 47ff.

[41] Zu den Angaben für 1833 und 1852 vgl. Tabelle 98 bei Hinrichs/Krämer/Reinders, 160. Zu den übrigen Angaben vgl. Statistische Nachrichten, Heft 24, 22f. und 30f. Das Federvieh wurde in den Jahren 1873, 1883 und 1892 nicht berücksichtigt.

[42] Vgl. Kollmann, Finanzielle Leistungsfähigkeit, 17ff.

[43] Vgl. Kollmann, Statistische Beschreibung, 184f. (Tabelle 24), sowie Hinrichs/Krämer/Reinders, 109.

[44] Feye, 150ff. Die erwähnte Trichinenschau wurde 1883 gesetzlich vorgeschrieben.

[45] Beispiele zitiert Kaiser, 12ff.

[46] Der Landkreis Oldenburg, 394. Die Darstellung des Hallenhauses stützt sich des weiteren auf: Geschichte des Landes Oldenburg, 898ff.; Kreisbeschreibung, 105f.; Hellbernd/Möller, 442ff.; Kollmann, Statistische Beschreibung, 41ff.; Oetken, 227ff.; Erich Martens in: GSP Nr. 5, Dezember 1972, 9f. Die Vergantungs- bzw. Versteigerungsprotokolle, aus denen Martens zitiert, vermitteln einen guten Eindruck von zwei Bauten in Oberlethe (aufgenommen 1866) und Astrup (1854). Vgl. auch Beschreibung und Skizze des Hauses Friedrichstraße 42 in Wardenburg, das im Juli 1992 abbrannte, in: GSP Nr. 85, Dezember 1992, 6f.

[47] Die Geschichte mehrerer Reetdachhäuser in Westerburg hat Grete Hoppe nachgezeichnet, in: GSP Nr. 61, Dezember 1986, 1f., und Nr. 62, März 1987, 2f.

[48] Vgl. Kollmann, Statistische Beschreibung, 74 (Tabelle 3).

[49] I. G. Hoche, Reise durch Osnabrück und Niedermünster in das Saterland, Ostfriesland und Groningen, 203, zitiert nach Kaiser, 16. Hoche gewann diesen Eindruck in einem Rauchhaus im Saterland.

[50] Vgl. Statistische Nachrichten, Heft 3, 3. Von den 541 bewohnten Gebäuden in der Gemeinde Wardenburg hatten 443 „höchstens 2 Wohnräume".

[51] Kaiser, 10; vgl. auch 18.

[52] Vgl. Beschreibung dieses Rauchhauses von Karl-Heinz Bonk in: GSP Nr. 53, Dezember 1984, 6f. Vgl. auch Bestandsaufnahme denkmalwürdiger Häuser und Objekte im Landkreis Oldenburg - Gemeinde Wardenburg - Im Auftrag des Landkreises Oldenburg zusammengestellt 1977 von Heinrich Hallermann (Bauamt Gemeinde Wardenburg).

[53] Einige Vorteile der „ostfriesischen Bauart", die „entschieden als praktischer und darum auch als empfehlenswerther gelten" müsse, skizziert Oetken, 229. Vgl. auch Kollmann, Statistische Beschreibung, 42f. und Harbern I, 138f. Weitere Informationen verdanke ich einem Gespräch mit Theodor Kramer am 5. April 1995.

[54] Heimatkunde, Band I, 369. Tagesablauf und Speiseplan dürften im großen und ganzen so auch im Raum Wardenburg bis weit in das 20. Jahrhundert hinein ausgesehen haben; vgl. hierzu auch Eckhardt, Klein Scharrel, 274.

[55] Festschrift Raiffeisenbank, 9.

[56] 700 Jahre Wardenburg, 142; vgl. auch Der Landkreis Oldenburg, 492.

[57] Vgl. Heimatkunde, Band II, 26.

[58] Vgl. Der Landkreis Oldenburg, 492. Molkereien waren meist genossenschaftliche Unternehmungen; Hauptgrund war der hohe Kapitalbedarf.

[59] Vgl. 75 Jahre Molkerei Wardenburg.

[60] Charlottendorf-West, 178; vgl. auch 200.

[61] 75 Jahre Molkerei Wardenburg, 51. Vgl. auch GSP Nr. 42, März 1982, 4, und Nr. 62, März 1987, 3.

[62] Festschrift Raiffeisenbank, 9f.

[63] Vgl. Festschrift Raiffeisenbank, 11ff.

[64] Vgl. Festschrift Raiffeisenbank, 13f.

[65] Vgl. 700 Jahre Wardenburg, 139f.; GSP Nr. 71, Juni 1989, 3; NSL vom 6. September 1908.

[66] Regulativ § 1. Die Arbeiten erfolgten auf der Grundlage der Wasserordnung für das Großherzogtum Oldenburg vom 1. Januar 1869.

[67] Oetken, 221.

[68] Wilhelm Böhmer, in: GSP Nr. 9, Dezember 1973, 7; vgl. auch Kreisbeschreibung, 118f. Die I. (Dötlinger) Genossenschaft entstand 1878, die II. (Huntloser) Genossenschaft 1872.

[69] Tagebucheintragung von H. B. Wellmann am 11. November 1901, abgedruckt in: GSP Nr. 20, September 1976, 7. Vgl. auch die Eintragung vom 4. Juni 1902, abgedruckt in: GSP Nr. 23, Juni 1977, 10.

[70] Sei wie ein Veilchen im Moose, 83f.

Die ersten „Fabriken"

Im Mittelpunkt dieses Kapitels stehen die Anfänge einer industriellen Produktion im Raum Wardenburg. Zu Beginn des 19. Jahrhunderts handelte es sich bei den ersten beiden Ziegeleien in den Augen manch Wardenburgers vermutlich schon um kleine „Fabriken"[1]. Immerhin produzierten diese Ziegeleien - im Unterschied zu den ersten Handwerkern - bereits früh auch für den überörtlichen Markt.[2] Zunächst jedoch wenden wir uns der Geschichte der Wardenburger Wassermühle zu - ihre Betreiber gründeten bald darauf auch die erste Ziegelei.

Die Wassermühle an der Lethe

Im 18. Jahrhundert konnte die Mühle an der Lethe bereits auf eine wechselvolle Geschichte zurückblicken. Seit Jahrhunderten wurde sie in der Nähe des Gutes Hundsmühlen betrieben. Von den ersten Eigentümern, den Rittern von Eversten, ging sie in den Besitz des Oldenburger Grafen über. Im 16. Jahrhundert wurde die Kornmühle neu errichtet.[3] 1576 vermachte Graf Johann VII. sie seiner Gemahlin Elisabeth, der späteren Mutter von Graf Anton Günther, bei ihrer Heirat als Morgengabe. Bei dieser Gelegenheit entstand das „wunderliche Wappen",[4] das noch heute den ehemaligen Mühlenbau ziert.

Abb. 42 Im Jahre 1576 heirateten Graf Johann VII. von Oldenburg und Delmenhorst und Gräfin Elisabeth von Schwarzburg und Hohenstein. Bei der Hochzeit ging die Wardenburger Mühle in den Besitz der Gräfin über. Noch heute findet man bei näherem Hinsehen im steinernen Wappenschild am ehemaligen Mühlenbau einzelne Elemente aus den Wappen der beiden Häuser, wie Balken (Oldenburg), Kreuz (Delmenhorst), gekrönter Löwe (Schwarzburg), Adler (Arnstadt) und Hirschgeweih (Sondershausen).

Im 17. und 18. Jahrhundert wechselte der Betrieb einige Male den Pächter. Die Mühle blieb allerdings herrschaftliches Eigentum. Das Erscheinungsbild „war ziemlich traurig", befand Mühlenmeister Tönnies Brunken, dessen überlieferte Beschreibung uns einen plastischen Eindruck von dem Anwesen vermittelt: „Es bestand 1738 aus der Roggenmühle und der Säge-, Öl- u. Walkmühle. Das Kornmühlenhaus hatte eine Länge von 64 und eine Breite von 24 Fuß; es war aus Backsteinen erbaut und hatte ein Pfannendach. Die beiden Giebel waren teils mit Eichen-, teils mit Tannenholz bekleidet. Von der Lehmdiele führte eine Tür in die Küche, die Steinpflaster besaß. Sie hatte 3 grössere Fenster nach Süden und ein kleineres nach Norden. Über eine Treppe von 4 Stufen, die durch eine Klappe verschlossen werden konnte, gelangte man in den Keller. Eine andere Treppe führte hinauf in die Stube, in der sich ein Kachelofen befand. Sie hatte 6 Fenster; der Fußboden war eichengedielt. In der Stube befand sich ferner ein Alkoven mit 2 Türen. Von der Küche ging man in die Bierkammer, deren Fußboden aus gestampftem Lehm bestand. Von dort führte eine Tür zum Stall, in dem der Besitzer selbst einen Backofen angelegt hatte.

In der Mühle war der 1. Gang nicht mehr vorhanden, der 2. nur im leidlichen Zustande. Während die anderen maschinellen Einrichtungen gut waren, war das vor 6 Jahren erneuerte Wasserrad im schlechten Zustande. Die geschilderten Räume standen durch 2 Treppen mit der eigentlichen Mühle in Verbindung. Das Haus, in dem sich die Säge-, Öl- und Walkmühle befand, war 33 Fuß breit. Die Wände bestanden teils aus Lehm, teils aus Backsteinen, das Dach aus Pfannen." Insgesamt, so der Eindruck von Mühlenmeister Brunken, war die Mühle „gerade noch betriebsfähig".[5]

Um dieses Erbpachtstück bewarben sich nun gemeinsam fünf Interessenten: Tönnies Klostermann, Hinrich Lüken, Berend Wellmann, Dierk Eckhoff und Brun Willers. Im August 1739 bestätigte der dänische König Christian VI., in dessen Herrschaftsbereich die Mühle zu dieser Zeit lag, den Vertrag, den die fünf Bewerber bereits Monate zuvor unterzeichnet hatten. Zunächst sollten sie allerdings nicht viel Freude an ihrer Neuerwerbung haben. Der Amtsvogt und Regierungsrat Hinüber, der sich wohl zu Unrecht als Vorbesitzer der Mühle betrachtete, grub ihnen im wahrsten Sinne des Wortes das Wasser ab, indem er die Lethe staute und vermutlich sogar umleitete. Teile der Mühle mußten stillgelegt werden - Grund genug für einen Rechtsstreit, der zehn Jahre dauern und die Beteiligten kräftig schröpfen sollte. In dieser Zeit reifte bei den fünf Erbpächtern der Plan, die Mühle von Hundsmühlen nach Wardenburg zu verlegen. Mehrfach wandten sie sich mit diesem Wunsch an die königliche Kammer in Kopenhagen, bis diese schließlich im Mai 1754 einer Verlegung der Mühle „nach dem Lethestrome zwischen den Dörfern Littel und Wardenburg" zustimmte. Der Bau der neuen Mühle erfolgte noch im gleichen Jahr auf sandigem Grund südwestlich von Wardenburg. Und die Wardenburger als Gemeinheitsinteressenten stimmten freudig zu und gaben bereitwillig, als Berend Wellmann mit seinem Müller von Haus zu Haus ging, um zu sammeln.[6]

Ruhe wollte allerdings nicht einkehren. Zunächst waren die Wardenburger nicht bereit, über das übliche Maß hinaus Hof- und Spanndienste zu verrichten. Jeder zahlte lieber einen halben Reichstaler an einen findigen Kopf, der versprach, die Arbeiten alleine auszuführen. Schließlich gerieten sich die fünf Besitzer noch während

Abb. 43 Ein Müller hatte vielfältige Aufgaben. So mußte er stets den Mahlgang im Auge behalten...

Abb. 44 ... und hin und wieder die Mahlsteine behauen.

der Bauarbeiten untereinander in die Haare. Am Ende blieben zwei übrig: Berend Wellmann und Hinrich Lüken.[7] Die eigentliche Arbeit übertrugen sie einem Müller, dessen Pacht wiederum um einiges höher war als ihre eigene. Sie dürften folglich „ein ganz ordentliches Geschäft" gemacht haben.[8]

Die Müller - ob Wasser- oder Windmühle - hatten kein leichtes Los: „Da mußten die Kornsäcke der ankommenden ‚Mahlgäste' gezählt, gewogen, in die ‚Mahlpost' eingetragen und mit dem Sackaufzug auf Speicher oder Schüttboden gezogen und gestapelt werden, beim Ingangsetzen des Mahlwerkes waren die günstigste Wasserbeaufschlagung oder Flügelstellung zu regulieren, das Korn ständig nachzuschütten, alle Arbeitsgänge der Mühle ständig zu kontrollieren, verschiedenes Mahlgut abzufüllen, auf der ‚Mehlwaage' auszuwiegen, zu lagern oder den Kunden wieder zu übergeben; man mußte die Mühle reinigen, bei Stillegung sichern, die Wellenlager schmieren, periodisch die Mahlsteine nachschärfen, oft verschlissene Teile auswechseln, Bretter und Schindeln neu befestigen usw., usw."[9]

Um Kunden brauchte sich der Müller allerdings nicht zu kümmern. Wer die Wardenburger Mühle pachtete, hatte aufgrund des Zwangs- und Bannrechts gleichsam ein Monopol. Alle Eingesessenen aus der Vogtei Wardenburg - und eine Zeitlang auch einige Oldenburger und Osternburger - waren verpflichtet, ihr Korn bei der Mühle an der Lethe mahlen zu lassen.[10] Der Müller hatte sie gerecht und der Reihe nach zu bedienen: „Wer zuerst kommt, mahlt zuerst." Dabei mußte der Wardenburger Müller den hölzernen Scheffel recht oft zur Hand nehmen, denn der Oldenburger Scheffel war eines der kleinsten und damit auch leichtesten Fruchtmaße weit und breit; er faßte, wenn er gestrichen voll war, knapp 23 Liter. Stempel im Holz bezeugten, daß der Behälter auch ordnungsgemäß geeicht war.[11]

Für seine Arbeit erhielt der Müller von seinen Mahlgästen das 16. Korn als „Matte" - so nannte man das Gefäß, mit dem er das ihm zustehende Mehl abgemessen hat.[12] Die Mahlgäste achteten natürlich darauf, daß dabei alles mit rechten Dingen zuging. Der Ruf der Müller war nicht der beste. Oft wurde dieser Berufsstand vor den Kadi zitiert.[13] In Wardenburg dagegen bemühte der Müller Gerd Büken Mitte des 17. Jahrhunderts den Richter, um sich gegen den Vorwurf, ein „Mattendieb" zu sein, zu wehren.[14]

Die Müller achteten ihrerseits darauf, daß kein Bauer aus ihrem Bezirk bei einer anderen Mühle mahlen ließ. Häufiger beschwerten sich die Müller Johann Christopher Peters und Johann Hinrich Wellmann - der Sohn des Erbpächters trat 1786 die Nachfolge von Peters an - bei der herzoglichen Kammer wegen „entzogener Matten". Unter den Abtrünnigen befanden sich 1790 allein zehn Bauern aus Littel. Auch die Meier des Gutes Hundsmühlen bevorzugten vorübergehend rechtswidrig eine andere Mühle.

Zu den Aufgaben des Müllers gehörte nicht nur das Mahlen des Korns, sondern auch das Walken von Fellen - eine Arbeit, die kaum lohne, selbst wenn in einem guten Jahr 2.000 Felle zusammenkämen, meinte Müller Wellmann, der eine Grote pro Fell erhielt. Nebenbei bewirtete er seine Mahlgäste mit Backwaren, Bier und Branntwein. Böse Zungen meinten, dies geschehe nur, damit die Mahlgäste beim Abmessen nicht so genau hinsähen. Auf jeden Fall zog sich Wellmann den Unmut der Wardenburger

Abb. 45 Die Wardenburger Wassermühle um 1880, im Vordergrund der Mühlenteich.

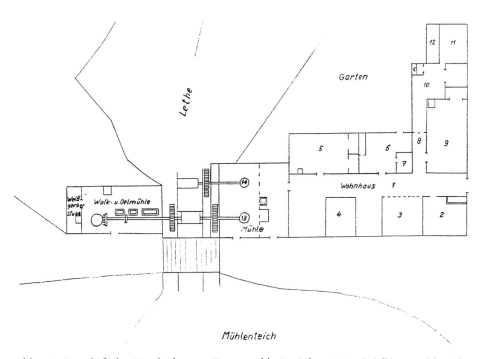

Abb. 46 Grundriß der Wardenburger Wassermühle im Jahre 1820. Bei Zimmer Nr. 5 im Wohnhaus handelte es sich um die Stube mit einem eisernen Ofen und zwei Alkovenbettstellen, bei Nr. 6 um die Küche. Der Backofen befand sich in Nr. 12. Die Mühlsteine tragen die Nummern 13 (Roggengang) und 14 (Pellgang). Baukondukteur Slevogt und Amtsauditor Möhring haben bei ihrer Inventur 1820 sogar die Schaufeln der Wasserräder gezählt: Jedes Rad hatte 48. Über die eichene Brücke ging es zur Öl- und Walkmühle und zum Weißgerberraum, in dem Felle getrocknet wurden.

Krüger Sparenberg und Escherich zu, die um ihre Kundschaft fürchteten. Man einigte sich schließlich spitzfindig darauf, daß Wellmann zwar seinen Mahlgästen auf deren Verlangen hin einschenken, aber keinen Krug betreiben dürfe.

Wenn in jenen Jahren Reparaturen an der Mühle anfielen, wandten sich die Erbpächter an den Kirchspielvogt, der wiederum die Dienstpflichtigen herbeirief. Diese Hof- und Spanndienste waren stets für einen Streit gut. Im Jahre 1817 sträubten sich zum Beispiel die Westerburger. Mit Erfolg: Dank einer alten Verfügung des Herzogs waren sie von solchen Diensten befreit. Alle übrigen Dienstpflichtigen mußten dagegen der Aufforderung nachkommen. Im darauffolgenden Jahr sollten die Dienstpflichtigen den Mühlenteich reinigen, eine Arbeit, deren Notwendigkeit den Wardenburgern nicht recht einleuchten wollte: „Obgedachter Teich ist noch nicht so unrein und zugewachsen, und kann das Wasser noch wohl gestaut werden, auch ist der Lethe Fluß durch den Teich bis vor der Brücke bey niedrigen Wasser noch immer Tief und rein, so daß das Wasser noch bis an den Schutbalken ablaufen kann."[15]. Müller Wellmann, so mutmaßten die Wardenburger, brauche wohl Dünger. Kirchspielvogt Ebken brachte ihren Widerspruch zu Papier. Ob sich das Amt dieser Sicht angeschlossen hat, ist nicht überliefert. Die Anlage war jedenfalls bei einer Inventur im Jahre 1820 in gutem Zustand.

Zu diesem Zeitpunkt waren die Erbpächter Wellmann und Lüken bereits verstorben. Die Wellmannschen Kinder wurden schließlich - nach einem Hickhack um die Hinterlassenschaft, mit dem sich auch Herzog Peter Friedrich Ludwig befassen mußte - alleinige Pächter der Wardenburger Wassermühle. In diesen Vertrag stieg nun im Jahre 1835 „ein sehr tatkräftiger und zielbewußter Mann"[16] ein: Wilhelm von der Lippe, der Ehemann einer Tochter aus dem Hause Wellmann. Eines seiner ersten Ziele: Der Mühlenteich sollte endlich von den Dienstpflichtigen „gehörig gereinigt, vertieft und ausgegraben"[17] werden. Und die angrenzenden Anbauer Döpken, Roßkamp, Wandscher und Knetemann sollten ihre Ländereien mit einem Deich befrieden, damit ihm kein „Mahlwasser" verlorengehe und das Korn gleichmäßig gemahlen werden könne. Die großherzogliche Kammer gab diesem Gesuch statt und wies die Wardenburger auf ihre Pflichten hin. Doch diese weigerten sich beharrlich. Bei einer Versammlung in Sparenbergs Wirtshaus konnte man sich lediglich auf einen Ortstermin am 22. Juli 1837 einigen. An diesem Tag nun führte die Lethe zu viel Wasser - der Termin mußte zum Leidwesen des Pächters verschoben werden. Vier Jahre gingen ins Land, bevor von der Lippe die Kammer erneut an den noch ausstehenden Termin erinnerte. Am Nachmittag des 15. Juli 1841 begutachtete eine Deputation unter Leitung von Hofrat Lasius den Wardenburger Mühlenteich. Ihr Fazit: Der Mühlenpächter sinne zu Recht auf eine Reinigung des Teiches durch die Wardenburger. Noch bevor der Großherzog sein abschließendes Urteil sprechen konnte, brach im Dezember 1844 unter dem Druck des angestauten Lethewassers der Mühlendeich. Zur Beseitigung der Schäden mußten über 200 Kirchspielbewohner jeweils einen Tag opfern. Der Müller hat die Drohungen, die während dieser Tage gegen ihn geäußert worden seien, in einem Bericht niedergeschrieben: Man werde ihn „schon müde machen, das ganze Kirchspiel werde es gegen einen schon aushalten, der Müller solle das Ende des Prozesses nicht erleben, 40 bis 50 Jahre würden darauf

Abb. 47, 48   Noch bis weit ins 20. Jahrhundert hinein drehten sich am Rande mehrerer Dörfer die Flügel von Windmühlen. Eine dieser Mühlen wurde von Emil Eberth in Littel betrieben, der auch in Zeitungen um Kunden warb (Nachrichten für Stadt und Land vom 31. Dezember 1932).

hingehen, denn über jeden Punkt solle es durch alle Instanzen gehen." Solange hat es dann doch nicht gedauert. Bei beiden Parteien scheint in diesen kalten Dezembertagen die Einsicht gewachsen zu sein, daß eine gütliche Einigung an der Zeit war. Gut zwei Monate später, Ende Februar 1845, kauften sich die Wardenburger mit 400 Reichstalern in Gold von der Verpflichtung zur Reinigung des Mühlenteiches bei Erbpächter von der Lippe frei. Einige Jahre später hätten die Wardenburger ihr Ziel zum Nulltarif erreicht; per Erlaß erfolgte der generelle Abbau von Hofdiensten an herrschaftlichen Mühlen. Zugleich wurden - im Vergleich zu anderen deutschen Regionen ausgesprochen spät - das Zwangs- und Bannrecht und die Erbpacht aufgehoben.[18] Die Bauern aus der näheren Umgebung steuerten natürlich auch weiterhin die Wassermühle an, die 1861 um eine Sägerei erweitert wurde.[19]

Sein letztes großes Vorhaben verwirklichte Wilhelm von der Lippe im Jahre 1850, zwei Jahre nach Aufhebung des Mühlenbannes. Er nahm auf einer Anhöhe an der damaligen Cloppenburger Straße bei Astrup eine Windmühle in Betrieb. Wenn nun die Lethe zuwenig Wasser führte, dann konnten die Bauern nach Astrup ausweichen - bis zu jenem Tag im Sommer des Jahre 1883, als jemand auf der Fensterbank der Mühle Schwefelhölzer liegen ließ...

Die Ziegeleien

Berend Wellmann, der uns eben noch als Pächter der Mühle begegnete, besaß einen sicheren Blick für Marktlücken. Im Oktober 1793 beantragte er gemeinsam mit dem Tischler Johann Anton Eilers aus Wardenburg beim Herzog eine Konzession zur Errichtung einer Ziegelbrennerei in der Nähe von Westerholt. Bislang sei dergleichen in der Vogtei Wardenburg nicht vorhanden, und Ziegel müßten ganz von Oldenburg herangeschafft werden. Zudem müßte man auf diesem Weg „bei Tungeln und beim blauen Hause"[20] gleich zweimal Zoll entrichten.

Wellmann bewies unternehmerisches Gespür. Entscheidende Voraussetzungen waren erfüllt: Allerorten war man inzwischen zu massiver Bauweise übergegangen. Und Dächer wurden neuerdings mit Ziegeln statt mit „Dachstroh"[21] gedeckt. In der Nähe des geplanten Standorts herrschte an geeignetem Rohstoff (Lauenburger Ton) kein Mangel. In dieser Gegend fand sich Tonerde teils unter Torf, teils unter einer Lage Sand.[22] Auch die Verkehrsanbindungen schienen ausgesprochen günstig: Der neue Münstersche Weg lag sozusagen vor der Haustür, und selbst auf dem Wasserwege - auf der Lethe und dem neuen Kanal - ließ sich die Ware zum Kunden transportieren. Diesem aussichtsreichen Unternehmen hat am Ende auch seine herzogliche Durchlaucht die Zustimmung nicht versagt. Er kam den Existenzgründern beim Zoll sogar entgegen: Auf dem Weg nach Oldenburg mußten sie nicht mehr zweimal, sondern nur noch einmal die Geldbörse öffnen und für 1.000 Mauersteine 10 Groten, für 1.000 Dachziegel 15 Groten entrichten. Und als Wellmann und Eilers fünf Jahre später den Herzog um die Erlaubnis baten, auch Töpfe und anderes Geschirr produzieren zu dürfen, wurde ihnen auch diese Konzession erteilt.[23]

Die Geschäfte der Ziegelei liefen offenbar schon in der Anfangsphase glänzend. Bereits nach wenigen Jahren wurden „jährlich 8 mal überhaupt 160.000 Steine gebrannt".[24] Die Nachfrage war groß. Zu diesem Zeitpunkt, zu Beginn des 19. Jahrhunderts, existierte in Hundsmühlen bereits eine herrschaftliche Ziegelei, „die in zwey Oefen jährlich 12 mal, jedesmal 20000 Steine, brennet" - also mit insgesamt 240.000 Steinen mehr als der von Wellmann und Eilers gegründete Betrieb.[25] Die in der herrschaftlichen Ziegelei gebrannten Steine wurden auf dem Kanal, der in die Lethe mündete, nach Oldenburg befördert.[26]

In der ersten Hälfte des 19. Jahrhunderts entstanden weitere Ziegeleien. In einer Flurkarte von 1839 sind bereits vier verzeichnet: die herrschaftliche Ziegelei in Hundsmühlen, die Ziegelei von Wilhelm von der Lippe, die von Willers und Cordes in Achternholt sowie Carstens' Ziegelei in Oberlethe.[27] Einige Jahre später kam eine weitere hinzu. Der Landwirt und Schmied Teebken aus Oberlethe errichtete sie in Westerholt - hier hatte sich eindeutig ein Schwerpunkt der Ziegelherstellung herausgebildet.[28]

Mitte des 19. Jahrhunderts gab es in der Gemeinde Wardenburg fünf Ziegeleien mit 37 Arbeitern.[29] Mit etwa fünf bis zehn Arbeitern gehörten die Ziegeleien zu dieser Zeit bereits zu den größten Betrieben.[30] Unter den Beschäftigten waren auch Wanderarbeiter aus dem Lipper Land; sie kamen im März/April und blieben bis zum

Abb. 49 Die Ziegelei Speckmann in Achternholt wurde bis 1950 betrieben und einige Jahre später abgerissen.

Ende der Saison im September/Oktober. Die Lipper, von denen sich einige hier niederließen, galten als Meister ihres Fachs. Wann und wie ein Stein in den Brennofen
mußte - das hatte ein guter Ziegelmeister, der in der Regel nach der Zahl der gebrannten Steine bezahlt wurde, im Gefühl.[31] Neben dem Ziegelmeister bestand die
Belegschaft „aus den Steinmachern, welche den Lehm formen, den Kärrnern, die den
Lehm von der Tretdiele zum Formplatze anschieben, den sog. Upstekern, die den
Lehm aufstechen, aus Jungen, welche die Steine abtragen, und endlich aus sog. Aus-
senleuten, die den Lehm zur Tretdiele anfahren."[32]

Die Arbeitszeit war abhängig vom Tageslicht und vom Wetter. Normalerweise arbeitete man in den Sommermonaten von morgens um vier bis in die Abendstunden.
Bei längeren Regenperioden wurde notgedrungen pausiert. Da in dieser Zeit kein
Lohn gezahlt wurde, mühten sich die Arbeiter, den Rückstand bei besserem Wetter
wieder aufzuholen.[33]

Im Jahre 1875 zählte man in Wardenburg bereits elf Ziegeleien - sieben Haupt-
und vier Nebenbetriebe. Zu regionalen Zentren des Ziegelbrands hatten sich inzwischen die nordoldenburgische Geest um Rastede, vor allem jedoch die Friesische
Wehde entwickelt. Der „Bockhorner Klinker" könnte aufgrund der Tonqualität in
dieser Region entsprechend hart gebrannt werden und wurde beim Bau der großen
Fernverkehrsstraßen zum bevorzugten Stein.[34]

Vom Handstrichverfahren zum Ringofen

Die ersten Ziegel wurden im Handstrichverfahren hergestellt, das sich seit dem
Mittelalter kaum verändert hatte. Anfangs wurde der Ton noch mit den Füßen
geknetet und dann in rechteckige Holzformen gedrückt und abgestrichen.
Nach dem Trocknen an der Luft wurde der Stein im Feldbrennofen gebrannt.
Auf diese Weise entstanden recht große Steine im sogenannten „Klosterformat"
(etwa 28,5 x 13 x 8,5 cm). Aus solchen Steinen wurde auch der Wardenburger
Glockenturm erbaut. Doch der Bedarf wuchs, und mit ihm der Grad der Mechanisierung. An die Stelle des Feldbrandes trat der ummauerte Brennofen, in
dem nun getrocknete Rohlinge mehrere Male im Jahr gebrannt wurden. Auf
diese Weise sollen in den hiesigen Ziegeleien bereits zu Beginn des 19. Jahrhunderts gleich 20.000 Ziegel pro Durchgang hergestellt worden sein. Damit waren
die Ziegeleien im Kirchspiel Wardenburg sicher ihrer Zeit voraus.[35] Grundlegend änderte sich die Ziegelherstellung erst in der zweiten Hälfte des 19. Jahrhunderts mit der Einführung des Ringofens, in dem das Feuer um die Rohlinge
rotierte. Da nun weit mehr Rohlinge gebrannt werden konnten, gehörte auch
das Handstrichverfahren bald der Vergangenheit an.

Ein Ringofen wurde 1927 auch in Westerholt durch den damaligen Besitzer
der Teebkenschen Ziegelei in Betrieb genommen. Die Arbeitsabläufe hatten
sich aufgrund technischer Neuerungen nachhaltig verändert. Hatte man den

Ton früher per Hand gestochen, so förderte ihn nun ein Bagger. Eine kleine Lokomotive zog die Loren mit dem Ton aus der Tonkuhle. Im Maschinenhaus (erbaut 1914) erhielt der Ton, dem bei Bedarf Sand beigemengt wurde, die für die weitere Verarbeitung erforderliche Beschaffenheit - er wurde geschmeidig und formbar gemacht. Für den Antrieb der Tonmühle sorgte eine Dampfmaschine. Die nächste Station war die Ziegelpresse. Von einem maschinell gepreßten Strang wurden die Rohlinge mit dünnen Drähten regelrecht abgeschnitten und dann zur Trocknung an der Luft in Schuppen gelagert.

Nach einigen Wochen wurden die nun vorgetrockneten Tonziegel in eine der 20 Brennkammern des Ofens aufgestapelt. Das Feuer bewegte sich von Kammer zu Kammer und umrundete den gesamten Ofen im Uhrzeigersinn in etwa einer Woche. Gearbeitet wurde rund um die Uhr. Ständig war ein Ziegelmeister vor Ort und behielt die Kammern im Auge. Hatten die Steine in einer Kammer die sogenannte Gare erreicht, dann ließ der Ziegelmeister das Feuer zur nächsten Kammer wandern.[36] Die für die hiesige Tonqualität charakteristischen rotbraunen Ziegel wurden an der Straße - dem heutigen Ziegeleiweg - zum Verkauf bereitgestellt. Die Abnehmer kamen überwiegend aus der näheren Umgebung Wardenburgs.[37]

Im Laufe der Jahrzehnte wurde der Betrieb in Westerholt noch einige Male modernisiert. Kohle trat an die Stelle von Torf, und der Dampfantrieb wurde zunächst durch eine Dieselmaschine und schließlich durch ein Elektroaggregat

Abb. 50 Mit dünnen Drähten wurden die Rohlinge von einem maschinell gepreßten Strang abgetrennt - damit hatten die Ziegel bereits ihre Grundform.

ersetzt.[38] Noch in den 60er Jahren wurden in der Ziegelei J. D. Teebken pro Jahr zwei Millionen Vor- und Hintermauerziegel im kohlebefeuerten Ringofen gebrannt.[39] 1966 wurde auch diese Ziegelei stillgelegt. Die Ziegelei in Achternholt hatte ihren Betrieb bereits gut 15 Jahre zuvor eingestellt. Die restaurierte Ziegelei in Westerholt erinnert heute an diese Periode Wardenburger Industriegeschichte.

Abb. 51 Die fertigen Ziegel wurden im Ringofen auf eine Handkarre oder - wie hier 1929 bei einer Ziegelei in Grüppenbühren - auf eine Lore geladen und zum Verkaufsplatz gebracht.

Die Fehnanstalt in Hundsmühlen

Die Anfänge des Ziegelbrands im Kirchspiel Wardenburg sind ohne den Torf, der dank der angrenzenden Hochmoore ausreichend zur Verfügung stand, nicht denkbar. Die Ziegeleien benötigten große Mengen. Aus dem nahen Moor versorgten sich selbstverständlich auch die hier lebenden Bauern mit Brennstoff. Einige von ihnen, insbesondere die Tungeler, betrieben mit dem reichlich vorhandenen Torf bald einen schwunghaften Handel - weit mehr als nur Nebenerwerb.[40] Es gab eine Zeit, da wurde dieser Torf in Oldenburg in „Hundsmühler Körben" gemessen; ein Fuder faßte etwa ein knappes Dutzend solcher Körbe.[41]

Vor der Errichtung der Fehnanstalt sahen sich „die Einwohner in der Stadt Oldenburg fast ganz der Willkür der mit Torf handelnden Bauern" ausgesetzt. Dieses „Unwesen"[42] fand 1785 ein Ende. Zur „Erhaltung mäßiger Preise des Torfs, dieses für Oldenburg so wichtigen und fast einzigen Brennmaterials",[43] erwarb die Landesherrschaft das Gut Hundsmühlen, auf dem zwei Jahre später mit dem Torfabbau begonnen wurde. Um der Stadt Oldenburg den „billigen und guten Torf" zuführen zu können, erfolgte 1790 der erste Spatenstich zum Bau der „Hundsmühler Vehnkanäle".[44] In den folgenden Jahrzehnten stieg die Zahl der Fuder, die von Hundsmühlen nach Oldenburg transportiert wurden, kontinuierlich an.

Von Hundsmühlen nach Oldenburg transportierter Torf[45]

1795	2.110 Fuder
1809	4.762 Fuder
1829	5.252 Fuder
1849	9.984 Fuder
1859	über 17.000 Fuder

Rund ein Drittel des Torfes, den die Stadt Oldenburg jährlich verbrauchte, kam aus Hundsmühlen - so die Schätzung eines Beobachters aus dem Jahre 1824. Für den Torf aus der Fehnanstalt waren Preise und Maße genau festgelegt. Der schwarze Torf sorgte für Wärme unter anderem in Schulen und Ministerien. An die herrschaftliche Ziegelei in Hundsmühlen ging der als Hausbrand nicht absetzbare Weißtorf.

Bei der Fehnanstalt arbeiteten zeitweise fast 100 Tagelöhner. Etliche von ihnen wohnten nicht in unmittelbarer Nähe, sondern teils Stunden entfernt. Diese Arbeiter reisten am Sonntag an, arbeiteten bis zum nächsten Samstag und fuhren dann für kurze Zeit zu ihren Familien.[46] In den 50er Jahren des vergangenen Jahrhunderts waren noch über 50 Arbeiter mit dem Torfstich beschäftigt. Mit dem verstärkten Bezug von Steinkohle fand auch die Fehnanstalt in der zweiten Hälfte des 19. Jahrhunderts ihr Ende.[47]

Abb. 52 „Moorsaison 1927": Torfstecher bei der Arbeit (unten im Torfspitt hinter der langen Schöpfkelle: Gerhard Kuhlmann).

Zu Besuch bei den Torfgräbern im Moor

Heinrich Schmietenknop, ein gebürtiger Halenhorster, war im Sommer 1871 im Alter von neun Jahren längere Zeit zu Besuch bei seinem Onkel in Tungeln. Dieser arbeitete als Aufseher in der staatlichen Torfgräberei in Hundsmühlen, und der junge „Knop Hein" mußte ihm nach der Schule das Essen bringen. „So bin ich denn jeden Mittag am Kanal hergewandert, denn hier stand auch die Hütte, wo der Onkel Diedrich sein Kontor hatte, wenn man es so nennen kann. Diese Hütte war geteilt, in der kleinen vorderen Hälfte war mein Onkel, auf der anderen Seite hausten die Torfgräber. In jeder Hütte war ein Kamin, da brannte das Torffeuer und die Arbeiter backten auf den Torfkohlen ihren Buchweizenpfannkuchen mit Öl und Speck. Zuerst wurde Rüböl auf die Pfanne getan, dann

Abb. 53 „Moorsaison 1927": Torfstecher bei einer Pause.

der Teig, und wenn der Kuchen etwas gebacken war auf der einen Seite, dann wurden die Speckscheiben aufgelegt, gewendet und fertiggebacken, das war den Torfgräbern ihr Leibgericht. Wenn man an so einer Hütte vorbeiging, dann roch es schon von weitem nach Buchweizenpfannkuchen.

Einer von den Arbeitern mußte gewöhnlich den Koch spielen, die Hütte ausfegen, Betten machen und die gemeinsame Mittagssuppe kochen. Die Bettstellen waren strohgefüllte Holzkästen mit Wolldecken. Manche Arbeiter hatten auch ihr eigenes Bettzeug von Hause mitgebracht. Vier solche Hütten standen am Hauptkanal, eine am südlichen, eine am ersten Inwiekskanal[48] und noch etliche am Hunte-Ems-Kanal. ... Da diese Hütten nur für den Sommer berechnet waren, so war es im Winter vor Kälte nicht auszuhalten, denn auf die niedrigen Backsteinmauern war das blanke Ziegeldach gesetzt."[49]

Die Branntweinbrennereien

Im Jahre 1833 wurden im Herzogtum Oldenburg die „Fabrik- und sonstigen Indu-
strie-Anlagen von einiger Erheblichkeit" statistisch erfaßt. In Wardenburg zählte
man hierzu neben der Mühle und den Ziegeleien auch fünf Branntweinbrennereien.[50]
Ihr Entstehen verdankten sie vor allem dem „ewigen Roggenbau". An diesem Rohstoff herrschte auch im Kirchspiel Wardenburg kein Mangel. Getreideüberschüsse
wurden hier - wenn auch nicht so stark wie in den südoldenburgischen Gebieten - zu
Branntwein verarbeitet. Beschäftigungspolitisch fielen diese Produktionsstätten
nicht sonderlich ins Gewicht. In der Regel handelte es sich um Kleinstbetriebe mit
einem Kessel, der sich damals in der Erde befand. Der von Johann Hoting (Westerholt) oder Carsten Carstens (Oberlethe) destillierte Branntwein dürfte vornehmlich
auf dem heimischen Markt konsumiert worden sein. „Die bei dem Brennen übrigge-
bliebene Maische wurde bei der Schweine- und Rindermast verwertet und war als
nährstoffreicher Dünger in der Getreidewirtschaft begehrt."[51] Importierter Branntwein, der in Dänemark oder Preußen dank neuerer Destillierverfahren wesentlich
kostengünstiger hergestellt werden konnte, läutete das Ende dieser Episode lokaler
Wirtschaftsgeschichte ein.[52] Bei Carstens in Oberlethe hatte man die Brennerei bereits aufgegeben, nachdem ein Kind in den Kessel gefallen und drei Tage später verstorben war.[53]

Das Wirtschaftsleben in der zweiten Hälfte
des 19. Jahrhunderts

Insgesamt gab es Mitte des 19. Jahrhunderts in der Gemeinde Wardenburg kaum
nennenswerte Industrie - daran konnten auch Fehnanstalt und Ziegeleien wenig ändern, von Brennereien und Mühlen ganz zu schweigen. Schwächer noch als die Industrie waren hier Handel und Verkehr vertreten. Diesen drei Bereichen verdankten
1855 nur rund 15 Prozent der Bevölkerung ihr Auskommen. Von der Landwirtschaft
lebten immerhin noch gut 83 Prozent - ein selbst für ländliche Gemeinden im Herzogtum Oldenburg überdurchschnittlicher Anteil.[54] Gleichwohl verlor die Landwirtschaft auch in Wardenburg bereits in der zweiten Hälfte des 19. Jahrhunderts an
Bedeutung: Im Jahre 1880 arbeiteten nur noch 70 von 100 Beschäftigten in der Landwirtschaft. Zu dieser Zeit war bereits fast jede(r) Vierte in einer Gewerbeart beschäftigt, die der Industrie zugerechnet wurde. Handel und Verkehr sicherten über den gesamten Zeitraum die Existenz von maximal drei Prozent der hiesigen Bevölkerung.
Und schließlich gab es noch jene, die der Statistik zufolge aus eigenen Mitteln lebten
oder - wie Pastor und Lehrer - den liberalen Berufsarten zugerechnet wurden.[55]
    Zieht man die Angaben über das gesamte Herzogtum zum Vergleich heran, so wa-
ren in Wardenburg Handel und Verkehr deutlich unterrepräsentiert, während sich
die Industrie immerhin dem Durchschnittswert in diesem insgesamt schwach indu-
strialisierten Land näherte.[56] Das, was die Statistiker seinerzeit unter „Industrie" ver-

standen, waren in Wardenburg in erster Linie kleine Ein-Mann-Handwerksbetriebe. Lediglich zwei Unternehmen - die Fehnanstalt und eine der Ziegeleien - hatten 1875 mehr als fünf Mitarbeiter. Daneben existierten allerdings mehr als 100 kleine Gewerbebetriebe, die überwiegend hauptberuflich betrieben wurden.[57] Die in der Oldenburgischen Gewerbeordnung von 1861 festgeschriebene Gewerbefreiheit dürfte dazu beigetragen haben, daß sich Kleinhandel und Handwerk auch in Wardenburg stärker entfaltet haben.

Gewerbetreibende in Wardenburg 1875[58]

	Haupt-gewerbe	Neben-gewerbe	Beschäftigte insgesamt	Geschäfts-leiter	Hilfs-personen
Fehnanstalt	1	1	12	1	11
Tongruben und Ziegeleien	7	4	25	7	18
Schmiede	7	-	25	16	9
Wagenbau	3	-	6	3	3
Böttchereien	3	-	3	3	-
Dreh- und Schnitzwaren	1	-	2	1	1
Kämme, Bürsten, Pinsel etc.	1	-	1	1	-
Getreidemühlen	2	-	4	2	2
Bäckereien	3	1	3	3	-
Fleischereien	-	4	-	-	-
Weißnäherei	4	-	5	4	1
Schneiderei	11	-	14	11	3
Schuhmacherei	15	-	25	15	10
„Haar- und Bartpflege"	3	-	3	3	-
Maurer	4	-	6	4	2
Zimmerer	6	-	10	6	4
Maler	1	-	1	1	-
Dachdecker	-	1	-	-	-
Händler	2	5	2	2	-
„Beherbergung u. Erquickung"	9	15	11	9	2

Anmerkungen

[1] Damals wußte man oft nicht recht, wann ein Betrieb als „Fabrik" anzusehen ist; vgl. Hinrichs/Krämer/Reinders, 295 und 302 (Fußnote 21). Die „eigentliche Industrie" (Heimatkunde, Band II, 132) begann im Oldenburger Land erst im Jahre 1840; in diesem Jahr begann in Varel die erste Fabrik mit der Nutzung der Dampfkraft.

[2] Die Produktion nicht nur für den örtlichen Markt gilt als wesentliches Kriterium für die Abgrenzung vom Handwerk; vgl. hierzu Hinrichs/Krämer/Reinders, 292 und 295.

[3] Vgl. hierzu Oldenburgischer Kalender, 1802, 85. Die Mühle stand ganz in der Nähe der heutigen Lethebrücke in Hundsmühlen.

[4] Georg von Lindern in: NSL vom 24. September 1936, zitiert nach Gloystein, o.S. Im folgenden stützt sich dieses Kapitel - soweit nicht anders angegeben - auf die detaillierte Darstellung von Gloystein.

[5] NSL vom 22. September 1936, zitiert nach Gloystein, o.S.

[6] Vgl. hierzu auch Oldenburgischer Kalender, 1802, 85.

[7] Wellmann und Lüken schlossen mit Eckhoff und Willers einen Vergleich; der Adoptivsohn Klostermanns verzichtete auf seinen Anteil gegen Zahlung einer Abstandssumme.

[8] Gloystein, o.S. Die Erbpächter von Mühlen waren vielerorts recht angesehen; vgl. Mager/Meißner/Orf, 130.

[9] Mager/Meißner/Orf, 145.

[10] Vgl. auch Oldenburgischer Kalender, 1802, 79.

[11] Eine kleine Sammlung solcher Scheffel kann in der Museumsmühle in Delmenhorst-Hasbergen besichtigt werden, darunter der große preußische Scheffel, der rund 74 Liter faßte.

[12] Andernorts auch Metze, Molter oder Malte genannt. Der Anteil des Müllers am Mahlprodukt lag zwischen einem Viertel und einem Zweiunddreißigstel; vgl. Mager/Meißner/Orf, 128.

[13] Vgl. Mager/Meißner/Orf, 154ff.

[14] Gloystein, o.S.

[15] Aus dem Bericht von Kirchspielvogt Ebken an das Amt vom 23. Juli 1818, zitiert nach Gloystein, o.S.

[16] Gloystein, o.S.

[17] Gesuch des Wilhelm von der Lippe an die großherzogliche Kammer vom 3. August 1836, zitiert nach Gloystein, o.S.

[18] Mager/Meißner/Orf, 141. In Preußen existierte bereits seit 1810 eine neue Mühlenordnung.

[19] 1861 ging die Wassermühle in den Besitz der Familie Gloystein über. Diese veräußerte das Anwesen 1896 an Johann Hermann Diedrich Lahring. Die Familie Lahring hat die Wassermühle noch gut zwei Jahrzehnte betrieben. 1963 wurden Wohnhaus und Kornmühle erneuert.

[20] Gloystein, o.S. Beim „blauen Haus" handelte es sich um den Oldenburger Zoll auf dem „Damm" gegenüber von Osternburg; vgl. hierzu Sello, 158, Fn. 1.

[21] Gloystein, o.S.

[22] Oldenburgischer Kalender, 1801, 81.

[23] Ein Zeitgenosse notierte zu Beginn des 19. Jahrhunderts im Oldenburgischen Kalender (1802, 80), daß der Tischler Eilers und der Müller Johann Hinrich Wellmann - er war der Sohn von Berend Wellmann - am südlichen Dorfrand von Oberlethe „gegenwärtig" eine Töpferei errichten würden. Ausführlich werden die Anfänge von Ziegelei und Töpferei nachgezeichnet in: Gloystein.

[24] Oldenburgischer Kalender, 1802, 80.

[25] Oldenburgischer Kalender, 1802, 85. Die Anteile an der von Wellmann und Eilers gegründeten Ziegelei - der ältesten im Raum Wardenburg - gingen im Laufe der folgenden Jahrzehnte durch verschiedene Hände, u.a. durch die des Gastwirts Wöbken (vgl. ebenda, 80). 1847 befand sich die Ziegelei im Besitz von Wilhelm von der Lippe, der bereits Erbpächter der Mühle war.

[26] Vgl. Ein Spaziergang nach Hundsmühlen, 150f.

[27] Siehe hierzu auch: Vermessungskarte von 1839, Flur IV (Westerholt), Flur V (Achternholt) und Flur VIII (Hundsmühlen).

[28] Vgl. Speckmann, o.S.

[29] Vgl. Böse, 459.

[30] Vgl. Hinrichs/Krämer/Reinders, 296.

[31] Vgl. Speckmann, o.S., sowie Moderne Zeiten, 35. Familien wie Wilmsmann, Brockmann oder Jürgens haben ihre Wurzeln im Lipper Land.

[32] Kollmann, Herzogthum Oldenburg, 284.

[33] Vgl. Moderne Zeiten, 119.

[34] Vgl. Hinrichs/Krämer/Reinders, 298. Zur Anzahl der Ziegeleien in den einzelnen Kirchspielen vgl. die Tabellen 111 bis 114 in: ebenda, 308f. Zum Bockhorner Klinker vgl. auch Gewerbe- und Handelsverein, 78, sowie Kollmann, Herzogthum Oldenburg, 282f. Die Ziegeleien in den nördlichen Landesteilen profitierten zudem vom Bau des Kriegshafens in Wilhelmshaven (gegründet 1869); vgl. hierzu auch Heimatkunde, Band II, 134.

[35] Vgl. Oldenburgischer Kalender, 1802, 80 und 85; Hinrichs/Krämer/Reinders, 300; Hellbernd/Möller, 750f.

[36] Vgl. Speckmann, o.S., Hellbernd/Möller, 751, sowie eine Baubeschreibung von Karl Wermbter, o.S. (Bauamt Gemeinde Wardenburg). Die erste Ringofenziegelei im Land Oldenburg nahm 1867 ihren Betrieb in Büppel bei Varel auf. Bald darauf folgten weitere, darunter die

Dampfziegelei Mosleshöhe am Hunte-Ems-Kanal; vgl. Moderne Zeiten, 34f., sowie Gewerbe- und Handelsverein, 78f. Der Hauptvorteil des Ofens, so Stein (70), „liegt in dem reichen Farbspiel der Klinker, das mit keinem modernen Tunnelofen erreicht werden kann."

[37] Gespräch mit Frank Speckmann am 31. Mai 1994.

[38] Vgl. Neumann/Unger, Bauaufnahme Ziegelei Westerholt Maschinenhaus, o.S. (Bauamt Gemeinde Wardenburg).

[39] Vgl. Hellbernd/Möller, 749.

[40] Vgl. Kohli, Bd. II, 13.

[41] Vgl. 700 Jahre Wardenburg, 91. Nach Kohli war dieser Korb 65 cm hoch und zwischen 55 cm (unten) und 72,5 cm (oben) breit.

[42] Kohli, Bd. I, 326.

[43] Kohli, Bd. I, 325.

[44] Gewerbe- und Handelsverein, 83.

[45] Vgl. Hellbernd/Möller, 285. Von dem Vorhaben, in Hundsmühlen eine Moorkolonie anzulegen, ist man bald wieder abgerückt; vgl. hierzu Ovie, 21ff. Anfangs verzeichneten die Rechnungsbücher der Fehnanstalt ein Defizit: Zu hoch war der Anteil des braunen und weißen Torfes.

[46] Gespräch mit Gustav Kuhlmann am 21. Juni 1995. Sein Urgroßvater hat nicht nur in der Fehnanstalt Torf gegraben, sondern auch am Hunte-Ems-Kanal mit ausgehoben. Vgl. auch Kohli, Bd. I, 325f.

[47] Vgl. Böse, 459; Hellbernd/Möller, 285.

[48] Beim „Inwiekskanal" handelte es sich um einen Ausweichkanal für Torfschiffe am Querkanal.

[49] Jugenderinnerungen des Heinrich Schmietenknop, bearbeitet von Erich Martens, abgedruckt in: GSP Nr. 79, Juni 1991, 3f., hier: 4.

[50] Vgl. Tabelle 235 bei Hinrichs/Krämer/Reinders, 333. Bei Kleinstbetrieben wie den Branntweinbrennereien mutet die Abgrenzung zwischen Fabrik und Handwerk ein wenig fragwürdig an.

[51] Hinrichs/Krämer/Reinders, 300f.

[52] In Wildeshausen wurde noch bis 1978 Korn gebrannt. Die Brennerei Kolloge wurde 1857 gegründet und gehörte dank einer Dampfmaschine zunächst zu den modernsten weit und breit. Einen Eindruck vom einstigen Stand der Technik vermittelt heute das „Dampfkornbranntweinbrennereimuseum Wildeshausen"; vgl. auch Wildeshauser Zeitung vom 26./27. August 1989, Magazin, o.S.

[53] Vgl. hierzu GSP Nr. 5, Dezember 1972, 14.

[54] Vgl. Statistische Nachrichten, Heft 7, 369ff. In 68 von 107 ländlichen Gemeinden im Herzogtum Oldenburg war der Anteil derer, die in der Landwirtschaft beschäftigt waren, niedriger als in Wardenburg. Industrie, Handel und Verkehr waren also vielerorts entwickelter als in Wardenburg. Ob jene, die hier und im folgenden diesen Sektoren zugerechnet werden, ausschließlich in der Gemeinde Wardenburg selbst arbeiteten, geht aus der Statistik nicht deutlich hervor. Bei der überwiegenden Mehrzahl war dies zweifelsohne der Fall.

[55] Vgl. hierzu Statistische Nachrichten, Heft 20, Anhang, 3 (Angaben von 1880), sowie Heft 21, 151 (Angaben von 1885). Eine vergleichbare Tendenz läßt sich aus den Zahlen bei Kollmann (Statistische Beschreibung, 104) herauslesen. Danach sank der Anteil der Beschäftigten in der Landwirtschaft von 82,8 Prozent (1861) auf 66,4 Prozent (1890). Der Anteil der in der Industrie Beschäftigten stieg im gleichen Zeitraum von 14,3 auf 23,7 Prozent.

[56] Vgl. Kollmann, Statistische Beschreibung, 104 (Tabelle 9). Vergleichswerte zur beruflichen Gliederung im Großherzogtum Oldenburg und im Deutschen Reich finden sich in den Statistischen Nachrichten, Heft 21, 66f.

[57] Vgl. hierzu Statistische Nachrichten, Heft 17, 155.

[58] Vgl. Statistische Nachrichten, Heft 17, 158 bis 199. Offen muß bleiben, warum die Wardenburger Stukkateure in dieser Statistik nicht berücksichtigt wurden. Im benachbarten Hatten wurden immerhin noch 18 Hauptbetriebe gezählt; vgl. ebenda, 188. Gerade in der zweiten Hälfte des 19. Jahrhunderts erlebte jedoch auch die Wardenburger Hollandgängerei ihren Höhepunkt (vgl. hierzu das Kapitel „Der Hollandgang"). Noch 1890 lebten in Wardenburg 110 Stukkateure, von denen sechs selbständig waren; vgl. Kollmann, Statistische Beschreibung, 676.

Der Hollandgang

Schon im Laufe des 18. Jahrhunderts hatte sich auch im Kirchspiel Wardenburg immer deutlicher gezeigt, daß die Landwirtschaft allein nicht in der Lage war, die stark wachsende Bevölkerung zu ernähren. In den Kirchspielen auf der Geest fehlten Weideflächen, die einen größeren Viehbestand erlaubt hätten. Der Düngermangel wiederum setzte dem Ackerbau Grenzen. Immer stärker mußten sich daher kleinere Bauern oder abgehende Söhne nach Alternativen umsehen. Das Handwerk war eine Möglichkeit, der Hollandgang eine andere. Daß sich diese beiden Möglichkeiten auch gewinnbringend verknüpfen ließen, zeigt gerade das Beispiel der Hollandgänger aus dem Raum Wardenburg.

Während viele Hollandgänger aus anderen Regionen als Torfgräber, Grasmäher oder auf Walfängern arbeiteten, scheinen sich die Wardenburger schon früh auf das Stukkateurhandwerk spezialisiert zu haben. Bis heute fehlt eine plausible Erklärung, warum gerade in Wardenburg - und daneben in einigen anderen Gemeinden der näheren Umgebung - diese spezifische Variante der Wanderarbeit vorgeherrscht hat.[1]

Ein früher Hinweis auf Hollandgänger aus dieser Region findet sich in der Chronik der Kirchengemeinde. Danach machten sich bereits 1725 - sicher nicht zum ersten Mal - einige Wardenburger auf den Weg über die Grenze.[2] Zu diesen frühen Hollandgängern gehörte Johann Strohmeyer, der 1702 in Westerburg geboren wurde und 1747 in Spaarwoude bei Amsterdam starb.[3] Der westliche Nachbarstaat galt zu dieser Zeit - verglichen mit hiesigen Regionen - als reich. Das relativ schwach bevölkerte Land war nicht zuletzt dank seiner Kolonien zu einer führenden Handelsmacht aufgestiegen. Arbeitskräfte wurden in Holland gesucht und vergleichsweise gut bezahlt.[4]

Dies sprach sich auch im Kirchspiel Wardenburg mehr und mehr herum. In den Schutzgeldregistern des 18. Jahrhunderts findet sich bereits häufiger der Hinweis auf Hollandgänger, von denen einige offenbar auch dauerhaft ihrer Heimatgemeinde den Rücken kehrten.[5] Möglicherweise zog es den einen oder anderen in jenen Jahren auch deshalb ins benachbarte Holland, weil er so der Rekrutierung zum dänischen Nationalregiment zu entgehen hoffte.[6] Die wesentlichen Ursachen der Hollandgängerei waren jedoch Unterschiede zwischen Holland und der nordwestdeutschen Region in naturräumlicher sowie - teils daraus resultierend - in wirtschaftlicher und sozialer Hinsicht.[7]

Einen ersten Höhepunkt erreichte die Hollandgängerei Ende des 18. Jahrhunderts. Mit der Bevölkerungszahl war auch die Zahl der Klein- und Kleinstbauern gewachsen, die von ihrem Hof allein nicht leben konnten. So machten sich in Nordwestdeutschland Jahr für Jahr „Tausende von geringen Leuten" auf den Weg, um vor allem in den nördlichen und westlichen Regionen der Niederlande eine Beschäftigung zu suchen.[8]

Die Heuerleute

Unter den Hollandgängern dürften sich etliche der in Wardenburg lebenden Kleinbauern befunden haben. Im Jahre 1821 zählte man im gesamten Kirchspiel 23 volle und 11 halbe Meier, 48 Köter, 252 Brinksitzer, 28 Häuslinge und 113 Heuerleute.[9] Gerade die Zahl der Heuerleute sollte sich noch erhöhen. Im Jahre 1835 waren es bereits 164. Zum größten Teil lebten sie bei Brinksitzern (156); nur wenige kamen bei einem Köter (5) oder einem Meier (3) unter.[10]

Die Heuerleute gehörten zu den Ärmsten im Kirchspiel. Selbst ohne Grundbesitz, erhielten sie von einem Bauern eine kleine Wohnung, ein Stückchen Land und entrichteten dafür die Heuer. Der Heuervertrag verpflichtete sie insbesondere in der Saat- und Erntezeit zur Mitarbeit auf dem Hof des Bauern. Daneben blieb ihnen oft kaum Zeit, den eigenen Lebensunterhalt zu sichern. Dem Historiker Ludwig Kohli verdanken wir eine zeitgenössische Beschreibung der Lebensbedingungen gerade des kleineren Bauern: Dieser „wohnt meistens in einem elenden Lehmhause, worin kaum hinlänglich Raum für ihn, seine Familie und 1 bis 2 Kühe ist. Vor diesem Häuschen, oder meistens daran gebauet, befinden sich eine Torfbude (Torfschuppen) und ein Schweinestall; ne-

Abb. 54 Das Barelmannsche Heuerhaus stand an der Friedrichstraße in Wardenburg etwa in Höhe der heutigen Post (Aufnahme aus den 1930er Jahren).

Abb. 55 „Grothus sien Marie" vor einem Heuerhaus in Achternholt, das einst zu einem Brinksitzerhof gehörte. Das Feuerholz, das Marie Grotelüschen unterm Arm trägt, diente zum Heizen ihres Sparherdes, auf dem sie einen Kaffee bereitete, den auch ihre Nachbarn sehr schätzten.[11]

ben oder hinter seiner Wohnung ein sogenannter Kohlgarten (Gemüsegarten) und ein Brink (Grasbank oder Grasplatz), welcher nebst einigen Feldern Braunkohl, sein kostbares Kleinod, die Kuh ernähret; andere Ländereien geben ihm den Bedarf an Getreide und Kartoffeln, diesem seinen Hauptnahrungsmittel."[12]

Auch in der zweiten Hälfte des 19. Jahrhunderts handelte es sich bei den Hollandgängern aus der Gemeinde Wardenburg vor allem um kleine Bauern, „die sich noch ein bißchen Land dazukaufen wollten. Hier war ja kein Geld zu verdienen, um Land zu kaufen, und die einzige Möglichkeit war, nach Holland zu gehen als Stukkateur."[13] Die Arbeit auf dem Hof war dann Aufgabe der Frau und der Kinder.

Zu den Wardenburger Hollandgängern zählten zunächst auch die Lehrer der Nebenschulen. Bei einer Visitation im Jahre 1770 waren sie ausnahmslos „verreist". Schulhalter Grube aus Astrup war in den Augen von Generalsuperintendent Mutzenbecher sogar „ein besserer Gipsarbeiter als Schulhalter". Mutzenbecher, der hier einen frühen Hinweis auf das Stukkateurhandwerk liefert, lehnte im Jahre 1793 eine Versetzung des Lehrers ab: Er könne es nicht verantworten, das Hollandgehen „in solchen Kirchspielen einzuführen, wo es bisher - gottlob! - nicht Sitte ist."[14] Möglicherweise war der Hollandgang in einigen anderen Kirchspielen auch deshalb noch nicht so entwickelt, weil sich dort stärker als in Wardenburg Alternativen auch vor Ort fanden; so sicherte in Westerstede und Dötlingen die Leinenweberei, in Großenkneten das Strumpfstricken und in Hatten die Mattenflechterei vielen ein Zubrot.[15]

Insgesamt zeigte man in Oldenburger Amtsstuben Verständnis für die wirtschaftlichen Motive, die die Männer Jahr für Jahr nach Holland ziehen ließen. Die Oldenburger Regenten standen dem Hollandgang ihrer Untertanen offenbar ein wenig liberaler gegenüber als andere, die die Wanderarbeit mit Verboten einzuschränken oder doch wenigstens zu kontrollieren versuchten. Während der Franzosenzeit mußten dann auch die Behörden im Großherzogtum auf Weisung aus Paris - dort fürchtete man vermutlich leere Reihen in der Großen Armee - die Heimat- und Zielorte tausender Hollandgänger erfassen. Jeder, der außer Landes wollte, wurde nun registriert.[16] Im Jahre 1811 verließen dieser Statistik zufolge 2.834 Wanderarbeiter für einige Zeit das Großherzogtum Oldenburg. Der weitaus größte Teil stammte aus Südoldenburg. Immerhin 300 Wanderarbeiter kamen aus dem Raum Ganderkesee-Hatten-Wardenburg.[17] Auch in den folgenden Jahrzehnten stand vor dem Gang nach Holland der Gang zur Behörde. Bei der „Großherzoglichen Oldenburgischen Inspection der höhern Polizey" mußten sich die Hollandgänger einen Reisepaß ausstellen lassen, ein überdimensionales und auf ein Jahr befristetes Papier, das sich wie folgt las: „Alle Civil- und Militärbehörden werden hierdurch ersucht, den hiesigen Landesunterthan Gerd Vahlenkamp gebürtig aus Oberlethe und wohnhaft in Oberlethe, der von hier über Lingen nach Amsterdam zu reisen gewillt ist, frey und ungehindert passieren und repassieren zu lassen, auch demselben nöthigenfalls zur Beförderung seiner Reise behülflich zu seyn."[18] Wer wie Vahlenkamp nach Amsterdam wollte, nahm den Weg über Lingen und umging so die großen Moore im Nordosten der Niederlande. Jene, die nach Groningen oder Leeuwarden wollten, wählten dagegen den Weg „über Leer nach Holland".[19] Die einen überquerten die Ems also bei Lingen, die anderen bei Weener.

Den genauen Tag der Abreise im Frühjahr sprachen die Hollandgänger in den einzelnen Dörfern unter sich ab. „Es wurde ein Sammelplatz festgelegt, um möglichst in großer Gesellschaft zu reisen. Jeder war ausgerüstet mit einem Rucksack, der möglichst aus einem bunten Teppichstück angefertigt und mit Traggurten versehen war. Vollgepackt war er mit Kleidungsstücken und Werkzeug."[20] Außerdem nahm jeder Hollandgänger Proviant mit - Eier, Brot und Speck wogen oft bereits 25 kg oder mehr.[21]

Die Hollandgänger reisten immer in Gruppen. So gingen beispielsweise Hermann Beneke (Littel), Johann Heinemann (Wardenburg) und Johann Logemann (Charlot-

Abb. 56 Die Hollandgänger (Holzstich nach einem Original von L. Brenner, letztes Viertel des 19. Jahrhunderts).

tendorf-West) gemeinsam unter Leitung von Heinrich Meyer („Opa Meyer") aus Wardenburg nach Holland. Ihre Siebensachen hatten sie in einer Schubkarre dabei.[22] Die „Anführer", die die Hollandgänger in ihren Gruppen wählten, achteten in den kommenden fünf oder sechs Tagen auf die Einhaltung der gemeinsamen Regeln. Stockschläge drohten dem, der diese Regeln unterwegs mißachtete.[23]

Auf der Route wuchs die Zahl der Hollandgänger. Bereits in Großenkneten schlossen sich den Wardenburgern weitere Wanderarbeiter an.[24] „Die Hollandsgänger, besonders diejenigen, die den südlichen Weg wählten und ihre Reise zum grössten Teil auf Schusters Rappen vollendeten, hielten sich genau an die alten Routen, die alten Rasten und Herbergen. Gerastet wurde gewöhnlich unter einzelstehenden alten Eichen oder im Schatten eines alten Buchenwaldes. Die Schalen ausgetrunkener Eier, Speckschwarten und sonstige Reste des ländlichen Mahles legten Zeugnis von ihrer Anwesenheit ab."[25] In Lingen, wo es über die Ems ging, stießen die Hollandgänger aus dem Osnabrücker Raum und dem nördlichen Westfalen zu jenen aus dem Oldenburgischen und Hannoverschen. Gemeinsam überquerte man die Grenze und folgte eine Weile dem Lauf der Vechte. Weiter ging es über Zwolle an die Ostseite der Zuidersee und von dort mit dem Schiff nach Amsterdam oder in die Provinz Holland.[26]

In Amsterdam wählten die Wardenburger Hollandgänger aus ihrer Mitte einen

Boten. Dieser pendelte in den folgenden Monaten zwischen Amsterdam und Wardenburg hin und her und transportierte Briefe oder auch Bargeld. Der Bote wurde von den anderen Hollandgängern gemeinschaftlich bezahlt.[27] Alle anderen suchten sich nun einen Arbeitsplatz. „Meistens kehrten sie zu ihrem vorjährigen Baas (Meister) zurück. Gut die Hälfte aller Meister war deutscher Herkunft. Sie hatten sich in Holland angesiedelt und dort meistens ein gutes Vermögen erworben."[28] Von diesen Stukkateurmeistern stammte wiederum ein nicht geringer Teil aus Wardenburg. Die genaue Zahl der Wardenburger, die jenseits der Grenze Fuß faßten, ist unbekannt. Allein in den 70er und 80er Jahren des vergangenen Jahrhunderts wanderten mehrere Dutzend Wardenburger in die Niederlande aus.[29]

Auswanderer, die sich selbständig gemacht hatten, wurden nun alljährlich für einige Monate zu Arbeitgebern der Stukkateure aus ihrer ehemaligen Heimatgemeinde. Johann Erdmann aus Astrup arbeitete beispielsweise jahrelang für Meister Bischoff aus Tungeln, der sich in Den Helder niedergelassen hatte. In Haarlem betrieben Brüggemann (Oberlethe) und Martens (Littel) ein Geschäft. In Amsterdam florierten die Geschäfte von Oldigs (Littel), der zeitweise über hundert Stukkateuren Arbeit geboten haben soll. Rund um Rotterdam und Delft verzierte Johann Diedrich Knetemann (Littel) zahllose Decken und Wände in Bürgerhäusern und öffentlichen Gebäuden.[30]

In Groningen hatte sich Johann Diedrich Döpken selbständig gemacht. Döpken, geboren 1823 in Wardenburg, bewohnte mit seiner aus Winschoten stammenden Frau und seinen Kindern ein Haus im Zentrum (Turfsingel). Auch die beiden ältesten Söhne erlernten hier das Stukkateurhandwerk. Zu den Familienmitgliedern kamen einige festangestellte Arbeitnehmer sowie - in der Saison - die Wanderarbeiter aus Wardenburg und Umgebung.[31]

Döpken war nicht der einzige Stukkateur aus dem Oldenburgischen, der sich in Groningen niedergelassen hatte. Nur einige Straßen weiter betrieb offenbar fast zeitgleich Johann Christoph Gramberg aus Streek sein Geschäft, und auch dessen gleichnamiger Sohn führte das Handwerk fort. Arbeit gab es für Döpken, Gramberg und die anderen genug. Seit den 70er Jahren erlebte das Baugewerbe in Groningen einen regelrechten Boom. Die Stadt, deren Festungsstatus 1874 aufgehoben wurde, konnte sich nun ausdehnen. Auch brauchten all jene eine Bleibe, die die Hoffnung auf Arbeit in der Industrie in die Stadt verschlagen hatte.[32]

Die Arbeit des Stukkateurs - und seinen Eindruck von den Holländern - hat Johann Erdmann festgehalten: „Die Hauptarbeit war im Vorsommer das Weißen oder Anstreichen mit Kalkmilch (Wittjen). Fast alle Decken, Gänge und Vorportale waren mit Kalkmilch in den verschiedensten Farben getüncht und die Außenwände mit schöner Wasserglasfarbe (Silikat) gestrichen. Der Holländer ist peinlich sauber und liebt bunte Farben. Der Bauer macht seinen Kuhstall nach dem Großreinemachen zur Wohnung und verschließt manchmal seine Stuben. Im Nachsommer, wenn die Neubauten unter Dach gekommen sind, kam für die Stukkateure die eigentliche Arbeit, der Deckenputz. Dieser war manchmal sehr kunstvoll. Gipsfiguren, Blumen und Leistwerk - in verschwenderischer Fülle gewünscht - verlangen oftmals große Geschicklichkeit."[33]

Besuch vom Wanderprediger

In der zweiten Hälfte des 19. Jahrhunderts erhielten die Hollandgänger ab und an Besuch von deutschen Wanderpredigern. So weilte in den 80er Jahren Pastor Kuhlmann aus Burhave häufiger bei den Stukkateuren in Groningen, Leeuwarden, Amsterdam und Haarlem, aber auch in kleineren Orten wie Bolsward oder Arum.[34] In Groningen wurde Kuhlmann in der Regel von Stukkateurmeister Gramberg sen. oder von einem Mitarbeiter Döpkens empfangen. Sein ortskundiger Begleiter brachte ihn zu den „Kosthäusern" in der Aakerkstraat, Hardingerstraat oder Klene Peperstraat, in denen die Stukkateure logierten. Diese kehrten meist erst nach 20 Uhr von ihrer Arbeit zurück. Neben der Abenddacht blieb Zeit für Gespräche. Die Stukkateure klagten zu dieser Zeit bereits über einen Mangel an Arbeit. Die Bautätigkeit habe nachgelassen. Auch würden katholische Arbeiter aus Westfalen „immer schlimmere Konkurrenz" machen.[35] Ein Trost immerhin blieb den Wardenburger Stukkateuren: Die katholische Kirche sorgte zugleich für neue Aufträge. In Groningen und Leeuwarden entstanden zu dieser Zeit etliche Kirchenbauten, von denen mehrere beispielsweise von Stukkateurmeister Gramberg ausgeschmückt wurden.[36] Pastor Kuhlmann sah diese Entwicklung eher mit Sorge. Jahr für Jahr geriet die evangelische Kirche nach seinem Eindruck stärker in die Bredouille.[37]

Kuhlmann, der als ehemaliger Pastor der Gemeinde Hatten etliche Stukkateure persönlich kannte, war des Plattdeutschen mächtig. „So fand ich denn nach kurzer Besprechung der persönlichen Verhältnisse leicht den Übergang zu seelsorgerischer Einwirkung." Und von seiner Mission war der Geistliche überzeugt. Seiner Meinung nach waren die Stukkateure in Holland nicht nur in konfessioneller Hinsicht einigen bedenklichen Einflüssen ausgesetzt. Der Geistliche vermißte beispielsweise „die überall in Deutschland herrschende Ordnung im Verkehr, z.B. auf den Bahnhöfen. Jeder sorgt für sich, wie es ihm gefällt, und läßt sich nicht dreinreden. Die Polizei ist machtlos, sie kann nur durch freundliches Zureden soviel wie's eben geht die Ordnung aufrecht erhalten. Ein Umstand, den sich die Socialdemokraten, deren Zahl täglich wächst, gehörig zu Nutzen machen."[38] Eines Beistands bedurften die Stukkateure nach Ansicht von Kuhlmann auch in moralischer Hinsicht: „Wie nöthig ihnen aber in Städten wie Amsterdam geistlicher Zuspruch ist, weiß jeder, der einen Blick in die Abgründe der Sünde und auf die vielen Versuchungen gethan hat, denen sie dort ausgesetzt sind, wo die Polizei sich scheinbar um Schamlosigkeiten wenig kümmert."[39] Von Amsterdam, wo es „eine ganze Reihe von Kosthäusern" und damit „überaus viel zu laufen" gab, konnte sich der Geistliche in Haarlem ein wenig erholen. In der Umgebung dieser nordholländischen Stadt gab es „herrliche Parkanlagen mit feenhaft schönen Schlössern der Amsterdamer Millionäre" - und damit wohl auch genug Arbeit für die drei Stukkateurmeister, die Kuhlmann hier besuchte: Martens, Brüggemann und Heuermann.[40]

Abb. 57 Stuckarbeit in einer Bank in Delft, erstellt von Mitarbeitern der Firma Knetemann.

Beim Deckenputz wurde zunächst ein Drahtgeflecht mit Rohrnägeln unter der Decke befestigt. In dieses Geflecht wurde der feuchte Gips hineingedrückt. „Wenn er zu dick war, dann band der Gips zu schnell, dann konnten sie ihn nicht mehr bearbeiten, ... und wenn er zu dünn war, dann hielt der Gips nicht. Das war die Taktik, die sie in ihrem Beruf genau kennen mußten, um das hinzukriegen."[41] Mit Hilfe von Schablonen wurden dann die Figuren oder Ornamente herausgearbeitet. Die Arbeit auf dem Gerüst war nicht ganz ungefährlich: „Wir haben immer zwischen Himmel und Erde gehangen mit unserer Arbeit."[42]

Der Arbeitstag war unterteilt in vier „Schuften" von jeweils zwei Stunden. In ihrem Bestreben, möglichst viel zu verdienen, arbeiteten die Wardenburger Stukkateure oft eine fünfte „Schuft" am Tag. Jeder Stukkateur trug ein Taschenbuch bei sich, in dem er Arbeitsort, Stundenzahl sowie die verrichteten Arbeiten notierte. Dieses Büchlein lieferte er bei seinem Meister ab, der dann den Lohn errechnete. Ausgezahlt wurde am Monatsende. Die Hollandgänger sparten, wo sie konnten: „Das, was sie verdienten, sollte alles möglichst mit nach Deutschland."[43] Schließlich wollte man nach der Rückkehr Heuer und Steuer begleichen oder ein Stückchen Heideland erwerben. Der Stukkateur Hermann Beneke, der zu den letzten Hollandgängern gehörte, deponierte deshalb sein Geld bis zum Abreisetag bei seinem Meister. „Es gab auch welche, die das Geld nach Haus geschickt haben, die ganz armselige Familien waren, die, kann man wohl sagen, nichts zu beißen hatten im Sommer, die warteten auf das erste Geld, das von Holland kam."[44] Bei aller Sparsamkeit gönnten sich etliche Hollandgänger ab und an einen kleinen Luxus. Nach Feierabend oder beim Kartenspiel am freien Sonntag stopften sie sich eine Pfeife. Der aus den Kolonien importierte Tabak „kostete fast nichts, und der Tabak, den die Holländer hatten, war ja wunderbar."[45]

Bis weit ins 19. Jahrhundert hinein konnte einem Hollandgänger kaum etwas Schlimmeres passieren, als zu erkranken oder vom Gerüst zu fallen. Da eine Behandlung in den Niederlanden schnell die Barschaft aufgezehrt hätte, wurde der Unglückliche meist zurück in die Heimat transportiert. Diese sogenannten „Krüppelfuhren" waren „vielfach mörderisch. Denn zumindest auf deutscher Seite der Grenze wurden die kranken Hollandgänger, oft ohne Rücksicht auf ihr Befinden, von Dorf zu Dorf weitergereicht."[46] Der Grund für dieses unwürdige Verfahren findet sich im damaligen Armenrecht. Zu dieser Zeit war noch jedes Kirchspiel für die Armen zuständig, die sich in seinen Grenzen aufhielten. Dies galt auch für Durchreisende. Ein erkrankter Wardenburger wurde also möglichst zügig über Lingen, Bawinkel, Haselünne, Löningen und Cloppenburg (entlang der heutigen Bundesstraße 213) in seine Heimat befördert. Dabei wurde er bereits auf hannoverschem Gebiet mehrere Male umgeladen. „Spätestens eine Stunde nach der Ankunft der Kranken mußte die nächste Krüppelfuhre bereitstehen. Sie sollte jedem Kranken ein bequemes Lager von mindestens drei Bund Stroh bieten. War ein Weitertransport im Hellen nicht mehr möglich, mußten ein Nachtlager gestellt und Verpflegung verabreicht werden. Zur Bezahlung des Krüppelfuhrmanns hatte jedes Kirchspiel eine Fuhrkasse einzurichten, in welche sämtliche fuhrpflichtigen Haushalte eine Umlage einzahlten."[47]

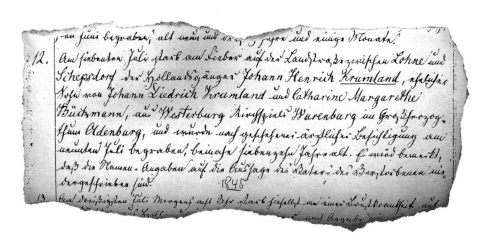

Abb. 58 „Am siebenten Juli starb am Fieber auf der Landstraße zwischen Lohne und Schepsdorf der Hollandgänger Johann Henrich Krumland, ... beinahe siebenzehn Jahre alt." (Ausriß aus dem Kirchenbuch der ev.-luth. Kirchengemeinde Lingen von 1845. Der zweite Vorname lautet richtig: Hinrich.)

Da das Kirchspiel auch für die Bestattung eines verstorbenen Hollandgängers zuständig war, war man überall bestrebt, „sich die Erkrankten möglichst vom Halse zu halten."[48] Bei dieser Prozedur sind nicht wenige Hollandgänger „in die Ewigkeit gegangen."[49] Unter denen, die ihren Heimatort nicht mehr erreichten, waren auch Hollandgänger aus dem Raum Wardenburg. So notierte man 1845 in Lingen: „Am siebenten Juli starb am Fieber auf der Landstraße zwischen Lohne und Schepsdorf der Hollandgänger Johann Henrich Krumland" aus Westerburg. Er wurde „nach geschehener ärztlicher Besichtigung am neunten Juli begraben, beinahe siebenzehn Jahre alt."[50] Wie Krumland starben viele an einer Fieberkrankheit. Andere Hollandgänger aus dem Kirchspiel Wardenburg fielen der Cholera zum Opfer oder ertranken in einer Gracht.[51]

Jene, die die Monate in Holland unbeschadet überstanden hatten, kehrten im Herbst zurück. „Ein Teil der Hollandgänger kam schon gegen die Ernte wieder nach Hause zurück, um sich am Getreidemähen zu beteiligen, ... oder trat auch bei einem großen Bauern bis zum Frühjahr in Dienst."[52] Unverheiratete blieben teils auch bis kurz vor Weihnachten fort. In ihrem Gepäck hatten viele Rückkehrer neben Barem auch Wolle, Delfter Fliesen oder Haarlemer Öl, ein seinerzeit bekanntes Arzneimittel.[53]

Nach der Rückkehr wurde in Wardenburg ein gesellschaftliches Ereignis ersten Ranges gefeiert. Man traf sich zum Stukkateurball, der bei Ripken in Oberlethe oder bei Arnken in Wardenburg abgehalten wurde. Ausrichter war der erste Verein im Bereich der Gemeinde Wardenburg: der „Stuccateur-Verein", gegründet um das Jahr 1856. Jedenfalls erschienen zu dieser Zeit einige Stukkateure bei Oltmann Fissen, dem damaligen Schulmeister in Oberlethe, und baten den schriftkundigen Mann, die Satzung ihres Vereins zu Papier zu bringen.[54]

Es gab Wardenburger, die über Jahrzehnte hinweg in jedem Frühjahr ihre Sachen aufs neue packten. So ging der Urgroßvater von Diedrich Olt-

Abb. 59-62 Diese Fliesen brachte Johann Beneke um 1880 aus Holland mit.

Abb. 63 In den Wintermonaten (hier 1888/89) verging kaum ein Wochenende, an dem nicht irgendwo im Kirchspiel getanzt wurde. Groß war das Angebot vor allem am zweiten Weihnachtstag. In den Nachrichten für Stadt und Land warben die Wardenburger Vereine - es waren die ersten überhaupt - für ihren Ball. Die Stukkateure, die über Monate hinweg in Holland waren, hatten offenbar Nachholbedarf: Sie beließen es nicht bei einer Veranstaltung. Das restliche Jahr ging es dagegen wesentlich ruhiger zu, sieht man einmal von Hochzeiten und dem einen oder anderen Ball zu Pfingsten ab.[55]

manns erstmals 1838 im Alter von 25 Jahren nach Holland. Noch 1876 - inzwischen 63 Jahre alt - zählte er zu den Hollandgängern.[56] Johann Beneke aus Littel ging 31mal nach Holland, sein Sohn Hermann immerhin noch elfmal. Bei seinem ersten Gang im Jahre 1875 nahm Johann Beneke kaum mehr als einen Wittjequast mit; damit strich er die Wände in Krankenhäusern, Schulen und Haftanstalten. Sein Sohn erlernte bereits von der Pike auf das Stukkateurhandwerk bei einem Onkel namens Logemann, der in Amsterdam ein Geschäft betrieb. Er mußte deshalb alles, was ein Stukkateur so brauchte, in seinen Rucksack packen: Maurerkellen, Schnur, Winkel und vor allem Schablonen, die er selbst angefertigt hatte und mit denen er die Verzierungen in den feuchten Gips drücken konnte.[57]

Moffen - Mieren - Poepen

In Holland galten die deutschen Saisonarbeiter „als einfältige, aber ehrliche und fleißige Arbeiter. Man hatte ihnen den Beinamen Muff gegeben, der etwas Verächtliches in sich hatte." Johann Erdmann erinnerte sich an Sätze wie: „Het Muffetuig findt man overall!"[58] Es gab eine ganze Reihe unfreundlicher Worte, mit denen deutsche Arbeiter in den Niederlanden bedacht wurden. Hier schallte ihnen ein „Poepen", dort ein „Mieren" hinterher - angespielt wurde dabei auf den katholischen Glauben oder den ausgeprägten Arbeitseifer vieler Hollandgänger. In Anlehnung an eine bevorzugte Speise wurden sie auch „Speckfreters" gescholten. „Die Hollandgänger bildeten den Bodensatz der holländischen Gesellschaft. Fast durchweg arm, verrichteten sie auch noch die minderwertigsten Arbeiten."[59] Auch die Stukkateure, die sich ja im Gegensatz zu den Torfgräbern oder Grasmähern auf ein gefragtes Handwerk spezialisiert hatten, blieben von Diskriminierungen nicht verschont. So mußten die Hollandgänger in Amsterdam damit rechnen, auf der Straße von Jugendlichen „angepöbelt" zu werden, wenn sie sich auf deutsch unterhielten.[60]

Bis weit in die zweite Hälfte des 19. Jahrhunderts hinein hatten die Hollandgänger aus Wardenburg, Osternburg oder Hatten in den Niederlanden „fast ein Monopol für die Ausschmückung von Häusern mit Stuckarbeiten."[61] Die Wardenburger gehörten zu den letzten Hollandgängern überhaupt. Die mächtige Handelsnation im Westen hatte ihre besten Tage inzwischen hinter sich. Schon um 1850 war der Strom der Hollandgänger aus vielen anderen Ämtern versiegt.[62] Nicht so in Wardenburg: Hier stand der eigentliche Höhepunkt erst noch bevor. Mitte des 19. Jahrhunderts zählte man allein hier 157 „Geschäfte" von Stukkateuren - drei von vier Stukkateuren im Herzogtum Oldenburg kamen zu dieser Zeit aus Wardenburg. 1890 gab es hier immerhin noch 110 Maler und Stukkateure.[63]

Wanderarbeiter aus den Ämtern Wildeshausen, Delmenhorst und Oldenburg im Jahre 1868[64]

Wildeshausen	4
Huntlosen	8
Großenkneten	46
Dötlingen	5
Ganderkesee	9
Wardenburg	299
Hatten	89

Bei diesen 460 Wanderarbeitern handelte es sich fast ausnahmslos um Stukkateure. Ihre Zahl sollte in den beiden folgenden Jahrzehnten eher noch steigen. Einen letzten Höhepunkt erreichte die Wardenburger Hollandgängerei in den achtziger Jahren des 19. Jahrhunderts. „Bis zu zweihundert Mann" machten sich noch Jahr für Jahr auf den Weg - etwa jeder fünfte erwachsene Wardenburger. Gegen Ende der 80er Jahre wurde die Anreise kürzer und leichter. Die Stukkateure stiegen nun an einem Sonnabend in Sandkrug in den Zug, der über Osnabrück und Rheine fuhr und am Tag darauf Amsterdam erreichte. Am Beginn der Woche standen sie pünktlich bei ihrem Meister vor der Tür.[65]

Erst gegen Ende des Jahrhunderts ließ auch der Wardenburger Hollandgang allmählich nach. Zu den Gründen zählten „die Ausdehnung, welche das Streichen mit Oelfarbe annahm, und die Erfindung und Ausbreitung der Papiertapete." Auch stellten die Stukkateurmeister inzwischen verstärkt niederländische Arbeiter in ihre Dienste. Der Ruf der Stukkateure aus dem Oldenburgischen hatte offenbar ebenfalls gelitten. Ein Beobachter gewann den Eindruck, daß „die Kunstfertigkeit dieser Leute nicht mehr auf der früheren Höhe" stand: „Sie sinken immer mehr zum einfachen Anweisser herab."[66]

Aus Wardenburger Sicht hatte sich ebenfalls einiges geändert. Das, was man mit Wittjequast oder Schablone in Holland noch verdiente, unterschied sich kaum mehr von dem, was man hierzulande einstreichen konnte. Der eine oder andere Wardenburger wanderte nun in der Hoffnung auf bessere Perspektiven nach Übersee aus. Bedeutsamer waren jedoch sicher die Auswirkungen der Agrarreformen: Die Einführung des Kunstdüngers, die Technisierung, für die die dampfbetriebene Dreschmaschine als Beispiel dienen mag, eine geregelte Be- und Entwässerung und natürlich auch die Kultivierung bisherigen Ödlands verbesserten für viele die Lebensbedingungen auch vor Ort.

Einige ehemalige Hollandgänger griffen allerdings nach wie vor zu ihrem Handwerkszeug. Vor allem die größeren Städte in Norddeutschland und Westfalen wurden nun zu ihrem Ziel. So führte Hermann Beneke Stukkateurarbeiten in Bremen, Hamburg und im westfälischen Raum, aber auch in Berlin und Breslau aus. Vor allem in Kirchen gab es jede Menge zu „wittjern". Die Gruppe um Heinrich Meyer hat etliche Kirchendecken in Westfalen mit Gips verputzt und gestrichen. Für die Arbeit in bis zu 19 Metern Höhe „kriegten wir einen guten Akkord".[67] Hermann Beneke

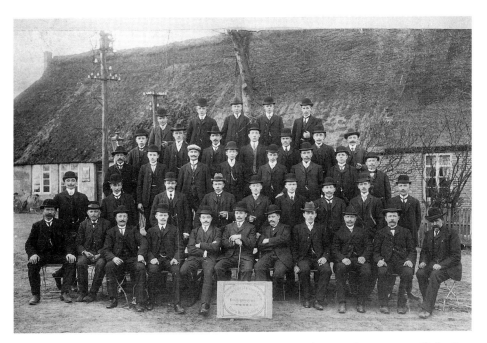

Abb. 64 Der „Verband der Stucateure, Gipser und verwandte Berufsgenossen - Filiale Wardenburg 1910". Das Foto entstand vor dem alten Schützenhof.

war auch bei den Arbeiten am Gewölbe in der Kirche von Nikolausdorf dabei. Andere Wardenburger übernahmen noch 1912/13 Aufträge in Rastede oder Delmenhorst.[68]

Ein letztes Mal wurden die Niederlande nach dem Ersten Weltkrieg zum Ziel junger Deutscher. Nun allerdings waren es Frauen, die sich auf den Weg machten. Während diesseits der Grenze Inflation und hohe Arbeitslosenzahlen das Dasein erschwerten, wurden jenseits der Grenze vor allem Dienstmädchen gesucht. Tausende deutscher Frauen arbeiteten bis in die 30er Jahre hinein in niederländischen Haushalten, darunter auch einige aus Wardenburg. Zu ihnen gehörte Meta Brandes. Die Eltern der damals 17jährigen hatten nur eine kleine Landwirtschaft in Charlottendorf. Während die jungen Männer aus dem Dorf eher nach Amerika auswanderten, entschied sich Meta Brandes für Holland. Die Zugfahrt nach Gouda dauerte 1922 - inklusive Wartezeiten - noch einen ganzen Tag. Die „Herrschaften" aus Zevenhuizen - einem Dorf „so ähnlich wie Wardenburg" - holten sie am Ende dieser Reise mit der Kutsche ab. Rund zwei Jahre blieb sie hier auf dem Gut, auf dem unter anderem Pferdezucht betrieben wurde. Hier arbeitete Meta Brandes ausschließlich im Haushalt, half bei Handarbeiten und beschäftigte sich mit den vier Kindern. „Das war vollkommen mit Familienanschluß." Feldarbeit war in Holland - anders als es die junge

Frau aus Charlottendorf gewohnt war - reine Männersache. Die Gulden, die sie verdiente, schickte sie nach Hause und erfüllte sich so Wünsche wie den nach einer Nähmaschine. Außer Meta Brandes arbeiteten noch zwei weitere Frauen aus Deutschland in Haushalten in Zevenhuisen - sie waren beim „Eisfest" im Winter die einzigen, die keine Schlittschuhe an den Füßen hatten. Nach dem Tod ihrer Mutter kehrte Meta Brandes nach Charlottendorf zurück. Andere Frauen heiraten in Holland und blieben dort.[69]

Anmerkungen

[1] In Südoldenburg machten sich bereits um 1600 alljährlich Männer auf den Weg nach Holland, um dort mit der Sense ihr karges Einkommen aufzubessern; vgl. hierzu das Standardwerk von Tack über „Die Hollandsgänger in Hannover und Oldenburg", 11 und 64ff. Die Stukkateure aus Wardenburg werden in allen bekannten Darstellungen lediglich am Rande erwähnt, so bei Tack, 4 und 116f., bei Eiynck, 8, sowie bei Wanderarbeit, 23 und 31. Zur Problematik des Begriffs „Hollandgänger" vgl. Bölsker-Schlicht, 11.

[2] Vgl. 700 Jahre Wardenburg, 115. Die Wardenburger dürften damit zu den ersten Wanderarbeitern aus der Umgebung von Oldenburg gehört haben; vgl. Tack, 86.

[3] Den Hinweis auf Strohmeyer verdanke ich Erich Martens. Martens stieß im Rahmen der Kirchenbuch-Verkartung auf den Namen dieses Hollandgängers - er war der erste, der jenseits der Grenze sein Leben ließ.

[4] Den wirtschaftlichen Aufstieg der Niederlande zeichnet nach: Tack, 14ff. Noch gegen Ende des 19. Jahrhunderts notierte der Hollandgänger Johann Erdmann aus Astrup (zitiert nach GSP Nr. 1, Dezember 1971, 6): „Arbeit war überall zu bekommen, und der Verdienst war gut." Erdmann ging von 1883 bis 1897 nach Holland. Auf Anregung von Pastor Thorade schrieb er seine Erinnerungen im Winter 1945/46 nieder.

[5] Die Schutzgeldregister aus den Jahren 1731 bis 1810 befinden sich im StAO Best. 75-2; zur Auswertung vgl. Arbeitsvorhaben, 170ff. Heuermann Heinrich Bormann aus Tungeln blieb beispielsweise in Amsterdam - so eine Notiz aus dem Jahre 1739.

[6] Vgl. Geschichte des Landes Oldenburg, 219f. Von 1730 bis 1736 wurde das Nationalregiment vorübergehend aufgelöst.

[7] Vgl. Wanderarbeit, 23ff.

[8] Kohli, Bd. I, 189f.; vgl. auch Hinrichs/Norden, 72.

[9] Kohli, Bd. II, 22. Insgesamt gab es sich zu diesem Zeitpunkt in Wardenburg 2.493 Einwohner und 411 Feuerstellen.

[10] Zu den Angaben von 1835 vgl. Kollmann, Statistische Beschreibung, 676.

[11] Vgl. Erläuterungen zu Aufnahme 50 in: Erich Martens, Wardenburg.

[12] Kohli, Bd. I, 126.

[13] Interview mit Hermann Beneke, Littel, am 1. Oktober 1976, aufgezeichnet von M. Blümel und W. Norden, abgedruckt in: Arbeitsvorhaben, 229ff., hier: 232.

[14] Das Schreiben des Generalsuperintendenten befindet sich im StAO Best. 160-1 Nr. 5394, zitiert nach GSP Nr. 60, September 1986, 2. Der Hinweis auf den Gipsarbeiter bestätigt die Annahme Tacks (116), daß Stukkateure aus Wardenburg „am Anfang des 19. Jahrhunderts schon in den Niederlanden arbeiteten." Johann „Dierk" Grube unterrichtete in Astrup von 1782 bis 1819; vgl. Johann Meyer, Lehrerpersonalchronik, Bd. II, Amt Oldenburg, 64, (Manuskript) in: AOL.

[15] Vgl. Statistische Nachrichten, Heft 7, 370 und 374. Vgl. auch Lampe, 26f., sowie derselbe, in: Der Landkreis Oldenburg, 494.

[16] Vgl. Tack, 144, sowie - zur Haltung staatlicher Stellen - 179ff.

[17] Vgl. Lucassen, Naar de kusten, 252ff. und 373. Vermutlich mußte die Frage nach der Zahl der Wanderarbeiter im Arrondissement Oldenburg - wie im benachbarten Bremen - von den Maires

beantwortet werden. Zu dieser Zeit, während der französischen Besetzung, war die Zahl der Wanderarbeiter insgesamt stark rückläufig. Fragwürdig ist die Angabe bei Lucassen (373), daß es sich bei den Wanderarbeitern aus dem Großherzogtum Oldenburg ausschließlich um Grasmäher und Torfstecher gehandelt haben soll. Zumindest einige der Wardenburger werden 1811 bereits als Stukkateure gearbeitet haben. Nach Tack (144) machten sich in diesem Jahr 2.359 Hollandgänger aus Oldenburg auf den Weg nach Holland. Allerdings fehlen bei Tack die Angaben für Wardenburg, Hatten und Ganderkesee. Ansonsten weichen Tacks Angaben über die Zahl der Hollandgänger aus Vechta, Cloppenburg, Friesoythe und Wildeshausen nicht oder nur geringfügig von denen bei Lucassen ab.

18 Text der Urkunde vom 3. April 1833, zitiert nach GSP Nr. 24, September 1977, 18. Der Paß konnte mit Ablauf des Jahres von Kirchspielvogt Willers verlängert werden.

19 Reisepaß von Johann Gerhard Martens aus Achternholt vom Februar 1862, abgedruckt in: GSP Nr. 14, März 1975, 16. Zu den verschiedenen Routen vgl. auch Tack, 150f., sowie Lucassen, Naar de kusten, 54ff. In einer Karte (55) hat Lucassen die ausgedehnten, oberhalb der IJssel liegenden Moorgebiete kenntlich gemacht.

20 Aufzeichnungen von Bauer Johann Erdmann aus Astrup, zitiert nach GSP Nr. 1, Dezember 1971, 6.

21 Vgl. Tack, 152.

22 Vgl. Charlottendorf-West, 119. „Opa Meyer" führte später eine Gruppe nach Westfalen, der neben Hermann Beneke auch die Stukkateure Logemann und Wille angehörten. Mit dem Ersten Weltkrieg endete die gemeinsame Tätigkeit.

23 Aufzeichnungen von Bauer Johann Erdmann aus Astrup, zitiert nach GSP Nr. 1, Dezember 1971, 6.

24 Vgl. Feye, 111f.

25 Tack, 152.

26 Vgl. Eiynck, 11. Aus der Zuidersee wurde nach dem Bau des Abschlußdammes in den Jahren 1927 bis 1932 das heutige IJsselmeer.

27 Zu den Boten vgl. Eiynck, 12.

28 Aufzeichnungen von Bauer Johann Erdmann aus Astrup, zitiert nach GSP Nr. 1, Dezember 1971, 6. Manch Auswanderer ließ seiner Heimatgemeinde noch aus der Ferne Gutes zukommen. So erhielten die Wardenburger eine neue Kirchenuhr, gestiftet von einem Hollandgänger, der sich in Amsterdam niedergelassen hatte. Ein anderer spendete ein neues Altarlaken sowie eine neue Kanzelbekleidung. Vgl. hierzu Ramsauer, Prediger, 246.

29 Vgl. GSP Nr. 73, Dezember 1989, 16, sowie Nr.

74, März 1990, 20. In der hier abgedruckten Liste - sie stützt sich auf StAO Best. 230-1 Nr. 74 bis 76 - findet sich nur ein Teil der Auswanderer aus der Gemeinde Wardenburg.

30 Aufzeichnungen von Bauer Johann Erdmann aus Astrup, zitiert nach GSP Nr. 1, Dezember 1971, 6f. Vgl. auch die Ausgabe Nr. 61, Dezember 1986, 5f., sowie 700 Jahre Wardenburg, 77 und 111. In Bolsward erinnert heute eine „Knetemannstraat" an einen Hollandgänger dieses Namens, der hier zeitweise lebte. Ein Nachfahre dieses Stukkateurs ist der holländische Radsportprofi Gerriet Knetemann, der u.a. bei der Tour de France an den Start ging, so Erich Martens in einem Gespräch am 18. Juli 1995.

31 Stadtarchiv Groningen, Registers van afgegeven arbeidskaarten, Fol. 169. Die beiden ältesten Söhne gingen später nach Amsterdam und Bremen.

32 Gespräch mit Jan Oldenhuis, einem Mitarbeiter des Stadtarchivs Groningen, am 24. März 1995.

33 Aufzeichnungen von Bauer Johann Erdmann aus Astrup, zitiert nach GSP Nr. 1, Dezember 1971, 6. Heinrich G. Döbken schrieb seinen Verwandten am 8. April 1894 aus Dordrecht: „Meistens müssen wir in schönen Stuben die Decken weißen. Aus dem Schrank wird dann nicht viel ausgepackt. Das schöne Kleid auf dem Fußboden bleibt drin liegen." Man dürfe dann kein einziges Tröpfchen Kalk fallen lassen. In einem Brief vom 6. Mai 1894 heißt es, die Zeit von März bis zum Pfingstfest „wird genannt die Schoonmakerzeit. Dann wird alles im Hause gekehrt und gereinigt." Dies sei zugleich die Zeit, in der „das meiste Geld" zu verdienen sei. (Die Briefe befinden sich im Privatbesitz von Gunda Döbken, Wardenburg.) „Der Sinn und die Vorliebe der Niederländer für helle, freundliche Zimmer" war auch nach Tack (116) ein Grund für die „reiche Beschäftigung" der Stukkateure aus Wardenburg.

34 Vgl. „Bericht des Pastor Kuhlmann zu Burhave über seine Thätigkeit unter den deutschen Grasmähern und Stuckateurarbeitern in Holland", abgedruckt in: Kirchliche Beiträge für die evangelisch-lutherische Kirche des Herzogthums Oldenburg Nr. 20 vom 3. Oktober 1884, Nr. 21 vom 17. Oktober 1884, Nr. 22 vom 31. Oktober 1884, Nr. 23 vom 14. November 1884, Nr. 20 vom 22. Dezember 1885, Nr. 26 vom 24. Dezember 1886, Nr. 1 vom 7. Januar 1887, Nr. 2 vom 14. Januar 1887, Nr. 22 vom 26. Oktober 1888, Nr. 23 vom 9. November 1888. Zu den Wanderpredigern vgl. auch Eiynck, 13f.

35 Bericht des Pastor Kuhlmann, zitiert nach Kirchliche Beiträge Nr. 21 vom 17. Oktober 1884.

[36] Bericht des Pastor Kuhlmann, zitiert nach Kirchliche Beiträge Nr. 1 vom 7. Januar 1887.

[37] Vgl. Bericht des Pastor Kuhlmann, zitiert nach Kirchliche Beiträge Nr. 1 vom 7. Januar 1887 sowie Nr. 23 vom 9. November 1888.

[38] Bericht des Pastor Kuhlmann, zitiert nach Kirchliche Beiträge Nr. 26 vom 24. Dezember 1886.

[39] Bericht des Pastor Kuhlmann, zitiert nach Kirchliche Beiträge Nr. 22 vom 31. Oktober 1884.

[40] Bericht des Pastor Kuhlmann, zitiert nach Kirchliche Beiträge Nr. 2 vom 14. Januar 1887.

[41] Interview Hermann Beneke, zitiert nach Arbeitsvorhaben, 232.

[42] Gespräch mit Gustav Beneke am 27. April 1995. Beneke vernahm diesen Ausspruch häufiger von seinem Vater, dem Hollandgänger Hermann Beneke.

[43] Interview Hermann Beneke, zitiert nach Arbeitsvorhaben, 230. Heinrich G. Döbken, der noch 1894 unter anderem die Wände in Schulen nahe der belgischen Grenze geweißt hat, schrieb am 8. April dieses Jahres: „Wir arbeiten von morgens 1/2 6 bis abends 7 und nachher bis 8 Uhr." Vormittags gäbe es eine halbstündige Frühstückspause, nachmittags ein Butterbrot. Für das Vergnügen blieb dem Hollandgänger, dem das Stadtleben in Dordrecht ohnehin nicht so recht gefiel, wenig Zeit: „Wenn ich des Abends einkomme, so esse ich, lese zuweilen die Nachrichten und dann gehe ich zu Bett."

[44] Interview Hermann Beneke, zitiert nach Arbeitsvorhaben, 236.

[45] Interview Hermann Beneke, zitiert nach Arbeitsvorhaben, 238.

[46] Wanderarbeit, 31.

[47] Wanderarbeit, 65.

[48] Wanderarbeit, 68.

[49] Wanderarbeit, 31.

[50] Eintrag im Kirchenbuch (1845, unter 12.), in: Archiv der evangelisch-lutherischen Kirche Lingen. Vgl. hierzu auch Wanderarbeit, 152 (Fußnote 21).

[51] Gespräch mit Erich Martens am 18. Juli 1995. Martens stieß im Rahmen der Kirchenbuch-Verkartung auf etliche solcher Todesfälle. Zu denen, die in Holland starben, gehörte auch der Schulhalter Lienemann aus Littel.

[52] Aufzeichnungen von Bauer Johann Erdmann aus Astrup, zitiert nach GSP Nr. 1, Dezember 1971, 6.

[53] Vgl. Kollmann, Statistische Beschreibung, 677; 700 Jahre Wardenburg, 111; Interview Hermann Beneke, in: Arbeitsvorhaben, 242. Vgl. auch Eiynck, 14.

[54] Vgl. Fissen, Zu Fuß; 700 Jahre Wardenburg, 110; GSP Nr. 5, Dezember 1972, 20.

[55] Die Inserate wurden entnommen aus: Ausgaben der NSL vom 18., 20., 22. und 29. Dezember 1888, 10., 17., 24. und 26. Januar sowie 16. Februar 1889.

[56] Vgl. 700 Jahre Wardenburg, 111.

[57] Gespräch mit Gustav Beneke, dem Sohn von Hermann Beneke, am 27. April 1995. Vgl. auch Interview Beneke, in: Arbeitsvorhaben, 230f.

[58] Aufzeichnungen von Bauer Johann Erdmann aus Astrup, zitiert nach GSP Nr. 1, Dezember 1971, 6. Zu „Muff" vgl. auch Tack, 174.

[59] Harries, 7. Vgl. auch Tack, 173ff., sowie Wanderarbeit, 18ff.

[60] Interview Beneke, in: Arbeitsvorhaben, 238. Vgl. auch die Zeichnung in: Wanderarbeit, 45.

[61] Wanderarbeit, 31. Vgl. auch Tack, 4.

[62] Zu den Gründen für den Rückgang des Hollandgangs in anderen Regionen vgl. Tack, 102ff.

[63] Vgl. Statistische Nachrichten, Heft 3, 228f., sowie Kollmann, Statistische Beschreibung, 676. Stukkateure gab es noch in Osternburg, Hatten, Großenkneten, Ganderkesee und Hude.

[64] Entnommen einer Tabelle in: Lucassen, Naar den kusten, 373. Lucassen hat hier ausschließlich Hollandgänger evangelisch-lutherischer Konfession berücksichtigt, so daß die Zahl in einigen Gemeinden noch geringfügig höher gewesen sein mag. In den genannten Gemeinden überwog allerdings durchweg das lutherische Bekenntnis.

[65] Aufzeichnungen von Bauer Johann Erdmann aus Astrup, zitiert nach GSP Nr. 1, Dezember 1971, 6. Zur Anreise per Zug bis Dordrecht vgl. auch die Briefe des Heinrich G. Döbken an seine Verwandten in Wardenburg. Immer noch reisten die Wardenburger gemeinsam: „Wir sind mit 17 Mann alle zusammen im Wagen gewesen." (Brief vom 24. März 1895, in: Privatbesitz Gunda Döbken, Wardenburg.) Die Zahl von 2.000 Stukkateuren aus dem Großherzogtum Oldenburg im Jahre 1880 (vgl. Lucassen, Naar de kusten, 373) scheint am Ende allerdings doch ein wenig zu hoch gegriffen.

[66] Tack, 117; vgl. auch 4. Einem Brief des Hollandgängers Heinrich G. Döbken aus dem Jahre 1895 (ohne Datum) läßt sich ebenfalls entnehmen, daß sich die Perspektiven in Holland verschlechtert hatten.

[67] Hermann Beneke in einem Gespräch mit Diedrich Oltmanns, aufgezeichnet im Jahre 1973. Hermann Beneke war zu diesem Zeitpunkt bereits 95 Jahre alt.

[68] Gespräch mit Gustav Beneke am 27. April 1995. Vgl. auch Wichmann, Fremdarbeiter, o. S., sowie Charlottendorf-West, 119.

[69] Gespräch mit Meta Brandes am 31. Juli 1995. Vgl. auch Eiynck, 14f.

Von Wardenburg in die Neue Welt

Der Hollandgang dürfte maßgeblich dazu beigetragen haben, daß in Wardenburg die Auswanderung nach Übersee lange Zeit eine eher untergeordnete Rolle spielte. Obwohl beispielsweise Trockenheit und Kartoffelfäule die ohnehin schwierige Situation der Landwirtschaft in Nordwestdeutschland in den Jahren 1843 bis 1850 noch verschärften, wanderten nicht einmal zwei Prozent der Wardenburger Bevölkerung aus. In jedem Kirchspiel Südoldenburgs war die Rate mindestens dreimal so hoch; einige dieser Kirchspiele büßten in jenen Jahren 20, 30, ja 40 Prozent der Bevölkerung ein.[1]

In Wardenburg scheint die Auswanderung erst in der zweiten Hälfte des vergangenen Jahrhunderts zugenommen zu haben. Nun machten sich auch hier teils ganze Familien auf den Weg in eine unbekannte Welt, so zum Beispiel 1872 Johann Friedrich und Sophie Neuhaus aus Littel mit ihren fünf Kindern.[2] Offenbar allein wagte Diedrich Gerhard Eggers aus Wardenburg einige Jahre später die Überfahrt. Am 8. März 1876, einen Tag vor seinem 17. Geburtstag, regelte er die notwendigen Formalitäten. Noch jünger war Johann Diedrich Schröder aus Westerburg. Er hatte kaum den Konfirmandenunterricht hinter sich, da zog es ihn schon nach Amerika. Sein Bruder, der bereits ausgewandert war, sandte ihm auf seine Bitte hin eine „Freikarte". Damit war für Johann Diedrich das größte Problem, die Finanzierung der Überfahrt, gelöst. Der gerade 15jährige machte sich allem Anschein nach im Frühjahr 1887 auf den Weg. Mit 795 anderen Passagieren, die ebenfalls in Bremerhaven an Bord der „Donau" gingen, wurde er „eng zusammengepfercht auf dem Zwischendeck. Welch ein schreckliches Durcheinander war das!"[3] Die turbulente Reise, die sich durch den Zusammenstoß mit einem anderen Schiff im Ärmelkanal um zwei Tage verzögerte, endete am 17. März im Hafen von Baltimore.

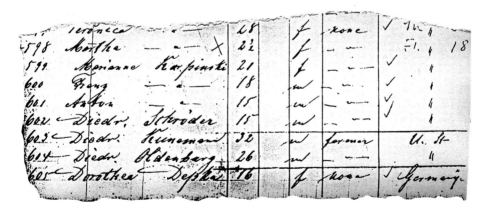

Abb. 65   Unter den Passagieren, die am 17. März 1887 nach gut zweiwöchiger Reise in Baltimore von Bord der „Donau" gingen, war auch der 15jährige Diedrich Schröder - hierbei handelte es sich höchstwahrscheinlich um Johann Diedrich Schröder aus Westerburg, der lediglich unter seinem zweiten Vornamen registriert wurde (Ausriß aus der Passagierliste).[4]

In Baltimore bestieg Johann Diedrich Schröder mit einigen anderen Oldenburger Jungen einen Zug, der sie nach Omaha in Nebraska brachte. In dieser Region lebten bereits etliche Auswanderer aus dem Weser-Ems-Gebiet, darunter auch Verwandte des Westerburgers, bei denen er anfangs wohnte. Nur wenige Tage später fand er Arbeit bei einem deutschen Farmer. Johann Diedrich Schröder, der später Pfarrer wurde, blieb in Amerika.

Das Beispiel dieses Jungen ist nicht untypisch. Wie er folgten Auswanderer häufiger einem Verwandten oder Bekannten, der bereits in den USA Fuß gefaßt hatte. Dieser hatte sich womöglich in Briefen an die Daheimgebliebenen positiv über das Leben in der neuen Heimat geäußert. Gerhard Labohm beispielsweise schrieb 1866 aus San Francisco seiner Schwester: „Täglich danke [ich] mehrmals meinem Gott, daß er mich hierher geführt hat, denn ich kann hier mehr sparen als ich dort je hätte verdienen können und habe dennoch ein viel besseres Leben als dort."[5] Solche Zeilen dürften zur Nachahmung angeregt haben.

Auch war Johann Diedrich Schröder keineswegs der einzige, den es in jungen Jahren nach Amerika verschlug. Ob Heinrich Gerhard Oldigs, Heinrich Adolf Theilen oder Hermann Gerhard Muhle (alle aus Littel), ob Johann Heinrich und Friedrich Schmietenknop, Heinrich Gerhard Grube, Friedrich Müller (alle aus Wardenburg) oder Wilhelm Cordes (Oberlethe) - sie alle bereiteten sich zwischen 1890 und 1893 im Alter von höchstens 17 Jahren auf ihre Auswanderung vor. Und alle wollten sie nach Nebraska. Wie Schröder wußten die meisten von ihnen sicher auch, an wen sie sich wenden konnten und wer ihnen in der schwierigen Anfangsphase über die Runden helfen würde.[6]

Nebraska blieb über Jahrzehnte ein bevorzugtes Ziel von Auswanderern aus der Gemeinde Wardenburg. Hier gab es weite Grassteppen, aber auch fruchtbare Lößböden, hier herrschte ein vertrautes Klima mit heißen Sommern und kalten Wintern. Und es regnete ähnlich oft wie in Wardenburg. Die Voraussetzungen für Viehzucht oder Ackerbau waren also insgesamt recht günstig.[7] Viele Auswanderer aus dem Oldenburgischen ließen sich zum Beispiel in einer Region nieder, die ihren Namen einem Fluß verdankt: Logan. Hier, nahe den Städten Scribner und Hooper, wurde 1870 die „Evangelisch Lutherische St. Paulsgemeinde zu Logan New Oldenburg" gegründet.[8] Wer in dem Kirchenbuch dieser Gemeinde blättert, findet neben Auswanderern aus Hatterwüsting, Hude, Stuhr, Streek oder Tweelbäke auch Frauen und Männer aus Wardenburg, wie Maria Mayer (geb. Havekost), Sophia Kuhlmann (geb. Labohm), Johanna Rinderhagen (geb. Windmeyer), A. Labohm oder H. Johannes.[9]

Noch nach dem Ersten Weltkrieg wanderten etliche Wardenburger aus, unter ihnen auch der 21jährige Adolf Stöver, der wie so viele vor ihm als Farmer im Mittleren Westen der USA neu begann.[10] Ein anderes Ziel wählte Heinrich Christian Paradies aus Tungeln. Er erwarb, nachdem er zuvor Haus und Land verkauft hatte, eine Farm in Südwestafrika. Seine Schwester Anna lebte bereits seit ihrer Heirat im Jahre 1903 an der Lüderitzbucht, wie die Küstenregion im Süden des heutigen Namibia nach dem Bremer Kaufmann Adolf Lüderitz, dem Gründer der ersten deutschen Kolonie, hieß.[11]

Die meisten werden Wardenburg den Rücken gekehrt haben, weil sie jenseits des großen Teiches oder sonstwo auf bessere Lebensbedingungen hofften. Politische oder religiöse Motive spielten hier kaum eine Rolle. Aufs Ganze gesehen trug die Auswanderung einer dreistelligen Zahl von Wardenburgerinnen und Wardenburgern dazu bei, daß die Einwohnerzahl der Gemeinde vor allem in den 1870er Jahren zurückging. Doch schon im darauffolgenden Jahrzehnt kletterte sie wieder. Gerade den Wardenburgern stand zu einer Zeit, in der die Auswanderung im Herzogtum Oldenburg wie im Deutschen Reich ihren Höhepunkt erreichte, mit dem Hollandgang eine Alternative zur Verfügung - die 80er Jahre waren die große Zeit der Wardenburger Stukkateure. Der Gang nach Holland, wo gewerbliche Wanderarbeiter Konkurrenz kaum zu fürchten hatten, schien vielen sicher risikoloser als der Sprung in die Neue Welt. Und spätestens zum Weihnachtsfest war man ja wieder zu Hause.[12]

Anmerkungen

[1] Vgl. Abb. 36 bei Hinrichs/Krämer/Reinders, 75. Gerade in ehemals münsterschen Gebieten wirkten sich die Gemeinheitsteilungen für die große Gruppe der besitzlosen Heuerleute nachteilig aus. Zudem ließ der Hollandgang hier früher nach als in Wardenburg. Zu den Auswanderungsgründen vgl. ebenda, 54 und 73f., sowie Van de Ene en de Andere kant, 39ff.

[2] Nachkommen der Familie Neuhaus aus Littel waren 1994, also 122 Jahre nach der Auswanderung, zu Besuch in Wardenburg (Gespräch mit Erich Martens am 18. Juli 1995).

[3] Die Erinnerungen von Schröder wurden von Günther Rogge übersetzt und abgedruckt in: GSP Nr. 92, September 1994, 2ff. Der Titel der Originalschrift lautet: Cowboy Preacher. The Old West Journals of the Rev. J. D. Schroeder (1989).

[4] Passenger lists of vessels arriving at Baltimore, hier: SS Donau, 17. März 1887. Die Listen befinden sich auf Mikrofilm in der Universitätsbibliothek Oldenburg. Bei dem genannten Diedrich Schröder dürfte es sich nach Ansicht von Wolfgang Grams, Mitarbeiter der Forschungsstelle Niedersächsische Auswanderer in den USA (NAUSA), „mit ziemlicher Sicherheit" um Johann Diedrich Schröder aus Westerburg handeln. Ungenauigkeiten dieser Art finden sich in den Passagierlisten häufiger, so Grams in einem Gespräch am 23. Mai 1995. Johann Diedrich Schröder hatte am 19. Februar 1887 (also wenige Wochen vor der Abfahrt der „Donau") in Oldenburg seine Entlassung aus dem Untertanenverband beantragt und war zu diesem Zeitpunkt 15 Jahre alt (wie der in der Liste genannte junge Passagier); vgl. hierzu auch GSP Nr. 74, März 1990, 20.

[5] Zitiert nach GSP Nr. 87, Juni 1993, 13. Zur sogenannten „Kettenwanderung" vgl. auch Van de Ene en de Andere kant, 63ff.

[6] Die bislang genannten Beispiele finden sich auf einer Liste von Auswanderern, die im GSP Nr. 73, Dezember 1989, 16, sowie Nr. 74, März 1990, 20, veröffentlicht wurde. Genannt werden Name, Herkunftsort, Geburtsdatum, das jeweilige Ziel sowie das Datum, an dem die Entlassung aus dem Untertanenverband in Oldenburg beantragt wurde. Die Angaben wurden von Frank Speckmann zusammengetragen aus: StAO Best. 230-1 Nr. 74 bis 76.

[7] Vgl. u. a. Die Vereinigten Staaten von Amerika, o. S.

[8] Van de Ene en de Andere kant, 65.

[9] Kirchenbuch der Gemeinde (Kopie), in: Forschungsstelle Niedersächsische Auswanderer in den USA (NAUSA), Universität Oldenburg. Die genannten Namen finden sich in dieser Reihenfolge auf den Seiten 4, 193, 196, 197 und 198. In einem Buch, das anläßlich der 100-Jahr-Feier der Gemeinde Leigh in Nebraska herausgegeben wurde, finden sich kurze Beschreibungen des Werdegangs der Familien Dietrich Hollmann und August Neuhaus aus Littel sowie von Emma Margarethe Vahlenkamp aus Wardenburg; vgl. hierzu Leigh Centennial, 106, 149f. und 173.

[10] Zu Stöver vgl. 700 Jahre Wardenburg, 173f. Nachfahren der Auswanderer aus dem Oldenburgischen, die sich in Nebraska niedergelassen hatten, veranstalteten in den 1970er Jahren einmal jährlich ein „Oldenburg-Picknick", auf dem noch plattdeutsch gesprochen wurde (Gespräch mit Heinz Brigant am 22. Mai 1995). Ob diese Treffen heute noch stattfinden, konnte nicht in Erfahrung gebracht werden. Katharine Asche, geb. Speckmann, die 1911 Verwandten über den großen Teich gefolgt war, sprach auch noch 80 Jahre nach ihrer Auswanderung „das Oldenburger Platt ihrer Kindheitstage". Bei ihrem 100. Geburtstag, den die gebürtige Westerburgerin 1991 in Nebraska feierte, „wimmelte es von Speckmanns, Grotelüschens, Barjenbruchs, Wendts und anderen", so Walther Tempelmann in: GSP Nr. 81, Dezember 1991, 13.

[11] Vgl. GSP Nr. 69, Dezember 1988, 22.

[12] Zur allgemeinen Entwicklung der Auswanderung vgl. Kollmann, Herzogthum Oldenburg, 92f.

Neue Dörfer I:
Achternmeer und Moslesfehn

Lange Zeit blieb das Moor von Menschenhand weitgehend unberührt, sieht man einmal vom Torfstich ab, den bereits die Chauken betrieben. Plinius, ein römischer Geschichtsschreiber, berichtet, daß sie „den mehr im Winde als in der Sonne getrockneten Erdschlamm zum Kochen ihrer Speisen und zur Erwärmung ihrer vom rauhen Nordwind erstarrten Glieder verwendeten.“[1] Im 19. Jahrhundert näherten sich die Menschen dem schwer zugänglichen Gelände auch im Weser-Ems-Gebiet aus anderen Gründen - sie suchten einen Platz, an dem sie sich dauerhaft niederlassen konnten. Auch im Bereich der Gemeinde Wardenburg entstanden nun neue Siedlungen am Rand der Moore (wie Achternmeer) oder auch - nach dem Bau des Hunte-Ems-Kanals und auf Initiative des Staates - auf Moorflächen (wie Moslesfehn).

Achternmeer, das Dorf auf dem Geestzipfel

Achternmeer entstand auf dem Zipfel eines schmalen Geestrückens, der sich von Oberlethe über Westerholt in Richtung Klein Scharrel erstreckt und zwischen das Vehnemoor und das Wittemoor schiebt. Die ersten, die sich „auf dem Meersfelde“, wie diese abgeschiedene Gegend damals genannt wurde, niederließen, waren Johann Wilkens, Berend Osterloh und Gerd Heinrich Meyer. Im Dezember 1817 zahlten sie ihre Kontributionsabgabe. Ringsum war kaum mehr als Moor und Heide, und die ersten Häuser von Westerholt erreichte man erst nach einem rund halbstündigen Fußmarsch. Doch diejenigen, die sich eine eigene Existenz aufbauen wollten, ließen sich von den ungünstigen Startbedingungen nicht abhalten. 1821 zählte man hier bereits 16 Einwohner.[2] Im November des darauffolgenden Jahres sprach Wardenburgs Kirchspielvogt Ebken beim Amt Oldenburg vor: Ob man nicht eine Verbindung zwischen den neuen Siedlern bei Westerholt und dem Scharrelsberg und damit nach Edewecht schaffen könne. Die Bauern kämen dann auch leichter zu ihren Buchweizenmooren. Dem Wunsch wurde entsprochen, und noch im gleichen Jahr begann man auf Wardenburger Seite mit den Arbeiten. Der Moordamm, der schon bald in Karten und Zeichnungen als Scharreler Damm auftauchen sollte, blieb allerdings lange Zeit in schlechtem Zustand. Er wurde im Hofdienst unterhalten und war nur in trockenen Sommermonaten oder bei Frost zu befahren.[3]

Im Jahre 1855 siedelten 35 Menschen in Achternmeer, wie das stetig wachsende Dorf nun hieß, weil es einst von Westerholt aus gesehen hinter einem Hochmoorsee, dem Großen Meer, lag. Vier Jahrzehnte später wurden hier bereits 18 Bauten und 98 Menschen gezählt. Um die Jahrhundertwende erhielt auch Achternmeer eine eigene Gaststätte und eine Schule, eine Entwicklung, die ohne den Bau des Hunte-Ems-Kanals nicht denkbar gewesen wäre.[4]

Der Hunte-Ems-Kanal

Eine Wasserstraße vom Rhein zur Ostsee und dabei auch quer durch das oldenburgische Moor - darüber machte sich im Jahre 1811 schon der Kaiser der Franzosen vornehmlich aus handelspolitischen Gründen Gedanken. Doch dann entschied sich Napoleon für eine Chaussee, und bald darauf verschwand mit ihm
auch der ganze Plan. Erneut aufgegriffen wurde die Idee eines Kanals von Johann
Georg Amann. Der Berner Amtmann erwärmte seinen Schwager, den späteren Generalmajor Johann Ludwig Mosle, für das Vorhaben. Mosle, ein reger und
aufgeschlossener Zeitgenosse, war unter anderem Mitglied im Gewerbe- und Handelsverein. Dort „setzte er sich 1844 in einem vielbeachteten Vortrag für den
Bau eines Hunte-Ems-Kanals ein, wobei er geschickt das Projekt eines Schiff-
fahrtskanals mit der für das agrarische Oldenburg wichtigen Aufgabe der Kulti-

Abb. 66 Johann Ludwig Mosle (Portrait von Carl Fischer).

vierung und Besiedlung der Hochmoore verband."[5] Mosle hatte holländische und ostfriesische Moore vor Augen und fragte: „Warum benutzen wir unsere Moore nicht in ähnlicher Weise?"[6] Zur Entwässerung bedurfte es zunächst eines Kanals.

Das Engagement von Mosle verlieh der ganzen Sache Schwung. Erste Spenden gingen ein. 1846 erhielt Ino Hayen Fimmen, ein Vermessungsbeamter aus Westerstede, den Auftrag, das Terrain zu sondieren. Das Glück stand ihm zur Seite: Der Sommer 1846 war so trocken, daß das Moor betreten werden konnte. Binnen kurzer Zeit erstellte Fimmen eine Karte mit der günstigsten Kanallinie durch das Hochmoor. Unter seiner Leitung begannen 1855 die Bauarbeiten, die zunächst schleppend vorangingen. Alle Arbeiten mußten von Hand erledigt werden, denn Pferde sackten ein. Neben auswärtigen Arbeitern wirkten auch Bewohner umliegender Orte wie Achternholt mit. „So ein Arbeitstag, etwa auf der Strecke Hundsmühlen-Klein Scharrel, hatte durchweg 11 Stunden bei 3,75 M Tageslohn. Manch einer hatte einen Fußweg von 1 1/2 Stunden zur Arbeitsstätte. Mit langen Stiefeln standen die Männer im moorigen Grund und schaufelten das nasse Erdreich heraus. 27 bis 28 Feldbahnzüge zu 17 oder 18 Loren wurden täglich geschafft, wobei 2 bis 3 Mann an jeder Lore standen. Tag und Nacht arbeiten Pumpen, um das hervorquellende Grundwasser abzuführen."[7]

Es war vor allem der hohe Wassergehalt des Moores, der den Kanalbauern Sorge bereitete. Die Arbeiten würden wohl noch mindestens 50 Jahre dauern, lautete die Prognose im Jahre 1872. Daraufhin wurde ein Hodgessches Torfschiff, „eine Art Schwimmbagger, gekauft und eingesetzt. Es fräste das Kanalbett, in dem es schwamm, aus dem Moore heraus und bereitete die Verwendung der gewonnenen Masse als Brenntorf vor."[8] Dank dieser dampfbetriebenen Maschine aus Holz ging es zügiger voran. An guten Tagen schaffte man 50 Meter. Im Jahre 1878 war das Teilstück zwischen Hundsmühler Höhe und Mosleshöhe schiffbar. Dort, wo einst die Lethe in die Hunte mündete, war nun die „neue Mühlenhunte" - man hatte eigens die Hunte bei Tungeln nach Westen und teils sogar in das Bett der Lethe verlegt. Kanal und Hunte trafen sich nun bei km 3,85 an der Hundsmühler Höhe. An die Stelle der festen Brücke bei Hundsmühlen kam eine Zugbrücke. Rund vier Kilometer weiter, beim Krug in Moslesfehn (Büsselmann), mußten Schiffe eine weitere Brücke passieren. Zwischen diesen beiden Brücken lag bei km 5,49 die Schleuse von Moslesfehn, die Fimmen bereits 1846 geplant hatte - hier begann einst das Hochmoor. Nach fast 40jähriger Bauzeit konnte die Verbindung zwischen Hunte und Sagter Ems schließlich am 1. Oktober 1893 fertiggestellt werden. Offiziell eingeweiht wurde der Kanal am 16. März 1894.

Der Hunte-Ems-Kanal hatte allerdings nur eine durchschnittliche Wassertiefe von 1,50 Meter und damit nicht die ursprünglich erhoffte Bedeutung für den Schiffsverkehr. Erst der Ausbau zum Küstenkanal sowie die direkte Anbindung an die Ems bei Dörpen (1922 bis 1935) ließen diese Wasserstraße zu einer vielbefahrenen Verbindung zwischen Ruhrgebiet und Weserhäfen werden. Für die Entwässerung und damit auch für die Besiedelung des Moores hatte dagegen bereits der Hunte-Ems-Kanal große Bedeutung.[9]

Abb. 67 Beim „Moslesfehner Brückenhaus" (Büsselmann) führte eine Zugbrücke über den Hunte-Ems-Kanal.

Abb. 68 Lastkähne auf dem Hunte-Ems-Kanal bei Wöbken in Hundsmühlen. Rechts auf dem Bild ist das ehemalige Brückenhaus zu sehen. Früher haben die Schiffsführer einige Münzen in einen Torfsoden gesteckt und ihn dann an Land geworfen, damit der Brückenwärter die Zugbrücke öffnet.

Abb. 69 Das Bett des Küstenkanals bei Hundsmühlen.

Abb. 70 Die Hundsmühler Brücke über den Küstenkanal wurde im Winter 1923/24 durch eine Wilhelmshavener Firma montiert.

Kolonate und Kolonisten in Moslesfehn

Der erste, der am neuen Kanal Land erwarb, war Heinrich Oltmann Wöbken, ein Köter aus Hundsmühlen. Er erhielt 1865 auf der Nordseite - gegenüber mündet heute der Querkanal - ein Kolonat, weil er der Kanalbauverwaltung ein Stück seines Gartens zum Bau eines Kanalwärterhauses überlassen hatte.[10] Einige Jahre später bemühte sich die Kanalbauverwaltung um weitere Siedler für die im Schnitt knapp sechs Hektar großen Kolonate. Es waren zunächst insbesondere Unternehmer aus Oldenburg, die sich von den harten Bedingungen und dem hohen Kaufpreis von bis zu 400 Mark je Hektar nicht schrecken ließen und gleich mehrere Kolonate erwarben. Zu den Firmen, die bald darauf entstanden, gehörten auf der Nordseite des Kanals die Ziegelei Mosleshöhe sowie die „Internationale Gesellschaft für Torfverwerthung" des „Dr. Frederich Versmann aus London", die Streutorf nach England verkaufte. Dies waren zugleich die Anfänge einer Torfstreu-Industrie im Oldenburger Land.[11]

In den folgenden Jahren wurden weitere Kolonate vergeben. Die Bewerber kamen aus Hundsmühlen, aber auch aus dem Ausland - und hierzu zählte das preußische Ostfriesland noch. Der Hektar kostete 1881 zwar nur noch rund 250 Mark, doch hatten es die Bedingungen der Kanalbauverwaltung nach wie vor in sich. Wurde der Kaufpreis nicht sofort entrichtet, so häuften sich die Zinslasten. Innerhalb von drei Jahren mußte der Kolonist ein Haus „im Bauwerthe von mindestens 200 Thalern errichten". Weitere finanzielle Engpässe drohten nach Ablauf einer zehnjährigen Frist. Dann hatte der Siedler auch Grund- und Gebäudesteuer, von der er zunächst befreit war, zu entrichten. Hinzu kam jährlich der sogenannte Kanon, eine Abgabe, mit der der Staat sich gleichsam seine Vorarbeiten entschädigen ließ.[12]

Die meisten Siedler waren schon von Haus aus nicht sonderlich begütert und hatten sich nun in der Hoffnung auf eine eigene Existenz schwer verschuldet. „Fast alle Colonisten haben ihre Colonate mit zu geringen Mitteln angetreten und bedürfen daher einer geraumen Zeit zu ihrer Befestigung, so fleißig und genügsam sie auch sein mögen"[13] - so lautete 1887 das Ergebnis einer Untersuchung der Lebensverhältnisse in Moslesfehn. Zunächst versuchten die neuen Siedler, auf dem weichen Untergrund eine Behausung zu errichten. „Moorkolonisten wohnten anfangs in Hütten, deren Wände aus großen Torfbrocken, Pulten genannt, errichtet waren. Nur die Giebelwand war massiv, denn sie enthielt die Fenster und den Schornstein für das offene Herdfeuer. Plaggen, die über Holzsparren gelegt waren, bildeten das Dach. Kartoffeln dienten als Hauptnahrung und daneben Buchweizenpfannkuchen, der aus Buchweizenmehl und Rüböl hergestellt wurde, um Brot zu sparen."[14] Fleisch wird dagegen nicht allzuoft auf den Tisch gekommen sein. Die Siedler hielten anfangs kaum Vieh, weil ihnen Grünland und damit Futter fehlte. Im Mai 1887 besaßen 18 Moslesfehner Kolonisten zusammen gerade 9 Kühe, 20 Schafe, 17 Ziegen und 7 Schweine.[15]

In den ersten Jahren ließ sich auf dem noch unbearbeiteten Moorboden nur durch die Brandkultur ein Ertrag erzielen. Dabei wurden im Sommer zunächst flache Gräben gezogen, um die vorgesehene Fläche oberflächlich zu entwässern. Die Boden-

*Abb. 71 Die Brandkultur erlaubte den ersten Siedlern im Moor den Anbau von Buchweizen,
entzog dem Boden jedoch zugleich die Nährstoffe.*

kruste wurde dann im Herbst gelockert und im Frühjahr vor der Aussaat nach aber-
maligem Durchhacken in Brand gesteckt. Dabei wurden pflanzliche Nährstoffe frei-
gesetzt, die den Buchweizen, der in die abkühlende Asche eingesät wurde, gedeihen
ließen. Dieses Vorgehen hatte allerdings Nachteile: Zum einen schwankten die Erträge bei dieser ausgesprochen frostempfindlichen Pflanze erheblich. So baten einige
Siedler bereits 1881, im Jahr ihrer Ansiedlung, um einen Zahlungsaufschub: „Ihr
Buchweizen sei erfroren, und wegen des Hausbaus hätten sie nur wenig Torf graben
können."[16] Langfristig hatte das Moorbrennen einen weiteren Nachteil: Dem Boden
wurden die Nährstoffe entzogen, und spätestens nach sechs oder sieben Jahren war
der Brandacker ausgelaugt. Doch mangelte es den meisten Kolonisten anfangs an
einer Alternative.[17]

In den ersten Jahrzehnten lebten die Moslesfehner vor allem vom Torfabbau. „Unmittelbar am Kanalweg begann das Abtorfen. Die abbauwürdige Gesamttiefe des
Moores im Kanalgebiet betrug 2 bis 5 m. Die Arbeit des Kolonisten durch Handstich
ging nur langsam vonstatten. Mit seiner Familie zusammen vermochte er jährlich
einen etwa 3 m breiten Streifen parallel zur Kanallinie abzutorfen."[18] Nach dem Ent-

fernen einer Schicht helleren Torfes stieß der Kolonist auf den wertvolleren Schwarz-torf, der sich gut zum Heizen eignete. Die Soden, die er nun im sogenannten „Spitt" stach, wurden zunächst zu kleinen Wällen und später zu größeren Mieten gestapelt. Nach dem Trocknen wurde der schwarze Torf in einem kleinen Kahn nach Olden-burg gebracht.[19]

Mit der Stadt Oldenburg lag ein großer Absatzmarkt vor der Haustür. Doch war auch das Torfgeschäft nicht frei von Krisen. Die Zahl der Konkurrenten wuchs mit jedem Kilometer, den die Kanalbauer ins Moor trieben. Und über neue Bahnlinien kam billige Steinkohle ins Land. In Moslesfehn profitierte man immerhin von den Firmen, die sich am Kanal niedergelassen hatten und den ansonsten schwer verwert-baren Weißtorf abnahmen. In der Ziegelei oder der Torfstreufabrik fanden vermut-lich auch jene Siedler Arbeit, die 1886 die nur 1,77 ha großen Kolonate an der heuti-gen Korsorsstraße erhielten. Doch der Konkurs des Torfwerks Versmann warf die gesamte Kolonie erneut zurück.[20]

Trotz aller Anstrengungen gelang es daher nur den wenigsten, ihren Schuldenberg abzubauen. Vor allem bei kinderreichen Familien, von denen es viele gab, dürfte we-nig zur Tilgung übriggeblieben sein. Häufiger finden sich Aktenvermerke wie: „Hat neun Kinder" oder „hat acht Kinder im Alter von ein bis zehn Jahren".[21] Im Jahre 1900 wandten sich die Kolonisten nach einer Gesetzesänderung erneut hilfesuchend an das Ministerium: „Durchgehend sind unsere Kolonate überschuldet, nur einige, die beim Antritt Mittel hatten und die körperlich sehr kräftig waren, haben sich durchgearbeitet; die übergroße Mehrheit fristet unter schwerer Arbeit und kärglicher Nahrung das Leben, von Noth und Sorge erdrückt... Wir können unter solchen Ver-hältnissen nicht weiterkommen, wenn uns die Staatsregierung nicht zu Hilfe kommt, indem sie uns die Lebensbedingungen erleichtert."[22] Die Regierung hatte ein Einse-hen und kam den Siedlern entgegen - allerdings ein wenig spät, so das Resümee einer Untersuchung: „Zusammenfassend ist festzustellen, daß die Entwicklung Mosles-fehns, verglichen mit der August- und Elisabethfehns, weit ungünstiger war." Wenn die Regierung die schwierige finanzielle Situation der Moslesfehner eher berücksich-tigt hätte, wäre „manches Elend" vermieden worden.[23]

Die Siedler, die in der Folgezeit ein Kolonat erwarben, erwischten einen besseren Start. Auch durften sich nun Holländer am Kanal ansiedeln - und die bevorzugten offenbar Moslesfehn; im Jahre 1913 hatten sich hier zehn Holländer niedergelassen. Mit den Wachtmeesters und Deulings kam frischer Wind in die Kolonie. Früchte trug auch die Arbeit eines hierzulande noch recht jungen Abstinenzler-Ordens. Den Behörden war nicht entgangen, daß viele Kolonisten dem Alkohol zusprachen: „Ein trauriges Beispiel in dieser Hinsicht bot bis vor kurzem die Kolonie Moslesfehn, in der jedoch seit einigen Jahren dank der rührigen Agitation der Guttempler eine Wen-dung zum Besseren eingetreten ist."[24]

Entscheidend beeinflußte schließlich der Einsatz von Kunstdünger die weitere Entwicklung. Nun konnten verstärkt auch Kartoffeln, Hafer oder Roggen angebaut werden. Die Behörden stellten Walzen und Eggen zur Verfügung. Grünland wie-derum erlaubte Viehhaltung. Nach und nach besserten sich die Lebensbedingungen in Moslesfehn, wie der Ort seit 1890 offiziell heißt.

Abb. 72 Die Siedler am Hunte-Ems-Kanal bewohnten zunächst über Jahre hinweg recht behelfsmäßige Behausungen.

Während bei anderen Fehnsiedlungen mit Ida, August oder Elisabeth ein Mitglied der großherzoglichen Familie Pate stand, ehrte man hier den Wegbereiter des Kanalprojekts. Dank der Zusätze „Nord" und „Süd" wissen seither auch Ortsunkundige, auf welcher Seite des Kanals sie suchen müssen.[25] Politisch zweigeteilt ist Moslesfehn bereits seit 1882. Nach dem Bau des Kanals wurden in diesem Bereich die Gemeindegrenzen neu gezogen. Zunächst sollte die Kolonie beiderseits des Kanals der Landgemeinde Oldenburg zugeschlagen werden. So wollte es die oldenburgische Staatsregierung. Die noch junge Moorkolonie wäre allerdings bereits die vierte auf dem Gebiet der Landgemeinde Oldenburg gewesen. Aus diesem Grund wurde sie - und mit ihr die Lasten - geteilt: Der Süden gehört seither zu Wardenburg, der Norden wurde zunächst der Landgemeinde Oldenburg angegliedert und gehört heute überwiegend zur Stadt Oldenburg.[26]

In den Schulen wurden bereits früh Brücken zwischen Nord- und Südmoslesfehnern geschlagen. Da Katholiken unter den ersten Siedlern die Mehrheit bildeten, begann man bereits im Jahre 1886 auf der Südseite des Kanals mit dem Bau einer katholischen Schule. Drei Jahre später errichteten evangelische Siedler auf der Nordseite eine Volksschule für ihre Kinder. Evangelische Kinder aus Südmoslesfehn muß-ten nun, wenn sie zur Schule wollten, über die Brücke - wenn nicht gerade eine dicke Eisschicht den direkten Weg erlaubte. Die katholischen Kinder aus Nordmoslesfehn nahmen den umgekehrten Weg. So hatten Kinder von beiden Seiten des Kanals ge-meinsamen Unterricht.

Mit der zunehmenden Zahl der Katholiken wuchs der Wunsch nach einer eigenen Kirche. Im Juli 1938 konnte die St.-Marien-Gemeinde schließlich eine kleine Kirche am Kanal einweihen. Daß die evangelischen Christen sie beim Bau unterstützten, wurde häufiger schon als Ausdruck ökumenischen Denkens gewertet. Hier am Ka-nal ging es in konfessioneller Hinsicht ohnehin ein wenig bunter zu als andernorts: Nach dem Ersten Weltkrieg existierte in Nordmoslesfehn auch eine Sonntagsschule der Baptisten.[27]

Anmerkungen

[1] Zitiert nach Ovie, 5.

[2] Vgl. GSP Nr. 12, September 1974, 6. Die Namen der ersten Siedler finden sich auch in der Kirch-spielkarte von 1839. Zu diesem Zeitpunkt hatten sich hier bereits fünf Familien niedergelassen. Hinzugekommen waren die Anbauer Wienken und Tebken; zu Wienken vgl. auch GSP Nr. 63, Juni 1987, 4f.

[3] Vgl. Eckhardt, Klein Scharrel, 68f. An dem schlechten Zustand des Scharreler Damms scheint sich auch Jahrzehnte später wenig geän-dert zu haben; vgl. ebenda, 74.

[4] Vgl. GSP Nr. 12, September 1974, 6, sowie Ort-schaftsverzeichniss (1895), 20. In den ersten Jah-ren unterrichteten an der Schule in Achternmeer die Lehrer Sandstede (1904 bis 1906), Barke-meyer (1906 bis 1908), Schipper (1908 bis 1910) und Schwarting (1910 bis 1912); vgl. Johann Meyer, Lehrerpersonalchronik, Bd. II, Amt Ol-denburg, 63, (Manuskript) in: AOL.

[5] Biographisches Handbuch, 485. Vgl. auch Vehn-Kolonien und Hunte-Ems-Kanal, 18f.

[6] Vehn-Kolonien und Hunte-Ems-Kanal, 5.

[7] Limann, 23.

[8] Hellbernd/Möller, 340. Eine detaillierte Be-schreibung dieses Schiffes findet sich in der Ab-handlung „Arbeiten im Moor" von dem Olden-burger Baurat Schacht, Sp. 582ff. Schacht leitete die Kanalarbeiten ab 1871.

[9] Zur Geschichte des Kanals vgl. Limann.

[10] Vgl. Ricklef Orth, in: 100 Jahre Moslesfehn, 10; vgl. auch 77f. und die Karten im Anhang.

[11] Ovie, 40.

[12] Die Urkunde mit den Bestimmungen ist abgedruckt in: 100 Jahre Moslesfehn, 76. Vgl. auch die Notiz vom 21. Juni 1889 im „Reise-Plan der Central-Moorkommission im Herzog-tum Oldenburg" (Landesbibliothek Olden-burg).

[13] Aus den Akten des Ministeriums des Innern, zi-tiert nach Ovie, 103.

[14] Limann, 23.

[15] Vgl. Ovie, 79.

[16] Ovie, 41.

[17] Vgl. Ovie, 81ff.; Hellbernd/Möller, 82f. 1923 wurde das Moorbrennen in Deutschland verbo-ten.

[18] Limann, 24.

[19] Vgl. hierzu den Beitrag von Heinz Büsselmann über die Torfwirtschaft, in: 100 Jahre Mosles-fehn, 111.

[20] Vgl. Ovie, 42ff., 72 und 97f.; 100 Jahre Mosles-fehn, 12; Karten im Anhang der Chronik von Moslesfehn.

[21] Aus den Akten des Ministeriums des Innern, zi-tiert nach Ovie, 108. Vgl. auch die Familienan-gaben in: 100 Jahre Moslesfehn, 77ff.

[22] Zitiert nach 100 Jahre Moslesfehn, 12. Vgl. auch Ovie, 43.

[23] Ovie, 43.

[24] Aus den Akten des Ministerium des Innern, zi-tiert nach Ovie, 105.

[25] Urkunde über die Namensgebung, abgedruckt in: 100 Jahre Moslesfehn, 15.

[26] Vgl. Eckhardt, Klein Scharrel, 98ff.

[27] Vgl. 100 Jahre Moslesfehn, 57ff.

Neue Verbindungen: Post und Eisenbahn

Von der Reitpost zum Telefon

Eine regelmäßige Postverbindung existierte im Kirchspiel Wardenburg bereits Mitte des 18. Jahrhunderts. Wardenburg lag auf dem Weg des Boten, der mittwochs um 10 Uhr in Oldenburg sein Pferd bestieg, um nach Cloppenburg zu reiten. Verzögerungen bei der Zustellung registrierte man vor allem im Winter „bey schlechten Wegen".[1] Um 1808 entstand in Wardenburg bei Sparenberg (später Wellmanns, heute Oeljens Gasthaus) eine Postspedition; hier und im Tüdick machte die Reitpost ab 1820 dreimal in der Woche und ab 1857 täglich Halt.[2]

Beschleunigt wurde die Nachrichtenübermittlung im Jahre 1886: Die Postagentur in Wardenburg war fortan mit dem übergeordneten Amt in Oldenburg durch eine Leitung verbunden, über die Telegramme durchgegeben werden konnten. Die Wardenburger nutzten die Neuerung allerdings eher selten. So wurden im Verlauf des Jahres 1890 in Wardenburg lediglich 92 Telegramme aufgegeben und 111 angenommen - die meisten Postagenturen im Land Oldenburg hatten in dieser Hinsicht mehr zu tun.[3] Rund um den Glockenturm hatte man es offenbar nicht so eilig und schrieb lieber Brief oder Karte, die zu jener Zeit noch mit der Pferdekutsche befördert wur-

Abb. 73 Auf dieser Postkarte aus dem Jahre 1911 ist der alte Ortskern von Wardenburg zu sehen. Vor dem Haus des Kaufmanns Harms hält die Postkutsche. Auf der von Linden gesäumten Hauptstraße mußte man hier zu dieser Zeit noch einer scharfen S-Kurve folgen.

Abb. 74 Diesen „Gruss aus Wardenburg" beförderte die Post Anfang des 20. Jahrhunderts. Die obere Zeichnung gibt den Blick vom Tillyhügel wieder; die Kirchturmspitze und der Schornstein der Molkerei überragen den Ort.

den. Allein 1896 wurden bei der hiesigen Postagentur fast 11.000 Briefe und Drucksachen aufgegeben. Weit höher war die Zahl der Schreiben, die hier eingingen: 23.452.[4]

Im Jahre 1901 wurde die Postagentur in der Gastwirtschaft von Johann Lüschen - dem späteren Schützenhof - eingerichtet.[5] „In dieser Postagentur, auch ‚Poststube' genannt, befand sich auch der erste Klappenschrank. Die Orts- und Ferngespräche mußten handvermittelt werden. Dafür war in den ersten Jahren die älteste Tochter Henni des Postagenten und Gastwirts Johann Lüschen zuständig."[6]

Im August 1907 freute sich Rendant Wellmann, der die Geschäfte der Spar- und Darlehnskasse in Wardenburg leitete, über einen der ersten Telefonanschlüsse: „Man kann jetzt überall hin sprechen." In der Gemeinde selbst blieb der Kreis der Teilnehmer vorerst recht klein. Auf Jahre hinaus waren es neben dem Auktionator Gloystein (Wardenburg) und dem Mühlenbesitzer Ripken (Oberlethe) ausschließlich Gastwirte: Bruns (Westerburg), Neuhaus (Littel), John (Oberlethe), Willers (Westerholt), Tiarks (Tungeln) sowie Arnken und Wellmann (Wardenburg). Zum Leidwesen von Wellmann kurbelten offenbar auch viele Besucher der Gaststätte an der neuen Errungenschaft: „Wir haben mit dem Dings viel zu tun."[7] Doch die Vorteile lagen auf der Hand. So konnte beispielsweise im Krankheitsfall schneller ein Arzt aus Oldenburg oder Osternburg herbeigerufen werden; erst 1920 ließ sich mit Dr. Heinrich Nietfeld ein Arzt in Wardenburg nieder.[8]

Im Mai 1925 - inzwischen gab es 40 Teilnehmer in der Gemeinde - gehörte Wardenburg zu den ersten Ämtern, die auf Selbstwählbetrieb umgestellt wurden. Allerdings blieb diese neue Technik vorerst auf Ortsgespräche beschränkt. Ferngespräche mußten weiterhin beim Amt in Oldenburg angemeldet werden. Selbst anwählen konnten Teilnehmer mit der Ortsnetz-Kennzahl 04407 ihre Gesprächspartner in anderen Orten erstmals am 12. Januar 1955.[9] Das Postamt, das 1950 im Hause Wegener (Am Giegel) untergebracht wurde, mußte aus Platzgründen schon im Jahr darauf in das alte Arnkensche Haus neben dem Glockenturm verlegt werden, „bis auch hier der Platz nicht mehr ausreichte und das Postamt in einen Neubau an der Friedrichstraße umzog."[10]

Der verpaßte Anschluß

Anfang der siebziger Jahre des 19. Jahrhunderts begann man mit dem Bau der „Südbahn", der seit langem geplanten Eisenbahnlinie durch den südlichen Teil des Herzogtums Oldenburg. Sie sollte Oldenburg mit Ahlhorn, Quakenbrück und schließlich Osnabrück verbinden. Etliche Gemeinden versuchten nun, die Streckenführung zu beeinflussen. Die ersten Eisenbahnlinien im Land Oldenburg, eröffnet im Jahre 1867, führten ihnen die wirtschaftliche Bedeutung einer Anbindung an das Bahnnetz deutlich vor Augen: Mit der Eisenbahn ließen sich Kohlen oder landwirtschaftliche Erzeugnisse nicht nur schneller, sondern auch billiger als mit Pferdefuhrwerken transportieren.

Im Frühjahr 1872 bahnte sich auch für die „Südbahn" eine Entscheidung an. Im Gespräch war unter anderem eine Streckenführung über Wardenburg nach Ahlhorn und Cloppenburg. Die Eisenbahndirektion verhandelte mit den Gemeinden, um sie zu einer Kostenbeteiligung zu bewegen. Ob „Kurzsichtigkeit einiger Grundstücksbesitzer"[11] oder die Sorge vor „Bädlers un Snorrers"[12], die mit der Bahn ins Dorf kämen - am 23. Juli 1872 lehnte die Gemeinde Wardenburg den geforderten Zuschuß für den Bahnbau ab. Und während die Wardenburger auch den letzten Einspruchstermin tatenlos verstreichen ließen, warb der Ortsvorsteher von Huntlosen eifrig für eine Linienführung durch seine Gemeinde und durch Großenkneten. In Streek traten Grundbesitzer die benötigten Flächen sogar unentgeltlich ab.[13] Dies machte den Verantwortlichen in Oldenburg die Entscheidung am Ende leicht.

Der Zug, der am 15. Oktober 1875 in Oldenburg startete und bis Quakenbrück exakt 62,62 Kilometer zurückzulegen hatte, hielt nach gut zehn Kilometern erstmals - am Bahnhof in Sandkrug. Kurz darauf dampfte er mit rund 30 km/h für einen Augenblick durch den südöstlichen Zipfel des Wardenburger Gemeindegebiets, als wollte er die Wardenburger an ihre Versäumnisse erinnern. Der nächste Halt erfolgte allerdings erst nach rund zehnminütiger Fahrzeit in Huntlosen.[14] Dank des Bahnanschlusses hat sich Huntlosen in den folgenden Jahrzehnten „mächtig empor gemacht", wie ein Wardenburger später neidlos anerkannte.[15] Einen Bahnhof in der Gemeinde Wardenburg vermißten vor allem die Landwirte, die mit ihren Pferdewagen Stunden unterwegs waren, um in Sandkrug Kunstdünger zu holen. „Wie oft mußten auf den schlechten Straßen, da es doch noch keine Gummiwagen gab, die Wagendielen mit alten Säcken dichtgestopft werden, wenn der lose geladene Kali oder Kalk anfing zu rieseln."[16]

Anmerkungen

[1] „Postzeiger" aus dem Jahre 1791, zitiert nach Korte, 173.

[2] Zur Reitpost vgl. Charlottendorf-Ost, 210f.

[3] Vgl. Behrens, 95, sowie Gewerbe- und Handelsverein, 109. Die Gebühreneinnahmen beliefen sich im Jahre 1890 auf ganze 57 Mark.

[4] Vgl. Kollmann, Statistische Beschreibung, 677.

[5] Vgl. hierzu „Entwicklung des Postwesens" von Carl Popken, in: 700 Jahre Wardenburg, 123.

[6] Behrens, 95.

[7] Wolfgang Runge, in: 700 Jahre Wardenburg, 41.

[8] Vgl. 700 Jahre Wardenburg, 155.

[9] Vgl. Behrens, 95f.

[10] Günther Rogge, in: GSP Nr. 80, September 1991, 3.

[11] 700 Jahre Wardenburg, 140.

[12] Aus einem Bericht des Lehrers Anton Fissen, abgedruckt in: GSP Nr. 54, März 1985, 5; vgl. auch Nr. 17, Dezember 1975, 5.

[13] Vgl. 700 Jahre Wardenburg, 55; Der Landkreis Oldenburg, 546; GSP Nr. 17, Dezember 1975, 5; Biel, 118.

[14] Zur Entwicklung der „Südbahn" vgl. vor allem die Beiträge von Herbert Schmidt in dem Jahrbuch für das Oldenburger Münsterland 1975, 86ff., sowie in dem Buch von Feye über Großenkneten, 79ff. Die Bedeutung des Eisenbahnnetzes für die Modernisierung der Landwirtschaft im allgemeinen und für den Transport landwirtschaftlicher Produkte im besonderen betont Lampe, in: Der Landkreis Oldenburg, 490f. Den Unterschied zwischen Pferdefuhrwerk und Eisenbahn verdeutlicht Meyer, Ganz ohne Eile, 40.

[15] Vgl. Tagebucheintragung von Heinrich B. Wellmann vom 8. Juni 1902, abgedruckt in: GSP Nr. 23, Juni 1977, 10.

[16] 700 Jahre Wardenburg, 143. Vgl. auch Charlottendorf-Ost, 205. Nach dem Ersten Weltkrieg wurde in Wardenburg ein „Eisenbahnprojekt Jeddeloh-Oldenburg" diskutiert, jedoch nicht realisiert; vgl. hierzu unter anderem die Ratsprotokolle der Jahre 1919 und 1920.

Politik und Verwaltung zwischen 1814 und 1914

Von verschiedenen Ansätzen lokaler Selbstverwaltung war bereits in den Kapiteln „Arme, Alte und Ausverdungene" und „Feldschütter und Bauergeschworene" die Rede. Die Franzosen, deren Anwesenheit von 1811 bis 1813 in vielerlei Hinsicht einen tiefen Einschnitt markierte, gestalteten auch Politik und Verwaltung nach heimischem Vorbild um. Im folgenden soll nun die weitere Entwicklung in groben Zügen skizziert werden.

Vom Maire zum Kirchspielvogt, vom Kirchspielvogt zum Gemeindevorsteher

Bald nach dem Abzug der französischen Soldaten und Beamten traten an die Stelle der ehemaligen Vogteien die in Kirchspiele untergliederten Ämter. Wardenburg bildete nun mit der Landgemeinde Oldenburg und den Kirchspielen Osternburg und Holle das Amt Oldenburg. An die Stelle des Maire trat auf dem Lande der Kirchspielvogt. Dieser wurde von einem Ausschuß bestimmt, der wiederum von Kirchspielversammlungen für jeweils zwei Jahre gewählt wurde. Die Kirchspiele wurden somit zu Trägern der örtlichen Gemeindegeschäfte, wenn auch mit sehr beschränkten Befugnissen. Das letzte Wort behielt wie in früheren Zeiten der Landesherr. Mit der Landgemeindeordnung von 1831 erfolgte dann der Ausbau der Selbstverwaltung auf der Basis der Kirchspiele. Den Bauerschaften verblieben dagegen kaum noch Selbstbestimmungsrechte.

Der Gemeindeordnung von 1831 folgten schließlich jene von 1855 und 1873, auf deren Grundlage sich Wardenburg als politische Gemeinde im heutigen Sinne entwickeln konnte. Die Aufgaben des Kirchspielausschusses gingen auf den Gemeinderat über. Der Gemeindevorsteher, der an die Stelle des Kirchspielvogtes trat, wurde nun wie die Beigeordneten, die ihn in seiner Arbeit unterstützten, vom Gemeinderat gewählt und von der Regierung bestätigt.

In Wardenburg blieb das politische Interesse zunächst auf einen kleinen Kreis von Männern beschränkt - Politik war hier wie andernorts auch lange Zeit eine Sache der dörflichen Honoratioren. Es waren vor allem zwei Familien, die im Laufe des 19. Jahrhunderts die politischen Geschicke vor Ort bestimmten: Ebken und Willers. Bruno Ebken, der erste Kirchspielvogt, wurde von Johann Hinrich Ebken abgelöst. Ihm folgte Hinrich Gerhard Willers, der über Jahrzehnte die Amtsgeschäfte ausübte, bis schließlich sein Sohn Hermann Gerhard Willers 1873 die Nachfolge als Gemeindevorsteher antrat.[1]

Hinrich Gerhard Willers - der erste Parlamentarier aus dem Kirchspiel Wardenburg

Im Gefolge der bürgerlichen Revolution von 1848 fiel auch den Wardenburgern - oder doch wenigstens einigen von ihnen - das Wahlrecht zu. Der erste, den die Wähler des Kirchspiels Wardenburg in ein Parlament entsandten, war Hinrich Gerhard Willers aus Oberlethe. Er war als Kirchspielvogt vielen bekannt - und gewählt wurden zu dieser Zeit „zumeist Persönlichkeiten, nicht Parteien".[2] Willers konnte sich allerdings lediglich auf die Stimmen männlicher Kirchspielbewohner über 25 Jahre stützen. Frauen waren ebenso wie die weniger Begüterten - etwa jene, die von der öffentlichen Fürsorge unterstützt wurden - nicht wahlberechtigt.

Kirchspielvogt Willers gehörte bereits dem ersten ordentlichen Landtag (ab Juli 1849) an, der allerdings nach gut einem Monat vom Großherzog aufgelöst wurde. Kaum länger durfte Willers nach seiner Wiederwahl im zweiten Landtag Platz nehmen.[3] Während dieser kurzen Perioden wurde der Parlamentarier aus Oberlethe Zeuge teils heftiger Auseinandersetzungen zwischen Landtag und Regierung, bei denen allerdings außenpolitische Fragen im Vordergrund standen. Insgesamt saß Willers fast 24 Jahre lang im Landtag. Mit Wortmeldungen hielt er sich hier jedoch stets zurück.[4]

„… unempfänglich für die sozialdemokratischen Ideen …" - die Hochburg der Nationalliberalen

In den 70er Jahren des vergangenen Jahrhunderts hörte man wohl auch in Wardenburg erstmals von Sozialdemokraten. Diese neue politische Kraft hatte ihre Anhänger zunächst vor allem in Wilhelmshaven und in der Wesermarsch, in Delmenhorst, Oldenburg und Osternburg, eben dort, wo es weit mehr Arbeiter gab. In Wardenburg hingegen dominierte die Landwirtschaft. Der Ort entwickelte sich zur Bastion der Nationalliberalen Partei, die auch im Oldenburgischen Landtag zunächst das Sagen hatte.[5] Doch schon bei der Reichstagswahl 1890, kurz nach der Aufhebung des Sozialistengesetzes, machten in Wardenburg sechs Männer ihr Kreuz bei der SPD - für eine ländliche Gemeinde auf der Oldenburger Geest bereits ein ganz beachtlicher Stimmenanteil. Vermutlich handelte es sich bei diesen ersten sozialdemokratischen Wählern um Handwerker. Stukkateure beispielsweise erhielten in Holland nicht nur Arbeit, sondern auch Kenntnis von neuen politischen Ideen.[6] Nur drei Jahre später kletterte der Stimmenanteil der Sozialdemokratie, die sich in Wardenburg weder auf eingeschriebene Mitglieder noch auf organisatorische Strukturen stützen konnte, auf immerhin 18,8 Prozent.

Nun schien die Zeit gekommen für eine größere politische Veranstaltung. Die Gastwirte weigerten sich allerdings, einen Raum zur Verfügung zu stellen. Zu dieser Haltung trugen damals häufig die Boykottdrohungen von Kriegervereinen bei - und der Wardenburger Kriegerverein machte da sicher keine Ausnahme.[7] Dieser Verein, der, 1876 gegründet, zu den ältesten im Ort gehörte, war fast schon eine Institution. Und schließlich, so werden sich vermutlich Gastwirte wie Albers (Oberlethe) oder Arnken (Wardenburg) gedacht haben, sorgen doch Sedansfest und Weihnachtsfeier des Kriegervereins immer wieder für ein volles Haus.[8] Im Februar 1894 versammelten sich daher einige hundert Menschen auf der Diele eines Bauern, um den seinerzeit bedeutendsten Sozialdemokraten aus der Region zu hören. Paul Hug aus Bant, einem Vorort von Wilhelmshaven, hatte sich vorgenommen, den Wardenburgern die „Ziele der Sozialdemokratie" näherzubringen - kein leichtes Unterfangen, denn die Wardenburger standen in dem Ruf, „unempfänglich für die sozialdemokratischen Ideen" zu sein. „Die schwere Arbeit und der schwere Kampf um's Dasein stumpft natürlich auch sie ab", konstatierte ein Parteiblatt verständnisvoll. Glaubt man dem Berichterstatter, dann gebärdeten sich die anwesenden Kritiker zunächst „ungeduldig und unruhig", um bald darauf, beeindruckt von den Ausführungen des Redners, gänzlich zu verstummen. „Diskussion fand keine statt, da die Gegner, von denen mehrere mit dem festen Vorsatz gekommen sein sollen, den sozialdemokratischen ‚Irrlehren' entgegen zu treten, sich nicht zu Wort meldeten."[9] Bei den folgenden Reichs- und Landtagswahlen blieb sozialdemokratischer Stimmenzuwachs auch vor Ort nicht aus. Paul Hug, ein eher gemäßigter Sozialdemokrat, wurde schon einige Jahre später der erste oldenburgische Landtagsabgeordnete seiner Partei.[10]

Ergebnisse der Reichstagswahlen 1893 bis 1912 in der Gemeinde Wardenburg (in Prozent)[11]

Wahljahr	Freisinnige	NL	SPD	FV	NSV	Sonstige
1893	-	27,1	18,8	54,1	-	-
1898	48,8	20,3	30,5	-	-	0,4
1903	13,7	27,1	36,6	-	21,4	1,2
1907	15,3	66,3	16,3	-	-	2,1
1912	23,9	53,8	20,6	-	-	1,7

Bei der Wahl 1903 zogen jene, die sich „liberal" nannten, getrennt in den Wahlkampf: Neben der linksliberalen Fortschrittlichen Volkspartei (FV) und den rechts stehenden Nationalliberalen (NL), die auch bei anderen Wahlen konkurrierten, war in diesem Jahr mit dem Nationalsozialen Verein (NSV) sogar noch eine dritte Kraft angetreten. So kam, was beim Blick auf die obige Tabelle zunächst überrascht: Die SPD wurde stärkste Partei vor Ort. Ihr prozentualer Stimmenanteil lag bei dieser Reichstagswahl in Wardenburg sogar noch über dem der Partei im gesamten

Großherzogtum.[12] In absoluten Zahlen nehmen sich solche Erfolge allerdings wesentlich bescheidener aus. So verbergen sich hinter dem Stimmenanteil von 36,6 Prozent ganze 96 Stimmen - eine Folge des restriktiven Wahlrechts, das beispielsweise Frauen die Stimmabgabe nach wie vor verwehrte. Männer aus dem Wahlbezirk I, zu dem Wardenburg, Littel, Westerburg, Höven und Astrup gehörten, machten in der Gastwirtschaft von Johann Lüschen ihr Kreuz. Dabei, so notierte ein Beisitzer, „mußten die Wahlzettel zum ersten Mal in ein Couvert gesteckt werden, und zwar in einem separaten Zimmer".[13] Also machte man das Schlafzimmer des Gastwirts zur Wahlkabine.

Ein SPD-Ortsverein wurde in Wardenburg erst 1909 ins Leben gerufen. Er hatte teils 16, teils 24 Mitglieder und ist 1913 „eingegangen".[14] Im Gemeinderat waren Sozialdemokraten vor dem Ersten Weltkrieg nicht vertreten - ein vom Grundeigentum

Abb. 75 Sitzung des Gemeinderates am 31. Dezember 1913. Obere Reihe von links nach rechts: Heinrich Hegeler (Wardenburg/Schneidermeister), Rudolf Harms (Wardenburg/Kaufmann), Friedrich Krumland (Westerholt/Landwirt), Heinrich Ripken (Oberlethe/Kaufmann), Diedrich Wöbken (Oberlethe/Landwirt), Heinrich Bruns (Westerburg/Gastwirt), Heinrich Schröder (Littel/Landwirt); untere Reihe: Hermann Schierholt (Höven/Landwirt), Johann Böhmer (Westerburg/Landwirt), Heinrich Dieckmann (Tungeln/Landwirt), Diedrich Dannemann (Tungeln/Gemeindevorsteher), Friedrich Arnken (Wardenburg/Gastwirt), Hermann Oeltjebruns (Littel/Landwirt) und Hinrich Döbken (Wardenburg/Landwirt).

abhängiges Wahlrecht sicherte den Nationalliberalen in der von Landwirtschaft geprägten Gemeinde eine klare Vorherrschaft, die ab 1907 auch bei den Reichtagswah-
len deutlich wurde. Die Nationalliberalen arbeiteten in Wardenburg wie andernorts
auch eng mit dem „Bund der Landwirte" zusammen, eine Verbindung, die hier vor
allem von Diedrich Dannemann verkörpert wurde. Wardenburgs junger Gemeindevorsteher - er löste am 1. Mai 1906 Hermann Gerhard Willers ab - agierte ebenso wie
Gutsbesitzer Spieker aus Hundsmühlen in beiden Organisationen. Die „Bündler"
plädierten für die „Bindung des Wahlrechts an den Besitz".[15] Ihr zentrales Anliegen
bei Wahlkämpfen waren möglichst hohe Schutzzölle auf importierte Agrarprodukte.
Ihren ärgsten politischen Gegner sahen sie in der Sozialdemokratie. Zugleich stand
der Bund der Landwirte jeder Annäherung an linksliberale Positionen ablehnend gegenüber. In diesem Fall stünde man „Gewehr bei Fuß", meinte Spieker 1911 bei einer
Versammlung in Wardenburg.[16]

Die gebeutelte Gemeinde

Die Aufgaben, die der Staat den Gemeinden zuwies, beschränkten sich längst nicht
mehr nur auf die Versorgung der Armen. Im Laufe des 19. Jahrhunderts kamen auch
auf die Gemeinde Wardenburg weitere Aufgaben und damit Kosten zu. Als die Wardenburger dann auch noch aufgefordert wurden, ein Teilstück des zwischenzeitlich
stark versandeten Hunte-Ems-Kanals ausbaggern zu lassen, war für die Gemeindespitze das Maß voll. Im Jahre 1882 wurde Regierungsrat Paul Kollmann, der Leiter
des „Großherzoglichen statistischen Bureaus", beauftragt, die Finanzen der Gemeinde unter die Lupe zu nehmen. Sein Gutachten sollte Klarheit bringen. Zunächst
betrachtete Kollmann die „allgemeinen volkswirthschaftlichen Zustände" und stieß
schnell auf „mancherlei Nachtseiten":[17] Die Bevölkerungszahl ging zurück, weil
viele der Gemeinde den Rücken gekehrt hatten, die Industrie war schwach entwickelt, und schließlich trotzten die Bauern, die selten über mehr als 10 Hektar Land
verfügten, dem kargen Boden nur vergleichsweise geringe Erträge ab.

    Dann wandte sich Kollmann dem kommunalen Haushalt zu. 1875 war die Ge-
meinde noch schuldenfrei. Einige Jahre später waren die Verbindlichkeiten bereits
„zu einer respectablen Höhe angelaufen": 1882 wurden auf der Sollseite 169.000
Mark, auf der Habenseite dagegen nur 5.261 Mark notiert.[18] Der Grund für den
Schuldenberg war schnell gefunden: Der Wege- und Wasserbau verschlang die größten Brocken. Hier mußte eine Chaussee angelegt, dort die Hunte reguliert werden.
Die Gemeinde tat das, was in solchen Fällen häufig getan wird: Sie lieh sich Geld. Zugleich mußten jedoch „die steuerpflichtigen Einwohner in einem außer allem Verhältniß zum Lande im Ganzen stehenden Maße zu Abgaben herangezogen werden".[19]Am deutlichsten zeigte sich dies beim Grundeigentum - es wurde in Wardenburg dreimal so hoch wie im übrigen Herzogtum besteuert. Was der durchschnittliche Steuerzahler in Wardenburg insgesamt an Staat, Kommune, Schulacht, Pfarr- und
Armengemeinde zu entrichten habe, sei, so Kollmann, „nur mit äußerster Kraft-

anstrengung aufzubringen".[20] Der Regierungsrat scheute keinen Vergleich: „Es erinnert die Wardenburger Belastung an die laut beklagten Zustände in den preußischen Fabrikstädten der westlichen Provinzen - nur mit dem gewichtigen Unterschied, daß es sich dort um eine leistungsfähige, vielfach über ansehnlichen Wohlstand gebietende Einwohnerschaft, in Wardenburg aber um eine kleinbäuerliche, in dürftigen Verhältnissen lebende Bevölkerung handelt." Kollmann kam also zu dem Schluß, „daß der Steuerdruck schon aufs Äußerste ausgeübt wird, daß weitere namhafte Lasten nicht getragen werden können."[21]

Leer waren nicht nur öffentliche Töpfe. Auch um die privaten Haushalte stand es nicht zum besten. Mit einem Pro-Kopf-Einkommen von 153 Mark bildete Wardenburg 1895 das Schlußlicht im Amt Oldenburg. Das durchschnittliche Pro-Kopf-Einkommen lag zu dieser Zeit im Amt Oldenburg bei 183 Mark und im Herzogtum bei 253 Mark. In nur 13 von insgesamt 119 Gemeinden im Herzogtum Oldenburg hatten die Bewohner statistisch gesehen weniger im Portemonnaie.[22] Um die Jahrhundertwende hatte Wardenburg dann zu den übrigen Gemeinden im Amt Oldenburg aufgeschlossen. Mit einem Einkommen von 198 Mark pro Kopf lag man nun genau im Schnitt. Der Vergleich mit dem Großherzogtum fiel dagegen nach wie vor ungünstig aus: Hier betrug das durchschnittliche Jahreseinkommen pro Einwohner immerhin 278 Mark.[23]

Anmerkungen

[1] Vgl. Korte, 136ff.; Geschichte des Landes Oldenburg, 318ff.

[2] Franz, 9.

[3] Vgl. Wegmann-Fetsch, 242f. Der erste Landtag bestand vom 31. Juli bis zum 3. September 1849, der zweite vom 2. November bis zum 4. Dezember 1849; vgl. Eckhardt, Sprechregister, 15.

[4] Vgl. Eckhardt, Sprechregister, 11, sowie MdL-Kartei, Nr. 640, in: StAO.

[5] Vgl. Eckhardt, Sprechregister, 12. Vgl. auch Günther, Parteien, 51. Lange Zeit war die geringe Anzahl politischer Gruppierungen charakteristisch für das Großherzogtum Oldenburg. Von Fraktionen im heutigen Sinne war man noch weit entfernt.

[6] Vgl. hierzu Parisius, 254 und 289. Parisius mutmaßt, daß die Stukkateure aus Sorge um Arbeit sozialdemokratisch wählten.

[7] Vgl. Vahlenkamp (Vortragsdisposition), 5. Vahlenkamp hielt den Vortrag „Streifzug durch die Geschichte der Wardenburger SPD" am 30. Mai 1989.

[8] Vgl. hierzu 700 Jahre Wardenburg, 244. Der älteste noch existierende Verein in Wardenburg ist der Männergesangverein „Brüderschaft", der 1875 gegründet wurde; vgl. ebenda, 236.

[9] Norddeutsches Volksblatt vom 6. Februar 1894. Die Zeitung wurde von Paul Hug herausgegeben.

[10] Vgl. Geschichte des Landes Oldenburg, 377. Paul Hug, so befand auch Malermeister Wellmann nach dem Besuch einer Wahlveranstaltung in Oberlethe im Jahre 1903, spreche „sehr maßvoll", und überhaupt sei gegen seine Rede „nichts einzuwenden"; Tagebucheintragung

vom 4. Juni 1903, abgedruckt in: GSP Nr. 27, Juni 1978, 8.

[11] Vgl. Günther, Parteien, 230.

[12] Bei den Wahlen 1898 und 1903 erzielte die SPD in Wardenburg ein überdurchschnittlich gutes Ergebnis. 1907 und 1912 lag ihr Anteil dagegen unter dem im Großherzogtum; vgl. Geschichte des Landes Oldenburg, 395ff.

[13] Tagebucheintragung von H. B. Wellmann, zitiert nach GSP Nr. 27, Juni 1978, 9. Die Männer aus den übrigen Ortschaften (Wahlbezirk II) konnten ihre Stimme bei der Wirtschaft August John in Oberlethe abgeben.

[14] Jahresbericht des Landesvorstandes und Parteisekretariats der Sozialdemokratischen Partei für Oldenburg und Ostfriesland, zitiert nach Vahlenkamp, 6. Wer vor 1909 Parteimitglied werden wollte, mußte sich in Oldenburg oder Osternburg einschreiben lassen.

[15] Günther, Parteien, 163. Zu den Positionen des Agrarverbandes und der Zusammenarbeit mit der Nationalliberalen Partei vgl. u.a. 138ff., 155 und 163ff.

[16] Oldenburger Volkszeitung vom 12. Januar 1911, zitiert nach Günther, Parteien, 139.

[17] Kollmann, Finanzielle Leistungsfähigkeit, 4.

[18] Kollmann, Finanzielle Leistungsfähigkeit, 23.

[19] Kollmann, Finanzielle Leistungsfähigkeit, 56. Zu den Einnahmen und Ausgaben der Gemeinde von 1873 bis 1880 vgl. auch Statistische Nachrichten, Heft 20, Anhang, 61f.

[20] Kollmann, Finanzielle Leistungsfähigkeit, 57.

[21] Kollmann, Finanzielle Leistungsfähigkeit, 47.

[22] Vgl. Kollmann, Statistische Beschreibung, 262ff. (Tabelle 36), und Ortschaftsverzeichniss (1895), 2ff. Niedriger als in Wardenburg war das Pro-Kopf-Einkommen vor allem in Gemeinden in den angrenzenden Ämtern Friesoythe und Cloppenburg.

[23] Vgl. Ortschaftsverzeichniss (1900), 2ff.

Wardenburg zu Zeiten von Kaiser und Großherzog

Wardenburg und das oldenburgische Militär

Das oldenburgische Militär - Infanterie, Artillerie und Dragoner - nutzte früher rege das Gelände vor den Toren der Stadt. Bereits in der ersten Hälfte des 19. Jahrhunderts existierte an der südlichen Gemeindegrenze, an der Lethe bei Littel, ein Übungsplatz des oldenburgischen Infanteriekorps unter Befehl von Generalmajor von Wardenburg: „Im Lager". Ab 1818 wurde beim „Immenbusch" jeden Morgen die Fahne gehißt. Anton Knetemann, der zu den frühen Siedlern in diesem Bereich gehörte, soll anfangs als Kantinenwirt im Lager gearbeitet haben.[1]

Die Infanteristen fuhren zu dieser Zeit bereits schweres Geschütz auf. So donnerte ab und an der Hall eines Zwölf-Pfünders aus dänischer Zeit durch die Heide - bis zu jenem Zapfenstreich im Jahre 1818, bei dem das Geschütz beim Abfeuern einer Ku-

Abb. 76 Angehörige des 1. Großherzoglich-oldenburgischen Infanterieregiments im Jahre 1848 (von Wilhelm Schäfer).

gel schwer beschädigt und unbrauchbar wurde, ein herber Verlust für das Herzogtum, das nun nur noch über vier Geschütze verfügte. Unfälle wie dieser führten schließlich 1830 zur Bildung einer oldenburgischen Artillerie. „Jetzt wurde fleißig exerziert und scharf geschossen"[2] - wobei seit den 1840er Jahren erneut Gelände in der Gemeinde Wardenburg genutzt wurde. Die oldenburgische Artillerie verfügte zu dieser Zeit über rund ein Dutzend Kanonen und Haubitzen.

Die Dragoner schließlich suchten sich im Norden der Gemeinde ein geeignetes Gelände für ihre Übungen. Eine Heidefläche beim Korsorsberg - einer Anhöhe von damals gut 18 Metern - wurde zum Exerzierplatz des 19. Regiments. Die Reitertruppe aus Osternburg rückte auf jenem Weg an, der heute zwischen Hundsmühlen und Westerholt Soldatenweg heißt. Erstmals übten die Dragoner am Korsorsberg im Jahre 1881. Dabei bezogen zwei Eskadrone - immerhin mehrere hundert Mann - in den umliegenden Dörfern Quartier. Im Jahre 1903, nach gut zwei Jahrzehnten, wurde das Gelände vom Militär wieder verkauft - es sei zu abgelegen und habe zu viele Steine.[3] Von der Pflanzendecke hatten die Pferdehufe nicht viel übriggelassen; der Flugsand wehte „ostwärts bis auf das angrenzende Moor".[4]

Gelegentlich zogen Dragoner und Infanteristen auch „mit voller Musik" durch Wardenburg, um am Fladder ihre Manöver abzuhalten.[5] Wenn diesem Spektakel gar hoher Besuch, wie im August 1903 Prinz Albrecht von Preußen, beiwohnte, dann war ganz Wardenburg auf den Beinen. Da wollte auch Malermeister Wellmann nicht fehlen. Doch das Schauspiel, so vertraute er seinem Tagebuch an, ließ „zu wünschen übrig. Die Dragoner kamen garnicht im Gange."[6]

Der Jahrgang 1876

Im Jahre 1896 erhielten 38 junge Männer aus der Gemeinde Wardenburg ihre erste Gestellung. Eine Uniform förderte zu Zeiten des Kaisers noch enorm das Prestige, und so erschien vermutlich manch einer schon zur Musterung mit stolzgeschwellter Brust. Deren Umfang wurde nun gemessen - und dabei zeigte sich, daß die jungen Männer aus Wardenburg ein wenig zurückblieben hinter ihren Altersgenossen aus anderen Gemeinden. Sie brachten es, wenn sie tief Luft holten, auf 89 cm. Da hatten die Gemusterten in der Marsch mehr auf der Brust - sie erreichten durchschnittlich 91 cm. Aus heutiger Sicht verwundert mehr noch die Körpergröße: Ein 20jähriger Wardenburger war damals im Schnitt ganze 167,7 cm groß. Von den 38 Gemusterten dieses Jahrgangs galten übrigens 13 als „brauchbar" und einer als „unbrauchbar". Ein weiterer wurde „zum Landsturm bzw. zur Ersatzreserve überwiesen". 23 junge Männer wurden zurückgestellt - sicher mit Blick auf zu bewirtschaftende Höfe.[7]

Das erste Fahrrad und andere technische Neuerungen

Anfang der 1890er Jahre tauchte in Wardenburg ein neues Verkehrsmittel auf: das Fahrrad. Der erste, der durchs Dorf geradelt sein soll, war Malermeister Heinrich Bernhard Wellmann, angesichts seiner vielfältigen Aufgaben nicht verwunderlich. Als erster Fleischbeschauer in der Gemeinde, als Mitglied des Rates, Schriftführer des Flottenvereins und als „Sprützenmeister" bei der Feuerwehr trat er häufiger in die Pedale.[8] So ein Fahrrad war eine teure Angelegenheit. Gastwirt Friedrich Arnken kaufte 1895 zwei Räder der Marke „Brennabor", für die er inklusive „Laterne" und Hosenspange 428 Mark zu zahlen hatte - eine ganze Menge Geld, bedenkt man, daß es ein seidenes Kleid für sechs Mark und einen Herren-Anzug bereits für 10,50 Mark gab.[9]

Die Zahl der Radfahrer wuchs schnell, und die jüngeren unter ihnen hoben 1904 eigens einen „Radfahrer-Verein Tungeln und Umgebung" aus der Taufe, um sich in Sachen Geschwindigkeit oder Geschicklichkeit zu messen. Ähnliche Vereine in anderen Orten folgten.[10] Noch gehörten die Klinkerstraßen, die in diesen Jahren gebaut wurden (beispielsweise von Wardenburg nach Littel oder von Tungeln nach Oberlethe), den Radlern, noch wurden sie von Kraftwagen nicht oft gestört, obwohl die ersten Exemplare des von Benz und Daimler entwickelten Gefährts bereits durch das Oldenburger Land rollten.[11]

Die technische Entwicklung verlief in den Augen der damals Lebenden rasant. „Es gibt heutzutage allerlei Neues. Telefon, Luftschiffahrt, Kinomatograph, Motorfahrten per Schiff und per Wagen usw. Es kann ja wohl nicht mehr viel erfunden werden", glaubte Heinrich B. Wellmann im Jahre 1911. Wellmann konnte sich zu dieser Zeit bereits mit einem kleinen Kreis von Wardenburgern telefonisch zu einem Kinobesuch verabreden und dann mit dem Autobus der Genossenschaft nach Oldenburg fahren. Dort hatte er die Qual der Wahl: Um das Publikum konkurrierten bereits vier Lichtspieltheater, in denen es „lebende Bilder" zu sehen gab.[12]

Der Beginn des Ersten Weltkrieges

Im Juli 1914 - in Wardenburg übten Soldaten gerade das Einnehmen einer Lethebrücke - wurde offenbar nicht nur Gastwirt Wellmann von der Kriegsbereitschaft der Großmächte und den negativen Auswirkungen ihrer Bündnispolitik überrascht: „Seit einigen Tagen ist fast die ganze Welt in Aufruhr. Österreich hat Serbien den Krieg erklärt. Deutschland ist Verbündeter von Österreich, und Rußland will den Serben helfen. Frankreich will den Deutschen zu Leibe rücken, wenn er und auch der Italiener den Österreichern helfen wollen. ... Wer weiß, wie die Sache noch enden wird, möglich ist, daß ein Weltbrand entsteht."[13] Der Gastwirt sollte recht behalten. Nur wenige Tage später folgte die Mobilmachung. Kaum hatte Johann Lüschen, Wardenburgs Postagent, an diesem 1. August 1914 die Nachricht erhalten, schwang er sich auf sein Rad, fuhr durchs Dorf und verbreitete die Kunde vom bevorstehenden Krieg.[14]

Abb. 77 Am 2. August 1914 wurde die Mobilmachung in den Nachrichten für Stadt und Land verkündet.

In den darauffolgenden Tagen wurden „wohl ca. 400 Mann aus der Gemeinde" zu den Waffen gerufen. „Viele sind verheiratet und haben mehrere Kinder, solche müßten eigentlich hier bleiben, aber es gibt kein Erbarmen, sie müssen fort." Eine Woche nach Kriegsbeginn „gehen hier die letzten zur Fahne. Fast alle jungen Leute sind aus Wardenburg heraus."[15] Die Reaktion der jungen Wardenburger, von denen einige just die Roggenernte hereinholten, wird sich kaum von der ihrer Altersgenossen andernorts unterschieden haben: Fast alle zogen begeistert ins Feld, einen schnellen Sieg über Frankreich und die anderen Kriegsgegner vor Augen. Weihnachten, so glaubten viele, ist man wieder zu Hause.

In Wardenburg selbst nahmen in diesen ersten Kriegstagen einige Männer ihr scharf geladenes Gewehr zur Hand und bezogen Wache an den Straßen nach Ahlhorn und Littel. Zu dieser Zeit kursierten die wildesten Gerüchte: Spione seien unterwegs, einige habe man bereits füsiliert. Am 3. August 1914 erfolgte allein in Oldenburg „ein halbes Hundert derartiger Verhaftungen" - allesamt zu Unrecht, wie sich nach kurzem Verhör herausstellte.[16] Ausgerechnet in Wardenburg waren den Gerüchten zufolge nun „fünf Autos mit fremden Offizieren avisiert, die angehalten werden sollten. Man sperrte die Straße durch einen Verhau, Wagen und Balken, umgestürzte Eggen sicherten das Hindernis, - es kam aber niemand!"[17]

Abb. 78 Rudolf Carstens, hier in Feldgrau und bewaffnet unter anderem mit Lanze und Karabiner, nahm als Dragoner am Ersten Weltkrieg teil. Das Foto entstand zu Beginn des Krieges. Der Wardenburger gehörte mit seinem Pferd „Kognac" einer Oldenburger Reitertruppe an, die unter anderem in Rußland und Belgien, also an beiden Fronten, eingesetzt wurde.[18]

Kriegsalltag in Wardenburg

Von Beginn an beeinträchtigten die Auswirkungen des Krieges das Alltagsleben in Wardenburg. So verzögerten sich die Erntearbeiten, weil viele Männer auf dem Weg an die Front waren: „Da sich auch in unserer Gemeinde ein großer Teil zu stellen hat und viele Pferde abgegeben werden müssen, sieht es in bezug auf die Ernte nur trübe aus. Von den Wandervögeln haben sich hier schon mehrere zum Aushelfen angeboten. Im übrigen müssen sich jetzt alle untereinander so gut aushelfen, wie es nur irgend geht, um denjenigen, die uns jetzt verlassen, eine schwere Sorge abzunehmen."[19]

Das Wardenburger Schützenfest, das alljährlich am zweiten Sonntag im August ganz im Zeichen der Uniformen stand - darunter die seinerzeit beliebte Matrosenkluft -, mußte erstmals ausfallen: Nahezu alle Schützenbrüder waren eingezogen worden.[20] Vorbei waren auch die Zeiten, in denen man mit dem Bus nach Oldenburg fahren konnte. Die beiden Busse der Automobilgenossenschaft mußten noch in der ersten Augusthälfte nach Hannover überführt werden. Sie wurden später an der Westfront eingesetzt.

Am 10. August leitete Gemeindevorsteher Diedrich Dannemann, der ebenfalls einberufen worden war, seine vorerst letzte Ratssitzung. Auch sie stand ganz im Zeichen des Krieges. So wurde bedürftigen Familien von Einberufenen Unterstützung zugesichert. Geplante Straßen- und Schulbauten wurden zurückgestellt. „Mit dem Wunsche, daß der Sieg an die deutschen Fahnen und die Fahnen der treuen Verbündeten geheftet werden möge, und mit einem Hoch auf den deutschen Kaiser, den Großherzog und den Kaiser von Oesterreich schloß der Vorsitzende die Versammlung." Auch Pastor Rodenbrock gedachte „mit begeisterten Worten der vielen auch aus unserer Gemeinde so kampfesfroh und siegeszuversichtlich hinausziehenden Krieger."[21] Rodenbrock, zugleich Vorsitzender des flugs gegründeten „Vereins für Kriegshilfe", organisierte erste Sammlungen von „Liebesgaben" für die Angehörigen der Einberufenen.[22] Im Kriegerverein packte man derweil auf Antrag von Molkereiverwalter Schulenberg für jedes „im Felde" stehende Mitglied ein Paket mit Schokolade - gut 100 Pakete kamen auf diese Weise zusammen.[23]

In den Wochen vor dem Weihnachtsfest 1914 ging in Wardenburg erstmals das Petroleum aus. Die Preise für Roggen, der nun nicht mehr an Vieh verfüttert werden

Abb. 79   Pastor Ernst Friedrich Wilhelm Rodenbrock, seine Frau und eine Freundin der Familie (von rechts nach links) im Garten vor der alten Pastorei. Rodenbrock war von 1898 bis 1924 Pastor in Wardenburg. Die Aufnahme, die um die Jahrhundertwende entstand, zeigt ihn mit einer jener Pfeifen, bei der der Qualm nicht gleich in die Nase stieg.

durfte, und für sogenannte Kolonialwaren wie Kaffee kletterten. Brot mußte nun unter anderem mit Kartoffelmehl gebacken werden. Im Frühjahr 1915 wurden die Wardenburger außerdem aufgefordert, den noch vorhandenen Hafer abzuliefern - er sollte an Armeepferde verfüttert werden. Dünger und Futtermittel wurden ebenfalls knapp und teuer. Kartoffeln - sonst Futtermittel für die Schweine, die nun kaum mehr fett zu kriegen waren - mußten inzwischen wie Roggen zur Ernährung der Bevölkerung abgeliefert werden. So manches Korn gelangte allerdings verbotenerweise in die Handmühlen, die es auf vielen Höfen noch gab.[24]

Auf den Dörfern fand man zwar weit eher als in der Stadt Mittel und Wege, die Bestimmungen zu umgehen. Gleichwohl machte sich die Umstellung auf die Kriegswirtschaft auch hier immer stärker bemerkbar. Brot, Zucker oder Fleisch gab es bald nur noch gegen Lebensmittelkarten. Bei Gastwirt Wellmann in Wardenburg stapelten sich die rationierten Güter. Hier hatte die „Kriegsgetreide-Gesellschaft" mit Sitz in Berlin eine Verkaufsstelle für die Gemeinde eingerichtet. Der Saal wurde ohnehin kaum noch gebraucht, seit die jungen Leute fort waren: „Es ist still überall. Lustbarkeiten finden überall nicht statt." Weihnachten 1915 ist der Wardenburger Bevölkerung nach Feiern nicht zumute. Ein gutes Jahr nach Kriegsbeginn ist offenbar jede Euphorie verflogen, und Anfang 1916 vermerkte Heinrich B. Wellmann in seinem Tagebuch erstmals den Wunsch nach Frieden: „Millionen von Menschen sind bereits totgeschossen und viele zu Krüppeln geworden, wo ist nur das Ende zu sehen. Es ist traurig, daß in jetzigen Zeiten noch solch eine Mörderei vorkommt. Es ist sozusagen nur reines gegenseitiges Morden."[25]

Im Sommer 1916 wurden in Ahlhorn mehrere große Hallen für Luftschiffe gebaut. Nun konnte man über Wardenburg ab und an Zeppeline beobachten, die Kurs auf England nahmen oder auch, teils ein wenig lädiert, von dort zurückkehrten. Ein Außenposten des Luftschiffhafens Ahlhorn befand sich in Oberlethe. Auf einem rund 10 Meter hohen Turm hockte ein Soldat, der mit einem Fernglas den Himmel absuchte und all das, was ihm nicht geheuer schien, per Telefon sofort nach Ahlhorn zu melden hatte. Da die Soldaten ihr Quartier ausgerechnet in der Oberlether Schule bezogen, mußte der Lehrer mit seiner Klasse häufiger durch den Fuhrenkamp streifen. Hier sammeln die Kinder Laub, das von Soldaten aus Oldenburg abgeholt wurde. Mit den getrockneten Blättern wurden die im Kriegsdienst stehenden Pferde gefüttert.[26]

Von Jahr zu Jahr wurden die Versorgungsengpässe spürbarer. „Butter, Brot, Fleisch, Kartoffeln, Hafer und sämtliche Lebensmittel werden uns zugeteilt, sogar Kleidung und Schuhe, überhaupt alles. ... Schnaps gibt es schon lange nicht mehr. Bier soll auch aufhören. Die Wirtschaften können dann geschlossen werden." Um so mehr hatte Gastwirt Wellmann inzwischen als Rendant der Spar- und Darlehnskasse zu tun. Er sollte nun kräftig die Werbetrommel rühren für Kriegsanleihen, mit deren Hilfe der Krieg finanziert werden sollte. Goldmünzen mußten von ihm erfaßt und aus dem Verkehr gezogen werden. Und Goldsachen wurden eingesammelt, um daraus weitere Münzen zu prägen. „Alle Artikel, die noch über Holland, Schweiz, Dänemark und Schweden hereinkommen, müssen in Goldmünzen bezahlt werden, Papiergeld nehmen die auswärtigen Völker nicht."[27] Ob Kupfer, Nickel oder Aluminium - Rohstoffe waren knapp und wurden beschlagnahmt. „Nun sollen wir auch noch unsere Kirchenglocken hergeben, der Bronze wegen." Am 22. Mai 1917 wurde die größte Wardenburger Glocke (550 kg) aus dem Turm geholt und von einem Glockengießer aus Hemelingen mit Hammerschlägen zertrümmert.[28] Ungleich schwerer wog allerdings der Verlust an Menschenleben.

Briefe aus dem Schützengraben

Heinrich Wellmann, der Sohn des Wardenburger Gastwirts, gehörte zu denen, die es im August 1914 kaum abwarten konnten, in die feldgraue Uniform zu kommen. Der 20jährige erfuhr bei der Zweiganstalt der Oldenburger Landesbank in Eutin vom Beginn des Krieges. Wellmann, der hier seine Ausbildung absolvierte, fuhr noch am Mobilmachungstag nach Wardenburg zurück „und meldete sich sofort als Freiwilliger beim Oldenburgischen Infanterie-Regiment Nr. 91."[29] Gut einen Monat lang mußte er sich gedulden. Am 11. September wurde er schließlich eingezogen und nach kurzer Ausbildung Ende Dezember 1914 an die Ostfront geschickt. Nach einer einwöchigen Reise bezog er Quartier in einem kleinen russischen Ort nahe der Front. In seinem ersten Feldpostbrief vom 8. Januar 1915 teilte er seinen Eltern mit, daß er „morgen oder übermorgen in den Schützengraben"[30] komme. Tatsächlich sollte er bereits am Tag darauf in einem vorgeschobenen Horchposten das erleben, was seinerzeit glorifizierend „Feuertaufe" genannt wurde: „In unmittelbarer Nähe platzte eine Granate nach der anderen. Wir lagen platt am Boden."[31] Dergleichen kam allerdings nicht allzuoft vor. Es blieb offenbar auch in vorderster Linie, zwischen Schützengraben, Unterstand und Drahtverhau, wochenlang ruhig. Manchmal ging es dem jungen Soldaten im Schützengraben ein wenig zu ruhig zu. Am 30. Mai 1915 schrieb er: „Leider ist uns bis jetzt, so sehr wir auch darauf warten, noch nicht die Möglichkeit gegeben worden, den Russen einmal ordentlich an den Kragen zu gehen."[32] Einige Tage später, am 5. Juni 1915, wurde Heinrich Wellmann - „einer der besten", wie die Kompanie versicherte - von einer Kugel tödlich getroffen.

Bereits am Tag seiner Einberufung hatte er vorsorglich einen Abschiedsbrief verfaßt, der seinen Eltern nun zugestellt wurde: „Wenn Ihr diesen Brief erhaltet, hat es dem allgewaltigen Lenker der Schlachten gefallen, mich den Heldentod für das deutsche Vaterland sterben zu lassen. Ich sende Euch allen daher noch einen letzten Herzensgruß und bitte zu Gott, Euch in Eurem Schmerz zu stärken, daß Ihr mannhaft, wie es eines Deutschen würdig ist, das Schwere ertragt. Ich selbst bin freudig in den Krieg gezogen mit der festen Absicht, mein Möglichstes zu tun und nach Kräften dazu beizutragen, daß unser deutsches Vaterland frei bleibe von slawischer Knechtschaft und Unkultur oder gallischer und englischer Schurkerei und Hinterlist, daß es diesen arglistigen Feinden einen Frieden diktieren könne, der für die fernere Zukunft jeden Krieg aus Europa verbanne."[33] Im Abschiedsbrief von Heinrich Wellmann spiegelt sich jener jahrelang geschürte Nationalismus, der ihn und andere junge Männer enthusiastisch in den Krieg ziehen ließ. Sie kämpften nicht, wie man ihnen glauben machte, für die „Verteidigung ihres Vaterlandes". Sie starben, weil aus Deutschland eine Großmacht geworden war, die im Spätsommer 1914 den Krieg wollte. Vor allem den Militärs lag eine politische Lösung fern.[34]

Abb. 80 Todesanzeige Heinrich Wellmann (Nachrichten für Stadt und Land vom 13. Juni 1915).

Stöver, Müller, Neumann, Lankenau, Dannemann - anfangs hatte sich Heinrich B. Wellmann noch die Namen von Soldaten aus der Gemeinde notiert, die ihr Leben an der Front gelassen hatten.[35] Während die Oldenburger Nachrichten auf der Titelseite Erfolgsmeldungen brachten, füllten sich weiter hinten die Zeitungsspalten mit Todesanzeigen. „Nach und nach waren alle Söhne und Männer bis 45 Jahre eingezogen, und einer nach dem anderen ist gefallen."[36] An manchen Tagen fielen gleich mehrere Männer aus der Gemeinde, so am 16. Februar 1915 bei Reims.[37] „Wenn von den Kriegsschauplätzen die grünen Einschreibbriefe kamen", dann hatte Willi Schumacher einen schweren Gang vor sich. Der 15jährige half im Postdienst aus und mußte die Todesnachricht zustellen. Insgesamt kehrten 214 Männer aus der Gemeinde Wardenburg nicht zurück.[38]

Mädchen, die wie Marianne Kayser in Oldenburg eine Schule besuchten, meldeten sich „zum Lazarettdienst, und zweimal in der Woche führten wir Beinamputierte durch den schönen Schloßgarten, beaufsichtigt von einer alten Dame."[39] In Kriegszeiten werden den Frauen meist neue Aufgaben übertragen. So wurde Anny Schrimper erste Lehrerin der rund 60 Schülerinnen und Schüler in Wardenburg.[40]

Abb. 81 Auf dieser Aufnahme, die bei einem Schulausflug 1918 entstand, sind neben Schülerinnen und Schülern aus Wardenburg auch einige aus dem Ruhrgebiet zu sehen. Die Jungen aus den Industriestädten, die sich damals an der Hunte erholen sollten, tragen zum Teil Arbeitermützen.

Auf den Bauernhöfen wurden im Laufe des Krieges verstärkt russische, belgische und französische Kriegsgefangene eingesetzt.[41] Dabei mußten jene Gefangenen, die tagsüber zu Arbeiten auf Höfen in der noch jungen Kolonie Charlottendorf herangezogen wurden, die Nacht in einem Schweinestall verbringen.[42] Das größte Lager für Kriegsgefangene auf dem Gebiet der Gemeinde Wardenburg befand sich am Hunte-Ems-Kanal. Die Anfänge dieses Lagers lagen bereits einige Zeit zurück.

Das Kriegsgefangenenlager im Vehnemoor

Der Krieg ging in seinen ersten Winter, und die Hoffnungen auf ein schnelles Ende hatten sich zerschlagen. Den Besitzern der Torfwerke am Hunte-Ems-Kanal wurde nun bewußt, daß sie auf einige der Arbeitskräfte aus Holland, Polen oder Galizien, die hier bislang Torf gestochen hatten, wohl vorerst verzichten mußten. Im Januar 1915 wandte sich daher Johann Frerichs, Torfwerksbesitzer aus Jeddeloh II, an die zuständigen Armeestellen und beantragte die Zuweisung von Kriegsgefangenen, ein Wunsch, dem auch der Landeskulturfonds mit Blick auf andere Torfwerke wie Dittmer & Kyritz sowie Stevendaal seine Unterstützung nicht versagte. Ein geeigneter

Platz für ein Kriegsgefangenenlager in der Nähe dieser Firmen war schnell ausgemacht: am Kanal in Höhe des heutigen Dortmunder Moorweges. Hier wurden die Baracken im Frühjahr 1915 „billigst", also ohne Öfen und Licht, errichtet. Am 12. Mai trafen die Offiziere, Unteroffiziere und Wachmannschaften, rund 50 Mann, ein. Die Ankunft der Kriegsgefangenen stand einem Telegramm zufolge ebenfalls unmittelbar bevor: „Eintreffen am 13. Mai 1.41 Uhr nachmittags in Osternburg: 500 Gefangene aus Celle-Lager".[43] Noch handelte es sich ausnahmslos um Russen, die vorwiegend bei den ersten Kämpfen in Ostpreußen in Gefangenschaft geraten waren. Weitere 200 bis 300 Gefangene wurden im Oktober 1915 ins Vehnemoor gebracht. Insgesamt waren im Herbst 1915 in dem Lager am Kanal 1.000 Männer interniert, neben Russen nun auch Franzosen, Belgier und Engländer.

„Die Gefangenen wurden an die Torfwerksbesitzer abgegeben, die dafür eine Vergütung in die Reichskasse zahlen mußten."[44] Zehn Pfennig hatte ein Torfwerksbesitzer für jeden Gefangenen pro Tag zu entrichten. Höher fiel die Rechnung des Landeskulturfonds aus, wenn die Gefangenen zu Ernte- und Kultivierungsarbeiten herangezogen wurden. So wurden für das erstmalige Umgraben und Hacken eines Hektars im Moor zwischen 30 und 60 Mark berechnet. Für die Verpflegung eines Gefangenen wurden täglich 75 Pfennig, für die eines Wachmanns 1,20 Mark in Rechnung gestellt.

Abb. 82 Die Uniformierten auf diesem Foto gehörten zur Wachmannschaft des Kriegsgefangenenlagers am Südufer des Hunte-Ems-Kanals.

Das Kriegsgefangenenlager im Vehnemoor existierte bis zum Ende des Ersten Weltkriegs. Aus dem Barackenlager wurde nun das Moorgut der Stadt Dortmund. Die Mitarbeiter des Moorguts und die letzten Wachmänner des Lagers gaben sich gewissermaßen die Klinke in die Hand. Der Krieg war gerade beendet, da starben im Lager noch mehrere Russen, Franzosen und Belgier. Sie erlagen einer Grippe-Epidemie, der in den letzten Monaten des Jahres 1918 zahlreiche Menschen auch in Wardenburg und umliegenden Dörfern zum Opfer fielen.[45]

Anmerkungen

[1] Gespräch mit Ludolf Bösch am 22. März 1995; vgl. auch Charlottendorf-West, 32 und 54. Peter Friedrich Ludwig verfügte nach seiner Rückkehr aus dem russischen Exil per Gesetz vom 24. Dezember 1813 die Aufstellung eines Infanterieregiments.

[2] Honecker/Lindenblatt, 32. Vgl. zur Artillerie ebenda, 20 (zum Unfall im Zeltlager), Charlottendorf-West, 32, sowie Gilly, 43.

[3] Vgl. Schweppe/Egloffstein, 199, sowie GSP Nr. 26, März 1978, 5, und Nr. 27, Juni 1978, 11.

[4] Heimatkunde, Bd. I, 152.

[5] Dergleichen wurde von Heinrich B. Wellmann häufiger im Tagebuch vermerkt, hier: Eintragung am 14. August 1903, zitiert nach GSP Nr. 27, Juni 1978, 10.

[6] Eintrag vom 17. August 1903, zitiert nach GSP Nr. 27, Juni 1978, 11. Vgl. auch die Kurznotiz in: NSL vom 17. August 1903. Noch Jahrzehnte später hielten Einheiten der Marineartillerie aus Wilhelmshaven, Emden und Cuxhaven im Veh-

nemoor bei Westerholt Scharfschießen ab; vgl. NSL vom 21. Oktober 1932.

[7] Kollmann, Statistische Beschreibung, 255 (Tabelle 34).

[8] Vgl. GSP Nr. 17, Dezember 1975, 6. Der auf Initiative aus der Industrie 1898 gegründete Deutsche Flottenverein, einer der mitgliederstärksten Vereine im Kaiserreich, propagierte insbesondere den außenpolitisch fragwürdigen Bau einer Schlachtflotte. Die Ortsgruppe Wardenburg wurde am 13. Dezember 1908 nach einem Vortrag über die deutschen Kolonien gegründet. Dem Verein gehörten hier unter anderem die Gastwirte Arnken und Lüschen, Auktionator Gloystein, Kaufmann Heinen und der Schlachter Daniel Kugelmann an. Den Vorsitz hatte Pastor Rodenbrock. Die letzte Eintragung im Protokollbuch der Ortsgruppe wurde am 23. Januar 1916 vorgenommen; in: KAW Nr. 321.

[9] Auszüge aus alten Rechnungen des Gastwirts, abgedruckt in: GSP Nr. 48, September 1983, 4.

[10] Vgl. GSP Nr. 22, März 1977, 21f.

[11] Vgl. Lübbing, Oldenburgische Landesgeschichte, 183f. Um die Jahrhundertwende wurde das Straßennetz im Gemeindegebiet aus-

gebaut. Es handelte sich dabei durchweg um Klinkerstraßen. Sämtliche Wege wurden im Wegeregister der Gemeinde Wardenburg, aufgestellt im Jahre 1901, verzeichnet. Es enthält unter anderem Angaben über die Länge und Breite aller Wege. Dieser Vorläufer des Liegenschaftskatasters ist noch heute ständig in Gebrauch, wenn es um Fragen des Eigentumanspruchs der Gemeinde an Wegeflächen geht (Gespräch mit Rita Wassermann am 28. April 1994). Vgl. hierzu auch 700 Jahre Wardenburg, 232.

[12] Tagebuchnotiz von Heinrich B. Wellmann vom 22. Januar 1911, zitiert nach GSP Nr. 57, Dezember 1985, 3.

[13] Tagebuchnotiz von Heinrich B. Wellmann vom 28. Juli 1914, zitiert nach GSP Nr. 71, Juni 1989, 2.

[14] Vgl. hierzu die Erinnerungen von Wilhelm Schumacher, in: 700 Jahre Wardenburg, 178.

[15] Tagebuchnotizen von Heinrich B. Wellmann am 5. und 7. August 1914, zitiert nach GSP Nr. 71, Juni 1989, 2.

[16] NSL vom 4. August 1914.

[17] NSL vom 8. August 1914. Nach einer Tagebuchnotiz von Heinrich B.Wellmann vom 5. August 1914 schrieb eine Verordnung den Wardenburger Wachen vor, daß sie „jedes Auto und jeden Radfahrer anhalten und revidieren" sollten (zitiert nach GSP Nr. 71, Juni 1989, 3).

[18] Gespräch mit Alice Viebrok, der Tochter von Rudolf Carstens, am 19. Januar 1995.

[19] NSL vom 5. August 1914.

[20] Kaufmann Rudolf Harms, der 1913 Schützenkönig geworden war, blieb Besitzer der Königskette bis 1919; vgl. GSP Nr. 2, April 1972, 19, sowie 700 Jahre Wardenburg, 157.

[21] NSL vom 14. August 1914. Vgl. auch das Ratsprotokoll vom 10. August 1914.

[22] NSL vom 25. August 1914. Zum Verein für Kriegshilfe (häufiger auch: Verein für Kriegsbeihilfe) vgl. auch die Ausgabe vom 22. August 1914.

[23] NSL vom 27. August 1914. Von den 208 Mitgliedern des Kriegervereins war über die Hälfte einberufen worden.

[24] Vgl. die Tagebuchnotizen von Heinrich B. Wellmann vom Dezember 1914 bis April 1915, abgedruckt in: GSP Nr. 73, Dezember 1989, 1, und Nr. 74, März 1990, 2. Vgl. auch Festschrift Raiffeisenbank, 17, sowie 150 Jahre Beverbruch, 88.

[25] Tagebucheintragung von Heinrich B. Wellmann vom 25. Februar 1916, zitiert nach GSP Nr. 77, Dezember 1990, 16. Vgl. auch die Notizen vom 31. Dezember 1915 und 29. Januar 1916, in: ebenda.

[26] Vgl. GSP Nr. 30, März 1979, 22, sowie die Tagebucheintragung von Heinrich B. Wellmann vom 5. Januar 1917, in: Nr. 79, Juni 1991, 7.

[27] Tagebuchnotiz von Heinrich B. Wellmann vom 28. Februar 1917, zitiert nach GSP Nr. 79, Juni 1991, 7. Vgl. auch Festschrift Raiffeisenbank, 16.

[28] Tagebuchnotiz von Heinrich B. Wellmann vom 23. Mai 1917, zitiert nach GSP Nr. 79, Juni 1991, 8. Die kleinere Glocke von Alexius Petit (1807) und die Uhrglocke von Sebald Groning (1594) waren vor der Glockenbeschlagnahme 1917/18 „befreit"; vgl. das Schreiben vom 23. Juli 1925 in: KAW Nr. 238.

[29] Oldenburger Jahrbuch 1916/17, 240. Unter den in den sogenannten Kriegsjahrbüchern aufgeführten „Helden" ist Heinrich Wellmann der einzige aus der Gemeinde Wardenburg.

[30] Feldpostbrief vom 8. Januar 1915, zitiert nach Oldenburger Jahrbuch 1916/17, 240f.

[31] Feldpostbrief vom 10. Januar 1915, zitiert nach Oldenburger Jahrbuch 1916/17, 241.

[32] Feldpostbrief vom 30. Mai 1915, zitiert nach Oldenburger Jahrbuch 1916/17, 243.

[33] Zitiert nach Oldenburger Jahrbuch 1916/17, 240.

[34] Vgl. Legenden, 72ff. Auch von Krockow (80ff.) setzt sich kritisch mit der Haltung der Militärs - und hier vor allem der Marine - auseinander.

[35] Vgl. GSP Nr. 73, Dezember 1989, 2.

[36] Erinnerungen von Marianne von der Vring, in: GSP Nr. 70, März 1989, 2.

[37] Vgl. Tagebuchnotiz des Heinrich B. Wellmann vom 6. März 1915, abgedruckt in: GSP Nr. 74, März 1990, 2. Allein an diesem Tag fielen drei Männer aus der Gemeinde.

[38] Die Erinnerungen von Willi Schumacher sind abgedruckt in: GSP Nr. 49, Dezember 1983, 3ff., hier: 4.

[39] Marianne von der Vring, zitiert nach GSP Nr. 70, März 1989, 2.

[40] Vgl. GSP Nr. 6, März 1973, 26, und Nr. 74, März 1990, 21.

[41] Vgl. Tagebuchnotiz von Heinrich B. Wellmann vom 17. Mai 1916, zitiert nach GSP Nr. 78, März 1991, 5. Vgl. auch die Notiz vom 5. Januar 1917, in: GSP Nr. 79, Juni 1991, 7.

[42] Vgl. Charlottendorf-West, 182.

[43] Zitiert nach Harbern I, 17. Das Kriegsgefangenenlager wird näher beschrieben in: Harbern I, 16f., sowie Eckhardt, Klein Scharrel, 281ff. Die Darstellungen stützen sich unter anderem auf StAO Best. 136 Nr. 16412 und 16413. Zu den vorher in den Torfwerken beschäftigten Saisonarbeitern aus den Niederlanden oder Russisch Polen vgl. auch Eckhardt, Klein Scharrel, 143ff.

[44] Heinrich Behrens, in: Harbern I, 17.

[45] Vgl. Harbern I, 17 und 31. Zu den Opfern der Grippe-Epidemie im Lager vgl. Eckhardt, Klein Scharrel, 279ff., zu den Opfern in den Dörfern das Wardenburger Totenregister 1873-1925, 806ff., in: KAW.

Neue Dörfer II:
Charlottendorf, Benthullen, Harbern

Vom Moorgut der Stadt Dortmund
zur Gründung Harberns

Im Sommer 1917 machte sich der Magistrat der Stadt Dortmund - sicher noch unter dem Eindruck des Hungers im zurückliegenden „Steckrübenwinter" - verstärkt Gedanken über die Versorgung von Krankenhäusern, Schulen und anderen städtischen Einrichtungen mit Lebensmitteln. Eine „Schweinemast-Kommission", bald darauf umbenannt in „Moorgut-Kommission", nahm sich der Sache an. Gesucht wurde eine Moorfläche, die sich zur „Anzucht von Rindvieh" ebenso eignen sollte wie „zur Züchtung von gesunden, kräftigen Schweinen", aber auch zum Anbau von Kartoffeln und „Körnerfrüchten".[1] Am 9. Januar 1918 besichtigten Vertreter der Stadt Dortmund eine größere Fläche im Vehnemoor westlich von Achternmeer. Mit dem Vertrag, den die Stadt Dortmund und die oldenburgische Regierung noch im Januar unterzeichneten, erwarben die Dortmunder gut 1500 Hektar im Vehnemoor. Die Fläche lag überwiegend im nordwestlichen Bereich der Gemeinde Wardenburg und zu einem kleineren Teil im Bereich der Gemeinde Edewecht (Klein Scharrel).

Die Exkursion

Anfang der 20er Jahre führte eine Exkursion eine Gruppe von Naturwissenschaftlern ins Vehnemoor. In Achternmeer machte die Gruppe einen ersten Halt. Hier brachte ein Berliner namens Brandt seine Eindrücke zu Papier: „Von der sandigen, windkanterbesäten, heidebedeckten Höhe des Korsorsberges, die wie ein Vorgebirge des östlichen Geestrandes im Moor vorspringt, dehnt sich der Blick über eine weite, bräunlich schimmernde Ebene aus, über deren Horizont sich leichte, bewaldete Bodenwellen gerade eben erheben, im Norden der Wildenloh und die Höhen von Edewecht und Zwischenahn, im Süden die Geesthügel zwischen Friesoyte und Garrel." Brandt, mit der Schreibweise der Ortsnamen noch nicht vertraut, nahm an diesem Rundgang auch teil, „weil er ein Stück von der Vernichtung bedrohter Natur noch einmal in letzter Stunde vor Augen führt". Brandt war sich darüber im klaren, daß er eine „sterbende Naturlandschaft" vor sich hatte.[2] Die Spuren der menschlichen Kultivierungsarbeit waren unübersehbar: „In der Ferne zeigt eine Reihe neuer roter Ziegeldächer die Lage des Hunte-Ems-Kanals an." Die Gruppe setzte ihren Gang zunächst „ziemlich trockenen Fußes über das Moor und die Bulten" fort und stieß bald auf Reste des Hochmoores. Vorsichtig näherten sich die Wissenschaftler dem Rand eines Gewässers, dessen Wasserspiegel von Seerosen bedeckt war: „Betritt man ihn, so gerät er in schaukelnde Bewegung und erzeugt unter gurgelndem Geräusche Wellen auf dem einen schwachen Steinwurf entfernten offenen Wasser. Stößt man den Stock hinein, so verspürt man keinen Grund, aber auch kein Nachlassen des Widerstandes. Es ist nur der Rand des schwimmenden Moores, den wir betreten haben, und den zu überschreiten uns nicht rätlich erscheint. Stumm warnen die mumienhaften Reste einer von Vögeln ausgeweideten Schnucke, die sich mit spitzem Hufe zu weit hineinwagte."[3] Die Wissenschaftler suchten nun wieder festeren Grund in den Jeddeloher Wiesen. Sie hatten offenkundig exakt jenes Gebiet durchquert, das inzwischen zum Moorgut Dortmund gehörte und bald darauf ebenfalls kultiviert werden sollte.

Abb. 83 Das Vehnemoor im Juli 1928.

Die Geschäfte auf dem Moorgut der Stadt Dortmund liefen anfangs schlecht. Es fehlten vor allem Arbeitskräfte. Die „Fürsorgezöglinge", die „für die Arbeit benutzt werden" sollten, blieben aus.[4] Die ersten Arbeiten wurden noch kurz vor Kriegsende von den unter Quarantäne stehenden Kriegsgefangenen verrichtet. Nach dem Waffenstillstand setzten unter anderem Bewohner aus Achternholt und Westerholt die begonnenen Entwässerungsarbeiten fort. 1920 konnten erstmals Roggen, Hafer sowie einige Kartoffeln geerntet werden. Bei der Getreideernte wirkten ostfriesische Landarbeiter mit, die als sehr geübt im Umgang mit der Sichel galten.

Der Kartoffelanbau entwickelte sich bald zu einem Schwerpunkt der landwirtschaftlichen Arbeit. Für den Transport der Produkte kaufte die Stadt Dortmund eine Schute. Dieses motorlose Schiff mußte zunächst von zwei Arbeitern, die auf einem Treidelweg neben dem Kanal liefen, an Seilen nach Oldenburg gezogen werden. Ein dritter Arbeiter stand auf der Schute und wahrte mit einer langen Stange den Abstand zum Ufer. Später wurden die Männer am Ufer von einem Pferd abgelöst.[5]

„Ein Arbeitstag dauerte meistens 10 Stunden, im Sommer aber auch 16 Stunden. Urlaub gab es nicht. In der Erntezeit mußte darüberhinaus auch sonnabends und sonntags gearbeitet werden. Außer Administrator Krüger erhielt keiner Torf zum Heizen. Die Arbeiter konnten sich aber im Moor selbst Torf graben und trocknen - natürlich nach Feierabend."[6] Sieht man von Saisonarbeitern ab, so waren knapp 50 Personen dauerhaft auf dem Moorgut beschäftigt. „Stempelgeld" half einigen von ihnen über härtere Winter hinweg.

Trotz einiger recht erfolgreicher Jahre schrieb auch das Moorgut bald rote Zahlen. In Dortmund entschloß man sich daher zur Auflösung der Anlage. Nach und nach wurden die Flächen veräußert; 1932 war über die Hälfte des Gebiets bereits im Besitz des Siedlungsamtes oder von Privatkäufern. Auf der Restfläche wollte die Stadt Dortmund zunächst 300 Familien erwerbsloser Arbeiter ansiedeln. Jeder sollte einen Hektar Land erhalten und darauf Gemüse anbauen. Dieser Plan stieß jedoch weder bei Wardenburgs Gemeindevorsteher Diedrich Dannemann noch beim oldenburgischen Innenministerium auf Gegenliebe. Also entschied man sich in Dortmund, ein Lager des Freiwilligen Arbeitsdienstes einzurichten. Im Sommer 1932 trafen die ersten Arbeitslosen aus Dortmund am Küstenkanal ein. Auf dieses Lager wird an anderer Stelle näher eingegangen (siehe Kapitel „Der Arbeitsdienst der Männer").[7]

Im Herbst 1934 wurde auf dem Moorgut die letzte Ernte hereingeholt. Einen großen Teil der verbliebenen Flächen erwarb das Siedlungsamt Oldenburg, das sie wiederum an Siedlungswillige verkaufte. Bei einem Ortstermin mit Bewerbern im Oktober 1934 fiel bereits ein Name für die entstehende Siedlung: Harbern. Seit 1935 ist Harbern - so hieß Jahrhunderte zuvor das nahe Oberlethe - auch offiziell Ortsname für die Siedlung im Nordwesten der Gemeinde Wardenburg. Im Zuge der Siedlungsgründung wurde die Gemeindegrenze zwischen Wardenburg und Edewecht neu gezogen. Sie verläuft seither ein Stückchen weiter westlich. Die neue Bauerschaft Harbern umfaßte also auch Gebiete, die bis dahin zur Bauerschaft Klein Scharrel gehörten.

Nach dem Ende des Zweiten Weltkriegs ließen sich Flüchtlinge und Vertriebene auch in Harbern nieder. Da Fahrräder zu jener Zeit Mangelware waren, beantragten einige Bewohner die Teilung der großflächigen Ortschaft. Der Gemeinderat folgte diesem Wunsch: Seit dem 22. März 1948 wird zwischen den Ortschaften Harbern I und Harbern II unterschieden.[8]

Die neue Siedlung „bi de Beenthullen"

Nur wenige Monate vor Harbern war etwas weiter südlich eine weitere Siedlung entstanden: Benthullen. Die ersten Kolonisten hatten sich hier bereits Mitte des 19. Jahrhunderts - also lange vor der eigentlichen Gründung der Siedlung - auf einer sandigen Anhöhe niedergelassen. Zunächst allerdings gehörten diese Kolonate zur Ortschaft Achternholt. Die Siedler blieben lange unter sich - zu karg waren hier die Lebensbedingungen.[9] Hin und wieder ließen sich Bewohner umliegender Dörfer sehen, denen das Heizmaterial zur Neige ging; dann holte man sich hier neuen Torf. Dabei begegneten ihnen noch die Schafe der frühen Kolonisten - die Tiere hielten die Birken kurz.[10]

Abb. 84 Schlatt mit Schafherde, aufgenommen in den 30er Jahren in Benthullen.

Die weitere Besiedlung vollzog sich im 20. Jahrhundert nach den Plänen des Siedlungsamtes. Ab 1908 wurden hier nach Vorarbeiten des Oberamtmannes Hermann Ahrens Gräben durch das meterdicke Moor in Richtung Kanal gezogen. Rund 25 Jahre später war die Entwässerung so weit fortgeschritten, daß man im Siedlungsamt eine Vergabe der Flächen ins Auge fassen konnte.[11] Noch vor den neuen Siedlern kam der Freiwillige Arbeitsdienst. Im Frühsommer 1933 erkundete eine kleine Gruppe von „Arbeitsmännern" das Gelände, darunter mit Johannes Meents auch der spätere Leiter („Feldmeister") des Arbeitsdienstlagers. In den folgenden Monaten entstanden am Dortmunder Weg die Unterkünfte für rund 200 Männer. Zu den ersten, die hier einzogen, gehörten die Mitarbeiter einer Hütte im saarländischen Völklingen. „Damals stellte man junge Hüttenangehörige vor die Wahl, entweder ihr Arbeitsverhältnis vorübergehend zu lösen, oder sich für ein halbes Jahr zum Freiwilligen Arbeits-Dienst zu melden." 50 Saarländer hatten mit dem Arbeitsdienst das in ihren Augen „kleinere Übel" gewählt und kamen am 12. Dezember 1933 in Benthullen an.[12] Sie legten in den folgenden Monaten Moorflächen trocken und bauten den Verbindungsweg nach Harbern aus - den heutigen Saarländer Weg. Die Stelle, an der dieser Weg auf den Böseler Damm traf, wird sich später zum Ortsmittelpunkt entwickeln.[13]

Bei dem Böseler Damm handelte es sich um einen alten Weg, auf dem Petersdorfer Bauern über Achternholt zum Markt nach Oldenburg fuhren. Das Ödland an diesem Weg - es ist die heutige Böseler Straße - wurde vom Siedlungsamt 1933 am Reißbrett aufgeteilt. Für die rund 12 Hektar großen Stellen interessierten sich 40 Bewerber. 29 von ihnen erhielten im Oktober bei einem ersten Treffen im „Moor-Krug" des Johann Lüken ein Stück Land zugesprochen. Bauern aus den benachbarten Dörfern prophezeiten den neuen Siedlern, daß sie binnen Jahresfrist „fluchtartig das unwirtliche Moor wieder verlassen" würden. Manch einer überlegte es sich in den nächsten Monaten tatsächlich anders. Heinrich Wulf, Peter Pargmann, Diedrich Bliefernich und Diedrich Meyer, die ersten Bewohner der neuen Siedlung „bi de Beenthullen", ließen sich jedoch nicht beirren. Im Mai 1934 zogen die vier mit ihren Familien an den Rand des Vehnemoores - seither gilt Benthullen als eigenständige Siedlung. Benannt wurde sie nach dem einst für diese Gegend so charakteristischen „Beentgras"; war zunächst stets von „Beenthullen" die Rede, so hat die Siedlung im Laufe der Jahre ein „e" ihres Namens eingebüßt.

In den ersten Monaten bestand sie lediglich aus einigen Holzbaracken und Schafkoven. Noch im Gründungsjahr entstanden die ersten festen Bauten am Böseler Damm, der ebenfalls noch 1934 mit Klinkern gepflastert wurde. Am Saarländer Weg wurden die ersten Häuser 1935 bezogen. Die Fundamente der Häuser ruhen auf steinernen Pfeilern oder auf Pfählen, die vor dem Bau ins Moor gerammt wurden.[14]

Es waren überwiegend Pächter und abgehende Bauernsöhne aus den Kreisen Oldenburg, Ammerland und Wesermarsch, die es in Benthullen versuchen wollten. Eine erste Auswahl traf die jeweilige Kreisbauernschaft. „Nicht siedeln konnte, wer kein positives Verhältnis zum nationalsozialistischen Staat hatte, wer nach rassischen Merkmalen nicht nordisch oder fälisch war, wer nicht erbgesund war, wer nicht Moorerfahrung hatte und wer nicht einiges Vermögen als Anfangskapital beisteuern

Abb. 85 Beim Bau der Siedlungshäuser in Benthullen wurden Rotsteine aus den nahen Ziegeleien und Kalksandsteine aus Ahlhorn verwendet.

Abb. 86 Eine Reihe neuer Siedlungsbauten am Ostrand des Vehnemoores.

konnte. Eine Auswahl also wie bei einer Tierschau, mit Stammbaum und Leistungs-nachweis."[16]

Die Entwicklung Benthullens blieb während der nationalsozialistischen Diktatur untrennbar verbunden mit dem Reichsarbeitsdienst, der 1935 an die Stelle des Frei-willigen Arbeitsdienstes trat. Die Männer verließen morgens die Baracken am Dort-munder Weg, um Bauplätze auszuschachten, neue Gräben zu ziehen oder bei Einsaat und Ernte zu helfen. Benthullen sollte „zur größten Kolonie Norddeutschlands" ausgebaut werden.[17] Der weibliche Arbeitsdienst bezog Ende 1935 einen Neubau am Saarländer Weg - die „Arbeitsdienstmaiden wurden den Siedlerfrauen zur Hilfe in Haus und Hof zugeteilt." Was die Frauen im Lager selbst erlebten, wird an anderer Stelle beschrieben (siehe Kapitel „Der weibliche Reichsarbeitsdienst"). Sie blieben bis zum Ende des Krieges. Nach 1945 fanden in Benthullen viele Flüchtlinge und Vertriebene eine neue Bleibe.[18]

Die Heidekolonie Charlottendorf

Schon der Name Charlottendorf sagt einiges über den Zeitpunkt, an dem die Kolo-nie an der südlichen Gemeindegrenze entstand: Es war noch zu Zeiten des Großher-zogs. Prinzessin Sophie Charlotte, die älteste Tochter, übernahm bei der Gründung im Jahre 1910 die Patenschaft.[19] Die Jahre zwischen 1898 und dem Ersten Weltkrieg gelten als „Blütezeit der Kultivierung".[20] Fast zeitgleich mit Charlottendorf wurden etwas weiter nördlich auch der Fladder aufgesiedelt und der Staatsforst Tüdick (1914) angelegt.

In diesem Bereich östlich des Vehnemoors gab es zwar auch Moor, der überwie-gende Teil bestand jedoch aus Heide auf Geestboden. Hierher trieb früher der Schä-fer seine Heidschnucken. Und wenn die Heide blühte, waren Honigbienen am Werk. Bereits zu Zeiten von Graf Anton Günther existierte nahe der Lethe ein Bienenstand, der von Littelern beaufsichtigt werden mußte.[21] Die Anlage hinterließ zumindest zeitweise einen traurigen Eindruck und wurde „nach und nach demontiert. Türen, Bretter und Pfannen verschwanden, die Schlösser wurden entwendet."[22] Noch heute verweist der „Immenbusch" an der Lethe auf den einstigen Standort des gräflichen Bienenstandes.[23] Der Bienenkorb wurde zum Symbol für Charlottendorf-West.

Lange vor der Gründung der Ortschaft Charlottendorf hatten sich die ersten Bau-ern zwischen Littel, Westerburg, Hengstlage und Halenhorst niedergelassen. Sie er-richteten ihre bescheidenen Bauten vornehmlich längs der alten Wege. Zu den älte-sten Häusern im Bereich des „Hengstlager Weges" zählte das Anwesen „Tüdick", das anfangs noch zu Westerburg gehörte. Hier konnte der Postreiter auf seinem Weg von Oldenburg nach Ahlhorn das Pferd wechseln oder ein kühles Getränk zu sich nehmen - die Schankerlaubnis existierte bereits 1766.[24] Die Postkutsche ziert daher heute das Emblem von Charlottendorf-Ost.

In der ersten Hälfte des 19. Jahrhunderts wurde der Weg zur „Cloppenburger Chaussee" ausgebaut. Sie bildete in etwa auch die Grenze zwischen den Gemeinheiten von Littel (im Westen) sowie Westerburg, Höven und Astrup (im Osten). Diese Gemeinheiten wurden 1815/16 vermessen, jedoch erst Jahre später aufgeteilt. Bei Teilungen dieser Art fielen nicht selten auch dem Staat größere Flächen zu, von denen einige bereits kurze Zeit später planmäßig besiedelt wurden. So entstanden bereits um die Mitte des 19. Jahrhunderts etwas weiter südlich die Siedlungen Beverbruch und Halenhorst.

Eine wesentliche Voraussetzung für die weitere Besiedlung schuf der oldenburgische Staat schließlich mit seinem Kolonieförderungsgesetz von 1876. Unkultivierte Flächen, die sich im Besitz des Staates befanden, wurden nun dem Meliorationsfonds (ab 1882 Landeskulturfonds, ab 1920 Siedlungsamt) unterstellt. Diese Behörde kaufte weiteres Ödland hinzu - und davon gab es ja im Bereich der Gemeinde Wardenburg noch reichlich.[25] „Unser Staat Oldenburg fängt jetzt recht an zu kultivieren", notierte Heinrich B. Wellmann, der die Bücher der Wardenburger Spar- und Darlehnskasse verwaltete und von daher einen guten Überblick über Geldbewegungen hatte, am 17. Juli 1906 in sein Tagebuch. „Auch bei Westerburg und Astrup und Littel, an der Cloppenburger Chaussee hat der Staat von den Eingesessenen größere Complexe Heideländereien angekauft um auch da Kolonien anzulegen. Der Staat zahlt pro Hektar 100 bis 300 Mark wie er es den Leuten abkaufen kann."[26]

Inspektor Glaß vom Landeskulturfonds bereitete die Besiedlung dieser Flächen vor; so mußten Gräben zur Entwässerung gezogen und Wege angelegt werden. Im März 1909 erfuhren Siedlungswillige aus der Zeitung von einer neuen Chance: „Neue staatliche Anbaustellen - auf bestem Doppheideboden - sollen in der Gemeinde Wardenburg zur Vergebung gelangen. Der Boden ist humus-sandig, gut eben und bestens zu Ackerland und Grasland, vor allem zu Weideland, geeignet. Größe der Kolonate 10 - 15 - 20 ha, Entwässerung und Zuwegung völlig beschafft. Torfmoore zum Hausgebrauch werden jedem Kolonat zugewiesen. Die Kolonieanlage liegt an drei Chausseen, ca. 2 - 5 km von dem großen evangelischen Kirchdorfe Wardenburg." Die Bedingungen für die Übernahme eines Kolonats schienen günstig: „Einweisungen sofort als Eigentum, kein Kaufgeld, keine Anzahlung, nur eine jährliche Rente von 12 - 18 Mark pro ha nach zehn Rentenfreijahren. Darlehen zu Hausbauten und zur Landkultivierung können in Aussicht gestellt werden."[27]

Die näheren Konditionen, die in der Einweisungsurkunde festgeschrieben wurden, ähnelten durchaus denen, die knapp 40 Jahre zuvor den Siedlern in Moslesfehn das Leben schwer gemacht hatten, allerdings mit einem entscheidenden Unterschied: Die Charlottendorfer brauchten das Land nicht zu kaufen. Erwartet wurde von den Siedlern jedoch der Bau eines Hauses mit einem Brandkassenwert von mindestens 2.500 Mark innerhalb von drei Jahren - andernfalls drohte eine Strafe in Höhe von 2.000 Mark. Nach fünf Jahren mußte das Kolonat zur Hälfte kultiviert sein. Der Brandkultur schoben die Behörden bereits einen Riegel vor; lediglich zweimal durfte zum Buchweizenanbau geeignetes Land ohne Genehmigung gebrannt werden.[28] Sie war allerdings auch nicht mehr zwingend notwendig. Inzwischen kannte man Kalk, Thomasmehl und Kainit. Mancher Bauer mußte jedoch, um sich größere Mengen Dünger leisten zu können, nebenher einer anderen Arbeit nachgehen.[29]

1911 hatte der Staat in Charlottendorf rund 560 Hektar angekauft; davon waren

420 Hektar an insgesamt 44 Kolonisten vergeben worden.[30] Diese hatten die ersten Häuser kaum errichtet, die Felder kaum bestellt, da begann der Erste Weltkrieg. Die wehrpflichtigen Männer, zu denen viele der Kolonisten gehörten, zogen an die Front. Die Frauen versuchten nun, die Betriebe unter erschwerten Bedingungen über Wasser zu halten. Vieles wurde rationiert. Auch Kunstdünger war kaum mehr zu erhalten, so daß sich die Erträge verringerten. Gleichzeitig sollte jedoch das „Roggensoll" für die Ernährung der Bevölkerung abgeliefert werden. Hier und da ging gerade erst kultiviertes Land sogar wieder in Heide über. 1918 endete der Krieg, nicht jedoch die Not. Die 20er Jahre waren gekennzeichnet von der Inflation, aber auch von einem verheerenden Befall der Grünflächen durch die Tipula-Larve (1924). Mehrere Kolonate wechselten den Besitzer. Einige junge Männer zogen es vor, nach Amerika auszuwandern. Und einige junge Frauen gingen nach Holland, um dort in Haushalten zu arbeiten.[31]

Abb. 87 Nistkästen für Stare. Die Vögel, die früher gelegentlich den Himmel verdunkelten, waren Helfer der Siedler beim Kampf gegen die gefürchteten Tipula-Larven, die „alles aufgefressen" haben. Allein auf dem Moorgut „Rote Erde" gab es mindestens ein Dutzend solcher Gestelle.[32]

Moorgut „Rote Erde"

Im März 1924 erwarb eine Gesellschaft aus Hessen am Rande des Vehnemoors 304 Hektar unkultivierte Fläche, die sich auf die Gemeinden Wardenburg, Bösel und Garrel verteilte. Der mit 136 Hektar größte Teil gehörte zu Charlottendorf und damit zur Gemeinde Wardenburg. Der eigentliche Käufer war der damalige Generaldirektor der Vereinigten Stahlwerke AG, Albert Vögler. Dieses Moorgut befand sich somit - im Gegensatz zum Moorgut Dortmund - in Privathand. Albert Vögler war nicht irgendwer: Als Kopf des größten europäischen Stahlunternehmens gehörte er zu den einflußreichsten Schwerindustriellen in Deutschland und zu den Fürsprechern Hitlers bereits vor dessen Machtübernahme. Auf das Gelände im Vehnemoor kam er möglicherweise auch durch Gespräche mit Wardenburgs Gemeindevorsteher Diedrich Dannemann - beide saßen Anfang der 20er Jahre gemeinsam für die Deutsche Volkspartei im Reichstag.[33]

Auf „Rote Erde" nahm nun Fritz Meyer seine Arbeit auf. Der erste Verwalter hatte sich mit seinen 26 Jahren einiges vorgenommen. Das Land, das überwiegend aus Hochmoor bestand, mußte laut Vertrag spätestens 1933 kultiviert sein. Schon nach drei Jahren sollten die Wohn- und Wirtschaftsgebäude stehen. Hierfür war ein geeigneter Platz schnell gefunden. Auf einer Sanddüne inmitten der Fläche - am Rande der Gemeinde Wardenburg - wurden die Gebäude 1927 errichtet. Entwässerung und Kultivierung schritten ebenfalls zügig voran. Dabei fanden auch einige Charlottendorfer auf dem Moorgut vorübergehend Arbeit. Die ersten Siedler von Benthullen konnten von diesem größten landwirtschaftlichen Betrieb weit und breit schon Weideflächen für ihr Vieh pachten.[34]

Ohne die Hilfe ihrer Frauen hätten viele Siedler in Charlottendorf wohl frühzeitig aufgeben müssen. Die Frauen säten und pflanzten, halfen bei der Ernte, mähten Serradella, eine Futterpflanze, fütterten das Vieh, legten Gurken ein und Bohnen, die sie vorher schnippelten, pökelten das Fleisch nach dem Schlachten, strickten und stopften, wuschen die Wäsche, backten Brot, rösteten Roggen oder Gerste und drehten ihn später durch die Kaffeemühle: „Alle Arbeiten, die einer Frau zugemutet wurden, auf dem Felde und auch im Hause, sind nicht aufzuzählen, hinzu kommt die Betreuung der Kinder."[35] Nach 1939 mußten die Frauen erneut über Jahre hinweg die Höfe alleine führen, weil ihre Männer im Krieg waren, nicht zurückkehrten, in jahrelange Gefangenschaft gerieten oder - wie Dietrich Brandes und Heinrich Büsselmann - noch nach Kriegsende von einer Mine getötet wurden. So blieben die Frauen auf den Charlottendorfer Höfen lange Zeit nicht nur für all das zuständig, was einen Haushalt - in jeder Hinsicht - zusammenhält, sondern sie verrichteten auch alle anfallenden Arbeiten auf Feld und Acker.

Bei einer Charlottendorfer Siedlerfamilie

Der Tag begann morgens um sieben Uhr mit Brot, Marmelade und Kaffee. „Das zweite Frühstück nahm man gegen halb zehn ein: Bratkartoffeln, Pfannkuchen oder Schwarzbrot. Mittags um 12 Uhr aßen sie oft Buttermilchsuppen mit Reis, Pfannkuchen oder Steckrüben. Man aß von dem, was man selbst anbaute. Sonntags gab es grüne Bohnen aus dem Steintopf. Zum Vesper stand Schwarzbrot auf dem Tisch. Abends wärmte man Eintopfgerichte auf oder bereitete Bratkartoffeln. Jeden Abend gab es Milchsuppe, bei der man täglich zwischen Mehl, Haferflocken und Grieß wechselte.

Die Nachbarn besuchten sich mindestens einmal die Woche. Da wurde nicht groß angemeldet, da ging man einfach hin. Es gab dann eine Tasse Kaffee oder Milch mit einem runden Zwieback oder selbstgebackenem Weißbrot.

Die Kleidung bestand zum Teil aus selbstgewebtem Leinen. Sie hatten einen Webstuhl auf dem Boden stehen, der leider im zweiten Weltkrieg durch Feuer vernichtet wurde.

Das Wohnhaus bestand aus 6 Räumen. Die Schlafzimmer waren etwa bis 1934 mit Pentersteinen gepflastert. In der Stube lag der wärmere Holzfußboden, und in der Küche genügte grauer Zementboden. Statt Matratzen lag Stroh in den Bettstellen. Die Diele war mit Klinkern gepflastert. Gedroschen wurde in der ersten Zeit mit einem Flegel. Später hatten sie dann einen Göpel und eine kleine Dreschmaschine."[36]

Am Rande des Litteler Fuhrenkamps entstand schließlich eine kleine Siedlung, die nach dem Flurnamen „Vehnberg" benannt wurde. Hier hatte der Staat von August Griepenkerl aus Littel gut zehn Hektar Heidefläche angekauft, die nun an Bewerber - zu den Auswahlkriterien gehörten zu dieser Zeit Parteizugehörigkeit oder Kinderreichtum - im Losverfahren vergeben wurden. Jedem Siedler wurden ein Hektar Ackerfläche und 0,5 Hektar Moorfläche zugeteilt. Die ersten Häuser entstanden 1938. Die Siedlung gehört seither zu Charlottendorf-West.[37]

Zwischen Charlottendorf-West und -Ost wurde bereits kurz nach der Gründung der Kolonie unterschieden. Der westliche Teil ist mit gut 900 Hektar geringfügig größer als der östliche Teil, der etwas weniger als 900 Hektar umfaßt. Die Grenze bildet ein alter Weg, der Littel und Hengstlage miteinander verbindet. Haben Charlottendorf-Ost und -West eine im großen und ganzen ähnliche Entwicklung durchlaufen, so fällt doch ein Unterschied ins Auge: Die Kinder aus Charlottendorf-Ost hatten jahrzehntelang den kürzeren Schulweg. Hier wurde bereits im Herbst 1913 eine Schule errichtet. Die Kolonisten drängten zwar auf eine zweite Schule im westlichen Ortsteil. Der Erste Weltkrieg machte die Pläne jedoch zunichte. So mußten die Kinder aus Charlottendorf-West auch weiterhin in ihren Holzschuhen nach Halenhorst,

Abb. 88 Die Oberklasse der Schule in Charlottendorf-Ost im Jahre 1921 (mit Hauptlehrer Adolf Rahder und Lehrerin Emma Schierhold). Der Schulbau in Charlottendorf-Ost wurde 1913 errichtet; im westlichen Teil der Kolonie mußte man vier Jahrzehnte länger auf eine eigene Schule warten.

Littel oder Charlottendorf-Ost laufen. Einige der Kinder, die in die Litteler Schule gingen, nahmen hin und wieder Proviant mit. „Im Winter sind wir den ganzen Tag dageblieben und haben Milch und Butterbrote mitgenommen. Die Milch konnten wir uns in der Schule aufwärmen."[38]

40 Jahre wartete man in Charlottendorf-West auf eine eigene Schule. 1954 war es schließlich soweit. Nun wurde auch hier eine einklassige Schule eingeweiht, in der in den folgenden anderthalb Jahrzehnten bis zu 56 Kinder zwischen dem ersten und achten Schuljahr dem Unterricht von Hans Osterloh oder Bernhard Gardeler folgten. Im Jahre 1971 endete hier der Unterricht mit der Schließung der Schule. In Charlottendorf-Ost mußte der Lehrer bereits vier Jahre zuvor die Kreide aus der Hand legen.[39]

Daß schließlich die Einweihung eines Verbindungsweges von Charlottendorf-Ost nach Charlottendorf-West im Juni 1955 zu einem Fest wurde, kann vermutlich am besten verstehen, wer die Verhältnisse in den Jahrzehnten zuvor kennengelernt hat. Wenn früher bei einem Notfall Dr. Wintermann in Osternburg alarmiert und erst noch dessen Rückkehr von einer Visite in Tweelbäke abgewartet werden mußte, wenn es dann über das Kopfsteinpflaster der Cloppenburger Straße und schließlich durch die Schlammwege in Charlottendorf ging, „dann lief der Patient schon wieder auf der Straße rum oder er war inzwischen gestorben." Auch Sophie Martens, die alle nur „Schwester Sophie" nannten, konnte ein Lied von Holperfahrten durch die neuen Dörfer singen. Sie war als Hebamme in der Gemeinde Wardenburg bei über 3.000 Geburten dabei und „prügelte" ihren VW-Käfer auch durch die noch unbefestigte Eichenstraße zwischen Charlottendorf-Ost und -West. Pastor Rogge, der bei Nottaufen einige solcher Fahrten miterlebte, schloß, wenn es mal wieder über den Fußweg ging, ab und an vorsichtshalber die Augen. Lange Zeit noch waren Hausgeburten in Wardenburg die Regel. Später dann fuhren Frauen, denen eine Hausgeburt zu risikoreich erschien, zum Entbindungsheim in Oldenburg.[40]

Staatliche Siedlungstätigkeit in der Gemeinde Wardenburg - ein Überblick

Bei Charlottendorf, Benthullen und Harbern handelte es sich um die größten Siedlungsvorhaben jener Jahre im Bereich der Gemeinde Wardenburg. Auch in Westerholt und Hundsmühlen waren vom Staat inzwischen neue Kolonate eingewiesen worden. Betrachtet man die Arbeit des Siedlungsamtes - und der Vorgängerbehörde - seit der Gründung von Charlottendorf, dann ergibt sich folgendes Bild:

Ort	Offizielles Gründungsjahr	Anzahl der Kolonate
Charlottendorf	1910	44
Hundsmühlen	1929	12
Westerholt	1931	8
Benthullen	1934	41
Harbern I	1935	35

Hundsmühlen bestand noch zu Beginn dieses Jahrhunderts aus einem guten Dutzend Höfen rund um das alte Gut. Gegen Ende der 20er Jahre - das Gut war inzwischen im Besitz des Paderborner Verlagsbuchhändlers Schöningh - begann sich das Siedlungsbild auch hier stärker zu wandeln. Um 1930 entstanden neue Bauten an der Achternmeerer Straße. 1939 lebten bereits rund 400 Menschen längs der heutigen Hunoldstraße (damals eine von Eichen gesäumte Klinkerstraße), an der Achternmeerer Straße oder in der „Frontkämpfersiedlung", die fünf Jahre zuvor zwischen Hunoldstraße und Hunte entstanden war. Die ehemaligen Weltkriegsteilnehmer oder deren Angehörige, die die 20 Siedlungshäuser beziehen durften, verhalfen diesem Neubaugebiet zu seinem ungewöhnlichen Namen.

Abb. 89 Im Jahre 1929 versammelte sich das Dienstpersonal von Gut Hundsmühlen vor dem Haupteingang: Chauffeur und Kutscher, Hauslehrer und Kindermädchen, Förster und Gärtner, Melker und Schweizer, Köchin und Servierin - gemeinsam legten sie Zeugnis ab vom Lebensstil des Paderborner Verlagsbuchhändlers Schöningh, dem das Gut zu dieser Zeit gehörte.

Abb. 90 Die Hunoldstraße in Hundsmühlen 1937/38 - damals noch eine von Eichen gesäumte Klinkerstraße (links: Kaufmann Rabius).

Nach dem Ende des Zweiten Weltkriegs entstanden zwei weitere Kolonien: Harbern II mit 26 Bauernstellen und drei Nebenerwerbssiedlungen sowie Wittemoor mit fünf Bauernstellen und vier Nebenerwerbssiedlungen. Außerdem kamen neue Stellen in Benthullen hinzu. Diese Vorhaben, die nicht zuletzt der Integration der Flüchtlinge und Vertriebenen dienten, bildeten den Abschluß staatlicher Siedlungstätigkeit in der Gemeinde Wardenburg.

Zwischen 1905 und 1952 wurden insgesamt 191 neue Stellen mit zusammen 2.443 Hektar vergeben - das waren 56 Prozent der neukultivierten Fläche. Galten 1905 noch 59 Prozent der Wardenburger Wirtschaftsfläche (6.685 ha) als „Öd- und Unland", so waren es 1952 nur noch 16 Prozent (1.921 ha). Mit seiner Besiedlungspolitik setzte sich das Oldenburger Land zeitweise „an die Spitze aller deutschen Länder", und innerhalb des Landes Oldenburg lag einer der Schwerpunkte in Wardenburg. Entsprechend stark prägen heute planvoll angelegte Kolonien das Gesicht der Gemeinde.[41]

Die letzten Schäfer

Mit den Moor- und Heideflächen, die lange Zeit das Landschaftsbild geprägt hatten, verschwand nach und nach eine ganze Berufsgruppe. Der Schäfer, der, ab und an begleitet von einem Jungen, über die Herde wachte, wurde immer seltener gesehen. Nach der Teilung der Gemeinheiten hatten Bauern mit größeren Schafherden noch einen eigenen Schäfer. Häufig handelte es sich um unverheiratete ältere Männer, die auf den Höfen in sozialer Hinsicht nur eine untergeordnete Rolle spielten.[42] „Zu den Berufshirten nahm man oft Leute, die irgendein Gebrechen hatten, das sie unfähig machte, als Knecht oder Tagelöhner zu arbeiten. Und doch war das Amt des Schäfers nicht leicht. Im Winter in langen Stiefelholzschuhen, einen großen Umhang mit Kapuze umgehängt, in der Hand die Krücke, so zog er bei Wind und Wetter hinaus. Spät abends kehrte er heim, aß dann sein Mittagessen und konnte sich am offenen Feuer aufwärmen. Tagelang bekam er keine lebendige Seele zu sehen, außer seinen Herden und den Hunden. Seine einzige Beschäftigung war das Stricken, ‚Knütten' genannt. Auf einem Haken vor der Brust steckte das Knäul, und die nimmermüden Hände strickten tagaus tagein. Dabei konnten die Gedanken auf Wanderschaft gehen und sich mit anderen Dingen beschäftigen."[43] Der lange Aufenthalt in der Natur brachte es mit sich, daß ein Schäfer mehr als nur Schäfchenwolken zu deuten wußte; in dieser Berufssparte fanden sich die größten Experten in Sachen Meteorologie.

Abb. 91 Schäfer gab es noch bis weit ins 20. Jahrhundert hinein. Zu den letzten gehörten Jan Peters (Achternholt) und Georg Meyer (Achternmeer). Das Foto, das in den 30er Jahren entstand, zeigt Jan Peters mit Herde und Hund. Peters betreute die Schafe vom Hof Lüschen in Achternholt. Hermann Lüschen hatte noch bis 1954 eine Herde von rund 125 Tieren. Der Heidschnuckenweg erinnert heute daran. Der Schäferweg hält dagegen die Erinnerung wach an Diedrich („Opa“) Meyer und seinen Sohn Georg, die letzten Schäfer in Achternmeer, die, bekannter unter dem Namen „Schaf-Meyer“, an diesem Weg wohnten und ihre Tiere in das „Staatsmoor“ trieben. Mit der zunehmenden Kultivierung wurden allerdings die Weideflächen für die Schafe immer kleiner.[44]
Mit etwas Glück kann man auch heute noch einer Schafherde in Wardenburg begegnen, die auf Ödlandflächen weidet oder für die Hunte-Wasseracht das Gras auf dem Huntedeich nicht zu lang werden läßt.

Anmerkungen

[1] Bericht der „Schweinemast-Kommission", zitiert nach Harbern I, 22. Zur Entstehungsgeschichte des Moorguts vgl. den Beitrag von Heinrich Behrens, in: Harbern I, 21ff., sowie Eckhardt, Klein Scharrel, 148f. und 153ff.

[2] Brandt, 677.

[3] Brandt, 678.

[4] Zitiert nach Harbern I, 26; vgl. auch 21.

[5] Vgl. hierzu Harbern I, 60.

[6] Heinrich Behrens, in: Harbern I, 40f. Behrens hat unter anderem Gespräche mit Karl Wieting geführt, der jahrelang auf dem Moorgut gearbeitet hat und zu den Gründern von Harbern I zählt.

[7] Vgl. Eckhardt, Klein Scharrel, 155.

[8] Die Geschichte des Moorguts der Stadt Dortmund hat Heinrich Behrens auf den Seiten 31ff. der Ortschronik von Harbern I ausführlicher nachgezeichnet. Zur Aufteilung des Moorguts vgl. ebenda, 134, zum Ortsnamen 136f. Die Grenzkorrektur behandelt Eckhardt, Klein Scharrel, 156ff. Im Süden der Gemeinde Wardenburg war einige Jahre zuvor bereits die Grenze zur Gemeinde Großenkneten korrigiert worden; vgl. hierzu die Ratsprotokolle vom 8. August und 12. September 1925. Zur „Einteilung von Harbern in Harbern I und Harbern II" vgl. Protokoll über die Sitzung der Gemeindevertretung am 22. März 1948.

[9] Zu den ersten Kolonisten vgl. 700 Jahre Wardenburg, 102, sowie Benthullen 60, 67 und 134. 1895 lebten in Benthullen 19 Menschen in vier Häusern; vgl. hierzu das Ortschaftsverzeichniss (1895), 19.

[10] Gespräch mit Hermann Auen am 6. Juli 1995. Auen kam im September 1923 nach Benthullen. Wie es zu dieser Zeit am Rande des Vehnemoores ausgesehen hat, kann außer ihm kaum noch jemand beschreiben. Von den heute noch hier Lebenden hat sich nur einer vor Auen in Benthullen niedergelassen.

[11] Vgl. den Beitrag von Hermann Ahrens, in: Benthullen, 14f. Maßgeblichen Anteil an der Entstehung Benthullens hatte auch Gemeindevorsteher Dannemann, zugleich Mitglied des Siedlungsausschusses des Landtages. Auf Anregung von Dannemann besichtigte in den 20er Jahren eine Kommission die Flächen im Vehnemoor. „Der auf dem Gebiete der Moorsiedlung ganz besonders erfahrene Landesökonomierat Glaß erklärte sofort, daß es im Oldenburger Lande kein Moor gebe, das so gut zur Kultivierung geeignet sei, wie gerade die dortigen Flächen, und es wurde infolgedessen auch sofort

der Beschluß gefaßt, mit den Vorarbeiten zu beginnen." (NSL vom 27. Juli 1933)

[12] „Wiedersehen nach dreißig Jahren in Benthullen", in: Der Völklinger Hüttenmann, August/September 1964, abgedruckt in: Benthullen, 109ff., hier: 109. Vgl. auch den Beitrag von Johannes Meents, in: Benthullen, 16ff.

[13] Vgl. zum Arbeitsdienst und den Arbeiten, die mit gut 106.000 Tagewerken veranschlagt wurden, auch NSL vom 10. Juli und 15. Dezember 1933. Für den Bau der Straße von Achternholt nach Bösel wurden allein 1,5 Millionen Klinker aus Bockhorn angefahren.

[14] Koch, Benthullen, o. S. Zur „Entstehung der Ortschaft Benthullen" vgl. auch den Beitrag von Gustav Lüschen, in: Benthullen, 23ff.

[15] Gespräch mit Hermann Auen am 6. Juli 1995.

[16] Beitrag von Heinrich Schütte, in: GSP Nr. 7, Juni 1973, 6.

[17] Diese Aussage des Lagerleiters Meents wird sinngemäß wiedergegeben in: NSL am 11. Februar 1937. Vier Tage später berichtet die Zeitung, daß „weiteres Gelände für 20 bis 25 Siedlerstellen erschlossen" werden soll.

[18] Koch, Benthullen, o. S.

[19] Zur Namensgebung vgl. die Abschrift aus dem Ministerium des Innern vom 15. Oktober 1910, abgedruckt in: Charlottendorf-West, 1.

[20] Mütter, 160. Im Jahre 1898 trat der Moorkultivierungsinspektor Robert Glaß sein Amt an. Vgl. auch Charlottendorf-Ost, 9.

[21] Im StAO (Best. 298) befinden sich mehrere alte Karten, in denen der gräfliche Bienenstand als „Immenzaun" oder „Immenthum" verzeichnet wurde. Eine dieser Karten wurde auszugsweise abgedruckt in: Charlottendorf-West, 32.

[22] Korte, 132f.; vgl. auch Charlottendorf-West, 30ff.

[23] Gespräch mit Heinz Büschelmann am 31. Oktober 1994 und mit Ludolf Bösch am 14. Februar 1995.

[24] Vgl. Charlottendorf-Ost, 210. Zu den ersten Häusern längs der Wege siehe auch die Vogteikarte von 1790, in: StAO Best. 298.

[25] Vgl. Charlottendorf-Ost, 155; Hellbernd/Möller, 596f.

[26] Zitiert nach GSP Nr. 39, Juni 1984, 4. „Jetzt ist so recht die Zeit der Stellenverkäufe", notierte Wellmann in seinem Tagebuch am 20. Oktober 1910. Zu dieser Zeit wurden bereits „bis zu 800 Mark per Hektar bezahlt" (zitiert nach GSP Nr. 56, September 1985, 4).

[27] Zitiert nach Charlottendorf-West, 139.

[28] Vgl. Einweisungsurkunde von Heinrich Heidberg, abgedruckt in: Charlottendorf-Ost, 86ff.

[29] Vgl. Charlottendorf-Ost, 148f.

[30] Vgl. Statistisches Handbuch, 303.

[31] Vgl. Charlottendorf-West, 231ff.; Charlottendorf-Ost, 156f.

[32] Gespräch mit Hermann Auen am 6. Juli 1995.

[33] Zu Vögler vgl. Biographisches Lexikon, 351. Als amerikanische Soldaten Vögler 1945 verhaften wollten, nahm sich der Industrielle mit Gift das Leben. Zuletzt war er Generalbevollmächtigter von Rüstungsminister Speer für die Kriegsproduktion des Ruhrgebietes.

[34] Gespräch mit Horst Meyer am 14. Juni 1995. Vgl. auch Charlottendorf-West, 241ff.

[35] Charlottendorf-Ost, 181. Die Arbeit der Siedlerfrauen von Charlottendorf hat Gerda Hoppe näher beschrieben; vgl. GSP Nr. 57, Dezember 1985, 10ff.

[36] Charlottendorf-West, 170f.

[37] Vgl. Charlottendorf-West, 262, sowie GSP Nr. 70, März 1989, 2f. Fast zeitgleich entstand in Achternmeer die Siedlung Am Korsorsberg; vgl. hierzu GSP Nr. 72, September 1989, 10f.

[38] Charlottendorf-West, 174.

[39] Zu den Schulen vgl. Charlottendorf-West, 315ff., sowie GSP Nr. 90, März 1994, 23f.

[40] Gespräche mit Günther Rogge am 27. März und 21. Juli 1995. Vgl. zu „Schwester Sophie" auch Fischbeck, 122.

[41] Kreisbeschreibung, 130; vgl. auch ebenda,

Abb. 84. Die Informationen über Hundsmühlen verdanke ich einem Gespräch mit Erwin Fritzsche am 21. Juni 1995 sowie dessen Beitrag in: GSP Nr. 37, Dezember 1980, 4f. Zur „Frontkämpfersiedlung" vgl. auch GSP Nr. 56, September 1985, 13. Die Stadt Oldenburg wollte 1934 die Ortschaft Hundsmühlen und die Tungeler Marsch eingemeinden mit dem Hinweis darauf, daß sie die Bürgschaft für den Bau der 20 Siedlungshäuser übernommen habe. Der Wardenburger Gemeinderat wies dieses Ansinnen zurück und erklärte sich nun ebenfalls bereit, die Bürgschaft zu übernehmen; vgl. hierzu das Ratsprotokoll vom 24. September 1934.

[42] Vgl. GSP Nr. 12, September 1974, 26. Oft wurde die Aufgabe des Hütens auch Jungen übertragen; vgl. hierzu beispielsweise die „Jugenderinnerungen des Heinrich Schmietenknop", bearbeitet von Erich Martens, in: GSP Nr. 85, Dezember 1992, 3, und Nr. 86, März 1993, 3, oder auch jene von Johann Schröder, in: Nr. 91, Juni 1994, 16f.

[43] Dieses Bild von einem Schäfer zeichnete Wilhelm Böhmer, in: GSP Nr. 15, Juni 1975, 18f.

[44] Vgl. GSP Nr. 24, September 1977, 20f., Nr. 31, Juni 1979, 25, sowie Nr. 92, September 1994, 23.

Von den ersten freien Wahlen bis zum Ende der ersten deutschen Demokratie

Mit dem 11. November 1918 schwiegen in Europa die Waffen, der Erste Weltkrieg war beendet. In Oldenburg setzte an diesem Tag der Großherzog seine Unterschrift unter die Abdankungsurkunde. Er folgte damit dem Beispiel des Kaisers, der ebenfalls auf den Thron verzichtet hatte. Von dem revolutionären Geschehen, das das Ende der Monarchie herbeigeführt hatte, wird man in Wardenburg wenig mitbekommen haben. Einige Tage später wurde allerdings auch hier eine Versammlung vom Soldatenrat und dem „Bauernrat für das Amt Oldenburg" in Lüschens Gasthaus einberufen. Allzu große Umwälzungen waren vermutlich nicht das Ziel des „Amtsbauernrates", dem selbst Diedrich Dannemann angehörte, der inzwischen aus dem Krieg zurückgekehrt war. Auf der Tagesordnung standen am Abend des 20. November denn auch zunächst Vorträge über „Zweck und Ziele des Soldaten- und Bauernrates und die Demobilmachung sowie die Unterbringung Entlassener auf dem Lande". Zugleich sollte an diesem Abend auch in Wardenburg ein „Gemeindebauernrat gewählt werden."[1] Dieses Gremium wird, wenn es denn tatsächlich ins Leben

Abb. 92 Die Oldenburger Straße um 1918: Bei dem Gebäude links handelt es sich um den Kaufmannsladen von Jacobs (später Gemischtwaren Röver, heute Galerie Oesterling); dahinter zweigt die Friedrichstraße in Richtung Oberlethe ab. Die Oldenburger Straße führt geradewegs auf Lüschens Gasthaus zu (helles Gebäude im Hintergrund).

gerufen wurde, nicht oft getagt haben. Einige Wochen später, am 3. Februar 1919, trat bereits der neue Gemeinderat zu seiner „ersten Sitzung nach Beendigung des Krieges" zusammen.[2] Wie man grundsätzlich rund um den Glockenturm auf den Sturz der alten Ordnung reagiert hat, läßt sich kaum mehr sagen. Die Fahne des Kriegervereins, die ein Wardenburger früher am Geburtstag von Kaiser Wilhelm II. herausgehängt hat, wird am 27. Januar 1919 sicher erstmals im Schrank geblieben sein.[3]

Rückschlüsse auf die Haltung der hiesigen Bevölkerung erlauben vor allem die Ergebnisse der Wahlen vom 19. Januar und 23. Februar 1919. Am 19. Januar erhielten in Wardenburg nicht nur die Männer, sondern erstmals auch die Frauen Gelegenheit, durch die Abgabe ihrer Stimme Einfluß auf das weitere Geschehen auszuüben. Und die Stimme eines Knechts wog nun soviel wie die eines Gutsbesitzers.

Ergebnisse der Wahl zur Weimarer Nationalversammlung im Januar 1919[4]

Stimm-bezirk	Kuhnt	Vesper-Hug	Tantzen	Burlage	Strese-mann	Tergau
	USPD	SPD	DDP	Zentrum	DVP	DNVP
Wardenburg	-	61	110	-	120	-
Oberlethe	-	160	97	-	143	-
Littel	-	68	114	39	39	-
Westerburg	-	89	63	-	133	-
Tungeln	-	94	44	-	108	-
gesamt	-	472	428	39	543	-

Die Wahl zur Nationalversammlung vermittelt erstmals einen ungefilterten Eindruck von den politischen Präferenzen der Bevölkerung im Alter von über 20 Jahren. Auffällig ist zunächst die niedrige Wahlbeteiligung vor allem in Wardenburg selbst, möglicherweise ein Hinweis darauf, daß man hier der parlamentarischen Demokratie noch recht reserviert gegenüberstand. In der Gemeinde insgesamt entschied sich beinahe jede(r) Dritte für die SPD - einen solchen Stimmenanteil sollte die Partei hier auf Jahrzehnte hinaus nicht mehr verbuchen können. Ihre „Hochburg" hatten die Sozialdemokraten zu dieser Zeit ganz offensichtlich im Raum Oberlethe; hier zählten sicher auch etliche der in den Torfwerken am Kanal beschäftigten Arbeiter zu ihren Wählern. Die SPD, die bei dieser Wahl in der Gemeinde Wardenburg ein besseres Ergebnis erzielte als im Land Oldenburg, ließ auch die linksliberale Deutsche Demokratische Partei (DDP) - sie trat das Haupterbe von Freisinn und Fortschrittspartei an - hinter sich. Die konservative Deutschnationale Volkspartei (DNVP/Tergau), deren Vertreter noch der Monarchie nachtrauerten, ging dagegen ebenso leer aus wie die Unabhängige Sozialdemokratische Partei (USPD/Kuhnt) auf dem linken Flügel des Parteienspektrums. Und der Kandidat des Zentrums konnte lediglich in den an das katholische Münsterland grenzenden Ortschaften einige Stimmen erzielen.

Die meisten Wählerinnen und Wähler entschieden sich für Gustav Stresemann von der Deutschen Volkspartei (DVP), also der Nachfolgeorganisation der Nationalliberalen Partei des Kaiserreichs, der inzwischen wohl auch Diedrich Dannemann wieder angehörte. Dannemann trat bereits kurze Zeit später als Spitzenkandidat der DVP bei der Wahl zur verfassunggebenden Landesversammlung (wie der Landtag zunächst genannt wurde) an. Der Wahlkampf machte deutlich, wo die DVP ihren politischen Gegner sah (siehe nebenstehende Zeitungsanzeige).

Bei dieser Wahl im Februar 1919 standen die Wardenburgerinnen und Wardenburger bereits mehrheitlich hinter „ihrem" Diedrich Dannemann (vgl. Tabelle auf Seite 262), wenngleich die Frauen von ihrem Wahlrecht weit weniger Gebrauch machten als die Männer.[5] Sicher auch dank seines „Heimvorteils" gelang es dem populären Spitzenkandidaten der DVP, über die Hälfte aller Stimmen (51,8 Prozent) auf sich zu vereinen. Überdurchschnittlich gut schnitt Dannemann in Westerburg (57,7), Tungeln (55,1) und Wardenburg (52,7) ab. Ein ähnliches oder gar besseres Ergebnis erzielte der DVP-Kandidat nur in wenigen anderen, meist kleineren Ortschaften wie Holle (57,3 Prozent) oder Neuenbrok (76,7). Im Amt wie im Land Oldenburg lag Dannemann dagegen deutlich hinter den Spitzenkandidaten von SPD und DDP zurück. Die SPD erzielte in der Gemeinde Wardenburg immerhin noch 29,1 Prozent der Stimmen - verglichen mit

Abb. 93 „Wählt die Liste Dannemann!" - Wahlwerbung für den Spitzenkandidaten der Deutschen Volkspartei bei der Wahl zur verfassunggebenden Landesversammlung 1919 (Nachrichten für Stadt und Land vom 23. Februar 1919).

Ergebnisse der Wahl zur verfassunggebenden Landesversammlung (Landtag) im Februar 1919 (Stimmenzahl)[6]

Stimmbezirk	Meyer SPD	Tantzen DDP	Driver Zentrum	Dannemann DVP	Müller DNVP
Wardenburg	331	224	17	636	-
Oberlethe	108	69	-	166	-
Littel	59	56	-	91	-
Westerburg	55	27	-	112	-
Tungeln	71	17	-	108	-
gesamt	624	393	17	1113	-

der Wahl gut vier Wochen zuvor ein leichter Rückgang. Noch im gleichen Jahr zogen Sozialdemokraten erstmals in den Wardenburger Gemeinderat ein. Die Mehrheit stellte auch hier die Deutsche Volkspartei (DVP) mit Diedrich Dannemann an der Spitze. So recht froh konnten die Sozialdemokraten allerdings nicht sein, bildeten sie doch gemeinsam mit DDP und Zentrum, den beiden anderen Parteien der „Weimarer Koalition", die die Demokratie uneingeschränkt befürworteten, vor Ort bereits jetzt eine Minderheit. Wardenburg gehörte zu den ersten Gemeinden, in denen mit der DVP eine Partei die Mehrheit stellte, die der jungen Republik zu dieser Zeit - gelinde gesagt - noch mit einigen Vorbehalten begegnete. Deutlich werden sollte dies im März 1920 beim sogenannten Kapp-Putsch, dem ersten Versuch reaktionärer Kräfte, der verhaßten Republik den Garaus zu machen. Während sich das Oldenburger Staatsministerium unter Ministerpräsident Tantzen hinter die abgesetzte Reichsregierung in Berlin stellte, äußerten Teile der DVP mehr oder weniger unverhohlen Sympathie für die Putschisten, die erst durch einen Generalstreik der Gewerkschaften zur Aufgabe gezwungen wurden.[7]

Der Trend nach rechts sollte sich am 6. Juni 1920 fortsetzen. An diesem Tag fanden sowohl Reichstags- als auch Landtagswahlen statt. Bei der Wahl zum Landtag kam die DVP mit ihrem Spitzenkandidaten Dannemann in den fünf Wardenburger Bezirken auf 769 Stimmen (51,9 Prozent), die DDP auf 148 Stimmen (10 Prozent), die SPD auf 198 Stimmen (13,4 Prozent) und der Landbund auf 365 Stimmen (24,7 Prozent).[8] Mit anderen Worten: Die Parteien der „Weimarer Koalition" blieben in Wardenburg unter 25 Prozent.

Bei der Reichstagswahl - bei der der Landbund nicht kandidierte - fiel der Erfolg der DVP noch deutlicher aus. Diedrich Dannemann, der im gesamten Freistaat Oldenburg mit 54.235 Stimmen alle anderen Kandidaten hinter sich ließ, zog in den Reichstag ein und vertrat dort vier Jahre lang die DVP - in Berlin allerdings fühlte sich der Landwirt aus Tungeln unwohl.[9]

Das Inflationsjahr 1923 -
Roggen gegen Seife, Butter gegen Schuhe

Die Entwertung des Geldes, nicht zuletzt eine Folge des verlorenen Weltkrieges, begann lange vor 1923. An kaum einem Ort ließ sich die Talfahrt der Mark besser beobachten als in der örtlichen Spar- und Darlehnskasse: „Schon Anfang 1922 mußten über 10000,- Mark lautende Banknoten ausgegeben werden. Ihnen folgten bald weitere, die immer größere Werte darstellten. Im Verlauf des Jahres 1923 kamen sogar schon Geldscheine über Millionenbeträge heraus. Auch diese reichten für den Zahlungsverkehr bald nicht mehr aus. Die Reichsbank mußte Noten über Milliarden- und zuletzt über Billionenbeträge lautend in Umlauf bringen."[10]

Der Jahresbeitrag im Wardenburger Schützenverein belief sich 1923 auf 300.000 Mark, und die Preise, die beim Schützenfest in diesem Jahr ausgesetzt wurden, hatten - zumindest für kurze Zeit - einen Wert von 200 Millionen Mark.[11] In der Wardenburger Spar- und Darlehnskasse mußte man sich „daran gewöhnen, mit zehn- und zwölfstelligen Ziffern zu rechnen, die sich in den Geschäftsbüchern kaum noch darstellen ließen."[12] Innerhalb eines Monats - von Anfang August bis Anfang September 1923 - verzehnfachten sich rund um Oldenburg die „Aufwendungen für Ernährung, Heizung, Beleuchtung und Wohnung".[13] In solchen Zeiten blüht der Tauschhandel, und neue Währungseinheiten werden kreiert. So trat in Wardenburg zeitweise das Pfund Butter der hiesigen Molkerei an die Stelle des nahezu wertlosen Papiergeldes.[14] Und Kaufmann Willers in Westerholt wog den Gegenwert seiner Ware in Roggen ab.[15] Die Spar- und Darlehnskasse gab eigene Gutscheine in Scheckform heraus, zwar kein offizielles Währungsmittel, aber ein Zahlungsmittel, mit dem man zumindest in Wardenburg einkaufen konnte. Die Kaufleute konnten sich den Gegenwert dieser Gutscheine dann bei der Kasse auf ihrem Konto gutschreiben oder auch auszahlen lassen. Der Nennwert eines solchen Schecks betrug im August 1923 zunächst 500.000 Mark und erhöhte sich noch im gleichen Monat aufgrund des fortschreitenden Währungsverfalls auf eine Million Mark. Am 12. September wurden in Wardenburg schließlich Schecks mit einem Nennwert von 50 Millionen Mark ausgegeben.[16]

Die Gemeinde selbst kam dank einer Roggenumlage, die von Diedrich Dannemann mit auf den Weg gebracht wurde, „über die schlimmsten Auswirkungen der Inflation hinweg".[17] Zum ersten Mal mußten die Steuerpflichtigen im Frühjahr 1923 je nach Art ihrer Ländereien bis zu vier Pfund Roggen pro Hektar oder aber den am 1. April gültigen Marktpreis entrichten. Es blieb nicht bei einer Umlage.[18] Die Kirchengemeinde folgte diesem Beispiel und führte ebenfalls eine Roggenabgabe ein. Und sollte bei einer Beerdigung geläutet werden, so mußte die Mühe nun in Briefmarken entlohnt werden.[19]

Abb. 94 Im Jahre 1922 wurde mit dem Ausbau des Hunte-Ems-Kanals zum Küstenkanal begonnen. Welche Hoffnungen dieses Großprojekt begleiteten, illustriert dieser Geldschein. Er gehörte zu einer Sammlerserie, deren sechs futuristische Motive Oldenburg im Jahre 2000 zeigen - wie es sich der Grafiker Emil Georg Baumann 1922 vorstellte. Auf der Ausgabetüte stand zu diesem Zwei-Mark-Schein:

> *„Was Großvater kaum sich zu hoffen getraut,*
> *Ist geschehn und erfüllt unser Sehnen.*
> *Auf dem Küstenkanal schwimmt, im Rheinland gebaut,*
> *Eine Weltstadt in Tausend-Tons-Kähnen.“*

„Mitte November 1923 wurde endlich die Notenpresse gestoppt und der Versuch einer Neuordnung der deutschen Währungsverhältnisse auf der Basis eine Billionen alter Mark gleich eine Goldmark unternommen. Als neue Inlandwährung wurde die Rentenmark geschaffen.“[20] In den sauren Apfel mußten vor allem die Sparer beißen. Die Inflation zehrte ihr kleines Vermögen auf. Manch einer sah nun seine soziale Stellung gefährdet. Landwirte wiederum mußten teils größere Vorhaben, soweit sie dafür Kredite benötigten, zurückstellen oder aber sich verschulden. Zwar kehrten nun scheinbar ruhigere wirtschaftliche wie politische Verhältnisse ein, doch die Verunsicherung sollte noch lange fortwirken.

Im Jahre 1924 fanden gleich zwei Reichstagswahlen statt: am 4. Mai und 7. Dezember. Die Länge der folgenden Liste verweist bereits auf eine zerklüftete Parteienlandschaft, zumal nur Parteien berücksichtigt wurden, auf die in Wardenburg tatsächlich auch Stimmen entfielen.

Ergebnisse der Reichstagswahlen im Jahre 1924 in Wardenburg[21]

	4. Mai 1924	7. Dezember 1924
KPD	33	14
DDP	77	97
SPD	90	166
Völkisch-Sozialer Block	44	23
Zentrumspartei	17	25
Polnische Volkspartei	-	1
Deutsch-Soziale Partei	26	7
DVP	515	612
DNVP	308	360
gesamt	1110	1305

Aus diesen Zahlen läßt sich unschwer herauslesen, daß Wardenburg sich weiter auf dem Weg nach rechts befand. Die Parteien der Weimarer Koalition spielten inzwischen nur noch eine marginale Rolle. Die Stimmenzahl der Sozialdemokraten rutschte im Mai gar in den zweistelligen Bereich. Dagegen fand der Völkisch-Soziale Block, der bereits mit Hakenkreuz und antisemitischen Aussagen warb, auf Anhieb einige Dutzend Anhänger.

Kräftig Federn mußte vor allem die DVP lassen. Es mag sein, daß einige Wardenburgerinnen und Wardenburger der Partei Dannemanns auch deshalb den Rücken kehrten, weil diese - inzwischen staatstragend - zu Koalitionen selbst mit der SPD bereit war. Von den Verlusten der DVP profitierte offensichtlich vor allem die weiter rechts stehende DNVP, eine Partei, die die parlamentarische Demokratie rundherum ablehnte. Auf Reichsebene fanden selbst Putschversuche wie der der Nationalsozialisten 1923 „den Beifall der Deutschnationalen".[22] Ihren Erfolg in einer ländlichen Gemeinde wie Wardenburg verdankte die DNVP sicher in erster Linie wirtschaftspolitischen Forderungen wie denen nach Wahrung des Privateigentums oder Abbau zwangswirtschaftlicher Maßnahmen. Der Ruf nach einer Revision des Versailler Vertrages wiederum wurde zweifelsohne beim Stahlhelm gern gehört. Die Wardenburger Ortsgruppe dieses „Bundes der Frontsoldaten" wurde 1922 gegründet und spielte, der DNVP eng verbunden, bald schon eine bedeutende Rolle. Gerade in den Reihen des Stahlhelms wurde in jenen Jahren die sogenannte Dolchstoßlegende beschworen. Als verantwortlich für die Niederlage von 1918 galten hier nicht zuletzt „Bolschewisten" und Juden. Antisemitisches Gedankengut gehörte bei DNVP und Stahlhelm gleichsam zum Programm.[23]

Der Tillyhügel

Die karge Hügelkette zwischen Wardenburg und Tungeln gehörte Anfang des 20. Jahrhunderts zu den bevorzugten Spielplätzen der Jugendlichen aus beiden Orten. Zugleich markierten der Wardenburger „Teepen-Barg" und die Tungeler „Witjenberge" jenen Bereich, in dem die „Jungs" vor dem alljährlich stattfindenden Osterfeuer ihre traditionelle „Keilerei" austrugen.[24] Dies geschah immerhin an historischer Stätte, denn hier hatte Tilly 1623 mit seinem Troß sein Feldlager aufgeschlagen.

Gut 300 Jahre waren seither vergangen. Nun fand es auch der Geheime Studienrat Dr. Rüthning an der Zeit, „Tillyhügel", „Danzmester" und „Tillysche Tränke" unter Denkmalschutz zu stellen. Im November 1924 trafen sich im Oldenburger Landesmuseum elf Herren, um einen entsprechenden Antrag des Geheimen Studienrats zu beraten. Rüthning selbst kam bald darauf nach Wardenburg, um die Verhandlungen vor Ort zu führen. Da der hiesige Stahlhelm ohnehin ein Denkmal für die Gefallenen des Ersten Weltkriegs errichten wollte und die Gemeinde dieses Vorhaben unterstützte, kam der Stein im wahrsten Sinne des Wortes ins Rollen. Ein tonnenschwerer Findling, ausgegraben in Achternmeer, mußte zum acht Kilometer entfernten Tillyhügel befördert werden - eine Arbeit, für die der Stahlhelm im Februar 1925 mehrere Tage benötigte.[25]

Abb. 95 Beim Transport des Findlings vom Korsorsberg zum Tillyhügel legte man bei der Lethebrücke eine Pause ein (Kreide-Inschrift auf dem Stein: „Der Stahlhelm").

Am 12. Juli 1925, dem Tag der „Einweihung des Heldendenkmals auf dem Til-lyhügel", verkehrten zwischen Oldenburg und Wardenburg mehrere Sonderbusse der Reichspost. Angekündigt hatte sich die „Nationale Bühne des Stahlhelm" aus Charlottenburg, die hier „Wallensteins Lager" von Schiller aufführen wollte (woraus nichts wurde, weil der Kostümverleih die falschen Kostüme geschickt hatte). So gab es an diesem Sonntag „ein Menschengewoge ohnegleichen, aus der Gemeinde und von weither." Zu denen, die gekommen waren, gehörten selbstverständlich Gemein-devorsteher Dannemann, Pastor Thorade und dessen Amtsvorgänger Rodenbrock, der einem Zeitungsbericht zufolge „die erste Idee dieses Denkmals faßte".[26] Über dem Tillyhügel wehte an diesem Tag nicht nur die blau-rote Fahne Oldenburgs, son-dern auch die schwarz-weiß-rote Reichskriegsflagge, unter der die deutsche Flotte „allüberall in den Meeren der Welt unvergänglichen Ruhm sich erworben" habe; an dieser Flagge hielt man beim Stahlhelm „allen Gewalten zum Trotz" fest, obwohl es seit 1922 neue Reichsfarben gab.[27]

Die Nachrichten für Stadt und Land berichteten ausführlich über das Ereignis. Der Berichterstatter geriet regelrecht ins Schwelgen: „Und der glückhafte Tag läßt die Schauer der Geschichte vergessen, die dem Platz den Namen gab."[28] Jahrzehnte später wird man darüber diskutieren, wie der Aufenthalt von Tilly in Wardenburg zu bewerten ist und inwieweit sich der Feldherr als geschichtliche Identifikationsfigur eignet.[29]

Abb. 96 Am Tillyhügel gedachte man zunächst der „214 Söhne der Ge-meinde", die im Ersten Weltkrieg, so die damalige Auffassung nicht nur des Stahlhelms, „für des Va-terlandes Schutz und Ehre" gefallen waren - Historiker sind inzwi-schen zu anderen Ergeb-nissen gekommen.[30] Nach dem Zweiten Weltkrieg wurde diese Inschrift um eine weitere - ebenfalls fragwürdige - ergänzt: Unter den Jahreszahlen „1939-1945" steht: „439 Brüder und Schwestern der Gemeinde und der vertriebenen Deutschen gaben ihr Leben für ihre Heimat".

„Die neue automobile Gemeindespritze von Wardenburg und ihr Heim"

Abb. 97 Behelmt und in neuen khakigelben Uniformjacken traten die Mitglieder der Freiwilligen Feuerwehr Wardenburg, die auf Initiative von Diedrich Dannemann im Januar 1927 neugegründet worden war, vor ihren ersten motorisierten Spritzenwagen. Seit 1876 war der Feuerschutz Aufgabe der Gemeinde. In den ersten Jahrzehnten mußten, wenn bei Feueralarm ein Brandhorn ertönte, noch Pferde vor eine Handdruckspritze gespannt werden, die im Spritzenhaus neben dem alten Pfarrhaus an der Friedrichstraße stand. Der Keller dieses alten Spritzenhauses diente übrigens seit 1920 zugleich als Gefängnis, sollte Wachtmeister (ab 1924: Kommissar) Striepling tatsächlich mal einen Ganoven dingfest gemacht haben. Am 20. Dezember 1927 konnte dann endlich die „automobile Gemeindespritze" aus Oldenburg geholt und zugleich das neue Spritzenhaus an der Friedrichstraße eingeweiht werden. Es war an diesem Tag so kalt, daß selbst eine kleine Probe nicht gelingen wollte - „es spritzte Schnee und Hagel statt Wasser!" Drei Monate später war es dann soweit. Am 21. März 1928 mußte die Wehr zu ihrem ersten größeren Brand ausrücken: Auf dem Moorgut der Stadt Dortmund stand das Haus des Verwalters in Flammen.[31]

Das Ende der Petroleumlampe - oder: Die unendliche Geschichte der Wardenburger Stromversorgung (Teil I)

Die Petroleumlampe kennen die meisten Wardenburgerinnen und Wardenburger vermutlich nur aus den Erzählungen ihrer Eltern oder Großeltern. Emma Schütte kann sich dagegen noch gut an den flackernden Schein der Lampe erinnern, die auf dem Lande noch Anfang dieses Jahrhunderts die Lichtquelle schlechthin war: „An den Winterabenden saßen wir alle in der warmen Stube bei der Petroleumlampe um den Tisch. Die Eltern lasen die Nachrichten für Stadt und Land, die der Postbote ja erst am Nachmittag brachte, er kam zu Fuß von Sandkrug. Wir lasen Märchenbücher von Andersen, Bechstein und Grimm, die uns die älteren Brüder mitbrachten."[32]

In vielen Kolonialwarenläden „stand ein großes Faß mit einer Pumpe darauf, das war das Petroleumfaß. Die Leute holten in Henkelkannen ihren Bedarf an Petroleum für die Stuben- und Stallaternen."[33] Selbst die ersten zwölf Straßenlaternen, die die Cloppenburger Straße in Wardenburg erleuchteten, wurden noch mit Petroleum betrieben. Sie wurden am 1. Oktober 1901 in Betrieb genommen - ein kleines gesellschaftliches Ereignis: „Die Lampen brannten recht schön. Es waren allerlei Leute auf den Beinen. Jeder war neugierig."[34]

Es sollte allerdings nicht mehr lange dauern, bis die „Rivalen des Mondes", wie das erste elektrische Licht genannt wurde, auch auf dem Lande Einzug hielten.[35] In vielen Orten wurden eigens kleine Elektrizitätswerke gegründet. In Jeddeloh I beispielsweise produzierte der Fabrikant Gerhard Bünting seit 1902 Strom und belieferte damit auch Kunden in Achternmeer. Häufig waren es Gastwirte, Mühlenbesitzer oder Molkereigenossenschaften, die sich und andere mal mit Gleichstrom, mal mit Wechselstrom versorgten. Forciert wurde die Elektrifizierung des Oldenburger Landes durch die ersten Überlandzentralen, die noch vor dem Ersten Weltkrieg ihre Arbeit aufnahmen.[36] Die AEG rührte emsig die Werbetrommel und hoffte auf Verträge mit den einzelnen Gemeinden. So wurden Edewecht und Osternburg bereits 1910 an das Überlandnetz angeschlossen. Andernorts hielt die Diskussion um Vor- und Nachteile an. Kritiker eines Vertrages mit „monopolistischen" Konzernen fürchteten um die Entscheidungsfreiheit der Gemeinden.[37] Der Kraftstrom wäre für die Landwirte vor allem beim Dreschen von großem Nutzen, meinten dagegen die Befürworter eines Vertrages. Die Wardenburger zögerten, und auch eine eigens einberufene Bürgerversammlung verlief ergebnislos.[38]

Zum Durchbruch verhalfen dem elektrischen Licht schließlich der Mangel an Petroleum im Ersten Weltkrieg und die Entwicklung der Metallfadenlampe. Im Januar 1920 war es auch in der Gemeinde Wardenburg soweit: 202 Bürger aus mehreren Ortschaften gründeten gemeinsam die Lichtgenossenschaft Wardenburg und Umgebung, um die Wasserkraft der Lethe in elektrischen Strom für die Gemeinde umzuwandeln. Neben der Wardenburger Wassermühle wurde nun die „Elektrizitätszentrale" errichtet, deren Besitzer Hermann Lahring - auch „Wassermüller" genannt - bald in aller Munde war.[39]

In den ersten Jahren mußten die Abnehmer des elektrischen Stroms häufiger noch zur alten Petroleumlampe greifen, weil die Lethe nicht genügend Wasser führte oder irgendwo mal wieder ein größerer Motor angeschaltet worden war. Besserung versprachen sich die Mitglieder der Wardenburger Genossenschaft von einem Vertrag mit der Stadt Oldenburg, für den der Ingenieur Karl Neubert, der damals in der Elektrizitätswirtschaft tätig war, lobende Worte fand: „Da durch die ständig zunehmende Ausdehnung des Versorgungsgebietes die dortige Wasserkraft allein nicht mehr ausreichte, gelang es der umsichtigen Verwaltung der obigen Genossenschaft, mit der Stadt Oldenburg einen Gegenseitigkeitsvertrag abzuschließen, in welchem sich die Stadt Oldenburg verpflichtete, den fehlenden Strom für Wardenburg zu liefern und sich außerdem bereit erklärte, den überschüssigen mit der Lethe-Wasserkraft erzeugten Strom nutzbringend abzunehmen. Der erste Ausbau der Versorgungsanlage in der Gemeinde Wardenburg umfaßte die Gebiete Tungeln, Oberlethe, Achternholt, Westerholt, Wardenburg und Littel. Einige Zeit später baute der Hausmann Ulken in Westerburg auf eigene Rechnung die Ortsnetze für die Bauerschaften Höven, Astrup, Westerburg und Sandkrug im Anschluß an die Hochspannungsanlagen der Lichtgenossenschaft Wardenburg aus."[40] Charlottendorf wurde ebenfalls noch in den 20er Jahren elektrifiziert (gemeinsam mit Hengstlage und Halenhorst). Zunächst mußte 1924 auch in Charlottendorf-Ost ein Transformatoren-Haus gemauert werden. Einige Bäume aus dem Barneführerholz dienten, entrindet und gut geteert, als Lichtmasten. 1927 sollen dann in Charlottendorf-West die Petroleumlampen an einem Morgen nach durchzechter Nacht symbolisch zu Grabe getragen worden sein.[41] Zu jener Zeit tauchte in den ersten Haushalten ein neues technisches Gerät auf: das Radio. Wer es noch nicht am eigenen Leibe erfahren hatte, der erfuhr es nun auch über den Äther: Um die Wirtschaft im Reich war es nicht zum besten bestellt.

Die Folgen der Wirtschaftskrise in Wardenburg

In der zweiten Hälfte der 20er Jahre mußte sich der Rat der Gemeinde Wardenburg vor allem in den Wintermonaten häufiger mit Anträgen auf Unterstützung befassen. Mal bat ein Kolonist um Erlaß oder Stundung seiner Steuern, mal ein Arbeiter um ein Darlehen oder die Übernahme der Miete. Offenbar spiegelten sich in diesen Gesuchen bereits die ersten Anzeichen einer wirtschaftlichen Krise. Fortan waren Wardenburgs Politiker bestrebt, den Arbeitslosen in der Gemeinde sogenannte „Notstandsarbeiten" zuzuweisen. Zu den ersten Arbeiten dieser Art gehörte die Anfang 1926 verfügte „Instandsetzung der Gemeindewege durch Erwerbslose". Zu diesem Zweck sollten 25 Arbeiter, denen ein Stundenlohn von 45 Pfennig zugespochen wurde, „beim Arbeitsamt angefordert werden."[42] Weitere solcher „Notstandsarbeiten" folgten. Bereits im darauffolgenden Winter beschloß der Gemeinderat, „sämtliche in der Gemeinde wohnhaften Erwerbslosen wieder als Notstandsarbeiter anzufordern" und sie „mit Wegearbeiten zu beschäftigen."[43] Die Bekämpfung der Arbeitslosigkeit wurde spätestens 1927/28 eine der Hauptaufgaben des Gemeinderates unter Diedrich Dannemann, denn mit der Zahl der Arbeitslosen wuchs auch die der

Unterstützungsempfänger und „Ausgesteuerten". Zeitgleich mußten der Bau des Feuerwehrhauses und der Kauf des Spritzenwagens finanziert werden; zu diesem Zweck wurde eigens eine Anleihe aufgenommen.

Um so größer dürfte daher die Freude über eine vollkommen unerwartete Zuwendung gewesen sein. Der Kaufmann Ferdinand Joseph Sudow aus Oldenburg, der am 24. Juni 1928 verstorben war, hatte den größten Teil seines ansehnlichen Vermögens der Gemeinde Wardenburg vermacht. Über die Gründe wußte auch Diedrich Dannemann seinen Ratskollegen nicht viel mehr zu berichten, als „daß der Verstorbene sehr oft seine Spaziergänge über Hundsmühlen-Tungeln-Wardenburg nach Sandkrug gemacht und sich sehr für diese Gegend interessiert habe." Der Verstorbene hatte ihn, so Dannemann, in Gesprächen wiederholt gebeten, Anpflanzungen vorzunehmen und Ruhebänke aufzustellen, doch habe er dann stets darauf hingewiesen, daß es der Gemeinde an Geld mangele. „So sei es vielleicht zu erklären, daß der Verstorbene sich entschlossen habe, der Gemeinde Wardenburg zu diesem Zweck, wie es ausdrücklich im Testament heiße, dieses Vermächtnis zu überlassen."[44] Diedrich Dannemann wurde nun eine weitere Aufgabe übertragen: Er sollte fortan die Gemeinde in Sachen Erbschaft vertreten und das Vermögen verwalten.[45]

Im Gefolge der Weltwirtschaftskrise von 1929 kletterte die Zahl der Arbeitslosen und erreichte schließlich 1932 ihren höchsten Stand. Der Wardenburger Gemeinderat sah sich nun zu unpopulären Maßnahmen gezwungen: Die Gehälter der Gemeindebediensteten wurden gekürzt, säumige Steuerzahler bedrängt und neue Einnahmequellen - wie die „Biersteuer" ab Januar 1932 - erschlossen. Außerdem richtete auch die Gemeinde Wardenburg einen Freiwilligen Arbeitsdienst ein; arbeitslose Männer aus den hiesigen Dörfern begannen bald darauf, den östlichen Vorfluter im Vehnemoor auszuheben.[46]

Im gleichen Jahr regte Dannemann erneut den Bau eines Weges von Achternholt nach Bösel an. Dieses lange geplante Vorhaben, für das stets die Mittel gefehlt hatten, wurde bald darauf zum strittigsten Projekt des Jahres.[47] Einig war man sich über die Bedeutung dieses Weges für die Besiedlung des Moores, für den Durchgangsverkehr nach Friesoythe und nicht zuletzt auch als Arbeitsbeschaffungsmaßnahme: „Man hoffte allgemein, daß es gelingen würde, mit Beendigung der Notstandsarbeiten an der Hunte, am Osternburger Kanal und Bümmersteder Fleth im November mit den Arbeiten beginnen zu können, doch die Verhandlungen zwischen Gemeinde und Ministerium zogen sich derart in die Länge, daß sich eine große Unruhe in der Arbeiterschaft breitmachte." Zu dieser Zeit gab es rund 250 Arbeitslose in der Gemeinde Wardenburg - und die vor allem sollten nach dem Willen des Gemeinderats zunächst die Erdarbeiten ausführen. Die Staatsregierung in Oldenburg, die bereits von Nationalsozialisten gestellt wurde, wollte dagegen für den gesamten Wegebau verstärkt „Wohlfahrtserwerbslose" aus anderen Gemeinden heranziehen. Die „für den Staat als auch für die Gemeinde sehr bedeutsame Entscheidung" fiel am 22. Dezember 1932. Der Gemeinderat verlegte an diesem Tag seine Sitzung eigens in Luekens Wirtschaft nach Hundsmühlen. Hunderte wurden so Zeugen einer Auseinandersetzung zwischen Diedrich Dannemann und dem Ministerpräsidenten Röver, bei der der Nationalsozialist am längeren Hebel saß. Jedenfalls „nahm Ministerpräsident Röver das

Die Familie Dannemann

Die Familie Dannemann hat wie kaum eine zweite aus der Gemeinde Wardenburg Geschichte geschrieben. Bereits 1581 begegnet uns ein Träger dieses Namens in alten Urkunden: Heinrich Dannemann erschien in diesem Jahr mit Knebel und Spieß zu einer Musterung. Seit dieser Zeit befindet sich der Westerburger Hof in Familienbesitz - über ein gutes Dutzend Generationen hinweg. Da von den Kindern stets immer nur eines den Hof erben konnte, mußten sich etliche Nachkommen in der näheren Umgebung eine andere Chance suchen: „Von den fünf Söhnen des Johann Hinrich Dannemann (1749-1834) übernahm der älteste den väterlichen Hof, der zweite gründete einen neuen Hof in Westerburg, der dritte (Gerhard) heiratete in die Barrelmannsche Hausmannsstelle in Tungeln ein, der vierte in einen Hof zu Streek, und der fünfte (Johann Hermann, 1777-1857) pachtete das Gut Höven."[48] Mehrere Mitglieder der Familie Dannemann sind ausgewandert, und bis heute konnten Familienforscher die Frage, „ob wohl auch die Fabrikanten der weltberühmten ‚Dannemann-Brasil‘ aus der Gemeinde Wardenburg kommen", nicht abschließend klären.[49]

Abb. 98 Diedrich Dannemann (1874-1933)

Die bekanntesten Nachfahren sind Diedrich und Robert Dannemann, die sich zwar stets der Landwirtschaft verbunden fühlten, einen Namen jedoch vor allem in der Politik machten. Die politische Karriere von Diedrich Dannemann begann früh. Der Sohn des Hausmannes Johann Hermann Dannemann aus Tungeln wurde 1901 Mitglied des Wardenburger Gemeinderates. Fünf Jahre später - im Alter von gerade 32 Jahren - konnte sich Dannemann bei der Wahl zum Vorsteher der Gemeinde Wardenburg gegen den Gastwirt Arnken durchsetzen. Über mehr als zwei Jahrzehnte hatte er das Amt nun inne. In dieser Zeit lieferte er „immer wieder Beispiele für einen ausgeprägten kommunalpolitischen Sachverstand, der in der zügigen Erweiterung des Straßennetzes und der Mitarbeit an mehreren Siedlungsprojekten seinen bleibenden Ausdruck fand".[50] Anerkennung trug ihm vor allem die umsichtige Finanzierung solcher Projekte ein.

Es blieb nicht bei lokalpolitischem Engagement. Im Jahre 1911 zog Dannemann für die Nationalliberale Partei in den Oldenburgischen Landtag ein, dem er mit einer Unterbrechung bis 1933 angehörte. „Unter jenen Männern, die einen besonderen Einfluß auf die Wirtschafts-, Finanz- und Sozialpolitik des Freistaates Oldenburg hatten", hat Diedrich Dannemann „unbestritten eine Sonderstellung" eingenommen.[51] In den Jahren der Weimarer Republik hat Dannemann die Entwicklung nach rechts, die sich in den Wahlergebnissen spiegelt, auch persönlich vollzogen. War zunächst die Deutsche Volkspartei, für die er von 1920 bis 1924 auch im Reichstag saß, seine politische Heimat, so gehörte er von 1925 bis 1931 dem Landesblock[52] und danach der Deutschnationalen Volkspartei an. 1933 schließlich trat auch Diedrich Dannemann der NSDAP bei. Dannemann war sicher kein glühender Nationalsozialist, wenngleich er auch aus seiner Distanz zum politischen System der ersten deutschen Republik schon Jahre zuvor keinen Hehl gemacht hat: „Ich habe dies ... System des überspannten Parlamentarismus immer bekämpft".[53]

Am 1. Mai 1931 wurde Diedrich Dannemann - er blickte inzwischen auf ein Vierteljahrhundert an der Gemeindespitze zurück - vom Gemeinderat einstimmig zum Ehrenbürger Wardenburgs ernannt. In den Nachrichten für Stadt und Land konnte man lobende Worte über den Jubilar lesen, der seine Gäste auf dem Gut Hundsmühlen empfing, das er kurz zuvor erworben hatte: „Seine Hauptarbeit und seine eigentliche Ernte hat dieser Mann noch vor sich. Und dabei hat er schon ein Werk hingestellt wie wenige." Verwiesen wurde unter anderem auf den Ausbau des Straßennetzes, des Volksschulwesens und des Feuerlöschwesens, auf die „innere Kolonisation" oder - als jüngste Herausforderung - auf die Bekämpfung der Arbeitslosigkeit.[54] Daß Diedrich Dannemann seine wohl schwersten Stunden noch vor sich haben sollte, ahnte zu dieser Zeit niemand. Hierauf wird an anderer Stelle näher eingegangen (siehe Kapitel „Das Ende einer politischen Karriere").

Weit über die Gemeindegrenzen hinaus hat auch Robert Dannemann gewirkt. Der Sohn Diedrich Dannemanns und diplomierte Landwirt war von 1949 bis 1955 Direktor der Landwirtschaftskammer Weser-Ems. Stationen seines politischen Lebens waren - jeweils für die FDP - der Wardenburger Gemeinderat (von 1948 bis 1952), der Kreistag des Landkreises Oldenburg (von 1948 bis 1955) und der Deutsche Bundestag (von 1949 bis 1955). Von 1955 bis zu seinem Tod am 28. September 1965 war Robert Dannemann Präsident des Niedersächsischen Verwaltungsbezirks Oldenburg. Die Wardenburgerinnen und Wardenburger erlebten ihn wenige Tage vor seinem Tod, bei der feierlichen Einweihung des Rathauses an der Friedrichstraße, zum letzten Mal.[55]

Wort" und „betonte" vermutlich in der ihm eigenen Art, daß die Regierung „in erster Linie dafür sorgen müsse, daß den Notgemeinden geholfen werde; die Gemeinde Wardenburg müsse daher auch Wohlfahrtserwerbslose aus diesen Gemeinden übernehmen."[56] Bis zuletzt hielt der Gemeinderat Wardenburg allerdings an seiner Forderung fest, daß die Hälfte der Arbeiter aus der Gemeinde Wardenburg kommen müßte. So geschah es dann auch. Im Frühjahr 1933 begannen 30 Arbeitslose aus Wardenburg und weitere 30 „Wohlfahrtserwerblose" aus anderen Gemeinden zu dem bei „Notstandsarbeiten" inzwischen üblichen Stundenlohn von 54 Pfennigen mit den Erdarbeiten. Dort, wo die erste Wohnbaracke für die auswärtigen Arbeiter errichtet wurde, entstand einige Monate später eine neue Kolonie: Benthullen.[57]

Der Aufstieg der Nationalsozialisten

Zu jenen Faktoren, die den Aufstieg der Nationalsozialisten im Freistaat Oldenburg maßgeblich beeinflußten, zählt sicher die wirtschaftliche Struktur des Landes. Hauptzweig der oldenburgischen Wirtschaft war die Landwirtschaft. Und in Wardenburg war der Anteil derer, die in der Landwirtschaft tätig waren, fast doppelt so hoch wie im Landesdurchschnitt.[58] Die Besitzer der vielen kleinen und mittleren Betriebe reagierten ausgesprochen verunsichert auf eine sich im Herbst 1927 verschärfende Agrarkrise. Der Unmut der Landwirte über Mißernten oder den Preisverfall bei Schweinefleisch wurde bei den Protestversammlungen der Landvolkbewegung besonders augenfällig. Zu denen, die am 26. Januar 1928 auf dem Oldenburger Pferdemarkt zu mehreren zehntausend Teilnehmern einer solchen Veranstaltung sprachen, gehörte der Kolonist Müller aus Charlottendorf. Müller kritisierte die Handels- und Zollpolitik und sprach sich insbesondere gegen den Import von polnischem Schweinefleisch aus: „Wir produzieren Fleisch genug, um unser deutsches Volk zu ernähren."[59] Hier knüpften die Nationalsozialisten an. Sie präsentierten sich den Landwirten fortan als „einzige Rettung"[60] - und viele glaubten ihren Versprechungen. Agrarkrise und Landvolkbewegung standen so in den Jahren 1927 und 1928 am Beginn nationalsozialistischer Erfolge im Raum Oldenburg.

Stärker und kontinuierlicher als andere Parteien entfalteten die Nationalsozialisten nun ihre Werbeaktivitäten und ließen dabei auch kleinere Orte im Oldenburger Land nicht aus. Spätestens im Frühjahr 1928 hielt die NSDAP ihre ersten Versammlungen in Wardenburg ab. So sprach Carl Röver, der spätere Gauleiter, am 14. März 1928 im Wardenburger Schützenhof.[61] Röver war bekannt für die „Brutalität der Sprache und die Drastik der Bilder, die er verwendete".[62] Gerade seine Auftritte in der Zeit vor 1933, die die Nationalsozialisten bald zur „Kampfzeit" verklärten, sollten ihm später den Ruf eintragen, „ein Volksverhetzer übelster Sorte"[63] zu sein.

Neben den Nationalsozialisten tummelten sich andere, untereinander eher zerstrittene völkisch-nationalistische Gruppierungen im Oldenburger Land. „Will sich das Landvolk weiter betrügen lassen?", fragte beispielsweise am 11. Mai 1928 ein Redner der „Landvolk- und Mittelstandsliste (Völkisch-Nationaler Block)" rhetorisch seine Zuhörer im Gasthof Lüschen.[64] Derartige Versammlungen hatten offen-

Abb. 99 Zeitungshinweis auf eine der frühen NSDAP-Veranstaltungen in Wardenburg: Carl Röver, der spätere Gauleiter und Ministerpräsident, sprach am 14. März 1928 in Schlüters Gasthaus (Nachrichten für Stadt und Land vom 12. März 1928).

bar einen regen Zulauf, denn nur wenige Tage später, kurz vor der Landtagswahl vom Mai 1928, richtete Diedrich Dannemann in einem Leserbrief eine „Warnung in letzter Stunde" an die Leserinnen und Leser der Nachrichten für Stadt und Land. Dannemanns Sorge: Wählerstimmen für die „kleinen Sondergruppen" aus jenen Bevölkerungskreisen, „die ganz besonders stark unter der wirtschaftlichen Not zu leiden haben", könnten am Ende gerade die Partei schwächen, „die diesen Kreisen am nächsten steht!" Auf diese Gefahr müsse er „die rechts eingestellte Wählerschaft aufmerksam" machen. „Wer nicht will, daß an der Spitze unseres Agrarlandes Oldenburg ein sozialdemokratischer Ministerpräsident mit einer Linksregierung stehen soll, der hüte sich vor den Splitterparteien und gebe am 20. Mai seine Stimme dem Landesblock!" Und für diesen Landesblock - einer gemeinsamen Liste von DVP und DNVP - kandidierte Dannemann inzwischen.[65]

Bei der Landtagswahl konnte der Landesblock mit 27,8 Prozent dann immerhin noch die meisten Stimmen auf sich vereinen, bedrängt allerdings von der Landvolk-Liste (26,2 Prozent) und den Nationalsozialisten (22,6 Prozent).[66] Ein Blick auf die folgende Tabelle zeigt, daß die Schlappe von DNVP und DVP bei der Reichstagswahl, die ebenfalls am 20. Mai 1928 stattfand, noch deutlicher ausfiel. Zur Erinnerung: Diese beiden Parteien hatten gerade vier Jahre zuvor noch knapp 75 Prozent der Stimmen in Wardenburg erhalten.

Ergebnisse der Reichstagswahlen 1928 und 1930 in der Gemeinde Wardenburg (in Prozent)[67]

	Reichstagswahl Mai 1928	Reichstagswahl September 1930
NSDAP	31,2	55,4
DNVP	6,8	4,6
DVP	14,3	4,5
DDP/Staatspartei	3,7	2,4
Zentrum	3,2	1,6
SPD	9,6	7,1
KPD	1,9	2,4
Landvolk	22,5	17,1
Wirtschaftspartei	2,2	2,9
andere	4,5	2,1

Bei den Wahlen vom Mai 1928 gelang der NSDAP in der Gemeinde Wardenburg der Durchbruch. Bei der Reichstagswahl wurde sie hier mit 31,2 Prozent der Stimmen stärkste Partei. Damit erzielte sie in der Gemeinde Wardenburg ein besseres Ergebnis als im Amt Oldenburg (gut 27 Prozent) oder im Landesteil Oldenburg (9,4 Prozent), vom Reichsergebnis ganz zu schweigen (2,6 Prozent).[68] Bei der darauffolgenden Reichstagswahl im September 1930 entfielen dann bereits mehr als die Hälfte der Wardenburger Stimmen auf die NSDAP.

Der weitere Aufstieg der NSDAP vollzog sich in Etappen - kleinere Rückschläge eingeschlossen. Bei der Landtagswahl am 17. Mai 1931 vereinte die sogenannte „nationale Opposition", bestehend aus NSDAP und DNVP, in Wardenburg bereits über 80 Prozent der Stimmen auf sich. Allerdings mußte sich die NSDAP hier mit gut 52 Prozent begnügen, während es die DNVP noch auf fast 30 Prozent brachte. In umliegenden Gemeinden gestaltete sich das Verhältnis für die NSDAP bereits weitaus günstiger: In Edewecht lag es bei 75,8 zu 5,7 Prozent, in Hatten bei 71,5 zu 16,3 Prozent und in Großenkneten bei 68,1 zu 12,8 Prozent.[69] Ihren in Wardenburg vergleichsweise hohen Stimmenanteil verdankte die DNVP sicher einem Kandidaten, der noch nicht allzu lange der Partei angehörte: Diedrich Dannemann. Wardenburgs Gemeindevorsteher, der noch kurz vor der Wahl zum Ehrenbürger der Gemeinde ernannt worden war, hatte inzwischen den Wechsel zu den Deutschnationalen vollzogen.[70]

Allerdings bewahrte auch Dannemann die DNVP nicht vor ihrem Niedergang. Nur gut ein Jahr später gelang den Nationalsozialisten in Wardenburg nicht nur die Mobilisierung der eigenen Anhänger, sondern ganz offenkundig auch der Einbruch in die Wählerschaft, die der DNVP noch verblieben war.[71] Jedenfalls stimmten bei der Landtagswahl am 29. Mai 1932 bereits 70 Prozent der Wardenburgerinnen und Wardenburger für die NSDAP (1.373 Stimmen). Den Deutschnationalen verblieben ganze 18,2 Prozent (357 Stimmen). SPD (4,8 Prozent), KPD (3,2), Zentrum (1,5) und einige andere Parteien teilten sich den kleinen Rest. Erstmals konnten Nationalsozialisten in einem Landtag die Mehrheit der Sitze einnehmen und eine Alleinregierung stellen - so wollte es auch die eindeutige Mehrheit der Wählerinnen und Wähler in der Gemeinde Wardenburg.[72]

Bei den Reichstagswahlen verzeichnete die NSDAP in Wardenburg ähnliche Erfolge. Die folgende Übersicht zeigt den Stimmenanteil der NSDAP bei den Urnengängen in der Endphase der Weimarer Republik sowie bei der Wahl im März 1933, die bereits „im Zeichen des Terrors" stand.[73]

Stimmenanteil der NSDAP bei Landtagswahlen (LTW) und Reichstagswahlen (RTW) in den Jahren 1931 bis 1933 (in Prozent)[74]

	LTW 5/ 31	LTW 5/ 32	RTW 7/32	RTW 11/32	RTW 3/33
Gemeinde Wardenburg	52,3	70,0	75,6	65,9	72,5
Amt Oldenburg	57,3	71,3	70,5	60,2	65,6
Landesteil Oldenburg	37,1	46,9	45,2	37,1	45,2
Deutsches Reich	-	-	37,4	33,1	43,9

Nachzutragen ist noch das Ergebnis der Reichspräsidentenwahl vom 13. März 1932, das sich nahtlos in die obige Tabelle einfügen ließe. Beim ersten Wahlgang entfielen in der Gemeinde Wardenburg 1.400 von 2.128 Stimmen (65,8 Prozent) auf Hitler, der hier also nur ganz knapp eine Zwei-Drittel-Mehrheit verfehlte, während er reichsweit nicht einmal ein Drittel erreichte. Für den Stahlhelm-Führer Duesterberg votierten 317 Wählerinnen und Wähler (14,9 Prozent). Hindenburg, Symbolfigur des kaiserlichen Deutschlands und nun Kandidat der SPD wie der bürgerlichen Parteien, konnte noch 302 Stimmen (14,2 Prozent) verbuchen, der Kommunist Thälmann 103 (4,8 Prozent), und dem Kandidaten Winter blieben schließlich noch sechs Stimmen.[75]

Sucht man nach einer Erklärung für den Aufstieg der Nationalsozialisten, so lassen sich zumindest einige Momente anführen, die die skizzierte Entwicklung begünstigt haben dürften. Bei einem Blick auf die soziale Gliederung in der Gemeinde Wardenburg fällt auf, daß der „alte Mittelstand" (in erster Linie Bauern und die von ihnen abhängigen Kaufleute und Handwerker) hier überdurchschnittlich stark vertreten war - und aus diesen Reihen hatte die NSDAP den größten Zulauf.[76] Die durch Inflation und Weltwirtschaftskrise hervorgerufene soziale Verunsicherung war in diesen Kreisen groß - und damit auch die Versuchung, den Versprechungen der Nationalsozialisten Glauben zu schenken. Bei der Reichstagswahl 1933 profitierten die Nationalsozialisten bereits von dem Abklingen der Wirtschaftskrise. Damit begann zugleich das lange vorherrschende Gefühl existentieller Bedrohung zu schwinden. Viele machten ihr Kreuz auf dem Stimmzettel wohl auch deshalb bei der NSDAP, weil sie schlicht hofften: „Jetzt wird's besser."[77]

Auch konnten die Nationalsozialisten an bereits vorhandene Wertvorstellungen und Denkweisen anknüpfen.[78] Schon in den Jahren vor ihrem Aufstieg vernahm man beispielsweise antidemokratische oder nationalistische Töne aus den Reihen von DVP und stärker noch von Stahlhelm und DNVP, also jenen Gruppen, die in Wardenburg seit 1919 das politische Geschehen bestimmten. Schließlich stießen die Nationalsozialisten in einer ländlichen und zudem fast ausschließlich evangelischen Gemeinde wie Wardenburg kaum auf organisierte Gegenkräfte (wie andernorts durch Arbeiterschaft oder katholische Kirche), und auch der einflußreichste Politiker vor Ort, Diedrich Dannemann, sah seine Gegner vor allem bei der SPD - und nicht bei der NSDAP.

Anmerkungen

[1] Aufruf zur „Bauern-Versammlung", in: NSL vom 18. November 1918.

[2] Ratsprotokoll vom 3. Februar 1919, in: GAW.

[3] Vgl. GSP Nr. 25, Dezember 1977, 11.

[4] Vgl. Tabelle in: NSL vom 20. Januar 1919. Stimmbezirke: Wardenburg = Wardenburg I und II; Oberlethe = Oberlethe, Achternholt, Westerholt und Achternmeer; Littel = Littel und Charlottendorf-West; Westerburg = Westerburg, Höven, Astrup und Charlottendorf-Ost; Tungeln = Tungeln, Hundsmühlen und Südmoslesfehn.

[5] Wahlbeteiligung (insgesamt - Frauen - Männer): Ortschaft Wardenburg 62,4 - 51,9 - 74,7 Prozent; Landesteil Oldenburg 67,2 - 66,2 - 67,9 Prozent; Freistaat Oldenburg 66,6 - 64,8 - 68,4 Prozent. Vgl. hierzu Statistische Nachrichten, Heft 28, 28ff.

[6] NSL vom 24. Februar 1919.

[7] Vgl. Statistische Nachrichten, Heft 28, 38ff. Zur Haltung der Parteien vgl. Bracher/Funke/Jacobsen, Weimarer Republik, 37ff.; Geschichte des Landes Oldenburg, 414f.; NWZ vom 23. November 1994.

[8] Vgl. NSL vom 7. Juni 1920. Bei der SPD handelte es sich hier um die Mehrheitssozialisten.

[9] Vgl. Die Wahlen zum Reichstag; vgl. auch NSL vom 7. Juni 1920 (Teilergebnisse). In Berlin halte er es nicht aus, meinte Dannemann einmal. Der Wardenburger Gemeinderat erwartete bei der Wiederwahl des Gemeindevorstehers 1922 die Aufgabe des Reichstagsmandats; vgl. hierzu das Ratsprotokoll vom 18. März 1922.

[10] Festschrift Raiffeisenbank, 18.

[11] Vgl. 700 Jahre Wardenburg, 159.

[12] Festschrift Raiffeisenbank, 19.

[13] NSL vom 21. September 1923.

[14] Vgl. 700 Jahre Wardenburg, 159.

[15] Vgl. Harbern I, 46.

[16] Vgl. Keller; die Wardenburger Schecks wurden hier unter der Nummer 5462 katalogisiert. Weitere Informationen zum Notgeld verdanke ich den Gesprächen mit Günther Rogge am 27. März und 21. Juli 1995 sowie mit Helmut Behrens am 1. Juli 1995.

[17] Biographisches Handbuch, 140.

[18] Vgl. Ratsprotokoll vom 2. März 1923. Bereits bei ihrer nächsten Sitzung entschieden sich die Ratsherren für die Erhebung einer weiteren Umlage zum 1. Mai; vgl. hierzu das Protokoll vom 5. April 1923.

[19] Vgl. Fischbeck, 22.

[20] Festschrift Raiffeisenbank, 19.

[21] Vgl. NSL vom 5. Mai 1924 und vom 8. Dezember 1924. Werner Meiners verdanke ich den Hinweis, daß die Statistik des Deutschen Reichs (Neue Folge) für die Maiwahl bei einigen Parteien geringfügige Abweichungen ausweist, ohne daß die Aussagen über die Tendenzen davon berührt würden. Bei den Landtagswahlen vom Juni 1923 und Mai 1925 verzichteten die NSL darauf, die Ergebnisse aus den einzelnen Gemeinden anzugeben.

[22] Bracher/Funke/Jacobsen, Weimarer Republik, 145.

[23] Vgl. Rogge, Weimar, 222ff., sowie - zur Entwicklung von DVP und DNVP - Bracher/Funke/Jacobsen, Weimarer Republik, 135 und 143ff. Der Hinweis auf das Gründungsjahr des Wardenburger Stahlhelms findet sich bei Brenning, 13. Der „Pressewart der Kreisgruppe" beschrieb unter anderem, in welchem „Geiste" der Stahlhelm arbeite: „gegen die Kriegsschuldlüge des Versailler ‚Vertrages'"(15) oder die „Asphaltpresse von Berlin und Frankfurt am Main", deren Ausgaben von 1918 deutlich machen würden, „wie weit fremdrassiger Einfluß das Blut des deutschen Volkes vergiftet hat" (23). Meist allerdings geht es in diesem Bändchen um die Aufmärsche des Stahlhelms am Rheinufer, in Magdeburg, Berlin oder München.

[24] Vgl. hierzu die Erinnerungen von Wilhelm Schumacher, in: 700 Jahre Wardenburg, 162.

[25] Vgl. die Berichte über die Sitzungen des Denkmalrates, in: Oldenburger Jahrbuch, Bd. 29, 1925, 237, sowie Bd. 30, 1926, 132 und 136f. Vgl. auch die Ratsprotokolle vom 20. Juni 1924, 25. September 1924, 14. Januar 1925 und 27. April 1925 sowie 700 Jahre Wardenburg, 180. An die Gefallenen aus dem Ort Wardenburg erinnert eine Gedenktafel an der Kirche. Sie war im November 1920 von Friedrich Arnken (zu dieser Zeit Gemeindevorsteher) und Pastor Rodenbrock angeregt worden. An der Sammlung beteiligten sich damals auch ausgewanderte Wardenburger in den Niederlanden und den USA, die man angeschrieben hatte; vgl. hierzu KAW Nr. 59.

[26] NSL vom 13. Juli 1925.

[27] Brenning, 13.

[28] NSL vom 13. Juli 1925. In dieser Ausgabe wurde zu einer Zeit, in der bebilderte Berichte noch Seltenheitswert hatten, ein Foto vom Findling auf dem Tillyhügel gedruckt. „Zur Denkmalsweihe in Wardenburg" vgl. auch die Ausgabe vom 11. Juli 1925.

[29] Tilly ist wie andere „Größen" aus jenen Tagen auch in der Geschichtsschreibung umstritten. Mal wurde er als „Wohltäter des römischen Reiches deutscher Nation" gerühmt, mal als „rücksichtsloser Kämpfer für den Katholizismus" geschmäht - teils auch wohl abhängig davon, durch welche konfessionelle Brille er gerade be-

trachtet wurde; vgl. hierzu Ordemann, Reisende, 96. Zweifelsohne hat sich während seines Aufenthaltes in Wardenburg, der kaum mehr als eine Randnotiz in den Geschichtsbüchern darstellt, viel Unerfreuliches zugetragen. Weit stärker als hier hat die Soldateska jedoch andernorts gewütet. Es sind vor allem die Bewohner Magdeburgs, die mit dem Namen Tilly Kriegsgreuel verbinden. Tausende starben hier im Mai 1631 bei der Eroberung der Stadt durch kaiserliche Truppen.

[30] Grundlegend in diesem Zusammenhang ist immer noch das Werk von Fritz Fischer über den „Griff nach der Weltmacht" aus dem Jahre 1961; vgl. hierzu Die Zeit vom 4. März 1988, 40.

[31] Bereits vor dem Ersten Weltkrieg wurden Überlegungen zur Gründung einer Freiwilligen Wehr und zur Anschaffung einer neuen Spritze angestellt, allerdings konnte „man sich über das anzuschaffende System nicht einig werden" (NSL vom 21. Dezember 1927). So mußte man sich nun im Gemeinderat erneut Gedanken über eine „Verbesserung der Feuerlöscheinrichtungen" (Ratsprotokoll vom 3. April 1926) machen. Nach Klärung finanzieller Fragen wurde die „Gründung einer freiwilligen Feuerwehr" am 10. Januar 1927 beschlossen (vgl. die Ratsprotokolle vom 16. November 1926 und 10. Januar 1927). Eine Beschreibung des neuen Spritzenhauses und des Fahrzeugs, das damals teurer als der ganze Bau war, findet sich in: NSL vom 15. Januar 1928. Zu den Bränden vgl. NSL vom 22. März 1928, zur Gründung der Feuerwehr generell GSP Nr. 64, September 1987, 13. Daß aus dem Wachtmeister Striepling ein Kommissar Striepling wurde, läßt sich dem Staats-Handbuch 1923, 43, und 1924, 44, entnehmen. Das Spritzenhaus diente noch in den Jahren nach dem Zweiten Weltkrieg als Notgefängnis und Leichenhalle, so Günther Rogge im Gespräch am 21. Juli 1995.

[32] Sei wie ein Veilchen im Moose, 11.

[33] Erinnerung von Carl Popken aus Wardenburg, zitiert nach GSP Nr. 33, Dezember 1979, 6f. Petroleum gehörte damals zu den wichtigsten Produkten eines Kolonialwarenladens.

[34] Tagebuchaufzeichnung von Heinrich B. Wellmann am 1. Oktober 1901, zitiert nach GSP Nr. 20, September 1976, 6. Vgl. auch 700 Jahre Wardenburg, 139, sowie GSP Nr. 17, Dezember 1975, 8.

[35] 50 Jahre Energieversorgung Weser-Ems, 16.

[36] Die Entwicklung der regionalen Elektrizitäts-Wirtschaft beschreibt ausführlich Neubert, 95ff. Vgl. auch Seitz, Jahresberichte, sowie 50 Jahre Energieversorgung Weser-Ems. Zu Bünting vgl. Eckhardt, Klein-Scharrel, 186.

[37] Seitz, Jahresbericht 1910, 2; vgl. auch Jahresbericht 1913, 2.

[38] Vgl. Seitz, Jahresbericht 1910, 1.

[39] 700 Jahre Wardenburg, 137.

[40] Neubert, 107f. Neubert hielt auf Einladung der Gemeinde bereits im März 1919 einen Vortrag vor dem Gemeinderat, der jedoch aus finanziellen Gründen von einem Anschluß an die Überlandzentrale „vorläufig Abstand" nahm (Ratsprotokoll vom 8. März 1919).

[41] Vgl. Charlottendorf-Ost, 208; Charlottendorf-West, 257.

[42] Ratsprotokoll vom 1. Februar 1926.

[43] Ratsprotokoll vom 10. Januar 1927.

[44] Ratsprotokoll vom 11. August 1928. Das Testament vom 15. Juni 1928 wurde in diesem Protokoll wortwörtlich wiedergegeben. Danach wünschte der Verstorbene insbesondere Verbesserungen an den Wegstrecke zwischen Wardenburg und Sandkrug.

[45] Die Erbschaft wurde getrennt von den Gemeindegeldern verwaltet. Lediglich die Zinserträge sollten für die „Verschönerung der öffentlichen Wege und Plätze" verwendet werden. Später wurden aus diesem Topf auch Darlehen gewährt; vgl. zur Erbschaft die Ratsprotokolle vom 6. Februar 1929, 12. April 1930, 28. Februar 1931, 9. Dezember 1931.

[46] Vgl. die Ratsprotokolle vom 9. und 16. Dezember 1931 sowie das Protokoll vom 27. September 1932, das besonders lang geriet, weil der Rat an diesem Tag die bis dahin wohl größte Zahl an Unterstützungsanträgen zu behandeln hatte. Zum Freiwilligen Arbeitsdienst vgl. das Ratsprotokoll vom 9. Mai 1933 sowie Harbern I, 57.

[47] Den Bau dieser Chaussee machte der Wardenburger Gemeinderat offenbar von Beginn an von einer weitreichenden Kostenübernahme durch Staat und Siedlungsamt abhängig. Eine weitere Bedingung war die Anerkennung des Weges als Durchgangsstrecke; vgl. hierzu die Ratsprotokolle vom 12. Oktober 1928 sowie vom 28. Oktober und 13. Dezember 1932.

[48] Von Lindern, 33.

[49] Von Lindern, 34. Eine verwandtschaftliche Beziehung, so von Lindern, „wird jedoch angenommen."

[50] Dieses Urteil stammt von Peter Haupt, in: Biographisches Handbuch, 140.

[51] Mit diesen Worten beginnt der Abriß über Dannemann in: Biographisches Handbuch, 140.

[52] Beim Landesblock handelte es sich um eine Verbindung von Deutscher Volkspartei (DVP) und Deutschnationaler Volkspartei (DNVP).

[53] Haupt zitiert diese Aussage aus dem Jahre 1931, in: Biographisches Handbuch, 141.

[54] NSL vom 17. Mai 1931. Vgl. auch das Ratsprotokoll vom 1. Mai 1931 sowie Biographisches Handbuch, 140. Wenige Monate vor Diedrich Dannemann war bereits Friedrich Arnken, der dem Gemeinderat seit dem 13. Januar 1896 - also

seit 35 Jahren - ununterbrochen angehörte, zum Ehrenbürger der Gemeinde Wardenburg ernannt worden. Zur Ehrenbürgerschaft von Arnken vgl. das Ratsprotokoll vom 13. Januar 1931 sowie NSL vom 1. Juli 1933.

[55] Vgl. zur Biographie von Diedrich und Robert Dannemann: von Lindern, 32ff.; 700 Jahre Wardenburg, 204 und 207ff.; Büsing, 20ff.; Der Landkreis Oldenburg, 264f.

[56] NSL vom 27. Dezember 1932. Vgl. auch das Ratsprotokoll vom 22. Dezember 1932 sowie zum weiteren Verlauf der Verhandlungen die Protokolle vom 6. und 27. Januar 1933. Über dieses Projekt wurde in den NSL über Monate hinweg berichtet. Dabei ging es nicht nur um die Frage, welche Erwerbslosen den Wegebau ausführen sollten. Mal waren Anlieger wegen drohender Enteignungsverfahren verärgert, dann wieder konnten Staat und Gemeinde sich über Finanzierungsfragen nicht einig werden; vgl. die Ausgaben vom 15., 19., 23. und 31. Oktober 1932, 9.und 29. Januar, 13. Februar, 3., 10. und 27. Juli 1933.

[57] Vgl. Ratsprotokoll vom 27. Januar 1933 sowie NSL vom 13. Februar, 10. Juli und 8. November 1933. Die Erdarbeiten wurden noch 1933 beendet.

[58] Vgl. Tabelle in: Staats-Handbuch 1934, 38. Danach lag der Anteil der land- und forstwirtschaftlichen Bevölkerung an der Wohnbevölkerung (Grundlage: Volkszählung vom 16. Juni 1933) im Freistaat Oldenburg bei 33,6 Prozent, im Landesteil Oldenburg bei 35,4 Prozent, im Amt Oldenburg bei 54,3 Prozent und in Wardenburg bei 62,9 Prozent.

[59] NSL vom 26. Januar 1928. Zu dieser landwirtschaftlichen Krise, die in politischen Protest umschlug, vgl. auch Geschichte des Landes Oldenburg, 429f.

[60] Polizeibericht über eine Veranstaltung der NSDAP an das Innenministerium vom 27. Januar 1928, in: StAO Best. 136-2858, zitiert nach Schaap, Oldenburgs Weg, 73.

[61] Neben Röver bemühten sich mit Heinz Spangemacher, Otto Herzog oder Jens Müller auch andere Nationalsozialisten 1927/28 verstärkt um jene Ecken im Oldenburger Land, in denen die NSDAP bislang kaum vertreten war. Vermutlich haben in Wardenburg schon vor dem März 1928 Versammlungen der NSDAP stattgefunden. Im Juni 1927 sprach Karl Dincklage, damals einer der bekanntesten braunen Agitatoren, in mehreren Versammlungen im Oldenburger Land, so zum Beispiel in Hatten. Möglicherweise war Dincklage in diesen Tagen auch in Wardenburg. Einem legendenreichen Rückblick auf die regionalen Anfänge der Partei in den NSL vom 2. September 1933 läßt sich entnehmen, daß Dincklage „nach einer Versammlung

in der Gegend von Wardenburg mit dem Fahrrad stürzte und einen Schlüsselbeinbruch erlitt." Vgl. auch die Ausgabe vom 9. November 1933.

[62] Günther, in: Biographisches Handbuch, 612.

[63] Ebenda; Günther gibt hier ein Urteil des Historikers Schwarzwälder wieder.

[64] NSL vom 11. Mai 1928.

[65] NSL vom 18. Mai 1928.

[66] Die Angaben zur Landtags- und Reichstagswahl vom Mai 1928 sowie zur Reichstagswahl vom September 1930 verdanke ich Werner Meiners, Wardenburg, der sie aus der Statistik des Deutschen Reiches (Neue Folge) zusammengestellt hat.

[67] Ebenda.

[68] Die Vergleichsangaben finden sich in: NSL vom 21. Mai 1928; Geschichte des Landes Oldenburg, 421; Bracher/Funke/Jacobsen, Weimarer Republik, 486. Das Gebiet des Freistaates Oldenburg gliederte sich in die Landesteile Oldenburg, Lübeck (Holstein) und Birkenfeld (Hunsrück).

[69] Vgl. amtliche Zusammenstellung des Wahlergebnisses; in: StAO Best. 136-1150a. Vgl. auch NSL vom 18. Mai 1931.

[70] Der Beitrag „25 Jahre Gemeindevorsteher von Wardenburg" erschien ausgerechnet am 17. Mai 1931, also am Wahltag, in den NSL.

[71] Die Zahl der gültigen Stimmen stieg von 1764 (Mai 1931) auf 1962 (Mai 1932), die der NSDAP von 922 auf 1373.

[72] Vgl. NSL vom 30. Mai 1932.

[73] Schaap, Oldenburgs Weg, 176.

[74] Zusammengestellt aus NSL vom 18. Mai 1931, 30. Mai 1932, 1. August 1932, 7. November 1932 und 6. März 1933, Geschichte des Landes Oldenburg, 420f., sowie Bracher/Funke/Jacobsen, Weimarer Republik, 486. Wenn - wie bei der Reichstagswahl vom November 1932 - die Angaben in der Presse und die in amtlichen Statistiken variieren, so gilt dies lediglich für die Zahl hinter dem Komma.

[75] Vgl. NSL vom 14. März 1932. Im Landesteil und - deutlicher noch - im Reich lag Hindenburg bei diesem ersten Wahlgang vor Hitler.

[76] Vgl. Schaap, Oldenburgs Weg, 71. Die soziale Gliederung im Amt Oldenburg, im Landesteil Oldenburg und im Deutschen Reich läßt sich einer Tabelle im Anhang entnehmen (ebenda, 200). Zur „Mittelstandsthese" und „sozialen Zusammensetzung der NSDAP-Wählerschaft" vgl. auch Bracher/Funke/Jacobsen, Weimarer Republik, 495ff.

[77] Gespräch mit Hans-Helmut Bischof am 11. Mai 1995. Ähnlich äußerten sich auch andere Gesprächspartner. Vgl. auch von Krockow, 202f.

[78] Vgl. Schaap, Oldenburgs Weg, 60. Schaap spricht in diesem Zusammenhang auch von „Mentalitätsfaktoren".

Wardenburg im „Dritten Reich"

1933 - die Tage zwischen „Machtergreifung", Märzwahl und Maifeier

Ging es in den Monaten vor der nationalsozialistischen Machtübernahme - die neuen Herrscher sprachen von „Machtergreifung" - im Raum Wardenburg offenbar noch vergleichsweise ruhig zu, so entfaltete die NSDAP nun auch hier stärkere Aktivitäten. Anfang Februar lud die Ortsgruppe zu einem „Deutschen Abend" in Westerburg, bei dem Ortsgruppenleiter Gustav Kretzer sich offenbar „über das rege Interesse" freuen konnte, das dem Kreisleiter Oldenburg-Land, Wilhelm Aßling, oder auch dem Theaterstück „Deutsche Frauen, deutsche Treue" gegolten haben dürfte.[1] Nur wenige Tage später zeigte die Ortsgruppe in Westerholt den Film „Scapa-Flow", ein heroischer Streifen über die Heldentaten der ehemaligen Hochseeflotte, der „in den Besuchern einen Hauch jenes Hanseatengeistes aufkommen" lasse, „der keine fremde Flagge über deutschen Schiffen" dulde.[2] Mit einem Film wie diesem erreichte die NSDAP-Ortsgruppe sicher auch die Angehörigen des Stahlhelms. Der Grund für das gesteigerte Engagement der Nationalsozialisten war die bevorstehende Reichstagswahl am 5. März 1933. Offiziell eröffnete die Wardenburger Ortsgruppe den Wahlkampf Ende Februar mit einer Kundgebung in Charlottendorf-Ost - dort, wo die Partei „immer sehr stark vertreten" war.[3]

Die Wardenburger SPD unternahm im Vorfeld dieser Wahl den vermutlich letzten Versuch, mit einer öffentlichen Veranstaltung Einfluß auf den Lauf der Dinge zu nehmen. Am 24. Februar 1933 verzeichnete das Amt Oldenburg den Eingang eines Schreibens, in dem der Ortsverein um die Genehmigung zweier Veranstaltungen bat, bei denen die Landtagsabgeordneten Burgert (Delmenhorst) und Kaper (Schwei) Rückschau halten wollten: „Die letzten 14 Jahre und die Reichstagswahl".[4] Sollten diese Veranstaltungen in Wardenburg und Oberlethe tatsächlich stattgefunden haben, so konnten hier die Wardenburgerinnen und Wardenburger ein letztes Mal öffentlich eine oppositionelle Stimme vernehmen. Fast zeitgleich wurden sozialdemokratische Parteizeitungen verboten - der Reichstagsbrand in der Nacht zum 28. Februar hatte den Nationalsozialisten einen willkommenen Anlaß geboten.

Die vermutlich größte Veranstaltung dieser Tage war der „Deutsche Abend", den die „vaterländischen Verbände und Vereine" - das waren insbesondere die Deutschnationalen und der Stahlhelm - gemeinsam am 1. März in Schlüters Gasthaus in Wardenburg veranstalteten. Nach den „markigen Worten" eines Stahlhelmers, der Volksgemeinschaft, straffe Disziplin, „Mannestreue" und die „nationale Bewegung" beschworen hatte, kam Diedrich Dannemann einem Zeitungsbericht zufolge „auf die Ereignisse der jüngsten Zeit" zu sprechen: „Mit außerordentlich scharfen Worten geißelte er die kommunistische Pest und begrüßte die Maßnahmen der Regierung zur Ausrottung dieser staatsfeindlichen, undeutschen Elemente."[5] Bei aller Skepsis ge-

Abb. 100   Der Schützenhof in den 30er Jahren.

genüber den damaligen Presseerzeugnissen - zurückhaltend hat sich Dannemann an diesem Abend wohl nicht gerade geäußert. Vermutlich noch am gleichen Abend wurde eine „Einwohnerwehr" aufgestellt. Sie würde, so eine Zeitungsmeldung, „aus Angehörigen der SA, des Stahlhelms und anderen national denkenden Männern" bestehen und habe noch in der Nacht mit ihren Rundgängen begonnen. Man habe die Wehr „eingesetzt zum Schutze gegen politischen Terror und Mord und zur Aufrechterhaltung der öffentlichen Sicherheit", wie es in Verkennung der tatsächlichen Verhältnisse hieß.[6]

Das Klima dieser Tage hat Erwin Fritzsche, der damals für die Sozialistische Arbeiterpartei Deutschlands (SAPD) in Oldenburg aktiv war und seit 1937 in Hundsmühlen lebt, zu Papier gebracht: „Drei Tage vor der letzten Reichstagswahl am 5. März 1933 fuhr ich mit meinem alten Wander- und Berufskollegen Walter Schreiber an dem Gasthof Holze in der Hauptstraße vorbei, wo nach einer Wahlversammlung eine große Anzahl SS- und SA-Leute herumstanden. Plötzlich hörte ich eine Stimme: ‚Da ist auch einer!‘, und schon schwangen sich einige SS-Leute auf's Rad und fuhren hinter uns her. Ich habe bis zu meiner Wohnung in der Hundsmühler Straße einen Vorsprung halten können, aber dann überholten mich einige und versperrten mir den Weg. In vollem Tempo bin ich vom Fahrrrad gesprungen, in das benachbarte Grundstück gerannt, hab mein Rad hinter das Haus geworfen - und weg war ich durch die Gärten. Von diesem Tage an bin ich zwei Wochen lang nachts nicht in meine Wohnung gegangen, weil sie von der SA überwacht wurde. Ich habe fast jede Nacht bei einem anderen Genossen oder bei Bekannten geschlafen."[7] Erwin Fritzsche hatte allen Grund zur Vorsicht: Am frühen Morgen des darauffolgenden Tages streckte eine Gruppe von SA-Männern den KPD-Landtagsabgeordneten Johann Gerdes vor seinem Haus in Ofenerdiek mit fünf Schüssen nieder. Gerdes erlag seinen Verletzungen am Tag der Wahl.[8]

Ergebnis der Reichstagswahl vom 5. März 1933[9]

	Stimmen	Prozent
NSDAP	1711	72,5
SPD	162	6,9
KPD	81	3,4
Zentrum	47	2,0
Kampffront Schwarz-Weiß-Rot	334	14,1
DVP	11	0,5
Andere	15	0,6

Die Eröffnung des neugewählten Reichstags wurde am 21. März in Wardenburg erneut Anlaß für eine Kundgebung und einen entsprechenden Zeitungsbericht: „Der Stahlhelm, die SS. und SA., alle nationalen Vereine mit ihren Fahnen und sämtliche Schulen der Gemeinde, auch versehen mit den neuen Reichsfahnen, versammelten sich gegen 7 Uhr abends auf dem Schützenplatz in Wardenburg."[10] Die Veranstalter wollten „durch einen Fackelzug zum Tillyhügel, durch Ansprachen, durch Absingen vaterländischer Lieder und durch Abbrennen eines Feuers den Abend zu einem machtvollen Bekenntnis zur nationalen Revolution" werden lassen.[11] Der Geburtstag des Führers durfte ebenfalls nicht ohne „tiefschürfende Ansprache"[12] verstreichen, und am 1. Mai - inzwischen zum „Tag der nationalen Arbeit" umgebogen - wurde nun gewünscht, „daß sich die gesamte Bevölkerung an der Feier in der Stadt Oldenburg beteiligt." Die Schulleiter wurden „ersucht, durch die Schulkinder die Bevölkerung in Kenntnis zu setzen und zur größten Beteiligung aufzufordern."[13]

Abb. 101 Der Tillyhügel war häufiger das Ziel von Umzügen der „vaterländischen Verbände" und der Nationalsozialisten.

Das Ende einer politischen Karriere

Im Zuge der Festigung ihrer Herrschaft lösten die Nationalsozialisten zunächst den gewählten Oldenburgischen Landtag auf. Im April 1933 wurde ein neuer Landtag gebildet, „ohne daß eine Wahl stattzufinden brauchte" - eine Feststellung, die zu erläutern man sich schon nicht mehr bemühte.[14] Diedrich Dannemann, der zu den vier Abgeordneten auf der Liste der Kampffront Schwarz-Weiß-Rot (DNVP und Stahlhelm) gehörte, wurde noch im Mai zum Vizepräsidenten des Landtags gewählt.[15] Im gleichen Monat erfuhren die Zeitungsleser von der Bildung eines neuen, „rein nationalen" Gemeinderats in Wardenburg, bestehend aus zehn Nationalsozialisten und zwei Vertretern der Kampffront. Bei den Nationalsozialisten, die aus nahezu allen Teilen der Gemeinde kamen, handelte es sich neben Landwirten und Kolonisten um einen Arzt und einen Schmiedemeister.[16] Bei der ersten Sitzung äußerte sich Gemeindevorsteher Dannemann einem Zeitungsbericht zufolge lobend über Hitler und

Röver, bevor er die aus dem Führerprinzip abgeleitete Stellung des neuen Gemeinderates umriß: „Aufgabe der Vertreter in den unteren Organen sei es, diesen Führern und ihren Anordnungen Folge zu leisten. Durch ein dreifaches Sieg-Heil auf die Reichs- und Landesführer brachte die neue Vertretung ihre Treue und Anhänglichkeit zum Ausdruck."[17]

Beim darauffolgenden Treffen des Gemeinderates am 30. Juni erfolgte die Neuwahl des Gemeindevorstehers. Am Morgen dieses Tages war Diedrich Dannemann der NSDAP beigetreten. Die Gründe, die ihn letztlich zu diesem Schritt bewogen haben, sind bis heute ungeklärt. Die Tatsache, daß Dannemann seit einigen Tagen ein Politiker ohne Partei war - der Landesverband der DNVP war kurz zuvor aufgelöst worden -, mag zwar eine Rolle gespielt haben, reicht zur Erklärung jedoch kaum aus.[18] In den Reihen der NSDAP war Dannemann nicht unbedingt wohlgelitten. Zwar galt er als Mann der nationalen Rechten, aber wohl auch als ein Vertreter des alten Systems. Offenkundig hatte es auch in Wardenburg Spannungen zwischen Deutschnationalen und Nationalsozialisten gegeben. Dies jedenfalls lassen Aussagen, die in der Presse wiedergegeben wurden, vermuten. Danach vertrat Dannemann, der auf eine Wiederwahl verzichtete, die Auffassung, „daß alles, was bisher geschehen ist, vergessen werden soll." Im Gemeinderat müsse wie im Landtag „nach dem Ende des Kampfes das Kriegsbeil begraben" werden. Auch Gustav Kretzer, der am Tag zuvor 57 Jahre alt geworden war und nun einstimmig zum neuen Gemeindevorsteher gewählt wurde, wünschte „die Versöhnung".[19]

Bei der Amtseinführung von Kretzer zollte Amtshauptmann Willms ein letztes Mal der „umsichtigen und sparsamen Finanzführung des bisherigen Gemeindevorstehers Dannemann" Anerkennung.[20] In den folgenden Monaten kam Willms allerdings zu einem anderen Urteil. Am 21. Dezember 1933 war er erneut in Wardenburg zu Gast, um dem Gemeinderat „einen Überblick über die Finanzlage der Gemeinde Wardenburg und gleichzeitig über den Stand der Sudow'schen Erbschaftsangelegenheit" zu geben. Und von dieser Erbschaft würden nun rund 26.000 Reichsmark fehlen, die, so Willms, „durch die von dem früheren Gemeindevorsteher Dannemann verschuldeten Unregelmäßigkeiten verloren sein dürften."[21] Bereits drei Tage zuvor hatte die Staatsanwaltschaft gegen Dannemann einen Haftbefehl wegen des „Verdachts der Untreue" erlassen, weil dieser innerhalb einer Frist den Nachweis über den Verbleib der fehlenden Gelder nicht habe erbringen können. Wardenburgs Gendarmeriekommissar Groenhagen fiel so am Abend des 18. Dezembers die undankbare Aufgabe zu, den ehemaligen Gemeindevorsteher nach Oldenburg zu überführen. Hier wurde Dannemann in Untersuchungshaft genommen.[22]

Diedrich Dannemann hat das Ergebnis der Untersuchung nicht abgewartet: In der Nacht vom 26. auf den 27. Dezember 1933 nahm er sich in seiner Zelle das Leben. In den Stunden vor seinem Tod hatte er einen Brief geschrieben, den die Presse nun veröffentlichte. Danach habe er sich allein um die Verwaltung der Erbschaftsgelder kümmern müssen. Dank seiner Kontakte seien ihm nun zugleich die „Finanzverhältnisse im Reich genau bekannt" gewesen. Selbst in Berlin habe man mit einer neuerlichen Inflation gerechnet. „So war es mein natürliches Bestreben, dieser Inflation auszuweichen, zunächst mit diesen Geldern, dann aber auch mit meinem eigenen

Abb. 102 Auf dem Weg von Tungeln nach Wardenburg: Der Trauerzug bei der Beisetzung von Diedrich Dannemann, an der Spitze Pastor Thorade (links) und Gastwirt Arnken.

Vermögen. Ich habe mit den Geldern spekuliert und ungeheure Fehlschläge erlitten." Dies habe er für sich behalten und zuletzt „nur danach getrachtet, Zeit zu gewinnen." So war am Ende auch der Verzicht auf eine Wiederwahl zum Gemeindevorsteher nicht ganz freiwillig: „Mit der politischen Umwälzung mußte ich meiner Vertretung [!] das Feld räumen."[23]

Die Vorstellung von einer drohenden Inflation und der Versuch, die erlittenen „Fehlschläge" zu verheimlichen, gelten seither als zentrale Motive für Dannemanns Handlungen in jener Zeit. Die Vorwürfe gegen Diedrich Dannemann sind allerdings nie restlos aufgeklärt worden; mit seinem Tod endete auch das Gerichtsverfahren gegen ihn. Eine öffentliche Verurteilung fand gleichwohl in der Presse statt: In dem Glauben an eine Inflation zeige sich ein „Mangel an Vertrauen in Deutschlands Aufbauwillen", ein „Gesinnungsfehler" - so die Interpretation in den Nachrichten für Stadt und Land, die auch die Parteioberen zufriedengestellt haben dürfte.[24] So blieb Dannemann auch als Parteigenosse das, was er in den Augen der Nationalsozialisten wohl immer war: ein Systempolitiker, wie es damals in ihren Reihen abschätzig hieß.[25]

In Wardenburg selbst trat der Gemeinderat im Gegensatz zu sonstigen Gepflogenheiten schon am Morgen des 28. Dezember zusammen. Hatte man sich knapp zwei Jahre zuvor nach dem Tod von Friedrich August von Oldenburg noch von den Sitzen erhoben, so verzichtete man im Falle des langjährigen Gemeindevorstehers offenbar auf jede Ehrung. Vielmehr wurde nun eine Kommission beauftragt, die Forderung der Gemeinde gegen Dannemann „bei der zuständigen Stelle" - also bei den Erben - anzumelden. Die Klage der Gemeinde endete später offenbar mit einem Vergleich.[26]

Die „Gleichschaltung":
Lehrerbund, Hitlerjugend, Reichsnährstand ...

Das Ziel der NSDAP war, „jeden Bereich des Staates und des sozialen Lebens nationalsozialistisch zu durchdringen und zu beherrschen."[27] Unmittelbar nach der Machtübernahme begannen die Nationalsozialisten mit der „Gleichschaltung": Aus bislang eigenständigen Einrichtungen und Organisationen sollten Gliederungen von Partei und Staat werden.

Der Machtwechsel im Gemeinderat, der im vorigen Kapitel bereits näher beleuchtet wurde, brachte mit Gustav Kretzer einen alten Parteigenossen an die Spitze der Gemeinde. Kretzer, der in seinem Geburtsort Isselburg (Rheinland) eine kleine Feilenfabrik und eine Ziegelei besessen hatte, übernahm 1920 eine Landstelle in Charlottendorf-Ost. Hier zog er im Herbst und Winter als Lohndrescher von Haus zu Haus. Früh trat er der NSDAP bei - er gehörte zu den ersten 100.000 Mitgliedern, die das goldene Parteiabzeichen erhalten sollten. Kretzer galt als Gründer der Ortsgruppe Charlottendorf-Ost, aus der mit Hinrich Brunken (Ortsgruppenleiter), Walter Bohlken (Schulungsleiter) oder Hendrik Greven (SA) weitere Funktionsträger hervorgehen sollten. Seit Januar 1931 saß Gustav Kretzer im Wardenburger Gemeinderat.[28]

Einige Zeit nach der Wahl von Kretzer zum Gemeindevorsteher - der ab 1935 Bürgermeister genannt wurde - ernannte Gauleiter Röver den Landwirt Hinrich Brunken zum neuen Ortsgruppenleiter. Brunken, der dem Kreisleiter Oldenburg-Land, Wilhelm Aßling, unterstellt war, hatte damit die höchste Parteifunktion in der Gemeinde Wardenburg inne.[29] Die, die ihn erlebten, schildern ihn als überzeugten Nationalsozialisten: „Er war von der Idee besessen."[30] Dem Ortsgruppenleiter arbeiteten wiederum die Politischen Leiter zu, also Mitglieder der NSDAP, die ein Parteiamt innehatten. Dabei handelte es sich häufiger um jüngere Lehrer, und manch einer stand in dem Ruf, „ein fanatischer Politischer Leiter" zu sein. Allem Anschein nach haben die Lehrer - von Ausnahmen abgesehen - den politischen Wandel tatkräftig unterstützt.[31] So fand sich im Juni 1933 „die gesamte Lehrerschaft unserer Gemeinde" zusammen, um die örtliche Sonnwendfeier zu planen, die dann zusammen mit der Hitlerjugend am Tillyhügel abgehalten wurde.[32] Bei Veranstaltungen waren es oft Lehrer, die über Themen wie „Das Handwerk im neuen Staat"[33] oder „die im nationalsozialistischen Programm so wichtigen Begriffe: Blut, Boden und Scholle" referierten.[34] Zwar galt eine Mitgliedschaft in der Partei oder doch wenigstens in dem Nationalsozialistischen Lehrer-Bund (NSLB) als unumgänglich für jene, die berufliche Nachteile vermeiden wollten, doch ging bei einigen Lehrern das Engagement weit darüber hinaus.

Die Lehrer aus der Gemeinde Wardenburg wurden dem Lehrer-Bund, Kreis Huntetal, zugeordnet. Nach dem ersten Treffen dieses Bundes im Herbst 1933 bildeten auch die Wardenburger Pädagogen eine Arbeitsgemeinschaft, in der sie sich zunächst „eingehend mit Fragen der Rassenkunde und der Rassenhygiene" befaßten.[35] In diesen Arbeitsgemeinschaften hatten die Lehrer „die neuen Anregungen willig aufzunehmen", damit am Ende „der neue Glaube des Nationalsozialismus in die Träger der Zukunft, in unsere Jugend hineingepflanzt würde."[36]

Um „die Jugend in soldatische Schulung und soldatischen Geist einzuführen", wurden bereits im Frühjahr 1933 gleich zwei neue Jugendgruppen gebildet; während sich die „braunen Jungens" der Hitlerjugend am Sonntagmorgen und Dienstagabend trafen, hielt die Scharnhorstjugend des Stahlhelms ihre Übungen an Samstagnachmittagen ab.[37] Übrig blieb nach der „Gleichschaltung" die Wardenburger Hitlerjugend, die anfangs der Gefolgschaft Osternburg angeschlossen war und sich im September 1933 selbständig machte. Zu diesem Zeitpunkt gab es etwa 50 Hitlerjungen, die die Schule bereits hinter sich hatten.[38] Weitere 180 Jungen waren im Jungvolk, der Unterabteilung der 10- bis 14jährigen. Wie Fähnleinführer Lobers waren auch die Leiter der fünf „Standorte" in der Gemeinde Wardenburg durch die Bank Lehrer. Einmal wöchentlich wurden im Jungvolk nun unter anderem „der Wehrsport und das Soldatenspiel gepflegt."[39]

Am „Tag der Deutschen Jugend" präsentierten die einzelnen Standorte des Jungvolks dann das Erlernte, wobei „das krachende Hackenzusammenschlagen" vor allem den Vätern gefallen haben soll und „kerndeutsche Gedichte" die Pausen füllten.[40] Der Führer des Wardenburger Fähnleins erläuterte den Eltern bei solchen Gelegenheiten die Aufgaben des Jungvolks: „Bei uns sollen die Jungs Gehorsam lernen, unbedingten Gehorsam gegenüber dem Führer. Ihren Kram müssen sie tadellos in Ordnung halten, die Schuhe blitzblank, das Koppelschloß geputzt. Gegenüber den anderen heißt es treue Kameradschaft, helfen, wo Not ist. Pünktlich zur Stelle, schneidig im Dienst, stets guter Laune, immer voran - ein rechter Junge."[41] Von den Jungen selbst haben vermutlich viele die Dinge so gesehen wie der spätere Bürgermeister Diedrich Fischbeck: „Wir Kinder verstanden den wahren politischen Sinn, der hinter dieser Jugenderziehung steckte, überhaupt nicht und machten uns auch gar keine Gedanken darüber."[42] Ganz ähnlich beschrieb eine Frau ihr damaliges Bild vom Bund Deutscher Mädel: „Daß das was Politisches war, das haben wir ja nicht so empfunden. Wir hatten ja sonst nichts. Wir machten Sport...".[43]

In den Wintermonaten 1933/34 zog das Jungvolk regelrecht „von Dorf zu Dorf". Der Sinn und Zweck solcher Veranstaltungen bestand nicht zuletzt darin, Einfluß auch auf die Eltern zu nehmen. Im Januar 1934 zählten die verschiedenen Gruppen in der Gemeinde insgesamt 230 Mitglieder, „so daß in jedem Dorf fast alle zwischen 10 und 14 Jahren dem Jungvolk" angehörten. Zugleich allerdings wurden die Eltern aufgefordert, „mit der Eigenbrötelei" aufzuhören - manche hätten ihre Kinder wohl doch lieber zu Hause behalten.[44] Der eigentliche Charakter dieser Jugendorganisationen wurde in den darauffolgenden Jahren immer deutlicher. Bei einem „Großkampftag" in den Osenbergen beispielsweise „rückten" 1935 die Fähnlein unter Führung von Stammführer Stolle heran, mimten „Soldaten" und machten Gegner „kampfunfähig". Das „Spiel" wurde vorzeitig beendet: „Wegen des schlechten Wetters mußte der Kampf abgebrochen werden."[45]

Zu den ersten Einrichtungen, die 1933 ihre Eigenständigkeit verloren, gehörte die Wardenburger Spar- und Darlehnskasse. Sie wurde bereits im April angewiesen, die „Voraussetzungen für eine ‚Gleichschaltung' zu erfüllen", die dann ausgesprochen zügig erfolgte.[46] Am Ende der Verhandlungen zwischen dem Sparkassenvorstand, dem Gemeindevorsteher Dannemann und dem zuständigen Staatskommissar stand die Übernahme der Wardenburger Kasse durch den Oldenburgischen Staat. Der Gemeinde Wardenburg, die an dem bis dahin selbständigen Kreditinstitut beteiligt war, wurde die Zustimmung zu dieser Umwandlung in eine Filiale der Landessparkasse durch eine Abfindung erleichtert.[47]

Ab September 1933 wurde auch das übrige Genossenschaftswesen in den Reichsnährstand überführt. Gesetze, die die Nationalsozialisten für diesen Bereich erließen, wurden von den Bauern zunächst durchaus begrüßt, da nun „für die Landwirtschaft geordnete Preisverhältnisse gekommen" schienen.[48] Auch die Entschuldung jener Höfe, deren Fortbestand durch hohe Schulden gefährdet schien, war eine Maßnahme, die den Nationalsozialisten in Wardenburg nachhaltig Sympathien eintrug. Gemeindebauernführer Oltmanns lud zu mehreren „Aufklärungsversammlungen", bei denen dem „Landstand" Einzelheiten des Reichserbhofgesetzes nähergebracht wurden.[49] Diese Entschuldung, „die keineswegs nur vom Staat finanziert wurde, sondern in erster Linie zu Lasten der Gläubiger praktiziert worden ist", sollte zumindest in der Rückschau wenig Beifall bei örtlichen Kreditinstituten finden.[50]

Hin und wieder wurde der Protest gegen die Maßnahmen der Nationalsozialisten bereits damals öffentlich. So scheint die „Neuordnung" des Kriegervereins Wardenburg „nach dem Führerprinzip Adolf Hitlers" nicht ohne Widerspruch abgelaufen zu sein. Der langjährige Vorsitzende Arnken stellte „daraufhin sein Amt zur Verfügung".[51] Arnken hatte über Jahrzehnte an der Seite von Diedrich Dannemann im Gemeinderat gesessen und gehörte wie dieser bis Mitte 1933 der Kampffront Schwarz-

Abb. 103   SS-Männer aus der Gemeinde Wardenburg (vermutlich auf dem zerstörten Luftschiffhafen in Ahlhorn).

Weiß-Rot an. Weitere Hinweise auf Haltungen, die ein Nichteinverständnis signalisieren, sucht man in einer „gleichgeschalteten" Presse sicher vergebens. Es hagelte Erfolgsmeldungen wie die vom November 1933, nach der der SA-Sturm 24/91 der Gemeinde Wardenburg als Teil der Standarte Delmenhorst es bereits auf über 150 Mitglieder gebracht habe. Ihre „rasche Entwickelung" verdankte die SA nicht zuletzt staatlicher Rekrutierungshilfe: Kurz zuvor konnten unter anderem die Reitervereine von Wardenburg und Höven sowie der Stahlhelm einverleibt werden.[52]

Am 12. November 1933 veranstaltete das inzwischen gefestigte Regime eine neuerliche Reichstagswahl sowie eine Volksabstimmung, von der sich die Nationalsozialisten, die gerade den Austritt aus dem Völkerbund vollzogen hatten, eine Zustimmung zu ihrer Außenpolitik erhofften. Auch in der Gemeinde Wardenburg kündeten seit Wochen verstärkte Aktivitäten der NSDAP vom bevorstehenden Urnengang. Unterstützung gewährte die regionale NS-Prominenz - allen voran Kreisleiter Wilhelm Aßling. Wie die Zeitung berichtete, hoffte die Ortsgruppe „noch viele abseits stehende Zauderer für die nationalsozialistische Aufbauarbeit zu gewinnen."[53]

Das eigentlich Interessante am Ergebnis solch „praktisch bedeutungsloser, propagandistisch aber wirkungsvoll ausgenutzter Scheinwahlen" ist die Zahl der Nein-Stimmen und der ungültigen Stimmen.[54] Bei der Reichstagswahl konnte, wer nicht für die Nationalsozialisten votieren wollte, lediglich einen ungültigen Stimmzettel abgeben. Letzteres taten in der Gemeinde Wardenburg 149 Personen, immerhin 5,4 Prozent der Wählerinnen und Wähler. Damit hat hier jede(r) Zwanzigste den Nationalsozialisten bewußt oder versehentlich eine Abfuhr erteilt. Ein klares „Nein" war dagegen bei der Volksabstimmung möglich. Hier lautete die Frage: „Billigst Du, deutscher Mann, und Du, deutsche Frau, diese Politik Deiner Reichsregierung und bist Du bereit, sie als Ausdruck Deiner eigenen Auffassung und Deines eigenen Willens zu erklären und Dich feierlich zu ihr zu bekennen?"[55] Bei 45 von 2770 Stimmzetteln war das Kreuz offenbar unzweifelhaft bei „Nein"; weitere 37 Stimmzettel galten als ungültig. Der Anteil derer, die mit der Politik der Nationalsozialisten nicht einverstanden waren und auch den Mut hatten, dies trotz des öffentlichen Drucks bei einer solchen Abstimmung zum Ausdruck zu bringen, lag somit in der Gemeinde Wardenburg zwischen 1,8 und 5,4 Prozent. Ähnlich niedrig war dieser Anteil in umliegenden Gemeinden wie Edewecht und Großenkneten; im Amt, im Landesteil und im Freistaat Oldenburg lag er um einige Prozentpunkte höher.[56]

Vom Amt Oldenburg zum Landkreis Oldenburg

Von den Gesetzen, die die NS-Regierung in Oldenburg zu dieser Zeit erließ, verursachte ausgerechnet jenes zur Verwaltungsreform besonders viel Wirbel. Seit Jahrzehnten gab es - in der Regel unter Hinweis auf die Kosten - Ansätze zur Reform der öffentlichen Verwaltung. Auch in der Weimarer Zeit stand das Thema mehrfach auf der Tagesordnung des Landtags. 1932 nahmen sich schließlich die Nationalsozialisten, von den Wählern kurz zuvor mit der erforderlichen Mehrheit ausgestattet, der Sache an. Hinter verschlossenen Türen brütete ein Staatskommissar nun über dem Gesetzentwurf zur „Vereinfachung und Verbilligung der öffentlichen Verwaltung". Trotz großer Geheimhaltung sickerten schon bald Einzelheiten durch. Dem vehementen Protest, der sich vor allem in den Gemeinden und Ämtern regte, die aufgelöst werden sollten, begegnete die Regierung mit „drastischen Mitteln der Einschüchterung."[57] Am 27. April 1933 wurden dann vom Staatsministerium endlich die Einzelheiten der Reform verkündet. Wardenburg, bislang Teil des Amtes Oldenburg, wurde nun eine von acht Gemeinden im neuen Amtsbezirk Oldenburg, dem späteren Landkreis Oldenburg. Sitz der Verwaltung wurde die Stadt Oldenburg. Wardenburg selbst gehörte zu den wenigen Gemeinden, deren Grenzen zunächst unverändert blieben. Ringsherum wandelte sich derweil erneut die politische Landkarte - von einst 117 Städten und Gemeinden im Landesteil Oldenburg wurden 58 und damit fast die Hälfte aufgelöst.[58]

Wardenburgs Kirche im „Dritten Reich"

Bei dem Versuch, auch die evangelische Kirche ihrer Herrschaft unterzuordnen, konnten sich die Nationalsozialisten bereits 1933 „auf eine starke innerkirchliche Gruppierung stützen: die Glaubensbewegung Deutsche Christen. Diese Gruppe stand in ihren Vorstellungen und Zielen der nationalsozialistischen Ideologie sehr nahe."[59] Vertreter dieser Gruppierung besetzten dank ihres Wahlsiegs bei der reichsweiten Kirchenwahl am 23. Juli 1933 führende Positionen in den evangelischen Landeskirchen. Nach und nach sollte sich allerdings eine innerkirchliche Opposition entwickeln: Die Bekennende Kirche, deren Vertreter insbesondere die Eigenständigkeit der Kirche gegenüber dem Staat betonten. „Von den knapp 100 evangelisch-lutherischen Pfarrern im Oldenburger Land standen ca. 70 % auf Seiten der Bekennenden Kirche."[60] Dieser Mehrheit kann auch Pastor Thorade aus Wardenburg, der hier seit 1924 im Amt war, zugerechnet werden.

Bei der Kirchenratswahl vom Juli 1933 verständigte sich der Wardenburger Kirchenrat noch mit den Ortsgruppen der NSDAP und des Stahlhelms auf eine paritätisch besetzte Einheitsliste.[61] Einige Monate später gingen Kirchenvertreter dann auch hier auf Distanz zu den Nationalsozialisten. Ein Grund dürfte die Auflösung des Stahlhelms gewesen sein, zu dem die evangelische Kirche Wardenburgs enge Bindungen unterhielt. Die Differenzen, die in den folgenden Jahren das Verhältnis zwischen Partei und Kirche trübten, finden ihre Erklärung vermutlich nicht zuletzt in diesem besonderen Beziehungsgeflecht.

Ende 1933 notierte Thorade, die Nationalsozialisten verhielten sich zwar der Kirche gegenüber korrekt, würden aber mit ihren Parteiaktivitäten die kirchliche Sonntagsordnung stören.[62] Daran erinnert sich auch Hans-Helmut Bischof, damals Konfirmand: „Wenn wir sonntags in die Kirche gingen, dann marschierte die SA und SS, bummtara. Und immer in der Zeit des Kirchgottesdienstes, von zehn bis um halb-zwölf." Die Politischen Leiter der Partei kamen eigens zum Gottesdienst: Die „wollten nur hören: Wie reagiert der Pastor darauf." Der allerdings habe sich nicht beirren lassen: „Der hat nur mal angehalten, hat sie vorbeipfeifen lassen, die hatten ja meistens den Spielmannszug dabei. Und dann fing er wieder an."[63]

Bald darauf hielten „Pfarrer und Kirchenrat eindeutig zur Bekennenden Kirche".[64] Bei höheren Instanzen registrierte man dies spätestens im September 1934: Kein Wardenburger Kirchenvertreter war bereit, zur offiziellen Amtseinführung des neuen Reichsbischofs nach Berlin zu fahren, obwohl die Kirchenleitung in Oldenburg die Reisekosten übernehmen wollte. Vielmehr fanden in den folgenden Wintermonaten „mehrere öffentliche Versammlungen und ‚kirchliche Aufbau-Abende' in der Wardenburger Kirche statt, auf denen Bekenntnispfarrer aus Oldenburg und Westfalen zur kirchlichen Lage referierten."[65] Daß sich der Geistliche aus Wardenburg der innerkirchlichen Opposition zugehörig fühlte, sollte noch häufiger deutlich werden. „Die Kollekten sendet er an das Präsidium der Bek.-Synode; der Oberkirchenrat bekommt nur eine Mitteilung darüber und - steckt sie stillschweigend ein. Dies Verhältnis", so Pastor Thorade weiter, „ist aber für beide Seiten und für die Kirche als Ganzes nicht gut."[66]

Thorade, der hin und wieder aus politischen Gründen - wie 1935 nach der Eingliederung des Saarlandes in das Reich - die Glocken zu läuten hatte, fragte sich an-

Abb. 104   Pastor Thorade bei einer Rede vor dem Glockenturm.

Abb. 105 Pastor Thorade und Lehrer Würdemann im Gespräch (im Hintergrund: Arnkens Gasthaus).

gesichts der Berichterstattung über den Reichsparteitag in Nürnberg: „Wohin werden solche Vergötzungen führen?!" Auch sei die Hakenkreuzflagge nun National-flagge - und „ein aufbrandender Widerspruch der Nationalen alter Färbung" im Reichstag „der Öffentlichkeit vorenthalten" worden.[67] Vor Ort dauerten die Differenzen zwischen den ehemaligen Partnern ebenfalls an. Im Sommer 1935 untersagte der Ortsgruppenleiter dem Pfarrer eine Rede bei der Einweihung der neuen Siedlung in Benthullen, die vom Freiwilligen Arbeitsdienst errichtet worden war - der Arbeitsdienst galt als „Bastion" des einstigen Stahlhelms.[68] Einige Monate später bot der Zentralverlag der NSDAP ein Abonnement des „Völkischen Beobachters" zum Vorzugspreis an, doch diese Lektüre, so beschloß der Kirchenrat, kommt nicht ins Dienstzimmer des Pfarrers.[69]

Thorade registrierte in dieser Zeit „eine gewisse Unsicherheit der neuen Herren": Er dürfe nun nicht mehr „außeramtlich zur Öffentlichkeit reden." Und nach Gerüchten über geheime Waffenlager und einen unterirdischen Gang in der Kirche wünschte die Gestapo im September einen Bericht vom Bürgermeister, der daraufhin gemeinsam mit dem Gendarm vor Ort nach dem Rechten sah.[70]

Im Dezember 1936 bewog der sogenannte „Kreuzkampf" auch den Wardenburger Kirchenrat zu einer Stellungnahme. „Die christliche Erziehung der Jugend" müsse vor „störenden und zerstörenden Eingriffen" bewahrt bleiben, heißt es in der Entschließung vom 11. Dezember 1936, die dem Minister für Kirchen und Schulen zugeleitet wurde.[71] Mit dem „Kreuz-Erlaß", der die Entfernung der Kruzifixe und

Lutherbilder unter anderem aus Schulen zum Ziel hatte, zogen sich die Nationalsozialisten den Zorn vor allem der katholischen Bevölkerung im Oldenburgischen
Münsterland zu.[72]

Die Rivalitäten zwischen Nationalsozialisten und ehemaligen Angehörigen des
Stahlhelms waren auch im April 1937 noch nicht ausgeräumt: Die NSDAP lehnte die
Aufnahmeanträge von Kirchenältesten, die 1933 vom Stahlhelm nominiert worden
waren, kurzerhand ab.[73] Trotz der geschilderten Differenzen ging das kirchliche Leben auch in Wardenburg insgesamt gesehen „in gewohnter Weise weiter".[74] Thorade
selbst kam Anfang der 50er Jahre in einer Rückschau zu dem Schluß, daß sich der
„Kirchenkampf" auf das Leben in der Gemeinde „weder fördernd noch störend"
ausgewirkt habe.[75]

Die unendliche Geschichte der Wardenburger Stromversorgung (Teil II)

Mit einer dezentralen Stromversorgung hatten die Nationalsozialisten wenig im
Sinn. Die von ihnen angestrebte Kriegswirtschaft erforderte eine andere Infrastruk-
tur auch bei der Energieversorgung. Viele der privaten oder genossenschaftlichen
Unternehmen wurden deshalb vom neugegründeten Landeselektrizitätsverband
(LEV) übernommen - in der Regel entschädigungslos. „Die Form und die Methoden
dieser Übernahme waren allerdings - gelinde ausgedrückt - mehr als rücksichtslos."[76]
Zu den wenigen kleineren Versorgungsunternehmen, die fortbestanden, gehörte die
Lichtgenossenschaft Wardenburg. Hier stellte man sich auf die Hinterbeine. Von
Partei und Elektrizitätsverband wurde nun „offensichtlich Druck ausgeübt".[77] Dies
geschah auf vielfältige Weise und richtete sich unter anderem gegen den damaligen
Geschäftsführer der Wardenburger Lichtgenossenschaft, Diedrich Gloystein. So gab
es denn auch bei der außerordentlichen Generalversammlung der Wardenburger Genossenschaft im März 1937 nur einen einzigen Tagesordnungspunkt: „die Be-
schlußfassung über den Anschluß der Wardenburger Lichtgenossenschaft an den Oldenburgischen Elektrizitätsverband".[78] Es war vermutlich diese Versammlung, bei
der die Gegner eines solchen Anschlusses aufgefordert wurden, sich zu erheben und
zur Seite zu treten - „da setzte sich der ganze Saal in Bewegung." Auch die Gegenwart von hoher Parteiprominenz - anwesend waren u.a. Gau-Organisationsleiter
Wallenhorst, Kreisleiter Sturm, Ortsgruppenleiter Brunken und die Bauernführer
Tapken und Meiners - führte nicht zu dem gewünschten Ergebnis. Einer dieser Herren habe am Ende der Veranstaltung den Littelern, die als besonders standfest galten,
hinterhergerufen, daß die Straße nach Halenhorst nicht gebaut werde. Daraufhin
habe ein Litteler entgegnet: „Wir sind 50 Jahre durch den Sand gefahren, das können
wir auch weiterhin."[79] Die Wardenburger Lichtgenossenschaft blieb selbständig. Das
lokale Netz vergrößerte sich sogar: Im Herbst 1938 konnte auch Benthullen angeschlossen werden. Von Littel aus führten Lichtmasten quer durch das Moor zu der
neuen Siedlung, wo seit einiger Zeit schon ein Transformator bei der Schule stand.[80]

Der Arbeitsdienst der Männer

Seit 1932 gehörte der Arbeitsdienst der Männer, von dem bereits im Zusammenhang mit der Weltwirtschaftskrise und der Entstehung Benthullens die Rede war, zum Wardenburger Alltag. Arbeitslose aus Wardenburg, aber auch aus anderen Orten bauten die Wege von Achternholt nach Bösel und von der Hundsmühler Chaussee zum Querkanal, erneuerten die Friedrichstraße in Wardenburg und die Staatschaussee nach Ahlhorn, zogen Kanäle und forsteten die staatlichen Heideflächen beim Tüdick auf.[81] Im Sommer und Herbst 1933 bemühte man sich schließlich in Wardenburg, Arbeitslose aus der Gemeinde auf Bauernhöfen unterzubringen. So sollten die noch verbliebenen Unterstützungsempfänger von September 1933 bis März 1934 „als landwirtschaftliche Arbeiter beschäftigt werden."[82] Im Zuge dieser Entwicklung entstanden im Bereich der Gemeinde Wardenburg mehrere Lager, die zunächst verschiedenen Trägern unterstanden:

- Für den Freiwilligen Arbeitsdienst (FAD) der Gemeinde Wardenburg, der seit 1932 die Besiedlung des Vehnemoores vorbereitete, wurde 1933 in Achternmeer eine Baracke gebaut. Der von den Arbeitern gegrabene Torf wurde von der Gemeinde verkauft. Die Baracke dieses Arbeitsdienstes wurde später zur ersten Schule von Benthullen umgebaut.[83]

- Im Sommer 1932 traf am Küstenkanal eine Gruppe junger Arbeitsloser aus Dortmund ein. Seit 15 Jahren betrieb die Stadt Dortmund hier bereits das Moorgut. Nun sollte nach dem Willen der SPD Dortmund ein Freiwilliger Arbeitsdienst hinzukommen. Die arbeitslosen Männer aus dem Ruhrgebiet mußten zunächst ein altes Minensuchboot aus dem ersten Weltkrieg ausbauen. Das Boot lag auf dem Küstenkanal und diente ihnen bis zum Umzug in die Räume einer ehemaligen Torfstreufabrik als Unterkunft. In den ersten Wochen gehörten dem FAD ausschließlich Sozialdemokraten aus Dortmund an. Dies gab vielen Gerüchten Nahrung, lag die Unterkunft doch mitten in einer bereits von Nationalsozialisten dominierten Gegend. Größere Auseinandersetzungen blieben jedoch offenbar aus. Mit der Übernahme des Lagers durch die Stadt Dortmund änderte sich kurze Zeit später auch die Zusammensetzung des FAD, dem im Herbst 1932 bereits 141 Männer angehörten.[84]

- Der Amtsverband Oldenburg richtete im April 1933 zwei weitere geschlossene Lager ein, das eine im Saal der Gastwirtschaft Bruns, Westerburg (für 60 Männer), das andere im Saal der Gastwirtschaft Dahms, Littel (für 40 überwiegend aus Osternburg stammende Männer). Die inzwischen uniformierten Angehörigen dieser beiden Arbeitsdienste besserten die Wege in diesem Gemeindebereich aus. Während der FAD, der viereinhalb Monate bei Dahms in Littel untergebracht war, im August eine Wohnbaracke in Westerholt (Behrends Fuhren) bezog, stellte der FAD in Westerburg zum 1. Oktober 1933 seine Arbeit ein.[85]

Abb. 106   Der männliche Reichsarbeitsdienst auf der heutigen Böseler Straße (Ecke Dort-munder Weg). Im Hintergrund sind die Baracken sowie das Wohnhaus von Lagerleiter Meents (rechts) zu erkennen.

Gemeinsam war diesen vier Lagern, daß sie allesamt Mitte 1933 von der NSDAP übernommen wurden. Nun seien „Ordnung, Disziplin und Führergefolgschaft" ein-gekehrt, jubilierte die Lokalpresse ganz im Sinne der neuen Machthaber. Im Lager am Küstenkanal werde „von morgens 5 Uhr bis 12 Uhr und von 2 bis 4 Uhr gearbeitet und anschließend bis 6 Uhr exerziert. Morgens vor Beginn der Arbeitszeit und abends vor dem Abendessen ist Flaggenparade und Parolebekanntmachung für den folgenden Tag."[86] Tendenziell deutete sich bereits an, was zwei Jahre später Gesetz wurde. Mit dem Reichsarbeitsdienstgesetz wurde 1935 die Dienstpflicht für Männer eingeführt.[87] Wer das 18. Lebensjahr erreicht hatte, mußte fortan sechs Monate lang in einem Lager seinen Dienst ableisten. Dieser Dienst glich einer vormilitärischen Ausbildung, bei der der Spaten das Gewehr ersetzte. Damit einher ging die „Aus-

Abb. 107 Rückkehr ins Lager. Die Baracke rechts war die erste in Benthullen. Sie war noch vom Freiwilligen Arbeitsdienst errichtet worden. Bei dem zweiten Gebäude (hinter dem Unterstand für den Wachposten) handelte es sich um einen Versorgungsschuppen, in dem unter anderem Arbeitsgeräte aufbewahrt wurden.[88]

Abb. 108 „Tagesraum" in einer Lagerbaracke in Benthullen (Postkarten-Motiv).

richtung der Menschen auf die nationalsozialistische Ideologie"[89], ein Aspekt, der gleichwohl in der Rückschau vieler Arbeitsdienstler kaum eine Rolle spielt. Für die meisten steht in der Erinnerung das Zusammenleben mit Gleichaltrigen im Vordergrund; viele kehrten ihrem Elternhaus erstmals für längere Zeit den Rücken.

Der Reichsarbeitsdienst (RAD) der Männer unterhielt im Bereich der Gemeinde Wardenburg zwei größere Lager. Dies war zum einen das Lager „Staatsmoor" am Küstenkanal, das mit bis zu 200 Männern belegt war, darunter etliche Arbeitslose aus Ostfriesland. Sie entwässerten das Moor, erstellten einen neuen Vorfluter und legten den Saarländer Weg zwischen Küstenkanal und Korsorsstraße an. Hinzu kamen Erdarbeiten für den Bau von Häusern am Kanal. Ganz ähnliche Arbeiten verrichteten nur wenige Kilometer weiter südlich auch die Angehörigen der RAD-Abteilung 3/190 in Benthullen (von den Anfängen hier war bereits in dem Kapitel „Neue Dörfer II" die Rede). Während das Lager in Benthullen noch jahrelang bestehen blieb, wurde das Lager in Harbern 1938 aufgelöst und ins Saarland verlegt. In den Gebäuden des Arbeitsdienstes am Kanal wurden später Kriegsgefangene untergebracht.

Der weibliche Reichsarbeitsdienst

Zu den beiden RAD-Lagern der Männer in Harbern und Benthullen kam im Oktober 1935 ein Lager des weiblichen Reichsarbeitsdienstes, das von Stenum nach Benthullen und damit ebenfalls an den Rand des Vehnemoores verlegt wurde. Ministerpräsident Joel und Ministerialrat Tantzen machten sich zwei Monate später auf den Weg nach Benthullen, um am Saarländer Weg ein „nagelneues Haus" einzuweihen. Hier nun sollten „junge deutsche Mädels ... unter der doppelten Fahne des Hakenkreuzes und des Arbeitsdienstes ihren Gemeinschaftsdienst tun"[90], hier sollten sie nicht nur „eine Ausbildung im Haus- und Gartenwesen", sondern „vor allem die nationale Schulung"[91] erfahren. Und selbstverständlich sollten sie den Siedlern von Benthullen zur Hand gehen.

Die Benthullener begrüßten die Einrichtung des Lagers: Sie waren froh über die Hilfe bei der Arbeit. Die „Führerin" der „Arbeitsmaiden", wie die Frauen seinerzeit genannt wurden, erinnert sich: „In den ersten Tagen luden wir die Siedler zu einer Besprechung ein, und dann wurden die Arbeitsmaiden in den Außendienst verteilt. Es hätten doppelt so viele sein können, denn in jedem Haus wäre eine Hilfe nötig gewesen. Nur junge Ehepaare mit kleinen Kindern!"[92] Die Belastung vor allem für die Bäuerinnen wuchs, als mit Kriegsbeginn viele der jungen Siedler eingezogen wurden.

Zu denen, die die letzten Monate dieses Lagers miterlebten, gehörte Gudula Budke. Sie kam als 17jährige im Oktober 1944 in das Lager mit der Nummer 7/171, das zu dieser Zeit aus einem Steinhaus, mehreren Baracken und einem Fahrradschuppen bestand. Nach ihrer Ankunft erhielten die Neuankömmlinge die Lagerkleidung. Eine 14tägige Ausbildung, bei der Nähen, Stopfen und Staubwischen auf dem Lehrplan standen, ging dem Außendienst von Gudula Budke voraus. „Ich kam in eine Familie mit vier kleinen Kindern. Die war natürlich selig, die hat mich gar nicht in den Kuhstall geschickt. Ich konnte immer schön in der warmen Küche die ganzen Handarbeiten und das Kochen machen. Und die Kinder versorgen. Da nahm ich ihr schon eine ganze Menge Arbeit ab. Die hat mich immer wieder angefordert." Auf vielen Höfen wurden neben den Frauen vom Arbeitsdienst auch Kriegsgefangene eingesetzt: „Da waren Franzosen, da waren Russen. Die durften nicht mit am Tisch sitzen, wenn wir aßen. Aber von den Bauern wurden die gut behandelt." Die Kriegsgefangenen begegneten den Frauen aus dem Lager allerdings mit Vorsicht - das Hakenkreuz, das sich neben den zwei Ähren auf einer Brosche an der Kleidung fand, weckte bei ihnen sicher eher Mißtrauen. Über Politik sei auf den Höfen ohnehin nie gesprochen worden. Und „politischen Unterricht" im Lager hat Gudula Budke ebenfalls nicht miterlebt.[93]

In guter Erinnerung hat Gudula Budke vor allem das Verhältnis unter den Frauen: „Die Hilfsbereitschaft untereinander war sehr groß." Zu dieser Zeit - im Winter 1944/45 - befanden sich knapp 40 Frauen im Lager, schätzt Gudula Budke. Keine war älter als 20 Jahre. Gemeinsam litten sie unter der winterlichen Kälte, dem schlechten Essen im Lager und einer aus Breslau stammenden Lagerführerin. In der Mitte der Baracken, deren Fenster teils notdürftig mit Pappe abgedichtet worden waren, stand ein großer eiserner Kanonenofen. Es fehlte nur an Brennmaterial. Die Frauen holten sich eine Schippe voll glühenden Koks aus dem Ofen im Steinbau und versuchten damit feuchtes Holz, das sie gesammelt hatten, zu entfachen. Gelang dies nicht, blieb die Baracke die Nacht über ungeheizt: „Wir haben entsetzlich gefroren."[94] Um sechs Uhr mußten die Frauen aufstehen. „Dann ging es in die Waschräume." Nach dem Appell gingen die meisten Frauen auf die Höfe. Eine der Frauen wurde jeden Tag zur Benthullener Schule geschickt - sie assistierte bei Gerhard Meyer, dem ersten Lehrer (1935 bis 1945) des Ortes. Im Lager selbst blieben nur einige wenige: „Die hatten es besonders schlecht, weil die kein ordentliches Essen mehr kriegten. Ich hatte Glück. Morgens, wenn ich zum Bauern kam, bekam ich da noch Frühstück und dann Mittagessen. Und nachmittags um fünf war ich wieder im Lager. Und dann gab's abends ein Essen. Aber im Lager verfror alles. Die kriegten also wirklich gefrorene Kartoffeln und faule Wurzeln. Die Folge war: Irgendwann im Januar brach Gelbsucht aus."[95] Ein Arzt sei jedoch nicht gerufen worden. Eine der erkrankten Frauen aus ihrer Baracke habe eine schwere Leberschädigung zurückbehalten - die Hamburgerin starb nach Kriegsende im Alter von 21 Jahren. Eines Tages mußte Gudula Budke in den Keller des Steinhauses: „Da fiel ich aus allen Wolken, denn da waren Säcke mit Mehl, mit Reis, mit Gries. Es war Butter da, es war alles da, aber es wurde nichts rausgegeben zum Kochen." Auf ihren Protest hin durfte sie einen Griesbrei kochen.

Mehr noch als der Hunger sorgte viele der Frauen ein dumpfes Brummen in der Luft: „Wir hörten ja immer diese Bombengeschwader. Wo fliegen die hin? Werden unsere Familien getroffen? Das waren eigentlich die schlimmsten Ängste." Häufiger wurden sie nachts durch Fliegeralarm aus dem Schlaf gerissen: „Denn ging die Sirene im Lager. Wir mußten also raus aus unseren Betten. Dann hatten sie dort einen Stollen gebaut, wie so ein Schützengraben. Und unten war alles Wasser, wir saßen mit den Knöcheln im Wasser. Da saß man dann so drei Stunden und fror entsetzlich."

Über ihre Erfahrungen im Lager berichtete Gudula Budke ihrer Mutter täglich in Briefen, die nicht kontrolliert wurden.[96] Der Zufall wollte es, daß eine Bekannte der

Familie eine führende Position im Arbeitsdienst bekleidete - und Kenntnis vom Inhalt der Briefe erhielt. Sie machte sich in Benthullen ihr eigenes Bild von den Verhältnissen. Daraufhin wurde noch wenige Wochen vor Kriegsende die Lagerführerin ausgewechselt.

Gudula Budke wurde im April 1945 entlassen. Einige Tage später wurde das Lager geräumt - die Alliierten waren bereits in der Nähe. Jede Frau mußte sich aus ihrer Bettwäsche einen kleinen Sack nähen. Nun wurden die letzten Vorräte aus dem Keller verteilt: „Und denn kriegte jede in ihren Leinensack Haferflocken mit Zucker." Dann setzte sich der Zug in Bewegung. Der Krieg war für die Frauen aus dem Lager Benthullen erst in Hamburg zu Ende.[97]

„Ich habe nie Heil Hitler gesagt ..."

Die Zahl derer, die sich eine kritische Distanz zum Nationalsozialismus bewahrt hatten, wird in einer Gemeinde, in der eine Opposition bereits gegen Ende der Weimarer Republik kaum mehr vertreten war, nicht allzu groß gewesen sein. Zu dieser eher kleinen Schar zählte der Gewerkschafter Erwin Fritzsche. Fritzsche, den die Gestapo am 28. April 1933 im Oldenburger Gewerkschaftshaus verhaftet hatte, wurde zunächst wegen „Vorbereitung zum Hochverrrat" zu einer Gefängnisstrafe verurteilt und dann kurz vor Weihnachten 1933 amnestiert. „Aber ich mußte unterschreiben, daß ich nicht wieder politisch tätig sein würde."[98] Vier Jahre später zog Fritzsche nach Hundsmühlen, ein Ort, der ihm seit Jahren vertraut war. „Hier draußen glaubte ich unbeobachtet zu sein." Seine neuen Nachbarn grüßte Fritzsche mit „Moin". Neue Grußformen kamen ihm nicht über die Lippen: „Ich habe nie Heil Hitler gesagt."[99] Aus vergangenen Tagen kannte ihn nur ein Nachbar, der Briefträger. „Der wußte Bescheid über mich, er hatte vor 1933 jeden Tag meine Post in Eversten gebracht. Aber er war sehr verschwiegen und erzählte keinem, wer ich war."[100]

Hin und wieder traf sich Erwin Fritzsche mit politischen Freunden, zunächst bei einem Bekannten in Sandhatten, später dann in einem umgebauten Stall in der Sager Heide bei Beverbruch. Ansonsten hielt er sich jedoch zurück. Später erst sollte er erfahren, daß sogar der Leiter der Hundsmühler Parteigruppe über seine politische Vergangenheit informiert war, ohne daß ihm hieraus ein Nachteil erwuchs: „Das war kein so furchtbar versessener NSDAP-Mann."[101] Ängste hatte Fritzsche gleichwohl an einem Sonntag im Herbst 1939 auszustehen. An diesem Tag besuchte ihn ein ehemaliger Betriebsrat und SAP-Parteifreund. Gemeinsam wollten sie zum Garten von Fritzsche - doch am Tor stand der berüchtigte Oldenburger Gestapo-Chef Theilengerdes,[102] dessen Chauffeur in Hundsmühlen wohnte. Wortlos begegneten sich die Männer, die einander wohl kannten. Doch es gab lediglich „ein paar schräge Blicke", obwohl Fritzsche zunächst mit Schlimmerem rechnete, weil zur Zeit des Polenfeldzuges etliche politische Gegner von den Nationalsozialisten inhaftiert wurden. Im April 1940 wurde Erwin Fritzsche dann zu einer Baukompanie eingezogen. Das Kriegsende erlebte er als Soldat in der Steyermark.[103]

Abb. 109 Erwin Fritzsche (an der Gitarre) traf sich mit seinen Freunden aus der ehemaligen Sozialistischen Arbeiterpartei (SAP) in „Onkel Toms Hütte" in der Sager Heide bei Beverbruch, nicht weit entfernt von der Lethe.

Neben Fritzsche gab es andere, die Zeichen des Aufbegehrens und Sichverweigerns setzten. Dies äußerte sich in eher unspektakulären Handlungsweisen, die allerdings in Zeiten, in denen bereits das Erzählen eines politischen Witzes gravierende Folgen haben konnte, viel Mut erforderten. Es gab in der Gemeinde Menschen, die ihn aufbrachten und beispielsweise hungernden Zwangsarbeiterinnen Brot zusteckten.[104]

Wer sich nicht konform verhielt, lebte mit dem Risiko, denunziert zu werden. Schon am 20. März 1933 erschien ein Achternmeerer bei der Gauleitung der NSDAP in Oldenburg und meldete, daß bei einem Kommunisten im Dorf „illegales K.P.D.-Propagandamaterial und evtl. auch Waffen vorhanden seien."[105] Diese Meldung wurde vom Gaugeschäftsführer noch am gleichen Tage an die Polizeibehörde weitergeleitet.

Welche Folgen solche Meldungen haben konnten, mußte beispielsweise Wilhelm Grube aus Astrup erfahren. Kurz vor Kriegsende hatte Grube sich aus Sicht der Nationalsozialisten „negativ geäußert". Es fand sich jemand, der diese Äußerung weitertrug. Grube, eigentlich kein Soldat, wurde daraufhin eingezogen. „Und dann ist er weggekommen, ist nicht wiedergekommen."[106]

Als einige Jahre nach dem Ende des Zweiten Weltkriegs, im Dezember 1948, der SPD-Bezirk Weser-Ems sich mit einem Rundschreiben nach „politisch verfolgten Sozialdemokraten" erkundigte, antwortete Paul Saß, inzwischen erster Vorsitzender des Ortsvereins Wardenburg: „In der hiesigen Gemeinde befanden sich keine politisch verfolgten Sozialdemokraten."[107]

Nach Kriegsende kam Wilhelm Weber nach Littel. Das KPD-Mitglied war während des Krieges in seiner Heimatstadt Köln verhaftet und ins Konzentrationslager Esterwegen gebracht worden. „Seine Familie verzog 1943 im Rahmen der Evakuierungsmaßnahmen von Köln in die alte Schule nach Littel." Wilhelm Weber, der in Esterwegen schwer mißhandelt wurde, ist 1953 „an den Spätfolgen seiner Folter im Emslandlager in Littel verstorben."[108]

Die Familie Kugelmann

Seit 1861 lebte die jüdische Familie Kugelmann dauerhaft in Wardenburg.[109] Daniel und Friederike Kugelmann betrieben mitten im Ort eine Metzgerei. 1862 erblickte hier Julius Kugelmann und drei Jahre darauf sein Bruder Louis das Licht der Welt. Es folgten Semmi (1867) und Luise (1870). Louis erlernte ebenfalls den Beruf des Schlachters und übernahm das Geschäft seines Vaters, in dem auch Julius und Luise mitarbeiteten. Nebenbei sorgten die Kugelmanns dafür, daß beispielsweise die Hemden und Manschetten, die die Männer beim Litteler Erntefest trugen, wieder gereinigt und gestärkt wurden.[110] Auch waren sie selbst in Vereinen aktiv; ein Foto aus dem Jahre 1897 zeigt Louis und Julius Kugelmann inmitten des Clubs „Frohsinn".[111] Wenn jemand aus der Familie Kugelmann ein Fahrrad erhielt oder eine schwere Operation zu bestehen hatte, hielt dies der Malermeister und Gastwirt Heinrich B. Wellmann in seinem Tagebuch fest. Und Ernst Decker aus Charlottendorf-Ost behielt die jüdische Familie in Erinnerung, weil er nach dem Konfirmandenunterricht bei Pastor Rodenbrock - immerhin zweimal in der Woche von 9 bis 13 Uhr - die christliche Lektüre bei Kugelmanns im Hausflur deponieren durfte und nicht ganz nach Hause schleppen mußte.[112]

Mit Selma (geb. 1913) und Erna (geb. 1919), den beiden Töchtern von Louis und seiner Frau Frieda, vergrößerte sich die Zahl der jüdischen Bürger in Wardenburg.[113] Die Familie von Louis Kugelmann bewohnte ein Haus an der Oldenburger Straße (heute steht an dieser Stelle die Lethe-Apotheke). Hier war auch die Schlachterei untergebracht. Daneben befand sich der Schuppen der Eierverkaufsgenossenschaft und wiederum ein Haus weiter wohnte die Familie von Julius Kugelmann (heute: Versicherungsbüro Bluhm) in direkter Nachbarschaft von Arthur Bremer, dem Friseur.[114]

Daß sie von Hitler und seinen Anhängern nichts Gutes zu erwarten hatten, war den Kugelmanns sicher lange vor deren Machtübernahme bewußt. So wollten die Nationalsozialisten bereits 1931 die jüdische Art des Schlachtens, das sogenannte Schächten, verbieten lassen.[115] Seit Jahrzehnten grassierte „in weiten Teilen der Bevölkerung ein alltäglicher, quasi selbstverständlicher Antisemitismus".[116] Dieser radikalisierte sich in der Endphase der Weimarer Republik. Antisemitisches Gedan-

Abb. 110   Eine Wardenburger Schulklasse um 1921/22; in der Mitte der unteren Reihe: Selma Kugelmann.

Abb. 111   Der Wardenburger Turnverein um 1930; mittendrin: Erna Kugelmann (das Mädchen mit den dunklen Locken).

kengut eine Nationalsozialisten, Deutschnationale Volkspartei und Stahlhelm - also jene politischen Kräfte, die auch in Wardenburg über großen Einfluß verfügten. Die, die sich diesen Antisemitismus zu eigen machten, hatten womöglich eher die abstrakte Verschwörungstheorie vom „Internationalen Judentum" im Auge und weniger die eigenen Nachbarn. „Man schätzte die Kugelmanns wegen ihres freundlichen und bescheidenen Wesens allgemein im Dorf."[117] Allerdings mußte auch die Familie Kugelmann erfahren, daß diese Wertschätzung sie nicht vor Repressionen schützte. Erstmals wurde der Terror am 1. April 1933 reichsweit organisiert. SA-Männer zogen vor vielen jüdischen Geschäften auf, die nun boykottiert werden sollten. Auch vor der Schlachterei von Louis Kugelmann postierten sich an diesem Tag zwei SA-Männer links und rechts der Tür.[118]

Einige Wochen später sorgte Semmi Kugelmann, der von Wardenburg nach Oldenburg gezogen war, für Schlagzeilen. Er war als Viehaufkäufer für die GEG-Fleischwarenfabrik tätig und befand sich am 19. Juli 1933 auf Geschäftstour, als er auf dem Sandkruger Weg in der Nähe des Barneführer Holzes niedergeschlagen und ausgeraubt wurde - so die in den Nachrichten für Stadt und Land wiedergegebene Darstellung des Überfallenen. Allerdings beeilte sich das Blatt, Zweifel an der Version von Semmi Kugelmann zu wecken. Welch Geistes Kind in den Redaktionsstuben der Oldenburgischen Staatszeitung herrschte, zeigt der geradezu triumphierende Bericht der Zeitung vom darauffolgenden Tag: „Und wir haben recht behalten. Wie

Abgelehnt „im Namen des Führers und Reichskanzlers"

Zu denen, die früh einen Eindruck vom menschenverachtenden Charakter des nationalsozialistischen Regimes bekamen, gehörte Christine Martens aus Achternholt. Sie arbeitete seit den zwanziger Jahren als Hausgehilfin in verschiedenen Haushalten in Oldenburg, unter anderem über Jahre bei dem jüdischen Kaufmann Franz Reyersbach. Reyersbach, „der sich den Mund nicht verbieten ließ", war der erste Jude aus Oldenburg, der dem Terror der Nationalsozialisten zum Opfer fiel - er starb im Dezember 1936 nach Mißhandlungen im Konzentrationslager Oranienburg.[119]

Nur wenige Wochen nach dem Tod von Franz Reyersbach erklärte sich Alex Goldschmidt bereit, die Hausgehilfin, die bereits früher in seinen Diensten stand, erneut einzustellen. In einem Schreiben an den Oberbürgermeister Oldenburgs bat der jüdische Kaufmann um eine Genehmigung. Anträge dieser Art mußten jedoch inzwischen dem Reichsinnenministerium in Berlin zugeleitet werden. Von dort kam schließlich der lapidare Bescheid, daß der „Antrag auf Zulassung der Beschäftigung einer deutschblütigen Hausangestellten ... im Namen des Führers und Reichskanzlers abgelehnt" werde.[120]

uns der Gendarmeriestandort Osternburg mitteilt, hat der Jude Semmi Kugelmann gestern mittag auf Vorhalt zugegeben, daß an dem ganzen Raubüberfall in Sandkrug kein wahres Wort ist. Semmi ist weder überfallen noch beraubt worden. Judenschwindel von A bis Z." Am Ende seines Bericht fühlt sich der Verfasser aufgerufen, weitergehende Konsequenzen anzuregen: „Abgesehen von der noch kommenden strafrechtlichen Verfolgung der Angelegenheit möchten wir die Frage aufwerfen, ob es nicht angebracht erscheint, den Juden Semmi Kugelmann, der durch seinen dreisten Schwindel Ruhe und Sicherheit gefährdet hat, in ein Konzentrationslager zu bringen."[121] Was sich tatsächlich auf dem Sandkruger Weg zugetragen hat, ist nie geklärt worden. Für die Trommler des Regimes war es einerlei. Es bedarf keiner großen Phantasie, um sich die Wirkung dieser Zeilen im Kreise der Familie Kugelmann, aber auch unter den anderen in der Region lebenden Juden auszumalen.

Mitte der dreißiger Jahre kehrten Selma und Erna Kugelmann Wardenburg den Rücken. Die Schwestern gingen nach Leipzig, um dort Arbeit zu suchen. Hier heiratete Selma 1936 den polnischen Juden David Grünberg. Bald darauf begannen die Nationalsozialisten, ihre taktische Zurückhaltung aufzugeben, die sie vorübergehend auch mit Blick auf die Olympischen Spiele gewahrt hatten. Nun wurden Juden gezwungen, die Vornamen „Israel" und „Sara" anzunehmen. In die Reisepässe der Kugelmanns und Grünbergs wurde eine großes „J" hineingestempelt. Ende Oktober

Abb. 112   Ernteumzug im Oktober 1936 in Wardenburg in Höhe des Hauses der jüdischen Familie Kugelmann (rechts). Hinter dem Erntewagen marschiert eine Abteilung der Hitlerjugend. Links ist das Gebäude der Molkereigenossenschaft und im Hintergrund der Schützenhof zu sehen. (Das Foto ist nicht seitenverkehrt, wie die Hakenkreuzflagge zunächst vermuten läßt.)

1938 wurden Juden polnischer Staatsangehörigkeit aufgefordert, Deutschland zu verlassen - unter den gut 10.000 Menschen, die in den darauffolgenden Tagen ausgewiesen wurden, waren auch David und Selma Grünberg, geb. Kugelmann.[122]

Wiederum einige Tage später, am 7. November 1938, schoß in Paris ein 17jähriger deutsch-polnischer Emigrant jüdischer Abstammung namens Herschel Grünspan voll Wut und Verzweiflung über die Deportation seiner Angehörigen den deutschen Legationssekretär vom Rath nieder. Diese Tat nahmen die Nazis zum Anlaß, die Brandfackel herauszuholen. In der Nacht vom 9. auf den 10. November ging unter anderem die auch von der Familie Kugelmann besuchte Synagoge in Oldenburg in Flammen auf. Die Fensterscheiben bei den Kugelmanns, die in der Vergangenheit bereits eingeschlagen worden waren, überstanden diese Nacht offenbar unbeschadet. Die beiden Wardenburger Familien erhielten erst am Morgen des 10. November unangemeldeten Besuch. Dies beobachtete neben anderen auch Hans-Helmut Bischof, zu dieser Zeit 18 Jahre alt, gemeinsam mit seinem Vater. Nach seiner Erinnerung waren es zwei Männer, die mit einer Limousine vorfuhren. Julius und Louis Kugelmann seien „aufgeladen" worden: „Da hieß es nur, die werden abtransportiert, die werden gesammelt. Wohin, wußte auch keiner."[123]

Julius und Louis Kugelmann wurden zunächst ins Obdachlosenasyl am Oldenburger Pferdemarkt gebracht. Bis zum frühen Vormittag des 10. November wurden hier Juden aus Oldenburg und Umgebung zusammengezogen. „Manche von ihnen mögen die Hoffnung gehabt haben, daß der Alptraum nach der Feststellung der Personalien beendet sein würde und sie anschließend wieder nach Hause gehen könnten; es wurden jedoch lediglich die verhafteten Frauen und Kinder entlassen. Was nun für die Männer folgte, war eine Kette von Demütigungen." Zunächst mußten sich Julius und Louis Kugelmann und mit ihnen weitere 41 noch festgehaltene Juden üble Beschimpfungen vom Leiter der Aktion, dem SA-Brigadeführer Gellert, anhören. „Und dann begann der entwürdigende Gang der Juden vom Pferdemarkt zum Gerichtsgefängnis, vorbei an den noch rauchenden Ruinen der Synagoge in der Peterstraße, weiter durch die Haarenstraße, die Langestraße, den Schloßplatz, die Elisabethstraße. Angeführt wurde der Zug vom Leiter eines SA-Trupps, der die Juden dann ‚weisungs- und ordnungsgemäß' im Gefängnis übergab."[124] Zu denen, die diesen Zug sahen, gehörten erneut Hans-Helmut Bischof und sein Vater: „Da guckte jeder zu."[125] Erwin Fritzsche aus Hundsmühlen besuchte am Tag darauf seine Schwiegermutter: „Die hatte gesehen, wie sie die Juden durch die Stadt getrieben hatten. Die hat geweint, die war erschüttert."[126] Am 11. November wurde das Gros der verhafteten Männer vom Oldenburger Bahnhof in das Konzentrationslager Sachsenhausen deportiert. Julius und Louis Kugelmann und einigen anderen Männern blieb dieses Schicksal vorerst erspart. Sie wurden nach Hause entlassen, weil sie über 70 Jahre alt waren.

Bald darauf mußten Julius und Luise Kugelmann ihr Haus zwangsweise verkaufen. Sie müßten ins „Altersheim", hieß es.[127] 1940 wurden die Geschwister gezwungen, in ein Massenquartier nach Hamburg „umzusiedeln". Im darauffolgenden Jahr begann, was die Nationalsozialisten „Endlösung der Judenfrage" nannten. Die beiden alten Leute wurden zunächst in das KZ Theresienstadt deportiert. Von dort ging es weiter nach Maly Trostinec. In diesem Lager bei Minsk wurde Julius Kugelmann, zuletzt der älteste im Landkreis Oldenburg ansässige Jude, im Alter von 80 Jahren ermordet. Mit ihm starb am 21. September 1942 seine Schwester Luise. Das Todesdatum von Louis, Frieda und deren Tochter Erna, die vermutlich nicht einmal 25 Jahre alt wurde, ist unbekannt. Auch sie kamen in einem Vernichtungslager ums Leben. Ihr letztes Lebenszeichen stammt aus Gleiwitz/Oberschlesien.[128]

Nur ein Mitglied dieser Wardenburger Familie hat überlebt: Selma Kugelmann.[129] Nach der Ausweisung ihres Mannes ließen sich die beiden zunächst in Polen nieder. Beim Einmarsch der Deutschen in Polen mußten sie erneut ihre Koffer packen. Sie flohen gen Osten. Stalin ließ sie wiederum nach Sibirien deportieren - und wurde so womöglich ganz unfreiwillig ihr Lebensretter, weil bald darauf die Deutschen in die Sowjetunion einmarschierten und mit der Ermordung der Juden in den besetzten Gebieten begannen. Nach Kriegsende lebte Selma Kugelmann vorübergehend in einem Lager für „Displaced Persons" in Bayern, bevor sie schließlich 1949 in die Vereinigten Staaten auswanderte. Den Besitz ihrer Familie in Wardenburg, den Selma Kugelmann zurückerhielt, hat sie verkauft. Leben wollte oder konnte sie hier nicht mehr. Ihre Odyssee endete in New York.[130] Selma Meyerstein, wie sie seit ihrer zweiten Heirat heißt, „möchte nicht mehr an die grausame Vergangenheit erinnert werden."[131] Zu einem kleinen Kreis von Wardenburgern hält sie gleichwohl Kontakt.[132]

Der Alltag in der NS-Zeit

„Deutscher Abend" und „Sonnwendfeier", „Heimabend" und „Soldatenspiel", „Arbeitsmaiden" und „Flaggenparade" - all dies gehörte seit 1933 zum Alltag. Doch das Alltagsgeschehen war weit komplexer - und zu vielschichtig, als daß es sich in einige Absätze zwängen ließe. Mehr noch: „Was wir über den Alltag wissen, ist durchaus lückenhaft und fast nie repräsentativ."[133] Zu dünn ist häufig die Quellenlage. Eine Annäherung allerdings ist möglich, beispielsweise über das Studium der Zeitungen.

Wenn die Presse in diesen Jahren schon mal aus Wardenburg berichtete, dann selbstverständlich ganz im Sinne der neuen Machthaber. So informierten die Nachrichten für Stadt und Land wie schon in vorangegangenen Jahren auch im Herbst 1935 ausführlich über die anstehende Lebensmittelsammlung für das Winterhilfswerk. Erneut wurden die bäuerlichen Betriebe aufgerufen, Kartoffeln oder Roggen zu spenden. „Gleichzeitig wurden die Richtsätze bekanntgegeben, die als Mindestsätze anzusehen sind und die bei ihrer Einhaltung zum Erwerb der Türplaketten berechtigten." Im Vorfeld der Sammelaktion wurde großer Propagandaaufwand betrieben. Der Werbung dienten unter anderem Kundgebungen der NSDAP-Ortsgruppe, an denen lokale wie regionale Parteiprominenz teilnahm. In den Wochen darauf gingen die „Zellenwalter" der Nationalsozialistischen Volkswohlfahrt (NSV) dann mit Vertretern des Reichsnährstandes von Haus zu Haus und notierten Spender und Spenden in ihren Sammellisten.[134] Der Wardenburger Fischereiverein spannte für das Winterhilfswerk in diesem Jahr seine Sperr- und Zugnetze in einem

Abb. 113 Anna Katharina Knetemann beim Waschen der Wäsche.

Abb. 114 Georg Oldigs schneidet Heinrich Knetemann auf dem Hof in Littel die Haare.

Abb. 115 Neben der alten Schmiede in Wardenburg wird ein Hecht ausgenommen; vorne links: Hermann Würdemann, Lehrer in Astrup und passionierter Fischer.

Graben in der Wardenburger Marsch. Die kleinen Fische ließ man schwimmen, die größeren wurden an Siedlerfamlien in Benthullen verteilt. Dieses Beispiel ist insofern typisch, als daß es sich bei den Empfängern der „Winterhilfe" um ausgewählte Kreise handeln sollte; unterstützt werden sollten „nur rassisch wertvolle, erbgesunde Familien".[135] Der „reiche Obstsegen" des Jahres 1939 ermöglichte es wiederum der NS-Frauenschaft und dem Deutschen Frauenwerk, im Rahmen der „Frauenarbeit für die Volksgemeinschaft" bei einer „Einkochaktion ... eine bisher nicht erreichte Zahl an Dosen" mit Obst zu füllen.[136]

Über einige Wardenburger Ereignisse berichteten die Nachrichten aus Stadt und Land in den 30er Jahren besonders ausführlich. Ganzseitig wurde die Wardenburger Bevölkerung beispielsweise 1935 über die Einweihung des neuen Friedhofs an der Litteler Straße unterrichtet.[137] Vier Jahre später folgte auf der gegenüberliegenden Straßenseite das Richtfest bei der neuen Wardenburger Schule. Der als vorbildlich gepriesene Bau wies den Anforderungen jener Zeit entsprechend bereits einen Luftschutzkeller auf. „Auch künstlerischer Schmuck ist vorgesehen; der Jaderberger Maler Jan Oeltjen wird eine Buntfensterarbeit mit heimatlichen Motiven liefern."[138] Drei Klassen nahmen im Frühjahr 1941 in dem Neubau ihren Unterricht auf. Die Frage, ob in Wardenburg überhaupt eine dritte Klasse eingerichtet werden sollte, hatte Jahre zuvor für den einzigen überlieferten Zwist im ausschließlich von Nationalsozialisten besetzten Gemeinderat gesorgt. Der Bürgermeister bejahte sie, ein großer Teil des Gemeinderats hingegen war nicht bereit, ihm zu folgen. Die Opponenten plädierten aus Kostengründen für eine Umschulung der Kinder nach Astrup und Oberlethe. Am Ende griff auch in dieser Frage allem Anschein nach das „Führerprinzip".[139]

Die im Reichsnährstand zusammengeschlossenen Bauern hatten inzwischen „ihre ganze Kraft in die Erzeugungsschlacht und den begonnenen Vierjahresplan" zu stecken.[140] Ablenkung versprachen Tanzabende, die ab dem Winter 1936/37 unter dem Motto „Kraft durch Freude" von der Deutschen Arbeitsfront beispielsweise bei Büsselmann in Moslesfehn organisiert wurden. Der subventionierte Eintrittspreis von 0,60 Reichsmark sollte es jedem „Volksgenossen" ermöglichen, „einen ‚Kraft-durch-Freude'-Abend mitzuerleben".[141] Nachhaltige Propagandawirkung erzielten auch die Dampferfahrten nach Norwegen oder Madeira, mit denen die Freizeitorganisation „Kraft durch Freude" (KdF) nicht zuletzt die Arbeiter zu gewinnen versuchte.[142] Insgesamt gesehen werden viele in und um Wardenburg mit der Entwicklung ganz einverstanden gewesen sein. Hans-Helmut Bischof bringt vermutlich die zu dieser Zeit vorherrschende Haltung auf den Punkt, wenn er rückblickend meint: „Die Leute konnten wieder essen und trinken und haben ihr Geld verdient. Die Leute waren zufrieden. Und die haben im großen und ganzen alle gedacht: Es bleibt Friede, uns geht es gut. Die KdF-Fahrten, das hat ja wunderbar floriert. Aber unter dem Schein, denn hintenrum wird eisern gepowert, da wird auf den Krieg sich vorbereitet."[143]

Abb. 116 Die Oldenburger Straße wird neu verlegt (um 1934). Rechts ist der neue Straßen-verlauf zu erkennen. Heute mündet in diesem Bereich der Patenbergsweg in die Oldenburger Straße.

Abb. 117 Nach der Musterung 1937 waren die angehenden Soldaten in Fischbecks Garten noch guter Dinge. „Es folgten 1939 die 6 Jahre über Leben oder Tod." (Bildunterschrift im Fotoalbum).

Erste Anzeichen waren unübersehbar. Das richtige Verdunkeln wurde bereits Jahre vor Beginn des Zweiten Weltkriegs geübt. Am Abend des 23. März 1937 heulten in der Gemeinde erstmals die Sirenen zu einer großen Luftschutzübung. Wo Lichtschein aus einer Wohnung drang, wurden die Hilfsposten aktiv, denen Gendarmeriekommissar Groenhagen bereits Tage zuvor „an Beispielen" demonstriert hatte, „wie die Verdunklung im einzelnen vor sich gehen muß."[144] Luftschutzübungen und „Soldatenspiele" der Jugend waren nicht die einzigen Indizien für eine Militarisierung das Alltags. Im Jahre 1934 begann die Wehrmacht, Land von Tungeler Landwirten aufzukaufen. Auf einem 14 Hektar großen Gelände wurden in den folgenden Jahren mehrere Schießstände mit unterirdischen Gängen, Munitionsbunker, Kantine und Wachgebäude errichtet. Eine fünf Meter hohe Betonmauer umgab das Gelände, auf dem ab 1937 mit Maschinengewehren geübt wurde.[145] Für Kleinkaliber wurde zwei Jahre später auf dem Gut Hundsmühlen ein neuer Schießstand eingeweiht. Am 27. August 1939 zählten hier SA, SS und andere Gliederungen erstmals die Ringe.[146] Fünf Tage später begann der Zweite Weltkrieg.

Etliche Jungbauern, denen eben noch vom Reichsnährstand bescheinigt worden war, daß sie „in gesundheitlicher, erbgesundheitlicher und rassischer Beziehung für die Neubildung deutschen Bauerntums als geeignet befunden worden" seien, mußten nun an die Front.[147] Dies allein veränderte den Alltag in den Dörfern grundlegend. Frauen verrichteten nun alle Arbeiten auf den Höfen. Auch wurden den

Frauen wieder verstärkt Aufgaben übertragen, die bislang eher den Männer vorbehalten waren. So arbeiteten in der Wardenburger Sparkasse, der 1924 gegründeten Zweigstelle der Landessparkasse zu Oldenburg, während der Kriegsjahre ausschließlich Frauen.[148]

Schnell machte sich ein Mangel an Gütern aller Art bemerkbar. Schon in den Tagen vor Beginn des Zweiten Weltkriegs war die „Versorgung des zivilen Bereichs mit notwendigsten Versorgungsgütern bereits sehr angespannt."[149] Erneut begann eine Zeit der Rationierung. Reichsfett- oder Reichseierkarte, die nun beim Lebensmittelkauf vorgelegt werden mußten, waren bereits 1937 gedruckt worden.[150] Außerdem gab es die Reichskleiderkarte, die zum Bezug von „Spinnstoffwaren" berechtigte; die 100 Abschnitte („Punkte") der Karte konnten nach und nach in einen Pullover (25 Punkte) oder Sommermantel (35 Punkte) umgetauscht werden.[151] Bei Nähmaschinen oder Ersatzteilen half gelegentlich nur „Vitamin B".[152]

In den Kriegsjahren verschärfte sich die Lage, wenn auch Engpässe auf dem Lande erst 1943 deutlicher zu spüren waren. Bereits zu dieser Zeit gab es Tauschhandel und Schwarzschlachtungen; letzteres war trotz Verbot gang und gäbe.[153] Wie stets in diesen Jahren wurden die bäuerlichen Betriebe auch 1944 zur „Erzeugungsschlacht" aufgefordert - Wardenburgs Molkerei verzeichnete eine neue Rekordmenge an abgelieferter Milch.[154] Auch galt es im neuen „Legejahr", das „Mindestablieferungssoll von 70 Eiern je gehaltene Henne" zu erfüllen und gegebenenfalls „Veränderungen im Legetierbestand ... sofort dem Ortsbauernführer zu melden". Dieser ermittelte dann - unter Berücksichtigung der Haushaltsangehörigen, nicht jedoch der ausländischen Arbeitskräfte - „das neue Ablieferungssoll."[155] Selbst Kaninchen kamen in diesen Jahren, in denen es an vielem mangelte, zu besonderen Ehren. Vom Winter 1942/43 bis zum Kriegsende 1945 existierte in Oberlethe ein Züchterverein, dessen Hauptaufgabe darin bestand, hin und wieder einen saftigen Braten beizusteuern.[156]

Vieles kam älteren Wardenburgerinnen und Wardenburgern sicher noch aus den Tagen des Ersten Weltkrieges bekannt vor. Auch holte man im April 1942 erneut die große Glocke (885 kg) aus dem Kirchturm, um sie in Rüstungsgut umzuformen. Die Glocke war erst 1926 mit Hilfe von Spenden der Gemeindemitglieder erworben worden - als Ersatz für jene Glocke, die bereits aus gleichen Gründen im Ersten Weltkrieg beschlagnahmt worden war.[157] Eine Erfahrung war allerdings auch den Älteren neu: Die Angst vor dem Luftkrieg. Das erste Opfer im Gemeindebereich war ein junger englischer Pilot. John Herbert Nicholson, dessen „Spitfire" im Juni 1940 bei Oberlethe abstürzte, starb im Alter von 26 Jahren.[158] Der Bericht, den die Nachrichten für Stadt und Land über diesen Angriff brachten, geriet ganze fünf Zeilen lang. Wortreich erfuhr man dagegen, warum zukünftig über die Auswirkungen solcher Angriffe nichts mehr in der Zeitung stehen sollte: „Das könnte dem Feind so passen!"[159]

Eine wachsende Unruhe unter der Bevölkerung ließ sich gleichwohl nicht vermeiden. Nur wenige Nächte später wurden auch über Wardenburg die ersten Bomben ausgeklinkt. Sekunden später war unter anderem das Haus von Schmietenknop an der Straße zwischen Wardenburg und Tungeln durch Splitter und Luftdruck

Abb. 118 „Zweite Reichskleiderkarte", „Reichskarte für Marmelade" und „Reichsfettkarte"
- während der Kriegsjahre wurden Lebensmittel und Textilien behördlich zugeteilt.

schwer beschädigt.[160] Möglicherweise galten die zehn Bomben, die in der Nacht vom 21. zum 22. Juni 1940 links und rechts der Straße niedergingen, dem nahen Schießstand. Die Familie des Schießstandwärters Jan Christians wurde einmal sogar für mehrere Tage nach Kreyenbrück evakuiert - zu groß schien das Risiko angesichts voller Munitionsbunker.[161] Ansonsten gab es jedoch aus militärischer Sicht in Wardenburg kaum lohnende Ziele. Anders lagen die Dinge bei Industrie- oder Hafenstädten wie Bremen und Hamburg. Da Wardenburg in der Einflugschneise lag, sah man ab 1942 nachts häufiger die Lichtkegel der Flugabwehr, die den Himmel absuchte. Auch mußte man sich an das Motorengeräusch der britischen und amerikanischen Bomber gewöhnen, die Kurs auf Bremen nahmen - „etwa anderthalb Stunden später hörten wir sie zurückkommen, wobei es vorkam, daß irgendwo restliche Bomben abgeworfen wurden."[162]

In einer Sommernacht 1942 gingen mitten in Wardenburg „Luftminen, Spreng- und Brandbomben" nieder; die Wohnhäuser von Bührmann und Knetemann sowie eine Scheune von Fischbeck standen in Flammen.[163] Am 17. April 1943 riß der an- und abschwellende Heulton der Sirenen die Wardenburgerinnen und Wardenburger erneut aus ihrem Alltagsgeschäft. Im Radio wurden Warnungen durchgegeben: Von Holland her näherte sich ein größerer Verband von amerikanischen Bombern. Grete Hoppe erinnert sich daran, wie das Brummen der viermotorigen Maschinen lauter wurde. Sie stand mit ihrer Familie in Charlottendorf-Ost in der Nähe eines Erdbunkers und beobachtete das Geschehen am Himmel. Dort griffen deutsche Jagdflieger die Bomber an. Einer dieser „fliegenden Festungen" kreiste nach einem Treffer noch kurze Zeit brennend in der Luft und stürzte dann zwischen Hatterwüsting und Streekermoor ab. Grete Hoppe hatte inzwischen am Himmel weiße Punkte ausgemacht - Fallschirme. Die Besatzungsmitglieder des abgestürzten Bombers landeten in Charlottendorf, Höven und im Barneführer Holz. Den ersten Bauern, die sich ihnen näherten, zeigten sie Familienfotos - wohl in der Hoffnung auf menschliche Behandlung. Bald darauf wurden die Amerikaner abtransportiert.[164] Nur wenige Wochen zuvor war ein amerikanischer Bomber, den Jagdflieger über Tungeln angegriffen hatten, bei Moslesfehn brennend ins Moor gestürzt. Von den zehn Besatzungsmitgliedern hatte sich nur einer mit dem Fallschirm retten können.[165]

Der 21jährige Giesbert Vöcking startete am 1. März 1944 mit einer Focke-Wulf 190 beim Oldenburger Fliegerhorst zu einem Übungsflug und verlor bald danach die Kontrolle über das Flugzeug, das trudelnd in das Wittemoor bei Achternmeer stürzte.[166] Nicht weit entfernt existierte im Grenzbereich von Wittemoor und Tungelermoor ein Scheinflughafen. Schon vor dem Krieg flogen ihn Piloten der deutschen Luftwaffe mit ihren Stukas zu Übungszwecken an. Sie versuchten, die hier aufgebauten Zielobjekte mit Zementbomben zu treffen. Die Kinder von umliegenden Höfen verfolgten damals die Übungen aus sicherer Entfernung.[167]

Auf Weiden bei Charlottendorf-Ost wurde während des Krieges ein weiterer Scheinflughafen mit großen Flugzeugattrappen angelegt - nicht ohne Folgen für die hiesige Bevölkerung, so Grete Hoppe in einem Rückblick: „Bei Einbruch der Dunkelheit wurde er hell erleuchtet. Nahten feindliche Flugzeuge, wurde solange gewartet, bis sie in unmittelbarer Nähe waren, erst dann wurde das Licht ausgeschaltet.

Bomben prasselten nieder, die sonst in den Städten größere Schäden angerichtet hätten. Doch für die Anwohner war dies eine schlimme Zeit."[168] Häufiger mußte die Feuerwehr, in deren Reihen sich nun auch Frauen befanden, ausrücken, weil eben jene Brand- und Sprengbomben, die für größere Städte bestimmt waren, Gehöfte im Gemeindebereich in Brand gesetzt hatten.[169] Nach größeren Luftangriffen mußte die Wardenburger Feuerwehr auch in Bremen oder Wilhelmshaven aushelfen. Die 1942 in Littel gegründete Wehr hatte allerdings einen eingeschränkten Aktionsradius: Mit einem einachsigen Handkarren, auf dem sich Tragkraftspritze und Schläuche befanden, bekämpften die wenigen und meist älteren Männer, die noch vor Ort waren, Brände in der näheren Umgebung.[170]

Die Nähe zu den Kasernen in Kreyenbrück beunruhigte vor allem die Bewohner von Tungeln und Hundsmühlen.[171] Noch in den Mittags- und Nachmittagsstunden des 17. April 1945 luden 60 britische Bomber ihre todbringende Last über Oldenburgs Kasernen ab. Am Tag darauf wurde die Kaserne in Kreyenbrück ein weiteres Mal zum Ziel der Bomber.[172] Lydia Sommer beobachtete bei strahlendem Sonnenschein das Ganze von Harbern aus: „Da konnte ich immer oben die Flieger sehen, wie sie die Bomben so ausklinkten und die so runterfielen."[173] Insgesamt allerdings blieb Oldenburg weitgehend verschont. Die Alliierten warfen Flugblätter ab, auf denen habe gestanden: „Oldenburg wollen wir schonen, da wollen wir später selber wohnen." Solche Flugblätter lagen „überall rum" und mußten vom Finder abgeliefert werden.[174]

Wer über 50 Jahre nach dem Ende des Zweiten Weltkriegs mit älteren Wardenburgerinnen und Wardenburgern über ihre Erfahrungen in den Jahren zwischen 1933 und 1945 spricht, erfährt häufiger, daß sich nach ihrem Eindruck während der NS-Zeit auf den Dörfern nicht viel geändert habe. Im großen und ganzen sei das Leben wie gewohnt weitergegangen.[175] Auch die Bilder in diesem Kapitel, die den Alltag in den 30er Jahren zeigen, vermitteln einen Eindruck von dieser „Normalität". Selten fällt die Bewertung dieser zwölf Jahre - eines nicht eben kurzen Lebensabschnitts - in der individuellen Rückschau durchweg negativ aus. Daß Erfahrungen, die man im Arbeitsdienst gemacht hat, oft noch positiv beurteilt werden, wurde bereits erwähnt. An dieser Beurteilung vermag auch der Hinweis auf Ideologie oder Drill wenig zu ändern. Dieses Urteil wird nicht auf der Grundlage dessen gefällt, was man spätestens seit 1945 weiß, sondern unter Hinweis auf die Erfahrungen, die man vor 1933 gemacht hatte - und stets wird in diesem Zusammenhang auf die hohe Arbeitslosigkeit verwiesen. Einhellig wird heute dagegen das, was der Familie Kugelmann angetan wurde, verurteilt. Doch vollzog sich nicht schon ihre Entrechtung unter den Augen aller?[176] Nach dem Abtransport der Familie Kugelmann herrschte offenbar bei nicht wenigen Verständnislosigkeit vor. Dergleichen wurde allerdings nur - wenn überhaupt - im vertrauten Kreis besprochen und dann häufig wohl auch nur andeutungsweise. Aus Angst vor Sanktionen habe niemand Kritik laut werden lassen. Bei einigen dürfte schon bald eine Ahnung aufgestiegen sein von dem, was Juden erleiden mußten, weil sie Beobachtungen und Informationen zusammenbrachten, die isoliert betrachtet wenig Einsicht vermittelt hätten. Auch werden sich in Wardenburg sicher einige gefragt haben, was wohl dran ist an den Meldungen des britischen Rundfunksenders BBC, den offenbar nicht wenige heimlich einschalteten. Vielen Deutschen fehlte allerdings die Bereitschaft, zu glauben, was sie nun auf unterschiedlichen Wegen erfuhren. „Man erschrak, aber verstummte, wurde unwillig, vergaß."[177]

Der Kriegsbeginn stellt eine deutliche Zäsur dar - nicht zuletzt in der Erinnerung der Männer. Was nun in und um Wardenburg passierte, kennen sie oft nur noch vom Hörensagen, soweit sie nicht bei einem Fronturlaub eigene Eindrücke sammeln konnten. Viele kehrten erst Jahre nach Kriegsende aus der Gefangenschaft zurück. Die Frauen machten andere Erfahrungen. Sie mußten nun sehen, wie sie mit Hilfe von Zwangsarbeiterinnen und -arbeitern sowie Kriegsgefangenen unter den Bedingungen einer Kriegswirtschaft über die Runden kamen.

Kriegsgefangene und zwangsverpflichtete ausländische Arbeitskräfte in Wardenburg

Während der Kriegsjahre wurden auf Höfen in den hiesigen Bauerschaften zahlreiche Kriegsgefangene bei Arbeiten in der Landwirtschaft eingesetzt. Etliche blieben über Nacht auf dem Hof, auf dem sie arbeiten mußten. Daneben gab es mehrere kleine Lager, in denen Kriegsgefangene untergebracht waren. Eines dieser Lager befand sich beim Ortsgruppenleiter in Achternmeer, ein anderes auf dem Moorgut Rote Erde. Allein 60 Kriegsgefangene waren in einer Holzbaracke auf dem Gelände des Torfwerks Kettler in Harbern untergebracht. Auch dürfte es sich bei den etwa 250 Gefangenen eines weiteren Lagers in Harbern (Saarländer Weg) überwiegend um Kriegsgefangene gehandelt haben. Und als die Landwirtschaftliche Waren- und Maschinengenossenschaft in Benthullen 1942 einen größeren Schuppen bauen wollte, hatte auch sie „in dem Neubau ein Gefangenenlager mit einzurichten".[178]

Häufig dienten auch Räume von Gastwirtschaften als Unterkunft, so bei Willers in Oberlethe, bei Willers in Westerholt, bei Fischbeck in Wardenburg, bei Bruns in Westerburg und bei Dahms in Littel.[179] Bei Dahms waren während der Kriegsjahre durchschnittlich 40 bis 45 Franzosen in einem Saalanbau untergebracht. Die Bühne wurde zum Aufenthaltsraum, wenn nicht gerade die „Deutsche Wochenschau" lief; einige Gefangene verfolgten die Propagandasendung dann durch Astlöcher in der Holzwand. Die Franzosen schliefen auf Strohsäcken auf doppelstöckigen Holzpritschen. Durch eine Tür gelangten sie zu einer Toilette auf dem Vorhof. Stacheldraht hinderte sie hier an der Flucht. Einige entdeckten gleichwohl ein Schlupfloch: Sie entwichen durch ein Loch auf der Saalbühne, in dem gelegentlich eine Soufleuse hockte, um vergeßlichen Schauspielern auf die Sprünge zu helfen. Die Wachleute, die bei Dahms im Clubzimmer saßen, bekamen von dieser Flucht nichts mit. Bei den Wachen handelte es sich um drei oder vier ältere „Landesschützen", später oft auch um Soldaten, die verwundet worden waren.[180] In Littel wie auch in anderen Orten eskortierten sie die Gefangenen vom Lager zur Arbeit. „Die Gefangenen marschierten morgens zu Fuß, von zwei Wachen begleitet, ins Dorf zu den Bauernhöfen und abends wieder zurück. Die Wachen mußten kontrollieren, ob die Gefangenen auf der Arbeitsstelle waren."[181]

Ähnlich wie bei Dahms sah es auch in den übrigen Gastwirtschaften aus. So wurden bei Willers in Oberlethe Kegelbahn und Bühne zur Unterkunft für 25 belgische und französische Kriegsgefangene, die tagsüber bei Bauern arbeiten mußten; im Saal wurden hier U-Boot-Ersatzteile gelagert.[182] Bei Bruns in Westerburg diente das Clubzimmer als Tagesraum und der halbe Saal als Schlafraum für rund 40 Kriegsgefangene, vor allem Franzosen.[183] Insgesamt dürften während der Jahre von 1939 bis 1945 mehrere hundert Kriegsgefangene im Gemeindegebiet gewesen sein.

Neben den Lagern für Kriegsgefangene existierten weitere für ausländische Arbeitskräfte aus besetzten Gebieten, die teils angeworben, zum weit überwiegenden Teil jedoch zwangsverpflichtet worden waren.[184] Zu denen, die in das Deutsche Reich verschleppt wurden, gehörte auch Jan, ein schmächtiger Junge von gerade 16 Jahren aus Litzmannstadt (so nannten die deutschen Besatzer das polnische Lodz). Im Frühjahr 1942 erfolgte seine „Umvermittlung"[185] nach Deutschland. Später wird er erzählen, er sei „mitten in der Nacht aus dem Bett gerissen worden, seine anderen Brüder auch. Rein in den Zug und weg war er."[186] Jan landete schließlich auf dem Hof des Bauern Georg Kayser in Achternmeer. „Der Ortsbauernführer brachte ihn hierher." Auf dem Hof wurden ihm leichtere Feldarbeiten übertragen. Das Füttern des Viehs und das Melken war Aufgabe von Irina Jarosch, einer jungen Frau aus der Ukraine, die sich zur gleichen Zeit auf dem Hof befand. Außerdem wurde ein Kriegsgefangener aus Belgien namens Albert Roosen zu Arbeiten herangezogen. Die drei verrichteten gemeinsam mit Herta Kayser all das, was bislang Georg Kayser erledigt hatte - denn der war ja nun an der Front.

Eigentlich durften die drei ihre Mahlzeiten nicht gemeinsam mit Familienangehörigen einnehmen. Doch bei Kaysers hat man es - wie bei vielen anderen Bauern auch - mit solchen Bestimmungen nicht so genau genommen. Häufiger schickte der Ortsbauernführer einen „Wachmann" aus dem nahen Lager jenseits der Ammerländer Straße auf Kontrollgang. „Gerade um die Mittagszeit kam der nachschauen." Für Albert, Irina und Jan wurde dann ein Torfkasten neben dem Herd in der Küche zum Tisch umfunktioniert. „Und wenn jemand kam, dann flitzten sie mit ihren Tassen und Tellern an den Torfkasten". Auch sonst bewahrte sich Herta Kayser ihre Menschlichkeit. Ab und an trieb der Hunger polnische Frauen, die auf der Diele bei einem Bauern „hinter'm Busch" untergebracht waren, zu den umliegenden Höfen. Bei Herta Kayser gab es dann schon mal etwas Brot oder ein Ei. „Dann waren sie froh, dann bedankten sie sich zwei-, dreimal. Ich durfte ihnen ja kein Stück Brot mitgeben. ... Die kriegten ja einfach nicht satt."

Ebensowenig entging ihr, daß Jan unter starkem Heimweh litt. „Sein Heimweh wurde ja immer schlimmer. Und da wurde das Essen ja auch weniger." Jan nahm kaum noch Nahrung zu sich. Sein Zustand verschlechterte sich: „Die ließen ihn ja nicht nach Hause." Eines Nachts wurde Herta Kayser von ungewohnten Geräuschen geweckt. Sie schaute aus dem Fenster und sah Jan, der sich neben Stachelbeersträuchern niedergekniet hatte. „Ich seh ihn hier noch im Garten, wie er am beten war. ... Und das morgens um vier, halb fünf."[187]

Abb. 119 Der 16jährige Jan wurde aus Polen nach Deutschland verschleppt und arbeitete auf einem Hof in Achternmeer.

Zu einem schwarzen Tag im Leben des polnischen Jungen sollte der 12. Juni 1943 werden. Nach einer Untersuchung seiner „Arbeitseinsatzfähigkeit" wurde Jan „durch das Arbeitsamt Oldenburg der Ziegelei Dinklage, Oldenburg, Hundsmühlerstrasse, zugeführt." Herta Kayser begleitete ihn zur Ziegelei. Was weiter an diesem Tag geschah, läßt sich kaum mehr rekonstruieren. Jedenfalls wurde Jan noch am selben Tag in Polizeihaft genommen. Drei Tage später beantragte die Gestapo bei der Heil- und Pflegeanstalt Wehnen die Aufnahme des Jan K. „wegen Geistesgestörtheit".[188] Hier wurde er unter der Nummer 10.479 aufgenommen. Bei den Ärzten hinterließ der 17jährige einen ängstlichen und verstörten Eindruck. Auch verweigerte er den Akten zufolge hin und wieder die Nahrungsaufnahme. „Ein Rücktransport des K. wäre zu empfehlen. Der K. ist transportfähig", befand im Dezember 1943 ein Medizinalrat. Keine zwei Monate später hingegen sah der Oberarzt „kaum eine Aussicht, daß K. wieder entlassungsfähig oder arbeitseinsatzfähig werden wird." Am 25. März 1944, morgens um 7.15 Uhr, starb Jan an „Herz- und Kreislaufschwäche", wie es offiziell hieß. Die Eltern wurden von dem Tod ihres Sohnes vollkommen überrascht - sie hatten ihn als gesunden Menschen in Erinnerung.[189] Jan fand seine letzte Ruhestätte auf dem Friedhof in Ofen. Direkt hinter seinem Grabstein befindet sich der von Janina M.. Sie war am 11. Dezember 1943 vom „Lager Achternmeer", wo sie mit ihren Eltern untergebracht war, nach Wehnen gebracht worden. Das polnische Mädchen starb am 29. April 1944. Als Todesursache wurde „Lungenentzündung" notiert. Janina war ganze sechs Jahre alt.[190] Mit Konstantin W., der ebenfalls in einem Gemeinschaftslager in der Gemeinde Wardenburg untergebracht war, wurde am 17. Juni 1943 - also nur zwei Tage nach Jan K. - ein dritter junger Pole nach Wehnen eingewiesen. Seine Akte mit der Nummer 10.481 wurde schon eine Woche später geschlossen: Konstantin W. starb am 24. Juni 1943 im Alter von 22 Jahren „an einer allgemeinen Herz- und Kreislaufschwäche". Ob in Wehnen - wie in einigen anderen Heil- und Pflegeanstalten auch - Patienten der Euthanasie zum Opfer gefallen sind, wird derzeit untersucht.[191]

Im Laufe des Jahres 1944 begannen die Nationalsozialisten, die Räumung der Lager vorzubereiten, in denen zwangsverpflichtete Arbeitskräfte untergebracht waren. In einer Übersicht sind 67 Lager im Großraum Oldenburg aufgeführt - vier davon befanden sich auf dem Gebiet der Gemeinde Wardenburg. Die Gemeinde selbst zeichnete offenbar verantwortlich für ein Lager in Achternmeer, in dem zu dieser Zeit 19 Männer untergebracht waren. Im Lager Südmoslesfehn befanden sich 47 Männer, die im Torfstreuwerk Wittemoor arbeiten mußten. Weitere 48 Männer aus einem Lager in Harbern wurden in der Dampfziegelei Kettler (Mosleshöhe) eingesetzt. Im Torfwerk Dittmer & Kyritz (Klein Scharrel) schließlich arbeiteten 19 Männer sowie zwei Frauen, die ebenfalls in einem Lager in Harbern untergebracht waren. In diesen vier Lagern waren im Jahre 1944 somit 135 Menschen einquartiert. Dabei handelte es sich fast ausnahmslos um Männer - Polen und sogenannte „Ostarbeiter". Etwa zehn Männer sowie vier Frauen - überwiegend aus der Ukraine - waren zudem in zwei Baracken auf dem Betriebsgelände der Firma Schütte in Tungeln untergebracht.[192] Insgesamt lebten allein in diesen Gemeinschaftslagern im Bereich der Gemeinde Wardenburg rund 150 Zwangsarbeiterinnen und -arbeiter.

Kurz vor Kriegsende sollten die Lagerinsassen den Evakuierungsplänen zufolge in den Barackenlagern Harbern und Südmoslesfehn zusammengeführt werden. Von dort sollten sie gemeinsam mit jenen, die bis zuletzt auf den Bauernhöfen gearbeitet hatten, in die „Sammellager" nach Oldenburg und Friesoythe gebracht werden.[193] Vom „Durchgangslager Oldenburg-Rennplatz" sollte sich dann ein Zug von mehreren tausend Menschen, von bewaffneten Begleitern eskortiert, über Hundsmühlen, Tungeln, Oberlethe und Littel in Richtung Cloppenburg bewegen. Aus diesem „Marschplan" wurde allerdings nichts, weil sich gerade aus dieser Richtung die Front näherte. Der schnelle Vormarsch der Alliierten machte die Evakuierungspläne zunichte.[194]

An die, die nicht mehr in ihre Heimat zurückkehren konnten, erinnert heute am Rande des alten Wardenburger Friedhofs - umgeben von einer kleinen Hecke - ein Grabstein mit der Inschrift: „Hier ruhen 7 Polen". Sechs polnische Frauen und Männer im Alter von 24 bis 34 Jahren sowie ein gerade drei Wochen altes Baby kamen zwischen September 1943 und Mai 1945 in der Gemeinde Wardenburg ums Leben. Ein Ungar wurde auf dem neuen Friedhof beigesetzt.[195]

Das Verhältnis zwischen Fremden und Einheimischen war den Schilderungen zufolge gerade auf den Bauernhöfen in der Regel gut. Bilder, die sich noch heute in vielen Fotoalben finden, erinnern an die Frauen und Männer, die teils über Jahre auf den Höfen waren. Einige haben nach Kriegsende den Kontakt brieflich aufrechterhalten. Zugleich ist es ein offenes Geheimnis, daß auch in der Gemeinde Wardenburg Kriegsgefangene, Zwangsarbeiterinnen und -arbeiter drangsaliert und schikaniert wurden. Aus diesem Grund war beispielsweise der Verwalter eines Lagers in Harbern „verhaßt". Sein Nachfolger, der 1943 die Leitung des Lagers übernahm, hat sich wiederum „um eine humane Behandlung" der Internierten bemüht.[196] Unter den Kriegsgefangenen gefürchtet war sicher auch ein Bezirksoberwachtmeister, der, kein gebürtiger Wardenburger, in den Kriegsjahren zeitweise bei der hiesigen Gendarmerie stationiert war und häufiger zu den Bauernhöfen fuhr, wenn beispielsweise Kriegsgefangene ihre Arbeit nicht wie gewünscht ausführten.[197] Teils mußten Kriegsgefangene neben dem Fahrrad des Polizisten herlaufen, der sie mit einer Peitsche schlug. Der Polizist bewarb sich später auf eine Stelle im besetzten Polen, um Offizier zu werden. Hier kehrte er im Oktober 1944 von einem Streifengang nicht zurück.[198]

Das Ende naht:
Volkssturm, Tiefflieger und Durchhalteparolen

Im Herbst 1944 befahl Hitler, daß „aus allen waffenfähigen Männern im Alter von 16 bis 60 Jahren der deutsche Volkssturm zu bilden" sei - ein letzter Versuch, diesem ausweglos gewordenen Krieg noch eine Wende zu geben.[199] In den darauffolgenden Wochen wurden allerorten neue Einheiten vereidigt. Die Devise, die die Gauleitung Weser-Ems ausgab, lautete: „Dot - awer nich inne Knee!"[200] Ein altes Rauchhaus am Ortsrand von Wardenburg (an dieser Stelle stehen heute die Betonwerke) diente nun als „Wachstube des ‚letzten Aufgebots'".[201] Leiter des örtlichen Volkssturms war Wilhelm Vogelsang, der Wardenburger Volksschullehrer. Im März endete somit auch der Unterricht an der Litteler Schule, die zu einem Lazarett umfunktioniert wurde. Der Wardenburger Volkssturm - zumeist Männer von über 40 Jahren - hob nun Erdlöcher aus und errichtete im Gemeindebereich mehrere Panzersperren.[202] So richtig ernst wurde es hier allerdings erst in den letzten Kriegstagen: Nun mußten selbst Halbwüchsige, denen man eine Pistole in die Hand gedrückt hatte, gemeinsam mit älteren Männern neben Panzersperren unter anderem an der Garreler Straße Stellung beziehen.[203]

Die Landwirte waren in diesen Wochen bestrebt, die Pflanzkartoffeln noch rechtzeitig in die Erde zu bekommen, denn keiner wußte, ob nicht der nächste Winter Hunger bringen würde. Im Erdreich verschwand auch, was den Alliierten, die die Reichsgrenzen inzwischen überschritten hatten, nicht in die Hände fallen sollte. Manch einer rechnete gar mit einer Ausweisung aus dem Kampfgebiet und hatte vorsichtshalber Hab und Gut auf einen Wagen geladen.[204]

Selbst die Gauleitung in Oldenburg gab sich offenbar seit geraumer Zeit keinen großen Illusionen mehr hin. Schon im Herbst 1944 hatte man vor den Toren der Stadt mit dem Bau eines Sperriegels begonnen. Infanteriestellungen und Straßensperren sollten den „Feind" spätestens in Bümmerstede, Tungeln, Hundsmühlen und am Küstenkanal bei Moslesfehn zum Stehen bringen. Die Arbeiten an diesem Verteidigungsgürtel wurden im April 1945 aus aktuellem Anlaß fortgesetzt: Kanadier näherten sich am Südufer des Küstenkanals der inzwischen zur „Festung" erklärten „Gau-

hauptstadt". Durch Wardenburg und Oberlethe zogen in diesen Tagen verschieden-
ste deutsche Einheiten, die noch an die Front geworfen wurden.[205] Nach Einschätzung von Pastor Thorade hatten „viele Truppenteile an gutem ‚Preussentum' eingebüßt, wohl nicht an Einsatzbereitschaft, die erstaunlicherweise immer noch vorhält,
aber an ‚Haltung', die leicht ins Landsknechtsmäßige abgleitet, besonders bei den
Fuhrwerks-Kolonnen, - kein Wunder nach 5 Jahren Krieg!"[206]

Die größte Gefahr drohte zunächst aus der Luft. „Schon im März überflogen fast
täglich feindliche Tiefflieger unser Dorf."[207] Die Jagdbomber hatten vor allem die
Straßen im Visier, auf denen in diesen Tagen viele Flüchtlinge, ausländische Arbeitskräfte und deutsche Soldaten zu Fuß, mit Pferdegespannen oder Lastwagen unterwegs waren. Am 1. März 1945 attackierten zwei alliierte Flugzeuge ein deutsches Militärfahrzeug in der Nähe Wardenburgs und schossen den Opel-Blitz in Brand.
Während die Lkw-Insassen sich noch rechtzeitig in Sicherheit bringen konnten, ver-
brannte ein Hund in dem Wagen. „Am anderen Tag kamen dort Zivilisten, Russen
waren das, und die haben den Hund gegessen. Hunger tat ja weh damals."[208]

Die deutschen Soldaten wappneten sich so gut es ging gegen Angriffe aus der Luft.
„Zu damaliger Zeit war fast jedes Militärfahrzeug der Wehrmacht mit einem Späher
auf dem Kühler besetzt, der nach feindlichen Flugzeugen Ausschau zu halten hatte."
Zivilisten traf es dagegen oft unvorbereitet. Bei einem Fliegerangriff am 30. März
wurde beispielsweise in Charlottendorf ein Landwirt „mitsamt seinem Gespann zu-
sammengeschossen". Mehrere Polen, die ebenfalls auf der Straße unterwegs waren,
wurden verwundet. Heinrich Schütte suchte während solcher Angriffe gemeinsam
mit seiner Familie und den bei ihm einquartierten Flüchtlingen „auf dem Fußboden
des Hausflurs" Schutz von den Kugeln und Splittern.[209]

Am 12. April lenkte eine Fuhrwerkkolonne auf dem Pfarrhof die Aufmerksamkeit
der Piloten erneut auf Wardenburg. Bei dem nun folgenden Angriff starben zwei Soldaten. Die Jagdbomber schossen außerdem zwei Häuser in Brand, darunter in direkter Nachbarschaft der Kirche das Haus von Diedrich Wichmann. Die kunstvollen
Glasfenster der Kirche hatte man vorher in Sicherheit gebracht.[210]

Die Oldenburgische Staatszeitung bemühte sich derweil, die Menschen des
„Nordseegaues" mit Berichten über den „Werwolf" oder über „Greuel" der Kriegsgegner dazu zu bewegen, den aussichtslosen Kampf „auf Biegen oder Brechen" und
„wie die wildesten Berserker" weiterzuführen.[211] Gleichwohl mußte das Blatt schon
Mitte April einräumen, daß sich der „Feinddruck im Gau verstärkt" habe - der „Ka-
nonendonner, der am Sonntag in der Gauhauptstadt in erheblicher Stärke zu hören
war", ließ keinen anderen Schluß zu, stamme jedoch, wie man noch glauben machen
wollte, von der deutschen Artillerie.[212] Friesoythe war bereits am 14. April bei hefti-
gen Kämpfen zwischen Kanadiern und deutschen Fallschirmtruppen zu etwa 80 Prozent zerstört worden. Am Tag zuvor hatten sich britische und deutsche Soldaten erbitterte Kämpfe in Cloppenburg geliefert. Einige der beteiligten deutschen Einheiten
wurden nun zurückgezogen; sie sollten in aller Eile einen neuen Sperriegel im Bereich von Littel und Beverbruch aufbauen. Die Gefechtsstände zweier deutscher
Fallschirmjäger-Divisionen befanden sich inzwischen in Petersdorf (später verlegt
nach Jeddeloh) und Sandkrug (später Hundsmühlen). Am späten Abend des 16. April

bezog die 8. Fallschirmjäger-Division ihre neue Position am Ostrand des Vehnemoores entlang der Lethe. Das Moor trennte sie von kanadischen Soldaten; diese hatten inzwischen den Westrand des Vehnemoores erreicht. In der folgenden Nacht
überquerten die Kanadier bei Edewechterdamm mit Booten erstmals den Küstenkanal. Der seit längerem angestrebte Bau einer Pionierbrücke über den Kanal gelang ihnen allerdings erst nach verlustreichen Kämpfen am 19. April. Einige Tage später
nahmen die Kanadier Edewecht ein. Weiter östlich stand Ganderkesee, das am
21. April von schottischen Verbänden eingenommen wurde, in Flammen.[213]

Die „Hauptkampflinie" - quer durch Charlottendorf

Zum Erliegen kam der Vormarsch der alliierten Truppen dagegen südlich von Wardenburg. Über mehrere Tage hinweg blieb die Front entlang einer Linie Nikolausdorf - Hengstlage - Hatten weitgehend unverändert. Im Kriegstagebuch einer
Panzerausbildungsabteilung, deren Gefechtsstand sich in Westerburg befand, heißt
es am 16. und am 17. April: „Der Tag verläuft außerordentlich ruhig".[214] Abgesehen
von Bombenangriffen auf Oldenburg - und hier unter anderem auf die Kasernen in
Kreyenbrück - gab es in diesen Tagen aus Sicht des Tagebuchschreibers „keine besonderen Ereignisse". Am 20. April, dem Geburtstag Hitlers, notierte er pflicht-
gemäß die Verleihung des Eisernen Kreuzes an mehrere Unteroffiziere und Mannschaften. Ansonsten sei die „Lage unverändert."[215]

Den ungefähren Verlauf der sich nähernden Front verriet der Geschützdonner.
Der zunehmende Artilleriebeschuß, der zunächst den Dörfern im südlichen
Gemeindebereich galt, konnte die Bewohner auch umliegender Ortschaften nicht
daran hindern, inzwischen unbewachte Lebensmittellager einer Oldenburger Firma
in den Sälen der Gaststätten Paradies (Höven) und Bruns (Westerburg) zu plündern.[216] In den Dörfern war man inzwischen - nach der Abschaltung des Stroms und
der Zerstörung der Fernsprechzentrale in der Wardenburger Postagentur - auf die
Oldenburgische Staatszeitung oder mündliche Nachrichten angewiesen, die sich
allerdings teils widersprachen und die Unsicherheit der Bewohner eher noch ver-
größerten.

Am 21. April wurde die Front nach dem Abzug einer Einheit aus der „Haupt-
kampflinie" zurückverlegt. Entlang einer Linie Landwehrgraben - Beverbrok harrten deutsche Soldaten nun der Dinge, die da kommen sollten. In und um Westerburg
wurden mehrere gepanzerte Fahrzeuge sowie zwei Selbstfahrlafetten in Stellung gebracht. Auch in Höhe des Wirtshauses am Tüdick standen zwei Selbstfahrlafetten.
Fallschirmjäger gingen mit zwei Sturmgeschützen am Fladder in Position. Der Kommandeur verfolgte das Geschehen nun von Tungeln aus. Am 23. April 1945 vermerkte der Schreiber des Kriegstagebuchs einen „Feindangriff bei Hengstlage", am
25. April „lebhafte Artillerietätigkeit auf dem linken Flügel der Division, insbesondere bei Sandkrug. Sonst keine besonderen Ereignisse."[217]

Alfred Schmidt kann sich dagegen noch gut an ein Ereignis am 24. April erinnern.
An diesem Tag wurde die Windmühle in Westerburg, die sein Vater 1906 auf einer

Anhöhe errichtet hatte, zerstört: „Ich war damals noch ein Jugendlicher und hatte von meinem Vater den Auftrag, täglich nach den Rindern zu sehen, die auf der Weide an der Lammer, nahe der Ortschaft Charlottendorf-Ost, weideten. Am 24. April war ich mit zwei deutschen Soldaten in die Mühle hinaufgestiegen, mit einem Fernrohr konnte ich oben durch ein Fenster unsere Rinder und die des Nachbarn Ricker beobachten und zählen. Dabei bemerkte ich, daß plötzlich feindliche Panzer auftauchten, die ihre Geschützrohre auf die Mühle richteten. Schnell kletterte ich mit den Soldaten die Mühlentreppe herunter und wir verließen fluchtartig die Mühle. Da krachte auch schon der erste Schuß, der zweite traf die Kuppel. Weitere Treffer trafen den Mühlenrumpf. Ich sah dann, wie das dort gelagerte Korn herunterfiel. Ich war glücklich, daß wir uns noch rechtzeitig ins Freie retten konnten.“[218]

Abb. 120   Die Mühle in Tungeln wurde - wie die in Westerburg - in den letzten Kriegstagen zerstört. Mühlen waren häufiger das Ziel der alliierten Vorstöße, weil sie den deutschen Soldaten als Aussichtsturm oder Flakstellung dienten.

Grete Hoppe, die offenbar den gleichen Vorstoß von anderer Stelle aus miterlebte, zählte fünf Panzer, die aus Richtung Hegeler Wald kamen. Vor einem verminten Weg stoppten die Panzer, richteten ihre Geschützrohre auf die Mühle sowie verschiedene Höfe in Westerburg und Charlottendorf-Ost und feuerten. Als Grete Hoppe ihren Erdbunker wieder verließ, waren mehrere Häuser schwer beschädigt.[219] Zu den ersten Häusern, die in Charlottendorf zerstört wurden, gehörten das von Kaufmann Stöver sowie die Höfe von Bürgermeister Kretzer - hier hatte sich noch kurz zuvor ein deutscher Befehlsstand befunden - und von Ortsgruppenleiter Brunken.[220]

Bald eine Woche dauerten die Kämpfe um Charlottendorf an. Die Oldenburgische Staatszeitung berichtete hierüber am 26. April in gewohnter Manier: „Unsere Nahkämpfer traten besonders im Raume Wardenburg den von dort auf die Gauhauptstadt vorfühlenden Aufklärungskräften des Feindes entgegen und schossen zahlreiche gepanzerte Fahrzeuge ab."[221] Im Kampfgebiet selbst flüchtete währenddessen Johanne Holdorf, deren Mann noch im Krieg war, mit ihren sechs Kinder im Alter von drei bis 15 Jahren von Keller zu Keller, von Bunker zu Bunker. Ein Zufluchtsort nach dem anderen wurde bei den Kämpfen zerstört. In einem der Bunker warteten 27 Menschen auf das Ende der Kämpfe.[222]

Tagsüber waren die Kanadier im Ort, in der Nacht, wenn es ruhiger zuging, kamen die Deutschen. So ging es über mehrere Tage hin und her. Allein das Haus der Familie Schütte erhielt fünf Treffer - drei von der einen und zwei von der anderen Seite.[223] „Dann, am 25. oder 26. April kamen Kanadier zu unserem Bunker und befahlen uns, in kürzester Zeit unser Haus zu verlassen, nur mit dem Nötigsten und zu Fuß auf Umwegen (die Straße war vermint). Zehn Tage wohnten wir in der Sager Schule. Am 5. Mai kehrten wir zurück. Der Krieg war beendet! Charlottendorf war sehr zerstört. Sechzehn Häuser lagen in Schutt und Asche, elf Personen fanden während der letzten Kampfhandlungen den Tod."[224] Während sich die Familie Schütte in der Sager Schule bereits in Sicherheit wähnen konnte, setzten die alliierten Soldaten ihren Vormarsch fort. In Westerburg brannten in diesen Tagen nach einem Beschuß durch Kampfpanzer die Höfe von Dannemann, Fischer, Küter, Neunaber und Schmidt nieder.[225] Daß in den folgenden Tagen größere Kampfhandlungen um andere Orte im Bereich der Gemeinde weitgehend ausblieben, verdankten die Bewohner sicher auch dem glücklichen Umstand, daß die deutschen Befehlshaber ihre ursprüngliche Absicht aufgaben, aus der Gauhauptstadt Oldenburg eine „Festung" zu machen.[226]

Die letzten Kriegstage

Am 28. April begannen die noch im Raum Wardenburg stehenden Wehrmachtseinheiten mit ihrem Rückzug.[227] Am Abend dieses Tages machte sich allerdings in Littel eine Gruppe von Soldaten in umgekehrter Richtung auf. Beverbruch hieß das Ziel des Stoßtrupps. „Er besteht aus Fahnenjunker-Unteroffizieren eines bunt zusammengewürfelten Ersatzregiments und hat einen besonderen Auftrag. Im Schutz der Dunkelheit nähern sich die Männer der Gastwirtschaft Meyer am Nordrand des

Dorfes. Da sie nicht den Kanadiern in die Hände fallen wollen, gehen sie äußerst vorsichtig vor und erreichen erst gegen 3 Uhr morgens den Gasthof."[228] Josef Meyer wurde unsanft geweckt, „über die Lage in Beverbruch ausgefragt und schließlich zum Mitkommen aufgefordert." Die Soldaten nahmen den 62jährigen Gastwirt in ihre Mitte und gingen mit ihm in Richtung Littel. „Etwa 300 Meter nördlich des Gasthofes richten plötzlich zwei der Unteroffiziere ihre Maschinenpistolen auf Meyer und drücken gleichzeitig ab. Der Gastwirt bricht tot zusammen. Mehr als 30 Einschüsse weist sein Leichnam auf."[229] Meyer wurde regelrecht hingerichtet, weil er als „Rädelsführer" der kriegsmüden Bewohner von Beverbruch galt. Einige Bewohner des Dorfes hatten Minen entschärft, die von deutschen Pionieren gelegt worden waren. Und sie hatten, als die Kanadier anrückten, weiße Fahnen zum Fenster herausgehängt. Die Mörder von Josef Meyer blieben unbehelligt.[230]

Ein ähnliches Schicksal wie Josef Meyer drohte auch den Soldaten, die sich von ihrer Truppe entfernt hatten und im nahen Moor auf ein schnelles Ende des Krieges hofften. Als Mitarbeiter von Rote Erde am 1. Mai 1945 zu dem Moorgut zurückkehrten, „sahen sie überall in den Torfhütten versteckte und verkleidete Soldaten."[231] Die Flüchtigen hatten den Glauben an den „Endsieg" aufgegeben. Mindestens zwei von ihnen sollten das Kriegsende nicht mehr erleben. Die beiden hatten sich ganz in der Nähe, am Vehnberg, in einem Schuppen versteckt. „Sie bekamen täglich Essen zugesteckt. Eines Tages um 9 Uhr fuhr plötzlich die SS mit einem Lastwagen vor und holte die beiden." In Oberlethe mußten sich die „Väter von fünf und sechs Kindern" auf den Lastwagen stellen. Man legte ihnen eine Schlinge um den Hals und fuhr den Lastwagen unter ihren Füßen fort.[232] Nach Darstellung von Pastor Thorade wurden in Oberlethe zwei Soldaten zunächst erschossen und dann „an Straßenbäumen aufgehängt".[233] Ob Thorade dieselben Opfer oder andere Soldaten vor Augen hatte, läßt sich zweifelsfrei nicht sagen. Offenbar hingen auch „an der Straße zwischen Tungeln und Oberlethe mehrere deutsche Soldaten an Bäumen: ‚aufgeknüpft wegen Fahnenflucht'."[234] Das gleiche Bild bot sich all jenen, die auf der Straße von Tungeln nach Kreyenbrück fuhren: „Da hingen auch welche."[235] Des weiteren wurden an der Straße zwischen Wardenburg und Tungeln (Südheide) „in Richtung Oldenburg fahrende Fahrzeuge kontrolliert und Deserteure herausgeholt. Diese wurden im Schnellverfahren verurteilt und mit dem Tode bestraft."[236] Der nahe Schießplatz diente offenbar als Hinrichtungsstätte. Schon in den Morgenstunden des 1. Februar 1945 hatte man hier Heinrich Bootz, einen 29jährigen Soldaten aus Mittelfranken, erschossen. Ein Militärgericht (Division 480) hatte das Todesurteil verhängt. Ob derartige Urteile häufiger auf dem Schießplatz in Tungeln vollstreckt wurden, konnte nicht festgestellt werden.[237] Gleichwohl gibt es Hinweise darauf, daß Deserteure, die man in Oldenburg gefaßt hatte, von der Kaserne in Kreyenbrück mit Lastwagen zum Schießstand gebracht und dort hingerichtet wurden. Als verantwortlich für diese Taten galten Sondereinheiten, auch „Kettenhunde" genannt, die regelrecht Jagd auf Deserteure machten. Die meisten Wardenburgerinnen und Wardenburger waren offenbar entsetzt - bei ihnen mischte sich in diesen Tagen Angst mit Entrüstung.

Bevor die letzten deutschen Soldaten Wardenburg verließen, sägten sie mitten im Ort noch mehrere dicke Eichen um, die die kanadischen Panzer aufhalten sollten. Es war nicht das einzige Hindernis dieser Art. „Die Lindenallee zwischen dem alten Gemeindebüro (Marschweg) und Südheide ... wurde in eine Panzersperre verwandelt, indem die Bäume gefällt und Stamm an Stamm auf die Straße gestürzt wurden. Abends, es muß wohl der 30. April gewesen sein, begann man mit dem Sprengen der Brücken in unserer Umgebung. Danach setzte starker Motorenlärm ein. Das deutsche Militär zog in Richtung Oberlethe ab. Dann wurde auch die Lethebrücke gesprengt, und es kehrte Ruhe ein."[238]

Diese hielt allerdings nicht lange vor. Schon in der folgenden Nacht mußte die Familie von Friedrich von Essen, der damals 13 Jahre alt war, mehrfach ihre Bleibe wechseln. Vor den Granaten suchten sie zunächst Schutz in einem Bunker an der Hunte. Hier setzte ihnen starker Regen- und Schneefall derart zu, daß sie Zuflucht auf der Diele eines Verwandten an der Astruper Straße suchten. Als dann die Granaten in unmittelbarer Nähe einschlugen, kehrte man in den Unterstand an der Hunte zurück. „Die ganze Nacht konnten wir die Abschüsse und teilweise die Einschläge hören." Splitter töteten in dieser Nacht in Wardenburg einen Flüchtling vor Barelmanns Haus. Am nächsten Morgen beobachtete Friedrich von Essen durch ein Fernglas, wie sich die alliierten Truppen Wardenburg näherten. „Sie kamen nur im Schritttempo voran, da die Straße mit Tellerminen bestückt war, die erst entschärft und entfernt werden mußten."[239]

Am Vormittag des 1. Mai, einem Dienstag, richteten sich die Geschützrohre der kanadischen Panzer auf Wardenburg. Widersprüchlich sind bis heute die Angaben darüber, wer nun mit einem weißen Tuch in der Hand den Kanadiern entgegenging. War es Gustav Kretzer, der Bürgermeister?[240] War es ein Zwangsarbeiter aus Polen?[241] War es ein belgischer Kriegsgefangener namens Felix, der bei der Molkerei beschäftigt war?[242] Oder kommt am Ende einem niederländischen Zwangsarbeiter das Verdienst zu, Wardenburg vor weiterer Zerstörung bewahrt zu haben? Möglicherweise sind auch zwei oder drei Versionen zutreffend, weil sich mehrere Personen gemeinsam oder auch an verschiedenen Stellen mit einer weißen Fahne auf den Weg machten. Jedenfalls wurde den Kanadiern noch vor Wardenburg die Botschaft überbracht, daß sich keine deutschen Soldaten mehr im Ort aufhalten würden. Die Kanadier rückten nun vor bis zu der Panzersperre, die Wehrmacht und Volkssturm aus Baumstämmen und Sand in Höhe der heutigen Betonwerke errichtet hatten. Diese Sperre mußten nun in der Nähe wohnende Zivilisten unter vorgehaltener Waffe zur Seite räumen. Gegen Mittag zogen die kanadischen Panzer ungehindert in Wardenburg ein.[243] Auch hier hatte man schnell noch die vorhandenen Lebensmittelreserven verteilt und ebenso wie Wertsachen in Verstecken verschwinden lassen. Eine Frau näherte sich einem Panzer sogar mit einem Weckglas in der Hand, weil dieser ein solches Versteck zu überfahren drohte - mit Erfolg: „Der Panzerfahrer erkannte die Situation, setzte sein Gefährt zurück und umfuhr die Grube in elegantem Bogen."[244] Im weiteren Verlauf dieses ersten Maitages sei Wardenburg dann - so der Eindruck von Pastor Thorade - „zur Plünderung freigegeben" worden. „Die Soldiers gehen, Maschinenpistolen schußbereit, durch die Häuser, und nehmen mit, was ihnen gefällt, im Pfarrhaus z.B. ein Fernglas, eine Armbanduhr, das Radio und die ,silberhelle' Geige, ein altes Erbstück." Danach allerdings hätten sich die Kanadier „durchweg ordentlich" aufgeführt.[245] Sophie Kretzer, die Tochter des Bürgermeisters, führte die Soldaten durch das Haus mit den Gemeindebüros: „Die haben mir nichts getan. Ich war nicht bange." Die große Büste von Hitler, die zum Inventar des Gemeindebüros gehörte, war zuvor in der Hunte versenkt worden.[246]

Von Tungeln aus gingen ebenfalls noch am 1. Mai Georg Brand, Erich Dannemann und Diedrich Friedeberg mit einer weißen Fahne in der Hand den Kanadiern entgegen. In Wardenburg teilte Zimmermeister Brand „den kanadischen Offizieren mit, daß sich in Tungeln keine deutschen Soldaten mehr befänden und der Ort kampflos übergeben würde." Am nächsten Tag näherten sich daraufhin kanadische Panzer dem Ortseingang von Tungeln; „die drei Tungeler mußten an beiden Seiten auf den Bermen nebenhergehen. Zwar hatte Georg Brand erklärt, daß zwischen Tungeln und Wardenburg keine Minen gelegt worden seien, doch die Kanadier waren mißtrauisch." Eine Panzersperre mußte auch hier von herbeigerufenen Dorfbewohnern weggeräumt werden. Halbwüchsige lotsten die Panzer nun um die letzten Sprengsätze herum. Erneut durchkämmten kanadische Soldaten Haus für Haus. Die Bewohner trafen sie überwiegend im Keller an. An den Moment, als ein Soldat mit einer Pistole in der Hand die Treppe herunterkam, erinnert sich Erika Labohm: „Die Erwachsenen hoben die Arme (für mich 12jährige ein schockierender Anblick), doch der Soldat winkte ab und verlangte ihre Ausweise." Die kanadischen Soldaten, die Tungeln am 2. Mai durchsuchten, hat sie als „ruhig und besonnen" in Erinnerung.[247]

Hunte und Lethe, deren Wasser gestaut war, trennten die Kanadier nun von mehreren deutschen Volkssturmkompanien, die zu dieser Zeit noch bei Hundsmühlen standen. Die Brücken, die im Bereich von Tungeln über die beiden Flüsse führten, hatten die Deutschen bereits Tage zuvor gesprengt. Kanadische Pioniere errichteten sofort eine provisorische Straßenbrücke über die Hunte, um den Vormarsch in Richtung Oldenburg fortsetzen zu können. Am Morgen des 3. Mai zogen die ersten Kanadier über Osternburg und Wüsting in Oldenburg ein.[248] Weitere zwei Tage später, am Morgen des 5. Mai, kapitulierten die letzten noch in Nordwestdeutschland stehenden Wehrmachtseinheiten.

Die Spuren der letzten Kriegstage waren in der Gemeinde Wardenburg unübersehbar. Längs der Wege und Felder lagen zahlreiche Tretminen, die vielen noch nach Kriegsende zum Verhängnis wurden. Deutsche Soldaten hatten unter anderem an der Garreler Straße eine Panzersperre errichtet und vermint. Die Kanadier untersuchten die Sperre auf Minen, ohne fündig zu werden. „Da gingen Martha Pöpken, ihr Sohn Hans, Herta Kröger und Karl Hemmelskamp, um sich das Holz zu holen. Eine Mine explodierte plötzlich, riß Martha ein Bein ab und tötete den zwölfjährigen Hans und verletzte Herta Kröger schwer, die im gleichen Jahr noch an den Folgen starb. Auch Karl Hemmelskamp lag lange mit der Verletzung im Krankenhaus."[249]

Durch Minen und herumliegende Handgranaten verloren nach Kriegsende noch über 20 Menschen in der Gemeinde Wardenburg ihr Leben, darunter allein in Charlottendorf-Ost mehrere Kinder und Jugendliche. Die Flüchtlingsfrau Berta Westerholt starb hier gemeinsam mit ihren zwei Kindern. Jeweils zwei Kinder verloren auch die Familien Staak und Demmert. Der 17jährige Herbert Anton starb bei dem Versuch, eine Mine zu entschärfen.[250] Mehr Glück hatten einige Jungen aus Littel, die, damals gerade 14 oder 15 Jahre alt, einige Dutzend Minen wegräumten.[251]

Hatte Pastor Thorade normalerweise vier oder fünf Beerdigungen im Monat, so mußte er im April, Mai und Juni 1945 dieser traurigen Pflicht fast täglich nachkommen. Anfangs handelte es sich häufig um „Gefallene, die nach dem 1. Mai hier und da in der Gemeinde liegen, und solche, die am Ort ihres Todes zunächst in Einzelgräbern bestattet" wurden.[252] Soldaten aus Hannover und Dresden, aus Bonn, Bielefeld und Hamburg hatten in der Gemeinde in den letzten Kriegstagen ihr Leben gelassen. Mehrfach mußten auch unbekannte Soldaten zu Grabe getragen werden. Außerdem wurden noch 1945 fünf britische Flieger in Wardenburg bestattet. Höher war allerdings die Zahl der Opfer unter den Zivilisten. Tiefflieger und Minen machten keinen Unterschied zwischen Einheimischen und Flüchtlingen, zwischen Deutschen und Ausländern.[253]

Wieviele Wardenburger auf den Schlachtfeldern in Europa, Nordafrika oder andernorts verletzt oder verstümmelt wurden, ist nicht bekannt. Die Zahl der Soldaten aus der Gemeinde, die aus diesem Krieg nicht zurückkehrten, geht in die Hunderte. Es gab Eltern wie Diedrich und Meta von Essen aus Astrup, die bekamen gleich viermal „die Nachricht überbracht, daß wieder einmal ein Sohn ‚Für Führer, Volk und Vaterland' gefallen sei."[254]

Anmerkungen

[1] NSL vom 5. Februar 1933.

[2] NSL vom 8. Februar 1933. Vgl. hierzu auch Brenning, 12.

[3] NSL vom 3. März 1933.

[4] Der Antrag findet sich im StAO Best. 230-1 Nr. 95. In den NSL fand sich kein Hinweis auf die SPD-Veranstaltungen.

[5] NSL vom 4. März 1933.

[6] NSL vom 8. März 1933. Die Aufstellung der „Einwohnerwehr" geschah auf Anordnung des Amtes Oldenburg. Vielerorts wurden im Vorfeld der Wahl vom 5. März 1933 Verbände der SA und SS als Hilfspolizei eingesetzt.

[7] Fritzsche, 61.

[8] Vgl. Geschichte des Landes Oldenburg, 446f.

[9] Vgl. NSL vom 6. März 1933.

[10] NSL vom 23. März 1933.

[11] NSL vom 21. März 1933.

[12] NSL vom 22. April 1933.

[13] NSL vom 29. April 1933.

[14] NSL vom 19. April 1933. Mit dem „Vorläufigen Gesetz zur Gleichschaltung der Länder mit dem Reich" vom 31. März 1933 wurde auch das Oldenburgische Landesparlament entsprechend dem Ergebnis der vorangegangenen Reichstagswahl umgebildet.

[15] Vgl. NSL vom 24. Mai 1933.

[16] NSL vom 1. Juni 1933.

[17] NSL vom 17. Juni 1933.

[18] Vgl. NSL vom 23. Juni 1933. „Ob es nun taktischer Opportunismus, wirkliche Überzeugung oder eine Mischung daraus war"- eine Antwort auf die Frage, was Dannemann über DNVP und Kampffront schließlich zur NSDAP führte, wird sich auch nach Ansicht von Haupt (Biographisches Handbuch, 141) kaum mehr finden lassen.

[19] NSL vom 1. Juli 1933. Auf Differenzen deutet auch die Tatsache, daß mehrere Ausschußmitglieder und Bezirksvorsteher ihre Ämter niedergelegt haben.

[20] NSL vom 29. Juli 1933. Vgl. auch den detaillierten Bericht über die „Vermögens- und Kassenverhältnisse" in der Ausgabe vom 26. Juli 1933.

[21] Ratsprotokoll vom 21. Dezember 1933, in: GAW.

[22] Vgl. die Mitteilung der Justizpressestelle sowie die Darstellung „von privater Seite" in: NSL vom 21. Dezember 1933. Vgl. auch den von hämischen Untertönen nicht freien Bericht in der Ausgabe vom 23. Dezember 1933.

[23] Brief Diedrich Dannemanns vom 26. Dezember 1933, zitiert nach NSL vom 28. Dezember 1933. Schon vorher habe Dannemann angegeben, die Gelder in Nordwolle-Aktien angelegt und so die Verluste gemacht zu haben; vgl. hierzu NSL vom 21. Dezember 1933.

[24] NSL vom 28. Dezember 1933. Vgl. auch Biographisches Handbuch, 141.

[25] Vgl. hierzu auch 700 Jahre Wardenburg, 204.

[26] Ratsprotokoll vom 28. Dezember 1933; vgl. auch das Protokoll vom 19. Februar 1934. Danach ist von der Erbschaft noch am 16. April 1934 und dann erst wieder am 17. März und 28. April 1947 die Rede - wobei die Protokolle von 1936 bis 1945 fehlen. Zur Ehrung des „Großherzogs" vgl. das Ratsprotokoll vom 28. Februar 1931.

[27] Nationalsozialismus, 80.

[28] Gespräch mit Sophie Müller, der Tochter von Gustav Kretzer, am 22. Februar 1995. Vgl. auch Charlottendorf-Ost, 97, sowie die teils unzutreffenden Angaben in: NSL vom 2. Juli 1933. Informationen zu den Funktionsträgern verdanke ich des weiteren einem Gespräch mit Hans-Helmut Bischof am 11. Mai 1995. Vgl. auch NSL vom 11. Februar 1937.

[29] Einige Jahre später - vermutlich im Winter 1935/36 - wurde die Ortsgruppe Wardenburg geteilt. Wardenburg und die Dörfer im südlichen Gemeindebereich bildeten eine Ortsgruppe, die weiterhin unter der Leitung von Hinrich Brunken stand. Im Norden der Gemeinde entstand eine eigenständige Ortsgruppe, die den Bereich um Achternmeer und Moslesfehn umfaßte. Diese Ortsgruppe traf sich zu ihrem „Monatsappell" in der Regel bei Büsselmann am Kanal. Vgl. hierzu beispielsweise die NSL vom 24. Februar 1937.

[30] Gespräch mit Friedrich von Essen am 20. Juli 1995.

[31] Gespräch mit Hans-Helmut Bischof am 11. Mai 1995. Zu den Ausnahmen rechnet Bischof seinen Lehrer in Westerholt, Friedrich August Runge. Dieser habe ebenso wie Pastor Thorade „von Hitler nichts wissen" wollen. Runge gehörte neben Säfken (Achternmeer), Finke (Tungeln) und Schröder (Westerburg) zu den Lehrern, die über das Jahr 1945 hinaus im Amt blieben; vgl. hierzu Johann Meyer, Lehrerpersonalchronik, Bd. II, Amt Oldenburg, 59ff., (Manuskript) in: AOL. Zu den erwähnten Funktionen vgl. auch Nationalsozialismus, 151ff. Die Politischen Leiter trafen sich später regelmäßig zu Schulungen im „Parteiheim" Oeljen. Wiederholt referierte hier der Schulungsleiter über Themen wie „das jüdische Wesen und die jüdische Kampfesart." (NSL vom 15. Februar 1937)

[32] NSL vom 23. Juni 1933; vgl. auch die Ausgabe vom 26. Juni 1933.

[33] NSL vom 17. Oktober 1933.

[34] NSL vom 29. September 1933; vgl. auch die Ausgabe vom 4. Januar 1934.

[35] NSL vom 5. November 1933. Zur Wardenburger Arbeitsgemeinschaft zählten auch die Schulen in Hatterwüsting, Streek und Streekermoor.

[36] NSL vom 15. September 1933.

[37] NSL vom 11. Mai 1933.

[38] Die Hitlerjugend in der Gemeinde Wardenburg teilte sich später in zwei Gefolgschaften. Hans-Helmut Bischof, der 1935 aus der Schule entlassen wurde, ging zur Wardenburger Hitlerjugend und wurde hier erst Kameradschaftsführer, dann Zugführer und schließlich Gefolgschaftsführer (Gespräch am 11. Mai 1995). Vgl. zu Hitlerjugend und Jungvolk auch: Nationalsozialismus, 90ff. und 102f.

[39] NSL vom 9. September 1933; vgl. auch die Ausgaben vom 8. November 1933 und 28. Januar 1934.

[40] NSL vom 23. November 1933.

[41] NSL vom 14. Dezember 1933.

[42] Fischbeck, 47. Fischbeck berichtet, daß sein Großvater, der „kein Freund der Nationalsozialisten war", ihm immer dann, wenn das Jungvolk auf dem Schützenplatz antreten sollte, Arbeit zuteilen wollte. Sein Vater, der „das anders" sah, habe ihn dann zum „Dienst" geschickt.

[43] Sei wie ein Veilchen im Moose, 99. Auf die Organisationen für Mädchen innerhalb der Wardenburger Hitlerjugend findet sich in den NSL des Jahres 1933 kein Hinweis.

[44] NSL vom 28. Januar 1934; vgl. auch die Ausgaben vom 16. Januar 1934 und 11. November 1935.

[45] NSL vom 23. Oktober 1935.

[46] Festschrift Raiffeisenbank, 21.

[47] Vgl. Ratsprotokoll vom 19. April 1933 sowie NSL vom 21. April 1933. Im Mai nahm ein neuer Aufsichtsrat die Arbeit auf, in dem nun auch führende Nationalsozialisten aus Wardenburg vertreten waren; vgl. hierzu NSL vom 13. Mai 1933.

[48] So Diedrich Oltmanns in einer gemeinsam mit Werner Hegeler verfaßten Rückschau, in: 700 Jahre Wardenburg, 143. Dagegen heißt es in der Festschrift der Raiffeisenbank (21), daß von einer Preisanhebung „vorläufig kaum etwas zu merken" war: „Zwar war den Bauern ein ‚gerechter Preis' versprochen worden, aber darauf sollte man noch Jahre warten müssen."

[49] NSL vom 20. November 1933; vgl. auch die Ausgabe vom 13. Januar 1934 sowie 700 Jahre Wardenburg, 186. In den einzelnen Bauerschaften sollten die Bauern sogenannte „Dorfbünde" bilden; vgl. hierzu auch die NSL vom 25. Juli 1933.

[50] Diese Kritik wurde in der Festschrift der Raiffeisenbank (21) formuliert.

[51] NSL vom 18. November 1933.

[52] NSL vom 11. November 1933; vgl. auch die Ausgaben vom 12. und 15. August 1933 sowie vom 3. Februar 1934. Anfang 1934 gehörten dem SA-Reitersturm Wardenburg 36 Mitglieder der ehemaligen Reitervereine Wardenburg und Höven an. Zur Haltung der Presse vgl. auch Günther, Land Oldenburg, 111ff. Nach Günther (120) „wetteiferten" die NSL „an strammer Gesinnung" mit der Oldenburgischen Staatszeitung, dem „Verkündungsblatt der Nationalsozialistischen Deutschen Arbeiterpartei, des Reichsstatthalters und der Oldenburgischen Staatsregierung" (Untertitel der Staatszeitung).

[53] NSL vom 7. November 1933; vgl. auch die Ausgabe vom 3. November 1933. Neben Aßling war auch der Kreisleiter von Delmenhorst, Gustaf A. Sturm, häufiger in Wardenburg.

[54] Bracher/Funke/Jacobsen, Nationalsozialistische Diktatur, 34.

[55] Zitiert nach Günther, Land Oldenburg, 124.

[56] Vgl. NSL vom 13. November 1933. Bei der Reichstagswahl lag der Anteil der ungültigen Stimmen sowohl im Amt Oldenburg (8,8 Prozent), im Landesteil Oldenburg (9,4) als auch im Freistaat Oldenburg (9,3) deutlich über dem von Wardenburg.

[57] Geschichte des Landes Oldenburg, 452.

[58] Zu dieser Verwaltungsreform vgl. Geschichte des Landes Oldenburg, 450ff., NSL vom 29. April und 4. Mai 1933 sowie Beckmann, o. S. Wardenburgs Gemeindegrenzen änderten sich zwei Jahre später: 1935 wurde ein Teil der Ortschaft Bümmerstede eingemeindet. 1948 ging dann ein Stück des ehemaligen Bümmersteder Exerzierplatzes, der im Bereich der Gemeinde Wardenburg lag, an die Stadt Oldenburg; vgl. hierzu das Ratsprotokoll vom 20. September 1935 sowie Kreisbeschreibung, 15.

[59] Voesgen/Winkler, 31.

[60] Voesgen/Winkler, 37.

[61] Das Folgende stützt sich vor allem auf die Dar-

stellung von Sommer. Die Unterlagen zur Kirchenratswahl befinden sich nach Sommer in: KAW Nr. 80.

[62] Vgl. Fragebogen zur Situation in den Gemeinden, in: KAW Nr. 43.

[63] Gespräch mit Hans-Helmut Bischof am 11. Mai 1995.

[64] Sommer, 266.

[65] Sommer, 266 (Fußnote 72). Sommer verweist auf entsprechende Vermerke im Protokollbuch des Kirchenrats, in: KAW, Nr. 79 „B", 11ff.

[66] Eintrag in der Wardenburger Kirchenchronik von 1935, hier und im folgenden zitiert nach einer Abschrift, die Erich Martens freundlicherweise zur Verfügung gestellt hat. Der Bekennenden Kirche kann auch Peter Thorade, der Sohn des Wardenburger Pastors, zugerechnet werden. Er legte vor einer Kommission der Bekenntnissynode eine Prüfung ab, die der zuständige Reichsminister nach einer Beschwerde des Oldenburger Oberkirchenrats für rechtsunwirksam erklärte; vgl. hierzu Harms, Geschichte des Kirchenkampfes, 165ff.

[67] Eintrag in der Kirchenchronik 1935.

[68] Sommer, 265 (Fußnote 70). Der Pfarrer berichtete dem Präsidium der Bekenntnissynode mit Schreiben vom 2. August 1935 von diesem Vorfall. Das Schreiben befindet sich laut Sommer im Archiv der oldenburgischen Bekenntnissynode V-20.58.

[69] Vgl. Sommer, 266 (Fußnote 71). Sommer zitiert einen Eintrag vom 4. November 1935 im Protokollbuch des Kirchenrats.

[70] Eintrag in der Wardenburger Kirchenchronik von 1935.

[71] Schreiben des Kirchenrats vom 18. Dezember 1936, in: Archiv der oldenburgischen Bekenntnissynode III-7.b, zitiert nach Sommer, 266 (Fußnote 71). Vgl. auch das Protokollbuch des Kirchenrats, in: KAW Nr. 79 „B", 28, sowie die kritische Sicht bei Sommer, 180ff.

[72] Vgl. Geschichte des Landes Oldenburg, 464f.

[73] Sommer bezieht sich hier auf das Schreiben des „Fraktionsführers" an Thorade vom 4. April 1937, in: KAW Nr. 81.

[74] Sommer, 266.

[75] Zitiert nach Sommer, 266.

[76] Neubert, 113. Bereits im März 1933 hatte Röver gedroht, daß die NS-Regierung „es nicht mit ansehen werde, wenn ein freiwilliger Zusammenschluß am Widerstande einzelner Stromverteiler scheitern sollte" - so die NSL vom 25. März 1933; vgl. auch die Ausgabe vom 29. April 1933.

[77] Seitz, Jahresbericht 1937/38, 3. Vgl. auch den Bericht in den NSL vom 20. Februar 1937, nach dem sich „Streitfragen ... in letzter Zeit mehrten."

[78] NSL vom 12. März 1937, ähnlich: Seitz, Jahresbericht 1937/38, 3. Auffällig war bereits, daß sich die Presse über das Ergebnis der Generalversammlung ausschwieg.

[79] Gespräch mit Frieda und Gerda Gloystein, den Töchtern des damaligen Geschäftsführers Diedrich Gloystein, am 29. Juli 1995.

[80] Vgl. NSL vom 22. Oktober 1938 sowie Benthullen, 66.

[81] Vgl. NSL vom 9. März 1933, 17. Juni 1933 und 25. Januar 1934 sowie das Ratsprotokoll vom 14. Juni 1933.

[82] Ratsprotokoll vom 8. September 1933. Vgl. auch NSL vom 9. Juli und 19. August 1933.

[83] Vgl. Ratsprotokolle vom 9. Mai 1933, 30. Juli und 22. Oktober 1934 sowie vom 26. Februar 1935.

[84] Hierzu und zur weiteren Entwicklung des Lagers am Küstenkanal vgl. Harbern I, 54ff., sowie Eckhardt, Klein Scharrel, 215ff.

[85] Zum FAD in Littel, Westerburg und Westerholt vgl. NSL vom 25. März, 7. April, 14. und 24. Mai, 30. Juli und 19. August 1933.

[86] Bad Zwischenahner und Edewechter Wochenblatt vom 20. Juni 1933, zitiert nach Eckhardt, Klein Scharrel, 216. Vgl. auch NSL vom 6. September 1933.

[87] Frauen mußten ab 1938 ein sogenanntes Pflichtjahr ableisten - eine Hürde vor allem für Frauen unter 25 Jahren, die zunächst zwölf Monate in der Land- oder Hauswirtschaft arbeiten mußten, bevor sie eine Arbeit oder Ausbildung aufnehmen durften. Im September 1939 - unmittelbar nach Kriegsbeginn - wurden die Regelungen erneut verschärft. Nun galt die Dienstpflicht für Frauen zwischen 17 und 25 Jahren. Ab 1941 mußten jüngere Frauen außerdem einen sechsmonatigen Kriegshilfsdienst beispielsweise als Familienhelferinnen absolvieren; vgl. Sei wie ein Veilchen im Moose, 97f.

[88] Nähere Informationen zu den Abb. 106 und 107 verdanke ich einem Gespräch mit Hermann Auen am 6. Juli 1995.

[89] Wolfgang Benz, in: Legenden, 27.

[90] Bericht der Oldenburgischen Staatszeitung über die Einweihung des FAD-Lagers vom 16. Dezember 1935, zitiert nach Benthullen, 32.

[91] NSL vom 2. November 1935.

[92] Damals in Weser-Ems, 35. Die beiden Autorinnen wollten, wie es im Vorspann (4) heißt, mit ihrem Buch u.a. die Erinnerung „an unsere gute Arbeit bewahren."

[93] Der „politische Unterricht" beschränkte sich in der Regel auf Gespräche über Tagesaktuelles oder das „Geschehen an den Fronten" (Damals in Weser-Ems, 77).

[94] Die Darstellung über den weiblichen Reichsarbeitsdienst stützt sich im folgenden - soweit nicht anders angegeben - auf ein Gespräch mit Gudula Budke am 26. August 1994.

[95] Auch Lisa Meyer, die zeitweise im Lager blieb, um alte Fahrräder zu reparieren, entsann sich im Gespräch am 9. September 1994 sofort an „verfaulte Kartoffeln". Zur Schule, in der Charlotte Büren aus Bremen assistierte, vgl. auch Benthullen, 37.

[96] Die Briefe befinden sich heute wieder im Besitz von Gudula Budke. Die Erfahrungen, die Gudula Budke in Benthullen gemacht hat, will die Schriftstellerin in einem Roman verarbeiten.

[97] Nach dem Krieg diente das Hauptgebäude des Lagers zunächst als Schule. Seit 1954 beherbergt es eine Bäckerei und Konditorei; vgl. hierzu Protokoll über die Sitzung der Gemeindevertretung am 5. Juli 1948 sowie Benthullen, 75.

[98] Fritzsche, 69.

[99] Gespräch mit Erwin Fritzsche am 21. Juni 1995.

[100] Fritzsche, 70.

[101] Gespräch mit Erwin Fritzsche am 21. Juni 1995.

[102] Friedrich W. Theilengerdes wurde 1949 von einem britischen Gericht zum Tode verurteilt und hingerichtet; vgl. Geschichte des Landes Oldenburg, 534.

[103] Gespräch mit Erwin Fritzsche am 21. Juni 1995; vgl. auch Fritzsche, 70ff.

[104] Vgl. hierzu das Kapitel über Kriegsgefangene und zwangsverpflichtete ausländische Arbeitskräfte.

[105] Abschrift in: StAO Best. 230-1 Nr. 96.

[106] Gespräch mit Friedrich von Essen am 20. Juli 1995.

[107] Schreiben von Paul Säß an den SPD Bezirk Weser-Ems, Oldenburg, vom 18. Dezember 1948, in: Privatbesitz Werner Vahlenkamp. Säß antwortete auf ein Rundschreiben vom 4. Dezember 1948.

[108] Unter der Gewaltherrschaft, Bd. I, 546. Klaus Wassmann, der damals in Littel lebte, hat Wilhelm Weber noch kennengelernt und wußte unter anderem von dessen Inhaftierung und Mißhandlung in Esterwegen (Gespräch am 31. Juli 1995).

[109] Vgl. Der Landkreis Oldenburg, 204. In einigen anderen Orten des Landkreises hatten sich Juden wesentlich früher niedergelassen.

[110] Der Hinweis auf diesen Nebenerwerb findet sich im GSP Nr. 25, Dezember 1977, 24.

[111] Das Bild ist abgedruckt in: GSP Nr. 32, September 1979, 9.

[112] Vgl. GSP Nr. 54, März 1985, 4f.

[113] Vgl. „Das Schicksal der Familie Kugelmann" von Werner Vahlenkamp, in: GSP Nr. 53, Dezember 1984, 5f. Im Jahre 1925 lebten acht jüdische Mitbürger in Wardenburg; vgl. Ortschaftsverzeichnis (1925), 3.

114 Gespräch mit Arthur Bremer am 12. Dezember 1994.

115 Vgl. Vahlenkamp (Vortragsdisposition), 8.

116 Meiners, Juden im Landkreis Oldenburg, in: Der Landkreis Oldenburg, 214.

117 Werner Vahlenkamp, in: GSP Nr. 53, Dezember 1984, 5. Ähnlich äußerte sich Friedrich von Essen im Gespräch am 20. Juli 1995.

118 Gespräch mit Frieda und Gerda Gloystein am 29. Juli 1995.

119 Meyer, Menschen, 86.

120 Vgl. Antragsschreiben vom 15. Februar 1937 sowie den abschlägigen Bescheid vom 10. März 1937, abgedruckt in: Unter der Gewaltherrschaft, Bd. II, 47f. Christine Martens hatte bereits in den 20er Jahren bei Goldschmidt gearbeitet.

121 Oldenburgische Staatszeitung vom 22. Juli 1933, zitiert nach Martens, Hatter Bilder-Chronik, 143f.; vgl. auch NSL vom 22. und 23. Juli 1933. Semmi Kugelmann, der 1936 nach Berlin ging, wurde im November 1944 deportiert. Er starb an einem unbekannten Ort; vgl. hierzu Enno Meyer, Familien, 59.

122 Zur Judenpolitik der Nationalsozialisten in diesen Jahren vgl. Die Geschichte der Oldenburger Juden, 71.

123 Gespräch mit Hans-Helmut Bischof am 11. Mai 1995. Weitere Hinweise verdanke ich einem Gespräch mit Sophie Müller am 22. Februar 1995 sowie den NSL vom 11. November 1938. Die Wardenburger fanden dieser Tage in der Zeitung lediglich Hinweise auf eine „Schnitzeljagd des NS-Reiterkorps Wardenburg" sowie auf einen Tonfilm mit Zarah Leander und Willy Birgel (Titel: „Zu neuen Ufern"), der vom „Gaufilmwagen" in Hundsmühlen gezeigt wurde; vgl. hierzu die Ausgaben vom 10., 11. und 14. November 1938.

124 Die Geschichte der Oldenburger Juden, 76. Vgl. auch den Eintrag im „Stammbuch Polizeihaftgefangener" vom 7. September 1938, abgedruckt in: ebenda, 114 (das Dokument befindet sich in: StAO Best. 145-1 Acc. 9/84 Nr. 24.

125 Gespräch mit Hans-Helmut Bischof am 11. Mai 1995.

126 Gespräch mit Erwin Fritzsche am 21. Juni 1995.

127 Gespräch mit Arthur Bremer am 12. Dezember 1994.

128 Vgl. GSP Nr. 53, Dezember 1984, 5. Vgl. auch die Meldeunterlagen der Gemeinde Wardenburg bis 1970 (Altkartei) sowie Meiners, Juden im Landkreis Oldenburg, in: Der Landkreis Oldenburg, 220. Anfang 1933 lebten noch 36 Juden im Landkreis Oldenburg. Mindestens 28 von ihnen fielen dem nationalsozialistischen Rassenwahn zum Opfer.

129 Überlebt hat auch Gertrud Kugelmann, eines der drei Kinder von Semmi Kugelmann. Die Oldenburger Familie ging in den 30er Jahren nach Berlin. Hier erhielt Gertrud Kugelmann im letzten Augenblick das lebensrettende Visum für Australien.

130 Vgl. GSP Nr. 53, Dezember 1984, 5.

131 Selma Meyerstein in einem Brief an Werner Vahlenkamp vom August 1984, zitiert nach Die Zeit vom 29. März 1985, 72.

132 Zu diesem Kreis gehört Arthur Bremer, der Selma Meyerstein vor einigen Jahren in New York besuchte.

133 Berger, 7.

134 NSL vom 15. Oktober 1935; vgl. auch die Ausgabe vom 20. Oktober 1935.

135 Nationalsozialismus, 241; vgl. auch 143f., sowie NSL vom 11. November 1935.

136 NSL vom 16. Oktober 1939.

137 Vgl. NSL vom 25. August 1935.

138 NSL vom 27. Mai 1939. Zu Oeltjen vgl. auch Geschichte des Landes Oldenburg, 879f.

139 Vgl. hierzu die Sitzungsprotokolle vom 12. November 1935 sowie vom 13. Januar und 9. März 1936. Der Gemeinde erhalten blieben die Sitzungsprotokolle bis Mai 1936. Friedrich von Essen gehörte zu denen, die im Frühjahr 1941 von der Schule an der Friedrichstraße in die neue Schule an der Litteler Straße wechselten (Gespräch am 20. Juli 1995).

140 NSL vom 12. März 1937.

141 NSL vom 20. Februar 1937.

142 Gespräch mit Erich Martens am 18. Juli 1995. Vgl. auch Meyer, Menschen, 43f.

143 Gespräch mit Hans-Helmut Bischof am 11. Mai 1995.

144 NSL vom 18. März 1937; vgl. auch die Ausgabe vom 24. März 1937.

145 Vgl. GSP Nr. 58, März 1986, 19f.

146 Vgl. NSL vom 25. und 29. August 1939.

147 Eine derartige Bescheinigung des Reichsnährstandes ist abgedruckt in: Charlottendorf-West, 293.

148 700 Jahre Wardenburg, 235.

149 Vgl. Festschrift Raiffeisenbank, 22. Die Wardenburger trugen in diesen Tagen ihr Geld verstärkt zur Spar- und Darlehnskasse, eine Folge der Aufrüstungspolitik der Nationalsozialisten mit ihrem hohen Bedarf an Rohstoffen.

150 Vgl. Nationalsozialismus, 118.

151 Nationalsozialismus, 105.

152 Friedrich von Essen, Kriegsende in Wardenburg, in: GSP Nr. 95, Juni 1995, 2.

153 Vgl. Sei wie ein Veilchen im Moose, 110.

154 Vgl. 75 Jahre Molkerei Wardenburg, 20. Vgl. auch den ganzseitigen Bericht in der Oldenburgischen Staatszeitung vom 30. September/ 1. Oktober 1944, durch den die Bauern dazu

bewogen werden sollten, „das Letzte zu leisten."

[155] Der „Eier-Ablieferungsbescheid für das Legejahr 1944/45", aus dem hier zitiert wurde, befindet sich im Privatbesitz von Friedrich von Essen.

[156] Vgl. GSP Nr. 11, Juni 1974, 20f.; 700 Jahre Wardenburg, 238.

[157] Pastor Thorade bekam eigens eine vorgefertigte „Kanzleierklärung" geliefert, in der der Abtransport der Glocke gerechtfertigt wurde; vgl. hierzu KAW Nr. 238.

[158] Vgl. GSP Nr. 81, Dezember 1991, 14f.

[159] NSL vom 20. Juni 1940; vgl. auch die Ausgabe vom Tag zuvor.

[160] Gespräch mit Fritz Schmietenknop am 24. Juli 1995. Nach diesem Angriff, so Schmietenknop, sei der Luftschutz ernstgenommen worden. Nun entstanden überall kleine Bunker; vgl. auch den Bericht von Schmietenknop in: GSP Nr. 95, Juni 1995, 11.

[161] Gespräch mit Adele van Ingen, der Tochter des damaligen Schießstandwärters Jan Christians, am 25. Juli 1995.

[162] Erinnerungsbericht von Hilda Klaus (geb. von Reeken), deren Elternhaus am Patenbergsweg - nicht weit vom Schießstand entfernt - stand, in: GSP Nr. 94, März 1995, 2. Hilda Klaus erinnert sich noch an sogenannte „Tannenbäume", mit denen schon 1940 der Schießstand als Ziel markiert worden sei; dies deutet nach ihrer Ansicht auf geplante Angriffe (Gespräch am 25. Juli 1995).

[163] Fischbeck, 45.

[164] Vgl. GSP Nr. 35, Juni 1980, 11f.

[165] Vgl. Oldenburger Nachrichten vom 20. März 1943, sowie GSP Nr. 38, März 1981, 6.

[166] Vgl. GSP Nr. 87, Juni 1993, 16f.

[167] Gespräch mit Elisabeth Kohls am 5. Juli 1995 und mit Fritz Schmietenknop am 25. Juli 1995.

[168] Rückblick von Grete Hoppe, abgedruckt in: GSP Nr. 35, Juni 1980, 11.

[169] Vgl. 700 Jahre Wardenburg, 134. Seit 1933 hatte die Feuerwehr als „Feuerlöschpolizei" hoheitsrechtliche Aufgaben zu erfüllen.

[170] Vgl. „Ein Rückblick auf 50 Jahre Feuerwehrgeschichte", in: GSP Nr. 83, Juni 1992, 18.

[171] Gespräch mit Erwin Fritzsche am 21. Juni 1995; vgl. auch Fritzsche, 78.

[172] Vgl. Schwarzwälder, Bd. III, 139, sowie Wegmann, 210f.

[173] Gespräch mit Lydia Sommer am 18. Oktober 1994. Inge Wilmsmann beobachtete den „Pulk" der Bomber von Wardenburg aus und erinnert sich noch an das „Geheule" der fallenden Bomben (Gespräch am 31. Juli 1995).

[174] Gespräch mit Friedrich von Essen am 20. Juli 1995.

[175] Vgl. auch 700 Jahre Wardenburg, 185.

[176] Pastor Thorade notierte 1935 in der Kirchenchronik: „Diese ‚Nürnbergergesetze' verbieten Heirat mit Juden, die entrechtet, bald auch enteignet werden."

[177] Brückner, 147; vgl. auch Ullrich, 11ff.

[178] Benthullen, 69. Zu den Lagern in Harbern vgl. Eckhardt, Klein Scharrel, 283ff. In dem kleineren Lager wurden hier nach Kriegsende „vorübergehend aus dem KZ Ravensbrück befreite Juden untergebracht" (283). Zum Moorgut Rote Erde vgl. Charlottendorf-West, 60 und 247. Den Gesprächen mit Herta Kayser am 29. September 1994, Elisabeth Kohls am 5. Juli 1995, Erich Martens am 18. Juli 1995 und Friedrich von Essen am 20. Juli 1995 verdanke ich weitere Hinweise auf einzelne Unterkünfte, ohne daß ein vollständiger Überblick über die in diesen Jahren in der Gemeinde Wardenburg existierenden Lager gewonnen werden konnte.

[179] Fischbeck, 48f. und 55.

[180] Gespräch mit Heinrich Dahms am 22. März 1995.

[181] Charlottendorf-West, 185.

[182] Vgl. GSP Nr. 60, September 1986, 20.

[183] Gespräch mit Heinz Debiel am 12. Juli 1995. Debiel übernahm die Gastwirtschaft nach Kriegsende.

[184] Zur Problematik der Begrifflichkeit - etwa in bezug auf eine „Freiwilligkeit" der Angeworbenen - vgl. Herbert, 82f. Weiter finden sich bei Herbert (359) Anmerkungen zu Begriffen wie „Fremdarbeiter", „Zwangsarbeiter" oder „Ostarbeiter". Der letztgenannte Begriff verweist auf das System „der nach rassistischen Kriterien gestaffelten nationalen Hierarchie, in dem die Deutschen oben, in einzelnen Abstufungen die Ausländer von den Franzosen bis hinab zu den Russen unten standen" (352).

[185] Stempelaufdruck auf der „Arbeitskarte polnischer Arbeitskräfte", in: Akte Nr. 10.479 der Heil- und Pflegeanstalt Wehnen.

[186] Gespräch mit Herta Kayser am 29. September 1994. Weitere Beispiele für Verschleppungen dieser Art - darunter das eines zwölfjährigen Mädchens aus Polen - finden sich in: Sei wie ein Veilchen im Moose, 107.

[187] Gespräch mit Herta Kayser am 29. Sept. 1994.

[188] Schreiben der Gestapo, Außenstelle Oldenburg, vom 15. Juni 1943, in: Akte Nr. 10.479 der Heil- und Pflegeanstalt Wehnen.

[189] Akte Nr. 10.479 der Heil- und Pflegeanstalt Wehnen. Das Deutsche Rote Kreuz erkundigte sich auf Wunsch der Eltern im Mai 1944 nach den Umständen des Todes. Das Beispiel des Jan K. findet sich auch bei Harms, „Euthanasie", o.S. (Kap. 7.1). Harms stieß auf diese „Tragödie" bei einer Stichprobe in Wehnen.

[190] Eintrag im Verzeichnis der Beerdigten 1928-1945, 339, in: Archiv der Kirchengemeinde Ofen. Vgl. auch das Aufnahmebuch der Heil- und Pflegeanstalt Wehnen.

[191] Harms, „Euthanasie", o.S. (Kap. 7.1). Der Oldenburger Historiker, der die offiziellen Angaben über die Todesursache anzweifelt, geht in seiner Dissertation der Frage nach, ob auch in Wehnen Patienten der Euthanasie zum Opfer gefallen sind. Daß in anderen Heil- und Pflegeanstalten Patienten getötet wurden, konnte inzwischen nachgewiesen werden; vgl. hierzu: Klee, 283. Nach Klee wurde die offizielle Euthanasie 1941 gestoppt. „Wir wissen aber, daß nach dem ‚Stopp' die Tötungsmethode geändert wird. Man läßt die Opfer systematisch verhungern (sog. Hungerkost), beheizt die Anstalten nicht mehr und tötet die geschwächten Patienten durch unauffällige Überdosierungen (z.B. von Luminal). Die neue Mordtechnik hat für die Täter einen Vorteil: alle Todeskandidaten sterben eines scheinbar natürlichen Todes, z.B. an Lungenentzündung." Den Euthanasieaktionen der Nationalsozialisten fielen in verschiedenen Einrichtungen auch sogenannte „Ostarbeiter" zum Opfer; vgl. hierzu Klee, 419 und 450f., sowie Kaul, 174.

[192] Vgl. zu den Baracken bei Schütte GSP Nr. 37, Dezember 1980, 21.

[193] Herta Kayser erinnerte sich in einem Gespräch am 29. September 1994, daß sie mehrere Frauen aus der Ukraine, die auf Höfen in Achternmeer untergebracht waren, zum Torfwerk nach Südmoslesfehn begleitet hat: „Da sind sie verladen worden, mit den Polen zusammen."

[194] Zu Größe und Zusammensetzung der Lager auf dem Gebiet der Gemeinde Wardenburg sowie zu den Plänen für die Räumung der Lager vgl. StAB Best. 5,4-ZB Nr. 1970/4/10 61/3. In Südmoslesfehn hatte sich die Zahl der Untergebrachten seit dem Frühjahr 1944 offenbar verdoppelt; vgl. hierzu StAB Best. 7,1066 Nr. 181. Zu den Evakuierungsplänen vgl. auch Heuzeroth/Szynka, 131ff.

[195] Gespräch mit Heinz Bogun am 13. Juli 1995. Vgl. auch „Namen der Beerdigten vom Jahre 1938 an", in: KAW, sowie Heuzeroth/Szynka, 456.

[196] Eckhardt, Klein Scharrel, 285.

[197] Gespräch mit Hans-Helmut Bischof am 11. Mai 1995. Bischof erfuhr dergleichen in Gesprächen mit verschiedenen Bauern.

[198] Die Mißhandlung eines Kriegsgefangenen hat Friedrich von Essen beobachtet (Gespräch am 20. Juli 1995). Vgl. auch Heuzeroth/Szynka, 269. Ulrich Herbert schreibt zum Umgang mit diesem Thema in seiner grundlegenden Untersuchung einleitend (11): „Die Ausländer tauchen aber in den Erinnerungen Älterer meist eher als beiläufige Selbstverständlichkeit auf, sind im Gedächtnis nicht bei Krieg, Nationalsozialismus oder NS-Verbrechen sortiert, sondern eher unter ‚Privates', das mit Krieg und Nazismus gar nicht in unmittelbarem Zusammenhang zu stehen scheint".

[199] Den Erlaß veröffentlichte die Oldenburgische Staatszeitung am 19. Oktober 1944.

[200] Titelzeile der Oldenburgischen Staatszeitung vom 21./22. Oktober 1944. Die Devise hatten die Nationalsozialisten einem Werk von August Hinrichs über den Kampf der Stedinger entliehen.

[201] Fischbeck, 50.

[202] Gespräch mit Friedrich von Essen am 20. Juli 1995.

[203] Vgl. Charlottendorf-West, 296. In den letzten Kriegstagen fragte bei Familie Gloystein in Wardenburg ein Unteroffizier an: „Kann ich hier wohl schlafen mit meinem Kindergarten?" Die Soldaten in seinem Trupp seien vielleicht 16 oder 18 Jahre alt gewesen (Gespräch mit Frieda und Gerda Gloystein am 29. Juli 1995).

[204] Vgl. Charlottendorf-West, 297.

[205] Vgl. hierzu die „Marschbefehle" in: Wegmann, 278. Neben Wegmann befassen sich Schwarzwälder und Meiners ausführlicher mit den Geschehnissen während dieser Zeit.

[206] Eintrag in der Kirchenchronik 1945. Einen ähnlichen Eindruck gewann Inge Wilmsmann; selbst Gebirgsjäger seien in diesen Tagen durch Wardenburg gezogen (Gespräch am 31. Juli 1995).

[207] So Emma Schütte aus Charlottendorf-Ost, in: Sei wie ein Veilchen im Moose, 111.

[208] Gespräch mit Friedrich von Essen am 20. Juli 1995.

[209] Aufzeichnung von Heinrich Schütte, zitiert nach: GSP Nr. 38, März 1981, 4.

[210] Vgl. Eintrag von Pastor Thorade in der Kirchenchronik 1945.

[211] Sämtliche Zitate stammen von der Titelseite der Ausgabe vom 3. April 1945.

[212] Oldenburgische Staatszeitung vom 16. April 1945.

[213] Die Darstellung stützt sich im wesentlichen auf das Kriegstagebuch eines Korpsarztes, zitiert in: Wegmann, 233ff. Zu denen, die Sperraufträge unter anderem im Raum Wardenburg übernehmen sollten, gehörten auch junge Fallschirmpioniere, die zuvor an den schweren Kämpfen in Löningen beteiligt waren. Zu den Einheiten, die sich nun Wardenburg näherten, vgl. ebenda, 155, 161 und 163.

[214] Kriegstagebuch der Panzerausbildungsabteilung 20 aus Harburg/Hamburg-Fischbek, zitiert nach Wegmann, 255. Am Abend des 17.

April verlief der „Frontbogen Friesoythe-Wildeshausen" (Oldenburgische Staatszeitung vom 17. April 1945) von Garrel über Nikolausdorf, Halenhorst, Sage bis südlich von Großenkneten; vgl. hierzu den „Erdlagebericht" in: StAB Best. 5,4-ZB Nr. 1970/4/10 61/3. Zu dieser Zeit hielten sich im Raum Wardenburg auch Versprengte aus verschiedenen Einheiten auf, die teils seit Wochen unterwegs waren. Ein größerer Troß dieser Art wurde am 17. April in Tungeln zu einer neuen Kampfgruppe zusammengefaßt; vgl. hierzu Wegmann, 199.

215 Eintragungen vom 19. April im Kriegstagebuch der Panzerausbildungsabteilung aus Harburg/Hamburg-Fischbek, zitiert nach Wegmann, 255.

216 Gespräch mit Friedrich von Essen am 20. Juli 1995.

217 Kriegstagebuch der Panzerausbildungsabteilung aus Harburg/Hamburg-Fischbek, zitiert nach Wegmann, 255.

218 Zitiert nach GSP Nr. 42, März 1982, 1.

219 Vgl. GSP Nr. 58, März 1986, 5.

220 Gespräch mit Sophie Müller am 22. Februar 1995.

221 Die Meldung findet sich auf der Titelseite der inzwischen recht dünnen Ausgabe.

222 Vgl. Charlottendorf-West, 176f. und 186.

223 Gespräch mit Emma und Henning Schütte am 23. März 1995.

224 Sei wie ein Veilchen im Moose, 111. Die Aussagen decken sich mit denen, die Heinrich Schütte im April 1945 zu Papier brachte, abgedruckt in: GSP Nr. 38, März 1981, 3ff. Der Hinweis auf die Zerstörung der Fernsprechzentrale wurde der Kirchenchronik von 1945 entnommen. Pastor Thorade notierte: „Wir sind nun sehr abgeschnitten."

225 Vgl. GSP Nr. 49, Dezember 1983, 6.

226 Vgl. Meyer, Menschen, 200.

227 Vgl. Wegmann, 255.

228 Werner Meiners, Ein feiger Mord aus festem Glauben an eine falsche Ideologie, in: Arlinghaus, Beverbruch, 297.

229 Ebenda.

230 Vgl. ebenda, 298.

231 Charlottendorf-West, 248.

232 Charlottendorf-West, 296.

233 Eintrag in der Kirchenchronik von 1945.

234 Bericht von Erika Labohm über „Tungeln Ende April/Anfang Mai 1945", in: GSP Nr. 54, März 1985, 10f., hier: 11. Auch in Kreyenbrück und Osternburg wurden in diesen Tagen sechs Soldaten von Standgerichten zum Tode verurteilt und an Straßenkreuzungen erhängt; vgl. NWZ vom 29. April 1995.

235 Gespräch mit Frieda und Gerda Gloystein am 29. Juli 1995.

236 GSP Nr. 94, März 1995, 2.

237 Die Sterbefallanzeige vom Mai 1946 befindet sich in den Akten des Standesamtes der Gemeinde Wardenburg.

238 Bericht von Hilda Klaus, in: GSP Nr. 94, März 1995, 2. An die Geschehnisse rund um den Schießstand erinnerte sich auch Inge Wilmsmann (Gespräch mit 31. Juli 1995).

239 Zitiert nach einem Bericht von Friedrich von Essen, in: GSP Nr. 95, Juni 1995, 2. Diese Nacht blieb auch Frieda und Gerda Gloystein im Gedächtnis (Gespräch am 29. Juli 1995).

240 Gespräch mit Sophie Müller am 22. Februar 1995.

241 Fischbeck, 59.

242 Gespräch mit Frieda und Gerda Gloystein am 29. Juli 1995 und mit Emma Wieting am 10. August 1995.

243 Gespräch mit Friedrich von Essen am 20. Juli 1995; vgl. auch GSP Nr. 95, Juni 1995, 2.

244 Erinnerungsbericht von Hilda Klaus, deren Mutter dem Panzer entgegenging, in: GSP Nr. 94, März 1995, 2.

245 Eintrag von Pastor Thorade in der Kirchenchronik 1945. Auch bei Familie Gloystein kamen ein Radio und eine Schreibmaschine abhanden; die Schreibmaschine wurde später zurückgebracht (Gespräch mit Frieda und Gerda Gloystein am 29. Juli 1995).

246 Gespräch mit Sophie Müller am 22. Februar 1995.

247 Bericht von Erika Labohm, in: GSP Nr. 54, März 1985, 10f., hier: 11.

248 Vgl. Wegmann, 211. Die deutschen Einheiten hatten sich am Tag zuvor in Richtung Rastede zurückgezogen.

249 Charlottendorf-West, 157.

250 Vgl. den Beitrag von Ernst Decker, in: GSP Nr. 39, Juni 1981, 5. Vgl. auch Charlottendorf-West, 297. Im Litteler Fuhrenkamp hingen die Minen sogar in den Bäumen. Die Zahl von über 20 Opfern hielt Pastor Thorade 1945 in der Kirchenchronik fest.

251 Vgl. GSP Nr. 5, Dezember 1972, 8.

252 Eintrag von Pastor Thorade im Kirchenbuch 1945.

253 Vgl. „Namen der Beerdigten vom Jahre 1938 an", sowie die Jahresübersicht von Pastor Thorade in der Kirchenchronik von 1945, in: KAW.

254 Zitiert nach GSP Nr. 95, Juni 1995, 3. Weiter heißt es hier: „Allein aus der damaligen Bauernschaft Astrup (damals 20 Haushaltungen) mußten 19 Väter und Söhne für den wahnsinnigen Krieg ihr Leben lassen." Außer der Familie von Essen gab es in der Gemeinde Wardenburg mehrere andere Familien, aus denen drei oder vier Männer nicht zurückkehrten.

Die ersten Nachkriegsjahre

Zwischen Ausgangssperre und Entnazifizierung - Wardenburg unter den Augen der Militärregierung

Unmittelbar nach Kriegsende lag auch in Wardenburg jegliche Entscheidungsgewalt in den Händen der alliierten Kommandostellen. Bereits am Tag der Einnahme Wardenburgs, am 1. Mai 1945, wurde die erste Bekanntmachung herausgegeben. Mit dieser Bekanntmachung, die noch die Unterschrift von Gustav Kretzer trug, wurde die Bevölkerung „auf Befehl des Kommandeurs der Besatzungstruppe" aufgefordert, sämtliche Handfeuerwaffen, Radio- und Fotoapparate im „Hause des Kaufmanns Heinen in Wardenburg abzuliefern". Außerdem hatten Besitzer von Personenkraftwagen ihr Fahrzeug anzumelden. Um dieser Anordnung Nachdruck zu verleihen, wurde ein Satz hervorgehoben: „Der Kommandeur der Besatzungstruppe macht darauf aufmerksam, daß bei Nichtbefolgung dieser Anordnung die betreffenden Häuser in Brand gesetzt werden."[1]

Vorrangiges Ziel der Militärbehörden war zunächst die uneingeschränkte Kontrolle der besetzten Gebiete. Die Bekanntmachungen und Anordnungen, die das öffentliche Leben regeln sollten, liefen über den Schreibtisch des für die Gemeinde zuständigen Offiziers, Hauptmann E. Lafferty. Sie wurden am Eierschuppen in Wardenburg und am Haus des Kaufmanns Erwin Rabius in Hundsmühlen ausgehängt. Die Wardenburgerinnen und Wardenburger erfuhren so, daß sie in ihren Wohnungen bleiben mußten, soweit sie nicht an Aufräumarbeiten beteiligt waren. Zwischen 10 und 11 Uhr sowie 15 und 16 Uhr durften Frauen das Haus verlassen und die wichtigsten Besorgungen erledigen. „An jedem Haus mußte an der Eingangstür eine Liste mit Namen und Geburtsdatum aller Bewohner des Hauses angebracht werden."[2] Nach einer Woche wurde die Ausgangssperre gelockert: „Die Bevölkerung kann sich von Sonnenaufgang bis Sonnenuntergang innerhalb der Gemeinde frei bewegen (5-km-Zone)."[3] Ob diese Vorschrift tatsächlich auch befolgt wurde, konnten die Soldaten allerdings in einigen Bereichen der Gemeinde kaum überwachen. „Da haben sie Kontrolle gefahren, am meisten aber am Kanal, wo die Straßen sind. Durch das Moor sind sie nicht viel gefahren, das waren alles Feldwege."[4]

Weitere Punkte der Bekanntmachung vom 7. Mai spiegeln die Sorge vor Plünderungen durch ausländische Arbeitskräfte. So wurden bereits jetzt die Polizeibeamten Heisel und Hegeler wieder in ihr Amt eingesetzt. Was, so fragte sich offenbar auch Pastor Thorade in diesen Tagen, sollte passieren mit den Kriegsgefangenen, „die nun auf einmal frei werden?" Thorade selbst notierte die Antwort bald darauf in der Kirchenchronik: „Diese Sorge und Angst erwies sich als unbegründet."[5] Es kam in diesen Tagen häufiger vor, daß die, die lange Zeit offiziell nicht einmal mit am Tisch sitzen durften, nun ein gutes Wort für die Hofbesitzer einlegten: „Da wurde keine Räucherkammer geplündert."[6] Herta Kayser aus Achternmeer kann sich beispielsweise daran erinnern, wie kurz nach Kriegsende eine Gruppe von Polen aus Oldenburg auf dem Hof erschien: „Die wollten Korn haben zum Schnapsbrennen. Und zwei Kühe hatten sie schon im Tau. Die wollten sie hier abschlachten, daß sie Fleisch hatten." Irina Jarosch, eine junge Frau aus der Ukraine, habe die hungrigen Polen von ihrem Vorhaben abbringen können. Sie habe darauf hingewiesen, daß sie auf dem Hof gut behandelt worden sei. „Da haben sie die Kühe wieder angebunden."[7] Ähnlich verhielt sich eine junge Ukrainerin auf einem Hof in Charlottendorf-West. Auch hier gab sich eine Gruppe von Polen „mit einer Pfanne Spiegeleier zufrieden."[8] Das Moorgut Rote Erde dagegen wurde „völlig ausgeplündert, Werkzeug, ‚Pott und Pann', alles ließen die Polen mitgehen."[9] Ansonsten verschwanden in jenen Tagen vor allem Fahrräder und Motorräder.

Das Interesse der Militärbehörden richtete sich inzwischen stärker auf einst aktive Nationalsozialisten. „Alle Goldfasane, die höhere Positionen hatten, hat man erstmal kassiert, um zu sieben: Was haben die ausgefressen?"[10] Noch im Mai 1945 suchten Soldaten das Gemeindebüro auf. Gustav Kretzer wurde aufgefordert, einige Kleidungsstücke einzupacken und mit nach Oldenburg zu kommen. „Da haben sie ihn bloß gefragt: Was wissen Sie von Bergen-Belsen?" Dieses Vernichtungslager in der Heide hatten die Briten einige Wochen zuvor, am 15. April 1945, befreit und Tausende unbestatteter Leichen vorgefunden. Gustav Kretzer habe beteuert, diesen Ort nicht zu kennen. Noch am selben Abend sei er zurückgebracht und vorübergehend unter Hausarrest gestellt worden. „Länger weggekommen" ist dagegen der ehemalige Ortsgruppenleiter Brunken: „Der ist in Esterwegen gewesen." In diesem Moorlager bei Papenburg, in dem kurz zuvor noch Gegner und Verfolgte des NS-Regimes schikaniert und ermordet wurden, internierten die Alliierten nun belastete Deutsche.[11]

Bei ihren Bemühungen um eine Entnazifizierung konzentrierte sich die Militärregierung im 617. Detachment (Landkreis Oldenburg) nun auf die Überprüfung des Personals in öffentlichen Verwaltungen. Bei der Gemeindeverwaltung in Wardenburg wurden zwei Positionen neu besetzt, da der Kassenleiter und ein weiterer Angestellter „aus politischen Gründen entlassen werden mußten."[12] Ihnen folgten einige Lehrer, aber auch der Fahrer eines Postwagens, für dessen Wiedereinstellung sich selbst die Gemeindevertretung in einer Eingabe an die Militärregierung aussprach. Die Unterscheidung zwischen den „kleinen" und den „großen Fischen" wurde bald sprichwörtlich.[13]

Ungewohnten Zulauf registrierte in diesen Monaten Pastor Thorade. „Jetzt, wo man sie brauchen kann, steigen Kirche und Pastor im Kurse. Sehr viele, die ihr bisher fremd oder Feind waren, suchen ihre Fürsprache und Hilfe: In Sachen der aufgebauschten ‚Entnazifizierung' ein pfarramtliches Zeugnis über ihre oft recht fragwürdige Kirchlichkeit, Fürsprache bei der Besatzungsmacht, Zeugnis vor Gericht."[14] Es begann „die große Zeit der sogenannten Persilscheine" und schließlich die „Produktion von Mitläufern".[15] Was sich trotz der gut 130 Fragen in dem berühmten Fragebogen am Ende nicht prüfen ließ, war die innere Bereitschaft zur Auseinandersetzung mit der Vergangenheit.

So blieb bei dieser Entnazifizierung von Anfang an vieles äußerlich. Gegenstände, die in den Augen der Besatzer das nationalsozialistische Regime repräsentierten, wurden vernichtet. Selbst die Fahne des Wardenburger Schützenvereins ging auf dem Schützenplatz in Flammen auf. Die Königskette überdauerte dagegen die Jahre unter dem Torf auf einem Boden in der Friedrichstraße. Auch die Utensilien des Wardenburger Turnvereins waren den Besatzern suspekt: Fahnen, Schärpen, Urkunden und ähnliche Dinge wurden ebenfalls auf dem Schützenplatz verbrannt.[16] Auf Jahre hinaus behielt die Militärregierung das öffentliche Leben inklusive Vereinsleben im Auge. Und als die Benthullener 1949 einen Boßelverein gründen wollten, war dies immer noch eine meldepflichtige Angelegenheit.[17]

„Do not fraternize with germans"

In den Sommermonaten des Jahres 1945 gehörte die kanadische Flagge zum Straßenbild in Tungeln. Jeden Morgen wurde sie von Besatzungssoldaten an einem Fahnenmast vor dem Gasthaus Tiarks gehißt. Außer der Gastwirtschaft wurden die Werkhalle und das Wohnhaus von Dietrich Schütte sowie ein weiteres Privathaus zu vorläufigen Domizilen der Kanadier. Sie nutzten diese Bauten, deren Besitzer mit einer anderen Bleibe vorlieb nehmen mußten, bis September 1945 und richteten hier Befehlszentrale, Schreibstube oder „Offizierskasino" ein. Die Truppen lagerten während dieser Zeit auf den Weiden der Bauern Dannemann und Labohm und bei Schütte.

Im Ort warnten Verbotsschilder an verschiedenen Stellen vor allzu engem Kontakt mit Deutschen: „Do not fraternize with germans". Die ersten, die diese Warnungen hintertrieben, waren Kinder und Jugendliche. Und die Kanadier duldeten sie, wenn, wie jede Woche, ein Film auf der Diele eines Tungeler Bauern gezeigt wurde. Die älteren Bewohner Tungelns erkannten dagegen bald den Tauschwert von Rübenschnaps, Eiern, Parteiabzeichen oder Mutterkreuz. Im Gegenzug gab es Kaffee oder Zigaretten. Gelegentliche Razzien, ja selbst Haftstrafen vermochten die Aktivitäten auf dem sich entfaltenden Schwarzmarkt kaum einzudämmen.[18]

Die „Hamsterer", die „Selbstversorger" und der Rübenschnaps

Wardenburgerinnen und Wardenburger, die die ersten Nachkriegsjahre miterlebt haben, verbinden mit dieser Zeit wohl in erster Linie Erinnerungen an Lebensmittelkarten und Bezugsscheine, an Hamsterfahrten und Schwarzschlachtungen. In einer landwirtschaftlich geprägten Gemeinde wie Wardenburg war die Versorgungslage naturgemäß deutlich besser als in den Städten oder Industrieregionen wie dem Ruhrgebiet; in Essen erhielt zum Beispiel im Juli 1945 jeder Erwachsene nur 700 bis 800 Kalorien pro Tag.[19] Der Hunger trieb die Bewohner der Städte folglich hinaus aufs

Land, wo sie bei „Selbstversorgern" in Gemeinden wie Wardenburg versuchten, ihre Wertsachen gegen Wurst oder Butter einzutauschen. Wardenburgs Ordnungshüter, von Gesetzes wegen zum Einschreiten verpflichtet, tolerierten diese Form des Tauschhandels.[20] „Diese Städter waren glücklich, wenn sie ein einziges Ei, einen Liter Milch oder zwei bis drei Kartoffeln bekamen. Sogar aus Köln kamen die Städter mit dem Fahrrad nach Wardenburg, um hier Lebensmittel zu bekommen." Im Frühjahr 1946 und 1947 bewachten Landwirte aus Wardenburg nachts die Felder, „damit die Pflanzkartoffeln nicht von der hungernden Bevölkerung wieder aus der Erde gestohlen wurden."[21] Nach der Ernte konnte man dann Flüchtlingskinder barfuß über die Getreidefelder laufen sehen - sie lasen die übriggebliebenen Ähren auf.[22]

Es mangelte nicht nur an Lebensmitteln, es mangelte auch an Heiz- und Brennmaterial. Entsprechend begehrt war neben Kohle auch Torf. Viele Oldenburger versuchten, in den umliegenden Mooren ein sogenanntes Pfand zu ergattern; wer Glück hatte, konnte sich seinen Torf nun selbst stechen und ringen - für nicht wenige eine ungewohnte körperliche Anstrengung. Oldenburger Betriebe beteiligten sich wiederum an der „Torfaktion", um den Hausbrand für ihre Belegschaften zu sichern. Gelegentlich erfolgte die Beschaffung von Heiz- und Brennmaterial auch auf eigene

Abb. 121   Nach dem Kriegsende wurde auch in Benthullen Torf für den Hausbrand gegraben. Die Zuweisung der begehrten Flächen (Pfänder, auf plattdeutsch kurz: „Pand") erfolgte durch Moorvogt Johann Lüken. Das große Torfstechen begann meist im Mai, wenn kein Frost mehr zu erwarten war. Das Graben war schwere körperliche Arbeit. Etwas leichter ging das „Ringen" von der Hand. In den folgenden Wochen trocknete der Wind den Torf. Schließlich wurden die Soden - wie auf dem Foto zu sehen - zu größeren Haufen oder Mieten aufgeschichtet.

Faust. Manch ein Torfgräber ließ seine Miete daher nicht aus den Augen und übernachtete vorsichtshalber in einer provisorischen Unterkunft im Moor.[23]

Wie schon 1923 feierte die Naturalwirtschaft in Deutschland fröhliche Urständ, nur daß diesmal die Kriegswirtschaft der Nationalsozialisten die deutsche Währung gründlich ruiniert hatte und daß nicht Roggen, sondern Zigaretten zur neuen Leitwährung wurden. Der Schwarzhandel blühte und war vor allem für die Bewohner größerer Städte fast unumgänglich. Die Charlottendorfer tauschten dagegen ihren Speck oder Schinken vornehmlich gegen Baumaterialien ein - gerade hier mußte ja vieles wieder instandgesetzt werden. „Solche Machenschaften" waren selbstverständlich verboten, doch wurde seitens der Behörden eben „manches Auge zugedrückt".[24] Vergeblich mühten sich Gewerkschafter, die Ablieferungsmoral der Bauern oder die Aktivität der Behördenvertreter zu erhöhen.

Mag es auch an vielem gemangelt haben - ein Konsumgut stand offenbar stets in ausreichender Menge zur Verfügung: Rübenschnaps. „Der wurde zweimal gebrannt und durchgefiltert, damit der nicht so nach Rüben schmeckt. Der hatte 75 Prozent Alkohol, der mußte mit Wasser verdünnt werden. Bei jeder Festlichkeit gab es Rübenschnaps, ob das eine Goldene Hochzeit war oder eine Silberne - es hatten alle Rübenschnaps." Allerorten wurde schwarz gebrannt, eine Arbeit, die meist am späten Abend begonnen wurde. Lydia Sommer erinnert sich noch an die Vorbereitungen, die bereits Tage zuvor getroffen wurden: „Die Zuckerrüben kommen in einen Bottich, und da kommt die Hefe rauf, die auch der Bäcker braucht. Und etwas Wasser. Das muß dann gären. Drei, vier Tage hat das immer gestanden. Und dann haben sie Schnaps gebrannt davon." Die Schwarzbrennerei endete ebenso wie das weitverbreitete Schwarzschlachten mit der Währungsreform am 20. Juni 1948.[25] Nach der Währungsreform liefen auch die Geschäfte der Molkerei wieder besser - in den Jahren davor war eine Menge Milch in andere Kanäle geflossen.[26] Heute erinnert die „Währungseiche" in Achternholt an diese wirtschaftspolitische Zäsur.

Flüchtlinge und Vertriebene

Kaum etwas hat die Gemeinde derart nachhaltig verändert wie die Zuwanderung der Flüchtlinge und Vertriebenen, die im Frühjahr 1945, in der letzten Phase des Krieges begann. Zu den ersten Flüchtlingen, die Wardenburg erreichten, gehörte Lydia Sommer. Mit einem Rucksack und dem, was sie am Leibe trug, kam sie hier am 17. März 1945 an. Die 23jährige hatte zwei anstrengende Wochen hinter sich. Am 5. März hatte sie ihre Heimatgemeinde Mühlenbeck, einen Vorort von Stettin, auf der Flucht vor der sich nähernden Roten Armee verlassen. „Erst sind wir mit einem Handwagen gezogen, und in Stralsund wurden wir alle verladen in einen Zug, weil die Russen hinter uns waren." Nach fast zweitägiger Fahrt und allerlei Umwegen, weil die Flüchtlinge andernorts abgewiesen wurden, hieß es schließlich: „Wir kommen ins Oldenburger Land". In Sandkrug, der Endstation, mußten die Flüchtlinge eine weitere Nacht im Güterwagen verbringen. Am nächsten Morgen wurden sie dann auf umliegende Ortschaften verteilt. Die eine Hälfte kam nach Wardenburg, die andere nach

Abb. 122 Dieses Heuerhaus am Wildrosenweg in Achternholt diente nach dem Krieg als Unterkunft für Flüchtlinge. Bei dem Versuch, der Ameisen im Haus Herr zu werden, ging das Gebäude in Flammen auf. Die Flüchtlinge waren auf dem Pferdewagen (im Vordergrund) von Ostpreußen nach Achternholt gekommen.

Huntlosen. Lydia Sommer gehörte zu einer 15köpfigen Gruppe, die auf Pferdewagen zunächst zu „Harms Gasthof" in Achternmeer gebracht wurde. Hier wies ihnen der Ortsgruppenleiter, der ja noch im Amt war, ihr neues Quartier zu. Lydia Sommer landete auf einem Hof in Harbern.

Das Verhältnis zu den Einheimischen war anfangs „kühl". Die Neuankömmlinge erlebten die Wardenburger Bevölkerung teils „abwartend und vielleicht auch etwas feindselig";[27] häufig ist auch vom „Sprachproblem" die Rede.[28] Immerhin: Lydia Sommer verstand plattdeutsch - das machte vieles leichter. Außerdem war sie evangelisch. Und sie konnte stricken, also in einer Zeit, in der Geld kaum einen Wert verkörperte, Tauschwerte eigenhändig produzieren. Für Strümpfe und Pullover erhielt sie Butter, Eier oder „auch mal ein Stückchen Speck". Dennoch fiel die Umstellung schwer: „Es war alles fremd, alles neu." Wer als „Stadtmensch" gewohnt war, ein Geschäft um die Ecke zu haben, der mußte sich an das begrenzte Angebot auf dem Lande erst gewöhnen: „Hier war nur die Oma Harms." Harms, das war Gastwirtschaft und Lebensmittelgeschäft in einem, war der Mittelpunkt des Dorfes und Ort größerer Feierlichkeiten.[29]

Die Erfahrungen von Lydia Sommer sind beispielhaft; so oder so ähnlich haben Tausende allein in der Gemeinde Wardenburg versucht, über die Runden zu kommen. Die Militärbehörden leiteten die Flüchtlinge und Vertriebenen vor allem in Regionen, die nicht so sehr unter dem Kriegsgeschehen gelitten hatten. Hierzu zählte das Gebiet rund um die Stadt Oldenburg, eine der wenigen Städte, die fast unzerstört geblieben waren. Zeitweise kamen dreimal in der Woche Züge mit 700 bis 1.000 Flüchtlingen im Verwaltungsbezirk Oldenburg an. Die Insassen dieser Züge wurden ohne Rücksicht auf Beruf oder Konfession nun den einzelnen Kreisen zugewiesen.[30]

Ab Mai 1946 stiegen am Bahnhof in Sandkrug vor allem Schlesier aus dem Zug. Noch Jahre später wird sich der damalige Bürgermeister Hermann Beneke daran erinnern, wie im Sommer dieses Jahres das Telefon bei ihm klingelte. Am anderen Ende der Leitung war ein Mitarbeiter der Militärregierung. Hermann Beneke gab den Dialog, der nun folgte, so wieder: „Der Kommandeur sagte zu mir: Sie bekommen ca. 3.000 Flüchtlinge, soviele sind es aber nicht geworden, es sind weniger gewesen, die haben Sie unterzubringen. - Wie soll ich das machen, das kann ich gar nicht. - Das können Sie und das müssen Sie!" Am Tag darauf mußten die ersten 80 mit Fuhrwerken am Bahnhof in Sandkrug abgeholt werden. Die Gemeindeverwaltung mußte ihnen in Wardenburg den Wohnraum zuweisen: „Die wollte niemand haben."[31]

Die Bezirksvorsteher und ein Flüchtlingsausschuß übernahmen nun „die undankbare Aufgabe, die Flüchtlinge einzuweisen."[32] In jedem Ort gab es einen Flüchtlingsausschuß, dem jeweils zwei Einheimische und zwei Flüchtlinge angehörten. Das letzte Wort hatte die Gemeindevertretung, bei strittigen Fällen auch schon mal die Militärregierung, die dann mit ihrer Autorität der Hilfsbereitschaft ein wenig auf die Sprünge half. Dies kam jedoch allem Anschein nach vergleichsweise selten vor, was nicht bedeutet, daß sich jeder Wardenburger einsichtig zeigte, wenn es darum ging, einen Teil der Wohnung abzutreten. Daß Vertriebene bei ihrer Ankunft in ein mürrisches Gesicht blickten oder gar vor verschlossener Tür standen, war keine Seltenheit. Da half manchmal auch der Flüchtlingsausschuß wenig. Es gab Ausschußmitglieder, die „bei der Wohnungsbeschaffung für die Flüchtlinge von einigen störrischen Haus- und Hofbesitzern mit dem Besen zum Teufel gejagt wurden, weil man keine Zimmer hergeben wollte."[33]

In solchen Fällen intervenierte die Gemeinde und legte die Zahl der aufzunehmenden Flüchtlinge und gegebenenfalls auch die Raumaufteilung fest. Dies war beispielsweise erforderlich bei einem Akademiker in Hundsmühlen, der sich eigens ein Büro in seinem Haus eingerichtet hatte, „um sich die Flüchtlinge vom Halse zu halten."[34] Als „sehr schwieriger Fall" erwies sich in den Augen der Gemeinde auch ein Wardenburger Tischler, der „dauernd Widerstand" gegen die Zuweisung von Flüchtlingen leiste. Die Gemeindevertretung entschied, „mit aller Schärfe durchzugreifen, da sonst die gesamte Flüchtlingsunterbringung infrage gestellt wird".[35] Als die Angelegenheit noch am gleichen Abend Oberstleutnant Wilson von der britischen Militärregierung zu Ohren kam, ordnete dieser an, daß der Tischler zu verhaften und sein Haus zu beschlagnahmen sei. Die vierköpfige Familie des Tischlers mußte sich daraufhin ihr Haus, das über einen Ladenraum, sieben weitere Räume und eine Küche verfügte, mit drei Flüchtlingsfamilien teilen.[36]

Auch wenn solche Fälle die Ausnahme blieben - die Probleme, die mit der Unterbringung der Flüchtlinge und Vertriebenen einhergingen, erschienen vielen anfangs unüberwindlich: „Da standen plötzlich vier, fünf Leute, die mußte der Bauer Soundso unterbringen. Und denn gab's Spannungen, das konnte ja gar nicht ausbleiben.

Wo sollten die untergebracht werden? Das war nicht bösartig, das war die Not der Zeit."[37] Wenn dann noch der Familienvater aus der Kriegsgefangenschaft heimkehrte und sich kein Platz mehr für ihn fand - und dies kam in der zweiten Hälfte des Jahres 1946 häufiger vor -, war weiterer Ärger vorprogrammiert. Zwar hielt die Gemeinde für Heimkehrer und „Härtefälle" hier und da vorsorglich Wohnraum frei, doch erweckte dies wiederum schnell den Eindruck von Begünstigung und schuf somit abermals Konfliktstoff.[38]

Die Mitglieder der Flüchtlingsausschüsse waren die ersten, die den Unmut der Bevölkerung zu spüren bekamen. Am laufenden Band mußte die Gemeindevertretung Ausschußmitglieder neu bestimmen, weil wieder jemand entmutigt oder überarbeitet das Handtuch geworfen hatte. Zwei Geschäftsleute aus Wardenburg beendeten ihre Mitarbeit sogar mit der Begründung, daß „ihre Geschäfte dadurch geschädigt" würden.[39] Ab Mitte 1947 traten schließlich nacheinander die Flüchtlingsausschüsse in Littel, Höven, Charlottendorf-Ost, Wardenburg I, Tungeln, Achternmeer und Südmoslesfehn komplett zurück.[40] So verging in den ersten Nachkriegsjahren kaum eine Sitzung der Gemeindevertretung, ohne daß nicht auch die Unterbringung und Versorgung der Flüchtlinge und Vertriebenen erörtert wurde. Hier wurde über die Vergabe einer Baracke oder eines Stückchen Gemüselandes debattiert, hier mühten sich 17 Herren und Paula Arnken als einzige Frau um Gerechtigkeit bei der Prüfung von Beschwerden. In den Sitzungen der Gemeindevertretung kamen naturgemäß vor allem konfliktreiche Fälle zur Sprache und weniger jene, in denen das Zusammenleben zwischen Einheimischen und Flüchtlingen trotz großer Widrigkeiten weitgehend reibungslos verlief.[41]

Sicher glaubten beide Seiten anfangs häufig noch, daß es sich um eine kurzzeitige Unterbringung handeln würde. Selbst eine Rückkehr nach Schlesien hielten etliche Vertriebene zunächst für möglich. Vieles blieb behelfsmäßig - wie die Brennhexen, jene kleinen Herde aus Leichtmetall, mit denen Unzählige kochten und heizten. Im Gefolge des Kalten Krieges wurden allerdings Fakten geschaffen, die die Vertriebenen schließlich nötigten, Wardenburg als neues Zuhause anzusehen. Dies psychisch zu verarbeiten, fiel vielen schwerer als die Bewältigung des Alltags in einer Zeit des Mangels.[42]

1950 machten die Flüchtlinge und Vertriebenen etwa ein Drittel der Gesamtbevölkerung im Landkreis Oldenburg aus, der damit im Verwaltungsbezirk Oldenburg die Spitzenposition einnahm. Etwa die Hälfte aller Flüchtlinge und Vertriebenen im Landkreis Oldenburg kam aus Schlesien und hier vor allem aus dem Raum Breslau. Auch in der Gemeinde Wardenburg stellten die Schlesier die größte Gruppe, gefolgt von den Pommern. Im Jahre 1950 lebten hier allein 1.719 Schlesier. Entsprechend stark kletterte in den ersten Nachkriegsjahren die Einwohnerzahl Wardenburgs. Im Mai 1939 lebten 5.606 Personen in der Gemeinde Wardenburg; ein gutes Jahrzehnt später, im September 1950, waren es 9.130 - ein Anstieg um 3.524 Personen oder 62,9 Prozent. Die insgesamt 2.777 Vertriebenen bildeten unter den Neubürgern die weitaus größte Gruppe. Nahm man anfangs vor allem die sozialen Probleme wahr, so sollte sich bald schon der Einfluß der Flüchtlinge und Vertriebenen in politischer, wirtschaftlicher und konfessioneller Hinsicht bemerkbar machen.[43]

Der Neubeginn in Politik und Verwaltung

Kennzeichnend für die Ausgangslage nach Kriegsende war die Desorganisation staatlichen Lebens; wie überall „bestimmte zunächst ein englischer Militärkommandant über die Verwaltung der Gemeinde."[44] Unter seiner Kontrolle erfolgte schrittweise die Wiederbelebung des politischen Lebens. Dabei stützten sich die Besatzer vielerorts auf Kräfte, die ihnen unbelastet erschienen. Einen solchen Eindruck hatten die Verantwortlichen in Wardenburg offenbar auch von Johann Groenhagen. Der Polizist war der erste Wardenburger, dem die Besatzungsbehörden ein politisches Amt anvertrauten. Groenhagen wurde am 15. Mai 1945 - also nur gut eine Woche nach Kriegsende - als Bürgermeister der Gemeinde eingesetzt und agierte im Rahmen jener Verordnungen, die die Militärregierung erlassen hatte. Primäre Ziele waren dabei - wie einleitend dargestellt - die Sicherung der Versorgung und der öffentlichen Ordnung.[45]

Anfang August 1945 verständigten sich die Alliierten bei ihrer Konferenz in Potsdam auf Grundsätze für ihre Politik in bezug auf das besiegte Deutschland, zu denen - neben der Entmilitarisierung und Entnazifizierung - auch die Demokratisierung zählte. Die „lokale Selbstverwaltung" sollte nun allerorten „nach demokratischen Grundsätzen" wiederhergestellt werden.[46] Noch im gleichen Monat wurde auf Anordnung der britischen Militärregierung auch in Wardenburg ein „Vertrauensausschuß" berufen, dem außer Groenhagen zwei Beigeordnete und sieben weitere Mitglieder angehörten. Das Besondere an diesem kurzlebigen Gremium - es tagte lediglich zweimal - war sicher die Tatsache, daß die Landwirte wohl erstmlig in der Geschichte der Gemeinde eindeutig in der Minderheit waren. Neben drei Bauern waren mehrere Arbeiter und Selbständige vertreten.[47]

Am 26. Oktober 1945 trat dann die neue, von der Militärregierung ernannte Gemeindevertretung zusammen, in der die Berufsbezeichnung „Bauer" wieder eindeutig dominierte (13 der 18 Mitglieder). Major Mould von der Militärregierung verkündete an diesem Vormittag die „Leitsätze für die Gemeindevertretungen", die in Anlehnung an das britische System kommunaler Selbstverwaltung eine Trennung zwischen politischer und administrativer Leitung der Gemeinde vorsahen. Major Mould stellte also Bürgermeister Groenhagen „vor die Wahl, Bürgermeister zu bleiben und dann Politiker zu werden oder das Amt eines bezahlten amtlichen Gemeindedirektors zu übernehmen und als Bürgermeister auszuscheiden. Es müßte dann ein neuer Bürgermeister gewählt werden (Politiker). Der Bürgermeister würde nur ein Honorar erhalten." Groenhagen entschied sich „für den Posten des Gemeindedirektors."[48]

Neuer Bürgermeister wurde Hermann Beneke. Der Landwirt aus Littel löste Groenhagen im Frühjahr 1946 ab. Beneke, der erstmals 1919 in den Gemeinderat gewählt wurde und sich in den Jahren der Weimarer Republik für den Genossenschaftsgedanken stark gemacht hatte, hatte sein Amt als Geschäftsführer der Landwirtschaftlichen Bezugsgenossenschaft im Zuge der „Gleichschaltung" aufgeben müssen. Das kommunalpolitische Geschäft war für Beneke, den die Militärregierung bereits in den Vertrauensausschuß berufen hatte, also kein Neuland.[49]

Hermann Beneke war kaum zum Bürgermeister gewählt, da mußten „auf Anordnung der Militärregierung" fünf Ratsherren ausscheiden - Grund hierfür war vermutlich eine Mitgliedschaft in nationalsozialistischen Organisationen. Bei ihrer
Neuwahl sollten die Flüchtlinge entsprechend ihrem Anteil an der Bevölkerung
berücksichtigt werden. Vorsichtshalber wählte man gleich eine Person mehr als notwendig, da man sich nicht sicher war, ob die gewählten Flüchtlinge nicht vielleicht
doch „der NSDAP angehört haben".[50] Auch gegen Johann Groenhagen hatte die Militärregierung aus nicht näher genannten Gründen nun offenbar Vorbehalte. Der Gemeindedirektor wurde erst mit einiger Verspätung von der Militärregierung in seinem Amt bestätigt.[51] Johann Groenhagen bekleidete das Amt des Gemeindedirektors noch bis 1949. Ihm folgte Gustav Schütte, der seit April 1936 bei der Gemeindeverwaltung tätig war und inzwischen das Büro leitete. Auch Hermann Beneke blieb
nur zwei Jahre im Amt. Georg Meiners, bis 1945 Bezirksbauernführer, löste ihn 1948
als Bürgermeister ab.[52]

*Abb. 123   Der Gemeinderat der Jahre 1948 bis 1952. Am Ende des Tisches sitzen Gemeinde-
direktor Gustav Schütte (links) sowie Bürgermeister und Landrat Georg Meiners (rechts);
außerdem haben sich einige Gemeindebedienstete (am linken Bildrand, sitzend) und Horst
Lachmann als noch junger NWZ-Mitarbeiter (hintere Reihe ganz rechts) hinzugesellt.*

„... je vier Einwohner ein Paar Holzschuhe ..." - kommunale Aufgaben in den ersten Nachkriegsjahren

Zu den ersten Aufgaben der Verantwortlichen auf Gemeindeebene nach dem Ende des Zweiten Weltkriegs gehörte die Beseitigung der kriegsbedingten Schäden. „Zunächst mußten 45 Gemeindebrücken notdürftig wieder hergestellt und Bombentrichter zugeschüttet werden, so daß der Verkehr wieder fließen konnte."[53] Kaum eine Brücke im Bereich der Gemeinde hatte den Rückzug der deutschen Soldaten überstanden; fast alle waren in den letzten Kriegstagen gesprengt worden. Bei Mügge (Klein-Scharrel), wo deutsche Soldaten am 20. April 1945 die Sprengschnüre verlegt hatten, konnte man den Küstenkanal bis Ende 1952 nur mit einer kleinen Fähre überqueren.[54] Wer bei Büsselmann über den Kanal wollte, mußte noch bis 1953 mit einer solchen Fähre vorliebnehmen - und einen Groschen entrichten für jede Person, jedes Stück Kleinvieh und jeweils 10 Stück Federvieh.[55] Zu den Brücken, die vorrangig erneuert wurden, gehörte dagegen jene über die Lethe zwischen Wardenburg und Oberlethe. Die provisorische Holzbrücke, die kanadische Soldaten hier schon kurz nach der Einnahme Wardenburgs aus requiriertem Holz gezimmert hatten, wurde bereits 1948 neu gebaut.[56]

Zugleich mußten Unterkünfte für die vielen Flüchtlinge und Vertriebenen, aber auch für „Brandgeschädigte" geschaffen werden - immerhin waren rund „50 Bauerngehöfte total abgebrannt". Sammlungen für Flüchtlinge wie Brandgeschädigte, bei denen in der Gemeinde mehrere zehntausend Reichsmark zusammenkamen, erlaubten erste Hilfsleistungen.[57] Den Obdachlosen in Charlottendorf - hier waren während der letzten Kriegstage die meisten Häuser zerstört worden - organisierte Johann Groenhagen eine vorübergehende Bleibe. Er bemühte sich mit Erfolg um die Freigabe der Baracken des ehemaligen Arbeitsdienstes. Und er rief die Landwirte der Gemeinde auf, den Transport zu übernehmen. Schon am darauffolgenden Sonntagmorgen fanden sich 60 Bauern mit ihren Pferdefuhrwerken ein, um die Teile von 21 Baracken von Benthullen nach Charlottendorf zu bringen. Im Jahre 1947 hat die Gemeinde die ehemaligen Arbeitsdienstbaracken dann angekauft.[58]

Ansonsten konzentrierten sich die Anstrengungen der Gemeindeverwaltung in diesen Jahren darauf, den Mangel zu verwalten. Hierauf deutet allein die Existenz eines Fahrradausschusses. Zu größeren Vorhaben wie dem Bau einer Schule in Hundsmühlen sah sich die Gemeinde anfangs außerstande, „weil mit dem besten Willen keine Baumaterialien auf ordnungsmässigem Wege erhältlich sind. Überpreise kann die Gemeinde nicht bezahlen."[59] Es war eine Zeit des Improvisierens, eine Zeit ungewöhnlicher Maßnahmen. So betrachtete es die Gemeindevertretung als eine ihrer Aufgaben, sich um Schuhwerk für die Bevölkerung zu kümmern. Zu diesem Zweck wurde Birkenholz beschafft, „welches der Holzschuhfabrik Büsselmann in Hatterwüsting zur Lieferung von Holzschuhen angefahren worden sei. Durch diese Aktion würde es möglich sein, daß auf je vier Einwohner der Gemeinde ein Paar Holzschuhe verteilt werden könne."[60]

Abb. 124
Bis 1953 hielt diese
kleine Fähre die Ver-
bindung zwischen
Nord- und Süd-
moslesfehn aufrecht.

Abb. 125
Ab 1955 rollte der
Busverkehr nach
Wardenburg und
Friesoythe über die
neue Kanalbrücke
bei Wöbken.

Welche Arbeit vor Ort zu dieser Zeit von einem Bezirksvorsteher geleistet werden mußte, läßt ein Beschluß der Gemeindevertretung vom 26. Januar 1948 erahnen: „Die Bezirksvorsteher sollen, soweit sie nicht mit in den Ortsausschüssen bei der Wohnraumbeschaffung tätig sind, auch von der Verteilung der Spinnstoff- und Schuhwaren befreit werden, damit sie sich mehr um die Instandsetzung der Wege kümmern können."[61] Zahlreiche Wege wurden ab 1947 mit einer Schlackenschicht versehen - eine Arbeit, die in der Regel von den Anwohnern verrichtet werden mußte. Anfang 1948 wurden dann viele Beschlüsse der Gemeindevertretung mit einem Vorbehalt versehen - die Währungsreform stand vor der Tür.

In den folgenden Jahren half das sogenannte Emslandprogramm, größere Projekte zu verwirklichen. Aus diesem Topf wurde unter anderem das Tiefpflügen der Moore in Benthullen finanziert. Ein riesiger Pflug („Mammut") grub hier, von Dampfloko-mobilen gezogen, zwei Meter tiefe Furchen in den Moorboden und verwandelte in kurzer Zeit die ganze Landschaft. Vorhaben wie diese wurden erst Jahre später kritisch hinterfragt.[62]

Der Straßenbau wurde ebenfalls mit öffentlichen Mitteln gefördert (Grüner Plan). „Die Wegeverhältnisse in den Außenbezirken waren zum Teil katastrophal."[63] Zu den Verkehrswegen, die Anfang der 50er Jahre ausgebaut und geklinkert wurden, gehörte die Ammerländer Straße. Wer in den Jahren davor nach Klein Scharrel, Ede-wecht oder Bad Zwischenahn wollte, mußte noch mit einem übersandeten Moorweg vorliebnehmen.[64]

Abb. 126 In den 50er und 60er Jahren wurden die Wege in den Außenbereichen der Gemeinde befestigt. Das Foto zeigt Bauarbeiten im Bereich der Korsorsstraße in Achternmeer, bei denen zunächst das Moor ausgebaggert wurde. Auf die Hilfe von Maschinen mußte noch weitgehend verzichtet werden. Die Arbeiter mußten damals die Loren noch selbst schieben.[65]

Anmerkungen

[1] Bekanntmachung vom 1. Mai 1945, abgedruckt in: GSP Nr. 72, September 1989, 7.

[2] Friedrich von Essen, Kriegsende in Wardenburg, in: GSP Nr. 95, Juni 1995, 2.

[3] Bekanntmachung vom 7. Mai 1945, abgedruckt in: GSP Nr. 72, September 1989, 7.

[4] Gespräch mit Lydia Sommer am 18. Oktober 1994.

[5] Eintrag in der Kirchenchronik von 1945, hier und im folgenden zitiert nach einer Abschrift von Erich Martens. Die Angst vor Übergriffen und Racheakten der „ausländischen Arbeiter" war in diesen Tagen weit verbreitet, so auch in Oldenburg; vgl. hierzu den Bericht des damaligen Oberbürgermeisters Rabeling, 88.

[6] Gespräch mit Friedrich von Essen am 20. Juli 1995.

[7] Gespräch mit Herta Kayser am 29. September 1994.

[8] Charlottendorf-West, 90.

[9] Charlottendorf-West, 248.

[10] Gespräch mit Friedrich von Essen am 20. Juli 1995.

[11] Gespräch mit Sophie Müller, der Tochter von Gustav Kretzer, am 22. Februar 1995. Hinrich Brunken wurde im Februar 1947 entlassen.

[12] Niederschrift über die 1. Sitzung des neugebildeten Vertrauensausschusses vom 13. August 1945. Alle Sitzungsprotokolle befinden sich im Archiv der Gemeinde Wardenburg. Vgl. auch Geschichte des Landes Oldenburg, 484 und 532.

[13] Vgl. Protokoll der Sitzung der Gemeindevertretung am 18. März 1946. Ein weiteres Mal engagierte sich die Gemeindevertretung für einen vom Dienst suspendierten Lehrer; vgl. hierzu Protokoll der Sitzung am 13. Januar 1947.

[14] Eintrag von Pastor Thorade in der Kirchenchronik 1945.

[15] Steininger, Band 1, 129.

[16] Vgl. GSP Nr. 2, April 1972, 19; GSP Nr. 15, Juni 1975, 3; 700 Jahre Wardenburg, 244.

[17] Vgl. Benthullen, 88.

[18] Vgl. GSP Nr. 3, Juli 1972, 6f., sowie 25 Jahre Ortsverein Tungeln, 43.

[19] Vgl. Steininger, Bd. 1, 88f.

[20] Vgl. Fischbeck, 65f.

[21] Zitiert nach einem Erinnerungsbericht von Friedrich von Essen, in: GSP Nr. 95, Juni 1995, 3.

[22] Vgl. die Erinnerungen von Helga Eilers, in: GSP, Nr. 19, Juni 1976, 17.

[23] Vgl. Niemann-Witter/Elerd, 241ff.

[24] Ernst Decker, in: GSP Nr. 39, Juni 1981, 5.

[25] Gespräch mit Lydia Sommer am 18. Oktober 1994.

[26] Vgl. 75 Jahre Molkerei Wardenburg, 20; Charlottendorf-West, 300.

[27] Erinnerungen von Helga Eilers, in: GSP Nr. 19, Juni 1976, 17.

[28] Beitrag von Anni Heidberg, in: GSP Nr. 15, Juni 1975, 12. Flüchtlinge und Vertriebene, die kein plattdeutsch konnten, hatten es schwerer, so Ruth Volke in einem Gespräch am 3. August 1994.

[29] Gespräch mit Lydia Sommer am 18. Oktober 1994.

[30] Vgl. Hellbernd/Möller, 675.

[31] Hermann Beneke im Gespräch mit Diedrich Oltmanns, aufgezeichnet im Jahre 1973. Vgl. auch 700 Jahre Wardenburg, 191.

[32] Charlottendorf-West, 122.

[33] Fischbeck, 54.

[34] Protokoll über die Sitzung der Gemeindevertretung am 10. Februar 1947.

[35] Protokoll über die Sitzung der Gemeindevertretung am 25. November 1946.

[36] Vgl. Protokoll über die Sitzung der Gemeindevertretung am 22. März 1948.

[37] Gespräch mit Günther Rogge am 27. März 1995.

[38] Protokoll über die Sitzung der Gemeindevertretung am 28. Oktober 1946.

[39] Protokoll über die Sitzung der Gemeindevertretung am 25. November 1946.

[40] Vgl. hierzu die Protokolle über die Sitzungen der Gemeindevertretung am 7. Juli, 11. August und 15. Dezember 1947 sowie am 26. Januar und 22. März 1948.

[41] Vgl. hierzu die Protokolle über die Sitzungen der Gemeindevertretung in den Jahren 1946-1948.

[42] Vgl. GSP Nr. 19, Juni 1976, 17f., sowie die Berichte von Vertriebenen in: 700 Jahre Wardenburg, 187f. und 191f.

[43] Vgl. Hellbernd/Möller, 672ff.; Kreisbeschreibung, 76, sowie Tabelle 24 im Statistischen Anhang, 19. Die Volkszählung von 1950 lieferte die ersten gesicherten Zahlen.

[44] „Durchgeführte Maßnahmen der Gemeinde Wardenburg seit Kriegsende", in: Gemeinde Wardenburg, Protokolle 1945-1948.

[45] Vgl. Rundschreiben des Bürgermeisters der Gemeinde Wardenburg vom 27. September 1945, in Auszügen abgedruckt in: GSP Nr. 4, Oktober 1972, 11. In diesem Rundschreiben warb Groenhagen um Verständnis und Unterstützung für seine Arbeit.

[46] Die amtliche Verlautbarung über die Potsdamer Konferenz ist abgedruckt in: Steininger, Bd. 1, 74ff., hier 76.

[47] Vgl. Protokolle der Sitzungen des Vertrauensausschusses am 13. August und 28. September 1945.

[48] Protokoll der Sitzung der Gemeindevertretung am 26. Oktober 1945.

[49] Gespräch mit Gustav Beneke am 27. April 1995. Vgl. auch Ratsprotokoll vom 7. Juni 1919.

[50] Sitzungsprotokoll vom 15. April 1946; vgl. auch die Protokolle vom 3. Dezember 1945 sowie vom 15. Februar und 18. März 1946.

[51] Vgl. die Sitzungsprotokolle der Gemeindevertretung vom 15. Juli 1946 und vom 11. August 1947.

[52] Zu Gustav Schütte vgl. Protokoll über die Sitzung der Gemeindevertretung am 16. August 1948.

[53] „Durchgeführte Maßnahmen der Gemeinde Wardenburg seit Kriegsende", in: Gemeinde Wardenburg, Protokolle 1945-1948.

[54] Zur Sprengung der Brücke bei Mügge vgl. Harbern I, 74.

[55] Vgl. 100 Jahre Moslesfehn, 109. Auch bei Wöbken mußte man nach Kriegsende zunächst mit einer Fähre übersetzen.

[56] Vgl. die Protokolle über die Sitzungen der Gemeindevertretung am 3. Juni 1946, 5. Juli und 16. November 1948.

[57] Protokoll der Sitzung der Gemeindevertretung vom 3. Dezember 1945.

[58] Vgl. Charlottendorf-Ost, 171. Vgl. auch Charlottendorf-West, 177, sowie die Protokolle über die Sitzungen der Gemeindevertretung am 10. Februar, 2. Juni und 7. Juli 1947.

[59] Protokoll über die Sitzung der Gemeindevertretung am 3. Mai 1948; vgl. auch die Protokolle der Sitzungen am 22. September und 15. Dezember 1947.

[60] Protokoll der Sitzung der Gemeindevertretung am 21. Januar 1946.

[61] Protokoll über die Sitzung der Gemeindevertretung am 26. Januar 1948.

[62] Vgl. Benthullen, 58f.

[63] Günther Rogge in seinem Bericht über „Wardenburgs Strukturwandel", in: GSP Nr. 80, September 1991, 2.

[64] Vgl. Albrecht Eckhardt, Klein Scharrel, 135 und 184.

[65] Gespräch mit Lydia Sommer am 18. Oktober 1994. Einer der abgelichteten Bauarbeiter ist ihr Vater.

Neues Leben in den Kirchen

Schon kurz nach Kriegsende entdeckte Pastor Thorade beim Gottesdienst zahlreiche neue Gesichter. Daran, daß sich die Wardenburger Kirche nun stärker füllte, hatten vor allem „die Vertriebenen einen großen Anteil".[1] Da viele der Flüchtlinge und Vertriebenen katholischen Glaubens waren, konnte auch die katholische Kirche hier wieder Fuß fassen. Lebten in den 20er und 30er Jahren rund 200 Katholiken in der Gemeinde, so war ihre Zahl 1950 auf 856 geklettert.[2] In den ersten Jahren nach Kriegsende wurden die katholischen Neubürger von Osternburg und danach von Bümmerstede aus seelsorgerisch betreut. Seit 1956 kann der katholische Gottesdienst, der zunächst in der evangelischen Kirche stattfand, in einem neuerrichteten Kirchengebäude gefeiert werden. Am Bau beteiligte sich auch der in Bümmerstede tätige Internationale Bauorden, den der „Speckpater" - so wurde der belgische Pater Werenfried van Straaten damals genannt - ins Leben gerufen hatte. Geweiht wurde das neue Gotteshaus an der Litteler Straße den Heiligen Drei Königen. Seit 1975 wird für Wardenburg ein eigener Seelsorger ernannt. Der Bezirk, 1982 zur selbständigen Kapellengemeinde erhoben, wird heute von Oldenburg-Kreyenbrück aus verwaltet.[3]

Abb. 127 Die katholische Kirche von Wardenburg. Der neue Glockenturm, der im Zuge von Renovierungsarbeiten 1987 neben der Kirche errichtet wurde, ragt exakt 14,30 Meter in die Höhe.

Abb. 128   Der Ortskern Wardenburgs mit der Marienkirche, dem Glockenturm und dem Rathaus (am rechten Bildrand).

In Benthullen entstanden in den vergangenen Jahrzehnten zwei weitere kirchliche Bauten. Seit ihrer Gründung hatten sich Benthullen und Harbern schnell vergrößert. Bald nach Kriegsende wurde die Frage laut, „ob nicht dort eine für diesen Bezirk eigene Kirche gebaut werden könnte".[4] Der Grundstein für die evangelische Kirche von Benthullen wurde am 9. Mai 1954 gelegt. Zu ihrem ersten Gottesdienst versammelten sich die Kirchgänger aus den umliegenden Dörfern im Dezember 1955. Die Bewohner von Harbern II konnten die Turmspitze schon von weitem sehen: Der Kirchenbau - heute das „Wahrzeichen" Benthullens - liegt genau am Ende des Saarländer Weges.

Ebenfalls am Saarländer Weg wurde 1982 der Königreichssaal der Zeugen Jehovas errichtet. Seit 1946 treffen sich die Zeugen Jehovas allwöchentlich in Benthullen - in den ersten Jahren noch privat, dann in den angemieteten Räumen der ehemaligen Volksschule und heute im Königreichssaal.[5]

Die Renovierung der Marienkirche

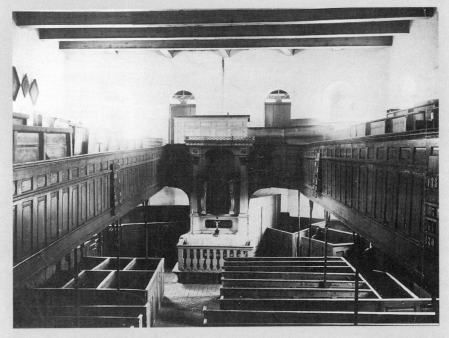

*Abb. 129 Blick von der Empore in die Wardenburger Kirche vor deren Renovierung.
Wer hier oben saß, konnte unter Umständen „dem Pastor ins Konzept gucken". Links
unter der Empore war lange Zeit noch ein Beichtstuhl mit Schiebefenstern. Die „Kästen"
in diesem Bereich blieben alteingesessenen Familien vorbehalten, die sich dieses Anrecht
vor langer Zeit erkauft hatten. Emaille-Schilder an den Kästen trugen die Namen dieser
Familien. Auch bei den Sitzbänken rechts sind einige Familiennamen noch schwach zu
erkennen. In der quergestellten Reihe neben dem Altar saß die Familie des Pastors.
Durch die Tür hinter der Kanzel gelangte man in die Sakristei und zu einer Treppe, die
zur Dampfheizung im Keller führte. Bei der Renovierung fand man zwischen den Fuß-
bodensteinen im weißen Sand Münzen aus allen Teilen Deutschlands, von denen etliche
sicher einst von Pilgern nach Wardenburg gebracht worden waren. Die Kirche wurde
nicht zuletzt umgebaut, weil die Empore zu wenig Licht ins Innere ließ. Auch waren die
Gänge in der Kirche zu eng, um einen Sarg hindurchtragen zu können, so daß bis zum
Umbau bei Beerdigungen die Andachten stets im Hause des Verstorbenen stattfanden.
Die Renovierung der Marienkirche fand in den Jahren 1958 bis 1960 statt.[6]*

Anmerkungen

[1] Eintrag von Pastor Thorade in der Kirchenchronik 1945.

[2] Vgl. zum Bevölkerungszuwachs und zur konfessionellen Gliederung Ortschaftsverzeichnis
(1925), 3, Ortschaftsverzeichnis (1950), 1f., sowie
Kreisbeschreibung, Tabelle 24 im Statistischen
Anhang, 19.

[3] Vgl. Thissen, 869, 872 und 878ff.

[4] Günther Rogge, in: GSP Nr. 80, September 1991,
3.

[5] Vgl. Benthullen, 105.

[6] Gespräch mit Günther Rogge am 27. März 1995.
Vgl. auch Hellbernd/Möller, 697.

Die politische Nachkriegsentwicklung der Gemeinde Wardenburg im Lichte der Wahlen

Die ersten freien Wahlen nach dem Ende des Zweiten Weltkriegs fanden im Herbst 1946 statt. Die CDU verzeichnete bei dieser Kommunalwahl einen deutlichen Wahlsieg - nicht zuletzt eine Folge ihres Vorsprungs in organisatorischer Hinsicht. Der erste SPD-Ortsverein wurde erst im November 1946 in Tungeln gegründet, der von Wardenburg folgte Anfang 1947. Beide schlossen sich bald darauf zusammen.[1] Einige Monate später, im April 1947, erfolgte die erste Wahl zum Niedersächsischen Landtag, der sich viele Wardenburgerinnen und Wardenburger geradezu verweigerten. Bei einer Wahlbeteiligung von 38,5 Prozent konnten sich weder die CDU, die auf exakt 40 Prozent der abgegebenen Stimmen kam, noch die SPD (29,7) oder die F.D.P. (26,4) über einen großen Rückhalt in der Bevölkerung freuen. So standen selbst hinter der CDU als der stärksten Partei vor Ort gerade 15 Prozent der Wahlberechtigten.[2] Offenbar fühlten sich nicht nur die Vertriebenen, sondern auch viele Einheimische von den lizensierten Parteien nur unzureichend repräsentiert. Legt man die in Wardenburg abgegebenen Stimmen zugrunde, dann verfehlten bei der ersten Bundestagswahl F.D.P. und Deutsche Partei (DP), die zu dieser Zeit beide rechts von der CDU standen, nur knapp die absolute Mehrheit.

Bei einem Blick auf die Ergebnisse der Wahlen seit 1949 (siehe Tabelle auf den Seiten 356 und 357) fällt zunächst auf, daß seither im Durchschnitt fast ein Urnengang pro Jahr anstand, zumal die Europa- oder Kreistagswahlen hier gänzlich ignoriert wurden. Am ehesten vermochten noch Bundestagswahlen die Wardenburger Bevölkerung zu aktivieren. Die Wahlbeteiligung in Wardenburg lag zwar meist unter der im Oldenburger Land und stets unter der in Niedersachsen, rutschte allerdings höchstens mal bei einer Landtagswahl unter die Zwei-Drittel-Marke.[3]

Mit der CDU, der F.D.P. und der SPD haben seit 1949 drei Parteien noch bei jeder Wahl in Wardenburg die Fünf-Prozent-Hürde genommen - wobei heute sicher am ehesten überrascht, daß die Christdemokraten bei der Bundestagswahl von 1949 gerade noch mit einem blauen Auge davonkamen. Nicht weniger bemerkenswert ist das Ergebnis der Freien Demokraten, die bei den ersten beiden Bundestagswahlen in Wardenburg zur stärksten politischen Kraft wurden. Das Oldenburger Land war zwar seit jeher eine Bastion des politischen Liberalismus, nach vergleichbaren Prozentwerten wird man allerdings auch hier eine Weile suchen müssen (es sei denn, man schaut sofort nach Westerstede oder Varel). Gleichwohl mußte die F.D.P., die ihre Stimmen zunächst vor allem aus dem rechten Lager erhielt, schon bald kräftige Einbußen hinnehmen. Wardenburg blieb zwar bis in jüngste Zeit eine liberale Hochburg, allerdings auf deutlich niedrigerem Niveau. Die Partei rutschte bei Wahlen inzwischen häufiger auch in den einstelligen Bereich.

Tendenziell bergauf ging es in den vergangenen Jahrzehnten dagegen mit den Sozialdemokraten. Zwar mußten auch sie bei einigen Kommunalwahlen kräftig schlucken, doch erholte man sich davon stets binnen Vier-Jahres-Frist. Was bei der

Ergebnisse der Bundestagswahlen (BW), Landtagswahlen (LW) und Kommunalwahlen (KW

Wahl	Wahl-beteil.	CDU	F.D.P.	SPD	GB/BHE	DP
BW 1949	68,6	6,1	40,3	12,5		7,1
LW 1951	63,9	DP/CDU 26,5	11,2	16,2	27,8	Liste mit CDU
KW 1952	76,8	Liste mit F.D.P.*	Liste mit CDU*	13,4	24,9	
BW 1953	88,0	26,3	34,0	14,6	17,3	3,9
LW 1955	72,8	24,6	28,7	18,4	15,5	2,4
KW 1956	68,5	35,9	22,7	19,9	13,3	8,2
BW 1957	87,2	40,5	11,3	20,7	9,9	11,6
LW 1959	74,1	31,2	12,4	24,6	11,9	14,4
KW 1961	77,4	39,1	19,0	23,9	8,8	6,3
BW 1961	84,5	40,6	21,5	28,5		
LW 1963	72,4	29,7	26,5	35,4		2,5
KW 1964	74,0	40,0	20,5	31,8	4,3	
BW 1965	82,6	49,8	16,4	29,4		
LW 1967	71,5	45,3	12,0	32,7		
KW 1968	75,6	54,3	13,0	24,5	1,7	
BW 1969	80,7	48,1	8,1	34,8		
LW 1970	69,5	44,1	8,5	41,0		
KW 1972	77.2	51,9	12,9	35,2		
BW 1972	83.3	40,7	12,7	45,7		
LW 1974	79,4	46,6	13,9	37,9		
BW 1976	89,4	42,3	13,3	43,6		
KW 1976	89,4	47,6	16,7	35,7		
LW 1978	65,3	47,6	8,7	39,5		
BW 1980	86,3	34,3	18,0	45,8		
KW 1981	71,6	48,7	17,7	26,8		
LW 1982	71,3	48,0	12,7	30,3		
BW 1983	87,6	40,7	10,9	41,2		
LW 1986	73,8	33,9	11,5	44,2		
KW 1986	71,3	35,1	7,8	44,8		
BW 1987	82,8	33,6	11,7	45,1		
LW 1990	70,7	36,8	8,2	46,5		
BW 1990	78,7	37,8	13,6	41,2		
KW 1991	68,0	35,9	8,1	42,6		
LW 1994	71,9	33,2	7,7	44,0		
BW 1994	80,3	35,7	10,8	42,8		

Abkürzungen der Parteien (soweit nicht im Text erläutert):   KPD = Kommunistische Partei Deutschlands; GVI
Gesamtdeutsche Volkspartei; GDP = Gesamtdeutsche Partei; WG = Wählergemeinschaft; DFU = Deutsche Friedensunie

...... der Gemeinde Wardenburg seit 1949 (in Prozent)[4]

(1) SRP (2) DRP (3) NPD	F.W.G	Grüne	Sonstige/ Bemerkungen
3,8 (2)			30,3 (Unabhängige 26,3)
13,3 (1)			3,0 (Zentrum 1,5; KPD 1,0)
2,1 (2)			
			61,7 (* fast ausschließlich Liste von CDU/FDP)
2,8 (2)			1,1 (GVP 0,7)
9,4 (2)			1,1 (Zentrum 0,5; KPD 0,5)
4,2 (2)			1,8
5,6 (2)			
2,8 (2)			
3,2 (2)			6,2 (GDP 5,3)
2,2 (2)			3,7 (GDP 3,0)
			3,4 (WG)
3,7 (3)			0,7 (DFU 0,6)
9,3 (3)			0,8 (DFU 0,6)
6,1 (3)			0,4
8,5 (3)			0,6 (ADF 0,3)
6,4 (3)			
0,6 (3)			0,3 (DKP)
1,0 (3)			0,6 (DKP)
0,4 (3)			0,4
0,3 (3)			3,8 (GLU 3,2; DKP 0,5)
0,2 (3)		1,5	0,2
	6,8		
		8,2	0,7 (DKP)
0,2 (3)		6,9	0,2
		10,1	0,3
	6,2	6,2	
0,3 (3)		9,1	0,2
0,2 (3)		6,9	1,6 (REP 0,9)
0,2 (3)		5,1	2,1 (REP 0,8)
	6,9	5,2	1,4 (efa)
		7,9	7,1 (Statt Partei 2,3; REP 2,2)
		8,0	2,7 (PDS 1,1; REP 0,8)

ADF = Aktion Demokratischer Fortschritt; DKP = Deutsche Kommunistische Partei; GLU = Grüne Liste Umweltschutz; REP = Die Republikaner; efa = Engagierte Frauen in Aktion (Wardenburger Frauenliste); PDS = Partei des Demokratischen Sozialismus

Landtagswahl 1963 noch Ausnahme war, wurde in den 80er Jahren die Regel: Die SPD wurde stärkste Partei vor Ort. Seit Mitte der 80er Jahre gelang den Sozialdemokraten stets der Sprung über die 40-Prozent-Marke, während die Christdemokraten seither immer darunter blieben. Auf kommunaler Ebene wurde die CDU von der Wählerschaft 1986 in die Opposition verwiesen, eine ungewohnte Rolle, war die Partei doch über Jahrzehnte hinweg die bestimmende politische Kraft in der Gemeinde Wardenburg. Daß die Wählerinnen und Wähler eine Partei mit einer absoluten Mehrheit ausstatteten, kam höchst selten vor und blieb lediglich den Christdemokraten bei den Kommunalwahlen von 1968 und 1972 vergönnt.

Neben CDU, SPD und F.D.P. erzielten weitere Parteien teils beachtliche Erfolge. So wurde der 1950 gegründete Block der Heimatvertriebenen und Entrechteten (BHE) bereits bei der Landtagswahl im darauffolgenden Jahr auf Anhieb stärkste politische Kraft in der Gemeinde Wardenburg. Ganz offenkundig votierte auch hier das Gros der Flüchtlinge und Vertriebenen für diese Partei, die danach allerdings zunehmend an Einfluß verlor und ab 1964 auch im Gemeinderat nicht mehr vertreten war.

Während linkssozialistische oder kommunistische Parteien in der Gemeinde Wardenburg in all den Jahren nur eine marginale Rolle spielten, konnten jene vom anderen Ende des politischen Spektrums hier teils überdurchschnittliche Erfolge verbuchen. Eine neofaschistische Partei wie die Sozialistische Reichspartei (SRP) brachte es bei der Landtagswahl 1951 in der Gemeinde Wardenburg auf 13,3 Prozent der Stimmen. Vier Jahre später - die SRP war inzwischen verboten worden - votierten immerhin noch 9,9 Prozent für die Deutsche Reichs-Partei (DRP). Ein ähnliches Ergebnis erzielte Ende der 60er Jahre die Nationaldemokratische Partei Deutschlands (NPD). Vor der NPD war es bereits der Deutschen Partei gelungen, im Wardenburger Gemeinderat gleichsam einen Stuhl rechts von der CDU zu besetzen.

Danach allerdings blieben CDU, SPD und F.D.P. einige Zeit unter sich. Erst Anfang der 80er Jahre bekamen diese drei Parteien wieder Gesellschaft. Bei den Kommunalwahlen 1981, 1986 und 1991 verhalfen die Wardenburgerinnen und Wardenburger jeweils zwei Kandidaten der Freien Wählergemeinschaft (F.W.G.), einer Abspaltung von der SPD, zu einem Sitz im Gemeinderat. Fast zeitgleich machten sich die Grünen auf, die politische Landschaft zu verändern. Die junge Partei hat bereits einige Höhen und Tiefen hinter sich: Steigerte sie sich zunächst binnen kurzer Zeit auf gut zehn Prozent, so schrammte sie in den Jahren nach der Vereinigung nur knapp an der Fünf-Prozent-Marke vorbei, erholte sich danach allerdings schnell wieder.

Zusammenfassend läßt sich trotz einiger Vorbehalte gegenüber starren Links-Rechts-Schemata durchaus feststellen, daß Parteien, die dem bürgerlichen oder „rechtem" Spektrum zugerechnet werden, seit Kriegsende tendenziell an Einfluß verloren haben. Umgekehrt haben Parteien, die sich von ihrer Programmatik her stärker der sozialen oder ökologischen Frage verschrieben haben, in der Gemeinde Wardenburg deutlich zugelegt. Ein Grund für die Verschiebung der politischen Gewichte ist sicher die Integration der Flüchtlinge und Vertriebenen, ein anderer der Wandel der wirtschaftlichen und sozialen Struktur. Dienstleistungs- und Gewerbebetriebe prägen heute - wie an anderer Stelle noch deutlich werden wird - weit stärker als noch vor wenigen Jahrzehnten das Gesicht der Gemeinde. Milieus gerieten zusehens durcheinander und verloren an Bindungskraft. Nach wie vor darf allerdings die CDU am ehesten in Dörfern wie Charlottendorf, Littel oder Achternholt, also im stärker landwirtschaftlich orientierten Süden und Westen der Gemeinde mit Stimmen rechnen, während der Anteil von SPD und Grünen in der Regel steigt, wenn man sich dem Küstenkanal und den Stadtgrenzen von Oldenburg nähert. Die Wählerinnen und Wähler der F.D.P. durchkreuzen den Versuch einer solchen Lokalisierung; mal erzielen die Freidemokraten ihre Spitzenwerte in Hundsmühlen, dann wieder in Harbern oder Benthullen.[5]

Bürgermeister der Gemeinde Wardenburg

1945 - 1946	Johann Groenhagen
1946 - 1948	Hermann Beneke
1948 - 1968	Georg Meiners
1968 - 1986	Diedrich Fischbeck
seit 1986	Eckhardt Hildebrandt

Gemeindedirektoren und -direktorinnen der Gemeinde Wardenburg

1946 - 1949	Johann Groenhagen
1949 - 1965	Gustav Schütte
1965 - 1981	Gustav Brand
1981 - 1987	Werner Cordes
1987 - 1993	Günter Meyer
seit 1993	Martina Noske

Bei der bisherigen Betrachtung wurden alle Urnengänge mehr oder weniger unterschiedslos in einen Topf geworfen. Daß sich jedoch die Wählerinnen und Wähler bei einer Kommunalwahl von anderen Überlegungen leiten ließen als bei einer Bundestagswahl, wurde vor allem in den Jahren 1972, 1976 und 1980/81 deutlich. Im folgenden soll daher ein besonderes Augenmerk auf die Kommunalwahlen gelegt werden, ohne daß lokalpolitische Kontroversen, die hier ihren Niederschlag fanden, im einzelnen nachgezeichnet werden können. Neben den Parteien geraten dabei auch jene Persönlichkeiten in den Blick, die den Ausgang der einen oder anderen Wahl maßgeblich beeinflußt haben dürften.

Sitzverteilung im Wardenburger Gemeinderat nach den Kommunalwahlen von 1948 bis 1991

	CDU	F.D.P.	SPD	BHE	DP	NPD	F.W.G.	Grüne
28.11.1948	6	8	5	-	-	-	-	-
09.11.1952	11*		2	4	-	-	-	-
29.10.1956	7	4	3	2	1	-	-	-
19.03.1961	7	4	4	1	1	-	-	-
27.09.1964	8	4	6	1	-	-	-	-
29.09.1968	11	2	5	-	-	1	-	-
22.10.1972	16	3	10	-	-	-	-	-
03.10.1976	14	5	10	-	-	-	-	-
27.09.1981	15	6	8	-	-	-	2	-
05.10.1986	11	2	14	-	-	-	2	2
06.10.1991	11	3	13	-	-	-	2	2

* Gemeinschaftsliste CDU - F.D.P.

Bei der Kommunalwahl von 1948 wandten sich die Flüchtlinge und Vertriebenen in Wardenburg offenbar - wie in vielen anderen Landgemeinden auch - zunächst eher der SPD zu.[6] Dieser Einfluß wird bei einem Vergleich der Kommunalwahlergebnisse von 1948 und 1952 deutlich. So forderte eine „Gemeinschaft der Ostvertriebenen in Wardenburg" die „Ortsvertriebenen" vor der Wahl 1948 noch in einem Flugblatt auf, ihre Stimme den „Flüchtlingskandidaten" zu geben, von denen sich zehn auf der Liste der SPD befanden, weit mehr als bei F.D.P. (3) oder CDU (2).[7] Nach dieser Wahl konnten immerhin fünf Sozialdemokraten im Wardenburger Gemeinderat Platz nehmen. Stärkste Fraktion mit acht Sitzen wurde die F.D.P. unter ihrem Spitzenkandidaten Robert Dannemann; die CDU erhielt sechs Mandate.

Bei der Kommunalwahl 1952 wurde die sozialdemokratische Fraktion dann mehr als halbiert: Ganze zwei Sitze blieben der Partei. Nicht wenige ihrer einstigen Wählerinnen und Wähler hatten sich offenkundig dem Block der Heimatvertriebenen und Entrechteten (BHE) zugewandt, der erstmals bei einer Kommunalwahl antrat und gleich vier Mandate erzielte.[8] Dominiert wurde der Gemeinderat nun von einer Gemeinschaftsliste aus CDU und F.D.P., die elf der 17 Sitze beanspruchen konnte. An diesem grundsätzlichen Kräfteverhältnis sollte sich auf Jahrzehnte hinaus nichts ändern. Das Wardenburger Rathaus entwickelte sich, so eine journalistische Zuspitzung, zur „CDU-Erbpacht, nichts Ungewöhnliches im westlichen Niedersachsen. Die FDP sackte langsam ab. Die GRÜNEN gab es noch nicht. Und die SPD fiel nicht weiter auf."[9]

In den 60er Jahren verließen zwei Akteure die politische Bühne, die die Nachkriegsentwicklung der Gemeinde entscheidend mitgeprägt hatten: 1965 wurde Gustav Schütte, seit 1949 Gemeindedirektor, von Gustav Brand abgelöst. 1968 verzichtete dann auch Georg Meiners nach 20 Jahren im Bürgermeisteramt auf eine neuerliche Kandidatur. Zum neuen Bürgermeister wurde Diedrich Fischbeck, der erst vier

Abb. 130 Das alte Gemeindebüro an der Oldenburger Straße/Ecke Marschweg. „Manche Eheleute werden sich vielleicht erinnern, daß man über eine alte, schrecklich knarrende Holztreppe in das Trauzimmer im Obergeschoß gelangte."[10] Im Herbst 1965 zog die Gemeindeverwaltung in den Rathaus-Neubau an der Friedrichstraße.

Jahre zuvor in den Rat eingezogen war, im Alter von 36 Jahren gewählt. Die Sozialdemokraten blieben weitere vier Jahre in der Opposition. Ihr Stimmenanteil in Wardenburg kletterte zwar Anfang der siebziger Jahre auf über 35 Prozent, ein Erfolg, der mit Willy Brandt vermutlich auch einen bundespolitischen Vater hatte. Doch im Rat - er wurde mit Beginn dieser Amtsperiode vergrößert - saßen den 10 Mitgliedern der SPD immer noch 19 von CDU und F.D.P. gegenüber. Das gleiche Bild zeigte sich nach der Wahl 1976. Diedrich Fischbeck hieß der alte und neue Bürgermeister, der bei der Wahl zudem die mit Abstand höchste Stimmenzahl (744) erzielt hatte. Zu seiner Popularität dürften auch die Aktivitäten auf Vereinsebene beigetragen haben: Ob Freiwillige Feuerwehr, Deutsches Rotes Kreuz oder Kriegsgräberfürsorge, ob Sportverein, Laienspielgruppe, Kaninchenzüchter oder Schützenspielmannszug - „Didi" Fischbeck tanzte auf vielen Hochzeiten. Der gelernte Landwirt und praktizierende Gastwirt, zu guter Letzt auch noch „einziges männliches Ehrenmitglied des Landfrauenvereins", beherrschte offenbar nicht nur die Klaviatur seines Akkordeons.[11] Die These, daß Vereinsleben und Politik auf dem Dorf zusammengehören - Diedrich Fischbeck hat sie in diesen Jahren eindrucksvoll bestätigt. „Volksbürgermeister" nannte ihn sein „Schulfreund", der spätere NWZ-Redakteur Horst Lachmann in einem seiner Beiträge, ein Titel, den Fischbeck sich am Ende zu eigen machte.[12] Daß die eigentliche Politik während der Amtsperioden von Fischbeck und Brand bisweilen erst nach den Sitzungen beim „gemütlichen Beisammensein im ‚Ratskeller'" gemacht wurde, vernahm man später am Rande von Jubiläumsfeiern.[13]

Die Verlegung des Kreissitzes

Zu den Fragen, die in den vergangenen Jahrzehnten besonders leidenschaftlich diskutiert wurden, gehörte jene, ob nicht Wildeshausen anstelle von Oldenburg Kreissitz werden sollte. Ausgelöst wurde diese Diskussion durch die Angliederung der Samtgemeinde Harpstedt an den Landkreis Oldenburg, der sich dadurch weiter nach Südosten erstreckte. „Die eigenständige Rolle des Landkreises Oldenburg zwischen den städtischen Zentren Oldenburg und Delmenhorst/Bremen" sollte nun durch eine Verlegung „kreisbezogener Behörden und Einrichtungen in das Kreisgebiet" unterstrichen werden.[14] Der Wardenburger Rat sprach sich von Beginn an - so bei einer Sitzung im November 1978 - deutlich gegen eine solche Verlegung aus.[15] Vor allem zwei Gründe sprachen aus Wardenburger Sicht für eine Beibehaltung des Kreissitzes in der Stadt Oldenburg: deren Nähe und die zu erwartenden Kosten bei einer Verlegung kreisbezogener Behörden.[16] Die Entscheidung fiel am 18. Dezember 1984: Nach langer und teils lebhafter Diskussion votierten lediglich elf Mitglieder des Kreistages für Oldenburg, während 30 für die Verlegung des Kreissitzes nach Wildeshausen stimmten. Nun wurde nachgerechnet und schließlich die Vermutung laut, daß auch CDU-Kreistagsabgeordnete aus Wardenburg „für die Kreissitzverlegung gestimmt haben müßten." Ein Antrag zur Abwahl der vermeintlich Abtrünnigen fand im Gemeinderat keine Mehrheit. Allerdings darf darüber spekuliert werden, inwieweit die Frage der Kreissitzverlegung der CDU bei der Kommunalwahl 1986 zum Nachteil gereicht hat.[17]

Am 23. Juni 1977 wurde die Amtszeit von Gustav Brand vom Rat der Gemeinde um weitere zwölf Jahre verlängert. Brand, den Wegbegleiter fraktionsübergreifend als tatkräftigen Menschen schildern,[18] legte allerdings 1981 sein Amt als Gemeindedirektor aus gesundheitlichen Gründen nieder. Seine Nachfolge trat Werner Cordes an, bis zu diesem Zeitpunkt stellvertretender Gemeindedirektor. Im gleichen Jahr spaltete sich kurz vor der Wahl die Fraktion der SPD. Mehrere Ratsherren bildeten fortan eine „Freie Fraktion", die sich im September als Freie Wählergemeinschaft (F.W.G.) zur Wahl stellte und fortan zwei Sitze im neuen Rat einnehmen konnte.[19]

Weitere fünf Jahre später gab es dann für die Sozialdemokraten Grund zur Freude: Am 5. Oktober 1986 wurde die Wardenburger SPD mit 44,8 Prozent der Stimmen erstmals bei einer Kommunalwahl stärkste Partei vor Ort. Sie gewann 18,1 Prozent hinzu, während die Christdemokraten mit einem Minus von über 13 Prozent und die Freidemokraten (minus 9,9 Prozent) kräftig Federn lassen mußten. Der erste sozialdemokratische Bürgermeister hieß Eckhardt Hildebrandt, bis zu diesem Zeitpunkt SPD-Fraktionsvorsitzender.[20] Es war auch ein persönlicher Erfolg: Bei der Wahl 1981 hatte Hildebrandt 1.137 Stimmen auf sich vereinen können - bei der Wahl 1986 waren es 3.022 Stimmen.[21]

Wardenburg - ein „Hort schrecklicher Deutscher"?

„Hat denn wirklich niemand umgedacht in Wardenburg?"[22] Diese Frage stellte im März 1985, vierzig Jahre nach Kriegsende, die angesehene Wochenzeitung „Die Zeit". Was war geschehen? Die Oldenburger Gesellschaft für christlich-jüdische Zusammenarbeit hatte Überlebende des Holocaust eingeladen, unter ihnen die inzwischen 73jährige Selma Meyerstein (geborene Kugelmann), die in Wardenburg aufgewachsen war. Die Mehrheit des Wardenburger Verwaltungsausschusses konnte sich allerdings nicht dazu durchringen, dem Beispiel der Stadt Oldenburg zu folgen: Diese hatte einen größeren Geldbetrag beigesteuert, um das Treffen zu ermöglichen. Werner Vahlenkamp, der Organisator des Treffens, hakte bei mehreren Wardenburgern nach. In diesen Gesprächen war nun die Rede von „alten Wunden" und davon, daß „die Bürger ihre Ruhe haben" wollten.[23] Möglicherweise hätten diese Äußerungen keine Resonanz gehabt, wäre nicht die Öffentlichkeit zu dieser Zeit recht sensibilisiert gewesen, denn es jährte sich der 40. Jahrestag des Kriegsendes. Und es näherte sich ein umstrittenes Treffen von US-Präsident Ronald Reagan und Bundeskanzler Helmut Kohl auf dem Soldatenfriedhof in Bitburg, auf dem sich auch die Gräber von Angehörigen der Waffen-SS befinden.

Plötzlich also war Wardenburg in aller Munde: „Eine Woche lang, eine ganze Woche lang, stand der Ort im Mittelpunkt: als Hort schrecklicher Deutscher."[24] Medienvertreter gaben sich die Klinke in die Hand. Der Europakorrespondent von CBS reiste gar aus Paris an, um, vor dem Glockenturm stehend, dem amerikanischen Fernsehpublikum seine Eindrücke zu schildern. Im Ort selbst war man bemüht, die Wogen zu glätten. Schadensbegrenzung hieß die Devise. Der Verwaltungsausschuß trat erneut zusammen und revidierte seine unerwartet folgenreiche Entscheidung. Gleichsam als Zeichen guten Willens plante man, den Gartenweg umzubenennen. Der kleine Weg im Ortskern sollte der Familie Kugelmann gewidmet werden (die Umbenennung blieb bis heute aus). Am 8. Mai 1985, 50 Jahre nach Kriegsende, trafen sich 74 Juden aus aller Welt in ihrer ehemaligen Heimat. Selma Meyerstein war nicht dabei.[25]

Hildebrandt unterschied sich in vielerlei Hinsicht von seinem Vorgänger. Er war ein „Zugezogener" (geboren in Danzig und aufgewachsen in Schleswig-Holstein), außerdem „einziger Katholik" im Rat.[26] Schon Jahre vor seinem Amtsantritt widmete die Zeitschrift NATUR dem „Schutz-Mann" mehrere Seiten, irritiert von der Tatsache, daß Hildebrandt als Polizeioberkommissar auch in Gorleben seinen Dienst versah, um nach Feierabend als SPD-Ratsherr für eine „Atomwaffenfreie Zone Wardenburg" zu plädieren. Zudem engagierte sich Hildebrandt in der Biologischen Schutzgemeinschaft Hunte Weser-Ems, deren ehrenamtlicher Geschäftsführer er jahrelang war. Hier hat er das Rüstzeug für sein umweltpolitisches Engagement erworben und Perspektiven für eine ökologisch orientierte Kommunalpolitik ersonnen, die umzusetzen er sich nun anschickte.[27]

Bei der vorerst letzten Kommunalwahl im Oktober 1991 fand sich eine Mehrheit für die Fortsetzung einer Politik, die in starkem Maße durch Hildebrandt personifiziert wurde. Die SPD mußte zwar geringe Einbußen hinnehmen, blieb jedoch stärkste Fraktion. Sie verlor einen Sitz, der an die FDP ging. Hildebrandt wurde als Bürgermeister in seinem Amt bestätigt: 23 der 29 anwesenden Ratsmitglieder votierten für den Sozialdemokraten. Gehörte vor dieser Wahl mit Ingrid Oeltjebruns lediglich eine Frau dem Rat an, so nahmen Frauen nun fünf der 31 Sitze ein.[28]

Im März 1993 endete eine weitere Serie: die der Männer auf dem „Chefsessel der Gemeindeverwaltung". Hier saß zuletzt Günter Meyer, der 1986 noch vom alten CDU-geführten Rat zum Gemeindedirektor gewählt worden war. Abgelöst wurde Meyer von Martina Noske. Der Gemeinderat wählte sie am 4. März mit 16 von 31 Stimmen, also mit denkbar knapper Mehrheit an die Spitze der Verwaltung - eine der ersten Frauen in Niedersachsen auf dieser Position und mit 33 Jahren zugleich die jüngste.[29] Daß kurz darauf eine Frau auch zur stellvertretenden Gemeindedirektorin gewählt wurde, daß nun Frauen an der Spitze von drei Ämtern (Kämmerei, Sozial- und Ordnungsamt sowie Umweltamt) saßen und „lediglich" zwei Ämter (Hauptamt, Bauamt) „den Männern geblieben" waren, kommt sicher ebenfalls nicht allzu häufig vor.[30]

Im Frühjahr 1994 kam zum vorerst letzten Mal Bewegung in den Wardenburger Gemeinderat: Egon Brüggemann und Gerhard Geisler schieden aus der SPD aus und bildeten die Fraktion „Die Unabhängigen", die sich bald darauf entschloß, mit der CDU eine Gruppe zu bilden. In der Hoffnung auf neue Mehrheiten startete die CDU-Fraktion Ende 1994 den Versuch, den Bürgermeister abzuwählen, doch vergebens: Der Antrag wurde „abgeschmettert".[31] Gleichwohl haben die neuen Mehrheitsverhältnisse weitreichende Auswirkungen, wie an einigen Beispielen noch deutlich werden wird.

Anmerkungen

[1] Vgl. Vahlenkamp, 9. Vahlenkamp stützt sich auf ein Schreiben des SPD-Kreisvereinsvorsitzenden Sagehorn an Alfred Damm vom 26. November 1946 sowie ein Schreiben Sagehorns an Paul Saß vom 12. März 1947; Kopien beider Schreiben in: Privatbesitz Werner Vahlenkamp.

[2] Vgl. hierzu den Tätigkeitsbericht von Erich Bolze, dem sozialdemokratischen Wahlsekretär, vom 21. April 1947, in: Privatbesitz Werner Vahlenkamp. Danach verzeichnete kein anderer Ort im Wahlkreis Oldenburg-Land eine derart niedrige Wahlbeteiligung wie Wardenburg. Die durchschnittliche Wahlbeteiligung im Kreis lag bei 51,39 Prozent, die in Wildeshausen bei 66,1 Prozent.

[3] Soweit hier und im folgenden Vergleichswerte für das Oldenburger Land oder für Niedersachsen herangezogen wurden, entstammen diese der Tabelle in: Geschichte des Landes Niedersachsen, 543.

[4] Die Angaben wurden vom Niedersächsischen Landesamt für Statistik übermittelt. Bei den Ergebnissen der Landtagswahlen von 1990 und 1994 sowie bei sämtlichen Bundestagswahlen handelt es sich jeweils um die Zweitstimmen. Rundungsdifferenzen wurden nicht korrigiert.

[5] Berücksichtigt wurden die Ergebnisse der Kommunalwahl 1991, der Landtagswahl 1994 und der Bundestagswahl 1994.

[6] Gespräch mit Erwin Fritzsche am 21. Juni 1995. Vgl. auch Vahlenkamp, 9.

[7] Eine Kopie dieses Flugblatts befindet sich im Privatbesitz von Werner Vahlenkamp.

[8] Eine ähnliche Wählerbewegung - weg von der SPD, hin zum BHE - ließ sich auch in anderen ländlichen Kreisen Niedersachsens beobachten; vgl. Franz, 68.

[9] Lieckfeld, 2f.

[10] Günther Rogge, der ehemalige Pastor, in: GSP Nr. 80, September 1991, 3.

[11] Bericht über die Verleihung des Bundesverdienstkreuzes, in: GSP Nr. 69, Dezember 1988, 11; vgl. auch Fischbeck, 82f. und 132ff.

[12] Fischbeck, 117. Der Sozialwissenschaftler Gerd Vonderach stellte in einer Studie über die „Lebensverhältnisse in ländlichen Regionen" (165) in den 70er Jahren unter anderem fest, daß die Arbeiterschaft „im Wardenburger Gemeinderat überhaupt nicht" vertreten sei und die Bürgermeister in Wardenburg und der Vergleichsgemeinde Bockhorn trotz veränderter Sozialstruktur „auch jetzt noch aus der Gruppe der Landwirte und Selbständigen kommen. Diese beiden Gruppen beteiligen sich auch am meisten am regen Gemeindeleben." Dieses wiederum spiele sich vor allem in den Vereinen ab.

[13] „30 Jahre Ratsherr der Gemeinde Wardenburg", in: GSP Nr. 93, Dezember 1994, 11.

[14] Der Bericht „Neues Kreishaus in Wildeshausen" gibt diesen Prozeß aus der Sicht der Kreisverwaltung wieder, in: GSP Nr. 69, Dezember 1988, 5.

[15] Vgl. GSP Nr. 30, März 1979, 26.

[16] Aus diesen Gründen sprach sich der Rat in seiner Sitzung am 2. September 1982 gegen eine Verlegung aus, abgedruckt in: GSP Nr. 45, Dezember 1982, 21f.

[17] Gespräch mit Werner Cordes am 31. August 1995.

[18] Gespräch mit Erwin Fritzsche am 21. Juni 1995. Vgl. auch Fischbeck, 109f.

[19] Gespräch mit Werner Cordes am 31. August 1995.

[20] Vgl. unter anderem GSP Nr. 22, März 77, 27 (Wahl 1976), und Nr. 41, Dezember 1981, 20f. (Wahl 1981).

[21] Vgl. hierzu die Wahlunterlagen im Hauptamt des Landkreises Oldenburg.

[22] Die Zeit vom 29. März 1985, 72.

[23] Zitiert nach NWZ vom 5. März 1985. Zu dem Beschluß des Verwaltungsausschusses führte ein Antrag der Jungsozialisten.

[24] Die Zeit vom 29. März 1985, 72.

[25] Vgl. NWZ vom 6. und 8. März sowie 9. April 1985. Vgl. auch Die Zeit vom 29. März 1985, 72. Selma Kugelmann habe abgesagt, nachdem sie von der Ausschußentscheidung erfahren habe. Weitere Informationen verdanke ich einem Gespräch mit Werner Vahlenkamp am 9. September 1994.

[26] Publik-Forum vom 10. September 1993.

[27] Vgl. NATUR 11/1983, 82-86.

[28] Zur Kommunalwahl 1991 vgl. GSP Nr. 81, Dezember 1991, 24f.

[29] Vgl. die NWZ-Ausgaben vom 10. März, 6. Juli und 21. August 1993 sowie GSP Nr. 87, Juni 1993, 14f.

[30] GSP Nr. 88, September 1993, 4.

[31] NWZ vom 29. November 1994; vgl. auch die Ausgabe vom 30. Juli 1994.

Die Entwicklung einer Kommune - oder: Der Wandel von Ortsbildern und Image

Die Siedlungsentwicklung seit den 50er Jahren

Da sich viele Flüchtlinge und Vertriebene auf eine dauerhafte Existenz in der Gemeinde Wardenburg eingerichtet hatten, setzte bald nach der Währungsreform eine rege Bautätigkeit ein. Immerhin lebten hier im September 1950 noch 225 „Wohnparteien" in Notunterkünften. Weitere 788 „Wohnparteien" waren einigermaßen untergebracht, jedoch ohne eigene Wohnung.[1] Nun wurde vielerorts die Maurerkelle geschwungen. Bereits zu Beginn des neuen Jahrzehnts entstanden 26 Bauernstellen in Harbern II. Am Rande der Altsiedlungen wurden lange Reihen von Häusern in einheitlichem Baustil errichtet. Auch die Wardenburger Kämpen-Siedlung, die bereits Anfang 1953 auf 36 Häuser angewachsen war, zählt zu den Siedlungen dieser Art.[2] Verbaut wurden hier Gelder aus dem Marshall-Plan, die zu einem günstigen Zinssatz an Vertriebene vergeben wurden. Die Auswahl der Interessenten oblag der Evangelischen Kirche, deren Hilfswerk eine Siedlungsgesellschaft gegründet hatte und sich in Wardenburg stark engagierte. Die treibende Kraft in Sachen Wohnungsbau war Pastor Warntjen.[3] Der Maler Hans Fangmann, der sich die neue Siedlung zwischen Litteler Straße und Hauptstraße im Jahre 1954 näher angesehen (und sie gezeichnet) hat, schrieb einem Freund: „Im ganzen sind es weit über 50 Häuser, denn auch einige Private haben hier gebaut. Die Häuser sind von je 2 Familien bewohnt. Die meisten Bewohner sind Flüchtlinge." Links und rechts der Hauptstraße erhebe sich, wenn man „vom Süden her" komme, nun „Neubau an Neubau".[4]

Die Klinkerbauten aus jenen Tagen prägen heute mehrere Straßenzüge, so die Breslauer, die Danziger und die Marienburger Straße. Eine weitere Siedlung entstand hinter dem neuen Friedhof. Auch hier deuten Straßennamen wie Glatzer, Liegnitzer oder Kolberger Weg auf die Herkunft der Bauherren.[5] Bei jüngeren Neubauvierteln in Wardenburg orientierte man sich dagegen an Flora und Fauna - so entstanden Forellenweg oder Erlenstraße. Auch kam eine niederdeutsche Schriftstellerin und etliche ihrer männlichen Kollegen, die sich auf recht unterschiedliche Weise einen literarischen Namen gemacht hatten, zu neuen Ehren. Straßen wurden unter anderem nach Hermann Allmers, Karl Bunje, August Hinrichs, Emil Pleitner, Fritz Reuter, Alma Rogge, Georg Ruseler und Theodor Storm benannt. Diese unvollständige Namensliste deutet bereits die Größe des Wohnviertels an, das Ende der 70er Jahre im Süden Wardenburgs entstand. Zu dieser Zeit erwarb die Gemeinde unter Gemeindedirektor Gustav Brand Bauflächen, die nach ihrer Erschließung verkauft wurden. Auf einstmals landwirtschaftlichen Flächen, die zum Teil von Handwerkern oder Kaufleuten im Nebenerwerb bewirtschaftet worden waren, entstanden nun mehrere größere Wohngebiete.[6] Der Wohnungsbau in der Gemeinde Wardenburg erreichte seinen Höhepunkt: Jahr für Jahr wurden weit mehr als 100 Richtkränze benötigt.

Seit dieser Zeit schließen sich an die Wohnbebauung beiderseits der Oldenburger Straße größere Gewerbegebiete an („Südwest" und „Südost"). Erwin Fritzsche aus Hundsmühlen, von 1963 bis 1976 für die SPD im Kreistag und zuletzt auch im Gemeinderat, brachte seinerzeit die Ansiedlung neuer Wirtschaftsbetriebe mit auf den Weg. „Wir haben ja kaum Gewerbesteuern gehabt." In Wardenburg zog Fritzsche in dieser Frage gemeinsam mit Gemeindedirektor Brand an einem Strang.[7] Seither hat sich auf dem Gebiet der Wirtschaftsförderung einiges getan. Zu den ersten beiden Gewerbegebieten am südlichen Ortsausgang von Wardenburg gesellt sich seit 1994 ein drittes („Astrup"). Hinzu kommen kleinere Gewerbegebiete in Westerholt und Klein-Bümmerstede. Zusammen mit einem größeren Gebietsstreifen längs der Diedrich-Dannemann-Straße in Hundsmühlen bleiben so über 100 Hektar den Gewerbebetrieben vorbehalten.[8]

Von Gewerbeansiedlung und Wohnbebauung fast unberührt geblieben sind Ortschaften wie Charlottendorf, Littel oder Benthullen, während sich Wardenburg als Zentralort in alle Himmelsrichtungen ausgedehnt hat. Auch Hundsmühlen, Tungeln und Achternmeer mauserten sich zu immer größeren Siedlungen. Wie dynamisch es in den letzten Jahrzehnten gerade im Hinblick auf den Wohnungsbau in der Gemeinde Wardenburg zuging, verdeutlicht die Zahl der Wohngebäude; sie stieg zwischen 1968 und 1987 um 63,1 Prozent und damit weit stärker als im Landkreis (54,7), in der Stadt Oldenburg (46,1), in Niedersachsen (33,9) oder im Bundesdurchschnitt (33,7). Insgesamt dürfte sich der Wohnungsbestand in der Gemeinde Wardenburg seit Kriegsende etwa verdreifacht haben. Deutlich höher

Abb. 131   In den vergangenen Jahrzehnten entstanden - wie hier auf dem Korsorsberg - zahlreiche neue Wohnungen.

Abb. 132   Gewerbegebiet im Süden Wardenburgs an der Landesstraße 870. Im Mittelpunkt des Bildes: Stapel von Pflastersteinen, die im hiesigen Betonwerk produziert werden.

als andernorts ist in der Gemeinde Wardenburg der Anteil der Einfamilienhäuser. Meist handelt es sich zudem um Wohneigentum. Mietwohnungen sind dagegen eher rar.[9]

Die Nachfrage nach günstigen Mietwohnungen wie Bauplätzen hält an. Das größte unter den aktuellen Vorhaben ist die Erschließung des Baugebietes „Mitten im Esch". Hier, am Ortsausgang von Wardenburg in Richtung Oldenburg, sind auf einer 12 Hektar großen Fläche über 70 Bauplätze ausgewiesen. Erstmals erhielt der Bau von Mietwohnungen Vorrang vor Einfamilienhäusern. Hunderte haben sich gleichwohl erneut um einen Bauplatz beworben - die Nachfrage hält also weiter an.[10]

Neuere Raumordnungsprogramme sehen vor, daß bereits bestehende Siedlungsschwerpunkte erweitert und verdichtet werden. Der Ort Wardenburg stößt allerdings auf lange Sicht an seine Grenzen. Eine Ausdehnung in Richtung Hunte und Lethe ist jedenfalls nicht zu erwarten - hier befinden sich Landschaftsschutzgebiete. Gegen einen größeren Ausbau in Richtung Norden spricht auch das letzte bißchen

Wald zwischen Wardenburg und Tungeln. Zugleich verhindern die Landschaftsschutzgebiete ein Zusammenwachsen von Tungeln und Hundsmühlen, die ansonsten schon heute fast nahtlos ineinander übergehen. Tungeln hat seinen einstmals
bäuerlichen Charakter mit steigender Einwohnerzahl eingebüßt - ganze vier Landwirte bewirtschaften hier noch ihren Hof - und wird neben Hundsmühlen aufgrund
der Nähe zu Oldenburg ein bevorzugter Wohnort bleiben.[11] So dürfte es denn - einen
weiteren Bevölkerungsanstieg vorausgesetzt - am ehesten noch im Südwesten von
Wardenburg, im Süden von Tungeln, im Norden von Hundsmühlen sowie im Bereich von Achternmeer zu einer Siedlungserweiterung kommen.[12]

Von der B 69, A 29 und L 870 sowie dem sich wandelnden Ortsbild Wardenburgs

Daß lokale Verkehrspolitik mitunter ein ganzes Ortsbild verändern kann, zeigt sich
am Beispiel der Oldenburger Straße, der ehemaligen Bundesstraße 69. Dieser Ver-
kehrsweg gehörte schon 1952/53 neben der B 75 (Oldenburg-Bremen) zu den am
stärksten befahrenen in der Region: 2.400 Fahrzeuge am Tag, also durchschnittlich
100 pro Stunde, wurden zu einer Zeit gezählt, in der die Motorisierung fast noch in
ihren Kinderschuhen steckte.[13] Der Ausbau der B 69 wurde zum „Wunschtraum der
Gemeinde".[14] Bürgermeister Fischbeck und Gemeindedirektor Brand trieben das
Vorhaben voran: „Unser Ehrgeiz lag darin, vor dem Bau der Autobahn A 29 unsere
Ortsdurchfahrt auf Kosten des Bundes fertigzustellen, denn bis auf diese war die B 69
von Wilhelmshaven bis Diepholz bereits verkehrsgerecht ausgebaut."[15] Mit dem Bau
der Autobahn würde dann, so das Kalkül, eine Entspannung der Verkehrssituation
auf der B 69 einhergehen.

Für Ortsdurchfahrt wie Autobahn mußten mehrere alte Gebäude weichen, darunter der Schützenhof Wardenburg. Der traditionsreiche Bau wurde am 15. Mai 1979
abgerissen. Es entstanden der neue Schützenhof, das Jugendzentrum, der Marktplatz
- ein eher nüchterner Funktionalismus prägte nun das Gesicht Wardenburgs. Am 21.
Oktober 1982 wurde das erste Teilstück der Autobahn zwischen dem Kreuz Olden-
burg-Ost und Ahlhorn - genauer: zwischen Tweelbäke und Hengstlage - für den Verkehr freigegeben. Fertiggestellt wurde die A 29 im Frühjahr 1984. Wer nun in den Süden wollte, wählte die Auffahrt „Wardenburg" und erreichte nach kurzer Fahrt auf
der „Jadelinie" die „Hansalinie." Mit einem weinenden Auge betrachteten Bewohner
der anliegenden Dörfer die Entwicklung. Wo früher bestenfalls Rebhuhn oder Fasan
die Ruhe unterbrachen, vernahm man nun „ein stetes Rauschen".[16] In Westerburg
wurde das Ortsbild durch Autobahn und Zubringerstraßen nachhaltig verändert, auf
Astruper Gebiet entstanden die beiden Raststätten im „Huntetal".[17]

Nach dem Bau der Autobahn wurde aus der Bundesstraße 69 eine Landesstraße.
Der Verkehr hatte allerdings eher noch zugenommen. Immer lauter wurden nun die
Stimmen, die einen Rückbau dieser Verkehrsader forderten. Ausgesprochen kritisch
äußerten sich auch Durchreisende: „Hier nimmt niemand freiwillig den Fuß vom

Abb. 133, 134 *Zwei Aufnahmen von 1956/57, die die Veränderungen im Bereich der Olden-*
burger Straße - mit Blick auf den Glockenturm (oben) und auf die alte Molkerei (unten) - do-
kumentieren. Ob Straßenpflaster oder Strommasten, ob Molkerei-Schornstein oder Tankstelle
- all das gehört der Vergangenheit an. Verschwunden sind auch Hecken und Holzzäune, die
einst die Grundstücke begrenzten. Geblieben sind die beiden Bauten im Vordergrund. In den
vorderen Teil der ehemaligen Schlosserei (oben rechts) ist inzwischen eine Gaststätte eingezo-
gen. Das Haus, in dem einst Mitglieder der Familie Kugelmann wohnten (oben links), beher-
bergt heute ein Versicherungsbüro.

Gas. Die Oldenburger Straße, zu einer wahren Rennstrecke ausgebaut, zerschneidet den unscheinbaren Ort in zwei ebenso unscheinbare Hälften."[18] Daß abseits dieser Straße schon zu Zeiten des CDU-geführten Rats neue Akzente in der Verkehrspolitik gesetzt wurden, daß Wardenburg als eine der ersten Gemeinden weit und breit verkehrsberuhigte Zonen einrichtete, geriet zur Nebensache.[19]

Wardenburg: „Sauber" und „langweilig"?

Anfang der 90er Jahre wollten es die Meinungsforscher genau wissen: Was halten die Wardenburgerinnen und Wardenburger eigentlich von Wardenburg? Wie lebt es sich in der Gemeinde? Um mit dem Positiven zu beginnen: Die Befragten ordneten ihrer Gemeinde Attribute wie „sauber, aufstrebend und freundlich" zu. Die Kehrseite der Medaille: Wardenburg wurde zugleich als „langsam, langweilig und altmodisch" beschrieben. Zwar ließe es sich hier insgesamt gesehen gut leben und wohnen (dieser Ansicht war man vor allem im Süden der Gemeinde), doch bevor sich jemand auch nur kurz zufrieden zurücklehnen konnte, kam gleich eine ganze Reihe von Verbesserungsvorschlägen. So ließe sich das Erscheinungsbild Wardenburgs durch mehr Grün, durch einen Wochenmarkt oder ein Straßencafé verbessern. Auch wurden behindertengerechte Einrichtungen und eine Umleitung des Schwerlastverkehrs gewünscht. Priorität sollte der Ausbau des Öffentlichen Personennahverkehrs haben. Dabei hatten die Befragten vorrangig die Verbindung zwischen Wardenburg und Oldenburg, aber auch die zwischen Wardenburg und Wildeshausen im Auge.

Die Ergebnisse dieser Umfrage lesen sich wie ein Aufgabenkatalog für Politik, Verwaltung und Wirtschaft. Im Rathaus sah man sich bereits zum Zeitpunkt der Veröffentlichung der Untersuchung auf dem richtigen Weg und setzte diesen folglich fort. Tatsächlich ändert sich das Erscheinungsbild Wardenburgs. Auch hegt man die Hoffnung, daß Busse aus Oldenburg zukünftig regelmäßig Wardenburg ansteuern werden (eine einjährige Probephase wurde im Oktober 1995 gestartet). Daß auch andere Maßnahmen notwendig oder doch wünschenswert sind, darüber ließe sich vermutlich ebenfalls noch weitgehende Einigkeit herstellen. Nur wird in Zeiten knapper Haushalte die Frage nach den Kosten unweigerlich gestellt. Und so ist man beispielsweise von dem bei der Umfrage vielfach gewünschten Bau eines Freibades sicher weit entfernt.[20]

Rund 15 Jahre nach dem Ausbau der Oldenburger Straße änderte Wardenburg erneut sein Gesicht. Die Planungen für eine Sanierung des Wardenburger Ortskerns begannen zwar schon in den 80er Jahren, die Bauarbeiten jedoch erst 1994. In einem ersten Schritt wurde die Friedrichstraße zwischen der Einmündung Am Glockenturm und Eelder Straße erneuert. Letztere wandelte sich zu einer Hauptverkehrsstraße, über die nun der Schwerlastverkehr rollt. Um einiges ruhiger geht es seither

Abb. 135 Kaum eine Aufnahme läßt den Wandel im Ortskern von Wardenburg deutlicher werden als dieses Foto aus alten Tagen: Die Oldenburger Straße, befahren von einer schwarzen Limousine, ist am rechten Bildrand zu erkennen. Von den Höfen steht nur noch Hof Dicke (im Bild rechts); er beherbergt heute die Praxis des Tierarztes Müller. Die Hofstellen von Bolling (links) und Röbken (Mitte) sind verschwunden. Heute stehen hier die Fleischerei Bökamp und das Geschäftshaus der GSG, das im Zuge der Sanierung des Ortskerns 1994/95 entstand.

in der Friedrichstraße zwischen Eelder und Oldenburger Straße zu; sie soll im wesentlichen dem Besuch der anliegenden Geschäfte dienen.[21] Auch wird darüber nachgedacht, wie sich die Oldenburger Straße zwischen Marschweg und dem Gasthof Fischbeck freundlicher gestalten ließe.

Die Gemeinde erwarb schließlich mitten in Wardenburg mehrere Gebäude mitsamt Grundstücken und verkaufte sie an die Bau- und Wohngesellschaft GSG. Diese wiederum errichtete zunächst den größten Neubau im Ortskern, der Geschäfte, Büros und Wohnungen beherbergt. Wer durch Wardenburg fährt, wird den Komplex an der Ecke von Oldenburger und Eelder Straße kaum übersehen. Von hier aus sind es nur wenige Schritte zum gerade erst restaurierten Glockenturm, dessen Vorplatz nach der Sanierung mehrerer alter Bauten wie dem Harmsschen Haus zu einem lebendigen Mittelpunkt Wardenburgs werden soll. Auf dem Weg dorthin liegt auch das Meyersche Haus. Unter dem Dach dieses umgebauten Bauernhauses hat inzwischen die Gemeindebücherei ihren Platz gefunden. Und am Abend sollen Konzerte, Lesungen oder Filme für Leben in dem alten Fachwerkgemäuer sorgen - so jedenfalls sehen es die Planungen vor.[22]

Abb. 136 Noch vor einigen Jahrzehnten ein gewohnter Anblick: Pferd und Ackerwagen vor dem Glockenturm. In diesem Bereich werden, wenn alles nach Plan läuft, zukünftig Geschäfte und Gastronomie für Leben sorgen.

Vom Kindergarten bis zur Altentagesstätte - kommunale Einrichtungen

Die Sanierung eines Ortskerns, der Bau einer Straße, die Erschließung eines Gewerbegebietes oder die Entsorgung des Mülls - durchweg handelt es sich um Angelegenheiten, um die sich die Kommunen und damit die jeweils Verantwortlichen vor Ort zu kümmern haben, während sich Bund und Länder in der Regel damit begnügen, den Rahmen abzustecken und zu prüfen, ob alles mit rechten Dingen zugeht. Eine weitere zentrale Aufgabe kommunaler Politik ist die „bürgernahe Versorgung" mit „Einrichtungen der Bildung" und der „sozialen Hilfe", also mit Schulen, Kindergärten, Jugendfreizeitstätten oder Altenheimen.[23] Mit den folgenden Zeilen soll ein kleiner Überblick über Einrichtungen dieser Art in der Gemeinde Wardenburg gegeben werden. Am Anfang stehen die Schulen, die einzige Stätte, die jede und jeder unweigerlich aufzusuchen hat. Allerdings haben jene, die in den 50er Jahren ihre Griffel einpackten, noch eine ganz andere Schule kennengelernt als folgende Generationen.

Mit den Flüchtlingen und Vertriebenen, die sich in der Gemeinde niedergelassen hatten, war auch die Zahl der Schülerinnen und Schüler kräftig gestiegen. Diesem

Umstand trug die Gemeinde in den 50er Jahren Rechnung: In kurzen Abständen entstanden Schulneubauten in Hundsmühlen (1950), Harbern (1952), Benthullen (1953), Charlottendorf-West (1954), Littel (1956) und Oberlethe (1956).

Mitte der 50er Jahre hatte nahezu jedes Dorf seine Schule. Mehrklassige Volksschulen gab es in Hundsmühlen, Tungeln, Achternmeer, Westerholt, Oberlethe, Wardenburg, Benthullen, Littel und Westerburg. Einklassige Volksschulen existierten in Harbern, Astrup, Charlottendorf-Ost und -West. Hinzu kam eine einklassige katholische Volksschule in Südmoslesfehn sowie die Landwirtschaftliche Berufsschule in Oberlethe. Die Zeiten, in denen Kinder einen Torfsoden mit zur Schule bringen mußten, gehörten der Vergangenheit an. Es schien, als hätte man für die Schulversorgung auf absehbare Zeit genügend getan. Niemand ahnte, daß die gerade errichteten Dorfschulen schon bald ihre Funktion verlieren würden.[24]

In den 60er Jahren erhielt das engmaschige Netz von kleinen Volksschulen erste Löcher. Im Jahre 1962 wurden die Schulen von Astrup und Westerburg zur Dörfergemeinschaftsschule Hohenfelde zusammengefaßt. Zwar kam noch der Schulneubau in Achternmeer (1963) hinzu, doch sollte er der vorerst letzte außerhalb von Wardenburg selbst sein. Nun begann die Zentralisierung des Schulwesens und mit ihr das Sterben all der kleinen Schulen, in denen bislang mehrere Jahrgänge eines Dorfes gemeinsam am Unterricht teilgenommen hatten. „Da sind die Eltern auf die Barrikaden gegangen", ohne daß sie allerdings die Entwicklung beeinflussen konnten.[25] Nach und nach wurden in der Gemeinde Wardenburg acht Schulen geschlossen. In Littel endete 1973 eine gut 300jährige Schulgeschichte. Die alte Dorfschule mit ihrem unverkennbaren Baustil gehört allerdings in vielen Dörfern noch heute zum Ortsbild.

Die Ländliche Hauswirtschaftsschule in Oberlethe

Neben den allgemeinbildenden Schulen existierte in den Jahren von 1957 bis 1966 in Oberlethe eine Ländliche Hauswirtschaftsschule.[26] Jahr für Jahr erlernte im Schnitt ein gutes Dutzend junger Frauen, was seinerzeit als notwendig zur Führung eines ländlichen Haushaltes erachtet wurde: „Was gehört zur Aussteuer des zu erwartenden Kindes? Warum ist gutes Ausmelken so wichtig? Wodurch zeigt sich demokratisches Handeln im täglichen Leben? Du kaufst ein elektrisches Gerät. Was mußt du beachten?"[27] Die letzte Frage war dem technischen Fortschritt geschuldet. Ruth Volke, damals Landwirtschaftslehrerin in Oberlethe, wußte aufgrund kleinerer Umfragen, daß zwar fast jeder ländliche Haushalt Anfang der 60er Jahre über Waschmaschine oder Staubsauger verfügte, daß aber Kaffeemaschine oder Elektroherd erst nach und nach Einzug hielten. Immer noch gab es Haushalte, die sich aus Zisterne oder Brunnen mit Wasser versorgten. Und ein neuer Fußbodenbelag aus Linoleum erfüllte die Familie noch mit Stolz.[28]

Geblieben waren nach der Zentralisierung die Schulen in Achternmeer, Hohenfelde, Hundsmühlen, Tungeln und Wardenburg, die nun als Grundschulen fungierten. Hier drückten die Kinder fortan in den ersten vier Jahren die Schulbank. Danach mußten sie für mindestens zwei Jahre nach Wardenburg. In der Orientierungsstufe wurden die Weichen gestellt: Welche Schulform ist die sinnvollste, welche die geeignetste? Wenn es nicht gerade das Gymnasium war, dann endete die schulische Laufbahn an der Schule in Wardenburg.

Die Entwicklung Wardenburgs zu einem zentralen Schulstandort läßt sich an einigen wenigen Zahlen ablesen. Gingen 1964 noch 399 Schülerinnen und Schüler in die Volksschule an der Litteler Straße, so waren es fünf Jahre später - nach einem Ausbau - bereits 605. 1972 erfolgte der Umzug in das neue Schulgebäude am Everkamp. 1.086 Schülerinnen und Schüler besuchten hier im Jahre 1976 die Hauptschule mit Orientierungsstufe und Realschulzug, wie die offizielle Bezeichnung dieser Schule inzwischen lautete. Die Zahl der Lehrkräfte kletterte von 14 (1964) über 22 (1969) auf 50 (1976). Im Schnitt gingen damit in den 60er Jahren knapp 30 und in den 70er Jahren gut 20 Schülerinnen und Schüler in eine Klasse.[29] Seither hat sich im großen und ganzen wenig geändert. Zu den Neuerungen gehören die Vollen Halbtagsschulen, die an den Grundschulen Achternmeer und Wardenburg eingerichtet wurden.

Schulen in der Gemeinde Wardenburg (Stand: 1995)[30]

Schule/Schulart	Klassen	Schüler und Schülerinnen
Grundschule Achternmeer	8	199
Grundschule Hohenfelde	3	52
Grundschule Hundsmühlen	8	182
Grundschule Wardenburg	15	360
Everkampschule Wardenburg		
- Orientierungsstufe	13	288
- Hauptschule	8	173
- Realschule	9	200
Sonderschule für Lernbehinderte (Letheschule)	6	65

Rund um die Schule am Everkamp entstand in den 70er Jahren ein zunächst vorbildliches Sport- und Freizeitzentrum. Es begann 1973/74 mit dem Bau einer Sportanlage (Fußballplatz, Aschenbahn) in der Hunteniederung. 1975 wurde eine Großraumsporthalle für den Schul- und Vereinssport errichtet. Ein dicker Wermutstropfen trübte anfangs die Freude in der Gemeinde: Die Halle ging, kaum fertiggestellt, am 1. Januar 1976 in den Besitz des Landkreises über - so sah es ein neues Schulgesetz vor. Über diesen Zustand ärgerte man sich in Wardenburg exakt fünf Jahre lang. Nach einer neuerlichen Gesetzesänderung war dann ab Januar 1981 alles wieder wie gehabt: Schulträger wurde wieder die Gemeinde. Zwischenzeitlich war auch das Hallenbad eingeweiht worden; noch im Eröffnungsjahr 1978 wurde es statistisch gesehen von jeder und jedem der Gemeinde mindestens einmal besucht.[31]

Seither hat sich die Zahl der Sportstätten weiter erhöht. Über einen Sportplatz verfügt heute nahezu jedes größere Dorf in der Gemeinde Wardenburg. Hinzu kommen zwei Großraumsporthallen und zwei Tennishallen (jeweils in Wardenburg und Hundsmühlen) sowie fünf weitere Sporthallen (in Wardenburg, Hundsmühlen, Südmoslesfehn, Achternmeer und Littel), die sich in der Trägerschaft der Kommune oder von Vereinen befinden.[32]

Die Volkshochschule

Die Volkshochschule Wardenburg als Außenstelle der VHS Oldenburg wurde im November 1971 gegründet. Am Beginn des ersten Semesters stand ein Vortrag über den „ländlichen Raum in seiner heutigen Bedeutung und Entwicklung". Der diplomierte Landwirt, der den Vortrag hielt, hatte den Wandel der Landwirtschaft in und um Wardenburg untersucht und resümiert: „Opas Dorf ist tot" - eine Einschätzung, die schon bald deutlichen Widerspruch hervorrufen sollte.[33]

Die Zahl der angebotenen Kurse hat sich seit dem ersten Semester mehr als verdreifacht. In den ersten Jahren war vor allem Mengenlehre gefragt: „Die Eltern brauchten Informationen, um ihren Kindern bei den Hausaufgaben helfen zu können." Jahre später sollten Makramee-Arbeiten der Renner werden. Selbst in den Randbereichen der Gemeinde wurde die Knüpftechnik in Extrakursen vermittelt. In jüngerer Zeit haben sich Ernährungs-, Bewegungs- und Entspannungskurse sowie die berufliche Bildung zu Schwerpunkten entwickelt. Insgesamt kamen bereits in den ersten beiden Jahrzehnten des Bestehens 16.797 Teilnehmer zu 1.232 Veranstaltungen, darunter Studienreisen und Lehrgänge, in denen die Teilnehmer auf Prüfungen vorbereitet wurden.[34]

Der erste Kindergarten in Wardenburg entstand 1969 in Trägerschaft der evangelisch-lutherischen Kirchengemeinde am Lerchenweg. Er „wurde zunächst noch zögerlich angenommen, hatte sich aber schon bald eingebürgert".[35] Vier Jahre später eröffnete die Gemeinde den ersten kommunalen Kindergarten in den Räumen der ehemaligen Schule in Littel. Ebenfalls 1973 wurde an der Grundschule in Wardenburg ein Schulkindergarten eingerichtet.[36] Mit der Größe der Orte wuchs auch der Bedarf an Kindergartenplätzen. So folgten weitere kommunale Kindergärten in Achternmeer (1976), Wardenburg (1984) und Tungeln (1985). Den vorläufigen Schlußpunkt setzte der Wardenburger Kindergarten „Mitten im Esch". Der Umzug von der alten Grundschule in den nach baubiologischen Erkenntnissen errichteten Neubau erfolgte im Mai 1994. Hier können auch behinderte Kinder in einer integrativen Ganztagsgruppe gemeinsam mit nichtbehinderten Kindern spielen und lernen. Durch zusätzliches Fachpersonal wird den spezifischen Bedürfnissen der behinderten Kinder Rechnung getragen. Insgesamt besuchten Mitte 1995 knapp 400 Kinder die vier kommunalen Kindergärten sowie weitere 80 den Kindergarten der evangelischen Kirchengemeinde.[37]

Das erste Jugendzentrum der Gemeinde Wardenburg wurde am 22. September 1979 offiziell eröffnet. Zweierlei hatte der Rat der Gemeinde im Jahr zuvor beschlossen: den Neubau eines solchen Zentrums am Rande des Marktplatzes sowie die Einstellung einer Jugendpflegerin. Vorausgegangen waren engagierte Bemühungen einer Initiative von Jugendlichen für ein selbstverwaltetes Jugendzentrum. Der Mitbestimmungsgedanke fand auch im kommunalen Zentrum seinen Ausdruck: Jugendliche aus dem gesamten Gemeindegebiet wählten einen Jugendzentrumsrat. Als das Gebäude nach 15 Jahren im Februar 1994 bis auf die Grundmauern niederbrannte, verlor die Gemeinde mit einem Schlag den Mittelpunkt der kommunalen Jugendarbeit. Der Wiederaufbau, bald schon beschlossene Sache, begann im Juni 1995. Eine neue Konzeption soll zukünftig für Leben im Jugendzentrum sorgen.[38]

Abb. 137 Das Gut Hundsmühlen im Mai 1972, zwei Jahre vor einem Brand, der das Gutshaus für mehrere Jahre zu einer Ruine werden ließ. Nach dem Wiederaufbau wurde es zum Dorfgemeinschaftshaus. Als gemeindliche Einrichtung steht die Begegnungsstätte seither in erster Linie den Vereinen, Gruppen und Institutionen aus der Gemeinde Wardenburg offen.

Abb. 138   Die Rotbuche in Achternholt (beim Schießstand vor dem Litteler Fuhrenkamp) zählt zu den Naturdenkmälern in der Gemeinde Wardenburg. Sie hat ein Alter von rund 300 Jahren und einen Stammumfang von fast fünf Metern.

Im Jahre 1985 gab der Gemeinderat grünes Licht für den Bau neuer Altenwohnungen am Patenberg. Auf einem gemeindeeigenen Grundstück sollten 1986 zunächst 14 Wohnungen nebst Betreuerwohnung und Altentreff errichtet werden. Da die erhoffte Unterstützung des Landes Niedersachsen ausblieb, verzögerte sich der Baubeginn: Der Grundstein konnte erst am 1. November 1988 gelegt werden. Ihren vorläufigen Abschluß fanden die Bauarbeiten mit der Einweihung der Tagesbetreuungsstätte am 25. Oktober 1990. In dieser Einrichtung, die von der Diakonie des Kirchenkreises Wildeshausen und den Gemeinden Großenkneten und Wardenburg gemeinsam getragen wird, können ältere Menschen tagsüber gemeinsamen Aktivitäten nachgehen, aber auch Therapieangebote in Anspruch nehmen.[39]

1991 wurde in diesem Bereich erneut ein Grundstein gelegt: Zu den bereits bestehenden 14 Altenwohnungen kamen nun mit Unterstützung des Landes Niedersachsen weitere 22 hinzu.[40] Das Angebot für ältere Menschen in der Gemeinde wird komplettiert durch das Hedwig-Weide-Haus - benannt nach jener Frau, die 1991 ihr Haus, Grundstück und Barvermögen der katholischen Kirchengemeinde vermacht hatte. Diese verwendete den Nachlaß im Sinne der Stifterin, und so konnten die ersten der insgesamt acht Wohnungen des neuerrichteten Seniorenhauses an der Marienburger Straße im Oktober 1993 bezogen werden.[41] Dagegen sind zwei weitere Altenwohnanlagen im Schulweg (Wardenburg) und im Waldenburger Weg (Hundsmühlen) in den letzten Jahren nach dem Übergang in private Trägerschaft in Eigentumswohnungen umgewandelt worden - einige der alten Leute mußten ihre vertraute Umgebung verlassen.[42]

Das ökologische Engagement

Die Vorstellungen über die Gestaltung Wardenburgs gehen seit Jahrzehnten immer wieder auseinander. Mal geriet man über den Ausbau der B 69 aneinander, dann über die Frage, was mit Gloysteins Fuhren oder dem Ortskern geschehen sollte. Erstmals laut wurden Nutzungskonflikte, als sich 1976 sowohl das Interesse von Landwirten als auch von Landschaftsschützern auf ein Stückchen Erde an der westlichen Gemeindegrenze richtete. Das Benthullener Moor, ein überwiegend unkultivierter Hochmoorrest, sollte zunächst unter den Landwirten aufgeteilt und von ihnen kultiviert werden. So sahen es die Planungen in Hannover vor - das Gebiet befand sich im Besitz des Landes. Und so wollten es auch die Landwirte im Raum Benthullen/Harbern, die sich von einer Aufteilung der Fläche eine Verbesserung ihrer wirtschaftlichen Situation erhofften: Seit Jahren schon herrsche „akuter Flächenhunger."[43]

Die Moorfläche, um die der Streit nun voll entbrannte, war bereits stark entwässert und durch den Torfstich der Nachkriegsjahre hier und da auch recht zerkuhlt. Das weitgehend verbuschte und bewaldete Gebiet hätte sich vermutlich bald kaum mehr von den umliegenden landwirtschaftlichen Nutzflächen unterschieden, hätten nicht - so jedenfalls sahen es viele Landwirte - „Leute" wie Eckhardt Hildebrandt „ihre Nase" in Dinge gesteckt, die sie kaum etwas angehen würden.[44] Der Fraktions-

Abb. 139   Das Benthullener Moor - ein Naturschutzgebiet im Bereich der Gemeinde Wardenburg.

Abb. 140   Die Kronsbeere, eine inzwischen recht seltene Pflanze, ist häufiger noch an Weges-
rändern in Hochmooren zu finden.

Abb. 141   Im Benthullener Moor.

Abb. 142   Kreuzotter im Benthullener Moor. Die Viper ist in ihrem Bestand stark gefährdet.

sprecher der Wardenburger SPD stellte 1977 den Antrag, das Benthullener Moor unter Schutz zu stellen. Und es fanden sich Experten wie Laien, die dieses Ansinnen unterstützten. Der Erfolg blieb nicht aus: Im Dezember 1984 wurde ein 70 Hektar großes Gebiet, in dem bis zu diesem Zeitpunkt noch Torf im Handstich abgebaut wurde, unter Naturschutz gestellt. Von der typischen Hochmoorvegetation war zwar wenig geblieben, doch die Maßnahmen zur Regeneration, die zwischen 1986 und 1989 erfolgten, ließen neue Wasserzonen und Versumpfungsbereiche entstehen. Dadurch vergrößerte sich der Lebensraum von Torfmoos, Sonnentau, Bentgras oder Gagelstrauch - ein Refugium für zahlreiche, teils gefährdete Tier- und Pflanzenarten. Die Aufnahmen auf den Seiten 380 und 381 geben hiervon einen kleinen Eindruck.[45]

Das Benthullener Moor gehört zu den jüngsten unter den derzeit 21 Naturschutzgebieten im Landkreis Oldenburg und ist das einzige im Bereich der Gemeinde Wardenburg. Daneben gibt es hier allerdings noch sieben Landschaftsschutzgebiete sowie 17 Naturdenkmale.[46] So sind die Täler von Hunte und Lethe zu Landschaftsschutzgebieten erklärt worden, ebenso das ehemalige Schießstandgelände zwischen Tungeln und Wardenburg. Gleich daneben liegt der Tillysee, der Jahrhunderte nach dem Aufenthalt seines Namensgebers bei der Entnahme von Sand für den Bau der Autobahn entstanden ist. Der See und das angrenzende Gelände sind Eigentum der Gemeinde, die seit 1982 lediglich zwei Vereinen die Nutzung des Ge-

Abb. 143   Der Bereich von Hunte und Tillysee - heute ein Landschaftsschutzgebiet.

biets gestattet: dem Fischereiverein, dem auch die Fischereirechte zugesprochen wurden, sowie der Biologischen Schutzgemeinschaft Hunte Weser-Ems, die sich dem Natur- und Artenschutz verschrieben hat.[47] Ein Teil dieses Gebiets bleibt seither seltenen Pflanzen- und Tierarten vorbehalten und ist selbst für Wanderer tabu. Das restliche Areal ist für die Öffentlichkeit frei zugänglich - und die steuert mit Vorliebe den Tillysee an. Dabei bleibt zum Leidwesen beispielsweise des Eisvogels häufig unbeachtet, daß das Baden, Surfen oder Tauchen in diesem empfindlichen Naturareal verboten ist. Uneingeschränkt können Badefreuden dagegen beim Baggersee in Westerholt ausgelebt werden, der ebenfalls durch Sandabbau entstanden ist.[48]

Bei der Kommunalwahl 1986 statteten die Wählerinnen und Wähler in der Gemeinde Wardenburg jene Kräfte, die der Ökologie einen höheren Stellenwert einräumten, mit der notwendigen Mehrheit aus. Kaum im Amt, begann die neue Ratsmehrheit, eine Reihe von ökologischen Maßnahmen umzusetzen. In den folgenden Jahren hat sich im Umgang mit Müll, Wasser oder Energie einiges getan. Obgleich die Gemeinde für die Abfallentsorgung nicht originär zuständig ist, unternahm sie bereits 1987 den Versuch, Alternativen zur sogenannten Misch-Masch-Tonne zu entwickeln, die sich andernorts bereits als „Faß ohne Boden" erwiesen hatte.[49] Da gerade Hausmüll zu einem nicht geringen Teil aus organischen Abfällen besteht, wurde Wardenburg zum Testfeld für ein neues Abfallbeseitigungskonzept. Ziel dieses Konzepts war eine möglichst weitreichende Nutzung der organischen Abfälle.[50] Zu diesem Zweck mußten Haushaltsabfälle getrennt gesammelt werden. „Oscar" hieß jenes Gefäß, in das ab Oktober 1987 organischer Hausmüll wanderte, der dann bei einer Firma in Bremen von Bakterien abgebaut wurde. Das Verfahren der anaeroben Vergärung bewährte sich und wurde vom Landkreis Oldenburg aufgegriffen: Seit Anfang 1995 arbeitet eine Pilotanlage in Ganderkesee. Um den Weg von Küche oder Garten zur Stätte der Vergärung abzukürzen, wurde 1990 in der Gemeinde Wardenburg ein Projekt zur Förderung der Eigenkompostierung gestartet. Wer nun Laub, Eierschalen oder Teebeutel in Eigenregie zu Humus wandeln wollte (und dies gilt als die ökologisch sinnvollste Methode der Abfallverwertung), erhielt einen Zuschuß zum Kauf eines Schnellkomposters. Fortan erfolgte verstärkt die Kompostierung organischer Abfälle im eigenen Garten.

Bei sonstigem Müll heißt das Zauberwort „Recycling". Müll, der nicht vermieden werden kann, soll wenigstens verringert und verwertet werden. So steht es auch im Abfallgesetz. Damit die Wertstoffe auch in Wardenburg ins Rotieren geraten, wurde im Dezember 1992 eigens ein Recyclinghof in Betrieb genommen. Seither werden hier alte Herde und Waschmaschinen („Weißware") demontiert. Die Wertstoffe werden sortiert und - soweit möglich - wieder in Umlauf gebracht. Auch bei Fahrrädern gilt die Devise: Aus alt mach neu. In einer Tischlerei werden alte Stühle und Schränke aufgemöbelt. Der Abfallvermeidung dient schließlich auch das „Geschirrmobil" - auf Wunsch rollen 250 Gedecke inklusive Geschirrspülanlage zu größeren Feiern an. Einweggeschirr müßte demnach theoretisch der Vergangenheit angehören. Diese ökologisch sinnvollen Aktivitäten haben zugleich einen sozialen Aspekt. Mit der Errichtung des Recyclinghofes wurden für „besonders beeinträchtigte Langzeitarbeitslose" rund ein Dutzend Arbeitsplätze geschaffen. Das Projekt wurde zunächst zu 100 Prozent von Bund und Europäischer Gemeinschaft gefördert, allerdings befristet. Ein Fortbestand des Recyclinghofes in Gemeinderegie ist nicht zu erwarten, doch hat ein privater Verein sich die Weiterführung zum Ziel gesetzt.[51]

Auch beim Trinkwasser setzt die Gemeinde auf einen sparsamen und schonenden Umgang, schließlich handelt es sich um eine äußerst knappe Ressource.[52] Wardenburg gehört zu einem Versorgungsgebiet, in dem am Tag durchschnittlich etwas mehr als 120 Liter Trinkwasser pro Person und damit deutlich weniger als in anderen Regionen verbraucht wird.[53] Allerdings rauscht davon bei vielen immer noch etwa ein Drittel durch das WC. Dabei könnte hier statt Trinkwasser, das gereinigt und aufbereitet werden muß, auch gefiltertes Regenwasser verwendet werden. Aus diesem Grund wurde in drei neuen Baugebieten jedem Bauherrn der Bau einer Anlage zum Sammeln und Nutzen von Regenwasser schon im Grundstückskaufvertrag zur Auflage gemacht. Wird diese mißachtet, droht eine Geldstrafe. Grundsätzlich allerdings setzt die Gemeinde stärker auf Subventionen als auf Sanktionen. Wer Regenwasser sammelt und für die WC-Spülung oder zum Waschen der Wäsche nutzt, erhält derzeit einen einmaligen Zuschuß zum Bau der Sammelanlage. Auch geht die Gemeinde selbst mit gutem Beispiel voran: Ob Kindergarten oder Schule, Altentagesstätte oder Dorfgemeinschaftshaus - inzwischen besitzt eine ganze Reihe kommunaler Bauten eine solche Regenwassersammelanlage. Bei neuen Gemeindebauten sind sie seit 1986 die Regel.[54]

Dem Grundwasserschutz dient schließlich auch der hohe Wirkungsgrad bei der Reinigung des Abwassers im Klärwerk in der Tungeler Marsch. In der kommunalen Anlage wird das Abwasser aus rund 83 Prozent der Haushalte der Gemeinde Wardenburg (Stand: 1995) direkt erfaßt und gereinigt. Daneben existieren im Gemeindebereich über 1.000 Kleinkläranlagen und Fäkalsammelgruben, deren Schlämme und Abwässer ebenfalls zur Kläranlage gefahren werden.

Um auch in Außenbereichen der Gemeinde, die vorerst nicht an die Kanalisation angeschlossen werden, eine ebenso naturnahe wie effektive Abwasserreinigung zu erreichen, hat die Gemeinde hier den Bau von insgesamt 145 Anlagen zur Nachbehandlung häuslicher Abwässer durch Zuschüsse gefördert. Gut die Hälfte davon waren Pflanzenkläranlagen, in denen Bakterien die organische Substanz abbauen und das Abwasser so auf biologische Weise reinigen - ein wesentlich umweltfreundlicheres Verfahren als die herkömmliche Verrieselung, bei der Boden und Grundwasser belastet werden.

Bei der Nutzung regenerativer Energien fielen die Ergebnisse unterschiedlich aus. Durchaus zufrieden zeigt sich die Gemeinde mit Blick auf Windenergieanlage und Blockheizkraftwerk. Auch handelt es sich bei den Straßenleuchten an 15 Schulbushaltestellen um Miniatur-Kraftwerke, die die Energie der Sonne in elektrische Energie wandeln. Weniger Glück hatte die Gemeinde bei ihrem Versuch, neue Wege bei der Nutzung von Erdwärme zu gehen. Der Grundgedanke ist einleuchtend: Warum heizt man mit der Wärme des Erdkörpers, die schon die alten Griechen genutzt haben, nicht Wohnungen und Schulen, zumal es diesbezüglich gerade im Raum Wardenburg in tieferen Erdschichten heißer als andernorts zugeht - eine geothermische

Abb. 144   Das Klärwerk in Tungeln verfügt über eine mechanische, eine biologische und eine chemische Reinigungsstufe sowie über nachgelagerte Schönungsteiche. Die Reinigungsleistung bei organischer Verschmutzung liegt bei etwa 98 Prozent. Ein Blockheizkraftwerk wandelt die im Faulturm anfallenden Gase in Strom um, der auf der Kläranlage verbraucht wird, und in Wärme, die zur Heizung des Faulturmes dient. Daneben befindet sich auf dem Gelände eine 150-Kilowatt-Windkraftanlage. Der produzierte Strom wird in das Netz der EWE eingespeist. Rein rechnerisch könnte der Energiebedarf der Anlage durch das Blockheizkraftwerk und die Windkraftanlage zu etwa 90 Prozent gedeckt werden.

Anomalie. Im Rahmen eines Pilotprojekts sollte zunächst das Altenheim in Wardenburg mit Erdwärme beheizt werden. Die Bohrung lieferte jedoch nicht die erwartete Wärmemenge. Die Gemeinde kündigte daraufhin den Vertrag.[55]

Unglücklicher noch endete der zunächst einhellig unterstützte Versuch, in Littel Turnhalle, Feuerwehrhaus und Kindergarten mit Erdwärme aufzuheizen. Erhitzt wurden nach dem Zusammenbruch des Rohrsystems lediglich die politischen Gemüter. Neunzig Prozent der Kosten, runde 600.000 DM, hatte die Gemeinde im Rahmen einer Vorfinanzierung bereits in das Vorhaben gesteckt. Dies brachte zunächst Wasser auf die Mühlen derjenigen, die derart innovativen Versuchen skeptisch oder ablehnend gegenüberstanden. In der Gemeindeverwaltung übte man sich derweil in Geduld. Die Schweizer Firma, die für das gescheiterte Vorhaben verantwortlich zeichnete, wurde von Gerichten inzwischen zu Schadensersatz verurteilt. Den Eingang einer ersten Rate konnte die Gemeinde verbuchen.[56]

Auch sonst hat man sich eifrig über die Kosten der Umweltprojekte gestritten. Sie würden den kommunalen Haushalt in unzumutbarer Weise belasten, sagen die einen und betonen dabei die Folgekosten. Kindergartenbau und die Erschließung neuer Gewerbe- und Wohngebiete - das seien die dicken Brocken, antworten die anderen. Und überhaupt: Wardenburg stehe mit seinen Finanzen noch gut da. Die Förderung aus öffentlichen Töpfen erlaube erst sinnvolle Aktivitäten, die sonst kaum möglich wären. Warum, so kommt es zurück, sollte ausgerechnet Wardenburg es sich zur Aufgabe machen, eine besondere Spezies Schwein, das Angler Sattelschwein, vor dem Aussterben zu bewahren ... So geht es - zugegeben: ein wenig verkürzt und zugespitzt - seit Jahren hin und her.[57]

Seit einem guten Jahrzehnt ist die Gemeinde immer wieder das Ziel von Beschergruppen, die sich anfangs noch über modellhafte Maßnahmen zur Verkehrsberuhigung und später dann unter anderem über die Projekte zum Wassersparen informieren wollten. Die Aktivitäten auf dem Umweltsektor werden seit 1990 von einem eigens eingerichteten Umweltamt koordiniert - außergewöhnlich genug für eine Kommune dieser Größenordnung - und haben der Gemeinde einen neuen Ruf eingetragen: Wardenburg gilt seit Jahren als „Öko-Gemeinde". Auch im Ausland nahm man Kenntnis von der „Vorzeige-Kommune".[58] Selbst der finnische Rundfunk entsandte einen Reporter nach Wardenburg, um den „Öko-Schimanski", wie Bürgermeister Hildebrandt, von Beruf Hauptkommissar, in Anlehnung an eine populäre Fernsehgestalt auch genannt wird, zu portraitieren. Dieser wiederum wies bei Gelegenheit nicht ohne Stolz darauf hin, daß er 1990 auf Einladung einer UNO-Organisation die Aktivitäten Wardenburgs auf dem Abfall- und Energiesektor beim „Weltkongreß der Gemeinden für eine bessere Umwelt" in New York vorstellen durfte. Doch daheim, in Wardenburg selbst, wuchs die Kritik. Zwar meinte hier bei einer Umfrage Anfang der 90er Jahre die Mehrheit der Befragten, daß die ökologische Ausrichtung der Kommunalpolitik ihre Unterstützung finden würde, doch machte in den Reihen der Opposition das Wort vom „Öko-Zirkus" die Runde.[59] Ihr sind die Aktivitäten in Sachen Ökologie des Guten zuviel. Vernachlässigt werde beispielsweise das heimische Kanalnetz, dessen Ausbau und Reparatur gefordert wurde. Vor allem aber sollte endlich, so CDU und Unabhängige, der Konzessionsvertrag mit der Energieversorgung Weser Ems (EWE) unter Dach und Fach gebracht werden.[60] Das allerdings ist eine lange Geschichte ...

Die unendliche Geschichte der Wardenburger Stromversorgung (Teil III)

Über ein halbes Jahrhundert lang hatte die Lichtgenossenschaft Wardenburg allen Übernahmeversuchen getrotzt. Was den Nationalsozialisten nicht gelungen war, versuchte auch die Stromversorgungsindustrie zunächst vergebens. Was dann allerdings 1973 als kleine Kabbelei um die Rechtsform der Wardenburger Stromversorgung begann, sollte bald schon in einen schier unendlichen Zwist münden - mit wechselnden

Fronten. Mitte der 70er Jahre ging es bereits um so zentrale Fragen wie Wegerecht und Konzessionsabgabe. Die Konzessionsabgabe wird vom Stromversorger an die Gemeinde gezahlt, damit diese ihm das Recht einräumt, öffentliche Straßen oder Plätze für Leitungen, Masten und andere technische Anlagen zu nutzen. Die Gemeinde trat zu dieser Zeit an die EWE heran, um ihr die Stromversorgung zu übertragen. Am 22. September 1976 fiel eine folgenreiche Entscheidung: Die Gemeindevertreter entschieden sich mehrheitlich für einen Konzessionsvertrag mit dem marktbeherrschenden Stromversorgungsunternehmen. Und sie untersagten der hiesigen Stromgenossenschaft fast einstimmig die Nutzung der Straßen, Wege und Plätze der Gemeinde. Dieses Benutzungsrecht mußte der EWE vertraglich zugesichert werden, „um in den Genuß der Konzessionsabgabe der Energieversorgung Weser-Ems zu kommen."[61] Das Ende der lokalen Stromversorgung war terminiert: Der Vertrag wurde seitens der Gemeinde zum 31. Dezember 1981 gekündigt. An diesem Tag sollte die Mitgliedschaft der Gemeinde in der Genossenschaft und damit auch das Wegerecht auslaufen.

Diese Entscheidung beschäftigte zunächst die Gerichte und mehr und mehr auch die Öffentlichkeit. Im Vorfeld der Kommunalwahl 1981 zeichnete sich ein Umdenken auch in den Reihen der Ratsmitglieder ab. Zu dieser Zeit kam, so der ehemalige Gemeindedirektor Werner Cordes rückschauend, „von außen der Druck." Bürgerinnen und Bürger besannen sich auf die Partizipationsmöglichkeiten, die ihnen die Niedersächsische Gemeindeordnung einräumt, und formulierten einen Bürgerantrag mit dem Ziel, die lokale Stromversorgung zu erhalten. Die neuerliche Diskussion führte zu einem grundlegenden Richtungswechsel. Nun sollte das Wegerecht mit der örtlichen Stromversorgung bis Ende 1983 verlängert werden, eine Art Galgenfrist bei der Suche nach einem Weg aus dem Dilemma. Allerdings sah sich jetzt der Gemeindedirektor mit Blick auf den Vertrag mit der EWE genötigt, einen Einspruch zu erheben. Selbstverständlich pochte auch die EWE auf Einhaltung des Konzessionsvertrages. Erneut wurde die Justiz bemüht. Am Ende eines langen Instanzenweges stand der Bundesgerichtshof in Karlsruhe als oberstes Organ in solchen Angelegenheiten. Und der wies die Revision der Gemeinde mit wenigen Worten als „nicht zulässig" zurück. Der Vertrag mit der EWE war somit rechtsgültig.[62]

Die Befürworter einer kommunalen und damit dezentralen Energieversorgung brauchten also Geduld. Sie mußten das Ende der Laufzeit des Vertrages abwarten. Danach, so ihre Hoffnung, könnte man die Stromversorgung dann wieder in die eigenen Hände nehmen - entsprechende Mehrheiten im Rat vorausgesetzt. Für den sozialdemokratischen Bürgermeister Hildebrandt wurde eine Energieversorgung in Eigenregie gleichsam zum Herzstück der umweltpolitischen Aktivitäten vor Ort. Nun wurde an einem Konzept für eine kommunale Energieversorgung gefeilt. Eine Gesellschaft sollte gegründet werden, basierend auf dem Genossenschaftsgedanken und demokratisch kontrolliert. Und fast alle im Rat waren 1987 dafür (drei Enthaltungen).

Doch die Mehrheiten für eine Übernahme des Wardenburger Netzes begannen zu bröckeln. Klar war: Der Rückkauf der ehemaligen Stromversorgung Wardenburg wird nicht ganz billig. Die Forderung von 45 Millionen Mark, die die EWE dann für das Wardenburger Strom- und Gasnetz erhob, sei zwar, so Kritiker, „maßlos über-zogen", doch sie verfehlte ihre Wirkung in der Öffentlichkeit nicht: Sie schreckte. CDU, F.D.P. und Unabhängige plädierten nun für einen neuen Konzessionsvertrag mit der EWE und das Verbuchen der Konzessionsabgabe auf der Einnahmeseite im Gemeindehaushalt. Diese Abgabe würde die EWE am Ende nur auf die Endver-braucher abwälzen, monierten diejenigen, die für neue Wege in der Energiepolitik waren.[63] Bei der entscheidenden Abstimmung kam es, wie es angesichts der neuen Mehrheitsverhältnisse wohl kommen mußte: 16 Ratsmitglieder stimmten für den Abschluß eines neuen Konzessionsvertrages mit der EWE, 14 dagegen. Rechtsver-bindlich wurde der Vertrag erst durch die Unterschrift von Ingrid Oeltjebruns, der zweiten stellvertretenden Bürgermeisterin. Bürgermeister Hildebrandt leistete keine Unterschrift, weil er weitreichende Nachteile für die Kommune befürchtete, und auch sein erster Stellvertreter, Wilhelm Bischoff, behielt sich zunächst eine rechtliche Prüfung des Vertrages vor. Der neue Vertrag hat eine Laufzeit von 20 Jahren; um das Jahr 2015 herum kommt das Thema erneut auf die Tagesordnung - spätestens.[64]

Anmerkungen

[1] Vgl. Tabelle 27 in: Kreisbeschreibung, 111.

[2] Vgl. Kreisbeschreibung, 112.

[3] Gespräche mit Günther Rogge am 21. und 27. März 1995. Vgl. auch Fischbeck, 88ff.; 700 Jahre Wardenburg, 193.

[4] Zitiert nach GSP Nr. 37, Dezember 1980, 17.

[5] Zur Förderung der Bauvorhaben war 1948 eine Wohnraumsteuer eingeführt worden; vgl. hierzu u.a. 700 Jahre Wardenburg, 187f.

[6] Vgl. hierzu GSP Nr. 80, September 1991, 3.

[7] Gespräch mit Erwin Fritzsche am 21. Juni 1995. Fritzsche war von 1972 bis 1976 Vorsitzender des Wirtschaftsförderungsausschusses.

[8] Vgl. hierzu auch die Bebauungsplan-Übersicht des Bauamtes der Gemeinde Wardenburg.

[9] Vector, Zwischenbericht, 24f. und 125ff. Im September 1956 gab es in der Gemeinde 1.833 Wohnungen, am 31. Dezember 1993 waren es 5.220 - ein Plus von 184,8 Prozent; vgl. hierzu auch die Strukturdaten für die Gemeinde Wardenburg (Stand: 30. April 1994) sowie die Statistiken über Wohngebäude und Wohnungen, erstellt vom Landkreis Oldenburg. Beim Landkreis sind die für Wardenburg ermittelten Werte teils höher, weil auch sogenannte „Wohnungen in Nichtwohngebäuden" berücksichtigt wurden.

[10] Zur Nachfrage nach Mietwohnungen wie Bauplätzen vgl. Vector, Endbericht, 154ff., sowie NWZ vom 28. Januar 1995.

[11] Vgl. Sünderhauf, 138, sowie GSP Nr. 3, Juli 1972, 13. Bereits 1970 arbeiteten 65,3 Prozent der in Hundsmühlen lebenden Berufstätigen in Oldenburg.

[12] Gespräch mit Ruth Drügemöller (Umweltamt Gemeinde Wardenburg) sowie mit Stefan Otten (Bauamt) am 7. September 1995; vgl. auch die Vorüberlegungen zum Flächennutzungsplan im Umweltamt.

[13] Vgl. Kreisbeschreibung, 181f.

[14] Der damalige Gemeindedirektor Brand in: NWZ vom 5. September 1970.

[15] Fischbeck, 140f.; vgl. auch 128.

[16] GSP Nr. 54, März 1985, 15.

[17] Vgl. GSP Nr. 61, Dezember 1986, 1, sowie Nr. 62, März 1987, 9.

[18] So Claus-Peter Simon in: Publik-Forum vom 10. September 1993, 8.

[19] Wohnbereichsstraßen wurden 1977 erstmals in die Planungen aufgenommen. In den 80er Jahren versprachen sich Gemeinde und hiesige Wirtschaftsbetriebe von der Verkehrsberuhigung in vier Wardenburger Wohngebieten bereits einen Werbeeffekt (Broschüre der Oldenburger Betonsteinwerke, Wardenburg, o.J.).

[20] Vgl. Vector, Endbericht, 181ff., sowie NWZ vom 27. Januar 1993, 22. August und 10. Oktober 1995.

[21] Vgl. GSP Nr. 92, September 1994, 12.

[22] Vgl. den Ratsbeschluß vom 2. Dezember 1993 sowie die NWZ vom 21. Januar 1993.

[23] Rudzio, 338f.

[24] Vgl. 700 Jahre Wardenburg, 14f. und 129f., GSP Nr. 92, September 1994, 20, sowie Abb. 121 in: Kreisbeschreibung, 188.

[25] Gespräch mit Werner Cordes am 31. August 1995.

[26] Die offizielle Bezeichnung lautete: Ländliche Hauswirtschaftsschule Huntlosen, Abt. Oberlethe. In den 60er Jahren ging die Zahl der Schülerinnen zurück; seit 1968 beherbergt das Gebäude die Sonderschule (Letheschule).

[27] Fragen aus der Abschlußprüfung 1959, in: Privatbesitz Ruth Volke.

[28] Vgl. die Aufstellungen zu den Schulklassen der Jahre 1961/62 und 1964/65, in: Privatbesitz Ruth Volke. Ruth Volke unterrichtete in fast jedem der zwölf Fächer - von „Kochen" über „Kinderpflege und -erziehung" bis hin zu „Nadelarbeit" und „Gemeinschaftskunde" (Gespräch am 3. August 1994).

[29] Vgl. GSP Nr. 22, März 1977, 17.

[30] Die Angaben wurden von Frank Speckmann (Hauptamt Gemeinde Wardenburg) im September 1995 zusammengetragen. Bei der Grundschule Wardenburg wurde bei der Zahl der Schülerinnen und Schüler auch der Schulkindergarten berücksichtigt.

[31] Vgl. GSP Nr. 18, März 1976, 22f., und Nr. 29, Dezember 1978, 28ff. Bis zum Jahresende 1978 wurden 17.697 Besucher gezählt; vgl. GSP Nr. 30, März 1979, 26.

[32] Vgl. Informationsbroschüre, 28.

[33] Vgl. GSP Nr. 2, April 1972, 9.

[34] „20 Jahre Volkshochschule Wardenburg", in: GSP Nr. 83, Juni 1992, 16; vgl. auch Nr. 85, Dezember 1992, 4.

[35] Günther Rogge in: GSP Nr. 80, September 1991, 3.

[36] Vgl. 700 Jahre Wardenburg, 200f., sowie den Rückblick des damaligen Bürgermeisters Diedrich Fischbeck in: GSP Nr. 10, März 1974, 4.

[37] Die Angaben wurden schriftlichen Darstellungen der Kindergartenleiterinnen Ingrid Hackober (Wardenburg), Resi Krummacker (Littel), Beate von Lienen (Tungeln) und Anne Sobing-Appeldorn (Achternmeer) entnommen. Die Informationen über den kirchlichen Kindergarten verdanke ich einem Gespräch mit Etta Dannemann am 1. September 1995.

[38] Gespräch mit Vera Vollmer, der ehemaligen Jugendpflegerin, am 1. September 1995. Vgl. auch den Ratsbeschluß vom 9. März 1978 sowie die NWZ vom 22. August 1995.

[39] Vgl. GSP-Ausgaben Nr. 58 (27), Nr. 63 (28), Nr. 70 (26) sowie Nr. 77 (18); vgl. auch den Bericht über die Tagesbetreuungsstätte aus der Perspektive eines Zivildienstleistenden in: GSP Nr. 83, Juni 1992, 6.

[40] Vgl. GSP Nr. 81, Dezember 1991, 20f.

[41] Vgl. GSP Nr. 90, März 1994, 13.

[42] Gespräch mit Peter Thon, dem zuständigen Sozialarbeiter bei der Gemeinde Wardenburg, am 10. August 1994.

[43] Leserbrief von Hermann Klatte, dem Vorsitzenden des Ortslandvolkes, abgedruckt in: NWZ vom 9. November 1977.

[44] Ebenda.

[45] Vgl. Taux, 136ff.; vgl. auch Der Landkreis Oldenburg, 330. Weitere Informationen verdanke ich einem Gespräch mit Ruth Drügemöller, der Leiterin des Umweltamtes der Gemeinde Wardenburg, am 23. Juni 1994.

[46] Vgl. Unterlagen im Umweltamt der Gemeinde Wardenburg sowie Landkreis Oldenburg, Umweltbericht, 51ff.

[47] Vgl. GSP Nr. 45, Dezember 1982, 28.

[48] Vgl. NWZ vom 15. Juli 1995 sowie GSP Nr. 43, Juni 1982, 28.

[49] Lieckfeld, 8.

[50] Vgl. GSP Nr. 63, Juni 1987, 28.

[51] Vgl. NWZ vom 15. Juli 1993.

[52] Vgl. Kreiszeitung Wesermarsch vom 15. August 1992 sowie Zeit-Schriften, 1/1992, 74: „Maximal 0,016 Prozent des Wassers auf der Erde lassen sich mit vertretbarem Aufwand nutzen."

[53] In den Jahren von 1984 bis 1994 hat sich die Zahl der Hausanschlüsse in der Gemeinde Wardenburg von 3.674 auf 4.397 erhöht. Der Verbrauch ging dagegen - bei deutlichen Schwankungen - leicht zurück: von 832.969 Kubikmeter im Jahre 1984 auf 815.884 im Jahre 1994; die Angaben wurden im August 1995 vom Oldenburgisch-Ostfriesischen Wasserverband übermittelt.

[54] Vgl. GSP Nr. 77, Dezember 1990, 26, sowie die Protokolle der Ratssitzungen vom 21. Juni 1990 und 28. März 1995.

[55] Vgl. NWZ vom 9. Mai 1995.

[56] Vgl. Protokolle der Sitzungen des Verwaltungsausschusses vom 16. März und 15. Juni 1989. Vgl. auch NWZ vom 11. Mai 1995. Ein erstes Verfahren endete zugunsten der Gemeinde, ein zweites steht noch aus.

[57] Recht heftig entbrannte dieser Streit im Frühjahr 1993; vgl. die NWZ-Ausgaben vom 6. und 23. März sowie vom 22. April 1993.

[58] Die niedersächsische Gemeinde, 3/1992, 102.

[59] Publik-Forum vom 10. September 1993, 8. Zur Umfrage vgl. Vector, Endbericht, 17ff.

[60] Vgl. beispielsweise NWZ vom 30. Juli 1994.

[61] Werner Cordes in: GSP Nr. 93, Dezember 1994, 11.

[62] Gespräch mit Werner Cordes am 31. August 1995. Hilfreich bei der Erarbeitung war eine von Cordes erstellte Chronologie mit Ratsbeschlüssen und Gerichtsurteilen.

[63] Die Position der BSH, die sich mit der des Oldenburger Energierats deckt, wurde zitiert nach NWZ vom 23. Mai 1995.

[64] Vgl. NWZ vom 28. Juli und 14. September 1995.

„Naturereignisse" besonderer Art: Orkanböen, Schneeberge, Hochwasser

Am frühen Morgen des 13. November 1972 wunderte sich der Wardenburger Diedrich Oltmanns beim Blick auf sein Barometer über einen ausgesprochen tiefen Stand der Nadel. Dergleichen hatte er noch nicht erlebt, und nun dachte er darüber nach, aus welcher Richtung der Sturm wohl kommen würde. Rund zwei Stunden später wies das Dach seines Hauses bereits die ersten Löcher auf. Vom Fenster aus beobachtete Oltmanns eine elektrische Freileitung, die, vom Sturm hin- und hergeschüttelt, Funken sprühte. Vormittags gegen neun Uhr registrierte er die schwersten Böen. Ein Dachziegel nach dem anderen landete nun neben dem Haus und im Garten, dort, wo bereits mehrere Bäume am Boden lagen.

Knapp zwei Stunden später hatte der Orkan jeden vierten Baum in der Region entwurzelt. Bei Windstärke 13 hielten selbst mächtige Eichen wie die an der Friedhofsmauer in Wardenburg nicht stand. Umstürzende Bäume beschädigten zahlreiche Gebäude, darunter den Glockenturm. Strommasten knickten um, so daß mancher Landwirt wieder mit der Hand melken mußte. Insgesamt belief sich der Schaden allein in der Gemeinde Wardenburg auf mehrere Milionen Mark.[1]

Zu den Naturereignissen, die im Gedächtnis haften blieben, gehört auch der Winter 1978/79, vor allem jene Tage im Februar 1979, an denen auch Wardenburg im Schnee versank. Einige Tage lang ging alles ein wenig ruhiger zu. Die Behörden hatten den Katastrophenalarm ausgerufen und Fahrverbote verhängt. Die Bauern brachten die Milch auf Umwegen zur Molkerei. Viele kamen nicht zur Arbeit, und die Schulkinder erfuhren schon morgens beim Frühstück aus dem Radio, daß der Unterricht ausfällt.

Gut zwei Jahre später war es dann das Wasser, das den Wardenburgern zusetzte. Am 13. März 1981 begann, was bald als „Hochwasserkatastrophe" bezeichnet werden sollte. In den Tagen zuvor hatte es kräftig geregnet, und der Wasserstand der Hunte, der sonst bei knapp sieben Meter über Normalnull lag, hatte inzwischen besorgniserregende 8,55 erreicht. An diesem Freitag nun entdeckten Mitarbeiter der Hunte-Wasseracht bei einem Kontrollgang die erste Stelle, an der Wasser durch Uferwallungen nahe der Astruper Brücke sickerte. Auch der Einsatz des Technischen Hilfswerks konnte nicht verhindern, daß sich größere Wassermengen bald darauf gegenüber vom Barneführer Holz eigene Wege suchten. Sie stauten sich zunächst vor dem Autobahndamm, der bis zum frühen Morgen des 15. März als sicher galt. Daß dies ein Trugschluß war, erfuhr die Wardenburger Bevölkerung nun über Lautsprecher: Der Damm war gebrochen und die Wassermassen näherten sich den Wohnhäusern im östlichen Wardenburg. Davor schichteten die Feuerwehren flugs Wälle aus Sandsäcken auf. Doch die Fluten umgingen dieses Hindernis und nahmen den Umweg über die Schächte der Kanalisation - weite Teile Wardenburgs standen unter Wasser. Die Brötchen bei Bäcker Jürgens holte man in diesen Tagen am besten mit Schlauch- oder Paddelboot.

Abb. 145 Im März 1981 stand ein rund 1000 Hektar großes Gebiet bei Wardenburg, Astrup, Höven und Westerburg unter Wasser. Auch aus dieser Hofstelle in Höven wurde gleichsam über Nacht eine Insel.

Abb. 146 15. März 1981: Auf der Huntestraße in Wardenburg kam man nur noch mit dem Schlauchboot voran.

Am Montag, dem 16. März, wurden weitere Schäden an den Huntewallungen unterhalb der Astruper Brücke entdeckt. Zum Schutz der Ortschaften längs der Hunte mußte dieser Abschnitt so schnell wie möglich durch Sandsäcke gesichert werden, eine Aufgabe, die von den Hilfskräften vor Ort allein nicht mehr zu leisten war. Um 17.15 Uhr wurde vom Landkreis der Katastrophenfall festgestellt. Gut 48 Stunden später hatten Hunderte von Bundeswehrsoldaten, unterstützt von etlichen Freiwilligen, die schadhaften Stellen an der Hunte mit einigen zehntausend Sandsäcken gestopft. Nun konnte man sich den überfluteten Kellerräumen zuwenden. Die Schäden gingen in die Millionen. Am Ende dieser ereignisreichen Woche standen Diskussionen. Die einen fragten sich, ob man den Katastrophenfall nicht eher hätte feststellen können, die anderen, wie man zukünftig für mehr Sicherheit sorgen könne.[2] Bald darauf wurde das Flußbett vertieft und der linke Huntedeich zum Schutz der Siedlungsgebiete verstärkt. Zur Sicherheit des neuen Deiches trägt auch eine Schafherde das ihre bei: Sie düngt ihn und hält zugleich die Grasnarbe kurz.[3]

Anmerkungen

[1] Bericht von Diedrich Oltmanns in: GSP Nr. 10, März 1974, 25f.

[2] Vgl. hierzu den Beitrag von Wolfgang Haubold, damals leitender Kreisverwaltungsdirektor, in: GSP Nr. 39, Juni 1981, 8f.

[3] Vgl. GSP Nr. 48, September 1983, 9.

Die wirtschaftliche Entwicklung der Gemeinde Wardenburg seit 1945

Der Strukturwandel der Landwirtschaft

Die Dörfer in der Gemeinde Wardenburg hatten nach Kriegsende noch ausnahmslos ein landwirtschaftliches Gepräge. So gab es 1950 im alten Ortskern von Wardenburg westlich der Marienkirche „noch die Betriebe von Meiners, Fangmann, Teebken, Ebken-Bluhm, und östlich des Glockenturmes existierten damals noch die großen landwirtschaftlichen Betriebe von Wachtendorf (gegenüber vom Kaufhaus Jestel) oder Speckmann (neben Dr. Nietfeld) und Barelmann (gegenüber der Tilly-Apotheke)."[1] Auch gehörten Heuerhäuser nach wie vor zum Ortsbild von Wardenburg.

In den ersten Jahren nach Kriegsende kennzeichneten Versorgungsprobleme die Situation auch in der Landwirtschaft, wenngleich sie hier unter Umgehung der geltenden Bewirtschaftungsmaßnahmen sicher ein wenig leichter „gelöst" werden konnten. Die Währungsreform beendete die Naturalwirtschaft in Deutschland, für die auch in Wardenburg so manches Schwein „auf nicht ganz legale Art sein Leben" lassen mußte.[2] Nach dem Fortfall der Bewirtschaftungs- und Preisvorschriften wurden landwirtschaftliche Produkte dem Markt wieder regulär zugeführt. Zugleich erging an die Landwirte der Appell, die Produktion zu erhöhen, um dem Hunger begegnen zu können.[3]

Die Landwirtschaft im Jahre 1949 hatte mit der heutigen wenig gemein. Bei einer Betriebszählung kamen in der Gemeinde Wardenburg noch acht oder neun Betriebe auf 100 Hektar. Ein gutes Drittel dieser Betriebe (36,4 Prozent) war unter 10 ha, ein weiteres Drittel (35,1 Prozent) zwischen 10 und 20 ha groß. Im Durchschnitt brachte es ein landwirtschaftlicher Betrieb auf 10 bis 11 ha - insofern hatte sich seit dem Ende des 19. Jahrhunderts wenig geändert. Gerade bei kleinen Betrieben handelte es sich allerdings häufig bereits nicht mehr um Bauern im eigentlichen Sinne, sondern um Arbeiter, Angestellte, Handwerker oder Kaufleute, die die Landwirtschaft nebenbei betrieben.

Ab 50 ha sprach man bereits von „Großbetrieben" - und davon gab es in Wardenburg nur einige wenige. Über 100 ha hatten im gesamten Landkreis ganze vier Betriebe, von denen sich der größte in Wardenburg befand: das Moorgut Rote Erde.[4] Während auf dem Moorgut gleich 18 Menschen Arbeit fanden, bot der typische Kleinbetrieb lediglich „den betriebseigenen Arbeitskräften" ein Auskommen - das waren meist drei oder vier Personen, vor allem Frauen.[5]

Wie in früheren Zeiten wurde auf den hiesigen Ackerflächen - sie machten etwa ein Drittel der landwirtschaftlichen Nutzfläche aus - überwiegend Getreide und hier vor allem Roggen angebaut. Jeweils ein Fünftel des Ackerlandes wurden vom Hafer und der wichtigsten Hackfrucht, der Kartoffel, eingenommen. Die Kartoffel hatte an Bedeutung gewonnen, weil sich auch Moorböden zum Anbau der Knollenfrucht

Abb. 147   Familie Schütte aus Charlottendorf-Ost bei der Vesper (1954). Heute verläuft in diesem Bereich (Freudenmoor) die Autobahn.

eigneten. Außerdem lag mit Oldenburg inzwischen eine Großstadt vor der Haustür, und die Nachfrage nach Kartoffeln war in der ersten Nachkriegszeit weit höher als heute.[6]

Der Verkauf tierischer Produkte hatte für die Betriebe, denen eine weitergehende Spezialisierung noch fern lag, bereits einen zentralen Stellenwert. Wiesen und Weiden nahmen folglich über die Hälfte der landwirtschaftlichen Nutzfläche in Anspruch. An die Stelle der Schafe, die mit den Heideflächen verschwunden waren, waren endgültig die Schweine getreten. Allerdings blieben auch hier die Bestände klein und die Zucht überschaubar: Der durchschnittliche Schweinehalter hatte keine 15 Tiere. Die Zahl der Pferde war in Wardenburg zwar noch vergleichsweise hoch, ging jedoch mehr und mehr zurück, weil Maschinen verstärkt zum Einsatz kamen und tierische Zugkraft nicht mehr gefragt war.[7]

Die Mechanisierung setzte bereits Ende der 40er Jahre ein, doch hinkten die Bauern in Wardenburg der Entwicklung zunächst noch ein wenig hinterher. Im Vergleich zu anderen Gemeinden im Landkreis hatte Wardenburg den geringsten Maschinenbestand - selbst Schlepper hatten hier noch Seltenheitswert. Ein Grund hierfür mag der hohe Anteil an Kleinbetrieben gewesen sein, für die sich der Kauf von größeren Maschinen nicht lohnte. Ein weiterer Grund war sicher der eher niedrige Anteil an

Abb. 148
Heinrich Schütte aus
Charlottendorf-Ost
beim Säen von „Stop-
pelrüben" (1951).

Ackerland. Auch standen die zahlreichen Gräben und Grüppen beispielsweise in den Hunteniederungen einem Einsatz solcher Maschinen noch entgegen. So blieb der Arbeitsalltag bis in die 60er Jahre hinein von „mühsamer und oft eintöniger Arbeit" gekennzeichnet: „Jedes Jahr, wochenlang, bei jedem Wetter, oft nur in gebückter Haltung, waren diese Arbeiten zu leisten: jäten, hacken, Garben binden, Rüben ziehen, Kartoffeln auflesen und abends Kühe melken - von Hand selbstverständlich".[8]

Für die Verarbeitung der landwirtschaftlichen Produkte sorgten Mitte der 50er Jahre die Molkereien in Wardenburg oder auch in Nikolausdorf, die Mühlen in Wardenburg, Oberlethe, Littel und Höven sowie die Eierverkaufsgenossenschaft in Wardenburg, die die „modernste Eiersortiermaschine der Welt mit einer Stundenleistung von 10.600 Stück" unterhielt.[9] Schließlich gab es in der Gemeinde gleich zwei der recht seltenen Kartoffeldämpfanlagen: eine bei der Wardenburger Molkerei sowie eine fahrbare in Astrup. In einer solchen Anlage, die Jahre zuvor bereits in Benthullen erprobt worden war, konnten Kartoffeln gleich tonnenweise für Futterzwecke gedämpft werden. Der Kartoffelbrei wurde, mit Mehl vermischt, den Schweinen vorgesetzt.[10]

In den 60er Jahren setzte dann eine Entwicklung ein, die gemeinhin mit „Strukturwandel" umschrieben wird. Neue Technologien erlaubten eine „kräftige Steigerung der Arbeitsproduktivität."[11] Immer weniger Arbeitskräfte bedienten immer mehr Maschinen. Für die Arbeitsmarktstatistiker wurde die Landwirtschaft nun - neben Textilindustrie, Kohlenbergbau oder Schiffbau - zu einer der klassischen

„Schrumpf-Branchen".[12] War in Wardenburg 1970 noch knapp jeder vierte Erwerbs-
tätige (23,89 Prozent) in der Landwirtschaft tätig, so war es 1987 gerade noch jeder
zehnte (10,04 Prozent). Insgesamt hat sich die Zahl der Erwerbstätigen in der Landwirtschaft in den Jahren von 1970 bis 1987 halbiert.[13]

Besonders augenfällig wird der Wandel in der Landwirtschaft bei einem Blick auf
Zahl und Größe der Betriebe. Allein zwischen 1980 und 1990 sank die Anzahl der
landwirtschaftlichen Betriebe in der Gemeinde Wardenburg von 411 auf 338 und damit um 18 Prozent. Im gleichen Zeitraum verdoppelte sich die Anzahl der Betriebe
mit mindestens 50 ha (von 19 auf 39). Im Zuge dieser Entwicklung ist die durchschnittliche Betriebsgröße bis 1989 auf 24,47 ha angewachsen. Mit anderen Worten:
Es gibt immer weniger landwirtschaftliche Betriebe, und die wenigen, die noch existieren, werden im Durchschnitt immer größer.[14]

Größe der landwirtschaftlichen Betriebe in der Gemeinde Wardenburg[15]

	1983	1987	1991
Zahl der Betriebe insgesamt;	399	374	327
davon (Angaben in Prozent):			
unter 2 ha	14,0	11,5	14,4
2-5 ha	9,3	11,8	11,3
5-10 ha	8,8	11,2	8,6
10-20 ha	18,8	15,8	13,8
20-30 ha	20,6	17,6	13,5
30-50 ha	21,8	21,7	24,5
50 ha und mehr	6,8	10,4	14,1

*Flächennutzung in den landwirtschaftlichen Betrieben in der Gemeinde Warden-
burg*[16]

	1971	1974	1977	1980	1983	1987	1991
Nutzfläche in ha;	9.002	9.118	8.953	8.870	8.621	8.510	8.308
davon (in Prozent):							
Dauergrünland	54,2	53,6	54,2	53,6	54,8	51,5	49,3
Ackerland insgesamt	44,9	45,8	45,2	45,8	44,6	48,0	50,3
- Hackfrüchte	3,5	2,5	1,6	1,2	0,7	0,8	1,4
- Futterpflanzen	1,2	3,2	5,5	7,6	12,8	22,4	21,5
- Getreide	40,0	39,8	38,0	36,8	30,8	23,4	25,6

Die landwirtschaftliche Nutzfläche nimmt seit Jahren langsam, aber stetig ab. Bei
etwa der Hälfte handelt es sich inzwischen wieder um Ackerland, dessen Anteil seit

Mitte der 80er Jahre erneut wächst. Mit der Umwandlung von Grünland in Acker-land gingen gravierende landschaftliche Veränderungen einher. In Geestbereichen verschwanden beispielsweise die landschaftsgliedernden Hecken. Selbst in schutz-würdigen Gebieten an der Hunte ist an die Stelle einst typischen Grünlandes fast überall Ackerland getreten. Im Landschaftsplan der Gemeinde wird aus diesen Gründen vor allem in Landschaftsschutzgebieten eine Neuanlage von Hecken und die Rückwandlung von Ackerland in Grünland vorgeschlagen.[17]

Auch bei der Ackernutzung hat sich im Laufe der Jahrzehnte einiges verändert. Hatte die Kartoffel nach dem Krieg noch eine ähnlich große Bedeutung für die Ernährung des Menschen wie die Futterrübe für die Versorgung des Milchviehs, so nehmen heute Hackfrüchte generell nur noch rund ein Prozent der landwirtschaftli-chen Nutzfläche ein. Nach wie vor überwiegt das Getreide, das jedoch im Laufe der Jahre an Verkaufswert und damit auch beträchtlich an Boden verloren hat. Allerdings lassen sich heute auf kleineren Flächen auch größere Erträge erzielen.

Die größten Zuwachsraten verzeichnen Futterpflanzen - vor allem Silomais. Was in den 70er Jahren bescheiden begann, ist inzwischen selbst für landwirtschaftliche Laien unübersehbar: Silomais beansprucht in Wardenburg knapp ein Fünftel der Nutzfläche (1991: 1.625 ha) - damit nahm Wardenburg 1991 im Landkreis unange-fochten die Spitzenposition ein. Mais wird in Landwirtschaftskreisen als „ausge-zeichnetes Rindviehfutter" gerühmt.[18] Ökologen rümpfen dagegen die Nase, und zwar nicht nur wegen des hohen Gülle-Eintrags (wobei Nitrat ausgewaschen wird), sondern auch wegen der Bodenerosion, die vom Maisanbau begünstigt wird.[19]

Der Anteil von Mais verweist auf die Bedeutung, die die Viehhaltung in der Ge-meinde Wardenburg inzwischen einnimmt. Der Verkauf tierischer Produkte bildet die Haupteinnahmequelle der Landwirte. „Vor allem in den kleineren Betrieben und in den Betrieben mit weniger guten Böden" spielt die Viehwirtschaft gemeinhin eine größere Rolle.[20] Vieh hielten im Jahre 1991 knapp 87 Prozent der Wardenburger Be-triebe. Die Statistiker, die gleichsam durch die Stallungen gelaufen sind, haben hier 265 Pferde, 3.581 Zuchtsauen, 20.226 Mastschweine, 4.034 Milchkühe und 13.259 sonstige Rinder gezählt. Ungezählt blieben Schafe und Legehennen.[21] Der Schwer-punkt liegt bei der Rindviehhaltung; in einem durchschnittlichen Stall stehen 76 Rin-der. Gerade das Melken dient immer wieder als Beispiel für die Technisierung in der Landwirtschaft. Diese Arbeit erfordert heute keinen krummen Rücken mehr, sondern in erster Linie ein gutes Auge bei der Überwachung eines technischen Vor-gangs, bei dem bis zu einem Dutzend Tiere im Melkstand gleichzeitig gemolken werden.[22]

Fragt man heute einen Landwirt nach den Perspektiven, so wird er sicher vor al-lem die Einschränkung seiner Entscheidungsspielräume und den Preisverfall seiner Produkte beklagen und über kurz oder lang das Wort „Brüssel" mit unfreundlichem Unterton aussprechen. Bei der Suche nach einem Ausweg aus dem Dilemma haben einige sich auf die Zucht von robusten Extensivrassen verlegt. Andere versuchen, den Zwischenhandel zu umgehen und auf dem Wege der Direktvermarktung höhere Ein-künfte zu erzielen.[23] Dennoch dürfte die Zahl der Landwirte, die sich nach einer Al-ternative oder einem zweiten Standbein umsehen müssen, weiter wachsen, weil sich der Konzentrationsprozeß in der Landwirtschaft allen Prognosen zufolge fortsetzen wird. Sollten zukünftig tatsächlich erst Betriebe mit rund 100 ha als konkurrenzfähig und damit überlebensfähig gelten, dann wird es in Wardenburg am Ende noch 80 oder 100 landwirtschaftliche Betriebe geben.[24]

Gewerbe, Handel und Dienstleistungssektor

Um die Entwicklung in Industrie und Handwerk, in Handel und Dienstleistungssektor zu veranschaulichen, wird im folgenden zunächst die Situation im ersten Jahrzehnt nach Kriegsende beleuchtet - um dann einen Sprung in die Gegenwart, also gleich über vier Jahrzehnte zu machen.

In der ersten Nachkriegszeit richteten sich die Anstrengungen vornehmlich darauf, die Flüchtlinge und Heimatvertriebenen in den Wirtschaftsprozeß zu integrieren. Vertriebene, die Erfahrungen aus der schlesischen Textilindustrie mitbrachten, mochten ja noch Arbeit in der Wardenburger Weberei finden; der Betrieb wurde im März 1947 gegründet und war die einzige Kammgarnweberei in Niedersachsen. Die Gemeindevertretung hatte der Firma, die sich zunächst in Ganderkesee niederlassen wollte, im Februar 1947 mit Blick auf die vielen Weber unter den Vertriebenen in der Gemeinde den Weg geebnet.[25] Gleichwohl waren im Oktober 1948 noch zwei Drittel der 3.186 Flüchtlinge, die zu dieser Zeit in Wardenburg lebten, ohne bezahlte Arbeit. Besonders schlechte Karten hatten jene, die vor ihrer Flucht oder Vertreibung Landwirte waren. Recht optimistisch konnten dagegen die 29 Maurer in die Zukunft schauen, schließlich existierte ein großer Bedarf an Wohnraum.[26]

Einige der Flüchtlinge und Vertriebenen haben sich bald darauf selbständig gemacht. Unter den 120 Handwerksbetrieben, die es Mitte der 50er Jahre in Wardenburg gab, waren immerhin 12 Betriebe, die von Flüchtlingen oder Vertriebenen gegründet worden waren. Beim Wardenburger Handwerk handelte es sich fast ausnahmslos um Kleinstbetriebe; in der Regel arbeiteten beim Konditor, Friseur oder Zimmerer kaum mehr als drei oder vier Personen. Zu den Ausnahmen gehörten der Schmiedereibetrieb und Anhängerbau Schütte in Tungeln sowie die Großschlachterei Heinje in Achternholt.[27]

Pastor Rogge, der 1950 seinen Dienst im alten Pfarrhaus an der Friedrichstraße in Wardenburg antrat, erinnert sich daran, daß damals „und noch lange Zeit danach nahezu alle Handwerker einen kleinen landwirtschaftlichen Betrieb führten; um nur einige Beispiele zu nennen, war da auf unserer Nachbarschaft der Schmiedemeister August Bunjes mit seinem Betrieb oder auf der anderen Seite der Schuhmachermeister Bernhard Stöver und der Stellmachermeister Georg Stöver, obwohl dessen Ehefrau auch noch einen kleinen Tante-Emma-Laden führte. Auch vom Inhaber des Gemischtwarengeschäftes, dem Kaufmann Heinen, wurde nebenher eine umfangreiche Landwirtschaft betrieben."[28] Einzelhändler wie Heinen oder Harms waren Anfang der 50er Jahre in der Gemeinde Wardenburg recht schwach vertreten. Hier kam ein Betrieb auf 295 Einwohner - damit stand die Gemeinde deutlich schlechter da als andere Kommunen im Landkreis.[29]

Abb. 149   Schaufenster bei Kaufmann Heinen in Wardenburg (um 1948/49).

*Abb. 150
Ladenraum bei Kauf-
mann Rabius in Hunds-
mühlen (1955) - die
Selbstbedienung steckte
noch in ihren Anfängen.*

Der größte Teil der Bevölkerung arbeitete 1950 noch in der Land- und Forstwirtschaft (43,9 Prozent). Noch ahnte niemand etwas von dem Bedeutungsverlust, den die Landwirtschaft in beschäftigungspolitischer Hinsicht schon bald erfahren sollte. In Industrie und Handwerk fand zu dieser Zeit annähernd jeder Dritte (31 Prozent), in Handel und Verkehr etwa jeder Achte (12,9 Prozent) sein Auskommen.[30] Beschäftigungsanteil und Ausrichtung der Industrie hatten sich seit Jahrzehnten nur geringfügig verändert. Immer noch dominierten die von den Rohstoffen Torf und Ton abhängigen Abteilungen. Zwar war von den Ziegeleien, deren Anfänge an anderer Stelle ausführlicher behandelt wurden, lediglich die Ziegelei Diedrich Teebken in Oberlethe übriggeblieben; hier verließ der letzte Ziegel erst 1966 den Ringofen. Die Torfwerke hatten dagegen kaum an Bedeutung eingebüßt. Torf war in den Haushalten der Stadt Oldenburg, aber auch in der gewerblichen Wirtschaft ein gefragter Brennstoff. Mitte der 50er Jahre existierten im Bereich der Gemeinde Wardenburg noch die Torfwerke Harbern (Georg Kettler KG, Oldenburg) und Wittemoor (C.F. Wirsing, Oldenburg). Das Torfwerk Harbern der Firma Werner Jung, Oldenburg, hatte seinen Betrieb Ende 1953 einstellen müssen - die Torflager waren erschöpft. Werner Jung versuchte sich nun mit Erfolg im Fahrzeugbau; fortan wurden in Harbern Windabweiser für Pkw-Schiebedächer hergestellt; später kamen andere Produkte aus Plexiglas hinzu.[31]

Fast zeitgleich wurde das Wardenburger Werk der Oldenburger Betonwerke GmbH in Betrieb genommen. Es war 1954 „die modernste vollautomatische Einrichtung" in Deutschland; die 14 Beschäftigten stellten nach kurzer Zeit schon täglich etwa 30.000 Schwemmsteine oder 1.000 qm Deckensteine her.[32] Zu den größten Firmen vor Ort gehörte inzwischen auch die Wardenburger Weberei, bei der rund 60 Beschäftigte Herrenkammgarn- und Damenmantelstoffe fertigten. Schließlich war auch die Nahrungs- und Genußmittelindustrie recht gut vertreten. Neben der Molkereigenossenschaft gab es eine Fleischwaren- und Konservenfabrik in Wardenburg (Hans Götte), eine Mineralwasserfabrik in Astrup (H. Nordmann) und einen Spirituosenhersteller in Tungeln (Franz Piassek).[33]

Vierzig Jahre später hat sich in der Gemeinde Wardenburg vieles verändert. In den letzten Jahrzehnten hat „ein ungewöhnliches Wachstum der Arbeitsstätten und der Beschäftigtenzahlen stattgefunden."[34] Dabei ist es einerlei, ob man zum Vergleich den Landkreis oder die Stadt Oldenburg, Niedersachsen oder die Bundesrepublik heranzieht - statistisch gesehen nimmt Wardenburg mit seinen Steigerungsraten stets die Spitzenposition ein. Allerdings sind solche Steigerungsraten abhängig von der Ausgangslage. Auch gilt das Beschäftigungsniveau in der Gemeinde immer noch als vergleichsweise niedrig: „Arbeitsort und Wohnort sind jedenfalls für den überwiegenden Teil der Arbeitnehmer Wardenburgs getrennt."[35] Es gibt eine ausgesprochen hohe Zahl von Pendlern, von denen rund 90 Prozent in Oldenburg arbeiten oder eine Ausbildung absolvieren. Die sichtbarste Auswirkung: Werktag für Werktag rollen mehrere tausend Fahrzeuge in Richtung Oldenburg und einige hundert von dort in Richtung Wardenburg. Die Hunoldstraße in Hundsmühlen wurde so zu der am stärksten befahrenen Kreisstraße im Landkreis Oldenburg.[36]

Wo aber sind die Arbeitsplätze in Wardenburg, wo die wichtigsten Wirtschafts-
sektoren vor Ort? Nimmt man die Zahl der sozialversicherungspflichtig Beschäftigten - und damit bleiben Beamte, Selbständige (also auch Landwirte) und geringfügig
Beschäftigte außen vor -, dann zeigt sich folgendes Bild:

*Sozialversicherungspflichtig Beschäftigte in einzelnen Wirtschaftszweigen (in Pro-
zent)*[37]

Wirtschaftssektor	Wardenburg 1980	Wardenburg 1990	Landkreis 1990	Stadt OL 1990
Landwirtschaft	3,6	3,4	4,0	0,3
Bergbau, verarbeitendes Gewerbe etc.	43,6	40,0	38,6	20,5
Baugewerbe	23,5	18,7	10,9	5,9
Handel	10,2	11,0	12,1	18,4
Verkehr und Nachrichtenübermittlung	k.A.	5,9	2,6	5,7
Kreditinstitute, Versicherungsgewerbe	k.A.	2,2	2,3	6,6
Sonstige Dienstleistungen	7,9	12,3	20,6	28,1
Organisationen ohne Erwerbscharakter, Gebietskörperschaften etc.	4,3	6,6	8,9	14,5

Ein Blick auf die obige Tabelle verdeutlicht die Bedeutung, die die gewerbliche
Wirtschaft für Wardenburg besitzt. Dabei spielt der Bergbau - hierunter fallen stati-
stisch gesehen auch Torfwerke - nur eine untergeordnete Rolle. Dominierend ist in
der Gemeinde Wardenburg das verarbeitende Gewerbe. Trotz großer Schwankungen
kletterte die Zahl der Arbeitsplätze in diesem Bereich im Laufe der 80er Jahre auf 824.
Die Branche, die in diesem Sektor die mit Abstand meisten Arbeitsplätze stellt, ist der
Stahl-, Maschinen- und Fahrzeugbau mit seinem vergleichsweise hohen Anteil an
Facharbeitern. Es folgen die Hersteller von Nahrungs- und Genußmitteln.[38]

*Wirtschaftszweige mit mehr als 100 sozialversicherungspflichtig Beschäftigten
(1990)*[39]

Stahl-, Maschinen- und Fahrzeugbau	402
Bauhauptgewerbe	251
Ausbau- und Bauhilfsgewerbe	161
Einzelhandel	147
Organisationen ohne Erwerbszweck, Staat	145
Verkehr, Nachrichtenübermittlung	131
Nahrungs- und Genußmittelhersteller	128

Bemerkenswert ist der überdurchschnittlich hohe Anteil von Beschäftigten im Baugewerbe, das noch Mitte der 80er Jahre in einer Talsohle steckte. Danach allerdings ging es wieder bergauf - Indiz für eine zunehmende Neubautätigkeit. Beim hiesigen Baugewerbe handelt es sich durchweg um kleinere Betriebe, die ihre Aufträge auch in der weiteren Umgebung ausführen. Insgesamt wurden 1990 in der Gemeinde Wardenburg 145 Handwerksbetriebe gezählt; ihre Zahl hat damit seit den 50er Jahren nur unwesentlich zugenommen. Während es an Maurern, Malern und Lackierern kaum mangelt, sind Metallbauer, Installateure oder Friseure vergleichsweise dünn gesät. Den Betrieb eines Schornsteinfegers oder Gebäudereinigers suchte man 1990 in Wardenburg vergebens.[40]

Der Dienstleistungsbereich verzeichnet seit Jahrzehnten allerorten „außerordentliche Wachstumszahlen".[41] Auch in Wardenburg fällt inzwischen mindestens jeder zweite Arbeitsplatz in diesen Bereich, allerdings nur knapp jeder dritte sozialversicherungspflichtig Beschäftigte. So sind offenbar im Bereich des Einzelhandels neben den Inhabern auch viele Familienangehörige und Aushilfskräfte tätig.

Der Wardenburger Einzelhandel hat zweifelsohne mit besonderen Problemen zu kämpfen. Zwar hat sich die Zahl der Beschäftigten auch im hiesigen Einzelhandel kräftig erhöht. In Sachen Umsatz verzeichnete man hier Mitte der 80er Jahre sogar die größten Steigerungsraten im Landkreis Oldenburg. Doch gelten gerade für den Wardenburger Einzelhandel die Rahmenbedingungen angesichts der Nähe der Stadt Oldenburg als ausgesprochen ungünstig. Die „einzelhandelsrelevante Kaufkraft"[42] je Einwohner in Wardenburg entspricht zwar annähernd der des bundesdeutschen Durchschnittskonsumenten, nur fließt ein beachtlicher Teil dieser Kaufkraft in die Kassen der Oldenburger Kaufleute. Dort gibt es eine größere Auswahl an Krawatten, Schuhen oder Schränken. Nach Oldenburg zieht es naturgemäß vor allem jene Konsumenten, die im Norden der Gemeinde leben. Wenn es in den letzten Jahren in den Kassen des Wardenburger Einzelhandels ebenfalls stärker klingelte, so war dies sicher auch eine Folge des Bevölkerungsanstiegs. Vor allem Güter des täglichen Bedarfs werden überwiegend vor Ort besorgt.[43]

Der Wardenburger Großhandel ist hinsichtlich seiner Produktpalette stark landwirtschaftlich orientiert. Dies gilt in besonderer Weise für den Landhandel, über den die Landwirte Futter- und Düngemittel oder Saatgut beziehen. Handel und Landwirtschaft sind zugleich eng miteinander verzahnt, wenn es um die Vermarktung landwirtschaftlicher Produkte geht. In dieser Hinsicht hatte die Wardenburger Molkerei bis weit in die 90er Jahre hinein eine besondere Stellung. Allerdings fusionierte die hiesige Molkereigenossenschaft, die immerhin ein knappes Jahrhundert Bestand hatte, im Jahre 1994 mit „Friesland-Milch". Mitte 1995 wurden dann Produktion und Verwaltung nach Wilhelmshaven verlagert. Die Wardenburger Molkerei bleibt Milchsammelstelle für die rund 500 Wardenburger Mitglieder der Genossenschaft. Eine solche Zentralisierung sei „wirtschaftlich zwingend notwendig", hieß es aus den Reihen der Geschäftsführung.[44] Ob der Konzentrationsprozeß damit sein Ende gefunden hat, bleibt abzuwarten. Offen ist vorerst auch das Schicksal des Molkereigebäudes an der Oldenburger Straße.

Betrachtet man die wirtschaftliche Entwicklung Wardenburgs in jüngster Zeit, dann fällt insbesondere auf, daß der Anteil der Beschäftigten im verarbeitenden Gewerbe stark gesunken ist. Das Baugewerbe konnte dagegen seine Stellung in den letzten Jahren annähernd behaupten. Die Bereiche Handel und Dienstleistungen haben erneut einige Prozentpunkte zugelegt. Es ist mit Blick auf die Strukturdaten des Jahres 1994 sicher nicht allzu gewagt, vor allem dem Dienstleistungsbereich weitere Zuwachsraten zu prophezeien. Allerdings wird auch diese Entwicklung eines Tages an ihre Grenzen stoßen.[45]

Wie eh und je dominieren in Wardenburg die kleineren Betriebe. Die Zahl der Betriebe, in denen mehr als 50 Menschen arbeiten, läßt sich nach wie vor an einer Hand abzählen. Hierzu gehören Teebken Metallbau, Bittner Isoliertechnik, Hüneke Fahrbahnmarkierungen sowie der mit Abstand größte Arbeitgeber in der Gemeinde Wardenburg, die Dynapac GmbH, ein Hersteller von Straßenbaumaschinen mit über 200 Beschäftigten. Die Gemeindeverwaltung mit rund 180 Festbediensteten tritt sozusagen außer der Reihe an.[46]

Die Vielzahl und Vielfalt der Betriebe gewährleistet zum einen eine wohnraumnahe Versorgung mit unterschiedlichen Diensten. Daneben haben die hier ansässigen Betriebe eine Bedeutung nicht nur als Arbeitgeber, sondern auch als Steuerzahler. Steuereinnahmen füllten bislang zu knapp einem Drittel den Säckel der Gemeinde, und hier wiederum war die Gewerbesteuer stets der dickste Einzelposten unter den Realsteuern. Auffällig allerdings bleibt, daß nicht einmal zwei Prozent der Wardenburger Betriebe (12 an der Zahl) über zwei Drittel des Gewerbesteueraufkommens bestreiten.[47]

Der lokale Arbeitsmarkt und seine Schattenseiten

Die Statistiker haben sich auch der Frage zugewandt, wieviele Wardenburgerinnen und Wardenburger sich denn überhaupt im erwerbsfähigen Alter befinden, also zwischen 18 und 65 Jahren alt sind: Ihr Anteil lag 1989 bei 67,4 Prozent. Dabei hatte die Zahl der Erwerbsfähigen in Wardenburg in den 80er Jahren deutlich stärker zugenommen (plus 23 Prozent) als im Landkreis Oldenburg (17 Prozent) oder in der Stadt Oldenburg (14 Prozent) - in erster Linie eine Folge des Bevölkerungsanstiegs.

Gut zwei Drittel der Erwerbsfähigen waren tatsächlich auch erwerbstätig, waren also wie Landwirte, Kaufleute oder Freiberufler selbständig oder aber abhängig beschäftigt - die Mehrzahl unter ihnen allerdings außerhalb der Gemeindegrenzen und hier natürlich in erster Linie in Oldenburg. Die Abhängigkeit von der wirtschaftlichen Entwicklung Oldenburgs ist somit ein dicker Wermutstropfen in einer ansonsten recht erfreulichen Arbeitsmarktbilanz. Vor allem aber gibt ein Blick in die Arbeitslosenstatistik zu denken. Hier zeigt sich

„für Wardenburg ein nicht besonders günstiges Gesamtbild."[48] Anfang der 90er Jahre befanden sich unter den Arbeitslosen in Wardenburg überdurchschnittlich viele Frauen, jüngere Menschen sowie Langzeitarbeitslose.[49] Ein klares Defizit haben die Marktforscher bei Teilzeitarbeitsplätzen ausgemacht. Der Wunsch danach ist gerade unter Frauen „besonders ausgeprägt."[50] Der Eindruck, daß Frauen auf dem lokalen Arbeitsmarkt einen schweren Stand haben, wird noch verstärkt durch die Tatsache, daß „der weibliche Anteil an den Auszubildenden in Wardenburg mit 27 % sehr gering" ist.[51]

Die Gemeinde Wardenburg hat es sich in den vergangenen Jahren zur Aufgabe gemacht, benachteiligten Jugendlichen und Langzeitarbeitslosen zu einer neuen Perspektive zu verhelfen. So hat die Gemeinde als Trägerin einer Jugendwerkstatt bereits einer ganzen Reihe von Jugendlichen mit erschwerten „Startchancen" den Sprung ins Berufsleben erleichtert. Unter fachlicher Anleitung einer Metallmeisterin und eines Tischlers erlernen die bis zu 25 Jahre alten Jugendlichen derzeit handwerkliche Fertigkeiten in Theorie und Praxis. Zugleich wird schulisches Wissen aufgefrischt und vertieft. Und die Jugendlichen erfahren, wie man einen Mietvertrag oder eine Versicherung abschließt und bei Behörden zu seinem Recht kommt. Bislang arbeitete das Projekt recht erfolgreich: Die Mehrzahl der Jugendlichen fand im Anschluß an die ein- oder zweijährige Maßnahme einen Ausbildungs- oder Arbeitsplatz.[52] Neben der Jugendwerkstatt gab und gibt es weitere Beschäftigungsprojekte, von denen der Recyclinghof bereits vorgestellt wurde (siehe Kapitel „Das ökologische Engagement"). Die Sanierung von Kulturstätten (Ziegelei in Westerholt und Meyersches Haus in Wardenburg) erfolgte ebenfalls im Rahmen einer Arbeitsbeschaffungsmaßnahme. Auf diese Weise wurde vorübergehend ein gutes Dutzend Arbeitsplätze insbesondere für Langzeitarbeitslose geschaffen.[53] Die Bekämpfung der Arbeitslosigkeit bleibt gleichwohl eine gesellschaftliche Aufgabe ersten Ranges: Die Zahl der gemeldeten Arbeitslosen war in der Gemeinde Wardenburg bis Mitte 1995 binnen Jahresfrist um weitere 53 auf 497 gestiegen.[54]

Anmerkungen

[1] Günther Rogge beschrieb „Wardenburgs Strukturwandel" in: GSP Nr. 80, September 1991, 2f., hier 2.

[2] Diedrich Fischbeck in einem Rückblick in: GSP Nr. 9, Dezember 1973, 2.

[3] Vgl. Geschichte des Landes Oldenburg, 771; Der Landkreis Oldenburg, 518.

[4] Vgl. Kreisbeschreibung, 126f., sowie Abb. 76 und 81.

[5] Kreisbeschreibung, 131.

[6] Vgl. Kreisbeschreibung, 131f.

[7] Vgl. Kreisbeschreibung, 134ff., sowie Abb. 89 und 93.

[8] So Hans Behrens einleitend in seinem Beitrag über die „Landwirtschaft des Kreises Oldenburg seit 1945", in: Der Landkreis Oldenburg, 517.

[9] Kreisbeschreibung, 140; vgl. auch Abb. 95 und 97.

[10] Vgl. Kreisbeschreibung, 128f., sowie Abb. 75. Vgl. auch Benthullen, 64, sowie Charlottendorf-Ost, 162f.

[11] Geschichte des Landes Oldenburg, 771.

[12] Siehe hierzu die Graphik in: NWZ vom 2. September 1987.

[13] Vgl. Vector, Zwischenbericht, 140 und 237.

[14] Vgl. Vector, Zwischenbericht, 141f. und 236.

[15] Zusammengestellt aus den Strukturdaten der Gemeinde Wardenburg (Stand: 30. April 1994) sowie den Statistiken über die Größenstruktur der landwirtschaftlichen Betriebe, die vom Landkreis Oldenburg und der Landwirtschaftskammer Weser-Ems, Landwirtschaftsamt Oldenburg, zur Verfügung gestellt wurden. Rundungsdifferenzen wurden nicht korrigiert.

[16] Zusammengestellt aus entsprechenden Statistiken des Landkreises Oldenburg und der Landwirtschaftskammer Weser-Ems, Landwirtschaftsamt Oldenburg.

[17] Die Veränderungen wurden deutlich, als bei der Erstellung des Landschaftsplanes der Gemeinde Wardenburg Luftbilder aus dem Jahre 1987 mit der tatsächlichen Nutzung im Jahre 1993 verglichen wurden (Gespräch mit Ruth Drügemöller, der Leiterin des Umweltamtes, am 7. September 1995).

[18] So Paul Hinrichs, Landwirtschaftskammer Weser-Ems, in: Chronik der Gemeinde Bad Zwischenahn, 867. Nach Hinrichs (868) ist der Mais „sehr viel besser als sein Ruf" und nicht zuletzt ein bedeutsamer Sauerstoffproduzent. Vgl. auch die Statistik „Flächennutzung in den landwirtschaftlichen Betrieben" (1991) von der Landwirtschaftskammer Weser-Ems, Landwirtschaftsamt Oldenburg.

[19] Gespräch mit Rolf Poppe am 15. August 1995. Poppe hat die Nitratauswaschung unter Maiskulturen näher untersucht.

[20] Der Landkreis Oldenburg, 524.

[21] Vgl. hierzu Statistik „Landwirtschaftliche Betriebe mit Viehhaltung", erstellt von der Landwirtschaftskammer Weser-Ems.

[22] Vgl. Geschichte des Landes Oldenburg, 773; Chronik der Gemeinde Bad Zwischenahn, 869.

[23] Vgl. NWZ vom 22. August 1995.

[24] Vgl. Vector, Zwischenbericht, 141f.

[25] Vgl. 700 Jahre Wardenburg, 196. Zur Ansiedlung der Weberei vgl. Protokoll über die Sitzung der Gemeindevertretung am 10. Februar 1947.

[26] Vgl. Malecki, 190f.

[27] Vgl. Kreisbeschreibung, 162ff.

[28] Günther Rogge beschrieb den Wandel Wardenburgs „vom Bauerndorf zur Vorstadt" in: GSP Nr. 80, September 1991, 2f., hier: 2.

[29] Vgl. Kreisbeschreibung, 166f.

[30] Vgl. Kreisbeschreibung, Tabelle 24 im Statistischen Anhang, 19.

[31] Vgl. hierzu auch Harbern I, 51f.

[32] Kreisbeschreibung, 157.

[33] Vgl. Kreisbeschreibung, 155ff.

[34] Vector, Zwischenbericht, 136.

[35] Vector, Zwischenbericht, 137.

[36] Vgl. hierzu Statistiken über Auspendler und Einpendler, erstellt vom Landkreis Oldenburg.

[37] Zusammengestellt aus den Angaben bei Vector, Zwischenbericht, 318f., sowie den entsprechenden Statistiken des Landkreises Oldenburg.

[38] Vgl. Vector, Zwischenbericht, 143ff. sowie 265ff. In Firmen, die unter „Bergbau" subsummiert wurden, arbeiteten im Jahre 1990 in Wardenburg 58 Menschen.

[39] Vgl. Vector, Zwischenbericht, 184f.

[40] Vgl. Vector, Zwischenbericht, 147ff. sowie 308ff.

[41] Vector, Zwischenbericht, 151.

[42] Vector, Zwischenbericht, 154.

[43] Vgl. Vector, Zwischenbericht, 153ff., Endbericht, 68ff., sowie Der Landkreis Oldenburg, 514f.

[44] NWZ vom 3. Mai 1995; vgl. auch die Ausgaben vom 14. März, 12. Juli und 29. August 1995. Während es 1960 im Landkreis Oldenburg noch 13 Molkereien gab, waren es 1990 nur noch drei; vgl. hierzu Der Landkreis Oldenburg, 526f.

[45] Vgl. hierzu die Statistik über die sozialversicherungspflichtig Beschäftigten am 30. Juni 1994, erstellt vom Landkreis Oldenburg. Der Sektor Bergbau und verarbeitendes Gewerbe verzeichnete danach nur noch einen Anteil von 32,8 Prozent (Baugewerbe: 18,1 Prozent; Handel: 13,5; Verkehr und Nachrichtenübermittlung: 6,1; Kreditinstitute, Versicherungsgewerbe: 2,2; sonstige Dienstleistungen: 15,0; Organisationen ohne Erwerbscharakter, Gebietskörperschaften etc.: 9,1).

[46] Zusammengestellt nach Daten der Industrie- und Handelskammer sowie nach eigenen Erhebungen (August 1995); vgl. auch Stellenplan zum Haushalt der Gemeinde 1995.

[47] Vgl. Vector, Zwischenbericht, 366f. und 388. Zur Aufgliederung des Gewerbesteueraufkommens vgl. auch den Haushaltsplan der Gemeinde Wardenburg für 1995.

[48] Vector, Zwischenbericht, 165.

[49] Vector, Zwischenbericht, 161ff. und 408ff.

[50] Vector, Endbericht, 135.

[51] Vector, Endbericht, 193.

[52] Vgl. hierzu die zusammenfassende Darstellung von Julia Tscheslog, der Leiterin der Jugendwerkstatt, vom August 1995. Die Maßnahme wird finanziert von der Gemeinde, dem Arbeitsamt und dem Landesjugendamt.

[53] Vgl. zur Sanierung der Kulturstätten die entsprechenden Unterlagen im Hauptamt der Gemeinde Wardenburg.

[54] Vgl. die Übersicht „Arbeitslose nach Gemeinden, Landkreisen und kreisfreien Städten", erstellt vom Arbeitsamt Oldenburg (Stand: Ende Juni 1995).

Wardenburg am Ende des 20. Jahrhunderts

Wardenburg ist heute eine von acht Gemeinden im Landkreis Oldenburg. Sie hat - im nordwestlichen Bereich des Landkreises liegend - gemeinsame Grenzen mit der Stadt Oldenburg sowie den Gemeinden Hatten, Großenkneten, Garrel, Bösel und Edewecht. Die Grenzen Wardenburgs haben sich über Jahrhunderte hinweg kaum verändert. Mit einer Fläche von 118 qkm ist die Gemeinde etwas größer als die Stadt Oldenburg (knapp 103 qkm).[1]

Flächennutzung in der Gemeinde Wardenburg (Stand: 31.12.1993; Angaben in Prozent)[2]

	Gemeinde Wardenburg	Landkreis Oldenburg
Gebäude- und Freiflächen	7,4	6,2
Betriebsflächen	1,9	0,4
Landwirtschaftliche Betriebsflächen	75,3	68,3
Waldflächen	7,5	16,7
Wasserflächen	2,3	1,5

Die Einwohnerzahl ist in den letzten Jahrzehnten kontinuierlich gestiegen. Zwischen 1970 und 1990 stieg sie in der Gemeinde Wardenburg prozentual gesehen stärker noch als im Landkreis oder in der Stadt Oldenburg, wenn auch mit nachlassender Tendenz. In Wardenburg wunderten sich Experten noch jüngst über „einen ausgeprägten Geburtenüberschuß" und fühlten sich diesbezüglich an „Gemeinden des Oldenburger Münsterlandes" erinnert.[3] Die natürliche Bevölkerungsentwicklung ist auch eine Folge der Wanderungsgewinne der 70er Jahre. Der „Wanderungstrend" von der Großstadt Oldenburg in umliegende Gemeinden wie Wardenburg hält derzeit noch an, begünstigt durch niedrigere Grundstückspreise und Mieten, aber auch durch „romantisierende Vorstellungen" vom Leben auf dem Lande.[4] Wardenburgs Geschäftswelt würde sich freuen, wenn sich ähnliches auch über das Kaufverhalten sagen ließe, doch „das Kaufen findet weiterhin in den Zentren statt."[5]

Gestiegen ist folglich auch die Zahl der Haushalte, die inzwischen bei gut 5.000 liegt. Zugleich wurden diese Haushalte in der Tendenz immer kleiner. In einem durchschnittlichen Wardenburger Haushalt leben inzwischen nicht einmal mehr drei Personen. Die größten Haushalte finden sich in Benthullen, Harbern II und Charlottendorf, die kleinsten in Klein Bümmerstede, Oberlethe und Astrup. Die durchschnittliche Wohnfläche pro Kopf lag 1987 bei 38,11 qm. Die Vorstellung, auf dem Land habe man in der Wohnung weit mehr Platz als in der Stadt, trügt offenbar: Der durchschnittliche Oldenburger konnte sich auf 38,18 qm ausbreiten.[6] Nur das Drumherum ist meist noch ein wenig anders.

Die Einwohnerentwicklung in den einzelnen Ortschaften der Gemeinde Wardenburg[7]

Ortschaft	Einwohner 27.05.1970	Einwohner 31.12.1980	Einwohner 31.12.1990
Achternholt	334	310	297
Achternmeer	950	1.074	1.044
Astrup	243	223	182
Benthullen	690	662	678
Charlottendorf-Ost	309	324	285
Charlottendorf-West	304	260	245
Harbern I	234	228	233
Harbern II	347	313	280
Höven	155	136	144
Hundsmühlen	1.435	1.742	2.340
Klein Bümmerstede	51	99	97
Littel	408	454	446
Oberlethe	618	591	522
Südmoslesfehn	617	703	781
Tungeln	733	1.188	1.258
Wardenburg	2.801	4.232	4.701
Westerburg	278	261	254
Westerholt	439	459	433
gesamt	10.946	13.259	14.220

Die einzelnen Ortschaften in der Gemeinde haben sich in den letzten Jahrzehnten recht unterschiedlich entwickelt. Die Einwohnerzahl der Ortschaften in der Nähe der Stadt Oldenburg hat eher zugenommen, die der Ortschaften im Süden der Gemeinde dagegen eher abgenommen. Südmoslesfehn, Hundsmühlen, Tungeln oder Wardenburg verzeichneten beispielsweise Zuwachsraten, während in Astrup, Charlottendorf-West oder Oberlethe die Einwohnerzahl stetig sank, zumal hier mehr Menschen starben als geboren wurden. Bei Umzügen innerhalb der Gemeinde verfügten Wardenburg (I und III) sowie Südmoslesfehn über besondere Anziehungskraft.[8]

Statistiker sagen einen weiteren Anstieg der Bevölkerung in der Gemeinde Wardenburg voraus - allerdings nur bis zum Jahre 2000. Danach, so die gewagte Prognose, geht die Einwohnerzahl zurück. Dieser Rückgang soll sich in den ersten Jahren des 21. Jahrhunderts sogar noch beschleunigen; Jahr für Jahr wird sich die Einwohnerzahl dann voraussichtlich um 30, 50 oder mehr Menschen verringern. Sollte die Vorausschätzung in ihrer Tendenz zutreffen, dann hätte dies nicht zuletzt Auswirkungen auf den lokalen Arbeits- und Wohnungsmarkt. Die Gemeinde sollte diesen Prozeß daher nach Ansicht von Marktforschern möglichst steuern; hier habe sie „ein zentrales Instrument zur Verbesserung der Lebensbedingungen für die Einwohner" in der Hand.[9]

Hin und wieder wundert sich noch jemand darüber, daß eine Kommune von der Größenordnung Wardenburgs nicht als Stadt gilt, wo doch Orten mit weit weniger Einwohnern das Stadtrecht verliehen worden sei. Dieses Recht bleibt allerdings nach der Niedersächsischen Gemeindeordnung jenen Kommunen vorbehalten, die tatsächlich auch städtischen Charakter besitzen - und davon kann bei Wardenburg auch am Ende des 20 Jahrhunderts nicht die Rede sein. Viele Orte sind nach wie vor ländlich geprägt, und so gilt Wardenburg denn auch als ländliche Großgemeinde.[10]

In kultureller Hinsicht sind die Übergänge fließend. In den Ortschaften in der Nähe Oldenburgs ist der Einfluß städtischer Kultur unverkennbar. Zugleich - vielleicht auch gerade deshalb - gibt es vielerorts eine nach wie vor starke Identifikation mit dem unmittelbaren Lebensbereich, dem Dorf. Wer diese Sphäre nicht genügend achtet, zieht sich den Unmut vieler Bürgerinnen und Bürger zu. Dies mußte vor Jahren bereits der Bundespostminister erfahren. Die Post hatte nach und nach alle Dörfer im Bereich der Gemeinde unter der Postleitzahl „2906 Wardenburg" zusammengefaßt. Ob Achternholt, Littel oder Westerholt - die Dörfer verschwanden, zumindest postalisch gesehen. Die Arbeitsgemeinschaft der Orts- und Bürgervereine wandte sich nun an den Postminister mit der Bitte, die alten Dorfnamen hinter der Postleitzahl zuzulassen, ein Anliegen, das auch vom Rat der Gemeinde unterstützt wurde - allerdings ohne Erfolg.[11]

Vereine - Verbände - Initiativen

Der Versuch, die Vielfalt des Vereinslebens in aller Kürze zu dokumentieren, kann im Grunde nur scheitern - zumal es in dieser Hinsicht in nahezu allen Ortschaften der Gemeinde mehr oder weniger rege zugeht. Insgesamt existierten 1995 im Bereich der Gemeinde Wardenburg weit mehr als 70 Vereine. Das Spektrum reicht von Volkstanz- und Theatergruppen über den Wirtschaftsförderungsverein bis hin zu Vereinen, die sich den Schutz der Natur oder den Erhalt historischer Sachkultur zum Ziel gesetzt haben. Ein kleiner Überblick soll gleichwohl gegeben werden - ohne Anspruch auf Vollständigkeit.[12]

Der älteste noch existierende Verein ist der Männergesangverein „Brüderschaft" Wardenburg (gegründet 1875), der gemeinsam mit 12 anderen dem 1899 gegründeten Sängerbund „Concordia" angehört, darunter mit „Germania Oberlethe" (1886) und „Liederkranz Littel" (1894) weitere traditionsreiche Männergesangvereine aus der Gemeinde Wardenburg. Die gemischten Chöre von Achternmeer, Wardenburg und Westerburg („Huntestrand") haben sich wiederum zum Sängerbund „Frohsinn" (gegründet 1924) zusammengeschlossen. Der Frauenchor Oberlethe und der Frauensingkreis Littel gehören keinem Bund an. Rechnet man zu den Gesangvereinen den Spielmannszug, den Shanty-Chor Benthullen sowie all die Vereine, in denen mit Jagdhorn, Fanfare, Posaune, Akkordeon oder Blockflöte musiziert wird, dann haben sich in der Gemeinde Wardenburg bald 20 Vereine allein der Musik verschrieben, eine Zahl, die lediglich vom Sport überboten wird.

1995 gab es rund zwei Dutzend Sportvereine in der Gemeinde Wardenburg. Hierzu zählen die Schützenvereine sowie der Fischereiverein Wardenburg, der Reiterverein Höven und die Reit- und Fahrvereine von Benthullen und Oberlethe, also Vereine, die überwiegend seit Jahrzehnten existieren und auch als Ausrichter größerer Veranstaltungen von sich reden machen. Dagegen ist von den Radfahrvereinen, die in den ersten Jahrzehnten des 20. Jahrhunderts gegründet worden waren, nur einer übriggeblieben: der Radfahrverein „Einigkeit" (Charlottendorf-Ost). Ein weiteres Beispiel dafür, wie sehr auch das Vereinsleben Geschichte spiegelt, ist der Boßel- und Sportverein Benthullen-Harbern. Ihn gründeten Siedler, die aus nördlicheren Landesteilen kamen und auf ihr Wurfspiel nicht verzichten wollten, zumal sich die geraden Wege im Moor geradezu anboten.[13]

Zu den jüngeren Vereinen zählt die Behinderten-Sportgruppe Wardenburg. Gemeinsame Aktivitäten und gegenseitige Unterstützung auch außerhalb von Turnhalle oder Schwimmbecken sind den Sportlern hier ebenso wichtig wie gymnastische Übungen. Weit mehr als 200 Mitglieder offenbaren ein großes Interesse an derartigen Angeboten.[14]

Die mitgliederstärksten Sportvereine sind der Hundsmühler Turnverein (mit 1.044 Mitgliedern Anfang 1995), der Judoclub Achternmeer (1.026), der Wardenburger Turnverein (847) und die Sportfreunde Littel-Charlottendorf (548).[15] Während sich die Turnvereine eher dem Breitensport verschrieben haben, verrät beispielsweise beim Schwimm- oder Tennisclub bereits der Vereinsname, wo der Schwerpunkt liegt. Der Fußball steht wiederum beim Verein für Rasensport Wardenburg im Mittelpunkt. Moslesfehn schließlich ist eine Hochburg des Faustballs. In der Saison 1995 umfaßte die Faustball-Sparte in Moslesfehn 26 Teams - darunter 14 Jugendmannschaften.

Die größte Vereinsdichte herrscht zweifellos in Wardenburg selbst. Allerdings gibt es kaum ein Dorf, in dem nicht wenigstens ein Verein existiert. Dafür sorgen schon die Orts- und Bürgervereine sowie Dorfgemeinschaften. Recht vielseitig zeigt sich auch die darstellende Kunst, zu der das platt- oder hochdeutsche Theater, die Pantomimik der „Living Dolls", die Volkstanzgruppen von Achternholt und Benthullen-Harbern oder auch die „Schuhplattler" aus Moslesfehn gerechnet werden können.

Nimmt man die Zahl der nationalen und internationalen Titel oder die der Mitglieder, so kann der Kaninchenzüchterverein I 101 Wardenburg und Umgebung auf recht erfolgreiche Jahre zurückblicken. Seit seiner Gründung 1968 konnten Jugendliche wie Senioren bei Ausstellungen selbst auf Landes- und Europaebene diverse Titel einheimsen. Der Verein ist heute der mitgliederstärkste seiner Art im Weser-Ems-Gebiet.[16]

Daneben gibt es „Vereine besonderer Art", zu denen die Junggesellenvereine gerechnet werden dürfen.[17] Inzwischen ist es ruhiger um die Junggesellenvereine geworden, die es vor einigen Jahrzehnten noch in mehreren Ortschaften in der Gemeinde gab und die sich alljährlich bei ihrem Bundesfest in einer so ungewohnten Disziplin wie dem „Kinderwagenwettschieben" gemessen haben.[18]

Abb. 151   Diese Aufnahme von 1925 zeigt die Mitglieder des Achternholter Junggesellenclubs „Lat se susen". Die Satzung des Clubs, der am 3. Februar 1924 im Gasthaus August Teebken (heute: Wöbken) aus der Taufe gehoben wurde, stellte den Kontakt zum anderen Geschlecht gleichsam unter Strafe - und die mußte teils in flüssiger Form entrichtet werden. Das „schwerste Vergehen" war selbstverständlich das „Eingehen einer Ehe". Dem Motto „Lat se susen" verschrieben sich im Laufe der 70jährigen Vereinsgeschichte - in aller Regel befristet - rund 150 Männer. Neben diesem Club gab es weitere in Achternmeer („Vergnügte Brüder"), Moslesfehn („Könt kiene kriegen"), Oberlethe („Treue Jungs") und Westerholt („Flotte Jungs").[19]

Neben den Vereinen mit teils langer Tradition gibt es etliche Initiativen und Verbände, von denen gleich mehrere im ehemaligen Bramstedt-Haus am Gartenweg in Wardenburg ein Domizil gefunden haben. Unter einem Dach befinden sich hier seit September 1994 Umtref, die BSH-Umweltbibliothek, die Wardenburger Außenstelle der VHS Oldenburg, der Eine-Welt-Laden Wardenburg und die Redaktion des Gemeindespiegels. Der Gemeindespiegel wurde nach der 700-Jahr-Feier im Jahre 1970 aus der Taufe gehoben und erscheint seither viermal im Jahr. Bei Umtref, gegründet im September 1990, ist der vollständige Name zugleich Programm: „Verband für umweltfreundlichen Tourismus und interregionalen Fremdenverkehr". Ziel ist die Förderung des „sanften", des umweltverträglichen Tourismus, der - so die Hoffnung der Initiatoren - „zur wirtschaftlichen Stärkung der Gemeinde seinen Beitrag leisten" wird. Ausgebildete Gästeführerinnen begleiten Besuchergruppen zu den Sehenswürdigkeiten in der Gemeinde.[20] Bereits seit Januar 1982 befindet sich das

Abb. 152 Freudensprung in Moslesfehn: In der Feldsaison gelang den jungen Faustballern - das Durchschnittsalter lag unter 18 Jahren - im Juli 1987 der Aufstieg in die erste Bundesliga. Drei Jahre zuvor, im März 1984, hatten sich die 12- bis 14jährigen Faustballer aus Moslesfehn ihre erste Deutsche Meisterschaft gesichert. Mehrere Spieler aus dieser jungen Mannschaft wurden später - inzwischen um einige Meistertitel reicher - in die Nationalmannschaft berufen. Auch die übrigen Mannschaften beiderlei Geschlechts belegen seit den 80er Jahren teils in schöner Regelmäßigkeit Spitzenplätze bei Deutschen Meisterschaften.[21]

Büro der BSH, inzwischen ein weithin bekannter Verband für Natur- und Artenschutz, an der Friedrichstraße in Wardenburg. Zur Gründung der Eine-Welt-Gruppe führten entwicklungspolitische Aktivitäten, die der Rat der Gemeinde 1988 initiierte. Seit 1992 betreibt die Gruppe, unterstützt von der Gemeinde und den Kirchen, den Eine-Welt-Laden, der sich zum Mittelpunkt der kommunalen Nord-Süd-Arbeit entwickelt hat.[22]

Die Partnergemeinden: Eelde und Röbel

Der Gedanke, mit Kommunen jenseits der Landesgrenze eine Partnerschaft einzugehen, bekam in den 70er und stärker noch in den 80er Jahren Gestalt. Die ersten Kontakte, die mal mit einer französischen, mal mit einer österreichischen Stadt geknüpft wurden, verliefen im Sande. Die Europawahl im Jahre 1984 verlieh der Suche nach einem geeigneten Partner neuen Schwung. Eine niederländische Kommune sollte es nach den Wünschen des Rates nun sein. Wegbereiter der Partnerschaft mit Eelde wurde schließlich Heinz Brigant. Während eines Urlaubs in den Niederlanden waren dem Ratsherrn bei einem Blick auf die Landkarte die Gemeinsamkeiten zwischen dem Ort in der Provinz Drenthe und Wardenburg aufgefallen. Beide Kommunen liegen vor den Toren einer Großstadt. Von Eelde nach Groningen ist es nur ein Katzensprung. Der Ort Paterswolde, der neben Eelderswolde und Eelde zur Gemeinde gehört, grenzt im Norden unmittelbar an Groningen. Entsprechend hoch ist die Zahl der Pendler, zumal im Ort selbst - wie in Wardenburg - Industriebetriebe eher rar sind. Ein Unterschied zu Wardenburg immerhin bleibt: Die Eelder haben es nicht weit zum nächsten größeren Flughafen. Der Eelde-Groningen-Airport liegt auf dem Gebiet der Gemeinde. Hier werden auch Piloten für den internationalen Flugverkehr ausgebildet. Ansonsten dreht sich hier vieles um die Blume, und so mancher Strauß, der in Bremen oder Hamburg verkauft wird, kommt aus Eelde.

Offiziell besiegelt wurde die Partnerschaft zwischen Eelde und Wardenburg am 12. April 1986 im Wardenburger Rathaus. An diesem Tag setzten die Bürgermeister und Verwaltungsspitzen ihre Unterschrift unter eine Urkunde, die die „Förderung der Freundschaft und Nachbarschaft über nationale Grenzen hinweg und insbesondere die Pflege persönlicher Beziehungen zwischen den Bürgern und Vereinen unserer Gemeinden" vorsieht. Den Anfang machten die Kaninchenzüchter. Etliche andere sind ihnen gefolgt. Seit Juli 1987 bemüht sich in Wardenburg ein Partnerschaftskomitee um eine Intensivierung der Kontakte.[23]

Zu Eelde gesellte sich 1990 eine Partnerschaft mit einer Stadt in der zu dieser Zeit noch existierenden DDR: Röbel. Die Geschichte dieser Partnerschaft spiegelt deutsche Geschichte. Die ersten offiziellen Kontakte mit der seinerzeit 6.700 Einwohner zählenden Stadt an der Müritz entstanden in den Wochen nach der Öffnung der Mauer. Eine Delegation aus der DDR, die im Dezember 1989 in Wardenburg weilte, um sich über ökologische Projekte zu informieren, ebnete den Weg. In den folgenden Monaten wurden zahlreiche Kontakte auf offizieller wie privater Ebene geknüpft.[24] Besiegelt wurde die Partnerschaft am 17. Juni 1990, zu dieser Zeit noch „Tag der deutschen Einheit". Auch der Ort der Feierlichkeiten war symbolträchtig: In der Röbeler Marienkirche hatte man sich im November 1989 versammelt, um die friedliche Revolution zu unterstützen. „Das gegenseitige Kennenlernen" der Bürgerinnen und Bürger beider Orte sollte fortan dazu beitragen, „die Teilung Deutschlands zu überwinden und die Grundlagen für ein friedliches Europa zu schaffen."[25] Um dem europäischen Gedanken Ausdruck zu verleihen, unterzeichneten die politischen Spitzen der beiden Orte sowie die Vertreter des „Runden Tisches" von Röbel die Urkunde in Gegenwart des Bürgermeisters von Eelde. Und sie unterzeichneten sie mitten in der Umbruchphase. Der Einheit Deutschlands war man bereits einige Tage später ein Stückchen nähergekommen: Am 1. Juli 1990 trat der Vertrag über die Währungs-, Wirtschafts- und Sozialunion in Kraft. Bei der Partnerschaft zwischen Wardenburg und der Stadt in Mecklenburg-Vorpommern handelt es sich heute somit um eine Partnerschaft in den Grenzen Deutschlands.

414

Anmerkungen

1 Vgl. Geschichte des Landes Oldenburg, Anhang (Kartenmaterial). 1948 trat die Gemeinde Wardenburg ein Gelände von rund 38 Hektar in Bümmerstede an die Stadt Oldenburg ab; vgl. Protokoll der Sitzung der Gemeindevertretung am 5. Juli 1948.

2 Vgl. Statistik über die Katasterflächen nach Art der Flächennutzung in den Gemeinden des Landkreises Oldenburg am 31. Dezember 1993, die vom Landkreis Oldenburg auf der Basis der Daten des Niedersächsischen Landesamtes für Statistik erstellt wurde. Unberücksichtigt blieben unter anderem Erholungsflächen und Verkehrsflächen.

3 Vector, Zwischenbericht, 10.

4 Vector, Zwischenbericht, 14. Gerade die Erwartung, in der Gemeinde Wardenburg existiere „ländliche Idylle", wird vergleichsweise oft enttäuscht. Als Gründe für diese Enttäuschung werden vor allem die „Lärmbelästigung" und „zu viel Verkehr" genannt. Die Mehrzahl der hier Lebenden ist jedoch mit ihrer Wohnsituation insgesamt gesehen „sehr zufrieden"; vgl. hierzu Endbericht, 148ff.

5 Vector, Zwischenbericht, 14.

6 Vgl. Vector, Zwischenbericht, 21f. und 116ff.

7 Vgl. Vector, Zwischenbericht, 30f.

8 Vgl. Vector, Zwischenbericht, 6ff., 37ff., 52 und 83ff.

9 Vector, Endbericht, 173; vgl. auch die Prognose des Niedersächsischen Landesamtes für Statistik zur Bevölkerungsentwicklung im Anhang des Endberichts.

10 Vgl. Niedersächsische Gemeindeordnung § 14 Abs. 1.

11 Vgl. GSP Nr. 52, September 1984, 4ff.

12 Vgl. hierzu den Überblick in: Informationsbroschüre (Beilage „Aktuelle Aufstellung unserer Vereine, Parteien, Gruppen und Clubs"). Berücksichtigt wurden auch Unterlagen über die Vereine im Hauptamt der Gemeinde Wardenburg.

13 Vgl. Kreisbeschreibung, 206.

14 Vgl. GSP Nr. 95, Juni 1995, 14.

15 Vgl. die Auflistung der Vereine nach Mitgliedszahlen, erstellt vom Kreissportbund des Landkreises Oldenburg (Stand: Februar 1995), im Hauptamt der Gemeinde Wardenburg.

16 Vgl. GSP Nr. 88, September 1993, 22f.

17 Kreisbeschreibung, 205.

18 NSL vom 13. Mai 1933.

19 GSP Nr. 49, Dezember 1983, 14. In den Ausgaben 49 bis 52 hat Hans Schwettmann die Geschichte des Achternholter Junggesellenclubs nachgezeichnet.

20 Vgl. GSP Nr. 78, März 1991, 23f.

21 Gespräch mit Hermann von der Pütten am 13. Juli 1995. Vgl. auch Moslesfehn, 130, sowie GSP Nr. 51, Juni 1984, 14f., und Nr. 62, März 1987, 23f.

22 Gespräch mit Erika Barra am 26. September 1995.

23 Zur Partnerschaft mit Eelde vgl. GSP Nr. 56, September 1985, 18, Nr. 57, Dezember 1985, 23, Nr. 59, Juni 1986, 5f., Nr. 60, September 1986, 10, sowie Nr. 77, Dezember 1990, 20f.

24 Vgl. GSP Nr. 75, Juni 1990, 7.

25 Bericht über die Partnerschaftstage und Text der Urkunde, abgedruckt in: GSP Nr. 76, September 1990, 10ff. Hilfreich bei der Erarbeitung dieses Kapitels war ein chronologischer Rückblick auf die Partnerschaften mit Eelde und Röbel, den Werner Cordes, der Vorsitzende des Partnerschaftskomitees, zur Verfügung gestellt hat.

Literatur und Quellen

„Im Spiegel der Zeit", 700 Jahre Wardenburg, hg. von der Gemeinde Wardenburg in Zusammenarbeit mit dem Wardenburger Bürgerverein e.V., Oldenburg, 1970.

100 Jahre Moslesfehn 1890-1990, Ortschronik von Moslesfehn, hg. vom Ortsverein Moslesfehn - Bürgerverein Nordmoslesfehn (Moslesfehn 1990).

25 Jahre Ortsverein Tungeln 1958-1983 (o.O. 1983).

50 Jahre Energieversorgung Weser-Ems, Oldenburg 1980.

75 Jahre Molkerei Wardenburg, siehe Sonnefeld, Günter.

Arbeitsvorhaben, siehe Sozial- und mentalitätsgeschichtliche Strukturen ...

Arlinghaus, Maria, 150 Jahre Beverbruch 1837-1987, Beverbruch 1987.

Arlinghaus, Sabine (Bearb.), Graf Anton Günther. Geschichte(n) aus Oldenburg im 17. Jahrhundert, Oldenburg 1983.

Bartolini, Roberto, Florenz, Florenz 1989.

Barton, Walter, „Außm Stifft Münster". Die Ämter Cloppenburg, Friesoythe und Vechta in der Presse des 17. Jahrhunderts, in: Oldenburger Jahrbuch 90, 1990, 21-39.

Barton, Walter, Brandkatastrophen und Kriegsgreuel im Oldenburger Land. Berichte aus Zeitungen des 17. Jahrhunderts, in: Nordwest-Heimat, Jg. 1990, Nr. 4.

Barton, Walter, Die Schlacht von Altenoythe (Weihnachten 1623) und das Ende von Mansfelds Herrschaft in Ostfriesland als Medienereignisse ihrer Zeit, Oldenburg 1991.

Beckmann, Walter, Die Reform von 1933 halbierte Zahl der Ämter, in: Nordwest-Heimat, Jg. 1993, Nr. 8.

Behrens, Lisa, Das Fernmeldewesen in Wardenburg, in: Postgeschichtliche Hefte Weser-Ems, Bd. 4, Jg. 19, 1973, 95-96.

Beiträge zur Geschichte der Familie Stöver, Heft 1, hg. von Walter Stöver (Typoskript, Münster 1956).

Beneke, Jürgen und Anne-Kathrin Dannemann, 1100 Jahre Westerburg, Oldenburg 1990.

Benthullen 1934-1984, hg. vom Bürger- und Heimatverein Benthullen-Harbern II, Wardenburg (1984).

Berger, Thomas, Lebenssituationen unter der Herrschaft des Nationalsozialismus, Frankfurt am Main 1981.

Biel, Peter, Sandkrug. Bilder und Geschichten, Oldenburg 1983.

Biographisches Handbuch zur Geschichte des Landes Oldenburg, hg. von Hans Friedl, Wolfgang Günther, Hilke Günther-Arndt und Heinrich Schmidt, Oldenburg 1992.

Biographisches Lexikon zur Weimarer Republik, hg. von Wolfgang Benz und Hermann Graml, München 1988.

Blümel, Monika und Iris Freericks, Zur Sozialgeschichte der Armut in vorindustrieller Zeit. Das Armenwesen in einem oldenburgischen Geestkirchspiel von 1786 bis 1836 (schriftliche Hausarbeit, Universität Oldenburg, 1978).

Bölsker-Schlicht, Franz, Die Hollandgängerei im Osnabrücker Land und im Emsland. Ein Beitrag zur Geschichte der Arbeiterwanderung vom 17. bis zum 19. Jahrhundert, Sögel 1987.

Bösch, Ludolf, Charlottendorf-West. Dorfchronik zur 75-Jahrfeier (o.O., 1985).

Böse, Karl Georg, Das Großherzogthum Oldenburg. Topographisch-statistische Beschreibung desselben, Oldenburg 1863.

Bracher, Karl Dietrich, Manfred Funke und Hans-Adolf Jacobsen (Hg.), Die Weimarer Republik 1918-1933. Politik, Wirtschaft, Gesellschaft (Schriftenreihe der Bundeszentrale für politische Bildung, Bd. 251), Bonn 1987.

Bracher, Karl Dietrich, Manfred Funke und Hans-Adolf Jacobsen (Hg.), Nationalsozialistische Diktatur 1933-1945. Eine Bilanz (Schriftenreihe der Bundeszentrale für politische Bildung, Bd. 192), Bonn 1986.

Brandt, B., Das Vehnemoor in Oldenburg, eine sterbende Naturlandschaft, in: Die Naturwissenschaften, Heft 31, 1923, 677-679.

Braudel, Fernand, Sozialgeschichte des 15.-18. Jahrhunderts. Der Alltag, München 1990.

Brückner, Peter, Das Abseits als sicherer Ort. Kindheit und Jugend zwischen 1933 und 1945, Berlin 1980.

Brenning, Hans, 10 Jahre Stahlhelm-Kreisgruppe Oldenburg i.O., Oldenburg 1930.

Bruns, Erich, 75 Jahre Charlottendorf-Ost. Geschichte einer Kolonie, hg. von der Dorfgemeinschaft Charlottendorf-Ost, Wardenburg (1985).

Bulst, Neithard, Vier Jahrhunderte Pest in niedersächsischen Städten. Vom Schwarzen Tod (1349-1351) bis in die erste Hälfte des 18. Jahrhunderts, in: Stadt im Wandel, Katalog zur Landesausstellung Niedersachsen 1985, Bd. 4, Stuttgart-Bad Cannstatt 1985.

Büsing, Wolfgang, Seit 400 Jahren Familie Dannemann, in: derselbe, Glück, Heil und Segen angewünschet, Oldenburg 1988, 20-22.

Charlottendorf-Ost, siehe Bruns, Erich.

Charlottendorf-West, siehe Bösch, Ludolf.

Chronica van den groten daden der Graven van Oldenborch, hg. von Wolfgang Rohde und mit einer Einleitung von Heinrich Schmidt, Oldenburg 1993.

Chronik der Gemeinde Bad Zwischenahn. Menschen - Geschichte - Landschaft, hg. von der Gemeinde Bad Zwischenahn, Bad Zwischenahn 1994.

Damals in Weser-Ems. Erinnerungen an den Arbeitsdienst im Bezirk XVII Weser-Ems, zusammengestellt und bearbeitet von Lotte Goetze und Inge Mütze, Göttingen 1978.

Der Landkreis Oldenburg (Oldb). Kreisbeschreibung und Raumordnungsplan nebst Statistischem Anhang (Die deutschen Landkreise, Reihe: Niedersachsen, Bd. 13), Bremen-Horn 1956.

Die Bau- und Kunstdenkmäler des Herzogtums Oldenburg, 4. Heft, Die Ämter Oldenburg, Delmenhorst, Elsfleth und Westerstede, Oldenburg 1907 (Neudruck: Osnabrück 1976).

Die Geschichte der Oldenburger Juden und ihre Vernichtung, Oldenburg 1988.

Die Geschichte der Energieversorgung im Raum Weser-Ems, Jahresberichte, ausgearbeitet von Dr. Walther Seitz (unveröffentlichtes Typoskript, Oldenburg o.J.).

Die Grafschaften Oldenburg und Delmenhorst nach der Steuererhebung von 1744, Teil 1, hg. von Kersten Krüger (Veröffentlichungen der Niedersächsischen Archivverwaltung, Inventare und kleinere Schriften des Staatsarchivs in Oldenburg Heft 31), Oldenburg 1988.

Die Rasteder Chronik 1059-1477, bearb. von Hermann Lübbing, Oldenburg 1976.

Die Vereinigten Staaten von Amerika, hg. von der Bundeszentrale für politische Bildung (Informationen zur politischen Bildung), Bonn 1990.

Die Wahlen zum Reichstag am 6. Juni 1920 im Freistaat Oldenburg, mitgeteilt vom Oldenburgischen Statistischen Landesamt, Oldenburg (1920).

Die Westerburg. Ein Blatt aus der oldenburgischen Geschichte, in: Der Gesellschafter, Jg. 54, 1894, 157-160.

Diesselberg, Heinrich, Die Westerburg der Oldenburger Grafen, in: Von Hus un Heimat, Jg. 26, 1975, Nr. 5, 35-36.

Dorfchronik Harbern I 1935-1985, hg. vom Bürgerverein Achternmeer-Harbern I e.V., Wardenburg (1985).

Dülmen, Richard von, Kultur und Alltag in der Frühen Neuzeit, Bd. II, München 1992.

Eckert, Jörg, Größere Fundbergungen und Ausgrabungen, in: Nachrichten des Marschenrates zur Förderung der Forschung im Küstengebiet der Nordsee, Heft 25, 1988, 14-15.

Eckert, Jörg, Neue germanische Siedlungsplätze im Oldenburger Land, in: Der Oldenburgische Hauskalender oder Hausfreund, 1995, 66-71.

Eckhardt, Albrecht und Heinrich Schmidt (Hg.), Geschichte des Landes Oldenburg. Ein Handbuch, Oldenburg 1987.

Eckhardt, Albrecht, Klein Scharrel 1794-1994. Geschichte und Gegenwart einer Ammerländer Bauerschaft in der Gemeinde Edewecht, Oldenburg 1994.

Eckhardt, Karl August (Hg.), Studia Corbeiensia I, Aalen 1970.

Ein Spaziergang nach Hundsmühlen, in: Der Gesellschafter, Jg. 28, 1868, 143-153.

Eiynck, Andreas, Die Hollandgänger. Niedersachsen als Wanderarbeiter in den Niederlanden, in: Volkskunde Niedersachsen 1/1994, 4-16.

Engelke, Dr., Gaue, Kirchen, Gerichte, Grafschaften und Grafen im südlichen Oldenburg, in: Oldenburger Jahrbuch 30, 1926, 145-157.

Ephraim, Hugo, Skizzen aus der Mairie Oldenburg (1811/13), in: Jahrbuch für die Geschichte des Herzogtums Oldenburg 21, 1913, 65-155.

Fahl, Andreas und Alheidis von Rohr, Lebenslauf - Lebensfeste. Geburt, Heirat, Tod (Schriften des Historischen Museums Hannover, Heft 6), Hannover 1994.

Festschrift des Oldenburgischen Gewerbe- und Handelsvereins zu dessen fünfzigjährigem Jubiläum 1891, hg. vom Vorstande des Vereins, Oldenburg (1891).

Festschrift zum Jubiläum der Raiffeisenbank Wardenburg eG in Wardenburg (Wardenburg 1974).

Feye, Dierk, Grossenkneten in alter und neuer Zeit, Oldenburg 1990.

Fischbeck, Diedrich, Vom Bauernjungen zum Volksbürgermeister. Fünf Generationen Fischbeck in der Gemeinde Wardenburg, Wardenburg (1990).

Fissen, K., „Unwissenheit ist die Mutter des Aberglaubens". Aus dem „Circular-Buch für die Schulen des Kirchspiels", in: Nordwest-Heimat, Jg. 1971, Nr. 14.

Fissen, K., Zu Fuß ins Nachbarland Holland, in: Nordwest-Heimat, Jg. 1956, Nr. 10.

Florien, Wilhelm, Die massiven, freistehenden Glockentürme in Ostfriesland und dem nördlichen Oldenburg. Ein Beitrag zur Kenntnis des Kirchenbaues im Küstengebiet der Nordsee (maschinenschriftlicher Auszug aus der gleichlautenden Dissertation des Regierungsbaumeisters, in: Landesbibliothek Oldenburg).

Franz, Günther, Die politischen Wahlen in Niedersachsen 1867-1949, Bremen-Horn 1953.

Fritzsche, Erwin, Wir sagten, der Mensch ist gut. Ein Leben für die Gewerkschaftsbewegung, nach Gesprächen aufgezeichnet und bearbeitet von Elke Suhr und Erwin Fritzsche, Oldenburg 1987.

Geschichte des Landes Oldenburg, siehe Eckhardt, Albrecht und Heinrich Schmidt.

Gewerbe- und Handelsverein, siehe Festschrift des Oldenburgischen Gewerbe- und Handelsvereins ...

Gilly, Wilhelm, Festung und Garnison Oldenburg, Oldenburg 1981.

Gloystein, Elimar, Von der Wardenburger Wassermühle, Oldenburg 1964 (Typoskript).

Goens, Hermann und B. Ramsauer, Stedingen beiderseits der Hunte in alter und neuer Zeit, in: Oldenburger Jahrbuch 28, 1924, 5-91.

Goens, Hermann, Die Einziehung der Kirchengüter während der Reformationszeit im evangelischen Gebiete des Herzogtums Oldenburg, in: Oldenburger Jahrbuch 31, 1927, 7-116.

Goens, Hermann, Die Kirche des Mittelalters, Oldenburger Jahrbuch 32, 1928, 5-95.

Grundmann, Hans, Geschichten aus der Geschichte der Gemeinde Ganderkesee, Delmenhorst 1987.

Günther, Wolfgang (Hg.), Parteien und Wahlen in Oldenburg, Oldenburg 1983.

Günther, Wolfgang u.a., Nordenham. Die Geschichte einer Stadt, hg. von Eila Elzholz, Oldenburg 1993.

Günther, Wolfgang, Das Land Oldenburg unter nationalsozialistischer Herrschaft, in: Oldenburger Jahrbuch 85, 1985, 111-129.

Haase, Carl, Untersuchungen zur Geschichte des Bremer Stadtrechtes im Mittelalter (Veröffentlichungen aus dem Staatsarchiv der Freien Hansestadt Bremen, Heft 21), Bremen 1953.

Halem, Gerhard Anton von, Geschichte des Herzogthums Oldenburg, Bd. I bis III, Oldenburg 1794-1796 (Nachdruck Leer 1974).

Hamelmann, Hermann, Oldenburgisch Chronicon ..., Oldenburg 1599 (Neuausgabe, Oldenburg 1983).

Hamelmann, Hermann, Oldenburgische Chronik. Neue Ausgabe nach seiner Handschrift im Staatsarchiv Oldenburg von Gustav Rüthning, Oldenburg/Berlin 1940.

Harbern I, siehe Dorfchronik Harbern I ...

Harms, Hans, Wege oldenburgischer Kartographie, Oldenburg 1990.

Harms, Hugo, Geschichte des Kirchenkampfes in Oldenburg, Bd. III, Jever (1963).

Harms, Ingo, Zur Frage der „Euthanasie" in der Heil- und Pflegeanstalt Wehnen und des rassenhygienischen Engagements Oldenburger Mediziner in der Weimarer Republik und im Nationalsozialismus (unveröffentlichte Dissertation).

Harries, Ralf, Deutsche Hollandgänger: Moffen, Mieren, Poepen, in: betrifft: mehrheiten/minderheiten, Heft 4/1993, 6-7.

Harthausen, Hartmut, Die Normanneneinfälle im Elb- und Wesermündungsgebiet, Hildesheim 1966.

Hayen, Hajo, Vier Scheibenräder aus dem Vehnemoor bei Glum, in: Die Kunde, Mitteilungen des Niedersächsischen Landesvereins für Urgeschichte, Neue Folge 23, Jg. 1972, 62-86.

Hayen, W., Ein oldenburgischer Student der Rechte vor 100 Jahren, in: Jahrbuch für die Geschichte des Herzogtums Oldenburg 21, 1913, 24-60.

Hayen, Wilhelm, Die Wallfahrtskapelle unserer lieben Frau zur Wardenburg, in: Jahrbuch für die Geschichte des Herzogtums Oldenburg 5, 1896, 59-102.

Heimatkunde des Herzogtums Oldenburg, hg. vom Oldenburgischen Landeslehrerverein, 2 Bde., Bremen 1913.

Hellbernd, Franz und Heinz Möller (Hg.), Oldenburg, ein heimatkundliches Nachschlagewerk, Vechta 1965.

Herbert, Ulrich, Fremdarbeiter. Politik und Praxis des „Ausländer -Einsatzes" in der Kriegswirtschaft des Dritten Reiches, Bonn 1986.

Heuzeroth, Günter und Peter Szynka, Die im Dreck lebten. Ausländische Zwangsarbeiter und Zwangsarbeiterinnen, Kriegsgefangene und die Lager in der Stadt Oldenburg 1939-1945, Oldenburg 1993.

Hillebrand, Werner, Besitz- und Standesverhältnisse des Osnabrücker Adels 800 bis 1300, Göttingen 1962.

Hinrichs, Ernst und Wilhelm Norden, Regionalgeschichte. Probleme und Beispiele, Hildesheim 1980.

Hinrichs, Ernst, Grundzüge der neuzeitlichen Bevölkerungsgeschichte des Landes Oldenburg, Oldenburg 1985.

Hinrichs, Ernst, Lesen, Schulbesuch und Kirchenzucht im 17. Jahrhundert, in: Mentalitäten und Lebensverhältnisse, Göttingen 1982.

Hinrichs, Ernst, Rosemarie Krämer und Christoph Reinders, Die Wirtschaft des Landes Oldenburg in vorindustrieller Zeit. Eine regionalgeschichtliche Dokumentation für die Zeit von 1700 bis 1850, Oldenburg 1988.

Honecker, Eberhard und Helmut Lindenblatt, 80 Jahre Kameradschaft Barbara, Vereinigung Oldenburgischer Artilleristen, gegr. 1898 (Oldenburg 1978).

Hoyer Urkundenbuch, Bd. I und Bd. II.

Hucker, Bernd Ulrich, Die Grundherrschaft der Reichsabtei Werden im Hase- und Lerigau im letzten Drittel des neunten Jahrhunderts, in: Jahrbuch für das Oldenburger Münsterland, 1990, 21-39.

Informationsbroschüre der Gemeinde Wardenburg für Neubürger, hg. von der Gemeinde Wardenburg (Wardenburg 1994).

Janßen-Holldiek, Walter, Hinrich Helmers und Heino Tielking, Vielstedt, ein Dorf am Hasbruch. Geschichte einer Bauerschaft der Delmenhorster Geest, Oldenburg 1992.

Kähler, Otto, Die Grafschaften Oldenburg und Delmenhorst in der ersten Hälfte des 15. Jahrhunderts, in: Jahrbuch für die Geschichte des Herzogtums Oldenburg 3, 1894, 1-112.

Kaiser, Hermann, Herdfeuer und Herdgerät im Rauchhaus. Wohnen damals (Materialien zur Volkskultur, nordwestliches Niedersachsen, Heft 2), hg. im Auftrag der Stiftung Museumsdorf Cloppenburg von Helmut Ottenjahn, Cloppenburg 1980.

Kammer, Hilde und Elisabet Bartsch unter Mitarbeit von Manon Eppenstein-Baukhage, Nationalsozialismus. Begriffe aus der Zeit der Gewaltherrschaft 1933-1945, Reinbek bei Hamburg 1992.

Kaufmann, Walter, Die Orgeln des alten Herzogtums Oldenburg, Oldenburg 1962.

Kaul, Friedrich Karl, Die Psychiatrie im Strudel der „Euthanasie", Köln, Frankfurt am Main 1979.

Keller, Arnold, Das Notgeld der deutschen Inflation, München 1975.

Klee, Ernst (Hg.), Dokumente zur „Euthanasie", Frankfurt am Main 1984.

Koch, Alfred, 25 Jahre Benthullen: Siedlungen statt Ödland, in: Nordwest-Heimat, Jg. 1959, Nr. 10.

Kohli, Ludwig, Handbuch einer historisch-statistisch-geographischen Beschreibung des Herzogthums Oldenburg, Bd. I, Bremen 1824 und Bd. II, Bremen 1825.

Kohnen, Franz, Die Grafschaft Oldenburg und der Westfälische Reichskreis bis 1667, Oldenburg 1940.

Kollmann, Paul (Hg.), Das Herzogtum Oldenburg in seiner wirthschaftlichen Entwickelung während der letzten vierzig Jahre, Oldenburg 1893.

Kollmann, Paul (Hg.), Statistische Beschreibung der Gemeinden des Herzogthums Oldenburg, Oldenburg 1897.

Kollmann, Paul, Die finanzielle Leistungsfähigkeit und Belastung der Gemeinde Wardenburg im Hinblick auf die Erfüllung ihrer gesetzlichen Verpflichtungen, Oldenburg 1884.

Korte, Wilhelm, Wardenburger Chronik (Typoskript, Wardenburg 1956).

Kreisbeschreibung, siehe Der Landkreis Oldenburg ...

Krockow, Christian Graf von, Die Deutschen in ihrem Jahrhundert 1890-1990, Reinbek bei Hamburg 1992.

Krumwiede, Hans-Walter, Kirchengeschichte, in: Helmut Jäger (Hg.), Methodisches Handbuch für Heimatforschung in Niedersachsen, Hildesheim 1965.

Kulturamt Oldenburg (Hg.), 100 Jahre Verkoppelung - Flurbereinigung in Oldenburg, Oldenburg 1958.

Künnemann, Christian, Als die Schafherde noch Vorfahrt hatte, in: Nordwest-Heimat, Jg. 1965, Nr. 15.

Künnemann, Christian, Die Junker v. Raden und v. Dorgelo auf Gut Höven, in: Nordwest-Heimat, Jg. 1967, Nr. 5.

Künnemann, Christian, Magd und Knecht in Tausch gegeben, in: Nordwest-Heimat, Jg. 1964, Nr. 20.

Lampe, Klaus, Wirtschaft und Gesellschaft Oldenburgs um 1800, in: Heinrich Schmidt (Hg.), Peter Friedrich Ludwig und das Herzogtum Oldenburg, Oldenburg 1979.

Landkreis Oldenburg (Hg.), Der Landkreis Oldenburg. Menschen - Geschichte - Landschaft, Oldenburg 1992.

Landkreis Oldenburg (Hg.), Umweltbericht 1994 (Wildeshausen 1994).

Langer, Herbert, Kulturgeschichte des 30jährigen Krieges, Stuttgart 1978.

Lankenau, H., Das Polizeidragonerkorps des Herzogtums Oldenburg (1786-1811), in: Oldenburger Jahrbuch 30, 1926, 5-128.

Last, Martin, Adel und Graf in Oldenburg während des Mittelalters, Oldenburg 1969.

Legenden, Lügen, Vorurteile. Ein Wörterbuch zur Zeitgeschichte, hg. von Wolfgang Benz, München 1992.

Leigh Centennial. 100 Years History of Leigh and Family Histories, Leigh/Nebraska 1987.

Lieckfield, Claus Peter, Im Kopf ein Feuer (Manuskript einer Sendung des Saarländischen Rundfunks, ausgestrahlt am 11. und 18. Januar 1989).

Limann, Georg, Der Küstenkanal, in: Oldenburger Jahrbuch 55, 1955, 1-55.

Lindern, Georg von, Die Familie Dannemann, in: Der Oldenburgische Hauskalender oder Hausfreund, 1959, 32-34.

Lübbing, Hermann, Graf Anton Günther von Oldenburg 1583-1667. Ein Lebens- und Zeitbild, Oldenburg 1967.

Lübbing, Hermann, Oldenburgische Landesgeschichte, Oldenburg (1953).

Lucassen, Jan, Naar de kusten van de Noordzee. Treekarbeid in Europees Perspektief, 1600-1900, Gouda 1984.

Lucassen, Jan, Quellen zur Geschichte der Wanderungen, vor allem der Wanderarbeit, zwischen Deutschland und den Niederlanden vom 17. bis zum 19. Jahrhundert, in: Bevölkerungsgeschichte im Vergleich. Studien zu den Niederlanden und Nordwestdeutschland, hg. von Ernst Hinrichs, Aurich 1988, 75-89.

Mager, Johannes, Günter Meißner und Wolfgang Orf, Die Kulturgeschichte der Mühlen, Tübingen 1989.

Malecki, Hans Joachim, Niedersachsen und das Flüchtlingsproblem. Die Heimatvertriebenen in Niedersachsen, Hannover 1951.

Martens, Erich, Wardenburg in alten Ansichten, Zaltbommel/Niederlande 1984.

Martens, Erich, Der Harberwald im Kirchspiel Wardenburg. Das Verschwinden eines Waldes, in: Oldenburger Jahrbuch 91, 1991, 257-266.

Martens, Wolfgang, Hatter Bilder-Chronik, Oldenburg 1988.

May, Otto Heinrich, Regesten der Erzbischöfe von Bremen, Bd. I, Hannover/Bremen 1937.

Meiners, Werner, Vor 40 Jahren: Mit den alliierten Truppen kam auch das Kriegsende, in: Nordwest-Heimat, Jg. 1985, Nr. 3, 4 und 5.

Merkwürdiger Fund auf dem Platze der ehemaligen Westerburg, in: Oldenburgische Blätter, Jg. 19, 1835, 321-324 und 412-413.

Meyer, Enno, Die im Jahre 1933 in der Stadt Oldenburg i.O. ansässigen jüdischen Familien, in: Oldenburger Jahrbuch 70, 1971, 31-78.

Meyer, Enno, Menschen zwischen Weser und Ems 1933-1945. Wie sie lebten, was sie erlebten (Quellen zur Regionalgeschichte Nordwest-Niedersachsens, Heft 2), Oldenburg 1986.

Meyer, Lioba, Ganz ohne Eile. Die Großherzoglich Oldenburgische Eisenbahn (G.O.E.) 1867-1920, Oldenburg 1992.

Moderne Zeiten. Industrie- und Arbeiterkultur in Oldenburg 1845 bis 1945 (Veröffentlichungen des Stadtmuseums Oldenburg, Bd. 5), Oldenburg 1989.

Müller, Helmut M., Schlaglichter der deutschen Geschichte, (Sonderausgabe für die Landeszentralen für politische Bildung), Mannheim 1990.

Mütter, Bernd, Der Strukturwandel der Landwirtschaft im Herzogtum Oldenburg um 1900, in: Oldenburger Jahrbuch 86, 1986, 147-164.

Nationalsozialismus, siehe Kammer, Hilde und Elisabet Bartsch.

Negelein, August von, Die Landwirtschaft der Oldenburgischen Geest, Oldenburg 1856.

Neubert, Karl, Die Entwicklung der Elektrizitäts-Wirtschaft im Oldenburger Land 1885 bis 1933, in: Oldenburger Jahrbuch 58, 1959, 95-119.

Neuhaus, Johann, Astrup, Littel, Westerburg und Westerholt in der Landbeschreibung von 1653, in: Nordwest-Heimat, Jg. 1985, Nr. 7.

Neuhaus, Johann, Das adelig freie Gut Höven und seine Meier im 17. Jahrhundert, in: Nordwest-Heimat, Jg. 1984, Nr. 6.

Neuhaus, Johann, Deputate für den alten Heuer-Meier und den Wardenburger Pastor, in: Nordwest-Heimat, Jg. 1987, Nr. 7.

Niemann-Witter, Dagmar und Udo Elerd (Hg.), Wenn das man gutgeht! Oldenburg in den Jahren 1930-1960, Oldenburg 1995.

Oetken, Friedrich, Der Wirthschaftsbetrieb auf der Oldenburger Geest, in: Festschrift zur Feier des fünfundsiebzigjährigen Bestehens der Oldenburgischen Landwirtschaftsgesellschaft, hg. vom Central-Vorstande, Berlin 1894, 213-231.

Oldenburger Jahrbuch 24, 1916/17, 240-243 (Feldpostbriefe von Heinrich Wellmann).

Oldenburger Jahrbuch 29, 1925, 236-239 und 30, 1926, 131-138 (Sitzungen des Denkmalrates).

Oldenburger Salbuch, hg. von Hermann Lübbing, Oldenburg 1965.

Oldenburgische Blätter, siehe Merkwürdiger Fund ...

Oldenburgischer Kalender, 1801 und 1802, siehe Von den Vogteyen ...

Oldenburgisches Lagerbuch des Drosten Jacob van der Specken vom Jahre 1428, in: Friesisches Archiv, Bd. 1, 1849, 432-489.

Oldenburgisches Urkundenbuch, Bd. I (Oldenburg 1914), Bd. II (Oldenburg 1926), Bd. III (Oldenburg 1927), Bd. IV (Oldenburg 1928), Bd. V (Oldenburg 1930), Bd. VII (Oldenburg 1934) und Bd. VIII (Oldenburg 1935).

Oncken, Hermann (Hg.), Die ältesten Lehnsregister der Grafen von Oldenburg und Oldenburg-Bruchhausen, Oldenburg 1893.

Oncken, Hermann, Graf Christof von Oldenburg im Fürstenkriege von 1552, in: Jahrbuch für die Geschichte des Herzogtums Oldenburg 6, 1897, 49-98.

Oncken, Hermann, Graf Gerd von Oldenburg, in: Jahrbuch für die Geschichte des Herzogtums Oldenburg 2, 1893, 15-84.

Oncken, Hermann, Umschau auf dem Gebiete oldenburgischer Geschichtsforschung, in: Jahrbuch für die Geschichte des Herzogtums Oldenburg 1, 1892, 5-55.

Ordemann, Walter, Reisende, Ritter, Regenten, Oldenburg 1989.

Ordemann, Walter, Die März-Unruhen von 1813 in Oldenburg und dem Umland, in: Nordwest-Heimat, Jg.1993, Nr. 3.

Ortschaftsverzeichnis des Freistaates Oldenburg, aufgestellt auf Grund der Ergebnisse der Volkszählung vom 16. Juni 1925, hg. vom Statistischen Landesamt, Oldenburg 1926.

Ortschaftsverzeichnis für den Niedersächsischen Verwaltungsbezirk Oldenburg, aufgestellt auf Grund der Ergebnisse der Volkszählung am 13. September 1950 nach dem Gebietsstand am 1. Januar 1955, hg. vom Präsidenten des Niedersächsischen Verwaltungsbezirks Oldenburg, Oldenburg 1955.

Ortschaftsverzeichniss des Grossherzogthums Oldenburg, aufgestellt auf Grund der Ergebnisse der Volkszählung vom 2. December 1895, hg. vom Großherzoglichen statistischen Bureau, Varel 1896.

Ortschaftsverzeichniss des Grossherzogthums Oldenburg, aufgestellt auf Grund der Ergebnisse der Volkszählung vom 1. December 1900, hg. vom Grossherzoglichen statistischen Bureau, Oldenburg 1901.

Osnabrücker Urkundenbuch, Bd. II (Nachdruck der Ausgabe von 1896, Osnabrück 1969), Bd. III (Nachdruck der Ausgabe von 1899, Osnabrück 1969) und Bd. IV (Nachdruck der Ausgabe von 1902, Osnabrück 1977).

Ostermann, Karl, Die Besiedlung der mittleren oldenburgischen Geest, Stuttgart 1931.

Ovie, Hans-Dietrich, Die Besiedlung der Oldenburgischen Moore, Oldenburg 1932.

Parisius, Bernhard, Vom Groll der „kleinen Leute" zum Programm der kleinen Schritte. Arbeiterbewegung im Herzogtum Oldenburg 1840-1890, Oldenburg 1985.

Pleitner, Emil, Oldenburg im neunzehnten Jahrhundert, Bd. 1, Oldenburg 1899.

Prott (Kanzler), Diarium und Verzeichnuß, welcher maßen die Einquartirung etzlichen Kaiserl. Kriegsvolks in die Graffschafft Oldenburg und Dellmenhorst im Herbst dieses Jahres 1627 vorgangen, und was sich darbei zugetragen; in: Der Oldenburgische Volksbote 14, 1851, 203-207.

Rabeling, Heinrich, Die Besetzung der Stadt Oldenburg durch die Alliierten im Frühjahr 1945, in: Oldenburger Jahrbuch 55, 1955, 77-88.

Ramsauer, H., Zur Wirtschaftsgeschichte der Oldenburg. Wesermarschen im Zeitalter des 30jährigen Krieges, in: Oldenburger Jahrbuch 35, 1931, 3-63.

Ramsauer, Johannes, Die Prediger des Herzogtums Oldenburg seit der Reformation, Oldenburg, o.J.

Rastede, Kurt, Aus Geschäfts- und Rechnungsbüchern Oldenburger Kaufleute im 16. und 17. Jahrhundert, in: Oldenburger Jahrbuch 42, 1938, 1-40.

Rauchheld, A., Glockenkunde Oldenburgs, in: Oldenburger Jahrbuch 29, 1925, 5-184.

Regulativ der Littel-Halenhorster Ent- und Bewässerungs-Genossenschaft an der Lethe, Oldenburg 1922.

Reimers, H., Oldenburgische Papsturkunden, in: Jahrbuch für die Geschichte des Herzogtums Oldenburg 16, 1908, 1-177.

Reinke, G., Die Wallfahrtskirche zu Wardenburg, in: Heimatblätter, Zeitschrift des Heimatbundes für das Oldenburger Münsterland. Monatliche Beilage der Oldenburgischen Volkszeitung, Jg. 17, 1935, 169-171.

Reise-Plan der Central-Moorkommission im Herzogtum Oldenburg, 21.-23. Juni 1898 (o.O., o.J.).

Rogge, Friedrich W.: Weimar: Republik ohne Republikaner? Antidemokratisch-völkische Umtriebe im Oldenburger Land 1922-1930, in: Oldenburger Jahrbuch 84, 1984, 207-226.

Rogge, Günther, Kindtaufe im Sterbehaus, in: Nordwest-Heimat, Jg. 1965, Nr. 23.

Rudzio, Wolfgang, Das politische System der Bundesrepublik Deutschland, Opladen 1987.

Rüthning, Gustav, Tilly in Oldenburg und Mansfelds Abzug aus Ostfriesland. Nach den Quellen des Grossherzoglich oldenburgischen Haus- und Centralarchivs (Oldenburg 1890).

Rüthing, Gustav, Die Adelsfamilie Rusche, in: Jahrbuch für die Geschichte des Herzogtums Oldenburg 20, 1912, 75-79.

Rüthning, Gustav, Die Nonnen in Blankenburg, in: Oldenburger Jahrbuch 29, 1925, 185-201.

Rüthning, Gustav, Die Pest in Oldenburg, in: Jahrbuch für die Geschichte des Herzogtums Oldenburg 13, 1905, 103-120.

Rüthning, Gustav, Oldenburgische Geschichte. Volksausgabe in einem Bande, Oldenburg 1937.

Runde, Christian Ludwig, Oldenburgische Chronik. Dritte Ausgabe, bis zum Tode des Großherzogs Paul Friedrich August fortgesetzt von Justus Friedrich Runde, Oldenburg 1862.

Schaap, Klaus, Oldenburgs Weg ins „Dritte Reich" (Quellen zur Regionalgeschichte Nordwest-Niedersachsens, Heft 1), Oldenburg 1983.

Schaap, Klaus, Die Regierungsübernahme durch die Nationalsozialisten in Oldenburg 1932. Ursachen, Hintergründe und Lehren, in: Heinrich Niewerth, Sebastian Haffner, Klaus Schaap, Oldenburg und das Ende der Weimarer Republik. Zur Regierungsübernahme der NSDAP im Lande Oldenburg 1932, Oldenburg 1982, 25-48.

Schacht (Baurat), Arbeiten im Moore, in: Zeitschrift des Architekten- und Ingenieur-Vereins zu Hannover, Jg. 31, 1885, Sp. 579-588.

Schaer, Friedrich-Wilhelm, Graf Anton Günther in seiner Bedeutung für die Geschichte Oldenburgs und Nordwestdeutschlands, in: Oldenburger Jahrbuch 84, 1984, 51-84.

Schaub, Walter, Die ersten Mannzahlregister der vier oldenburgischen Geestvogteien, in: Oldenburgische Quellen zur Familiengeschichte, Heft 12, Juni 1955.

Schauenburg, Ludwig, Geschichte des Oldenburgischen Armenwesens von der Reformation bis zum Tode Anton Günthers, in: Jahrbuch für die Geschichte des Herzogtums Oldenburg 7, 1898, 1-74.

Schauenburg, Ludwig, Hundert Jahre Oldenburgischer Kirchengeschichte von Hamelmann bis auf Cadovius (1573-1667). Ein Beitrag zur Kirchen- und Culturgeschichte des 17. Jahrhunderts, Bd. 1 und 2, Oldenburg 1894.

Schauenburg, Ludwig, Zur Geschichte der Kirchenbücher, in: Jahrbuch für die Geschichte des Herzogtums Oldenburg 8, 1899, 79-107.

Schieckel, Harald, Der Besitz des Stiftes Werden im Hase- und Lerigau, in: Oldenburger Jahrbuch 62, 1963, 209-213.

Schlabow, Karl, Der Prachtmantel Nr. II aus dem Vehnemoor in Oldenburg, in: Oldenburger Jahrbuch 52/53, 1952/53, 160-201.

Schmidt, Herbert, 100 Jahre Eisenbahn Oldenburg-Quakenbrück, in: Jahrbuch für das Oldenburger Münsterland, 1975, 86-100.

Schnath, Georg, Geschichte Hannovers im Zeitalter der neunten Kur und der englischen Sukzession 1674-1714, Bd. III, Hildesheim 1978.

Schneider, Karl Heinz und Hans Heinrich Seedorf, Bauernbefreiung und Agrarreformen in Niedersachsen, hg. von der Niedersächsischen Landeszentrale für politische Bildung, Hannover 1989.

Schwarzwälder, Herbert, Bremen und Nordwestdeutschland am Kriegsende 1945, Bd. 2, Der britische Vorstoß an die Weser, Bremen 1973 und Bd. 3, Vom „Kampf um Bremen" bis zur Kapitulation, Bremen 1974.

Schweppe, Georg Friedrich Max Gottlieb Eduard und Julius Ernst Hermann Eugen Leonhardt von und zu Egloffstein, Geschichte des Oldenburgischen Dragoner-Regiments Nr. 19, ehemalig Großherzoglich Oldenburgischen Reiter-Regiments, Oldenburg 1899.

Seeber, Ekkehard, Die Oldenburger Bauerbriefe. Untersuchung zur bäuerlichen Selbstverwaltung in der Grafschaft Oldenburg von 1580 bis 1810, Oldenburg 1975.

Sei wie ein Veilchen im Moose... Ein Lesebuch. Frauen und Mädchen im Landkreis Oldenburg von 1900 bis 1950, hg. von der Frauenbeauftragten des Landkreises Oldenburg, Wildeshausen 1992.

Seitz, Jahresbericht, siehe Die Geschichte der Energieversorgung ...

Sello, Georg, Die territoriale Entwickelung des Herzogtums Oldenburg, Göttingen 1917.

Sichart, Karl, Der Kampf um die Grafschaft Delmenhorst (1482-1547), in: Jahrbuch für die Geschichte des Herzogtums Oldenburg 16, 1908, 193-291.

Sichart, Karl, Oldenburger Studenten auf deutschen und außerdeutschen Hochschulen, in: Oldenburger Jahrbuch 26, 1919/20, 186-293.

Sommer, Karl-Ludwig, Bekenntnisgemeinschaft und bekennende Gemeinden in Oldenburg in den Jahren der nationalsozialistischen Herrschaft. Evangelische Kirchlichkeit und nationalsozialistischer Alltag in einer ländlichen Region, Hannover 1993.

Sonnenfeld, Günter, 75 Jahre Molkerei Wardenburg (o.O. 1976).

Sozial- und mentalitätsgeschichtliche Strukturen und ihre Wandlungen in ausgewählten Gemeinden Oldenburgs (1700-1850). Dokumentation des Arbeitsvorhaben, Zentrum für pädagogische Berufspraxis, Universität Oldenburg (Typoskript, Oldenburg o.J.).

Speckmann, Frank, Die geschichtliche Entwicklung der Teebken'schen Ziegelei in Westerholt (unveröffentlichtes Typoskript).

Sprechregister zum Oldenburgischen Landtag 1848-1933, bearb. von Albrecht Eckhardt (Veröffentlichungen der Niedersächsischen Archivverwaltung, Inventare und kleinere Schriften Heft 29), Oldenburg 1987.

Staatliches Museum für Naturkunde und Vorgeschichte (Hg.), Der Prachtmantel aus dem Vehnemoor. Ein Meisterstück germanischer Webkunst (Informationsblatt), Oldenburg 1993.

Staats-Handbuch des Freistaates Oldenburg für 1923, Oldenburg 1923.

Staats-Handbuch des Freistaates Oldenburg für 1924, Oldenburg 1924.

Staats-Handbuch des Freistaates Oldenburg für 1934, Oldenburg 1934.

Statistische Nachrichten über das Grossherzogthum Oldenburg, hg. vom statistischen Bureau, Heft 1 bis 27.

Statistische Nachrichten über den Freistaat Oldenburg, hg. vom Statistischen Landesamte, Heft 28 und 29.

Statistisches Handbuch für das Grossherzogtum Oldenburg, Teil I, hg. vom Grossherzoglichen Statistischen Landesamte, Oldenburg 1913.

Stein, Volker, Technische Kulturdenkmale der Steine und Erden-Industrie in Niedersachsen, in: Neues Archiv für Niedersachsen, 1982, Heft 1, 68-72.

Steiniger, Rolf, Deutsche Geschichte 1945-1961. Darstellung und Dokumente in zwei Bänden, Frankfurt am Main 1983.

Steuererhebung, siehe Die Grafschaften Oldenburg und Delmenhorst ...

Strackerjahn, Ludwig, Aberglaube und Sagen aus dem Herzogtum Oldenburg, hg. von Karl Willoh, 2 Bde., Oldenburg 1909.

Strahlmann, Fritz, Wildeshausen zur Zeit des Dreißigjährigen Krieges, Oldenburg 1922.

Sünderhauf, Erich, Tungeln. Ringdrubbel - Haufendorf - Wohnsiedlung. Das siedlungs- und wirtschaftsgeographische Bild eines Dorfes am Geestrand, Oldenburg 1995.

Tack, Johannes, Die Hollandsgänger in Hannover und Oldenburg. Ein Beitrag zur Geschichte der Arbeiter-Wanderung, Leipzig 1902.

Taux, Klaus, Die Oldenburgischen Naturschutzgebiete, Oldenburg 1986.

Thissen, Werner (Hg.), Das Bistum Münster, Bd. III, Münster 1993.

Tornow, Peter und Heinrich Wöbcken, 700 Jahre Kloster Blankenburg zu Oldenburg, Oldenburg 1994.

Uelschen, Gustav, Die Bevölkerung in Niedersachsen 1821-1961, Hannover 1966.

Ullrich, Volker, „Wir haben nichts gewußt" - Ein deutsches Trauma, in: 1999, Zeitschrift für Sozialgeschichte des 20. und 21. Jahrhunderts, Heft 4/1991, 11-46.

Unter der Gewaltherrschaft des Nationalsozialismus 1933-1945, dargestellt an den Ereignissen im Oldenburger Land, Bd. I, Verfolgte aus politischen Gründen, Oldenburg 1989 und Bd. II, Verfolgte aus rassischen Gründen, Oldenburg 1985.

Vahlenkamp, Werner, Streifzug durch die Geschichte der Wardenburger SPD (unveröffentlichte Vortragsdisposition).

Van de Ene en de Andere kant. Nordniederländische und Nordwestdeutsche Amerikaauswanderung im 19. Jahrhundert, hg. von Annemieke Galema, Wolfgang Grams, Antonius Holtmann, Groningen/Oldenburg 1993.

Vector, Gesellschaft für Meinungs-, Markt- und Marketingforschung mbH, Wirtschaftsstruktur- und Arbeitsmarktanalyse für die Gemeinde Wardenburg, Zwischenbericht, Oldenburg 1991 und Endbericht, Oldenburg 1992.

Vehn-Kolonien und Hunte-Ems-Kanal, vorgelesen am 27. Novbr. 1844 in der Versammlung des Oldenburgischen Handels- und Gewerbe-Vereins von einem Mitgliede desselben, Oldenburg 1845.

Voesgen, Hermann und Helma Winkler (Hg.), Dokumentation zum Projekt Kirchenkampf. Szenen aus dem Kampf der Kirchengemeinde Wiefels für ihren Pastor, Oldenburg 1992.

Von den Vogteyen Hatten und Wardenburg im Herzogthum Oldenburg, in: Oldenburgischer Kalender, 1801, 77-96 und 1802, 74-90.

Vonderach, Gerd, Lebensverhältnisse in ländlichen Regionen, in: Leviathan, Zeitschrift für Sozialwissenschaft, Sonderheft 2/1979, 132-175.

Wachtendorf, Günter, Die Pest und der Pestkamp in Oldenburg, in: Der Oldenburgische Hauskalender oder Hausfreund, 1989, 45-49.

Wanderarbeit jenseits der Grenze. 350 Jahre auf der Suche nach Arbeit in der Fremde, redaktionell bearbeitet von Andreas Eiynck u.a., Assen 1993.

Wardenburg, Wilhelm Gustav Friedrich, Nachrichten von den alten Schanzen, Burgen, befestigten Städten und Kirchen im Herzogthum Oldenburg, und von den in demselben ehemals vorgefallenen Gefechten, Fehden und feindlichen Überzügen, in: Oldenburgische Blätter, 12. Jg., 1828, 153-156 und 177-180.

Wegemann, Günther, Das Kriegsende zwischen Weser und Ems 1945, Osnabrück 1983.

Wegmann-Fetsch, Monika, Die Revolution von 1848 im Großherzogtum Oldenburg, Oldenburg 1974.

Wehler, Hans-Ulrich, Aus der Geschichte lernen?, München 1988.

Westerburg, siehe Beneke, Jürgen und Anne-Kathrin Dannemann.

Wichmann, Hans, Fremdarbeiter in früherer Zeit: Die Holland-Gänger, in: Leuchtfeuer, Jg. 17, 1965, Nr. 8.

Wichmann, Hans, Größte Wanderarbeiterbewegung: der „Hollandsgang", in: Von Hus un Heimat, Jg. 12, 1961, Nr. 8 und 9.

Winkelmann, Johann Just, Oldenburgische Friedens- und der benachbarten Oerter Kriegshandlungen. Eine warhafte Beschreibung der Grafschaften Oldenburg und Delmenhorst, Herschaften Jhever und Kniphausen, Statt- Buttjhadinger- und Würder Landen, Neudruck der Ausgabe von 1671, Osnabrück 1977.

Wintermann, Gerhard, Die Oldenburger Kirchenordnung 1573, Oldenburg 1973.

Zoller, Dieter, Burg Horn. Eine mittelalterliche Ministerialenburg im Ammerland, in: Oldenburger Jahrbuch 58, 1959, 9-40.

Zeitungen und Zeitschriften

Der Gemeindespiegel (GSP)
Die niedersächsische Gemeinde
Die Zeit
Kirchliche Beiträge für die evangelisch-lutherische Kirche des Herzogthums Oldenburg
Kreiszeitung Wesermarsch
Nachrichten für Stadt und Land (NSL)
Natur
Norddeutsches Volksblatt
Nordwest-Zeitung (NWZ)
Oldenburgischer Kalender
Oldenburger Nachrichten
Oldenburgische wöchentliche Anzeigen
Oldenburgische Staatszeitung
Publik-Forum
Süddeutsche Zeitung
Wildeshauser Zeitung
Zeit-Schriften

Archive

Archiv der evangelisch-lutherischen Kirchengemeinde Lingen
Archiv der evangelisch-lutherischen Kirchengemeinde Ofen
Archiv der evangelisch-lutherischen Kirchengemeinde Wardenburg (KAW)
Archiv der Gemeinde Wardenburg (GAW)
Archiv der Oldenburgischen Landschaft (AOL)
Forschungsstelle Niedersächsische Auswanderer in den USA (NAUSA) an der Carl von Ossietzky Universität Oldenburg
Landesbibliothek Oldenburg (Handschriften-Abteilung)
Niedersächsisches Hauptstaatsarchiv Hannover
Niedersächsisches Landeskrankenhaus Wehnen (Aufnahmebuch und Akten der ehemaligen Heil- und Pflegeanstalt Wehnen)
Niedersächsisches Staatsarchiv Oldenburg (StAO)
Staatsarchiv Bremen (StAB)
Stadtarchiv Groningen

Auskünfte und Interviews

Auen, Hermann (Benthullen)
Barra, Erika (Wardenburg)
Behrens, Helmut (Oldenburg)
Beneke, Gustav (Littel)
Beneke, Hermann (Littel, gegenüber Diedrich Oltmanns, 1973)
Bischof, Hans-Helmut (Wardenburg)
Bogun, Heinz (Wardenburg)
Bösch, Gerda (Charlottendorf-West)
Bösch, Ludolf (Charlottendorf-West)
Brandes, Meta (Charlottendorf-West)
Bremer, Arthur (Wardenburg)
Brigant, Heinz (Wardenburg)
Budke, Gudula (Osnabrück)
Büschelmann, Heinz (Littel)
Cordes, Werner (Wardenburg)
Dahms, Heinrich (Wardenburg)
Dannemann, Etta (Tungeln)
Debiel, Heinz (Huntlosen)
Eckert, Jörg (Oldenburg)
Essen, Friedrich von (Oberlethe)
Fangmann, Heiner (Oldenburg)
Fangmann, Heino (Wardenburg)
Fritzsche, Erwin (Hundsmühlen)
Gloystein, Frieda (Wardenburg)
Gloystein, Gerda (Wardenburg)
Grams, Wolfgang (Oldenburg)
Ingen, Adele van (Groningen)
Kayser, Herta (Achternmeer)

Klaus, Hilda (Littel)
Knetemann, Georg (Achternholt)
Kohls, Elisabeth (Hundsmühlen)
Kuhlmann, Gustav (Hundsmühlen)
Labohm, Erika (Tungeln)
Martens, Erich (Westerholt)
Meiners, Werner (Wardenburg)
Meyer, Horst (Charlottendorf-West)
Meyer, Lisa (Bad Rotherfelde)
Moed, Jan (Wardenburg)
Müller, Sophie (Charlottendorf-Ost)
Oldenhuis, Jan (Groningen)
Poppe, Rolf (Oldenburg)
Pütten, Hermann von der (Südmoslesfehn)
Rogge, Günther (Wardenburg)
Schmietenknop, Fritz (Wardenburg)
Schreich, Erich (Hundsmühlen)
Schütte, Emma (Charlottendorf-Ost)
Schütte, Henning (Charlottendorf-Ost)
Sommer, Lydia (Achternmeer)
Vahlenkamp, Werner (Oldenburg)
Viebrok, Alice (Wardenburg)
Volke, Ruth (Oldenburg)
Wassmann, Klaus (Oldenburg)
Wieting, Emma (Hundsmühlen)
Wilmsmann, Inge (Wardenburg)
sowie die ebenfalls in den Anmerkungen genannten Mitarbeiterinnen und Mitarbeiter der Gemeindeverwaltung Wardenburg.

Statistiken und sonstige Hilfsmittel

Statistiken und Informationsmaterialien wurden übermittelt von:

Arbeitsamt Oldenburg
Landkreis Oldenburg
Landwirtschaftskammer Weser-Ems, Landwirtschaftsamt Oldenburg
Niedersächsisches Landesamt für Statistik
Oldenburgisch-Ostfriesischer Wasserverband
Oldenburgische Industrie- und Handeskammer

Unterlagen der Wardenburger Gemeindeverwaltung:

Sitzungsprotokolle, Meldeunterlagen sowie Akten aus den einzelnen Ämtern

Abbildungsnachweis

Archive, Bibliotheken, Museen etc.

Archiv der ev.-luth. Kirchengemeinde Lingen: 58
Archiv der ev.-luth. Kirchengemeinde Wardenburg: 5
Archiv des Niedersächsischen Landeskrankenhauses Wehnen: 119
Bayrische Staatsgemäldesammlungen, München: 12
Emslandmuseum Lingen: 56
Gemeindearchiv Wardenburg: 29, 67, 69, 70, 75, 98, 123, 130
Glockenmuseum der Stadt Gescher: 8
Hauptstaatsarchiv Düsseldorf: 3
Kunsthalle Hamburg: 13
Landesbibliothek Oldenburg, Handschriftenabteilung: 18, 19, 20, 21, 22, 23, 24, 25
Niedersächsisches Hauptstaatsarchiv, Hannover: 26
Niedersächsisches Landesverwaltungsamt - Landesvermessung, Hannover: Vorsatz vorne und hinten, 28 (vervielfältigt mit Erlaubnis des Niedersächsischen Landesverwaltungsamtes - Landesvermessung, B-740/95)
Oldenburgische Landschaft, Sammlung Heinrich Kunst: 17, 27, 36, 43, 44, 47, 50, 51, 83, 84, 85, 86, 87, 96, 106, 107
Staatliche Graphische Sammlung, München: 14
Staatliches Museum für Naturkunde und Vorgeschichte, Oldenburg: 1, 2
Stadtmuseum Oldenburg: Titelbild, 9, 66
Universität Oldenburg, Forschungsstelle Niedersächsische Auswanderer in den USA: 65

Privatpersonen

Hans-Helmut Bischof, Wardenburg: 41
Arthur Bremer, Wardenburg: 32, 33, 38, 40, 54 (Foto: Diedrich Schulenberg), 73, 81 (Foto: Diedrich Schulenberg), 92, 97, 101, 102, 103, 104, 110, 111, 112, 115, 133, 134, 135
Hilda Duken, Wardenburg: 74, 116, 149
Albrecht Eckhardt, Klein Scharrel: 82
Friedrich von Essen, Oberlethe: 64, 118
Jörg Fritz, Wehrheim: 139, 140, 141, 142
Erwin Fritzsche, Hundsmühlen: 109
Friedrich Jarchov, Wardenburg: 146
Gerda Kayser, Hundsmühlen: 137
Georg Knetemann, Achternholt: 31, 34, 35, 37, 49, 55, 91, 100, 105, 113, 114, 120, 121, 122, 131, 136, 138, 145
Heino Kreye, Huntlosen: 152
Erich Martens, Westerholt: 4, 7, 72, 79 (Foto: Hanna Oncken), 95 (Foto: Johann Fischbeck), 124
Peter Rabenstein, Worpswede: 71 (Foto: Bodentechnologisches Institut Bremen)
Edo Rabius, Hundsmühlen: 90, 117, 125, 150
Günther Rogge, Wardenburg: 39, 108, 129
Erich Schreich, Hundsmühlen: 52, 53, 68, 89
Emma Schütte, Charlottendorf-Ost: 30, 88, 147, 148
Hans Schwettmann, Achternholt: 151
Ben Sibum, Weesp (Niederlande): 57
Lydia Sommer, Achternmeer: 126
Alice Viebrok, Wardenburg: 78

Sonstige

Christian D. von Finckh, Geschichte des Oldenburgischen Infanterie-Regiments Nr. 91, Berlin 1881, 42: 76
Der Gesellschafter, Jg. 1847, 28: 6
Elimar Gloystein, Von der Wardenburger Wassermühle, Oldenburg 1964 (Typoskript, o.S.): 45, 46
Hermann Hamelmann, Oldenburgisch Chronicon ..., Oldenburg 1599 (Neuausgabe, Oldenburg 1983, 250): 10
Verlag Isensee: 11, 16
Werbefotografie Wöltje, Robert Geipel: 127, 128, 132, 143, 144

Angegeben wurde jeweils die Abbildungsnummer. Bei Zeitungsausschnitten findet sich die Quellenangabe in der Bildunterschrift. Alle übrigen Fotos stammen vom Verfasser.

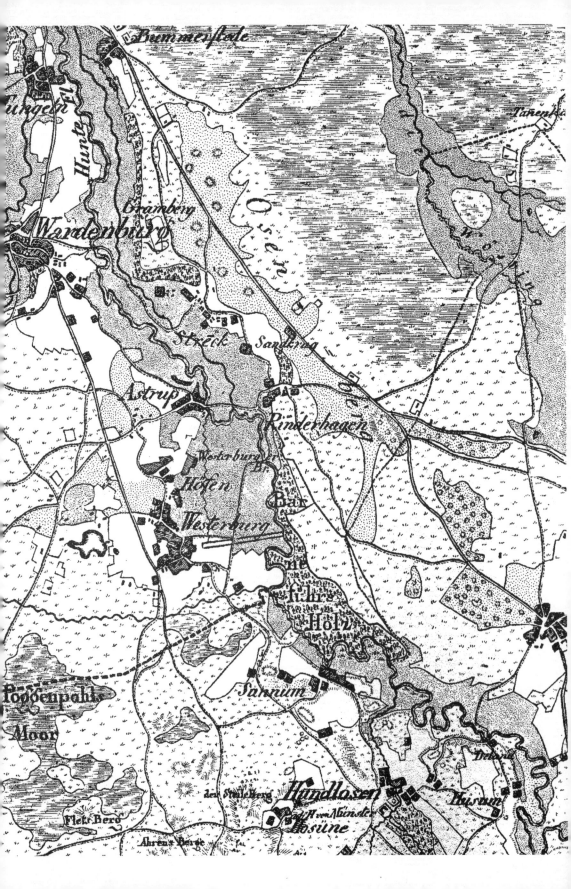